1940-1945
Années érotiques

Patrick Buisson

1940-1945
Années érotiques

*

Vichy ou les infortunes de la vertu

Albin Michel

IL A ÉTÉ TIRÉ DE CET OUVRAGE

Trente exemplaires hors commerce
numérotés de I *à* XXX
sur vélin bouffant des papeteries Salzer

À Madeleine, ma mère,
qui a traversé ce monde ancien
la tête haute

CHAPITRE PREMIER

De la bandaison à la débandade

« Tel qu'il est, il me plaît/ Il me fait de l'effet/ Et je l'aime/ C'est un vrai gringalet/ Aussi laid qu'un basset/ Mais je l'aime [...]. Ce qui n'est pas marrant, c'est qu'il ronfle/ On dirait un pneu qui se dégonfle/ Et quand il faut se bagarrer/ Il est encore dégonflé. »

Fréhel, *Tel qu'il est*, 1936.

« Mon p'tit Kaki/ Mon grand chéri/ Ta p'tit' femme sera bien sage/ Ell' pense à toi / Et c'est pourquoi/ Ell' t'en aime encor' davantage/ Ell' tiendra le coup/ et jusqu'au bout/ Car pour avoir du courage/ Elle a ta photo sur son cœur jour et nuit/ Mon chéri/ Mon p'tit Kaki. »

Lucienne Boyer, *Mon p'tit Kaki*, novembre 1939.

Il fait beau à n'y pas croire. C'est un printemps généreux, corrupteur, inexorable. C'est le printemps de la drôle de guerre. À Paris, le joli mois de mai a toujours eu l'effet d'un puissant aphrodisiaque. Sur les Grands Boulevards, les filles ont les cheveux libres, des jupes courtes et fleuries. Portée par les ondes, la voix de Tino Rossi susurre une mélopée entêtante au titre prémonitoire : *Sérénade sans espoir*. C'est la dernière romance à la mode : sucre d'orge pour midinettes et confidences sur mol oreiller. Aux Trois-Quartiers, aux Galeries Lafayette, à la Samaritaine, on s'écrase à tous les rayons, on s'arrache des tenues légères, des pyjamas de plage, des senteurs en flacon qui montent à la tête. Évoquant ces premières journées de mai 1940, une image éclipse toutes les autres dans les souvenirs du soldat Lucien Rebatet, embusqué parisien à la censure postale : « Dans le soir lumineux, les filles aux longues boucles allaient au bras des adolescents, heureuses de marcher dans leur pas large et sûr, pâmées et consentantes comme on ne les avait jamais vues. Que de couples, de baisers et d'étreintes ! Sous les arbres des jardins, une odeur étourdissante de belles enfants en volupté se répandait avec les ombres de la nuit. L'amour et la mort allaient de pair. On le savait du reste. Mais on ne soupçonnait pas que cette loi commandât avec une aussi implacable et irrésistible vigueur[1]. » Plus à l'est, le climat est différent. En poste près de la frontière luxembourgeoise, le lieutenant Roger Ikor, du 106e régiment d'infanterie, ne participe pas à cet émoi printanier. Il transpire. « A-t-il pu faire chaud durant ce mois de mai, immuablement soumis au "beau temps d'Hitler" [...]. Or en pleine chaleur, nous portions vareuse, capote, cravate et tout le fourniment, masque à gaz compris, du matin au soir. Soyons justes : la capote était perfectionnée. Un bouton y était cousu au milieu de chaque pan ; pour la marche, le soldat pouvait y accrocher le coin du bas relevé en triangle et dégager son genou[2]. » Pas question de *furia francese* ni de virilité guerrière dans un pareil accoutrement.

Le guerrier, fantasme fourbu

Le 25 août, la mobilisation des réservistes n'a donné lieu à aucun débordement notable. Pas de mots à cocarde, pas de fébrilité tricolore comme en 1914. Juste le déplaisir d'un anachronisme. En une dizaine de jours, l'état-major a levé près de cinq millions d'hommes, soit vingt-neuf classes d'âge de 1909 à 1938 incluant pour les trois premières des anciens combattants âgés de quarante-huit à cinquante ans. Pour considérable qu'il soit, en termes quantitatifs, ce prélèvement imposé à la nation met surtout en évidence les caractéristiques d'un pays à la démographie problématique. Contrairement à la Wehrmacht, c'est une armée de pères de famille – près de quatre mobilisés sur dix l'avaient déjà été vingt ans plus tôt –, une armée à l'image d'une plante qui aurait épuisé l'énergie et les qualités de son sol ; une armée qui, selon Bertrand de Jouvenel, un intellectuel non conformiste, aurait perdu le don et le goût de la force : « Nous n'allions pas au pas cadencé. Nous étions courbés sous des paquetages pesants et difformes. Les uns portant le casque en tête, d'autres à la main. Et les bonnes femmes, sur le seuil, criant : "Ah ! les pauvres petits gars ! C'est y pas malheureux tout de même." Applaudis, nous aurions haussé la tête ; plaints, nous traînions la jambe. La répugnance pour la force avait atteint un tel degré que ni les soldats ne voulaient s'en donner l'apparence, ni la population ne le souhaitait chez ses défenseurs. »

Il est vrai que le modèle du guerrier intériorisé par les poilus comme le symbole de la virilité triomphante est sorti fourbu du premier conflit mondial, discrédité par l'hécatombe, avant d'être profondément remis en cause par la vague de pacifisme qui a submergé les pays victorieux, la France en particulier, au début des années vingt. Fait sans précédent, le spectacle de quelque trois cent mille invalides de guerre, grands blessés, mutilés, estropiés et autres « gueules cassées », rendus à la vie civile, achève de mettre en déroute les stéréotypes du masculin trop étroitement liés à la fonction guerrière. Ces combattants valeureux partis dans la force de l'âge, ces hommes hier encore adulés pour leur bravoure sur les champs de bataille ne sont plus que des êtres diminués, livrés à la dépendance infantilisante d'une épouse ou d'une infirmière. Insensiblement, la représentation du « sexe fort » s'est délestée de ses attributs martiaux pour s'incarner à travers les nouvelles figures que popularise une abondante production cinématographique : séducteurs quinquagénaires, titis prolétariens, sportifs délurés, mauvais garçons cultivant la fleur bleue. Certes, il existe encore un public pour vibrer aux mâles accents de *Trois de Saint-Cyr* (1938) et de *Légions d'honneur* (1938), archétypes du cinéma patriotique et cocardier, mais le succès consacre surtout des films dont les héros, guerriers désarmés et sceptiques, campent un entre-deux plus conforme aux nouveaux canons de la séduction. En 1938, Jean Gabin est élu meilleur acteur de l'année pour son rôle dans *La Grande Illusion* : un officier prisonnier, mécanicien dans le civil, qui s'éprend d'une fermière allemande, interprétée par Dita Parlo. Son personnage dans *Quai des Brumes* (1939) est celui d'un déserteur de la Coloniale fragile et démuni devant des situations qui le dépassent. Privé d'armes et même de l'uniforme censé viriliser l'effigie masculine, Gabin le peuple, Gabin le « fiancé de Marianne » n'en exerce pas moins un pouvoir d'attraction grandissant auprès du public féminin.

Point n'est besoin, au reste, d'avoir sa carrure ni sa dégaine de caïd des fortifs pour obtenir désormais les faveurs féminines. Les nouvelles normes de la masculinité sont aux antipodes des valeurs guerrières et des représentations traditionnelles de l'homme viril. Si Marguerite Monnot (*Mon Légionnaire*) et Édith Piaf (*Le Fanion de la Légion, Mon Amant de la Coloniale*) se montrent encore sensibles au gabarit avantageux des beaux militaires, à condition toutefois qu'ils portent le képi blanc ou le burnous des spahis et qu'ils sentent bon le sable chaud, d'autres prêchent l'insoumission aux stéréotypes. Mistinguett, par exemple, s'échauffe à l'évocation de l'homme qu'elle a dans la peau – sa seule joie, son seul bonheur – qui a la triple particularité de n'être ni costaud, ni riche, ni même très beau (*Mon Homme*), tandis que Fréhel, avant la mobilisation, confesse publiquement son faible pour un « vrai gringalet, pas plus haut qu'un basset », « un vrai tordu mal balancé », tout ce qu'il y a de plus « dégonflé » dès qu'il s'agit de se battre (*Tel qu'il est*). Déchu symboliquement de la mission sexuée de protection qui lui était jusque-là assignée, le masculin est un genre en crise dont la dégradation sur le front domestique semble augurer d'autres revers. C'est le constat, en tout cas, que dresse Jean-Paul Sartre à la date du 6 mars 1940 dans ses *Carnets de la drôle de guerre* : « Dessin dans *Le Petit Parisien* d'aujourd'hui. Un mauvais garçon herculéen a empoigné une jeune personne qui se débat énergiquement mais en vain. Aplati contre le mur, terrorisé, un minuscule soldat entre deux âges regarde la scène sans bouger. Et la jeune personne indignée lui crie : "Eh dis donc, permissionnaire, c'était pas la peine de me dire que tu étais un as pour les coups de main." Ce dessin, après mille autres [...], c'est la destruction de l'idée militaire[3]. »

Lors de la Grande Guerre, la chasse aux « embusqués » avait mobilisé une partie de la population féminine érigée en véritable gardienne de la virilité de l'autre sexe : un homme digne de ce nom ne se devait-il pas d'être soldat et de défendre farouchement la patrie, fût-ce au prix de sa vie[4] ? Y déroger, de quelque manière que ce fût, c'était immanquablement s'attirer, outre la réprobation de la communauté, une réputation d'impuissant, d'eunuque dépourvu de toute capacité à satisfaire les femmes. Cette fois, la polémique autour des « embusqués » s'inscrit moins dans un rappel à l'ordre de la distribution sexuée des rôles que sur fond de lutte des classes. Contre l'avis de l'état-major, le ministre de l'Armement Raoul Dautry a imposé, dès l'automne 1939, le retour à leur poste de travail de plus de cinq cent mille mobilisés, essentiellement des employés dans des usines travaillant pour la défense nationale. En fait, la procédure, reprise de la loi Dalbiez de 1915, couvre de nombreux abus. Ainsi naît le scandale des « affectés spéciaux » dont s'empare la presse de droite pour dénoncer une faveur faite à la classe ouvrière arbitrairement assimilée à un Parti communiste que le gouvernement vient pourtant de dissoudre par le décret du 26 septembre 1939 pour cause de pacte germano-soviétique. En ce qu'ils s'affichent ouvertement et ne répugnent plus à un aveu public, la sollicitation d'une « planque », le recours à des stratégies individuelles afin d'échapper aux servitudes de l'état militaire témoignent d'une évolution profonde des mentalités en même temps que de la levée des derniers tabous. L'autre guerre a fait un tel usage des sentiments féminins, réels ou supposés, pour enchaîner les hommes à leur destin que nul n'ose plus guère les convoquer. Au reste, stoïcisme et résignation sont en net recul chez les mères, épouses et fiancées pour qui le conseil aux mobilisés est plutôt désormais de ne pas « s'exposer inutilement ». On voit des maris profiter de la première permission pour déployer une intense activité érotique dans l'espoir qu'une nouvelle naissance vienne écourter la durée de leur séjour sous les drapeaux. Les heureux gagnants sont félicités dans la presse comme pour un gros lot de la Loterie nationale : « Lille. À Rosendael, Mme S. a donné le jour à trois fillettes qui ont reçu le nom de Bernadette, Ginette et Micheline. Le papa qui est sur la ligne Maginot a appris avec joie qu'il gagnait du même coup six classes[5]. »

À cette perte de la « qualité » française, à cette France qu'elle décrit comme efféminée par la démocratie, la presse d'extrême droite oppose volontiers l'exemple des pays fascistes où la virilité guerrière a été érigée en idéal masculin et le culte du corps en vertu civique, où les hommes, embrigadés dès le plus jeune âge dans des formations paramilitaires, semblent trouver leur plaisir dans l'accomplissement de leur devoir. La détestation du régime entre déjà pour beaucoup dans un pessimisme qui, sous couvert de lucidité, prépare insidieusement les esprits à la défaite. Ils ne le disent pas, mais certains le pensent très fort : les lois implacables de l'évolution « raciale » scellent l'infériorité et par là même le destin de la nation. L'antienne, si en vogue au début du précédent conflit, de la guerre « régénératrice » qui transforme les individus en les contraignant à se sublimer ne resurgit plus que dans le huis clos des consciences, à la faveur de colloques intimes. À la rédaction de *Je suis partout*, expression la plus avérée d'un fascisme français, la une tonitruante du 1er septembre 1939 : « À bas la guerre ; vive la France ! » a fixé une ligne politique sans chercher à figer les conduites individuelles. Trop de contradictions, trop de réminiscences, trop de réflexes s'y opposent. La réaction du pionnier de 2e classe Rebatet est révélatrice de cette ambivalence. Il est tiraillé entre son inclination idéologique qui lui dicte de ne pas prendre les armes pour défendre une République qu'il abhorre et son tempérament qui, croit-il, le porte à l'action d'éclat, entre sa fascination pour le vitalisme nazi qui l'incite au renoncement et la fidélité à sa formation première de maurrassien germanophobe qui l'invite à tenir honorablement sa place dans la guerre contre les « Boches ». Spontanément, c'est le vocabulaire de la sexualité qui jaillit sous sa plume lorsqu'il se projette dans la peau d'un combattant : « Je pensais depuis toujours comme le dragon de Stendhal que le baptême du feu était la perte d'un pucelage aussi nécessaire que l'autre[6]. »

Les militaires sont de la revue

La revue s'appelle « Paris-London », en hommage à l'indéfectible alliance franco-britannique. Elle a été créée le 7 décembre 1939 au Casino de Paris par Henri Varna, selon une recette éprouvée qui mêle le grivois et le tricolore, les formes et l'uniforme. Entouré d'une escouade de girls aux panaches bleu-blanc-rouge, Maurice Chevalier y interprète pour la première fois ce qui va vite devenir le morceau de bravoure du spectacle. Au couplet, défile un échantillon représentatif de la société française, soudé, malgré les divergences politiques, dans une sorte d'« union sacrée » qui rappelle celle de l'autre guerre. Au refrain, qui se veut une parodie des marches militaires mais évoque plutôt la caféine et le réveil gymnique du Poste parisien, l'optimisme est de commande : *« Et tout ça, ça fait d'excellents Français/ D'excellents soldats qui marchent au pas.* » À ceci près cependant que ces patriotes exemplaires, ces gaillards forts en gueule n'ont finalement qu'un seul désir : « Qu'on nous foute une bonne fois la paix[7]. » Le succès est foudroyant. En quelques semaines, la chanson est sur toutes les ondes, sur toutes les lèvres. C'est le péan de la drôle de guerre, modeste sur les cuivres et léger en testostérone, le véhicule banalisé d'un consensus pétochard. L'autre scie qui lui dispute les faveurs du public apparaît de prime abord plus offensive et a le mérite d'expliciter à sa manière les buts de guerre. Ce que, visiblement, le gouvernement d'Édouard Daladier peine à faire. « *Nous irons pendre notre linge sur la ligne Siegfried* », proclament résolument Ray Ventura et ses Collégiens. L'intention est louable. Encore que la tâche assignée à nos « petits poilus joyeux » relève moins de ces faits d'armes qui valent médailles et citations sur le front des troupes que d'une activité domestique traditionnellement attachée à la condition féminine.

Encadrée par les lois du genre, la propagande officielle affecte de ne rien voir et de ne rien entendre. Autiste en service commandé, elle veut croire que le soldat français continue de bénéficier de la rente mémorielle attachée aux combattants de Verdun. Promu commissaire à l'information, le 26 juillet 1939, Jean Giraudoux s'emploie à enluminer l'image un peu ternie de la nation en armes, exercice périlleux auquel répugnent son esthétisme raffiné et ses anciennes convictions pacifistes. La guerre n'est encore que fusées de mots avec tous les aléas inhérents à ce genre de pyrotechnie. Que peuvent donc bien comprendre les auditeurs lorsque le distingué normalien s'exclame dans une allocution radiodiffusée à la veille de Noël : « Sous les armes, le Français est ce soldat revêtu d'un uniforme qui le rend invisible à l'ennemi mais le fait plus visible à sa famille » ? Visibles, les officiers le sont surtout à l'hôtel Continental où siège le Commissariat à l'information, dans les dîners en ville, les théâtres et les brasseries. La drôle de guerre est une période de gloriole furtive faite de jactance, de torses bombés et de parade. On croise dans les rues des gradés à l'uniforme rutilant mais à la coupe fort peu réglementaire. « Mais qui donc fait la guerre dans ce pays ? » s'interroge le journaliste américain Stanley Hoovard au vu des nombreux militaires de toutes armes qu'il voit arpenter les grandes avenues de la capitale, « flânant en compagnie de belles créatures ». À la date du 15 février 1940, Alain Laubreaux note la présence chez Lipp du commandant Paleirac, adjoint au chef de la 5e section de la Direction de la presse et du contrôle, chargée de la censure des quotidiens : « Il porte le front haut. Il a un regard insolent et dominateur. Quatre galons sur les manches. Des bottes de cavalier tartare. Le ceinturon et le baudrier sont astiqués et reluisent. Sa poitrine est envahie de décorations[8]. » Soucieuse de ses prérogatives, l'armée n'entend les partager avec personne. Et surtout pas avec le corps des correspondants de guerre, composé pourtant de quelques-unes des grandes signatures de la presse et de l'édition, tels Joseph Kessel,

Jérôme Tharaud, Roland Dorgelès, Pierre La Mazière ou Armand Salacrou, tous affublés pour la circonstance d'une tenue nettement moins avantageuse (costume kaki sans écussons ni insignes, casquette à fond plat) ; un accoutrement qui, selon l'un d'entre eux, les fait passer « à 20 mètres pour des officiers anglais et, à 5 mètres, pour des gardes-chasse[9] ».

Dans les premières semaines qui suivent la déclaration de guerre, l'uniforme semble pourtant jouir d'un regain de faveur auprès de l'opinion. Lucien Combelle, le secrétaire de Gide qui vient de quitter la rue Vaneau pour la caserne de Versailles, en est le témoin amusé : « Chère Andrée, heureuse de m'emmener pour, de salons en salons, montrer son amant habillé en troufion, un snobisme aux trois couleurs qui donnait de subtils parfums aux mauvaises odeurs de la caserne[10]. » L'espace d'une demi-saison, on s'échauffe à réactiver les vieux fantasmes. « Le danger, l'uniforme, écrit Alfred Fabre-Luce dans son *Journal de la France*, rendent aux hommes la supériorité du mâle que le partage égal de la vie avait usée. Le mobilisé se camoufle de sa vareuse comme un coq se pare de ses plumages[11]. » Cette virilisation éphémère est un trompe-l'œil que l'immobilisation générale, succédant à la mobilisation générale de l'été, fait apparaître pour ce qu'elle est : un anachronisme doublé d'une méprise. Pour une fois, Jean Cocteau, qui avait déjà osé au moment des accords de Munich un « Vive la paix honteuse », exprime autre chose que le point de vue d'un étroit cénacle parisien lorsqu'il constate, vers la fin de l'automne 1939 : « La tragédie de la guerre a été soigneusement montée ; le public est favorable ; toutes les conditions sont réunies. Pourtant la pièce ne marche pas. » Au vrai, si l'on ne s'étonne pas d'une guerre figée dans l'inaction – la Grande Guerre n'avait-elle pas, elle aussi, stagné dans la boue des tranchées ? –, personne en revanche ne comprend qu'elle soit une guerre blanche, presque sans victimes. Non seulement la carence des morts ôte toute crédibilité à un conflit dont les justifications échappaient déjà au plus grand nombre, mais elle contribue du même coup à déprécier l'image des mobilisés que l'inertie du front empêche de se transformer en soldats.

Cette métamorphose inaboutie a des effets ravageurs sur la représentation de la nation en armes dont les premiers symptômes sont perceptibles bien avant la fin de l'année 1939. Des périodiques comme *L'Illustration, Match, Le Miroir*, spécialisés dans le reportage photographique, jouent involontairement le rôle de témoins à charge sans que la censure y trouve à redire. Pas un numéro sans son lot de bidasses gardiens de chèvres, éleveurs de porcs ou joueurs de belote, cigarette fichée à la lippe et calot incliné sur la tête à la manière d'un canotier. Un cliché montre une douzaine d'hommes rassemblés autour d'une pancarte où s'étale à la craie le menu du jour, à l'enseigne de « Chez Dédé, quelque part au front ». L'un des soldats tient un cochon dans ses bras, un autre serre une énorme louche. « Le groupe ne risque pas d'être sous-alimenté, peut-on lire en légende, si l'on en juge par la mine réjouie et la corpulence des gradés et des hommes. » Sur un autre document, un officier brandit fièrement une mitrailleuse prise à l'ennemi au cours d'un accrochage. C'est un quasi-vieillard aux lunettes d'écaille, à la moustache grisonnante[12]. Point n'est besoin, au demeurant, d'un fallacieux communiqué pour connaître l'état sanitaire de la troupe. Il est irrévérencieusement fourni par l'incontournable Maurice Chevalier dans sa revue de détail des « excellents Français » : « *Le colonel avait de l'albumine/ Le commandant souffrait du gros côlon/ Le capitaine avait bien mauvaise mine/ Et le lieut'nant avait des ganglions/ Le juteux avait des coliques néphrétiques/ Le sergent avait le pylore atrophié/ Le caporal un coryza chronique/ Et l'deuxième class' des cors aux pieds.* » Rien de plus instructif ni de plus cruel, à cet égard, que les réclames publiées dans la presse sous forme d'encarts vantant les médications destinées à la troupe. Toutes ou presque mettent en évidence la fragile constitution de ces hommes que l'uniforme n'a fait que recouvrir et dont on s'aperçoit brusquement qu'ils sont pour la plupart ventrus, asthmatiques ou catarrheux. En témoigne parmi cent autres cette annonce parue en décembre 1939 dans les plus grands quotidiens parisiens : « Vous qui meniez une vie sédentaire, voici comment vous adapter à votre nouvelle existence. La tenue militaire ne supporte aucun embonpoint superflu, elle révèle impitoyablement la courbe dangereuse. Vos muscles abdominaux ont depuis longtemps perdu l'habitude de l'exercice physique et votre corps n'est plus équipé pour la vie au grand air. Prenez garde, vous fatiguez votre cœur alors qu'il serait si facile de vous ménager en portant une ceinture Linia. » Ou encore : « Une maman n'oublie jamais de joindre au colis qu'elle envoie une boîte de pastilles Wybert. Wybert la bonne pastille, le préventif idéal contre la toux, le rhume, l'enrouement dus à l'excès de tabac. » Le « gringalet » cher à Fréhel connaît une nouvelle carrière en la personne du « P'tit Kaki » que Lucienne Boyer inscrit à son répertoire en novembre 1939 : « *Mon p'tit Kaki/ Mon grand chéri/ Toi si douillet de nature/ Si délicat maintenant te v'là/ Obligé de vivre à la dure/ N'attrape pas froid/ Et promets-moi/ De ne pas quitter ta ceinture/ Y'aura un tricot/ Dans le prochain colis/ Mon chéri/ Mon p'tit Kaki.* » Au poilu de l'autre guerre, objet de vénération et de reconnaissance de la part de la population féminine, s'est substitué un être fragile, au statut incertain, un mâle en carton-pâte auquel des épouses encore attentives prodiguent à distance une compassion doucereuse, une sollicitude maternante non dénuée parfois d'une certaine goguenardise.

Le syndrome du « Diable au corps »

Parmi toutes les tâches que l'État avait dû prendre en charge lors du précédent conflit, la gestion de la séparation des sexes fut sans doute celle à laquelle il était le moins bien préparé. L'intrusion dans la sphère privée des individus ne lui posa néanmoins aucun problème dès lors qu'il eut réalisé que le contrôle des conduites sexuelles était devenu un enjeu stratégique déterminant pour le moral des troupes et donc pour l'issue de la guerre. En dépit de ses efforts pour investir tout ce qui avait trait à la sexualité, de la production littéraire à l'habillement en passant par le théâtre et le music-hall, il échoua cependant à juguler le désordre des mœurs. Du début à la fin du conflit, les frivolités de l'« arrière » restèrent une cause de scandale permanent, attisant l'indignation des autorités morales et le ressentiment masculin à l'égard des femmes, accusées de faire peu de cas par leur dissipation du sacrifice et des souffrances des poilus. Vingt ans après et l'expérience aidant, on pouvait s'attendre à ce que l'État accroisse son emprise et exerce une véritable « police du sexe » au-delà même du périmètre où il était déjà intervenu. Telle apparaît bien être son intention, même s'il doit tenir compte du fait que cette guerre légale figée dans l'inaction, sans rapport avec la guerre totale annoncée, que cette guerre sans combat et presque sans ennemi ne se prête guère à une dramatisation excessive qui justifierait des mesures d'exception.

Passé la cohue des évacuations qui encombre momentanément les routes à l'annonce de la déclaration de guerre dans la première semaine de septembre, les villes se mettent à l'heure de la défense passive. Paris, la Ville lumière, est en veilleuse, portes et fenêtres calfeutrées, baignant dans un halo bleu de faible intensité. Obscurité totale ou presque qui fait dire à un homme de lettres : « On n'a pas seulement voilé tout ce qui luit, mais terni tout ce qui brille. » La formule paraît à ce point excessive que *Le Canard enchaîné*, par dérision, fait état d'un pseudo-communiqué de la préfecture selon lequel, en raison des événements, « la lanterne rouge du Sphinx sera remplacée par une lanterne bleue ». L'impertinent volatile ne croit pas si bien dire. Sur injonction des inspecteurs de la Brigade mondaine, la tenancière de la maison de tolérance du 3, rue Lafferière a dû supprimer l'éclairage des deux plaques à petits numéros qui encadraient l'entrée de l'immeuble, non sans avoir protesté contre le préjudice commercial qu'elle n'allait pas manquer de subir[13]. Le lundi 4 septembre 1939, les civils sont invités à se munir à chaque sortie d'un masque à gaz, censé protéger contre les bombardements « aéro-toxiques ». L'accessoire est si encombrant, si disgracieux qu'il est vite détourné de sa fonction originelle avant d'être définitivement remisé. Sous le titre « Ça, c'est Paris », *Le Canard*, encore lui, signale, à la date du 20 septembre, que les Parisiennes ont déjà transformé leurs masques en sac à main dans lequel elles mettent bâton de rouge à lèvres, poudrier, carnet d'autobus, tickets de métro et la « dernière lettre du cher mobilisé ».

Ponctuées par le mugissement des sirènes, les premières alertes voient les citadins se précipiter dans les refuges sous la direction d'un chef d'îlot. Les caves, les sous-sols, les stations de métro – comme celle de la place des Fêtes qui peut accueillir jusqu'à huit mille personnes – deviennent les lieux d'une nouvelle sociabilité ouvrant des brèches imprévues. Consécration de ce retour inopiné aux catacombes, les mondanités s'en emparent. Vers la fin novembre, Mme Schiaparelli, égérie de la haute couture parisienne, convie quelques proches avant son départ pour New York ; le cocktail a lieu dans la cave de son atelier : « C'est très amusant, note Josée Laval, peint à la chaux, avec des sièges de couleurs vives, un petit bar, un jambon, du chianti, des oignons, des saucissons pendus çà et là. » Les premières idylles troglodytes balisent de nouveaux territoires du plaisir dans l'espace citadin, prélude à d'autres découvertes non moins excitantes. Ce qui n'échappe pas à La Marquise de Sévigné, le réputé confiseur du boulevard de la Madeleine, lequel propose pour les fêtes un coffret de chocolats orné d'un cœur en or et vendu sous le nom tentateur d'« Abri deux places ».

En regard de ces frivolités, la vie quotidienne des mobilisés n'offre que de maigres ressources. Ces hommes que l'état militaire a rendus inoccupés, vacants, exagérément disponibles supportent mal les affres de la « guerre assise » (*Sitzkrieg*) que l'adversaire leur impose. Effet du confinement dans les ouvrages fortifiés de l'avant, une nouvelle pathologie se développe : la « bétonite ». La claustration, l'attente sont trop accablantes pour que ne surgisse pas une angoisse diffuse qui ramasse en pelote les souvenirs de l'autre guerre, toute une mémoire inflammable, peuplée de femmes volages, de « femmes vampires », de ces « profiteuses de l'arrière » abondamment décrites par une littérature complaisante ou revancharde. À travers le personnage de Marthe, *Le Diable au corps* (1923), le roman de Raymond Radiguet, a diffusé l'image de la femme infidèle, bafouant les conventions morales, négligeant les prescriptions patriotiques au profit des suggestions autrement impératives des lois de la nature. Peu importe à la limite que cette image ait été moins conforme à la réalité qu'à la peur inspirée par les femmes seules, soustraites à la surveillance masculine, il n'en faut pas davantage pour que ces hommes, coupés de leurs bases affectives, livrés à un désœuvrement propice à la rumination, aient soudain moins confiance en l'inviolabilité de leurs épouses que dans celle de la ligne Maginot. Parler de cauchemar d'abandon, évoquer l'expérience tragique des poilus serait sans doute exagéré. Impossible cependant d'ignorer le doute lancinant que suscite, à des degrés divers, l'idée d'une possible trahison des femmes. Personne n'est épargné, pas plus les « vieux » époux que la mobilisation a dérangés dans leurs habitudes que les « mariés de la guerre » qu'un décret spécial a autorisés à contracter mariage par procuration. Comme en 1914 mais à une moindre échelle, on a assisté en effet à la consécration précipitée de quelques milliers d'unions et les couples ont signé les registres en mairie comme on inscrit une hypothèque sur un avenir incertain.

Vers la fin de l'automne, l'affaire du bromure, articulant angoisses individuelles et inquiétude collective, est venue porter au paroxysme la déréliction des hommes en armes. La rumeur s'est répandue que le « pinard » généreusement distribué aux soldats par l'intendance était trafiqué avec du bromure et que sa consommation provoquait une carence partielle ou complète des fonctions génésiques. En cause : L'Œuvre du vin chaud du soldat fondée en 1914 par le député socialiste de l'Hérault Édouard

Barthe et relancée le 23 novembre 1939 sous la pression du lobby viticole à l'occasion d'une première distribution à la gare de l'Est en présence du ministre de l'Agriculture, Henri Queuille. En fait, le carburant national a juste été coupé de 20 % d'eau afin d'atténuer les ravages de l'éthylisme chronique qui affecte la troupe. Parce qu'elle joue sur les ressorts d'un imaginaire tendus à l'extrême, l'affaire du bromure devient l'obsession des chambrées et des casemates souterraines, un sujet de plaisanterie et de hantise, entretenu jour après jour par mille anecdotes à la fois alarmistes et fantaisistes, où se réfractent les incertitudes d'avant-guerre sur la virilité et l'identité masculine. Le récit d'un officier permet de mieux cerner le processus de cette intoxication en circuit court : « Il vient en effet de m'être rapporté de source absolument certaine que six femmes de réservistes du 2e RAD stationnés dans les environs d'Hirson, qui avaient pu aller voir leurs maris à leurs cantonnements la semaine dernière et passer la nuit avec eux, sont toutes rentrées à Amiens sans qu'aucune d'elles ait trouvé son mari en état de remplir ses devoirs conjugaux [...]. Un troisième réserviste de la caserne de Friant également disait hier, toujours à un inspecteur de mon service, qu'il n'osait plus partager le lit conjugal de crainte de se voir reprocher une frigidité anormale et d'être taxé d'avoir une relation extraconjugale. Enfin, le mardi 20 courant, un réserviste de vingt-six ans, taillé en athlète, a amené devant moi, dans l'après-midi, une fille soumise à laquelle il réclamait des honoraires versés à titre d'avance d'hoirie, soit 15 francs, sous prétexte qu'il n'y avait pas eu usage. À quoi la fille rétorquait en substance : “Ce n'est pas ma faute. J'ai fait tout le possible pendant deux heures. Mais il n'y a rien à faire et j'estime avoir gagné mon argent”[14]. » Les démentis en cascade de l'état-major se heurtent au scepticisme de la troupe. Et l'esprit gaulois grince dès que les hommes se croient atteints dans leur dignité de mâle et dans leur intégrité physique : « *Quand le biffin retourne en permission/ Et veut baiser son petit chéri mignon/ Il s'aperçoit qu'il n'a rien dans les roustons/ C'est la faute de ce bromure cochon*[15]. »

Que peuvent bien penser les épouses frustrées à l'issue de brèves et infructueuses retrouvailles ? Une pieuse conjuration du silence entoure ce problème. L'union sacrée des couples malgré la désunion des corps, l'hygiène morale de la séparation, le rôle de la femme au foyer en l'absence du chef de famille, l'art d'écrire au mobilisé ou d'accueillir le permissionnaire : autant de sujets auxquels la presse féminine accorde, en revanche, une place de choix dans un registre où les bons sentiments alternent avec les conseils pratiques. L'un des premiers éditoriaux de guerre de *Marie-Claire* a donné le ton : « Jusqu'à présent, nous nous étions efforcées de vous apporter la joie ; notre rôle à partir d'aujourd'hui sera de vous apporter la force. Nos problèmes personnels n'existent plus, ils n'ont d'importance que dans la mesure où ils se confondent avec les intérêts de la Nation ; mais Dieu nous est également témoin que puisque la guerre nous est imposée, nous saurons la vivre d'un cœur ferme et sans qu'une défaillance de notre part soit un sujet de trouble pour les hommes qui se battent pour nous et pour nos enfants[16]. » Censeur vigilant des mœurs, l'hebdomadaire s'insère comme tant d'autres dans le dispositif informel du contrôle social des pulsions sexuelles. À travers les réponses de la rédaction au courrier des lectrices, il célèbre sans désemparer les vertus de la fidélité conjugale. Il va même jusqu'à organiser un « Grand tournoi de la lettre d'amour » dont le jury est composé de Colette, Henry Bordeaux, Paul Géraldy, Léon-Paul Fargue et de la directrice de la rédaction, Marcelle Auclair. Grâce à cette ligne éditoriale qui les associe modestement à l'effort de guerre et les dédouane de tout soupçon de frivolité, les grands titres de la presse féminine peuvent s'abandonner sans complexe à leur vocation commerciale de support promotionnel de l'industrie cosmétique, alors en plein essor, et des métiers de la mode.

À la femme, « principal ornement décoratif du paysage urbain », il est demandé de soigner son allure, son visage et son teint afin d'être, selon le mot du couturier Lucien Lelong, « une vivante affiche de propagande » en prévision de la permission ou du retour proche du « cher absent ». N'est-il pas, d'ailleurs, le premier à relayer l'exigence des mobilisés : « Dites-leur, *Marie-Claire*, qu'elles se trompent si elles croient bien faire en se laissant aller. Nous rêvons beaucoup d'elles, de loin, nous les imaginons telles que nous les avons connues : belles, charmantes, c'est ainsi qu'elles nous donnent du courage, c'est ainsi que nous voulons les retrouver. » Aucune des grandes marques de crèmes de beauté ne manque à l'appel de cette « croisade de bravoure et du charme » destinée à « enchanter les esprits mâles » (Léon-Paul Fargue) ; et pas davantage les accessoiristes du « chic parisien » dont les créations sont présentées comme autant de contributions décisives à la défense nationale, au même titre que la collecte du fer destiné à forger « l'acier victorieux ». « Il faut qu'il existe une armée d'insouciantes dont la beauté apporte un peu de gaieté à nos heures graves », proclame le très sérieux *Marianne* dans son numéro du 18 octobre 1939, entre deux tirades contre les suppôts masqués du défaitisme.

Drapée dans un tricolore impeccable, la haute couture n'a pas tardé à relever le défi de la collection de printemps ni à occuper l'avant-poste stratégique de l'« élégance française ». Désormais les modèles s'appellent *Maginot, Bombardier, Tank, Service secret, Alerte* ou *Permission de détente.* À la mi-novembre, Mme Gamelin, la femme du généralissime des forces armées, vêtue d'un strict tailleur ouvert sur une blouse de satin blanc, et Mme Giraudoux apportent leur caution à cette guerre en dentelles en assistant aux défilés des grandes maisons où l'avènement du bleu Royal Air Force constitue, selon les chroniqueurs, l'événement majeur de la saison. Ainsi sont simultanément formulés les rappels à une stricte discipline sexuelle et l'exaltation des composantes les plus sexuées de l'« éternel féminin » (charme, séduction, attrait pour la représentation) au moment même où le décor de la guerre, à défaut de la guerre elle-même, commence à exciter les sens, où la séparation des couples a pour effet d'enflammer les imaginations. Toute à son goût du paradoxe, la société française s'offre le luxe d'un contre-pied qui n'a rien d'un contresens. Après tout, le pays n'est-il pas bouclé par la ceinture de chasteté de la ligne Maginot ? Avec la feinte insouciance des dupes volontaires, on préfère ignorer que celle-ci ne ferme pas.

As-tu vu l'Anglais ?

10 septembre 1939. Les premiers détachements du British Expeditionary Force (BEF) débarquent en France, auréolés des souvenirs de la Grande Guerre. L'accueil est chaleureux et semble valider les choix diplomatiques du gouvernement Daladier. Si chaleureux même que l'opinion est bientôt fondée à se poser une question : l'engouement des femmes n'irait-il pas aux seuls soldats anglais sanglés dans un uniforme à la coupe impeccable, portant blouson et guêtres blanches, distribuant à pleines mains des paquets de Players, de Navy et de Craven A ? C'est ce qu'on pourrait croire, à entendre Joséphine Baker chanter *Oh ! Mon Tommy* ou Léo Marjane lancer un *Bonjour Tommy* entièrement consacré à l'Entente cordiale dans sa version la plus intime. À dire vrai, tout encouragement est superflu. D'innom-

brables témoignages confirment l'irrésistible séduction des soldats britanniques auprès d'une partie non négligeable de la population féminine. Séduction d'autant plus irrésistible que les *tommies* bénéficient d'une solde trois fois supérieure à celle des *frenchies* et qu'en outre un change très favorable facilite leurs conquêtes. Indicateur parmi les plus réactifs, l'offre prostitutionnelle s'oriente massivement vers ces nouveaux clients. À telle enseigne que le commandant Basset Wilson, chef de la prévôté anglaise, doit se plaindre à plusieurs reprises auprès des autorités françaises du harcèlement dont font l'objet les permissionnaires britanniques à Paris. À l'en croire, ces derniers ne peuvent se déplacer sans être entourés d'un essaim de prostituées et de rabatteurs de maisons closes déguisés en « guides-interprètes[17] ».

Au fil des semaines, l'élément masculin autochtone se montre, quant à lui, beaucoup plus réservé. Le temps n'est pas loin où l'on reprochera aux soldats anglais d'être à la fois trop peu nombreux là où ils devraient être et, là où ils sont, trop envahissants. Malgré ses efforts, le Commissariat à l'information a de plus en plus de mal à cacher la faible participation anglaise au dispositif stratégique. En février 1940, dix divisions seulement (deux cent mille hommes) stationnent sur le sol de France au lieu des vingt-six promises pour la fin octobre 1939. Encore ces divisions cantonnent-elles loin de la frontière allemande, dans le Nord, la Normandie et sur la façade atlantique. « As-tu vu l'Anglais ? » : une note de l'état-major stigmatise cette interrogation narquoise qui fait florès parmi les troupes affectées à la surveillance de la ligne Maginot. Traduit par la propagande allemande de Radio Stuttgart, ce trait malicieux revient en flèche mortelle : « Les Anglais offrent leurs machines, les Français leurs poitrines », quand ce n'est pas sous la forme d'une édition pirate de *Paris-Soir*, titrée : « Les Anglais combattront jusqu'au dernier Français. »

Il y a encore plus pernicieux : les passe-droits et les privilèges que s'octroie le corps expéditionnaire britannique suscitent une irritation croissante dont les échos parviennent d'un peu tous les milieux à la fois. Sur la frontière belge, le commandement britannique délivre des billets de logement à la troupe sans même en rendre compte aux édiles locaux. À Wanquetin, près d'Arras, les *tommies* occupent des maisons individuelles, tandis que les soldats français sont logés dans des granges en torchis. Fréquentes sont les rixes qui éclatent dans les villes où stationnent en même temps les éléments des deux armées : à Lille, La Mecque des permissionnaires britanniques, où ces derniers débarquent en force dans les bals, abusent de la bière, serrent d'un peu trop près les filles et finissent par boxer les « gitans du continent » ; à La Baule, où le commandement britannique est contraint de déplacer deux fois, par mesure disciplinaire, le contingent qui s'y trouvait cantonné. Une anglophobie latente est en passe de supplanter l'anglophilie spontanée qu'avait fait naître le précédent conflit. Elle accueille aussi bien les doléances d'un communiste comme Georges Sadoul, agacé de voir les Britanniques s'installer comme en pays conquis (« Nous ne sommes tout de même pas encore une colonie[18] ! ») que l'indignation sonore du futur collaborationniste Alain Laubreaux qui décrit avec force détails les « saccage, pillage et brigandage » commis par des Alliés à la fois « insolents, méprisants et encombrants ».

C'est là un terrain de choix pour la jeune droite fascisante de *Je suis partout* qui s'est fait une spécialité d'étriller, à longueur de colonnes, le Britannique et de jeter ainsi le doute sur ses véritables intentions. Sous le titre « Les Anglais en guerre vus par leurs journaux », l'hebdomadaire ubiquiste se fait un devoir de reproduire les dessins d'une publication satirique, *The Humorist*, montrant de jeunes Françaises en proie aux tendres sollicitations des *tommies*. On y voit un officier britannique dictant à une jeune dactylo visiblement renfrognée son rapport quotidien : « Contrairement à hier, nos avances ont été provisoirement repoussées. » N'était la nécessité de faire apparaître la perfidie et le cynisme des « prédateurs de la City », *Je suis partout* aurait pu tout aussi bien puiser chez les dessinateurs de la presse parisienne, qui, toutes tendances confondues, exploitent avec la même verve un filon identique[19]. Tout comme ce parfumeur dont la réclame met en scène, au pied de la colonne Vendôme, une élégante Parisienne encadrée par deux officiers anglais, stick sous le bras, auxquels elle confie dans un sourire : « Oui, j'emploie la poudre Soir de Paris de Bourjois. »

Dans ce climat de mésentente cordiale, pour ne pas dire de franche hostilité, les services de la propagande allemande engagent une première « campagne de France » destinée à accroître la vulnérabilité psychologique de l'adversaire. Des cartes circulent à l'intérieur des lignes françaises, à première vue anodines, mais lorsqu'on les regarde par transparence, on y voit un *tommy* enlaçant dans ses bras une femme nue avec au dos cette inscription :

« Soldats français ! Où sont les Anglais ? Où est ta femme ? » Des tracts prodigieusement circonstanciés énumèrent les bonnes fortunes de la troupe britannique, illustrés de photos où les couples, figés dans des poses sans équivoque, ont l'air de ne rien vouloir celer de leur bonheur. À défaut d'« orages d'acier », c'est une nuée insidieuse, corrosive qui s'abat sur chaque cantonnement, chaque unité, chaque poste. Avec l'impact que l'on devine sur des cibles déjà fragilisées. « L'état militaire, observe Francis Ambrière, est la pire condition où se représenter la trahison d'une femme aimée. Il est loin, la consigne et la peine promise au crime de désertion le retiennent de courir à sa vengeance, l'image l'obsède de l'infidèle criant de plaisir sous le poids d'un autre, son impuissance d'agir le ronge. » Ces macérations, ce remuement des tréfonds, qui peut douter de leur caractère obsessionnel au sein d'une troupe que la guerre ne semble finalement concerner que par ses désagréments mineurs, d'une troupe dont les bâches camouflées s'ornent de mélancoliques inscriptions : « Adieu l'amour », « Les sans-femmes », « Viens poupoule » ? En Lorraine, sur la ligne de front, les Allemands ont fait installer des haut-parleurs qui, la nuit venue, diffusent quelques-uns des grands succès de la chanson française. Pas n'importe lesquels. Émergeant des ténèbres, la voix de Tino Rossi supplie Marinella de rester encore dans ses bras, puis c'est au tour de Lucienne Boyer de suggérer avec insistance qu'on lui parle d'amour et qu'on lui redise des choses tendres. Un correspondant de guerre rapporte que des biffins extasiés ont fait taire les mitrailleuses pour mieux l'écouter[20].

Baisers sur le front

Parce qu'il connaît d'expérience la gravité de la partie qui se joue sur le terrain conjugal, parce qu'il n'ignore plus rien des effets délétères de la frustration et des longues plages de séparation imposées aux couples, le ministère de la Défense nationale, persuadé que le conflit sera long, décrète qu'à compter du 1er novembre 1939, tous les soldats auront le droit à dix jours de permission par période de quatre mois, huit pour ceux des forces territoriales. Mieux encore : il autorise la visite des civils dans la zone des armées, ce qu'il s'était, jusqu'au bout, refusé à faire lors de la « der des der ». Au grand quartier général, bastion du conservatisme, il a fallu vaincre bien des réticences, surmonter toute une culture de guerre pour faire admettre une telle décision. En interdisant la visite des épouses auprès de leurs maris, au repos dans les cantonnements, alors même que la guerre s'enlisait et que le front se stabilisait, l'ordre général du 30 septembre 1914 n'avait-il pas arrêté une doctrine qu'on pouvait croire irrévocable ? À l'image de l'athlète, le bon soldat devait être sans femme, afin d'éviter la déconcentration et la dispersion d'énergie que provoquent la passion amoureuse et l'activité sexuelle. En dépit des préconisations de l'Académie de médecine, favorable à une levée de la prohibition des épouses dans la zone des armées, l'autorité militaire ne transigea pas sur ce principe, sans parvenir toutefois à empêcher, au fil des mois, une certaine porosité entre l'avant et l'arrière ni à interdire aux femmes d'officiers et de sous-officiers de venir s'installer dans les villes proches des combats. À partir de 1916, « baiser sur le front » n'était plus tout à fait cette chimère après quoi soupirait Apollinaire dans ses *Poèmes à Lou*, l'impôt du sang n'excluait plus le don du sperme.

Sévèrement critiqué au cours du précédent conflit, le commandement militaire semble donc avoir tiré les leçons d'une trop rigoureuse séparation des sexes dans une société en guerre. En fait, il s'est surtout converti à l'empirisme et l'autorisation de principe accordée aux femmes de rendre visite à leurs maris va faire l'objet d'interprétations divergentes, tantôt souples, tantôt restrictives, selon les lieux et les périodes. Si bien qu'en pratique, la délivrance des sauf-conduits sera la plupart du temps laissée à l'arbitraire de l'autorité de secteur jugée seule à même d'apprécier la situation. Sur place, la rigueur des instructions est souvent tempérée par le laxisme ou la balourdise de la gendarmerie. Ainsi est-ce sans trop de difficultés que Simone de Beauvoir, bien qu'elle ne soit pourvue que d'un laisser-passer de vingt-quatre heures délivré sous prétexte d'aller chercher sa sœur malade, parvient, au début de novembre 1939, à rejoindre Jean-Paul Sartre, cantonné à Brumath. Et si l'arrivée du « Castor » à Nancy, dans une ville qui « grouille de monde » et que la guerre a transformée en un « immense campement », ne passe pas inaperçue parmi la foule des visiteuses, l'explication en est simple : « Un type me crie : "Quand je vous vois, je me crois encore sur les Grands Boulevards." C'est à cause du turban jaune, des hauts talons et des boucles d'oreilles[21]. » Pendant quatre jours, on peut la voir en compagnie de Sartre, paisiblement attablée au Lion d'or, au Bœuf noir ou à la Taverne du cerf comme de petits-bourgeois en villégiature. L'installation dans cette guerre qui n'en est pas une semble ici s'accomplir dans un climat de laisser-aller général : « Tout le monde couve d'un œil attendri la femme qui vient voir son militaire. La patronne du Cerf a ri de bon cœur en découvrant ma prétendue sœur [...]. À la gendarmerie, ils ont été tellement stupides et impressionnés par les cachets de Paris qu'ils n'ont même pas compris que ce papier ne me donnait droit qu'à un jour[22]. » En revanche, à peine deux mois plus tard, le 30 décembre 1939, c'est en quasi-clandestine que Suzanne Veyssac, professeur de philosophie à Bordeaux, doit se rendre dans la 2e zone des armées qui englobe précisément la ville de Nancy pour y retrouver son fiancé : la gendarmerie s'y livre désormais à une véritable « chasse aux femmes[23] ».

Les grandes amoureuses, celles que domine la passion et qui ne peuvent endurer un trop long carême affectif, sont prêtes à prendre tous les risques, à déjouer toutes les surveillances. Pour celles-là, l'illégalisme est un adjuvant du romantisme voire de l'érotisme. Espèce très minoritaire, au demeurant, si l'on en juge d'après ce que rapporte le soldat Paul Nizan, cantonné à Romanswiller, en Alsace, avec le 3e bataillon du 405e régiment de pionniers qui, dans une lettre à sa mère, relate en ces termes la visite de son épouse au cours de la journée du 8 octobre : « J'ai reçu l'autre dimanche la visite de Rirette qui a débarqué au petit matin après vingt-trois heures de voyage, sans le moindre sauf-conduit et à la grande admiration de mes compagnons qui se sont dit qu'ils avaient des femmes plus timides[24]. » Dotée d'un tempérament aussi impétueux qu'imprévisible, l'épouse du journaliste Amand Mahieu réussit, quant à elle, à suivre et même à précéder son mari dans les villes où le régiment de celui-ci fait halte. À Lens, Launois, Rond-le-Mesnil, la présence de l'encombrante épouse finit par intriguer le capitaine, lequel se demande par quel mystère cet élément suspect a pu être informé alors que lui-même ignorait, jusqu'à la dernière minute, la destination de sa compagnie. Menacé d'être traduit devant le conseil de guerre, Mahieu livre le secret de son épouse à son supérieur incrédule : « Vous voulez que je vous dise comment ma femme a su où nous étions ? Ce n'est pas compliqué [...] elle s'est adressée tout simplement au grand quartier général [...]. Quand on l'a vue arriver, en voiture, et qu'on a eu remarqué que, mon Dieu ! elle était assez plaisante à regarder, les officiers sont sortis de toutes les portes et ont tourné autour d'elle comme de jeunes coqs [...]. “Votre ami ? Mais bien sûr qu'on va vous dire où il est [...]." Car ma femme avait parlé de son ami et non de son mari. Elle se souvenait de Roxane dans *Cyrano* [...]. Et on la fit entrer dans les bureaux [...]. On ouvrit les dossiers [...]. Voilà, sa compagnie change justement de cantonnement [...]. Et on lui montrait la route sur la carte [...]. Mieux ! l'un des officiers les plus empressés lui calqua, sur cette carte, l'itinéraire dont elle avait besoin. »

De telles incursions deviennent néanmoins de plus en plus rares à mesure que le temps passe, soit lassitude de la part des épouses, soit renforcement des contrôles en réaction à des abus dont la presse s'est fait largement l'écho. Lorsque Henriette Nizan retourne en Alsace le 20 janvier 1940, c'est pour apprendre que le général commandant la garnison a communiqué des instructions rigoureuses afin d'interdire aux militaires de faire venir leur femme au cantonnement et *a fortiori* de les installer en ville[25]. À peu près à la même époque, le général Billotte, à Lille, ordonne que l'on vérifie dans tous les hôtels de la ville les titres de séjour des voyageuses et que l'on expulse, le cas échéant, toutes celles qui s'y trouveraient en situation irrégulière.

À rebours, les permissions régulières et celles qui le sont moins offrent d'appréciables compensations aux hommes de troupe qui, du fait de ces velléités répressives, se trouvent momentanément privés de visites. La « déplanque », c'est-à-dire la pratique qui consiste à faire un aller et retour en ville et à rentrer tôt le matin avant l'appel, est cependant un exercice à risques. En revanche, le commandement semble avoir plus volontiers fermé les yeux sur le régime de semi-liberté que s'octroyaient certains officiers : « Le soir raconte le spahi Pierre Andreu basé en Champagne, les officiers, après avoir tourné toute l'après-midi sur la carrière et tapoté leurs bottes d'un stick nonchalant, partent en Bugatti pour Paris, sous le regard haineux des hommes du poste[26]. » C'est peu dire que ces escapades désinvoltes, ébauches prémonitoires de la débâcle, ne témoignent pas en faveur de la combativité de l'armée française. Une jeune fonctionnaire du Quai d'Orsay comme Suzanne Borel, détachée au service cinématographique du Commissariat à l'information où elle fait montre d'un patriotisme sourcilleux, s'indigne de ces faux permissionnaires en goguette qui, sous le moindre prétexte, sautent dans leur voiture pour passer la nuit dans la capitale. « L'auto, en conclut-elle, a tué le guerrier[27]. » Ce n'est pas Jean Marais qui irait dire le contraire. Affecté à la 107e compagnie de l'armée de l'Air, il ne manque jamais une occasion – et au besoin il les crée – de quitter la base d'Amy, dans la Somme, pour aller rejoindre Cocteau au volant de sa Marford. Lequel effectue, chaque dimanche, le trajet dans l'exaltation d'échappées bucoliques que prolongent des transports épistolaires non moins exaltés : « Jeannot, n'est-ce pas admirable de pouvoir se dire qu'au fond de l'âme, dans cette grande énigme terrible : je suis parfaitement heureux ? J'en arrive à croire que notre bon Dieu a fait dans ce désordre, de ce désordre cette chose parfaite [...] on ose à peine avouer tant de bonheur au milieu de cet univers de larmes[28]. »

L'armée, école de la copulation

Dans ce contexte, l'armée française n'est pas l'école du crime, comme le prétendent depuis toujours les antimilitaristes, mais bien l'école de la copulation, de la copulation rêvée et parfois accomplie ; c'est là son obsession et presque son unique objectif, tant ces grandes concentrations d'hommes inactifs paraissent n'avoir été réunies que pour réveiller leurs ardeurs viriles. Les poilus de la Grande Guerre cherchaient dans le débridement animal un surcroît d'énergie, une décompensation à l'horreur des combats ; décharge après la charge, affirmation priapique d'un vouloir vivre exacerbé par la fréquentation quotidienne de la mort. Les pioupious en rut de l'an 40 sont des non-combattants pour qui la fornication est avant tout dérivatif à l'ennui, fuite devant le réel, labeur mécanique de mâles en quête de réassurance. L'oisiveté élève des temples à la gloire de Phallus. Anomie pernicieuse : bien des hommes, enlisés dans la morosité d'une longue attente, ne rêvent que de transes érotiques et des stratagèmes pour y parvenir. Pas un récit qui ne fasse le constat de cette omniprésence du sexe, de cette prégnance du génital et de l'organique dans les conversations répétitives qui forment l'ordinaire de la vie des mobilisés : « Du plus haut au plus bas, les militaires sont aux trousses des cotillons. L'éloignement du foyer est l'excuse [...]. L'âge, la fatigue, l'absence de soin et d'hygiène ne font rien contre l'engouement du poilu pour la femelle[29] » (L.-G. Villeroy), « Mon vieux, puisqu'on ne peut pas faire la guerre, qu'on fasse au moins l'amour[30] » (René Roques). « Rien ne les émeut, excepté leurs petites affaires personnelles [...] et, comme il se doit, leurs performances hyperboliques en fait de fornication[31] » (Jean Malaquais), « L'érotisme joue un rôle croissant chez mes compagnons[32] » (Paul Nizan).

À sa manière, plus cérébrale mais non moins insistante, le même Nizan illustre le triomphe de cette économie libidinale au sein de la troupe. Voici en effet que cet ancien agent du Komintern appointé par la *Revue littéraire internationale* de Moscou, démissionnaire du PCF au lendemain de l'invasion de la Pologne par les troupes soviétiques, que cet archétype du romancier problématique ne semble plus préoccupé que de son propre plaisir, comme s'il avait d'un seul coup abjuré tout messianisme révolutionnaire au profit de ce catéchisme hédoniste qui faisait dire à l'un de ces personnages d'avant-guerre : « Il n'y a pas d'autre vérité qu'un corps. » Cette vérité-là, Paul Nizan ne va plus cesser de l'explorer, au cours des quelques semaines qui lui restent à vivre, abandonnant sa défroque d'intellectuel engagé en politique pour celle de l'érotomane polygraphe : « Aussi suis-je ramené au sujet intime auquel l'existence du contrôle postal me limite ordinairement, écrit-il à Henriette le 1er janvier 1940, je ne le regrette point ; je ne saurais me lasser de ce thème, puisque je sais à présent que je n'ai guère d'autre besoin vraiment essentiel que de te voir, de te parler, et que l'idée que je me fais du bonheur en action se limite à peu près à celle de faire l'amour avec toi… être "dans toi", t'entendre me dire "baise-moi bien" ou "viens dans moi" ou "je passerais ma vie sur ton dos", te voir écarter les cuisses comme un piège… sentir la pointe de tes gros seins pousser et durcir sous ma bouche – passer ma langue le long de ta deuxième bouche… jouir sur ton corps, te baiser dans la distraction du demi-sommeil – mettre ma verge entre tes cuisses quand tu es debout devant moi, t'entendre dire : "Tu aimes mon con"[33]. »

Tout est bon pour assouvir cette incoercible montée du désir. Il y a d'abord les revues licencieuses, consolation des solitaires, des mal foutus ou des malchanceux : *Sex-Appeal, Paris Magazine, Pour lire à deux, Vénus, Paris Plaisirs, Gai Paris, Séduction.* Abondamment diffusées à l'intérieur des casernes, elles ont pris le relais des cartes postales érotiques, les fameuses « déesses de la poste » de la Grande Guerre. Elles ont surtout beaucoup de succès auprès des « guetteurs » enfermés comme des betteraves en silo dans le béton des casemates souterraines de la ligne Maginot. Personne n'ignore, en haut lieu, à quel point le maginisme se prête à l'onanisme. Ces petites femmes de papier aux poses lascives sont si envahissantes que les pouvoirs publics s'en émeuvent à plusieurs reprises. En pleine avance des armées allemandes, le ministre de la Famille Georges Pernot trouve encore opportun de s'adresser à son collègue de l'Intérieur pour réclamer une application énergique de la loi du 30 mars 1939 contre les publications pornographiques dont le « commerce s'est déplacé de Paris dans la zone des armées » et des sanctions non moins dissuasives contre les éditeurs, imprimeurs et libraires responsables de ce trafic « préjudiciable au bon moral des troupes[34] ».

Il y a, certes aussi, les ressources locales : filles de ferme, serveuses, bonnes à tout faire, vendeuses, demoiselles de magasins composent une population qu'affole la demande pléthorique d'un cheptel masculin sans cesse renouvelé et sur laquelle les hommes de troupe lorgnent avec concupiscence. Toute présence féminine dans la zone des armées, quelle qu'en soit la raison, est d'ailleurs considérée comme une proie potentielle par ces prédateurs revêtus de l'uniforme. Rien de plus significatif, à cet égard, que le regard porté par les hommes, mobilisés ou pas, sur le personnel engagé dans l'effort de guerre. Entre janvier et juin 1940, la Défense nationale s'est, en effet, dotée d'unités féminines ayant le statut de volontaires civils ou d'auxiliaires militaires dans les formations d'ambulances, de secouristes et de transports. Les plus connues, celles dont on parle le plus, sont les infirmières-ambulancières des Sections sanitaires automobiles qui portent un uniforme kaki, sans grade ni insigne, dont le modèle a été dessiné par Maggy Rouff, et des chapeaux ronds à petites calottes, créés par la célèbre modiste Paulette. En l'espace de quelques semaines, vingt-huit mille femmes se portent candidates : c'est plus que n'en attendait le bureau de recrutement, sensiblement moins cependant que les cent mille volontaires affectées au service de santé militaire lors du premier conflit mondial.

D'une guerre à l'autre, la suspicion à l'égard de toute forme d'engagement féminin n'a fait que croître, nourrie par la crainte diffuse d'une émancipation voire d'une masculinisation des femmes et peut-être surtout d'une incapacité à imaginer pour elles d'autres emplois que leurs rôles traditionnels. « Pour l'amour du ciel, implore Maurice Goudeket, le mari de Colette, dans les colonnes de *Marie-Claire*, cessez chère amie d'encombrer les pouvoirs publics de votre petite personne momentanément inutilisable [...]. Je n'ignore pas que votre révolte, vos tentatives un peu brouillonnes pour vous rendre utile n'ont pour mobile qu'un besoin honorable et féminin de vous dévouer à tout prix[35]. » Un

« besoin honorable », vraiment ? Tout le monde n'est pas de cet avis. L'image de l'infirmière, « ange blanc » de la Grande Guerre dont la fonction était jusque-là perçue comme un prolongement ou un substitut de la maternité, s'est chargée d'une trouble ambiguïté : moins sainte laïque que femme dominatrice, exerçant sur des mâles diminués une tyrannie du désir et de la séduction dans un schéma inversé du temps de paix.

C'est ce versant moins lumineux du dévouement féminin que choisissent de mettre en valeur les plumes les moins conformistes. Celle d'Alfred Fabre-Luce est particulièrement féroce : « Les femmes se sont offertes avec fougue à la guerre, qui n'a pas voulu d'elles. Elles lui en gardent rancune. Vingt mille infirmières réclament des blessés. Certaines ont l'air de croire que l'autorité militaire manque à son devoir en ne les fournissant pas. Ces blessés étaient indispensables à leur équilibre nerveux (il y a des formes subtiles de l'égoïsme, des dévouements de neurasthéniques qui remplacent les cures de désintoxication). Ces amazones qui avaient espéré se fuir restent aux prises avec elles-mêmes. Alors, encore l'amour ? Mais avec qui[36] ? » Celle, frottée de trotskisme, de l'écrivain Jean Malaquais, prix Renaudot 1939, que tout a priori oppose à l'aristarque Fabre-Luce, ne l'est pas moins. Plus séductrices que consolatrices, les infirmières ne rechercheraient rien d'autre que la secousse nerveuse que procure l'odeur du sang, qu'un dérivatif pour y noyer leurs palpitations. C'est ainsi du moins qu'elles lui apparaissent du fond de son lit d'hôpital à Saint-Jean-de-Bassel le 23 février 1940 : « Ces demoiselles les infirmières, toutes des bénévoles, je crois, froufroutent, papotent, se trouvent charmantes sous leurs bonnets ADF [Association des dames de France]. Glissent à pas légers, aériennes, sentant le dévouement et l'eau de lavande. Celle qui prend soin de moi est ravissante. “Ah, ah, nous avons un travail fou...”, roucoule-t-elle. On les suit du regard, avec la convoitise de fauves affamés. Elles sont prodigieusement conscientes du désir qu'elles distillent dans leur sillage, désir qui à leur tour les excite. Une sorte d'indécence très spéciale, très raffinée en émane, qui les nimbe comme une auréole[37]. »

Symptomatique également est le refus masculin d'envisager le changement culturel que représente, à travers les unités auxiliaires de l'armée, l'enrôlement des femmes au service de la nation. En 1927, le projet du député socialiste Joseph Paul-Boncour de faire participer les femmes à l'« organisation générale de la nation en temps de guerre » n'avait-il pas déjà suscité autant de sourires que de quolibets ? La complémentarité des rôles sexuels est à ce point ancrée dans les esprits que les soldats de l'an 40 voient dans ces auxiliaires féminines des supplétives préposées non pas à la défense de la collectivité mais à des prestations individuelles d'un genre particulier. Ces filles-soldats que la rumeur a tôt fait de transformer en filles à soldats sont du petit-bois jeté dans le brasier crépitant des fantasmes. De quoi en tout cas nourrir les conversations des biffins et améliorer leur ordinaire : « Mises à part un certain nombre de vierges fortes dont l'âge ou l'aspect n'autorisaient guère à suspecter leur vertu, affirme l'un d'entre eux, ces volontaires étaient pour la plupart de jeunes personnages ayant un goût pour l'aventure et qui ne refusaient point à procurer à leurs compagnons d'armes le repos du guerrier. Malheureusement, nous les gars du front, les "deuxième classe", nous n'en profitions point. Ces demoiselles exerçaient leurs fonctions à pas mal de kilomètres en arrière et manifestaient, de surplus, une préférence pour les militaires agrémentés de galons[38]. »

Sus à la « cinquième colonne vénérienne »

Pour évacuer ce trop-plein, canaliser ce flux séminal, il y a enfin les filles publiques, les prostituées dont le commerce atténue chez les soldats les effets de la séparation ou de l'isolement, régule les pulsions sexuelles au sein de la troupe et contribue ainsi loyalement au maintien de l'ordre public comme à la discipline des armées. Lors de son séjour à Brumath, Simone de Beauvoir, nullement indignée d'avoir été accostée à plusieurs reprises par des militaires, a bien évalué les ressources de la demande : « Il y aurait une fortune à faire, le soldat est aisé par ici et rien n'est organisé[39]. » Au fil des semaines, le trafic prostitutionnel ne cesse en effet de croître en intensité et de s'étendre dans l'espace, d'autant que ces dames, se jouant des règlements sur l'entrée et la circulation dans la zone des armées, semblent y évoluer librement, plus librement en tout cas que les épouses ou les fiancées. D'où l'amer constat d'une femme mariée qui rapporte dans un courrier ce qu'elle a vu, en décembre 1939, sur le *limes* de l'Est : « Au front, jamais il n'y eut tant de débauches et ceux qui ont vu l'autre guerre déclarent qu'il a fallu attendre 1917 pour voir quelque chose de semblable à ce qui arrive aujourd'hui. Je ne blâme pas les hommes – je les comprends trop –

et j'avoue que je ne me sens pas le moins du monde scandalisée[40]. » Cette débauche-là, cependant, n'a plus rien à voir avec celle de 1917, elle n'est plus juste récompense offerte au guerrier, mais affirmation erratique d'une virilité qui n'a pas d'autre emploi et qui, profondément, doute d'elle-même.

Plus que de l'intempérance sexuelle, désordre inhérent à tous les épisodes militaires, l'autorité politique et les services de l'armée ont surtout la hantise du libre-échange sexuel, de la prostitution sauvage, associée par tous les syphiligraphes à la propagation des maladies vénériennes. Il est vrai qu'un rapport, publié en 1922, en a fait apparaître le coût exorbitant lors du premier conflit mondial : 250 346 cas de syphilis et de blennorragies recensés entre 1916 et 1919, soit l'équivalent de six corps d'armée mis hors d'état de combattre[41]. Instruit par l'expérience, l'État est bien décidé, cette fois, à tout mettre en œuvre pour combattre la « cinquième colonne vénérienne » dont la menace le préoccupe autant, si ce n'est davantage, que les vaticinations des défaitistes ou les agissements de quelques traîtres stipendiés. À la pointe de cette croisade figure le décret-loi du 29 novembre 1939, dont l'article 13 stipule que « le malade qui refuse ou néglige de se soumettre à l'examen médical, ou au traitement, ou à l'hospitalisation [...] sera puni d'emprisonnement de six jours à trois mois ». Par ailleurs, il est indiqué qu'au titre de l'article 4, « l'autorité sanitaire peut enjoindre à toute personne de l'un ou l'autre sexe de présenter un certificat médical justifiant qu'elle est ou non atteinte d'accidents vénériens contagieux ou susceptibles de le redevenir ». À condition toutefois, précise le texte, qu'il existe contre la personne en question des présomptions graves, précises et concordantes sur les risques de contamination qu'elle peut faire courir aux autres. L'autre innovation concerne les médecins qui sont « autorisés », nonobstant le secret médical, à prévenir l'inspecteur départemental de l'hygiène de l'état pathologique de leurs patients.

Derrière l'impératif hygiéniste pointe une réelle volonté politique d'étendre le contrôle des mœurs à l'ensemble de la population. À côté des dispensaires antivénériens et des mesures prophylactiques généralisées dans l'armée au lendemain du premier conflit mondial, tout un dispositif est mis en place afin de renforcer le contrôle sanitaire et la surveillance de la prostitution. Une première circulaire émanant du ministère de la Défense nationale et du GQG (grand quartier général), en date du 13 septembre 1939, prescrit, outre une répression « impitoyable » de la prostitution clandestine, l'expulsion immédiate de la zone des armées de toute femme contagieuse se livrant à la prostitution même occasionnelle, le transfert au service de santé militaire, « chaque fois que nécessaire », de la surveillance sanitaire des filles en maison et des filles en carte. Emporté par son ardeur répressive, le général commandant la 14e région militaire obtient même du procureur général de Lyon que les filles se livrant au racolage soient déférées devant les tribunaux correctionnels. Jusqu'à ce que le décret du 29 novembre sur la prophylaxie des maladies vénériennes vienne mettre fin à cette pratique exorbitante du droit commun. Il n'en reste pas moins que le souci d'encadrer la sexualité des soldats fait de l'armée une adepte zélée du réglementarisme, c'est-à-dire du système qui, depuis près d'un siècle, organise la prostitution sous le régime d'un double contrôle, sanitaire et administratif.

Là encore, l'expérience de la Grande Guerre a beaucoup contribué à faire évoluer la doctrine de l'état-major. C'est à la fin de 1917, au plus fort de l'épidémie vénérienne (72 944 cas déclarés cette année-là), que l'autorité militaire commença à explorer la voie de l'intendance sexuelle. En dépit d'une farouche opposition conduite à l'époque par les « antipornographes » d'Émile Pourésy, le haut commandement avait fini par se convaincre qu'une politique de prophylaxie efficace passait par la création de bordels militaires jusque-là réservés aux troupes coloniales. L'initiative en revint au général Mordacq, chef de cabinet de Georges Clemenceau, qui, par les circulaires des 13 mars et 23 mai 1918, créa officiellement des maisons de tolérance à l'usage exclusif des soldats dans les zones où l'armée disposait des pouvoirs spéciaux. Bien qu'il restât une entreprise privée, le bordel prophylactique était entièrement soumis à l'autorité militaire. C'est elle qui délivrait et reprenait les concessions, fournissait les locaux, établissait le règlement intérieur et exerçait le contrôle médical des pensionnaires[42].

En patriotes conséquents, les proxénètes font, dès le début de l'automne 1939, des offres de service au général Chamoine, commandant de la zone étape du grand quartier général. Une missive signée du président de l'Amicale des maîtres d'hôtels meublés de France et des colonies énumère toutes les garanties que le « groupement » est prêt à offrir à l'armée : l'organisation de maisons de tolérance dans les secteurs de l'arrière occupés par les troupes française ou alliées, des « postulantes » possédant « toutes les références professionnelles » et les connaissances nécessaires pour respecter et faire appliquer les règlements sanitaires en vigueur ; le tout dans un esprit d'étroite « collaboration contre le péril vénérien ». En marge de ce courrier, le général, résolument optimiste, a noté : « L'ouverture prochaine du régime des permissions doit permettre à chacun d'assurer, dans les conditions les plus sûres et les plus confortables, son ravitaillement individuel sentimental[43]. » Les événements ne vont pas tarder à montrer qu'il n'en est rien et que le « ravitaillement » en question s'effectue principalement auprès des établissements spécialisés de la zone des armées où les tenanciers, avec ou sans le patronage du commandement militaire, s'efforcent de créer sans cesse de nouvelles maisons, comme celle d'Arras qui, d'après l'hebdomadaire *Candide*, aurait coûté en installation et en aménagements de toutes sortes près d'un million de francs à son propriétaire. Consulté en janvier 1940 par le haut comité de la population sur l'opportunité de créer de nouvelles maisons de tolérance pour répondre aux besoins de la troupe, l'état-major de l'armée a dû se résoudre à prendre officiellement position. La réglementation de la prostitution dans la zone des armées fait l'objet d'une note en date du 26 février sous le timbre du Deuxième Bureau et la signature du général Doumenc, major général. L'autorisation d'ouverture relève toujours de l'autorité municipale sous réserve du visa final délivré par le ministre de la Guerre, mais le commandement s'octroie le droit de contrôler l'installation des maisons en question, le recrutement du personnel et d'y exercer les droits de police qu'il tient de l'état de siège. En pratique, rares seront les cas où l'armée s'opposera à l'ouverture d'une maison. Elle a d'autant moins de raisons de le faire qu'il lui faut répondre dans l'urgence aux besoins spécifiques des « troupes indigènes », notamment nord-africaines, sous peine de « mettre en danger la population civile ». De fait, la cartographie des « tolérances mobiles » évoluera en relation directe avec les déplacements des troupes coloniales. À bien y regarder, une autre préoccupation se fait jour à travers les notes de l'état-major : afin de ne pas répéter les erreurs commises en la matière à la fin de la Première Guerre mondiale, et pour « le maintien du prestige de la France aux yeux des indigènes », il est recommandé d'éviter « dans toute la mesure du possible » que ceux-ci aient des rapports avec des femmes françaises, fussent-elles filles publiques[44]. Les instructions sur ce point sont formelles : à clientèle coloniale, personnel féminin exclusivement indigène.

Comme il était prévisible, la fourniture par l'institution militaire de ce complément d'alimentation sexuelle – indigène ou pas – a le don de mettre en rage les abolitionnistes de la Ligue française pour le relèvement de la moralité publique du professeur Paul Gemaehling et de Daniel Parker, dignes épigones des « antipornographes » de l'autre guerre. Leurs publications se font un devoir de rapporter les carences du réglementarisme transposé aux armées. « À X., l'autorité militaire évacue les femmes et les enfants, peut-on lire dans *Le Relèvement social*, mais elle installe immédiatement une maison de tolérance et demande aux officiers d'informer les troupes que la maison ouvrira tel jour à telle heure, à telle adresse. Aucune précision ne manque, et le tarif est aussi indiqué. Premier résultat : quatre cents hommes se précipitent à l'ouverture de la maison et sont "reçus" par neuf femmes en quatre heures ! Une telle abomination se passe de commentaires. Autre résultat pourtant bien prévisible : une épidémie de maladies vénériennes qui seront disséminées dans les foyers à la prochaine permission. Ailleurs, l'autorité militaire fait preuve de plus de zèle encore : elle assure elle-même le transport des hommes par camions jusqu'à la ville voisine. Ici la population civile n'a pas été évacuée et hommes, femmes et enfants, intrigués, contemplent ce spectacle : des centaines d'hommes attendant par 15 degrés sous zéro d'entrer dans la maison de prostitution. Nous tenons de source certaine que quarante cas de syphilis primaire se sont déclarés parmi la troupe à la suite de cette seule expédition[45]. »

Le tableau est sévère mais pas forcément outrancier. Ce qui est certain, en tout cas, c'est que la prostitution en maison n'offre qu'une sécurité relative et que la prolifération des clandestines autour des gares et des cantonnements semble mettre une nouvelle fois en échec le réglementarisme ou du moins en limiter l'efficacité. Face aux défaillances du système, l'armée va se révéler aussi impuissante que la police des mœurs. Très vite, les rapports alarmistes s'accumulent. Ainsi, dès le 23 septembre 1939, moins d'un mois après l'ordre de mobilisation, le colonel Herbillon, commandant la base aérienne du Bourget, décide de consigner à la troupe la maison de tolérance de Dugny, dite La Brasserie du moulin, à la suite de la contamination de deux soldats au cours d'une « sortie de groupe » effectuée le 15 septembre. Le médecin chef qui a procédé au dépistage est perplexe : la tenancière, qui a en maison quatre pensionnaires régulièrement soumises au contrôle médical, aurait-elle reçu des « femmes de renfort » ? Dans le doute, il recommande d'en tenir la troupe à l'écart et, bien qu'il ait refusé à la police le droit d'interroger les militaires contaminés au nom du « secret professionnel », il n'hésite pas à requérir celle-ci pour que des rafles soient organisées parmi les prostituées qui rôdent le soir aux alentours du camp[46]. Jusqu'au bout, la chasse aux clandestines reste au premier plan des préoccupations de l'autorité civile et militaire. Sur ce front-là au moins, la vigilance ne se relâche pas puisque, dans une lettre du 3 mai 1940, soit très exactement une semaine avant l'offensive allemande, le « familialiste » Georges Pernot – encore lui – signale à son collègue de la Santé publique que, faute de surveillance par les autorités policières et sanitaires, de « nombreux cafés et débits de boissons du camp de Coëtquidan sont, en réalité, de véritables maisons de débauche[47] » où pullulent les contaminantes.

La situation que décrit, à la date du 5 juin, le général Hassler, commandant le secteur de Mantes, dans un rapport au général commandant le gouvernement militaire de Paris, n'est guère plus encourageante. Les guinguettes de la Seine entre Poissy et Vernon sont prises d'assaut, à chaque fin de semaine, par des Parisiennes de « toutes conditions » dont la présence est jugée de nature à « créer chez les militaires un désordre engendrant l'indiscipline ». « Depuis neuf mois, conclut-il, c'est une partie de campagne qui continue et qui peut nous ménager de cruelles désillusions[48]. » En fait, ces désordres, pour révélateurs qu'ils soient sur un autre plan, ne doivent pas masquer l'essentiel. Si la sexualité vénale est en forte progression, si le contrôle des maisons est souvent biaisé par des tenancières âpres au gain et peu regardantes quant à l'hygiène des nouvelles pensionnaires appelées en renfort de l'effectif, le « péril vénérien » n'en est pas moins contenu grâce aux progrès accomplis tant dans le domaine de la prophylaxie que par la généralisation des dispensaires antivénériens systématiquement installés dans les localités où cantonnent les troupes. Entre le 1er octobre 1939 et le 10 mai 1940, le service sanitaire des armées recensera mille trois cents cas de syphilis et trois mille deux cents blennorragies, soit un taux de contamination dix fois inférieur à celui de la guerre de 1914-1918[49]. Autre différence notable avec la Grande Guerre : le taux de morbidité vénérienne est, cette fois, sensiblement plus élevé parmi les troupes stationnées à l'arrière, dans les zones d'étapes du GQG et chez les permissionnaires, que parmi les unités des zones avancées. Ceux de l'« avant », ceux du front virtuel, moins au contact, il est vrai, des populations civiles et donc moins exposés en théorie aux risques de contamination, seraient-ils déjà entrés en débandade ?

CHAPITRE 2

De la débandade à la bandaison

« Pays femelle adore râclée. »

Louis-Ferdinand Céline, *Les Beaux Draps.*

« La guerre pue mais je le dis à ma honte, d'une puanteur qui trouble les sens. »

Daniel Guérin, *Le Feu du sang.*

Le 10 mai 1940, l'offensive terrestre et aérienne des forces allemandes met fin à la drôle de guerre. Le 10 juin, un communiqué officiel publié à 23 heures annonce que le président du Conseil Paul Reynaud et les membres du gouvernement se « rendent aux armées » et quittent Paris pour des « raisons militaires impérieuses ». Dans cette fuite, épilogue sinistre et loufoque de tant de rodomontades (« Nous nous battrons devant Paris, nous nous battrons derrière Paris »), ils ont été précédés par le président de la République Albert Lebrun, parti quarante-huit heures auparavant. En un mois, les Français assistent, atterrés et meurtris, à un processus de décrochage de l'appareil d'État dont chaque étape déconsidère un peu plus tous ceux qui, à un titre ou à un autre, ont en charge les intérêts du pays. Le repli militaire, patent dès le 16 mai avec la percée allemande de Sedan, constitue la toile de fond de ces semaines dramatiques. Dans le sauve-qui-peut général, le gouvernement n'entraîne pas seulement les ministres et les membres de leur cabinet, mais aussi les parlementaires et leurs amis politiques, le corps diplomatique, la Banque de France et la haute finance, la magistrature et le barreau, la presse et le Tout-Paris des arts et des lettres ; bref, tous les appendices du pouvoir.

Comme en 1870, la Touraine a été choisie comme centre névralgique de ce qui doit être la résistance à l'invasion ennemie, mais va vite se révéler comme le lieu de transit d'un improbable syndic de faillite. Ministères et services administratifs répartis dans une vingtaine de châteaux s'étalent sur plus de 120 kilomètres au bord de la Loire. Pendant quelques jours, le gouvernement y suit le cours des choses avant que celui-ci ne l'engloutisse. Dans ce décor hanté par les mânes des grands serviteurs de l'État royal, la liquéfaction du pouvoir est un phénomène labile qui fait alterner le solennel et le dérisoire, le grave et le loufoque, le peccamineux et le libidineux.

K-O politique et chaos sexuel

Installés à La Commanderie, une gentilhommière du gros bourg de Ballan-Miré, les services du Commissariat général à l'information ont organisé leur campement sous le signe d'une mixité audacieuse mais couverte par le vieil adage : « À la guerre comme à la guerre. » La nuit, hommes et femmes couchent ensemble dans le même dortoir. Pendant la journée, l'atmosphère oscille entre le pique-nique champêtre et l'excursion priapique, ainsi que le rapporte la jeune Suzanne Borel qui va de surprise en surprise : « Pour le moment il fait très beau ; le jardin est plein de soldats et de femmes : monteuses de la section et des maisons d'actualités qui nous accueillent avec une hostilité surprenante. Toutes sont pomponnées : certaines en pantalons de plage. Je suis choquée : se croient-elles en villégiature ? Elles vont et viennent, disparaissent avec les hommes dans les bosquets d'où fusent les rires : je ne suis pas tant scandalisée qu'étonnée. Je réalise pour mon compte [...] que les choses de l'amour reprennent dans ces circonstances leur véritable place[1]. »

À quelques kilomètres de là, l'agonie du dernier gouvernement de la IIIe République se déroule sur fond de bataille de dames. Les antagonismes au sein du cabinet ne portent pas seulement sur les questions du bien public et du salut national, ils se doublent d'une âpre rivalité entre femmes d'influence dont les escarmouches ajoutent un facteur de désagrégation à une situation qui en comporte déjà beaucoup. Chacun a son égérie attitrée et même parfois titrée. Paul Reynaud a jeté son dévolu sur la comtesse Hélène de Portes, née Rebuffel, fille d'un riche entrepreneur de travaux publics. On les appelle « la fée et son lutin ». Édouard Daladier, ancien président du Conseil, en charge du ministère de la Défense et de la Guerre jusqu'au 6 juin, s'est épris de la marquise Marie-Louise de Crussol, originaire d'une famille de l'Ouest qui a fait fortune dans la sardinerie ; « la sardine qui s'est crue sole », raillent les chansonniers. Quant au ministre de l'Intérieur, Georges Mandel, il s'est entiché d'une sociétaire de la Comédie-Française, Béatrice Bretty, dont la postérité retiendra surtout qu'elle fut la première téléspeakerine au temps où son protecteur était ministre des Postes. La IIIe République aime la gaudriole.

Éprise de « causes générales », l'Histoire savante a coutume de s'arrêter au seuil des alcôves, jetant un voile pudique sur la psychologie des individus, les accidents de leur biographie et les métastases publiques de leur intimité. La bienséance pincée et l'ignorance volontaire se donnent volontiers la main pour enjamber le cloaque de l'anecdotique. De même, Paul Valéry minimise quand il évoque, dans sa correspondance, ces « trois canapés de la République », tant leur influence excède de beaucoup l'étroit périmètre du divan et les moments d'abandon qu'elles y partagent avec leur amant. En temps de paix, les intrigues du « cabinet rose », providence des échotiers, prêtaient à sourire. Il n'en est plus de même lorsque s'ouvre la vacance du pouvoir. Avec un naturel qu'elles puisent dans la certitude de n'être pas contredites, celles qu'on n'appelle plus que les « régentes » redoublent d'exigences, s'emparent des rares téléphones disponibles qu'elles confisquent pour leur usage personnel, réquisitionnent les véhicules officiels qu'elles dépêchent à la recherche de coiffeurs pour dames, s'adjoignent les services des ordonnances qu'elles attachent sans vergogne à leur suite.

Dominant ce caravansérail de sa personnalité de feu, la comtesse de Portes se comporte en véritable directeur de cabinet depuis que Paul Reynaud, succédant à Daladier, est devenu président du Conseil le 21 mars 1940. Fabre-Luce pastiche La Bruyère pour décrire cet étrange couple : « L'influence de *Clorinde* étonne encore et l'on en cherche d'autres explications. Une légende veut qu'elle détienne des secrets d'amour inédits. Romantisme ! À l'âge où il est parvenu, *Scipion* redoute plus la fatigue qu'il ne souhaite le plaisir. *Clorinde* elle-même, quand il le faut, lui prêche raison [...]. D'ailleurs, c'est le cerveau de *Scipion* qu'elle désire. À son sexe, elle accorde seulement assez d'exercice pour l'empêcher de se fatiguer avec d'autres. Sous le nom de maîtresse,

Scipion dispose d'une infirmière prête à soigner les crises d'érotisme qu'un bon repas lui donne encore [...]. Son impudeur même est de nature politique [...]. Cynisme ? Non ; c'est la curiosité du public qui la grise. Elle lui livre tout ce qu'elle sait, comme une actrice bissée finit par chanter tout son répertoire[2]. » Belliciste pourfendant la mollesse de Daladier et de sa marquise au moment des accords de Munich, Hélène de Portes est un esprit ductile que les revirements n'effraient pas, pour peu qu'ils se parent du prestige de l'audace ou se réclament de la lucidité d'un esprit supérieur. La fougue qu'elle avait mise à combattre les « munichois » lui sert dans les derniers jours à infléchir la politique de Reynaud et à le détourner du parti de la guerre à outrance. Surprenante volte-face à laquelle nul n'a encore trouvé d'explication, à moins d'admettre la thèse du complot ou de la manipulation. Elle n'échappe pas, en tout cas, au *Frankreichkomitee* dont la tâche, sous la houlette d'Otto Abetz, est de diffuser et de développer la propagande allemande en direction de la France.

Ces experts en intox savent de quoi ils parlent. Ils disposent, en provenance d'un de leurs agents en contact avec Jacques Ditte, le beau-frère de Reynaud, d'informations circonstanciées tant sur la vie privée du président du Conseil que sur les foucades de son impérieuse maîtresse[3]. Le 6 juin, l'ambassadeur américain William C. Bullitt télégraphie à Roosevelt pour le mettre en garde contre les immixtions intempestives d'Hélène de Portes : « Les Français qui se battent, écrit-il, méritent mieux que d'être gouvernés par la maîtresse d'un président du Conseil[4]. » Le 9, vingt-quatre heures avant que le gouvernement ne décide de quitter Paris, la comtesse convoque à son domicile personnel de la rue de l'Université le commandant Navarre, des Services de renseignements, afin de lui demander si l'Allemagne ferait de Reynaud un interlocuteur privilégié au cas où la France serait contrainte de demander l'armistice. À la faveur de l'exil en Touraine, son emprise ne s'exerce pas seulement par personne interposée – Paul Baudouin qu'elle a fait nommer au poste de secrétaire général du gouvernement –, mais par un ascendant accru sur Reynaud lui-même, que tous les témoins de ces heures décisives décriront comme subjugué par cette envahissante tutrice. Affligée de « frénésie politique », selon le mot du futur chargé d'affaires des États-Unis à Vichy Robert Murphy, la comtesse fait main basse sur les dépêches confidentielles, menace ceux qui s'opposent à l'idée de l'armistice, Mandel en particulier, qu'elle aurait, selon certaines sources, projeté de faire assassiner pour cause de « jusqu'au-boutisme criminel », rabroue publiquement le premier secrétaire de l'ambassade américaine, coupable d'entretenir le bellicisme du clan des durs en faisant miroiter un engagement imminent de Roosevelt aux côtés des Alliés.

Peu importe le rôle exact d'Hélène de Portes dans l'architecture de la défaite, l'essentiel est qu'il ait été aussi apparent que la poutre de l'Évangile. Et par là même perçu par la majorité des Français avec des sentiments mitigés où le trouble né d'une situation hors normes finit par l'emporter sur l'indulgence souriante que suscitent d'ordinaire les écarts amoureux au sommet de l'État. Il suffit de lire la presse pour comprendre à quel point la relation qu'entretiennent Paul Reynaud et Édouard Daladier avec leurs compagnes respectives fait de celles-ci, dans l'esprit du public, autre chose que des « favorites », bouscule la représentation des rapports entre les sexes, révèle les tensions sous-jacentes et les tabous d'une société encore largement patriarcale. Les caricaturistes s'emparent du filon. Invariablement, ils les représentent l'un et l'autre en situation d'infériorité ou de soumission implicite face à des maîtresses femmes qui les dominent d'une poitrine arrogante et les manipulent à leur guise, un peu à la manière de ces couples mal appariés sortis du crayon malicieux de Dubout. « En même temps, écrit un pamphlétaire, Mme de Portes faisait la loi dans le cœur de Paul Reynaud, et Mme de Crussol [...] menait le taureau du Vaucluse selon la vieille coutume paysanne qui est de tirer directement sur la corde suspendue à l'anneau passé entre les narines de la bête. Jusqu'à Mandel qu'on aurait pu croire supérieur à ce jeu et qui mit ou laissa mettre Mme Bretty en avant, non pas comme le maréchal de Saxe avec Mme Favart pour jouer la comédie, mais pour nous la jouer. »

Pour tous ceux qu'obsède la décomposition de la virilité nationale, la « régence » des « éminences roses » est affaire non d'accident mais d'interaction entre la nature du régime et le comportement de ceux qui, en apparence, le dirigent. Au regard de la droite antirépublicaine, l'abdication d'un Reynaud ou d'un Daladier devant la féminité agissante de leurs égéries, le renoncement de ce monde « très peu mâle », de ces « horizontaux » par opposition à la « bête verticale », de ces « dégrafés » énervés comme des femmes qu'on « traîne à un spectacle trop fort pour elles » ne sont que la réplique des « abandons femelles » d'un Léon Blum face au robuste et sanguin Maurice Thorez. Ils procèdent d'un climat déterminé par les institutions, s'imposent comme le fait d'une société molle et amollissante, « toute féminine », à l'heure où quelques-unes des grandes nations européennes ont choisi d'incarner l'État sous les traits du conquérant, qu'il porte la petite moustache d'Hitler, celle plus fournie de Staline ou qu'il ait le menton glabre mais volontaire d'un Mussolini. « Le malheur pour nous, écrira Pierre Dominique au lendemain de la défaite, a été précisément que les hommes forts, en défense contre ces tentations, sont apparus de l'autre côté de la barricade[5]. »

Attisée par l'extravagante chronique de cette inversion des rôles, l'angoisse masculine est loin d'être l'apanage de la seule droite ultra. De bons républicains avec leurs quatre quartiers de jacobinisme voient dans l'influence de ces femmes sans mandat et sans légitimité une coupable dérive du régime, une perversion inacceptable des institutions démocratiques. Certains vont jusqu'à citer la page célèbre de Michelet qui montre les Girondins de 1792 tombant, dès leur arrivée à Paris, sous la coupe des femmes : « La plupart y perdirent, sous cette influence, non pas l'ardeur du combat, non pas le courage, non la force de mourir, mais plutôt celle de vaincre, la fixe et forte résolution de l'emporter à tout prix. Ils s'adoucirent, n'eurent plus cette âcreté dans le sang qui fait gagner les batailles. Le plaisir aidant, la philosophie, ils se résignèrent : dès qu'un homme politique se résigne, il est perdu. » Les communistes, de leur côté, ne sont pas en reste. Jusqu'à son interdiction, *L'Humanité* puis son édition clandestine n'épargnent guère ces aventurières au comportement surdéterminé par leurs origines de classe, fleurs vénéneuses prospérant sur le lisier de la « décadence bourgeoise ». Bref, chacun semble disposé à croire que le pouvoir a symboliquement changé de sexe. Et ce ne sont pas les ultimes soubresauts du régime qui vont détromper les Français.

Le 13 juin, la caravane gouvernementale a, en effet, échoué à Bordeaux, avant-dernière étape avant Vichy. En quelques jours, la ville rassemble, selon un témoin, « tout de ce que Paris, Deauville, Juan-les-Pins comptent d'hommes en vue et de femmes à la mode ». Les terrasses des brasseries, les grandes tables comme Chez Catherine ou Au Chapon fin, les hôtels de luxe tels le Splendid et le Royal Gascogne ne sont plus qu'un immense parc d'attractions plein de savoureuses rencontres. La décomposition d'une société s'y donne à voir dans une atmosphère où l'insouciance et la frivolité se veulent, aux meilleures heures, une forme de courage. Les plus lucides enchâssent dans leur mémoire ou dans leur carnet tout un lot de considérations narquoises ou désolées. L'écrivain André Fraigneau, qui y a passé une nuit, s'en souvient comme d'un (mauvais) rêve éveillé : « Dans cet éclairage tamisé des soirs de guerre, déformé par notre fièvre et les glaces un peu vertes, nous vîmes défiler ce qui fut décrit par Proust dans les "plaisirs de M. Charlus pendant la guerre", joint à ce qui fut dessiné par Sem dans la *Ronde de nuit* [6]. » Incorporé au lendemain de son vingtième anniversaire, quelques semaines plus tôt, le soldat Stephen Hecquet y découvre avec stupeur l'insouciance d'un monde en perdition : « Bordeaux n'était plus une ville mais un vaudeville. Bordeaux ne s'appelait plus Bordeaux mais Feydeaux[7]. » À peine arrivée, la comtesse de Portes commande pour 12 170 francs de tissu afin de tendre de blanc les murs de l'appartement du quartier général choisi pour abriter la présidence du Conseil, et se fait livrer par M. Amanieu, un décorateur réputé de la rue Judaïque, pour 4 800 francs de draps, assortis d'un édredon en satin rose à 900 francs. Béatrice Bretty, qui occupe l'appartement du préfet de la Gironde réquisitionné pour le compte de Georges Mandel, se fournit, quant à elle, chez Dupuy-Monfeuga, cours de l'Intendance : quatre draps (1 600 francs), un couvre-pieds grande taille, satin-duvet (1 800 francs), un oreiller en plume d'oie (200 francs). Les factures arriveront après la défaite, quand l'état-major allemand occupera les lieux et découvrira avec la condescendance que l'on devine que l'une des dernières dettes non soldées de la IIIe République défunte concernait des parures de lit.

Éthologie du troupeau

Ces problèmes d'intendance qui préoccupent tant les excellences gouvernementales et leur suite ne sont plus à l'ordre du jour pour les huit à dix millions de Français que l'avance des troupes allemandes a jetés sur les routes. Amorcé le 11 mai avec l'arrivée des réfugiés belges et luxembourgeois, le flot des « exodiens » ne va plus cesser de grossir, jusqu'à rassembler un quart de la population civile. Vers la fin mai, ce peuple de portefaix est rattrapé par le repli de l'armée française. Civils et militaires se confondent désormais en un même troupeau aspiré par le siphon de la panique, entraîné par l'immense débâcle qui chasse la France d'elle-même, pour le plus grand profit de l'armée allemande dont la tactique consiste à encombrer les routes, à placer les réfugiés en bouclier devant leurs troupes et à empêcher du même coup toute contre-attaque et toute contre-offensive.

Pendant six à sept longues semaines, l'exode ouvre un abîme régressif sans équivalent à cette échelle dans l'histoire de France. Épaisseur obtuse de l'instinct grégaire : l'immense théorie qui serpente le long des routes obéit à la loi de la meute qui fait qu'on se croit plus fort de n'être pas isolé, moins vulnérable parce qu'en groupe. Mue par un même mouvement à défaut d'une même volonté, la masse des réfugiés s'est précipitée sur les grandes artères où, très vite, les colonnes des camions militaires et des véhicules chargés du matériel lourd des usines repliées se mêlent à leur fuite, tandis que les routes secondaires restent étrangement désertes, respirant le calme champêtre et l'immobilité. Au fil des kilomètres, la vie est progressivement ramenée aux besoins vitaux : manger, boire, dormir. À n'importe quel prix ! Pour le monde paysan, cette France rurale humiliée pendant des décennies par l'arrogance des citadins, l'exode sonne l'heure de la revanche sur les gens de la ville que l'errance a transformés en loqueteux quêtant qui un quart de vin, qui un morceau de lard. S'organise alors une économie inflationniste fondée sur le racket et le droit de passage : le litre d'eau se vend 3 francs, la miche de pain 10 francs (La Flèche), une nuit dans une grange se négocie à 45 francs (Argentan), un fauteuil de cinéma servant de couchette à 50 (Nantes). À ces tarifs que bien peu peuvent encore acquitter au bout de quelques jours, les exodiens, contraints à une révision déchirante de leur mode de vie, en viennent à reconsidérer du même coup leur système de valeurs. Les frontières morales deviennent de plus en plus floues dans un monde où le principe de réalité lui-même se trouve fortement endommagé, où l'inconcevable, l'inhumain se réalise chaque jour, à chaque heure et presque à chaque instant.

Au début, l'immense colonne s'est mise en branle dans le plus strict respect des hiérarchies sociales. Hormis une petite caste de privilégiés qui réussit à se maintenir à distance, la fusion s'opère entre les diverses catégories d'exodiens, le nivellement uniformise les voyageurs, rapproche les conditions, tantôt dans une promiscuité subie, tantôt dans une ébauche de vie communautaire. Bientôt, le brassage social est la règle, les tenues de chez Schiaparelli se frottent aux coutils des ouvrières, des familles propres et dignes au départ prennent la couleur générale, des dames de la bonne société partagent leur couche dans des granges avec des pensionnaires de lupanars, des « Rolls se transforment en roulottes avec des oripeaux pendus aux fenêtres », des « Parisiennes en fourrures, avec des bagues de diamant, mendient une gamelle » qu'elles vont dévorer sur le marchepied d'un camion. De partout craque le vernis de l'*homo societatis* ramené aux instincts primitifs par la faim, la soif, la fatigue et la peur. La prédation est devenue un mode de survie ordinaire. Et le paillard n'est jamais très loin du pillard.

En même temps que s'effondrent les frontières de classes, s'abolissent les barrières entre les sexes, les disciplines acquises, les préjugés de l'éducation et jusqu'à la pudeur la plus élémentaire. C'est ce que découvre Mireille, la fille de Bertie Albrecht, en prenant place avec sa mère, non sans difficultés, dans l'un des derniers trains qui fait le trajet Paris-Nevers en juin 1940. La chaleur est telle dans les wagons surchargés que quelques voyageuses n'hésitent pas à se mettre en combinaison. L'une d'elles s'interroge : comment satisfaire les besoins les plus pressants et les plus naturels ? Pas question d'aller aux toilettes, car celles-ci sont occupées par d'autres voyageurs assis à plusieurs sur la lunette et dont la mine renfrognée décourage toute approche. À la première halte, des messieurs aux bras vigoureux proposent leurs services afin d'aider ces dames à s'extraire par les fenêtres. Comme il est imprudent de trop s'éloigner du convoi qui peut repartir à n'importe quel moment, les femmes accroupies, la jupe en corolle, s'alignent en file indienne et urinent le long de la voie [8].

Spontanément, les premiers récits, confrontés à un phénomène où la démesure annule toutes les normes antérieures, s'aventurent sur les terres meubles de la psychologie, de l'anthropologie, de l'éthologie voire de l'étiologie. Les mots qui servent à décrire la foule « ameutée » de l'exode renvoient tous ou presque à une même catégorie, suivant une progression qui n'est pas toujours innocente : « troupeau », « transhumance », « animalité », « bestialité » sont les plus fréquemment employés. Impressionnant chorus qui va de Céline lorsqu'il entrouvre ses *Beaux Draps* (« De la viande ! Je vous le dis ! Des malheureux ! Du bétail ») à René Benjamin, futur thuriféraire du Maréchal (« Toujours la fuite, toujours hélas une vulgarité bestiale sur tant de figures »), en passant par Montherlant (« La route était un immense corso carnavalesque de la mort. Les masques ? Ces fuyards que la peur, le désarroi rendaient hideux et bouffons [...], ahurissant cortège qui tenait de Goya et Corvi ») et Lucien Daudet (« Tous ces visages étaient hideux de bestialité, ils n'étaient plus que chair, aucun esprit ne les habitait plus, rabaissés qu'ils étaient au niveau des poulpes ou de ces êtres monstrueux mi-végétaux, mi-animaux comme on en voit à l'aquarium de Naples[9] »). Un canevas narratif se met en place sur la base de témoignages essentiellement masculins. Il ne souffre guère d'un excès de mansuétude.

Fureurs utérines

D'abord on ne voit qu'elles. Certes, dans ces colonnes qui fuient l'avance allemande, il y a bien les enfants et les vieillards, les planqués et les affectés spéciaux, les malades et les marginaux, les aliénés et les prisonniers mais, pour le meilleur et pour le pire, l'exode est avant tout une affaire de femmes. La plupart d'entre elles sont parties dans l'affolement, bouclant en toute hâte sacs et valises, d'autres ont préparé méthodiquement le grand départ comme s'il s'agissait d'une partie de campagne ou d'une fête en pointillé. Fébrile autant qu'amusée, Geneviève de Séréville, la quatrième épouse de Sacha Guitry, a pris le temps de dévaliser les parfumeurs, emportant dans ses bagages des dizaines de flacons d'émail pour ongles, de tubes de rouge à lèvres et de pots de crème. Elle peut tout se permettre, une Cadillac au vaste coffre l'attend devant l'hôtel particulier de l'avenue Élisée-Reclus. Les conseils que prodigue *Paris-Soir* ne la concernent pas : « Vous qui êtes évacuée, voici quelques conseils utiles : des souliers plats, puisque vous devez circuler beaucoup à pied, des bas de fil plutôt que de soie ou encore pieds nus dans des sandales, un filet ou un mouchoir pour nouer sur les cheveux. » Au reste, qui se soucie des recommandations de la presse à l'heure du grand branle-bas ? Fantaisie et improvisation mènent la transe. Les optimistes sont les plus remarquées, telle cette jeune ouvrière de la banlieue parisienne vêtue d'un short qui tient plutôt du slip. Ses provisions pour la route jusqu'à Tours où elle doit rejoindre à bicyclette son usine repliée tiennent dans une musette vert grenouille à peu près grande comme un filet à crevettes. « Il n'y manque qu'Étretat ou Lion-sur-Mer[10] », observe l'une de ses collègues effarées. Les indécises, les fébriles, les précautionneuses ont emporté avec elles et le plus souvent sur elles une grande partie de leur garde-robe. En ces journées caniculaires, il n'est pas rare de rencontrer certaines femmes engoncées sous plusieurs épaisseurs de vêtements, portant chemise sur chemise, jupe sur jupe et jaquette recouverte d'un manteau. Sans oublier écharpe, gants et chapeau, car le code vestimentaire veut encore qu'une dame convenable ne sorte pas sans chapeau, fut-elle réduite à l'état de nomade.

La coquetterie, cependant, n'est pas absente, du moins dans les premières heures. Aux portes de Paris, Georges Sadoul, se heurtant à une foule encore fraîche et joyeuse, est frappé par la mode du « chic réfugié » – blouson et pantalon étroits, maquillage accentué comme pour une sortie en ville – et la détermination d'un groupe de jeunes femmes à maintenir coûte que coûte le panache de l'élégance parisienne. André Fraigneau a gardé le souvenir d'une dame jaillissant d'une voiture pour réclamer de l'essence à dévernir les ongles. Elle vient de s'apercevoir que la couleur de son chapeau n'est pas assortie à celle de sa laque. Au bout de quelques kilomètres, il faut déchanter. Les pieds chaussés de souliers à talons trop hauts qui transforment la marche en supplice sont à l'origine des premières défaillances. Une colonne partie de la porte de Vanves n'a pas atteint Versailles que Violette Leduc aperçoit déjà des « coquettes titubant sur leurs escarpins à talons Louis XV[11] ». La suite est une interminable descente aux enfers qui défie les imaginations et finit par venir à bout des caractères les mieux trempés.

À peine entamée, la course à la Loire dont chacun espère, sans trop y croire, qu'elle sera une ligne de défense comparable à la Marne de 1914 se transforme en un surplace épuisant. La plus crue des lumières éclaire la plus trouble des pagailles. Pour parcourir 10 kilomètres, il faut entre quinze et vingt heures. Le « chic réfugié » n'y résiste pas. À hauteur de Rambouillet, on frôle déjà le pathétique. « L'embouteillage nous englua sur la place de la gare pendant près d'une heure, se souvient Yvon Bizardel, le conservateur des musées municipaux parisiens. À pied ou sur roues, l'humanité s'écoulait vers le sud comme une pâte incolore ; à peine si quelque rare silhouette, aperçue sur la route, ou si quelque rare visage tranchait sur la foule. Une femme fraîchement teinte, avec un chapeau ridicule, acheté pour faire la belle, un chapeau trop petit, trop perché, ahanait sous les fardeaux, toutes vanités défrisées[12]. » Dans l'inventaire du graveleux ou du sordide, Lucien Rebatet, posté sur la route de Montlhéry, n'est avare d'aucun détail : « Tous les aspects de la plus infâme panique se révélaient dans ces voitures, remplies jusqu'à rompre les essieux des chargements les plus hétéroclites, femelles hurlantes aux tignasses jaunes échevelées se collant dans les traînées de fard fondu et de poussière [...] pucelles dépoitraillées à pleins seins, belles-mères à demi mortes d'épouvante et de fatigue, répandues parmi les chienchiens, les empilements de fourrure, d'édredons, de coffres à bijoux, de cages à oiseaux, de boîtes de camembert, de poupées fétiches, exhibant comme des bêtes devant la foule leurs jambons écartés et le fond de leurs culottes[13]. »

Promues chefs de famille en l'absence des maris, et désemparées face à une situation fertile en toutes sortes d'imprévus, les femmes de l'exode ont-elles, comme le suggère une historienne, cédé au grégarisme par inexpérience ou dans l'affolement du sauve-qui-peut[14] ? Née de cet emmêlement, une véritable contagion nerveuse ébranle la plupart des organismes. Le rapport des médecins psychiatres de Paris repliés à Fleury-les-Aubrais est l'un des rares documents, nourri d'observations *in vivo*, qui permet d'éclairer les comportements pendant l'exode. Il met en évidence le rôle de la sous-alimentation, de l'insomnie, de la fatigue, des chocs émotionnels successifs provoqués par le survol à basse altitude de l'aviation allemande et les mitraillages systématiques, dans le développement des troubles psychologiques parmi la population civile et, notamment, la psychose du viol chez les femmes[15]. Il a, en outre, le mérite d'offrir un cadre explicatif à la figure récurrente de la femme hystérique qui hante à peu près tous les récits de la débâcle. L'une des premières mentions de ces créatures hallucinées et hallucinantes se trouve dans l'article que le correspondant de guerre du *Matin*, Jean La Hire, adresse à son journal alors qu'il circule entre Gien et Briare, sous les bombardements allemands : « Deux femmes, à ma connaissance, écrit-il, sont devenues folles. Elles étaient à bout de souffrance lucide, à bout de force nerveuse. L'une s'est pendue en courant dans les bois, et son mari a passé des heures de jour et de nuit à la rechercher, en vain. L'autre, hurlante, a pu être saisie, ligotée, enfermée dans une voiture[16]. » L'article sera sabré par la censure. « Rien sur l'exode et les réfugiés », a décrété le Commissariat général à l'information.

Le journal du romancier libertaire Léon Werth est rempli de ces apparitions terrifiantes qu'on croirait empruntées à la littérature fantastique. Voici, sur une place de village, une sorte de « prophétesse décharnée, ébouriffée qui vaticine des paroles obscures » et, plus loin, dans un fenil aménagé en dortoir, « une vieille femme qui, sur un ton à la fois de fureur et de litanie, hurle à sa bru et à son fils, sans arrêt, sans aucune pause, des injures et des reproches[17] ». Clone presque parfait des précédentes, cette femme qu'observe Simone de Beauvoir sur la place de la gare à Angers, « une espèce de folle enveloppée dans une couverture » promenant une poussette chargée de valises et qui tourne en rond autour de la place « indéfiniment, désespérément[18] ». Un tel personnage, mélange d'animalité et de démence, si richement doté en pathologies prometteuses, ne pouvait évidemment pas échapper au docteur Destouches alias Louis-Ferdinand Céline, grand amateur de la part maudite de l'humanité et de ses instants obscurs. Son style syncopé si bien accordé aux convulsions de l'heure en tire les meilleurs effets lorsqu'il décrit le bombardement des ponts de la Loire :

« Ah ! dans ce remous d'hébétude survient le cas de rébellion [...]. D'un élan, voici que Brigitte, la femme du procureur Sacagne, délaissant d'un trait sa voiture, s'arrache aux exhortes angoissées, relève une bonne grande fois sa jupe et saute sur le parapet, de là dominant la cohue, braille à travers toute la tourmente des mots de colère et d'insultes !...

– Brigitte !... Brigitte !... Je vous en supplie ! de grâce revenez à moi !... votre bon mari ! revenez à la raison !... Je vous intime ! Je vous somme !

– Merde ! merde ! Vous n'existez pas !...

– Messieurs, mesdames ! Ma femme est folle !... Elle est enceinte ! C'est l'émotion ! Je suis le procureur Sacagne, de Montargis dans la Côte-d'Or !...

– Merde ! Eh, Chinois ! Tu nous les casses ! Au vent ta morue. Wagon...

Voilà comment la foule l'appelle... Voilà qui aigrissait les choses !... Il est retombé épuisé sur le monde ! Au moment juste, tout redevient feu, tonnerre, éclairs !... éparpille toute la panique, les personnes, les voitures, le fleuve tout bouillant vaporise... L'enfer est là[19]. »

Délibérément campées sur le versant noir de l'histoire, ces femmes, proches des succubes, répandant l'effroi autour d'elles, ont leur double aussi spectaculaire que maléfique en la personne de ces messagères trépignantes, de ces pythies intarissables qui, partout et inlassablement, annoncent l'imminente apocalypse, pourchassent les traîtres de la « cinquième colonne » qu'elles croient débusquer derrière un geste insolite ou un accent suspect, abreuvent qui veut les écouter, et surtout qui ne le veut pas, de mille histoires funambulesques, de mille prophéties délirantes. Telle cette furie que croise le 2e classe Georges Sadoul pendant la bataille des ponts à Orléans :

« Vers minuit, des hurlements me tirent du sommeil où j'ai fini par glisser. C'est une femme que la terreur a rendue folle. Elle crie pendant de très longues minutes :

– Les Allemands, les Allemands ! Sauvez-vous !

Elle dit aussi qu'elle voit de grands hommes blancs se promener dans les bois. Ce sont des parachutistes. Sa folie finit par gagner ceux qui l'accompagnent[20]. »

Pour les hommes à qui l'on doit la recension de telles scènes de genre, ces figures de possédées tombent à pic. Elles sont le paratonnerre providentiel de la mauvaise histoire, le dérivatif opportun dont le pittoresque sert à neutraliser les chapitres exclusivement masculins et tout aussi peu glorieux de la débâcle, à diluer les responsabilités jusqu'à les confondre dans un même « bruit de colique infâme » au moment où la déroute de l'armée française sonne comme la faillite de la virilité tricolore, comme la liquidation de l'ordre mâle incapable d'assumer sa tâche de protection et de défense de la nation identifiée au féminin.

À l'opposé, Anne Jacques, l'une des rares femmes à avoir laissé un récit de l'exode, donne l'image d'un genre réputé faible mais transcendé par l'épreuve, plein de force et de détermination : « Les femmes sont très bien, je peux le dire, j'en ai vu beaucoup et dans des heures où l'on se fait juger. Elles ne sont plus ni bavardes, ni nerveuses, ni faibles, elles sont raisonnables, calmes, charitables entre elles et souvent héroïques[21]. » Que des directrices d'école et des institutrices aient conduit avec sang-froid l'évacuation de leurs établissements, que des infirmières soient restées fidèles à leur poste quand tant d'édiles locaux prenaient la poudre d'escampette, que d'innombrables secouristes aient su aider le peuple des fuyards là où elles étaient commises pour le faire n'aura pas été suffisant pour inverser la représentation du féminin inscrite dans les mémoires. Trop peu nombreuses, trop peu visibles dans le grand récit de l'exode, ces femmes ne peuvent se détacher d'un tableau dont la noirceur abyssale engloutit indistinctement l'un et l'autre sexes.

L'Éros des désastres

Impossible de comprendre la grande tourmente de l'an 40 si l'on n'a pas présent à l'esprit que la peur et son substitut accéléré, la panique, y tiennent la première place. À Paris comme en province, dans les villes comme à la campagne, rares sont les jeunes filles à ne pas sentir sur leur nuque le souffle chaud de la « Bête ». On leur en a tant dit sur la férocité des Prussiens de la Grande Guerre qu'elles sont sans illusions sur le sort qui les attend en cas de défaite. À la date du 17 mai, les sœurs Benoîte et Flora Groult, issues de la meilleure bourgeoisie du VIIe arrondissement, provisoirement repliées à Concarneau, notent dans leur journal : « Armand Loewengrad fait un saut à la maison pour dire à maman que toutes les Parisiennes entre quinze et cinquante ans passeront à la casserole. Et après ? C'est la guerre ! Et depuis l'Antiquité, être vaincue pour une femme, c'est régulièrement être violée. » Mais le 18 juin, alors que se précise l'arrivée de la tarasque, la résignation de Benoîte, beaucoup moins encline à subir la terrible loi du *fatum*, semble faiblir : « On annonce les Germains pour demain. Encore une journée de Pax, tant mieux. Je ne veux pas être violée par Herr Thunder den Tronk[22]. »

En fait de viol, c'est celui de l'espace aérien qui va porter l'épouvante au sein des longues colonnes de fuyards, initier une forme de guerre jusque-là inconnue d'où la mort peut surgir de partout par vagues successives, frappant indifféremment militaires et civils dans le but d'affaiblir le moral de l'ennemi, de terroriser l'adversaire et de créer les conditions psychologiques de sa reddition. Après s'être assuré la maîtrise du ciel, sans trop de résistance, la Luftwaffe a reçu pour mission de survoler la chenille processionnaire des exodiens à basse altitude. Dominant cette masse folle et molle, l'enferrant dans sa panique, les stukas attaquent en piqué en actionnant leurs sirènes – « les trompettes de Jéricho » – dont la stridence répand l'effroi et jette hommes et femmes à terre dans une mêlée cauchemardesque. Vision de préhistoire, dira Montherlant au spectacle des frappes aériennes dans la campagne picarde : des libellules énormes, de « funestes sauterelles aux yeux ronds et idiots » qui tenaient du dragon, crachant leur venin, arrosant les fuyards de leurs projectiles. À la menace de l'aviation allemande s'ajoute celle des Mosquitos et des Capronis italiens depuis que, le 10 juin, Mussolini a déclaré la guerre à la France :

ceux-là surpassent en férocité leurs alliés teutons, poursuivent en rase-mottes les rescapés qui s'enfuient à travers champs, redoublent la besogne en escadrilles compactes pour achever les survivants entassés dans les fossés. Quiconque a vécu le choc de ces attaques ciblées ou à l'aveugle ne pourra jamais oublier ce spectacle inouï où l'effarement de la mort répandue alentour se mêle à l'ivresse d'être encore en vie, où la peur portée à son acmé se résout et se débonde en une décompensation de tout l'être. Soumise à une intense pression tant physique que psychologique, cette humanité en détresse prend soudainement conscience des vieilles lois de la guerre qui perforent les blindages de la civilisation. La peur agit alors comme un puissant stimulus sexuel, un désinhibiteur de pulsions collectives et individuelles.

Bien qu'il ne dise rien d'un éventuel passage à l'acte, Lucien Combelle n'est pas loin d'éprouver un vertige de cet ordre lorsqu'il part, à travers le bocage normand, à la recherche de la compagnie du 8e génie détachée dans l'armée anglaise dont il s'est trouvé brusquement coupé quelques heures plus tôt : « Il y avait de bons moments, se planquer dans un champ où vous mène une brève escapade de guerrier en fuite, à plat ventre, ce dernier noué car l'avion anglais monoplan bien frêle fait du rase-mottes. Une rafale arrive vite et découvrir, nez au sol, que la terre sent bon en mai, que son odeur donne des idées malgré l'angoisse ! Quelle sensation, excitation sexuelle, je vous dis[23]. » Découverte inouïe, dérangeante aussi pour d'aucuns qui, à l'image de Daniel Guérin, écrivain antimilitariste d'extrême gauche, sentent le piège se refermer sur eux. « La guerre, se désole-t-il, est une saloperie pas belle à voir de près, je la hais depuis toujours mais d'une haine cette fois impure. Je ne la hais plus de loin et dans l'abstrait. Maintenant, je la hume. Elle pue, mais (je le dis à ma honte) d'une puanteur qui trouble les sens[24]. »

Terre promise des réfugiés qui se révélera une nasse mortelle, la Loire et ses ponts sont le théâtre, du 10 au 15 juin, d'un pilonnage continu de la part de l'aviation allemande qui tient sous un feu roulant des dizaines de milliers d'exodiens exténués et hagards. Explosions, vacarme, brasier : tout cet univers chaviré à force d'être inintelligible met au jour l'humus de l'humain. Le carnage hystérise les corps en un spasme furieux.

À Gien, alors que le pont aux douze arches de pierre construit sous la Renaissance s'effondre sous les bombes allemandes, une dame visiblement issue des beaux quartiers parisiens lève sa jupe jusqu'au menton, la culotte par terre, et crie à la cantonade : « Je me donne ! Je me donne à celui qui me sauve ! » À Sully, d'autres femmes, toutes conditions sociales confondues, se vendent derrière les haies pour cinq litres d'essence ; c'est l'heure des transactions conclues à la hussarde[25].

En arrivant près de La Ferté-Saint-Aubin, Gabriel Danjou, vingt-sept ans, ex-2e classe muté le 28 avril comme « affecté spécial » à son poste d'agent de la Direction du service des impôts à Melun, a déjà eu le temps de découvrir tout au long d'un périple de 500 kilomètres les effets de la névrose de guerre sur les organismes les plus fragiles. En amont, une jeune fille s'est jetée dans ses bras, hurlant de peur, puis, le péril momentanément écarté, lui a offert son corps encore tout tremblant. Plus loin, pendant que crépitaient les mitrailleuses, il a vu un couple qui, pour échapper à la terreur de la mort, accomplissait en plein jour l'œuvre de vie. Ce qui l'attend en lisière d'une forêt, dans le fracas des déflagrations, va l'impliquer davantage :

« Je m'aplatis vivement auprès d'une levée de terre. Un homme et une femme de mon âge, lâchant leurs cycles, accouraient. L'homme se tassa dans une cavité, tout juste suffisante pour contenir une personne, sans se préoccuper de sa compagne. Elle, alors, vint se jeter à mes côtés, face contre terre, en criant : "Cachez-moi ! Cachez-moi !"

[...] D'un bond, je m'allongeai sur elle, couvrant tout son corps avec le mien. Ses mâchoires claquaient d'effroi ; ses doigts griffaient l'humus comme pour s'y enfouir, ses membres étaient agités de sursauts frénétiques de même que sous l'empire d'une crise d'épilepsie. Je dus employer toute ma vigueur afin de la maintenir... Une seconde vague de bombardiers reprit l'assaut, avec une intensité dont je n'avais pas encore vu d'exemple... La fille se mit à me mordre au creux de l'aisselle et à chaque déchirement de l'air, je sentais ses dents s'implanter davantage... Elle écarta son visage de ma poitrine. Je m'apprêtais à me relever, mais elle me retint de toutes ses forces : "Prends-moi, dit-elle, prends-moi."

Je demeurai abasourdi. Cette réaction de vie après la peur de la mort ne m'aurait pas surpris si nous avions été seuls. Mais son compagnon se trouvait à quelques mètres !... Je regardai vers lui pour m'assurer de son indifférence. Alors, elle, se méprenant sur la nature de mes préoccupations, coupa : "Ne crains rien, c'est un poltron."

Et comme je montrais un reste d'hésitation, avec des gestes brusques elle se dénuda le ventre. Accru par une longue chasteté, le désir m'envahit irrésistiblement, réflexe de l'instinct auquel j'obéis avec une brutalité hâtive. Il fallait vraiment que l'individu n'eût rien dans le bas-ventre pour laisser se donner sous ses yeux, à un autre qui n'était pas Hercule, sa maîtresse... À peine m'eut-elle quitté qu'il la rejoignit, l'injuria tout bas.

“Cocu ! cocu !” lui lança-t-elle en pleine face, avec quel accent de triomphe et de mépris ! Il lui allongea une paire de claques[26]. »

Au paroxysme de l'exode, l'anomie est une coulée qui emporte toutes les résistances, se répand sans avoir à livrer bataille. Partout un même relâchement des mœurs, une brusque panne dans le processus de régulation des comportements et d'autocontrainte.

Vacance et grandes vacances

L'exode est souvent synonyme de calamités, mais pas toujours. Il y a des séparations qui libèrent et d'autres qui permettent d'explorer des situations riches de promesses. En août 1939, devant la dégradation rapide de la situation internationale, la décision a été prise de maintenir sur leurs lieux de villégiature les colonies de vacances de Paris et de sa banlieue. Le 30 a lieu l'évacuation des enfants des écoles primaires, organisée par la direction générale de l'enseignement de la Seine. Au total, cinquante-deux mille garçons et filles sont dirigés vers la Normandie, la Bretagne et le Val-de-Loire, régions choisies en raison de leur éloignement du futur champ de bataille qu'on suppose devoir être cantonné à l'Est. À l'issue des vacances, certaines écoles privées se sont transplantées en bordure de mer afin de scolariser sur place, c'est-à-dire sur leurs lieux de vacances, les enfants des familles aisées. La carte scolaire revêt des allures de dépliant touristique, l'odeur des embruns et la couleur du sable fin. Le cours Hattemer campe à Blonville, Le Touquet abrite les étudiants lillois, La Baule, qui voit sa population tripler, accueille les élèves des lycées de Nantes et de Saint-Nazaire en sus de quatre cents étudiants et d'un cours préparatoire aux grandes écoles, spécialement créé pour la circonstance.

À l'insolite de ces installations provisoires – cours à l'hôtel, exercices d'alerte dans les caves – s'ajoute une séduction supplémentaire : dans l'improvisation, presque tous les établissements ont opté pour la mixité. Ce rapprochement inopiné entre les sexes installe dans bien des têtes l'idée d'une abolition des frontières propice à de nouveaux rapports moins figés par les conventions. Le reportage que *Paris-Match* consacre à « La Baule, plage universitaire », en avril 1940, en est l'illustration[27]. Si l'intertitre – « Ils ont des hôtels pour collèges et les dunes pour Quartier latin » – et les visages austères de M. Fougerat, professeur des beaux-arts, et de M. Saint-Lague, professeur de mathématiques ont de quoi rassurer les parents, les pages qui suivent évoquent moins le studieux bachotage qu'un joyeux dévergondage. Une photo montre trois jeunes filles juchées sur les épaules des garçons s'élançant à grandes enjambées sur la plage, une autre aligne un jury souriant d'une demi-douzaine d'étudiantes en train d'évaluer les prouesses gymniques de l'effectif masculin. Quand viendra le grand chambardement, lorsque, pendant quelques semaines, leurs parents se mettront à courir des routes où l'on ne trouvera plus ni courrier ni télégraphe ni téléphone, nombre de ces collégiens, repliés sur le littoral, mettront à profit cette carence de l'autorité parentale pour prendre le large parfois en bande, souvent en compagnie de leur flirt du moment. Cette atmosphère de grandes vacances sert de toile de fond au roman de Jacques Laurent, *Le Petit Canard*, dans lequel deux adolescents, Antoine et Sophie, nouent une idylle dont chaque étape procède d'un détournement ludique de l'état d'exception créé par la guerre. Dans un monde évadé de la raison, tout leur est prétexte pour « goûter les plaisirs de l'angle mort ». Si d'aventure point un sentiment de culpabilité diffuse, ils n'ont qu'à se rappeler qu'« ils ne séchaient aucun cours ; c'était le lycée qui s'était tu. Ils n'avaient pas trahi leurs familles : leurs familles les avaient abandonnés[28] ».

Entre récit romancé et fiction vécue, Pascal Jardin (*Guerre après guerre, La Guerre à neuf ans*) et Pol Vandromme (*Un été acide*) ont laissé un témoignage très proche sur l'exode, « période bénie » qui leur a fait découvrir l'art de la fugue, l'utilité des bicyclettes et le peu de poids des grandes personnes quand le vent de l'Histoire souffle en tempête. À la grande joie de leurs rejetons, ces « Duratons sinistrés » à la veulerie galopante, ces « Fenouillards secoués par l'explosif » entraînent avec eux l'irréversible déchéance des valeurs établies. Délaissant les bancs de l'école pour pactiser avec le désordre, le héros d'*Un été acide* y perd son pucelage en compagnie d'une dénommée Irène ; laquelle, pour être fiancée à un mobilisé, n'en est pas moins dotée d'une

« inconscience tranquille, animale » qui la rend « inapte aux débats de conscience ». Auprès d'elle, il apprendra enfin l'alphabet des aveux, la grammaire des étreintes. La guerre est la princesse des écoliers : « Oui… la guerre est jolie. Les adultes ne le savent pas parce qu'ils font leurs dévotions devant des sentiments élémentaires comme la peur et la pitié. Mais nous, qui ne sommes pas corrompus par ces ardeurs médiocres, qui plaçons les forces de la nature au-dessus de ces abstractions de la justice, nous avons reconnu tout de suite cette beauté de la guerre, et, quoi qu'il puisse arriver, ce sera la découverte éblouie de notre adolescence[29]. »

À côté de ces tendres escapades, de ces fugues diluées dans la fuite générale, le démembrement des familles est le plus souvent un drame qui porte en lui d'autres drames, une rupture grosse d'autres ruptures. Au gré des innombrables péripéties qui jalonnent la route de l'exode et malgré un luxe de précautions – certaines familles iront jusqu'à s'attacher avec des ficelles ou à s'équiper de grelots –, près de quatre-vingt-dix mille enfants vont se trouver séparés de leurs parents et condamnés à errer au hasard des villes et des villages jusqu'à ce qu'une âme charitable s'intéresse à leur sort. Tous n'auront pas la chance de la petite Paulette de *Jeux interdits*, recueillie par une famille paysanne au sein de laquelle elle vivra une « histoire d'amour » avec un garçon de son âge.

À l'étage parental, saura-t-on jamais combien de couples ont mis à profit une séparation inopinée pour se désunir ou s'abandonner à l'ivresse d'une éphémère aventure ? En recomposant ses propres souvenirs de l'exode qui devait le conduire jusqu'en Vendée, Georges Simenon a écrit avec *Le Train* le roman vrai des amours passagères du printemps 1940, du désir irrépressible quand la mort rôde au plaisir introduit en contrebande là où il n'était pas attendu[30]. Son héros, Marcel Féron, a trente-deux ans, il est commerçant à Fumay, dans les Ardennes, autant dire en première ligne en cas d'offensive allemande. Le 10 mai, l'évacuation du village s'impose dans l'urgence. Avec sa femme, Jeanne, enceinte et sa fille de quatre ans, ils s'embarquent dans un train déjà bourré de civils. Lui dans un wagon à bestiaux, elles dans une voiture de première classe. Lors d'un arrêt, le convoi est disloqué. Dès lors, chacun roule de son côté, ignorant tout de l'autre. Au-delà de la séparation physique, Marcel prend conscience qu'il pénètre pour une période indéterminée dans le hors-champ d'une vie qu'il n'avait pas prévue, qu'il était même incapable d'imaginer. Ce monde nouveau est représenté par un wagon à l'odeur d'écurie, des hommes au verbe haut comme il sied aux heures graves, des dames vêtues de leurs habits du dimanche et d'une jeune femme mystérieuse qui est montée lors de l'une de ces innombrables haltes en rase campagne.

D'emblée, il a remarqué la robe noire couverte de poussière et les « talons très hauts et très pointus » de la voyageuse. Peu à peu il se rapproche d'elle, en apprend le strict nécessaire, s'enflamme pour cette solitude et ce laconisme : elle s'appelle Anna Kupfer, née d'une mère juive, elle est originaire de Prague, elle a vingt-trois ans et vient d'être libérée de la prison de Namur. Ils ne se quittent plus, vivent dans la terreur des bombes, au rythme des attaques en piqué des stukas. Une nuit, ils s'unissent. Tous deux ont l'impression de vivre « un entracte, hors de l'espace » et « dévorent ces journées et ces nuits avec gourmandise ». Cette liaison ferroviaire n'a ni passé ni avenir, c'est ce qui en fait le charme. Ils ne sont pas les seuls à éprouver ce sentiment du temps aboli par la proximité et l'imminence du danger. Le soir venu, le wagon connaît bien d'autres turbulences. Pas une nuit sans qu'ils n'entendent des corps se mouvoir avec précaution, des souffles précipités et des plaintes amoureuses. Allongée au fond du wagon, une « fille de caboulot » monnaye sans désemparer ses faveurs pour 20 francs. Dans les lavabos, une paysanne énorme qui a passé la cinquantaine s'offre à qui veut la prendre. Un jour enfin, Marcel apprend que Jeanne et leur enfant se trouvent dans un camp de réfugiés à Bressuire. Sans hésiter, il part à pied les rejoindre, abandonnant la jeune fille juive à son destin. Il n'a ni regrets ni remords, juste le sentiment d'avoir mangé son capital de plaisir en une seule fois[31].

Par certains côtés, le périple érotico-sentimental d'Henriette Nizan n'est pas sans rappeler celui de l'énigmatique Anna. Séparée de son mari depuis le 16 mai, ignorant qu'il a été tué une semaine plus tard, Henriette a pris le chemin de l'exode avec la ferme intention de fuir la France. Pour cette jeune femme de trente-trois ans, fille de Robert Alphen et de Margot Cahen, arrière-petite-fille d'Isaac Strauss, la perspective d'une victoire allemande est lourde de menaces. Dans le train qui la conduisait à Marseille, elle a failli être violée au cours de son sommeil par un vague sosie de Maurice Chevalier portant une lavallière à pois. Au gré de ses pérégrinations, elle retrouve une vieille connaissance parisienne : Fernand Léger, communiste comme elle, et tout aussi empressé de trouver un bateau en partance pour les États-Unis. À près de soixante ans, Léger a acquis une certaine notoriété mais pas encore la gloire que lui vaudra, après guerre, le statut de « peintre du Parti ». Il est libre, sans attaches, un carnet de commandes bien rempli l'attend à New York. Elle est seule, sans fortune, en quête d'une épaule au creux de laquelle se lover. Ils deviennent amants. « Léger et moi, se souvient Henriette, nous nous sentions très libres l'un par rapport à l'autre et, de notre liaison, nous ne voulûmes pas faire toute une histoire. Nous avions simplement, à ce moment, besoin l'un de l'autre, et surtout moi de lui. Il était gentil, affectueux, agréable à vivre, toujours de bonne humeur, très solide. Que demander de plus pour redonner un peu le goût de vivre[32] ? » Le goût de vivre ? Point n'est besoin d'aller le chercher très loin. Il est partout disséminé sur les routes de l'exode. Il suffit pour qui le veut, pour qui le peut, de l'attraper au vol avec, en prime, la quasi-certitude de l'impunité.

« Un extraordinaire débraillement des sens »

De tous les traumatismes auxquels a été soumise la population civile, la fuite éperdue d'une partie de l'armée française fut, de loin, celui qui a le plus profondément marqué les esprits. En se mêlant de façon inextricable à la cohue des exodiens, la troupe en débandade, si elle parvient à éviter le contact avec l'ennemi, ne peut en revanche échapper au regard de ceux qu'elle était censée défendre. La seule manœuvre dont elle aura été finalement capable porte un nom humiliant : retraite. Sur son passage, le fuyard en uniforme, qui a soldé au fil des kilomètres ce qui lui restait de dignité dans l'allure comme dans la tenue, provoque partout les mêmes réactions : colère et indignation, rancœur et amertume, mépris et sarcasmes. Le spectacle est si ahurissant qu'il prend, à travers la plupart des récits, la dimension d'une épopée à rebours, sollicite l'outrance sans que jamais celle-ci n'apparaisse invraisemblable. Parti le 10 juin à bord de l'ambulance municipale de Sartrouville, le médecin-chef Louis-Ferdinand Destouches alias Céline a trouvé là matière à une fresque à la hauteur de son débit torrentiel et de son sardonique mépris : « Croyez-moi si vous voulez, on pouvait pas aller plus vite, on a bien fait tout ce qu'on a pu pour rattraper l'Armée française, des routes et des routes, des zigs et des zags, des traites en bolide, toujours elle nous a fait du poivre, jamais elle s'est fait rattraper l'Armée française. Y avait du vertige dans ses roues. Ô la retraite à moteur [...]. La tripotée 71 suivie de quarante ans de honte fut un fait d'armes munificent à côté de la dernière voltige. C'est pas des choses qui s'inventent. C'est pas de la vilaine perfidie. On était quinze millions pour voir. Y avait pas besoin de *Paris-Soir*[33]. »

Figure autour de laquelle se déchaîne l'imaginaire vindicatif d'une population qui s'estime trahie, l'officier est au cœur d'une calamiteuse scénographie. En bien mauvaise posture. L'offensive allemande n'est pas terminée que la bataille des représentations commence aussitôt dans le champ aérien des rumeurs, des fantasmes et des mythes, loin des filets de l'historien. Au moment de la mobilisation, la seule armée de Terre comptait trente-trois mille huit cents officiers d'active auxquels s'ajoutaient entre cent mille et cent vingt mille officiers de réserve dont la moitié n'avaient pas suivi de périodes d'instruction militaire. Parmi ces derniers, la proportion d'instituteurs est loin d'être négligeable et peut atteindre jusqu'à 20 % dans certains régiments. Ce ne sont plus ces « hussards noirs de la République » chers à Péguy, mais des hommes en proie au doute, sensibles au pacifisme militant de leur syndicat, le SNI, qui regroupe plus des trois quarts des effectifs de la corporation. Si l'on en croit Jacques Benoist-Méchin – et il n'est pas le seul à en faire la remarque –, un glacis sépare les officiers d'active et les sous-officiers de carrière aguerris au commandement d'avec les officiers de réserve, issus de la petite et moyenne bourgeoisie, « instruits à la diable et promus Dieu sait comment ». Dépassés par les responsabilités qu'on leur avait confiées, ces derniers se seraient avant tout préoccupés d'être bien vus de leurs hommes et de se faire pardonner leur grade « dans l'intimité du débraillé et des picon-citron[34] ». À tout le moins, ils auraient manifesté une conception toute particulière de l'esprit de corps. Jeune lieutenant catholique, affecté à l'âge de vingt-quatre ans dans le prestigieux 55e régiment d'infanterie alpine dit « régiment de Condé », Pierre Blanc n'a pas été le dernier surpris par ce type de comportement. Il s'en est ouvert, dès le 25 septembre 1939, auprès de sa fiancée : « J'ai un capitaine instituteur, vous le savez ! Sa femme loge à Castillon. C'est bien ! Pour être plus près de sa femme, il a trouvé une solution : toute la compagnie ira à Castillon. C'est le résultat d'une action tout humaine : brimer trois officiers, les séparer de leurs amis pour retrouver sa femme que, d'ailleurs, il peut normalement retrouver chaque soir[35]. »

De son côté, la troupe n'entre guère dans ces nuances. Elle éprouve une méfiance instinctive envers tous les porteurs de galons auxquels elle fait grief soit d'être des novices dans l'action, soit de se comporter en brutes arrogantes. La démagogie des uns, la morgue des autres provoquent un rejet identique, surprenant par sa virulence. « Accord sur les officiers, écrit Georges Sadoul, qui ne pensent qu'à courir les filles et à se bourrer la gueule[36]. » Les comptes vont se régler sur les routes de l'exode et, plus encore, à travers les relations qui seront faites de la débâcle. À croire que la majorité des officiers, inaptes au commandement comme au combat, n'auraient eu dès les premiers revers qu'une idée en tête : fuir en « torpédo priorisante » (dixit Céline). Décamper à n'importe quel prix et dans n'importe quelles conditions, mais toujours en compagnie qui d'une épouse, qui d'une maîtresse et se frayer à toute vitesse un passage sur les routes encombrées de réfugiés. La motorisation des gradés autant que la présence à leurs côtés de ces passagères trop voyantes alimentent la vindicte des piétons qui y voient, outre une désertion honteuse, d'intolérables privilèges de caste. « J'ai vu des officiers fuir avec des femmes dans les voitures qui devaient les conduire à leur poste, relate André Chamson. J'ai vu des chefs oublier tous leurs devoirs et transformer en saturnales l'effondrement de la patrie. »

Sur la route de Chapelon à Ladon qui conduit à la Loire, Léon Werth est impressionné par l'interminable défilé de voitures remplies d'officiers. Respectueux de la priorité militaire, il s'écarte pour laisser passer le convoi qui file en trombe. À travers les vitres, il a tout de même le temps de distinguer des visages de femmes élégantes et maquillées : « La panique, explique-t-il, endormait la pudeur parce qu'il y avait en elle une vertu dormitive[37]. » Sont-ce ces mêmes fringants officiers que le sous-préfet Lecornu aperçoit, à quelques kilomètres de là, accompagnés de leurs amies ou de leurs épouses, « Mars et Vénus filant de conserve en direction inverse du bruit des camions » ? N'importe. Lieux et visages sont interchangeables.

Dans les premières heures, ces libertés prises avec le règlement entraînent bien des quiproquos savoureux. Le 16 mai, alors qu'on vient de lui communiquer la liste du personnel à évacuer, Suzanne Borel, vestale tricolore du Commissariat général à l'information, voit apparaître sur le perron de l'hôtel Continental un colonel, stick sous le bras et l'air vaguement préoccupé : « Vous m'excuserez, chère mademoiselle ; j'ai pris la liberté d'emmener avec nous une vieille amie. » Candide, elle imagine déjà la silhouette de quelque dame âgée et respectable : « Mais comment donc, colonel ! » À voix basse, ce dernier ajoute : « Vous ne parlerez pas de ma femme ni de mon fils. » Puis, dans un souffle, en se dirigeant vers la voiture : « C'est une emm… enfin, avec vous, elle sera certainement aimable. » Durant le voyage, la dame en question se montrera en tout point conforme à sa réputation : bagages encombrants, caprices impétueux puis nausées, besoin de changer de place, de se plaindre, de se faire consoler. Irrégularité pour irrégularité, celle d'emmener une femme sans ordre de mission dans un convoi officiel apparaît, aux yeux de Suzanne Borel, infiniment plus grave que celle d'avoir une maîtresse. Il est vrai que deux jours de route, les genoux coincés sous le menton par le carton à chapeaux de la dame, n'inclinent pas à l'indulgence. Rétrospectivement, cet incident fera figure de péché véniel en regard de ce qui lui sera donné d'observer par la suite, tel ce général immobilisant pendant vingt-quatre heures une colonne militaire pour les « beaux yeux d'une garce », ou le spectacle répété de ville en ville de ces gradés « plus occupés à conter fleurette qu'à pleurer les malheurs de la patrie[38] ». Ce n'est décidément pas Éole mais bien plutôt Éros qui souffle sur ces itinéraires de fuite, en régit impétueusement le cours.

Élève chez les sœurs maristes de Saint-Leu-la-Forêt, Maud Sacquard de Belleroche s'est lancée hardiment avec sa mère sur les chemins de l'exode. Elle a seize ans, un galbe harmonieux qui suscite déjà bien des convoitises, des manières de gamine délurée qui ne demande qu'à en apprendre davantage. Fourbues et poussiéreuses, la mère et la fille décident de s'arrêter aux Pléiades, un restaurant coté de Barbizon qu'elles connaissent pour y avoir passé avant-guerre des dimanches en famille. Entre dans la salle un officier de cavalerie, sûr de sa prestance, « noueux avec des oreilles décollées à la Clark Gable ». Son régiment a fait halte à Fontainebleau et visiblement l'inactivité lui pèse. La suite s'improvise sur le tapis moussu d'un sous-bois. Mais la « Messaline née au soleil de la défaite » ne supporte pas l'arrogance dont fait montre ce galonné avide de victoires faciles. Après avoir livré son pucelage à « l'homme de toutes les débâcles », celle de la guerre et celle de son corps, elle lui crache son mépris : « Vous êtes un lâche, vous et vos pareils, vous êtes des héros déchus[39]. » Si forte est l'aigreur que suscitent les officiers que tout dans leur comportement devient suspect, même quand la suspicion n'a pas lieu d'être. L'un d'entre eux, chargé de l'évacuation de l'état-major de Dijon, a cru bien faire en regroupant dans les mêmes véhicules les colonels et leurs dactylos. Il ne réalisera son erreur qu'en cours de route, lorsque ce mélange d'officiers grisonnants et de jeunes secrétaires pimpantes provoquera sur son passage une pluie d'invectives et d'injures de la part de réfugiés ignorant tout de la situation réelle[40].

Dans ces compositions manichéennes minées par les enjeux idéologiques où chacun peint la réalité aux couleurs de ses passions, les hommes de troupe ne sont pas mieux lotis. À mesure que défilent les kilomètres, cette armée en déroute ne semble plus être mue que par le désir d'assouvir une insatiable frénésie sexuelle, comme si, délivrée de toute discipline, elle n'avait attendu que l'occasion de montrer son vrai visage : celle d'une soldatesque en rut d'autant plus obsédée par l'acte trivial que les émotions en cascade ont créé chez les uns et les autres, selon les tempéraments, l'impérieux besoin d'un sédatif ou d'un dérivatif à la hauteur de ces funestes circonstances. D'avoir été bousculés par l'ennemi n'empêche pas ces hommes d'exiger leur ration de cru et de cuit. Au contraire ! Qui n'a vu alors, sur les routes poussiéreuses de juin 1940, ces convois chargés de soldats abrutis par l'alcool et de créatures de chair et de sang – surtout de chair – que la troupe avait ramassées au gré de sa pitoyable errance ? Nullement affectés par la tournure des événements, les hommes de la 6e compagnie DAT de la Région parisienne ne reculent pas devant les mises en scène : « Des canons, des chenillettes, des ambulances, des engins blindés, dans une confusion affreuse, avançaient de 50 mètres par cinq minutes. Mais la gauloiserie ne perdait pas ses droits et l'on pouvait voir, hissées sur des caissons d'artillerie, de jeunes personnes coiffées de bonnets de police ou de casques. D'instinct, elles avaient pris l'allure de ces petites femmes de music-hall qui pendant l'autre guerre, sur la scène disparue d'un boui-boui du passage de l'Opéra, cadençaient si bien leur marche en faisant le salut militaire, et pas un officier qui y trouvât à redire[41]. »

Lucien Rebatet, l'auteur des *Décombres*, en a-t-il rajouté jusqu'à ce qu'il ait son compte de biffins en chasse et de filles en chaleur ? Au moment où il consigne ses souvenirs, fin 1941, l'heure est à la stigmatisation tous azimuts des responsables de la défaite. Et l'évocation de cette plèbe libidineuse, monstrueux surgeon des foules du Front populaire à qui l'on promettait « la paix, le pain, la liberté », mais incapable, en définitive, d'autres conquêtes face aux guerriers techniciens du Reich, vient à point pour servir son propos. L'équipée érotico-burlesque de son unité, le 2e Centre d'organisation automobile de l'armée, occupe plusieurs pages de son récit. Elle débute à Poissy où, indifférents à l'avance allemande, des « Roméos en calot » s'activent auprès des jeunes filles du voisinage. Aiguillant les convois au poste de Chambord, il a tôt fait de repérer une « délicieuse fille très brune, de seize ou dix-sept ans », qui, elle-même, dévore des yeux les cinq ou six poilus du village, brûlant de « cette fièvre des catastrophes qui livre les adolescentes à une sombre et magnifique animalité », tandis qu'au carrefour tout proche, une sentinelle isolée est en proie à « une exhibitionniste éperdue de quinze ans ». Quelques étapes plus loin, la halte à Mareuil-sur-Lay, en Vendée, est l'occasion de « gueuseries » non moins mémorables : on y siffle des fillettes de rosé en même temps qu'on y applaudit les filles du village jouant de la croupe et de leurs autres avantages. À une lieue de Limoges, sur des camions de l'armée, entre des artilleurs et des tringlots en goguette, il voit « rire aux mâles », en se faisant palper les cuisses, des filles déguisées d'un calot et d'une capote. À Siorac, ce sont des escouades de cyclistes qui se forment dans le sillage de deux petites postières fort sages et de quelques Alsaciennes qui le sont beaucoup moins. Parmi ces dernières, une mère de deux enfants, sans nouvelles depuis six semaines d'un jeune époux soldat d'infanterie. « Une débâcle bien soignée, en conclut-il, vous en apprend beaucoup plus sur les secrets des viscères femelles que cent romans d'éminents psychologues. » C'est dans cette grosse bourgade du Périgord que le régiment va connaître ses plus riches heures de débauche. À l'heure du crépuscule, devant le café du village où des gamines saoules de seize ans se pâment parmi deux cents mâles braillards, « le rut et la liesse de la soldatesque » atteignent à des « proportions repoussantes ». Par nuées successives, cette farandole de stupre finit par s'abattre sur les terres accueillantes du Midi. Elle n'ira pas plus loin. Sous le soleil du Sud, la défaite est une insanité que chacun s'emploie de son mieux à ignorer. « Cette descente du Nord chez les cigales était surtout pour les indigènes une aubaine touristique, une fête, la vogue de tous les soirs. Quelle bombe, quel pince-fesses en Avignon[42] ! »

De cette France-là résolument réfractaire à ce que l'histoire comporte de tragique, cherchant à s'en extraire par tous les moyens, exclusivement préoccupée par une quête de plaisirs qu'exaspère la certitude d'avoir échappé au pire, Rebatet n'aura vu, jusqu'au bout, qu'une course éperdue vers le nirvana des ivresses, qu'une sarabande orgiaque de satyres et de bacchantes où l'inconscience et l'indécence menaient le bal : « Les petites Albigeoises portaient gaillardement les malheurs de la patrie, à la nuit tombante, sous les platanes des avenues, parmi vingt mille grivetons éperdus d'amour. » Il n'est pas le seul dans ce cas. Tous ceux que n'embarrassaient pas une compassion excessive pour les naufragés de l'armée française ni le souci de proposer une lecture bienséante des événements ont rapporté des scènes identiques ; non que le voyeurisme fût leur paroisse, mais parce que l'obscène, à chaque carrefour, comme une grenade dégoupillée, leur a sauté au visage. Échoué avec son bataillon dans le gros bourg féodal de Saint-Astier, en Dordogne, le caporal Raymond Queneau y découvre une population hétérogène bien décidée à ne pas se laisser entamer le moral : des « poules faciles », des réfugiées de l'Est pas plus farouches, des « putains et des maquereaux », des officiers qui « filent le cours d'eau à poil dans une barque », des hommes de troupe dépenaillés qui prennent d'assaut les cafés où d'accortes serveuses débitent trois fois plus de chopines de blanc qu'en temps ordinaire[43].

« L'extraordinaire débraillement des sens, note de son côté Jean Malaquais, à la date du 20 juin. Déjà les jours précédents, alors que nous traversions les villages, je sentais, je flairais l'hallucinante odeur du rut. À la vue de toute femme, avenante ou pas, jeune ou pas, la cohorte des mâles sevrés entrait positivement en transe. Au reste, rien ne paraît plus facile que d'entraîner la première réfugiée de rencontre et de coïter frénétiquement derrière un buisson… Et puis je ne sais qui, de la femme ou de l'homme, est le plus déchaîné[44]. » À chaque armée ses prises de guerre.

Naufrage collectif et revanches individuelles

À la mi-juin, la débâcle a emporté les cadres de la société française. À tous les niveaux, le maillage a cédé : préfets et sous-préfets, maires et gendarmes ont quitté leur poste en dépit des instructions du ministre de l'Intérieur. Sur cette table rase de la civilisation administrative ne subsistent plus que quelques milliers de maires ruraux confrontés à des tâches qui les dépassent. Dans un pays en état d'apesanteur s'ouvre un formidable et éphémère *no man's land,* espace de toutes les libertés mais aussi de toutes les incertitudes. Pour une majorité de Français, cette vacance de l'autorité est une source de désarroi supplémentaire parmi toutes les calamités qui les accablent. Abandonnés, livrés à eux-mêmes, ils n'ont plus ni la protection de l'État et de ses représentants, ni les repères de leur vie quotidienne. Pour les autres, au contraire, la défaite est un brusque appel d'air, une embardée vers l'ivresse du grand large, une rupture providentielle où la norme se relâche en même temps que la surveillance de la communauté. À ceux-là, le naufrage du collectif ne peut apparaître que comme une grisante aubaine. Plus de voisins aux aguets, plus de collègues suspicieux, plus de famille au regard inquisiteur, plus de sentinelles des bonnes mœurs, plus de censeurs courroucés, plus de rumeurs malveillantes. C'est l'heure de la revanche de l'individu sur le groupe, de la liberté sur la règle, de l'anarchie gourmande sur l'ordre austère de la cité. La politisation des corps, si caractéristique de la période qui s'ouvre, commence par un maquis libertin, une insurrection hédoniste, une entreprise de vouloir-vivre individuel en réponse au chaos collectif, une dépense frondeuse contre l'ancienne économie du plaisir régulée par la privation et l'épargne.

« Tout est permis », c'est exactement la conclusion à laquelle est parvenu Maurice Sachs qui dans ce registre possède, il est vrai, quelques longueurs d'avance. Sachs a trente-trois ans lors de la débâcle. C'est un grand garçon joufflu, à la mise de dandy décadent et aux poses languides, une sorte d'« Oscar Wilde sans cheveux » qui ne vit que pour deux divinités : aimer et écrire. Aucune des deux ne lui a jusque-là vraiment souri. Écrivain sporadique appointé chez Gallimard sans avoir jamais rien publié, éditeur occasionnel d'ouvrages licencieux, faussaire de talent, spéculateur hasardeux, escroc intermittent faisant bruisser dans ses poches du papier hygiénique pour faire croire à des billets de banque, juif mais converti au catholicisme très provisoirement pour complaire à Maritain, homosexuel mais ne répugnant pas à un certain nomadisme qui le fait se marier lors d'un voyage aux États-Unis et même prendre maîtresse comme un honnête bourgeois, la vie de Sachs est un tissu de contradictions fines et brûlantes. Au milieu des années vingt, il a été l'ami de Cocteau auquel il a servi de secrétaire bénévole, partageant avec lui l'opium et les garçons, avant de dévaliser son appartement de tout ce qu'il comptait d'éditions rares et de manuscrits précieux. Par la suite, il a mené un jeu compliqué d'intrigues à base de séduction et d'abus de confiance dont Max Jacob, André Gide, Jean Paulhan et Pierre Fresnay, pour ne citer que les plus connus, ont été quelquefois complices, souvent dupes, toujours victimes.

En ce mois de juin 1940, Sachs est *speaker* à Radio-Mondial, une station d'État dirigée par le chef de cabinet du ministre de l'Intérieur, émettant depuis Bordeaux à destination de l'étranger. Chaque nuit entre 23 heures et 5 heures du matin, afin que New York et San Francisco puissent recevoir normalement les émissions, il tient derrière le micro la chronique de ces journées fiévreuses. Longtemps, il s'est cru victime de son propre désordre intérieur et voici qu'à son tour le monde au-dehors bascule dans le chaos, lui renvoie l'image mille fois grossie de ses dérèglements. Entre lui et ce monde-là, les comptes sont enfin soldés. Passant de l'immoralisme à l'amoralisme, il n'obéira plus qu'à ses instincts. Dès lors, Sachs passe ses journées à dépenser toutes ses ressources en alcool et en « mauvaises fréquentations ». Son programme ? La débauche, la fuite en avant du désir indompté et indomptable. Du désir enfin légitime : « Moi qui n'étais rien dans la nation ni dans l'univers, qui n'avais nulle responsabilité de personne, il était tout naturel que, quel que pût être le sort de l'Europe, j'allasse en toute bonne humeur vers les amours de hasard[45]. » Le soir, en attendant l'heure de son émission, il rôde du côté de la place des Quinconces, lieu de drague des deux sexes. Quand il a levé une proie, la difficulté est alors de trouver une chambre dans cette ville surpeuplée. S'il s'en présente une, c'est le plus souvent celle d'une prostituée qui accepte de sous-louer une paillasse crasseuse entre deux passes. Par ces temps troublés où l'on commence à manquer de tout, le premier danger c'est l'entôlage. Une nuit, deux garçons acceptent de le suivre, impressionnés par sa prestance et son verbe dru de beau parleur. Alors que la sirène d'alerte retentit, Sachs comprend soudain que ses deux compagnons ont le projet de le rosser pour s'emparer de son portefeuille. Prenant les devants, il leur propose de partager les 400 francs qu'il a sur lui et, nullement découragé, insiste pour profiter de leurs charmes. Autant il se montre indifférent à la débâcle du monde qui l'entoure, autant il ne saurait supporter le désastre intime du plaisir qui se dérobe.

De son côté, Henry de Montherlant quitte Paris le 20 mai dans un camion de ravitaillement qui va le débarquer parmi les troupes de la 87e division nord-africaine entre Noyon et Saint-Quentin. Pour « aller au canon », accomplir la geste de l'héroïsme viril que personne ne lui réclame, si ce n'est lui-même, il a arraché un vague titre de correspondant de guerre pour l'hebdomadaire *Marianne* dont il est un collaborateur épisodique. Revêtu de son vieil uniforme de la guerre de 1914-1918 qu'il porte illégalement puisqu'il a été réformé pour blessures, Montherlant est une sorte de franc-tireur. L'armée ne lui reconnaît aucun titre de combattant. Emporté dans l'entonnoir de la débâcle, respirant l'odeur du suint plus que de la poudre, il est le piéton d'une apocalypse dont l'ampleur dépasse ses plus sombres prédictions et, secrètement, le réjouit. Les mollets compressés dans des bandes molletières, les yeux brûlés par la poussière, blessé à l'aine le 27 mai, boitant bas à cause d'une tendinite, c'est un « spectre horrifié et anéanti » qui échoue à Marseille le 10 juin. Pour se donner du courage et mieux affronter l'épreuve, il s'est répété inlassablement le cri de guerre des légions de César : « *Venus victrix.* » L'acte sexuel, le souvenir qu'il en a, la promesse qu'il s'en fait est ce qui aux pires moments le raccroche à la vie. « Le plaisir, avait-il noté dans *Mors et vita*, c'est toujours sur lui que j'ai mis la main dans la tourmente, comme sur les papiers, quand le vent se lève. » Défi au malheur des autres, revanche sur le vieux monde tant haï qui, tel un navire glissant dans l'abîme, emporte avec lui une « civilisation à l'envers » fondée sur « l'obscène loi du nombre » et cet « esprit d'édification » cher aux cagots de toutes les chapelles. Il y a de tout cela dans la jubilation qu'éprouve Montherlant à renouer frénétiquement avec ses « chasses ».

Sur les boulevards, des « centaines de beaux gosses » musardant le nez au vent l'y invitent. Les squares, les bassins, les kiosques dans les parcs, les salles de cinéma : autant d'endroits propices à débusquer de jeunes proies et à s'isoler avec elles. Jusqu'à ce petit matin où une convocation de la police arrive à son hôtel. La mère d'un jeune Polonais a porté plainte. Au poste, l'adolescent, oublieux de ses complaisances, le charge avec une « perversité raffinée ». Dans cette ville paniquée, il se trouve encore un procureur pour brandir les tables de la loi et lui faire la morale : « Vous êtes de ceux à cause de qui la France a déchu. » Il faudra la grande pagaille de la défaite, qui bloque la commission rogatoire dont le juge voulait saisir la police parisienne afin de savoir si des faits similaires lui avaient déjà été reprochés, et toute l'habileté de son avocat pour que l'affaire se termine sur un non-lieu[46].

En comparaison, l'exode de son ami Roger Peyrefitte est une délectable exploration de la carte de Tendre. Le 29 mai, il a reçu l'ordre du nouveau secrétaire général du ministère des Affaires étrangères François Charles-Roux, nommé en remplacement d'Alexis Léger, de quitter Paris. Avec ses collègues, il s'est vu confier le transfert des archives du Quai d'Orsay, celles du moins que le ministre n'a pas jugé utile de faire brûler, comme le traité d'armistice de 1918 signé par Foch et le traité de Versailles. Outre le fait qu'il apprécie d'être, en ces circonstances, le dépositaire d'un trésor à forte charge symbolique, le jeune diplomate n'est pas fâché, non plus, de quitter la capitale. Un mois auparavant, il s'était fait pincer au jardin du Luxembourg et conduire sans trop de ménagement au commissariat de l'Odéon. Arrivé à Saint-Étienne-de-Chigny, en Touraine, il s'« impatronise » gardien suprême des archives et refuse de gagner Bordeaux pour ne pas exposer son précieux viatique au risque d'un nouveau trajet sur des routes de plus en plus encombrées et de moins en moins sûres. En réalité, cette décision n'obéit que très subsidiairement à des considérations civiques. Il en donnera le vrai motif, mais en langage codé pour déjouer la censure, dans la correspondance qu'il adressera à Montherlant, quelques semaines plus tard. S'il reste, c'est que, lui aussi, a mis la main sur le « fil d'or » en s'installant dans la maison du village où la réquisition était la « mieux appropriée ». Sa plume en frétille de ravissement : c'est une « oasis » baignée par les « eaux du Léthé », une « retraite ronsardienne », un « vert paradis » des amours bocagères où il a trouvé sans difficulté la « clé des champs » et « mis à son trousseau quatre modèles réduits entre neuf et treize ans et demi », soit la moitié des « clés disponibles – et souhaitables – de la localité ». Superbement indifférent à l'avance ennemie – « Ah ! ils peuvent bien passer avec leurs tanks » – comme à la détresse des foules de réfugiés fuyant la mitraille, Peyrefitte avoue avoir vécu en pleine guerre « dans une paix royale ». Rendant grâce au « petit dieu à jamais vainqueur qui fait le prix de ma vie », le voilà qui, au comble de la félicité, théorise : « Quelle reconnaissance je dois et je devrais à mes passions ! Ce sont elles uniquement qui m'ont soutenu à travers ce que je puis appeler, modestement, tant d'épreuves [...]. N'ayons pas honte de ce qui nous sauve du malheur et de la faiblesse ; tant pis si nous sommes forts et restons heureux[47]. » À 700 kilomètres de là, Montherlant, au même moment, note dans ses carnets : « La sagesse et nos passions nous soutiennent dans l'épreuve, nos passions surtout. » C'est une histoire à la Castor et Pollux que celle de ces frères jumeaux en pédérastie.

De façon plus fruste mais sans doute plus proche des situations vécues à l'étage des autres marginaux, le personnage de Daniel, antihéros du roman de Jean-Paul Sartre, *La Mort dans l'âme*, exprime l'ivresse que procure ce sentiment d'une liberté toute neuve, d'un monde sans attaches, d'une société sans surveillance, sans juge et sans sergent de ville, lorsque, avec la déroute des « affreux petits soldats kaki » et le chaos généralisé, l'anomie devient la règle : « Philippe avait l'air soulagé ; Daniel le poussa sous le porche. Les beaux mômes qu'il chassait à Montmartre ou à Montparnasse, jamais encore il n'avait osé les ramener chez lui. Mais aujourd'hui la concierge et la plupart des locataires galopaient entre Montargis et Gien, aujourd'hui c'était fête[48]. » Échappant aux redondances universitaires et aux pléthores bibliographiques, ces fragments de vies secrètes ne forment évidemment qu'un versant de l'histoire. Imbriqués autant que dissimulés dans la multitude des itinéraires individuels, leur recensement est impossible, leur cartographie hasardeuse. En tant que tels, ils n'en illustrent pas moins le paradoxe fondateur de la période plaçant la sphère publique sous le signe de la servitude, des contraintes et des restrictions, mais ouvrant simultanément la sphère privée à des comportements marqués par l'émancipation, la désinhibition et la dépense physique.

Pitié pour les hommes

Autre chose cependant est à l'œuvre sur ces routes de l'exode qui recueillent toutes les précarités et toutes les défaillances, autre chose qui affecte les assignations de genre, le système symbolique du masculin et du féminin, la représentation que chacun des deux sexes se fait de l'autre. Le premier choc a eu lieu lorsque les troupes en retraite ont rejoint la horde des réfugiés, emmêlement qui a aussitôt agi comme un facteur de démoralisation réciproque. Ces soldats débraillés, aux visages hébétés de fatigue, raclant le sol de leurs godillots troués, le calot sur l'oreille ou le képi en pied de bas, provoquent à leur passage toutes sortes de réactions négatives. Fuyards, on les méprise ; porteurs d'uniforme, on les perçoit comme une menace latente. Devant le miroir qu'ils lui tendent, la nation est prise d'épouvante. Qu'ils fassent mine de résister, fouaillent ce qui leur reste d'énergie, refusent de jeter bas les armes, et ce sursaut de virilité guerrière suscite la colère des civils qui en sont les témoins apeurés et s'en imaginent déjà les victimes. À Vierzon, un colonel qui veut défendre la ville est lynché par les habitants : « Ce n'est pas assez de nous avoir trahis, vous voulez qu'on nous détruise ! » À Vienne, le maire installe les femmes et les enfants sur les ponts afin d'empêcher un régiment du génie de faire sauter les ouvrages. Près d'Ozouer-sur-Loire où un convoi de camions à chevaux de l'artillerie est pris sous le feu d'une unité allemande, des femmes plaquées contre le mur d'une ferme lancent en direction des artilleurs cette saisissante ellipse : « Lâches ! lâches..., rendez-vous[49] ! » Supplication superflue dans bien des cas : en une masse amorphe, en longues colonnes hâves et grises marchant la tête basse comme pour anticiper la contrition collective qui va bientôt s'ériger en régime, les soldats français ont pour la plupart devancé l'injonction pressante des civils. À bout de forces, la peur aux trousses, ils se sont rendus, non dans la dignité du soldat, soucieux de conserver cette parcelle de grandeur qui échoit aux vaincus, mais en se bousculant comme si l'état d'homme libre leur était devenu insupportable. *Krieg fertig* : la guerre est finie ! Combien de fois ces mots ont-ils servi d'appât dans les derniers jours d'une bataille qui n'en était déjà plus une ? Ils ne suffisent pas cependant à expliquer comment et pourquoi une écrasante majorité de soldats ont pu accueillir la captivité comme une délivrance. Au point de s'y précipiter sans vergogne. C'est si simple : il suffit de lever les mains en l'air pour passer de l'autre côté de la guerre et rejoindre, selon le mot du « caporal épinglé » Jacques Perret, la « horde du gibier docile ». Être prisonnier entraîne un notable changement de statut, mais ne modifie les comportements qu'à la marge. On passe du désarroi à la passivité, de l'hébétude au renoncement. Sur la route qui conduit vers la captivité, une jeune fille, constatant la nonchalante distraction des sentinelles allemandes, accoste le lieutenant Roger Ikor et lui glisse à l'oreille : « Sauve-toi, mais sauve-toi donc ! » Ni lui ni aucun de ses compagnons ne sont en état de suivre son conseil. Le sentiment d'une fin, d'un aboutissement fatal qui rend impuissant et casse pour un temps tout ressort moral, la croyance en une démobilisation prochaine et un retour rapide au foyer, l'absence de haine envers les Allemands, sentiment que l'on imagine devoir être payé de retour ; tout invite à ne pas prendre le risque d'une évasion.

Sur les un million sept cent mille hommes capturés par l'armée allemande, à peine deux cent mille profiteront des multiples occasions qui leur seront offertes pour se soustraire à leurs gardiens. À quoi bon s'évader puisque la paix doit être signée incessamment – Hitler ne l'a-t-il pas promise pour le 1er juillet ? –, puisque l'on sera bientôt libre ? À quoi bon troquer son uniforme pour des vêtements civils quand il est plus sage et plus sécurisant d'être ainsi totalement pris en charge ? Cette illusion funeste, habilement entretenue par les Allemands afin de maintenir l'ordre dans les interminables colonnes de prisonniers, est partagée par le plus grand nombre. Toutes les facettes de cet état d'esprit, y compris l'accoutumance à la servitude, les mots qui dupent et les sentiments qui dopent, se retrouvent à travers la scène de ce prisonnier qui traverse son village :

« Flegmond était justement tapi au milieu du peloton, ayant par surcroît de précaution soustrait son calot et son pompon à l'identification d'un public aux réactions mitigées.

– Tais-toi, souffla-t-il, je connais du monde.

– Montre-toi un peu, tu vas être acclamé. Tu ne comprends pas qu'on te raccompagne vers ta femme et qu'ensuite chacun rentre chez soi[50]. »

Dans des centaines de villages, l'armistice déverse ses contingents de prisonniers, étire le morne défilé des hommes qu'on dirige vers des camps de fortune et des bivouacs improvisés en plein air. Absorbés par la conservation de leur personne, ils attrapent au vol tout ce qu'on leur tend : vivres, cigarettes, canettes, bouteilles, beaucoup de bouteilles. Des soldats ça ? Non ! Des « clochards éclopés et loqueteux », des « épaves kaki et bleues », des « romanichels hagards », des « chenilles de miteux, battus, cocus, contents ». Sans doute trouve-t-on quelque compassion chez ceux qui, sur le bas-côté des routes, assistent à la procession pénitentielle de l'immense peuple des captifs. Mais il y a aussi bien autre chose dans le faisceau des regards qui enserre les prisonniers, les isole déjà du reste de la nation, en fait une catégorie à part à l'identité flottante, au genre indéterminé. Regards des caméras et des appareils photo dont se servent les soldats allemands et les services cinématographiques de la Wehrmacht pour fixer sur la pellicule les vestiges de la « grande nation française ». Regards des femmes aussi, contraintes à une déchirante mise au point sur ces hommes – leurs hommes – que la reddition, l'exhibition, la soumission aux vainqueurs abaissent déjà dans leur estime avant de les éloigner peut-être dans leur affection.

Une page d'histoire se tourne avec ce défilé pathétique des chemineaux de la défaite. Le caporal Jean Pierre, capturé à Padoux le 21 juin, constate avec amertume la versatilité de certains comportements féminins : « Des paysannes, de celles qui la veille s'étaient plantées au bord de leurs champs pour regarder passer les soldats de l'armée en déroute, ne purent se retenir d'exprimer leur dégoût à l'égard des vaincus en quelques phrases bien senties. Un officier allemand leur lança : “Vous feriez mieux de leur donner à boire”[51]. » Tout comme le soldat Noël Bayon de La Mort qui, le 28 juin, exténué par une marche de quatre jours, doit affronter les lazzis de la foule massée aux portes de Strasbourg. Lorsque les officiers prisonniers passent à leur tour, en camion, c'est la bronca : « À pied ! À pied[52] ! » crient les dames. Entre les essaims de jeunes filles butinant les rescapés de l'armée française et ces grappes de femmes conspuant la longue théorie des vaincus, il y a moins d'une semaine d'écart mais des années-lumière de distance. Dans un cas, les Allemands sont absents de la scène, dans l'autre, ils sont à l'arrière-plan. En comparaison, les silhouettes avachies, le pas chancelant des prisonniers font paraître plus disciplinés et plus forts les jeunes hommes blonds qui les encadrent. Ce qui est en cause désormais, c'est moins l'uniforme, son attrait, son prestige que les soldats français qui n'ont pas su le remplir. La capture de près de deux millions d'hommes équivaut à une castration symbolique. Les plus lucides ne s'y trompent pas, comme en témoigne cette réflexion rageuse recueillie par Francis Ambrière sur la route de la captivité : « La guerre que nous avons faite, mon vieux ? C'est la guerre des eunuques. » Jugement lapidaire, expéditif, propos désabusé d'un esprit porté au dénigrement et à l'autodépréciation ? L'armistice est à peine signé qu'une contrepèterie circule, scellant par avance d'un trait cruel le destin des captifs : « Les femmes garderont toujours leur cœur pour le vaincu. » Fulgurance de l'humour populaire, prescience instinctive de la rue, grand miroir des rapports entre sexes, auxquels il n'aura fallu que quelques jours pour comprendre que la soumission des hommes annonçait l'émancipation des femmes, que la reddition des uns était grosse de la « trahison » des autres.

CHAPITRE 3

De si beaux vainqueurs

« Les villes sont femmes et ne sont tendres qu'au vainqueur. »

Ernst Jünger, *Journal parisien.*

« Il trique. Si fort et si calmement que sa virilité observée par les cieux a la force pénétrante des bataillons de guerriers blonds qui nous enculèrent le 14 juin 1940 posément, sérieusement, les yeux ailleurs, marchant dans la poussière et le soleil. »

Jean Genet, *Notre-Dame-des-Fleurs.*

Vendredi 14 juin 1940. Il est 5 heures. Rien ne bouge derrière les façades parisiennes. Pour ceux qui sont restés, ce serait pourtant le moment d'aller à leur fenêtre. Depuis 1871, le spectacle n'a pas été rejoué. Le petit matin a une drôle d'allure : casqué, botté, motorisé, uniformément *feldgrau*. Les premières colonnes de la XVIIIe armée allemande viennent d'entrer dans Paris, déclarée ville ouverte depuis la veille. La matinée peut s'avancer, la capitale, désertée par les deux tiers de ses habitants, continue de ressembler, selon le mot de Léautaud, à un « grand mail de province » enseveli dans la torpeur dominicale. Vers la mi-journée, les premiers Parisiens, poussés par les nécessités du ravitaillement autant que par la curiosité, descendent dans la rue. Rien de ce que certains auraient pu redouter n'est au rendez-vous. Le contraste est si fort que le choc en retour explique à lui seul l'alchimie de cette courte période. Des sentiments ambivalents traversent ce grand moment de déréliction nationale : de la stupeur à l'admiration, du soulagement au fatalisme. Par ondes concentriques, un impressionnant carrousel se déploie dans la ville. Dans tous les sens du terme, les Allemands font la roue. Ils sont partout : boulevard de Strasbourg, boulevard Sébastopol, boulevard Saint-Germain, de la place de la Nation à la place Clichy, de la porte d'Aubervilliers à la porte d'Italie. Déjà, en 1871, Bismarck avait exigé de Thiers, comme préalable aux pourparlers d'armistice, que les troupes prussiennes défilent dans Paris. Cette fois, le général von Stütnitz, nommé gouverneur militaire, est libre de régler la chorégraphie comme bon lui semble. Le 18 juin à 10 heures, ce sont des divisions entières qui ont pris possession du quartier de l'Étoile. Au pied des hauts murs de l'Arc de Triomphe, les officiers et leurs états-majors font face aux cliques de la Wehrmacht, rangées à l'angle des avenues Mac-Mahon et Carnot et au centre de l'avenue d'Iéna. « *Achtung ! Marsch* ! » En colonne par quatre ou par huit, les troupes allemandes briquées, astiquées, rutilantes montent vers l'Étoile par l'avenue Marceau, l'avenue de Wagram et l'avenue des Champs-Élysées, martelant l'asphalte au pas de l'oie. Au son des fifres, des cuivres et des tambourins, la grande parade du IIIe Reich victorieux déroule ses fastes. L'« empire de mille ans » est un spectacle en tournée dont l'objectif est moins de séduire que de frapper les imaginations. Chaque ville, chaque village occupé aura le droit, dans les premiers jours, à cette élémentaire leçon de choses qu'est le défilé de l'armée des vainqueurs, répété autant de fois que nécessaire et même un peu plus. À la guerre, comme en philosophie, les Germains ont toujours eu un faible pour les démonstrations appuyées.

Réévaluation de l'ennemi

Quelques téméraires entretiennent la légende du Parisien éternel « badaud » et vont au spectacle. Sidération. Les caméras d'actualité montrent leurs visages incrédules ou interrogatifs. Comme par sortilège, les « monstres roux », les « ogres roses à lunettes » vêtus de « papier buvard » et d'« arêtes de poisson », les outres à bière « ravagées par le scorbut » sont devenus, en passant le Rhin, de grands garçons blonds au teint hâlé, à la carrure athlétique, sanglés dans d'impeccables uniformes de drap robuste, portant ceinturon et bottes – « un homme est deux fois un homme avec des bottes », observera Jean Dutourd. Comble d'insolence, la horde famélique nourrie de « pâtés de harengs sans harengs » et d'« omelettes sans œufs » affiche une mine florissante. Le journaliste mondain Boulos Ristelhueber est aux premières loges en compagnie de ses amis Serge Lifar, Marie-Laure de Noailles et Misia Sert : « Les troupes font une entrée d'opéra de Wagner et de *Lohengrin* : casques d'acier reluisants, plus beaux que nature [...]. Bouche bée, les ménagères de l'avenue Kléber, les valets de chambre de l'avenue Marceau, les concierges de partout regardent ces hommes plus frais que s'ils sortaient de chez le coiffeur, ces chevaux aux panses suralimentées, ces tanks bien fourbis qui circulent en pétaradant[1]. »

Dans une France lente à se mouvoir, le spectacle des Allemands arrivés comme une tornade opère un véritable choc sur les esprits. En l'espace de quelques jours, les plus solides préjugés font l'objet d'une révision plus ou moins déchirante. D'un seul coup s'évanouit la rumeur des viols collectifs qui prospérait sur les souvenirs de l'invasion allemande de 1914 et les récits de l'occupation qui s'ensuivit. Cette fois, les cas de viols semblent avoir été relativement peu nombreux, sans comparaison aucune avec le phénomène massif de la Grande Guerre. Durant la campagne de France, les coupables de manquement à l'honneur militaire ont été envoyés en première ligne et, en cas de récidive, punis conformément au code pénal militaire allemand. Une fois la victoire acquise, l'ordre du 7 juillet 1940 en provenance du quartier général du Führer est venu compléter les instructions : « J'attends de la Wehrmacht qu'elle remplisse ses tâches en tant qu'armée d'occupation dans un esprit irréprochable. J'ordonne à tous les membres de la Wehrmacht de faire montre de la retenue, qui est celle d'un soldat allemand, dans leurs rapports avec la population des territoires ennemis occupés [...]. J'attends qu'on demande des comptes sans aucune indulgence aux membres de la Wehrmacht qui se laissent aller sous l'empire de l'alcool à des actes délictueux. Je veux que tous les supérieurs considèrent comme leur plus strict devoir de maintenir un haut niveau de discipline militaire, tant par leur exemple que par les instructions qu'ils donneront[2]. » Comme par ailleurs aucune information ne circule au sujet des massacres et des pillages dont les Allemands se sont sporadiquement rendus coupables, rien ou presque ne vient engendrer de psychose collective chez les vaincus[3]. Les barbares annoncés à grand renfort de descriptions alarmistes ne sont pas au rendez-vous. Le cauchemar qui a fait fuir plus d'un million et demi de Parisiens n'était-il donc qu'un montage, une manipulation ourdie par des dirigeants criminels et irresponsables ?

La presse, autorisée à reparaître dès le 17 juin, et singulièrement les nouveaux titres acquis à la cause des vainqueurs (*La Gerbe*, *La France au travail*, *La Vie nationale*), est pour beaucoup dans cette réévaluation de l'occupant. Sa tâche est facilitée par les autorités allemandes qui ont donné pour consigne de « faire jaillir les sources de l'abondance », selon le mot d'Ernst Jünger, afin de s'attacher le concours des populations. Parce qu'un habile calcul commande cette empathie, parce que la brièveté des combats et la faible résistance de l'armée française leur ont laissé le temps et le loisir de se montrer mesurés, les Allemands ont vite compris tout le parti à tirer du retournement de l'opinion. La célèbre affiche « Populations abandonnées, faites confiance au soldat allemand » placardée dès les débuts de l'Occupation est une première tentative en ce sens. On y voit un soldat de la Wehrmacht tenant dans ses bras un garçonnet qui s'apprête à dévorer un morceau de pain, clin d'œil à la fameuse tartine grâce à laquelle nos troupes étaient censées capturer les Prussiens en 1914. En bas, à gauche, une fillette lève un regard confiant et admiratif en direction du soldat *feldgrau*. Aucun doute : celui-ci pose au père nourricier, en l'absence du père biologique sans doute prisonnier dans quelque *Frontstalag*. Cette substitution paraît si naturelle qu'elle en suggère une autre dont on devine qu'elle pourrait s'accomplir avec le même naturel.

À Belleville (place des Fêtes), à la Chapelle (boulevard de la Chapelle), à la Villette (rue Alphonse-Karr), à la porte de Versailles (square Desnouettes), aux Buttes-Chaumont (rue Botzaris), à Montreuil, à Saint-Denis : partout dans les quartiers populaires où commence à se faire sentir la pénurie de ravitaillement, les cuisines roulantes de la Wehrmacht et celles du NSV (*National-Sozialistiche Volkswohlfahrt*), l'œuvre allemande de secours national-socialiste, se sont mises à servir de larges rations de pommes de terre, de bœuf bouilli et des quarts de café fumant. Jusqu'à vingt mille repas par jour dans la semaine du 12 au 18 août, point culminant de ces distributions gracieuses sinon désintéressées. Gavroche turbulent et frondeur du XIIIe arrondissement pour qui le « Fridolin » reste, quoi qu'il fasse, l'ennemi héréditaire, Alphonse Boudard n'est pas le dernier à se précipiter, en compagnie des ménagères du quartier, vers les cantines allemandes de la place d'Italie ; conscient toutefois d'y risquer sa dignité et subodorant, du haut de ses treize ans, quelque mystérieuse relation souterraine entre dépendance alimentaire et soumission sexuelle : « Les Frisés [...] en juillet 1940 [...] ils venaient de nous enculer si fort qu'ils nous caressaient encore un peu la croupe [...] ils voulaient maintenant qu'on les suce[4]. » En province, ce sont les services mobiles du NSV qui prennent en charge des dizaines de milliers de réfugiés éparpillés sur les routes de l'exode, leur prodiguent nourriture et soins, les convoient jusqu'à leur ville d'origine. Dès le 15 juin au soir, on signale le retour des premiers réfugiés dans la capitale, ce qui, le lendemain, ramène de l'animation sur les grandes artères.

Rapatriée dans un camion de l'armée allemande, Simone de Beauvoir confiera avoir été sensible à la « gentillesse toute spontanée et amicale et ronde » des vainqueurs. Une appréciation semblable à celles que reproduisent alors à longueur de colonnes les grands quotidiens de la presse parisienne. *Paris-Soir*, le 24 juin, donne la parole à une réfugiée, une certaine Mme D., belle-sœur d'un lieutenant-colonel : « Les Allemands vinrent heureusement à notre secours, ils nous fournirent l'essence qui nous permit de prendre le chemin du retour et refusèrent notre argent. Quel contraste avec nos compatriotes, dont plusieurs exigeaient 50 francs pour un peu de carburant[5]. » « Ils sont corrects » : pendant quelques mois, ces trois mots répétés sur tous les tons et sur tous les modes font souche sur le désarroi et la résignation des populations civiles. Parler de fraternisation serait abusif, encore qu'il y eût des scènes de ce genre aux premières heures de l'Occupation, notamment dans les quartiers ouvriers du nord et de l'est parisien et dans certaines villes de province. Au point que Pierre-Étienne Flandin, au retour de sa circonscription de l'Yonne, crut devoir s'inquiéter d'une « nazification des esprits ». Ne pas voir, à l'inverse, l'étrange fascination qu'exerça alors l'armée allemande sur une population déboussolée, animée par un violent ressentiment à l'égard des derniers dirigeants de la IIIe République, serait tout aussi absurde. C'est ce flottement que pointe la psychanalyste Marie Bonaparte quand elle écrit : « La haine agressive avait alors souvent fait place chez les vaincus à une admiration soumise et fascinée pour leurs vainqueurs[6]. » À tout le moins, on leur donne acte de leur discipline et de leur bonne tenue. « Accommodation » est le mot forgé par un historien pour décrire l'état d'esprit des Français occupés durant cette brève période[7]. Les premières notes rédigées par l'occupant, les synthèses des interceptions postales vont dans le même sens.

Quant aux rapports hebdomadaires des Renseignements généraux parisiens, ils égrènent pieusement tout au long de l'été le rosaire d'une cohabitation idyllique : « Aucun incident notable entre les troupes d'occupation et la population » (22 juillet), « La vie continue dans l'ordre et la sécurité » (26 août), « L'ordre et la sécurité règnent toujours pleinement » (30 septembre)[8].

Les premières conversions viennent des milieux les plus inattendus. L'éditeur anarchiste et antimilitariste Jean Galtier-Boissière, dont les bureaux du *Crapouillot* viennent pourtant d'être perquisitionnés par la police allemande, se répand dans Paris en propos pour le moins déroutants. Au sortir de sa visite, le 5 septembre, chez son ami Paul Léautaud, celui-ci note : « Galtier trouve que les officiers allemands ont des visages plus intelligents que les nôtres, nullement bellâtres à monocle, ou traîneurs de sabre. Il a eu ce mot : "Ce sont des gens intelligents qui ont choisi ce métier, tandis que chez nous ce sont tous des imbéciles[9]". » Chez le très progressiste Léon Werth, le premier contact physique avec l'ennemi suscite plus de stupéfaction que de malaise : « Aucun n'a le type du Germain costaud, fait de gros matériaux. Ils nous regardent en passant. Nous les regardons aussi [...]. Plus tard ma femme m'a dit : "Je ne pouvais pas croire que c'étaient des Allemands. Ils me faisaient l'effet de guerriers japonais[10]." » Jusque-là entité abstraite, idéalement maléfique, l'Allemagne national-socialiste, en déferlant au-delà de ses frontières, se corporéise à travers des centaines de milliers de jeunes soldats, désormais exposés au regard des vaincus, offerts à la répulsion ou à la concupiscence. L'abondance des notations liées à l'allure, à l'apparence, à l'anatomie des vainqueurs submerge toutes les autres considérations et les relègue à l'arrière-plan. L'ennemi n'est plus cette créature d'épouvante, idéologisée à l'extrême, mais un corps à l'antique, délié et agile, musclé et harmonieux, sculpté par une même esthétique, façonné par une même discipline ; autant dire un objet de désir. Une prise de conscience de la dimension sexuelle de l'événement affleure dans bien des conversations. Car, de la masse physique de l'occupant, de la densité érotique, de la puissance émotive que dégage sa présence, qui peut alors vraiment prétendre s'« accommoder » sans dommages ?

Le corps, ambassadeur du nazisme

Plus qu'à la supériorité technique, à l'impressionnante mécanique d'acier qui les ont conduits à une victoire facile, l'hommage des vaincus aux vainqueurs va à l'exploit sportif et aux corps qui l'ont accompli. Car ils sont partout, ces corps, aussi visibles que la masse verdâtre des uniformes qu'ils s'emploient non sans succès à faire oublier. En cet été 1940, la France entière est transformée en un immense camp naturiste. Dans les fermes réquisitionnées pour le logement des troupes, dans les villes, les villages et les bourgs où elle a établi ses cantonnements, les Français découvrent avec stupeur les mœurs de cette étrange peuplade, torse nu, buste cuivré, tels des campeurs heureux de vivre. Du matin au soir, les soldats allemands sont nus. Nus jusqu'à l'abstraction, nus d'une nudité élevée en principe stylistique. Nus pour la gymnastique bien sûr, nus pour se baigner, comme sur la plage de Royan où, à la vue de ce spectacle, les « bérets basques plissent des moustaches offusquées », nus pour monter à cheval, comme sur la grève de La Faute-sur-Mer en Vendée où les autochtones, gardant malgré la chaleur leur grosse ceinture de flanelle, observent avec stupeur, depuis les dunes, ces « barbares blonds » qui ne font qu'un avec leur monture au point de ressembler à des centaures, nus également pour manger, fumer, nettoyer leur fusil, accomplir les corvées et les exercices[11]. Rentrant de sa promenade quotidienne, le 16 juillet, Léautaud, en fin connaisseur des grâces félines, est sous le charme : « Tantôt, à 4 heures, rue Boucicaut, un groupe d'une cinquantaine de soldats allemands, marchant et chantant, vêtus seulement d'un caleçon de bain, revenant sans doute de la baignade dans l'étang de Sceaux. Tout doit être sport, dans l'armée, en Allemagne. Ce qui explique ces grands garçons simples, solides, agiles. J'en voyais dimanche soir, en retard pour le dernier métro, sauter dans les trains de la gare à Robinson presque sans mettre les mains[12]. » Ils sont nus et propres. D'une propreté qui confine, selon le mot de Léon Werth, à un « exhibitionnisme de la propreté ». Une obsession de l'hygiène, de la santé physique associée étroitement à la santé morale, les fait se rassembler autour des puits, des fontaines, des rivières, comme si, s'étant emparés du Walhalla, la vie ne devait plus être pour ces émules de Siegfried qu'un éternel retour aux sources. Autour d'eux, les jeunes filles font cercle, se poussent du coude, étonnées par cette révolution silencieuse des canons de la pudeur masculine. Chez les jeunes Français pour qui il n'est pas encore d'usage d'ôter le maillot de corps, d'exhiber genoux et mollets sous un short ou de traiter les soins du corps autrement que comme une corvée expédiée à l'abri des regards, s'insinue l'impression lancinante d'être relégués dans les ténèbres d'une humanité inférieure. Un sentiment de déclassement naît de la comparaison avec l'ennemi, promu du même coup au rang de redoutable rival : « Nous qui prenions notre douche une fois par semaine, en slip, le spectacle de ces jeunes hommes libres dans leur corps, selon la tradition nordique, nous a fait mesurer le monde qui nous séparait d'eux. Nous étions hier et ils représentaient demain[13]. »

Pour les maîtres du Reich qui ont fait du corps masculin le symbole du corps de la nation allemande, l'incarnation objective de la supériorité de la race, il y a dans cette exhibition permanente un évident souci de propagande ainsi qu'un parfum d'apothéose. Ils estiment ne pas avoir meilleurs représentants, meilleurs ambassadeurs que ces corps harmonieux dont la cinéaste Leni Riefenstahl a fixé sur la pellicule l'idéal de beauté dans *Les Dieux du stade*, le documentaire qu'elle réalisa à l'occasion des Jeux olympiques de Berlin en 1936. Sept ans d'un totalitarisme et d'une discipline sans faille ont fait de ces soldats des hommes de bronze, empanachés de blondeur. C'est dans ce moule unique qu'ont été coulés les millions de jeunes Allemands qui déferlent sur l'Europe. L'éros mâle est leur étendard, quand bien même s'imaginent-ils combattre sous d'autres couleurs. Sous cet éclairage, une fois les morts promptement enterrés et les destructions matérielles passées par pertes et profits, la campagne de France n'apparaît plus rétrospectivement que comme le simple vernissage d'une gigantesque exposition d'art vivant.

Les plus vulnérables à la séduction de cette « génération plein air », qui semble n'avoir été rassemblée sur le territoire français que pour célébrer une impressionnante fête gymnique – à moins que ce ne soit un mystérieux culte solaire –, sont incontestablement les adolescents. Ils ont l'âge où l'on prolonge les passions de l'enfance en virilité guerrière. À quinze ans, Jean Cau, lycéen à Carcassonne, s'est senti comme foudroyé par la débâcle de l'armée française. Lorsque Pétain a annoncé à la radio la fin des combats, il n'en a pas cru ses oreilles. Sa réaction tient en deux mots : pitié et rage. Pitié et rage devant ces adultes trop vieux, trop raisonnables qui n'ont pas su se montrer dignes de la victoire. Mais au lieu de la répulsion qu'il s'attendait à éprouver au contact des vainqueurs – une division de *Panzern* qui traverse la ville –, d'autres sentiments plus complexes se font jour. Lui aussi, à sa manière, rend les armes. Ces « barbares imberbes » auxquels le casque donne un profil de fauve ont tout ce qu'on adule à son âge : santé, jeunesse, force. Il les contemple, les admire, avant de découvrir qu'il n'est pas le seul dans ce cas. Que ne donnerait-il pas pour être à leur place, pour partager la toute-puissance de cette beauté païenne, pour être admis parmi ces élus à qui la victoire confère grâce et magnificence ? « Quel adolescent de ma génération, interroge-t-il, n'a pas rêvé, d'un rêve bref et honteux, d'être ce jeune SS de vingt ans qui, adossé à son tank, étalait avec son poignard du beurre sur une tranche de pain ? Nous étions une dizaine à le regarder et à interroger du regard les têtes de mort dont s'ornait son uniforme[14]. » Chez certains esprits dont l'imagination est une cire vierge, entièrement malléable, l'entrée des colonnes allemandes, aux accents des chants envoûtants et funèbres qui rythment leur marche, distille des poisons mortels, inspire les comportements les plus imprévisibles. Ainsi celui de ce très jeune garçon, rapporté par Jean-René Huguenin : « Ils passaient, ils passaient sans s'arrêter, verts, noirs, et s'effaçaient dans le poudroiement de la route sans qu'un seul d'entre eux eût jeté un regard à la foule subjuguée qui tapissait les murs comme une haie d'honneur. "Maman, je voudrais être allemand. – Tais-toi, tu dis des bêtises. – Je voudrais tant être allemand, maman !" Et tout à coup, il crut apercevoir son père, en uniforme allemand, marchant parmi les soldats. Il entendait : "Ce n'est pas que je les aime, Dieu le sait, mais ils ont tout de même fière allure." "Ils ont l'air propre." "Leurs officiers sont beaux." Le soldat passa devant lui, les yeux fixes. Il avait une cicatrice blanche sur la joue. Un instant, Olivier faillit courir vers lui et se précipiter dans ses bras. Il le regarda disparaître et pour la première fois depuis le début de l'exode, il pleura[15]. » L'exhibition tous azimuts de l'armée allemande en zone occupée marque d'autant mieux les esprits qu'elle a d'abord pour effet de souligner un affligeant contraste. De renvoyer aux Français, par comparaison, une image humiliante d'eux-mêmes.

Les beaux jours du national-masochisme

Armée victorieuse, armée vaincue : comment échapper à l'interaction entre ces deux corps que le destin a chargés de signes contraires ? L'époque écrit gros, réclame des contrastes tranchés, des oppositions flagrantes autour desquelles se reconstruit l'intelligibilité d'événements qui, sans cela, resteraient indéchiffrables pour le plus grand nombre. Grande est donc la tentation, dans ce contexte, d'opposer aux solides gaillards de la Wehrmacht, auréolés du prestige d'un triomphe éclair, les soldats français ravalés sans autre forme de procès à la condition peu enviable d'antihéros. En contact étroit avec la troupe allemande qui a reçu leur reddition et entrepris de les parquer dans des *Fronstalag*, les prisonniers eux-mêmes semblent avoir été les premiers à prendre conscience du déclassement collectif dont ils font l'objet auprès de la population, tant en raison de leur manque d'ardeur au combat que par comparaison avec la force et la santé éclatantes des vainqueurs. C'est ce qui nourrit la rumination morose du soldat Jean Dutourd, capturé en juin 1940 : « L'équipement, la discipline, les défilés rectilignes, les claquements de talons, les grenades à manche enfilées dans les bottes, la vareuse courte à poches boutonnées, l'allure sportive des hommes nous en imposaient ; nous contemplions tout cela avec nostalgie, envie, moquerie, colère, chagrin. Penser que nous aurions pu, nous aussi, être de beaux soldats, disciplinés et méchants[16]. » À l'image de ces corps athlétiques rompus à l'exercice, endurants à l'effort, se superposent celles des centaines de photos publiées pendant la drôle de guerre où l'on voyait des soldats français ventrus ou mal bâtis, hirsutes et dépenaillés, fumant paisiblement la pipe ou tapant le carton, le calot de guingois et les jambes emmaillotées de bandes molletières. Auraient-elles échappé à certains que le souvenir encore frais des épaves de l'armée française, rencontrées sur les routes de l'exode, suffirait à rendre toute comparaison accablante.

Si ce contraste saisissant est pour nombre de Français une source d'affliction, d'aucuns en revanche affichent, pour en parler, un détachement suspect, quand ils ne s'en repaissent pas avec complaisance. « Masochisme politico-sexuel », diagnostique Philippe Erlanger, alors chef du service d'action artistique aux Beaux-Arts. En l'espace de quelques semaines, ce « délicieux frisson » que provoque chez certains la vue des « superbes athlètes blonds sous leur manteau de cuir vert » est devenu une sorte de perversion à la mode, un sujet de conversation mondaine et, pour certains écrivains, l'occasion de reprendre avec de nouvelles variations le thème, si en vogue avant guerre, de la dégénérescence de la « race française », auquel les événements semblent conférer rétrospectivement une valeur prophétique qui plaide, veulent-ils croire, pour leur lucidité et leur clairvoyance[17]. Léautaud, l'Alceste de Fontenay-aux-Roses, devient vite un familier de ces exercices d'anthropologie comparative dont il dispense l'aigre magistère dans ses propos à l'emporte-pièce auprès de ses confrères du *Mercure de France*, mais aussi dans les pages mûrement réfléchies de son *Journal littéraire* : « Ce soir dans le métro, peut-on y lire à la date du 21 juillet, de nombreux soldats allemands. Toujours de grands garçons, minces, souples, le visage sain, la vraie bonne santé. Sur le quai, un soldat français démobilisé sans doute, le visage stupide, complètement ivre. Ce besoin qu'ont les gens du peuple d'aller à chaque instant "prendre un verre". Tout leur individu s'en ressent : l'air du visage, la mauvaise tenue, l'odeur qu'ils dégagent et ensuite, les enfants qu'ils font[18]. » Faisant depuis longtemps profession d'accabler le « Français moyen » sous un mépris d'airain, Montherlant ne résiste pas, lui non plus, aux vertiges d'un manichéisme jubilatoire. D'un côté, il confesse son indifférence pour l'armée française déconfite, « la même qu'on a pour le cheval du picador, atterré, qui s'empêtre dans ses tripes », marque son dégoût pour les hommes de troupe qui « vous embaument de leurs quarts encroûtés de vinasse, de leurs bouches empâtées de nicotine, de leurs gilets de flanelle graisseux fleurant par le col déboutonné », comme pour ces « demi-intellectuels » avec leurs « épaules étriquées », leurs « cuisses de sauterelles », leur « calvitie précoce » et leur « tête de penseur qui ne penserait pas ». De l'autre, il s'extasie devant les Allemands, des « types magnifiques d'humanité » respirant « le grand style de la force[19] ». Se figeant dans la posture des hommes supérieurs, les Drieu, Chardonne ou autres Bonnard n'auront pas de mots assez durs pour flétrir chez leurs compatriotes ce renoncement aux valeurs viriles que la défaite a si durement sanctionné. Avec moins de talent mais une égale virulence, les éditorialistes, les billettistes, les échotiers, chez qui l'humiliation infligée à nos troupes fait parfois le lit d'un plaisir inavouable, ne disent pas autre chose.

Ajouter à la flétrissure de la défaite une soumission implicite à l'égard des vainqueurs n'est sans doute pas, à ce moment précis, le meilleur calcul de la part de ceux qui proclament, par ailleurs, leur farouche volonté de rebâtir une « race française ». À moins qu'ils ne soient secrètement résignés à ce que le soldat allemand, qui a déjà l'avantage de la force, de la jeunesse et du nombre, apparaisse comme un substitut providentiel à la virilité nationale défaillante. Dépréciation des Français, qu'ils aient ou non porté l'uniforme, autodénigrement du masculin sauf quand il a les traits du vainqueur, abandon fataliste ou pénitentiel à la supériorité de l'occupant : comment cette rhétorique obsédante, ce psittacisme morbide ne façonneraient-ils pas une nouvelle mentalité ? Comment n'influeraient-ils pas sur les comportements féminins, à l'heure où le bouleversement des conditions de vie, la perte des repères accélèrent les processus de dilution et de recomposition identitaires ? De cette tectonique implacable qui affecte les soubassements de la société française, d'aucuns ont eu très tôt une conscience aiguë. Le 9 juillet, Jacques Copeau, en voyage à Dijon, croit discerner les premiers signes d'un rapprochement entre les Françaises et les occupants, plus séduisants que « nos chétifs réformés » ou que les « vieillards étiques » demeurés en ville. « Vue pénible », écrit-il, que celle de la « virilité française recouverte par un inépuisable flot verdâtre[20] ». En butte à une double impuissance – celle des vaincus et celle des captifs éloignés de leur foyer –, les prisonniers sont, là encore, aux avant-postes de l'angoisse masculine. Apprenant le 26 juin la nouvelle de l'armistice, le soldat Marcel Haedrich, « fait aux pattes » dix jours auparavant, s'interroge : « Où es-tu, Anne-Marie ? Nuit encore ; je ne vois plus les lignes de mon cahier. Je n'ai plus que toi. M'aimeras-tu encore, guerrier vaincu[21] ? » À peu près au même moment, un autre prisonnier de guerre, Jean-Paul Sartre, exprime une inquiétude du même ordre : « Et si les femmes allaient maintenant nous préférer les jeunes soldats allemands qui ont fait preuve de plus de courage et de moins de lâcheté[22] ? »

L'économie libidinale d'une idylle

Il a raison d'être inquiet, le soldat Sartre. L'Occupation qui se met en place n'est pas un prolongement de l'invasion qui l'a précédée. Ce qui a d'abord été vécu comme une anomalie temporaire s'installe dans une durée imprévisible, menaçante, qui déroule des pensées mal assurées, oblige à des ajustements dans les comportements publics, à d'incessantes transactions entre le dehors et le dedans dont très peu de Français mesurent alors la portée. Sauf pour une infime minorité, l'attitude à observer à l'égard des intrus n'est pas encore un enjeu politique, juste une affaire d'appréciation personnelle dans le meilleur des cas, d'instinct dans le pire. Qu'on s'en irrite ou qu'on s'en accommode, les Allemands font désormais partie du paysage et s'insinuent par tous les interstices du quotidien. Déjà, dans les campagnes, Léon Werth relève que le mot « Boche », jailli spontanément des profondeurs populaires pendant l'autre guerre, a pratiquement disparu des conversations au profit de vocables plus affadis (Fritz, Fridolin, Frisé) qui suggèrent moins l'hostilité que la tiédeur et que les femmes ne disent pas « les Allemands » mais « les soldats », comme si la victoire avait fait accéder ces derniers à une sorte de supranationalité, à une représentation quasi générique qui banalise et déculpabilise par avance les liens qui pourraient se nouer à la faveur d'une cohabitation dont tout indique qu'elle ne va pas prendre fin de sitôt. Réfugiée dans le village natal de son ancienne nourrice, à Issy-l'Évêque (Saône-et-Loire), l'écrivain Irène Némirovsky enregistre au fil des conversations une étrange et précoce mutation sémantique à l'ironie ambiguë : « "Nos maîtres", disaient les femmes qui regardaient l'ennemi avec une sorte de concupiscence haineuse. Ennemis ? Certes [...]. Mais des hommes, et des jeunes[23]. »

Dans ces « Conseils à l'occupé » rédigés en juillet 1940 et distribués clandestinement sous forme de tracts au début du mois d'août, l'un des premiers résistants, Jean Texcier, prône une totale grève des sens, seule à même, à l'en croire, de protéger l'intégrité des vaincus : « Étale une belle indifférence [...]. Sois ménager de tes grâces [...]. Méfie-toi de tous. Aussi de toutes[24] ! » En pure perte. C'est une voix qui prêche tout bas dans l'immensité du désert, comme celle d'un François Mauriac dont le très évangélique « Ayez des yeux pour ne point voir » a des accents de paternelle mise en garde à l'égard de celles qui préféreraient l'esthétique du mal à la rigueur du bien. Au reste, la question n'est pas : comment ne pas les voir ? Mais plutôt : comment ne pas les regarder ? Jusqu'à quel point, lorsqu'on est une femme, ignorer l'empressement que mettent les nouveaux venus à s'effacer sur le seuil d'une porte, à descendre d'un trottoir, à céder leur place dans le métro, à proposer aimablement leurs services face aux mille tracas de la vie quotidienne ? Un sourire, un mot de remerciement engagent-ils au-delà de l'adaptation minimale requise par les circonstances ? La haine, dans ces conditions, même artificiellement excitée, est une exigence impossible à tenir. Hors de saison. Pour cette raison et pour bien d'autres, elle est absente du regard initial que la plupart des Françaises posent sur l'occupant. Il est vrai que la première confrontation avec les soldats allemands a produit un choc que les suivantes n'atténuent qu'à peine. Derrière une apparente indifférence, que d'émotions, que de troubles, que de fors intérieurs en ébullition. À défaut de présents, l'épiphanie du grand guerrier blond attire bien des hommages. On ne saurait d'autant moins négliger ce phénomène qu'un rôle majeur va désormais échoir aux femmes dans la gérance de l'opinion.

En découvrant l'avant-garde d'un détachement de la Wehrmacht à travers les persiennes de la maison de La Pouëze (Maine-et-Loire) où elle s'est réfugiée, Simone de Beauvoir a du mal à détacher son regard de la petite troupe qui a pris position sur la place du village. Quelques heures passées à observer « inlassablement » les nouveaux arrivants lui inspirent de longues digressions (qu'on retrouve au mot près dans *La Force de l'âge* et dans son *Journal de guerre*) autour de ces visages qui dégagent une « impression de jeunesse et de bonheur » contrastant avec celle qui émane « des centaines de réfugiés craintifs et misérables qui ne pouvaient attendre que de ces beaux soldats la nourriture, l'essence et le transport, un remède à leur malheur immédiat[25] ». À La Flèche, devant la *Kommandantur*, la vue des premiers uniformes gris fer à la coupe si « élégante » et qui donnent à ceux qui les portent une « allure somptueuse » renouvelle le charme. Tout comme, le 7 juillet à Paris, ce défilé d'autos blindées chargées d'Allemands vêtus de noir dont les grands bérets flottent au vent. C'est également de sa fenêtre que Benoîte Groult aperçoit ses deux premiers Allemands, circulant à motocyclette, sur une route du Finistère : « Ils sont beaux et ils n'ont pas l'air pressé, puisqu'ils sont arrivés au bout du continent. » La curiosité a poussé sa jeune sœur Flora à se rendre jusqu'à la ville, toute proche, de Concarneau. Elle aussi les juge « beaux pour la plupart, avec des nuques droites et des équipements tout pareils, ce qui surprend. Ils n'avaient pas l'air arrogant du vainqueur, ils étaient impassibles, à accomplir leur mission[26] ». Simone Kaminker, future Simone Signoret, a, quant à elle, toutes les raisons de craindre l'arrivée des Allemands. Ce qui ne l'empêche pas d'aller contempler ces soldats, lorsqu'ils entrent à cheval dans la petite cité bretonne de Saint-Gildas où elle s'est réfugiée avec sa mère, et de les trouver « superbes, grands, bronzés, wagnériens[27] ».

Bien qu'empreints d'admiration, ces regards-là gardent ce qu'il faut de distance pour ne pas appeler a priori d'autres regards en retour. Il en va tout autrement des femmes qui acceptent d'emblée le contact avec la troupe ennemie, sans parler de celles qui le provoquent. Si elle n'a pas été jalonnée de viols – cet acte immémorial par quoi le guerrier signifie qu'il est maître de la place –, l'avance de l'armée allemande semble, en revanche, avoir rencontré cette part incompressible d'abandon sensuel qui advient en tous temps et en tous lieux, mais que la mémoire collective avide de récits édifiants préfère passer par profits et pertes de crainte qu'elle ne ternisse une mythologie avantageuse. Sur le passage des colonnes allemandes échelonnées comme pour la parade, progressant dans un ordre parfait en dépit de longues et épuisantes marches, Mauriac a vu des « figures excitées comme pour le Tour de France », Blondin des « villages putassièrement offerts ». Plus sobrement, Frédérique Moret note dans son journal que les filles sont au premier rang et agitent la main en signe de bienvenue lors de l'entrée des Allemands à Mazières (Maine-et-Loire), le 22 juin. Avant d'ajouter, une semaine plus tard : « Je ne vais plus sur le trottoir voir passer les Allemands. Ils roulent comme chez eux, en touristes. Toutes les filles leur courent après[28]. » Les jeunes officiers de « belle stature et de type archange » dont on admire les imperméables gris et les capes sont particulièrement entourés. « Leur casque est d'un coiffant ! » s'enthousiasment des dames sur leur passage. Même constat, à un jour près, dans les rues de Concarneau, sous la plume cette fois de Benoîte Groult : « Des jeunes filles [...] montaient sur les marchepieds et souriaient à nos ennemis comme s'ils venaient d'un pays allié, elles regardaient en se haussant sur la pointe des pieds l'intérieur des voitures, du regard qu'elles ont pour les roulottes du cirque Pinder. Honteuse impudeur de ces grues. Elles leur offraient des oranges et moi j'aurais voulu les larder de coups de fourchette, ces chiennes en chaleur. Comment ne pas avoir plus de patriotisme ? France adorée, tu es trahie[29]. » Un soldat qui joue de l'accordéon ou de l'harmonica, et quelques filles esquissent des pas de danse ; un autre qui ne demande qu'à enrichir son vocabulaire en français, aussitôt les plus délurées s'empressent d'offrir leurs services ; le contact, dans la plupart des cas, surtout quand il s'agit d'adolescentes, ne pose aucun problème[30]. À leurs yeux, ces grands gaillards blêmes à la gentillesse un peu gauche, ces soldats de Saxe et du Rheinland ne sont rien d'autre que des jeunes gens en vacances. Combien de fois ce genre de scènes a-t-il pu se reproduire dans la touffeur de ces journées de l'été 1940, propices à tous les vertiges ? Ces souvenirs-là peuvent bien rester gravés dans les mémoires, ils ne sont pas de ceux qui encombrent les récits.

De cette masse intriguée ou badaude à l'anonymat protecteur, quelques personnages se détachent, des « créatures », des dévergondées assurément dont le goût du désordre peut enfin s'autoriser d'un désordre plus grand encore qui les stimule sans pour autant les absoudre. Voici la pétillante Champenoise qui croise la route du capitaine Ernst Jünger le 11 juillet à Dienville (Aube). Elle est venue spontanément au-devant du vainqueur pour l'aider avec deux voisines à remettre en ordre une maison abandonnée par ses habitants :

« Robuste et élastique comme les belles femmes de Villon, elle émit toutes sortes de craintes, soulignées par des gestes de coquetterie, du genre de ceux par lesquels on provoque les hommes. Avant de monter au grenier avec les deux ordonnances, elle me demanda si elle ne risquait pas d'être mangée, et en prenant congé elle me déclara que le ménage était maintenant au complet, sauf la femme. Un instant après, elle accourut encore, l'air un peu excité, et s'écria :

– Capitaine, est-ce permis chez vous de soulever les jupes des femmes ?

– Certainement, si elles sont consentantes.

– Ah bien, merci[31]. »

Voici Caro, la jeune veuve, dont l'histoire semble avoir passablement diverti René Benjamin. C'est une jeune fille de Touraine à la beauté pleine et laiteuse, mariée à un vieil homme, patriote intransigeant qui a décidé de mourir le jour où les Allemands pénétreraient dans sa ville. Il n'aura pas à attendre jusque-là : il succombe à une crise cardiaque lorsqu'il apprend la chute de Paris. S'essayant stoïquement à la sublimité, la jeune veuve décide de reprendre à son compte la promesse du défunt. Puis se mure dans la solitude en attendant l'arrivée des troupes ennemies qui scellera son destin. Lorsqu'il apprend que des officiers allemands se sont installés chez elle, Benjamin, accompagné d'un vieux médecin de campagne, se rend au domicile de la jeune femme. Caro les reçoit, « épanouie et transformée », dans la bibliothèque et leur explique avec le plus grand naturel : « Les Allemands ne sont pas du tout ce que je croyais. Ce sont des hommes comme les autres. J'en ai trois ; trois officiers. Ils ne m'ont rien pris. Ils causent volontiers avec moi ; nous prenons même nos repas ensemble, et ils ne veulent plus que je fasse la cuisine. C'est leurs ordonnances qui font tout. Ils sont grands, ils sont forts. Ils sont polis. Je les trouve assez beaux. » Et Benjamin de poursuivre ainsi son récit : « Elle s'arrêta. Je la regardais bien. Cette fois, je la trouvai éclairée du dedans. Cette fois, son âme remuait. Cette fois, elle avait des ondes qui lui couraient sur le corps. Je n'en tirai aucune conclusion, mais le docteur, qui ne sortait jamais de chez personne sans émettre un jugement, me dit : "Mon ami, mon ami, avez-vous vu la femme s'éveiller ? Pauvre, pauvre Le Meunier, il n'a joué avec elle que le prologue ! Elle lui a donné la réplique distraitement. C'est le vainqueur qui va jouer la pièce[32]." »

Voici enfin Raymonde, une Parisienne du XVe arrondissement dotée d'« une inextinguible jeunesse de cœur » et d'« une certaine intelligence de la fesse », campant à la frontière indécise de la mémoire et de la fiction que Michel Audiard, avec son sens si particulier de l'ellipse cinématographique, a vue partir en Citroën « sous l'aile d'un fringant petit lieutenant qui détalait vers le Sud-Ouest » et revenir quelques jours après l'armistice « en Mercedes grise, peureusement recroquevillée sous l'aile d'un *Oberleutnant* tout ce qu'il y a de plus correct[33] ». De nombreux rapports de préfets le signalent : c'est parmi les réfugiées que les Allemands ont reçu dans un premier temps le meilleur accueil. Les mots de « dévergondage » et de « prostitution » s'enchaînent pour rendre compte des étapes successives de leur comportement. L'extrême précarité de leur situation a conduit certaines d'entre elles à aller chercher auprès des soldats du Reich les subsides nécessaires à leur survie. Et ce, avec d'autant moins de scrupules que l'exode les a coupées de leurs attaches et de leur environnement habituels. Une minorité très remuante d'Alsaciennes et de Mosellanes, facilement repérables en raison de leur germanophonie, semble s'être distinguée au cours de ce prologue à la « collaboration horizontale ». Ce n'est certes pas du côté de ces femmes-là, si promptes à devancer l'appel, si manifestement programmées pour franchir le cercle qu'il faut aller chercher l'érotique naissante de l'Occupation, mais dans la zone à la fois invisible et envahissante où se tiennent celles qui, plus nombreuses, commencent à penser qu'il est décidément bien étrange que l'ennemi soit si beau et si attirant.

Paris comme une fille

Paris a changé. Le Lutetia, le Crillon, le Majestic, le Ritz arborent sur leur façade d'immenses oriflammes à croix gammée qui attirent l'œil comme autant d'affiches obscènes. Des panneaux indicateurs peints en lettres gothiques noires sur fond jaune balisent la capitale comme pour un énigmatique jeu de piste. La réglementation draconienne de la circulation automobile, limitée à quelques milliers de véhicules et soumise à l'accord des services allemands, a siphonné la ville de ses bruits les plus assourdissants : « un silence de cimetière », dira Jean Bruller, le futur Vercors. Mais elle lui en a restitué d'autres, plus ténus, plus feutrés, qu'on croyait à jamais évanouis, tels le pas des chevaux ou le roulement des charrettes à bras sur le pavé : « cure de jouvence », se réjouit l'infatigable piéton de Paris Léon-Paul Fargue. Se croyant le maître du temps, l'occupant a imposé l'heure allemande, en avance de soixante minutes sur l'heure d'été française, et le couvre-feu à 22 heures avec la double peine de l'obscurité et du calfeutrage.

Paris n'a pas changé. « Ils » sont là et la vie continue. À aucun moment les services de l'eau, du gaz et de l'électricité, pas plus que le métro n'ont cessé de fonctionner. Pas une table de libre dans les restaurants chic de la rive droite où, comme le note un esprit sarcastique, « la broche n'a jamais été affectée par les malheurs de l'épée ». Aux terrasses des cafés, il y a foule, bien que la majorité des exodiens n'aient pas encore regagné ses foyers. Les uniformes verts ou bleu-gris de la troupe allemande ne forment déjà plus la masse compacte des premiers jours. Ce qui fait mire, ce qui fixe l'attention des promeneurs, c'est la présence des Parisiennes à leur côté. Une minorité certes, mais tellement voyante, tellement tapageuse que ces semi-insulaires éclipsent l'immense continent du quant à soi distant ou réprobateur. La collaboration n'a pas encore de contenu politique qu'elle s'épanouit déjà à travers l'agitation libidinale de ces rencontres où le libre choix des parties contractantes se substitue aux aléas d'une cohabitation forcée. S'ils n'en perçoivent pas encore clairement les enjeux, tous les témoins de ce spectacle ont été frappés par sa profusion symbolique. À lire les articles de la presse parisienne et les premiers reportages des correspondants étrangers, il semblerait même que cela ait été l'incontournable attraction de l'été 1940.

Le 23 juin, deuxième dimanche de l'Occupation, le journaliste américain William L. Shirer entreprend avec un ami un « petit voyage sentimental » à travers les quartiers qui lui sont chers. Pour une fois, ce ne sont pas les artistes, les bohèmes et autres excentriques qui tiennent la vedette à La Rotonde de Montparnasse : « Devant notre table, toute une assemblée de femmes d'un certain âge, appartenant à la bourgeoisie, se remettent de leur stupéfaction et leur colère s'enfle en voyant la manière dont de petites gamines (elles sont françaises pourtant) accostent les soldats allemands[34]. » De retour à Paris, le 29 juin, Maurice Sachs, errant au Quartier latin, remarque « quelques filles attablées Chez Capoulade avec des officiers allemands ». Un journaliste de *L'Illustration*, qui fait pour le compte de son magazine la « tournée des grands ducs » (Maxim's, Fouquet's, Le Colisée), rapporte dans l'édition du 13 juillet que ces cafés très parisiens sont devenus autant d'annexes de la *Kommandantur*, avant d'ajouter : « Je dois à la vérité de dire que l'élément féminin habituel ne manquait pas. Cela ne m'a pas autrement étonné. » Une Parisienne du XIVe arrondissement, épouse d'un conseiller municipal, confie à la presse : « Je suis entrée au Colisée ; j'ai pris une table dans un coin. Des Allemands étaient attablés. Déjà certaines femmes souriaient dans leur direction. Il y a quelques jours, c'était aux soldats français et aux officiers qu'elles adressaient les sourires. C'est assez pénible et j'ai préféré ne pas voir[35]. » Inépuisable est la chronique de ce ballet galant. Boulevard de Clichy, le Hongrois Peter de Polnay assiste, interloqué, au spectacle de ces femmes qui se précipitent pour brosser l'uniforme d'un officier que son cheval vient de désarçonner. Aux Champs-Élysées, l'Anglaise Ninetta Jucker est déconcertée par l'entrain de ces « jeunes filles qui ont mis des rubans dans leurs cheveux et font des sourires aux beaux Prussiens blonds qui les regardent en passant ». Sont-ce les mêmes ou bien leurs sœurs que rencontre l'aspirant August von Kageneck, dix-sept ans, le 14 juillet, jour de son arrivée à Paris, sur la ligne de métro Gare du Nord-Mairie d'Issy ? Alors qu'il s'apprête à descendre du wagon, son sac de marche (*Rucksack*) est coincé par la portière automatique. Il n'a pas le temps d'esquisser le moindre geste que déjà trois jeunes Parisiennes se précipitent pour l'aider à se dégager[36].

À quelques jours de distance, Léautaud consigne dans son Journal deux versions différentes d'une même saynète qui se veut édifiante. Le 19 juin, c'est un employé municipal qui lui certifie avoir vu devant l'Hôtel de Ville des jeunes filles consentant à embrasser les Allemands et à se laisser embrasser par eux. Le 25 juin, l'anecdote s'enrichit de nouveaux détails, mais le recours au pronom indéfini, véhicule habituel de la rumeur, amendé d'un point d'interrogation, dit bien les réserves de l'auteur entre perplexité et gourmandise : « On raconte (?) que le jour de l'entrée des Allemands, place de l'Hôtel-de-Ville, une Parisienne (donc une dame) s'est avancée vers un officier en lui tendant une rose. L'officier a jeté la rose à terre et l'a piétinée, avec ces mots : "Madame, vous êtes une mauvaise Française[37]." » Vraie ou fausse, l'histoire est révélatrice ; elle signale moins un événement que l'impression diffuse qui fait de la « trahison » réelle ou fantasmée des femmes le pendant symétrique de la défaillance des hommes sur le champ de bataille. D'autres témoignages moins suspects de misogynie restituent ces prémisses de la « collaboration horizontale ». Le 1er juillet, Simone de Beauvoir, de retour d'une promenade en banlieue, roule en direction de l'île de la Grande-Jatte dans la voiture d'un quidam qui a gentiment accepté de la transporter : « Comme l'auto est arrêtée près d'un pont, un paquet tombe d'un camion allemand : un gros paquet de chocolat. Le soldat nous sourit et on lui sourit en retour. J'en ai vu un sur la route qui causait gaiement avec de très jolies filles et le type a dit : "Il y aura bien des petits Allemands fabriqués !" – phrase que j'ai entendue dix fois, et toujours sans reproche. "C'est la nature, m'a dit le type, il n'y a pas besoin de parler la même langue pour ça." Je n'ai vu de haine chez personne, seulement des peurs maniaques chez les villageois, et quand la peur s'était dissipée, ils gardaient l'œil rond et reconnaissant[38]. »

Au service de leur entreprise de séduction et de subornation de l'ennemi d'hier, les vainqueurs abattent d'emblée deux atouts maîtres : la musique et le chant. Ils en connaissent depuis longtemps les effets et ne se privent pas d'exalter le bonheur animal d'être un guerrier ni de le faire savoir, à grands coups de « *Heili, Heilo* » expulsant tout l'air des poumons. Un capitaine de la 30e division, la première force d'occupation à Paris, raconte que les premiers signes amicaux des Parisiens sont venus dès que la troupe a commencé à défiler au rythme de la musique militaire sur les grandes artères de la capitale[39]. Ces cuivres aux sonorités profondes, ces chants envoûtants percent bien des blindages, y compris celui du lieutenant Roger Ikor à qui l'état de captif est loin d'avoir ôté toute lucidité : « Je dois avouer à ma plus grande honte, confesse-t-il, quand nous entendîmes pour la première fois un chœur de soldats allemands qui passaient, nous palpitâmes comme des vierges. De fait, à côté des braillements indistincts et rigolards auxquels nos propres pioustres nous avaient accoutumés, ce chant grave, mâle et harmonieux, où les voix se répondaient sans bavures, où des piroulirouli fusaient au juste moment, ne manquaient pas de noblesse et nous émouvaient profondément, à un endroit qui semblait placé assez au-dessus des tripes[40]. »

Au-dessus ou en dessous ? Sur ce point, les avis sont divergents, les souvenirs, contrastés selon les sexes. Peut-être, comme l'écrit Victor Hugo, la musique est-elle du bruit qui pense ? Plus sûrement, en cet été 1940, c'est du bruit qui donne des idées. Pas un kiosque, pas une place dans les villes occupées où une clique de l'armée allemande ne vienne se produire en concert plusieurs fois par semaine. À Paris, les prestations de la Musique de la Luftwaffe dirigée par le chef Unger, de la Musique de la Kommandantur sous la baguette du chef Klamberg et de la Musique du commandant du Grand Paris ont lieu jusqu'à trois fois par jour et sont l'occasion d'importants rassemblements populaires : dix mille personnes place de la Concorde le 10 juillet, huit mille sur les Champs-Élysées le 11 août, entre trois mille et cinq mille personnes place de l'Opéra, place de la République, sur le parvis de Notre-Dame, aux Buttes-Chaumont, dans les jardins des Tuileries et du Luxembourg. Autour des musiciens vert-de-gris, lorsque expirent les dernières notes, se forment des guirlandes de spectatrices qui ne sont pas les dernières à applaudir ni à chercher à se faire remarquer des exécutants.

Car un autre facteur, et non des moindres, joue en faveur de l'interlibido qui s'ébauche dans les rapports franco-allemands. Par une ordonnance en date du 20 juin, véritable charte de l'Occupation, le commandement militaire a fixé le taux du mark à 20 francs, alors que le taux antérieur était légèrement inférieur à 12 francs. Du jour au lendemain, les soldats allemands voient leur pouvoir d'achat dopé grâce à ce change particulièrement avantageux : « Le plus modeste 2e classe, note un observateur, se trouvait ainsi élevé au niveau de vie d'un rentier français, un aspirant était promu au rang de millionnaire parisien[41]. » Le luxe parisien leur apparaît d'autant plus miraculeux qu'il est légalement et soudainement à leur portée. Ainsi prend forme la nuée des « doryphores », nouvelle appellation populaire de l'occupant par référence à la voracité de ces parasites infestant les feuilles de pommes de terre. Les magasins sont dévalisés de tout ce qui symbolise l'élégance et le raffinement de la capitale : parfums, produits de beauté, lingerie fine, bas de soie, cravates, étoffes, robes, escarpins, sacs à main, gants et autres articles de maroquinerie. À la fin août, le chiffre d'affaires des maisons d'articles dits « de Paris » a plus que doublé. Les établissements les plus prestigieux comme Hermès, Lancel, les Magasins du Louvre, les Trois-Quartiers, Madelica se trouvent en quasi-rupture de stocks du fait des achats massifs de l'armée allemande. Ils ne sont pas les seuls à profiter de l'aubaine. La marchandise humaine aussi est devenue bon marché.

« Glücklich wie Gott in Frankreich »

Dieu est-il français ? Le livre du journaliste Friedrich Sieburg publié en 1929, tout comme le vieil adage répété à l'envi par les juifs d'Allemagne, « Heureux comme Dieu en France », exprimaient d'une certaine manière l'idée que la France était la patrie du bonheur et des menus plaisirs qu'on se devait d'aborder comme une terre de félicités. À coup sûr, l'image d'une France immorale, débauchée, licencieuse faisait partie du bagage mental des soldats allemands de 1940, comme elle en avait déjà fait partie en 1914. Immuable représentation que sa littérature légère, son théâtre de boulevard voué à la monoculture de l'adultère, ses petites femmes de music-hall en déshabillés mousseux, ses innombrables courtisanes aux amants célèbres et fortunés, ses marchandes d'amour, ses Vénus vagabondes promues fines fleurs du pavé n'avaient pas peu contribué à ancrer dans les esprits au-delà du Rhin. Dans l'écrin de ces fantasmes, Paris fait évidemment figure de joyau. N'est-ce pas pour avoir sa part de luxure que la Wehrmacht a mis tant d'ardeur et tant d'empressement à conquérir cette ville dont on dit que tous les vices du monde s'y sont donné rendez-vous ? Cette armée victorieuse est avide de se divertir, mais le haut commandement allemand de l'armée de Terre (*Oberkommando des Heeres*, OKH) n'entend pas faire de Paris un centre de récréation des soldats, encore moins une sorte de « Lunapark de l'ordre nouveau[42] ».

L'idée d'un « lupanar de l'Europe » (*der sogennante Puff Europas*) n'entre pas à ce moment précis dans les plans du Führer pour qui, au contraire, la capitale française ne doit pas devenir une « ville d'étape ».

Paris en deuil ? Certains de ses habitants se sont plu, un bref moment, à l'espérer. Il ne faudra pourtant pas plus de quelques jours pour que la capitale ne retrousse à nouveau ses jupons, au grand dam de certains titres de la jeune presse collaborationniste qui s'érigent en champions de la vertu. Paris ne doit pas être le « centre de la ploutocratie qui s'amuse », écrit le 7 juillet l'éditorialiste de *La France au travail* en théoricien austère de la rédemption par l'expiation. L'injonction est si peu suivie d'effets que le même folliculaire revient à la charge quelques jours plus tard, cette fois sur le mode de l'ironie rageuse : « Aux Bouffes-Parisiens [...] on vient de reprendre *Phi-Phi*... Avant de revenir à la monarchie, on revient à l'opérette. Nous découvrons les femmes nues, on ne les découvre jamais trop ! Loin de chercher quels grands exemples nous pourrions suivre, nous nous contentons de jolis modèles. Si nous avons perdu Metz et d'autres villes, Willemetz nous reste, cela nous console. » Même réprobation contristée à *La Gerbe*, autre hebdomadaire ouvertement pro-allemand, où, à la date du 1er août, le billettiste de service vitupère la prolifération des revues déshabillées et s'indigne que le « renom de Paris » puisse être « tributaire de la beauté de quelques croupes arrondies ». Il est vrai que, dès la fin juin, les premiers hommes sandwichs ont fait leur apparition sur les Grands Boulevards, porteurs d'une pancarte sur laquelle on peut lire : « *Kabaret Mayol Immer Paris Gross Revue.* » Liqueurs et vins fins, femmes dénudées et plaisirs frelatés : le cocktail si savamment dosé de la « vie parisienne » va vite tourner la tête des occupants. *Gemütlichkeit !* À la fin du mois de juillet, 37 des quelque 350 cabarets et autres boîtes de nuit que comptait la capitale avant guerre ont déjà rouvert leurs portes malgré le couvre-feu fixé à 22 heures. Quelques enseignes fameuses telles que Pile ou face, Saint-Tropez, Jane Stick, Mimi Pinson, Night-Club, Silhouette, Le Paradise, Le Hungaria brillent parmi cette avant-garde que n'éclaire plus cependant aucun néon. Le 25 septembre, lorsque le couvre-feu est porté de 23 heures à minuit, plus aucun des grands temples polissons de la capitale ne manque à l'appel. De L'Aiglon à La Sirène en passant par L'Amiral, La Boule noire, Chez elle, Cinq à neuf, Don Juan, Ève, Monseigneur,

Melody's, Le Monico, Noctambules, Le Lido, Pigall's, Shéhérazade ou La Vie parisienne, la canonnade des bouchons de champagne salue pêle-mêle anciens et nouveaux clients. Dépêché sur le front du Paris coquin, le reporter de *La Gerbe* va à l'essentiel : « Pas une place de libre [...]. Beaucoup d'uniformes, maintien très digne, tenue impeccable. Une femme blonde à chaque table[43]. » Le commandant du Grand Paris a, quant à lui, une vision plus complète et, semble-t-il, moins méliorative de la situation grâce à une note de ses services, en date du 16 juillet : « À Montmartre et ailleurs, des dancings les plus abominables avec des putains françaises de la plus mauvaise sorte sont remplis de soldats allemands dont le comportement s'adapte pleinement à leur entourage. On peut également trouver là-bas un certain nombre d'officiers, et même des officiers plus âgés qui semblent ne pas être choqués par ces conduites[44]. » Si l'*Oberkommando des Heeres* sait parfois faire montre d'un certain pragmatisme, il ne badine pas en revanche avec le « prestige du corps des officiers allemands » dont la tenue ne saurait aller à l'encontre de l'image de discipline et de maîtrise de soi qu'il s'efforce de diffuser auprès de la population française. Le 7 août, un décret du général von Brauchitsch, commandant en chef de l'armée de Terre, intime aux officiers de ne plus « séjourner dans des établissements douteux et de mauvaise qualité[45] ». Il ne semble guère suivi d'effets. Côté français, les escapades sexuelles de la Wehrmacht alimentent les conversations de comptoir. On se dit qu'à force de s'abandonner au plaisir émollient de ces étreintes, l'occupant pourrait bien relâcher quelque peu son emprise.

Boule de suif n'est pas au rendez-vous

Figure archétypique de la déchéance sociale et de la souillure morale sur laquelle pèse l'opprobre de la communauté, la prostituée est perçue, d'entrée de jeu, comme la compagne attitrée des occupants qu'une clause non écrite de l'armistice lui aurait concédée pour un usufruit précaire. Des filles publiques, on croit en voir partout en cet été 1940. Parfois même là où elles ne sont pas. Tant leur présence vénale, professionnelle et pour ainsi dire fonctionnelle auprès de la troupe allemande apparaît moins offensante pour la virilité nationale que celle des « femmes honnêtes » qui, en se donnant sans contrepartie à l'envahisseur, renouvelle symboliquement, au vu et au su de tous, l'humiliation de la défaite. C'est en tout cas ce que suggère le très idéaliste Jean Texcier avec son dixième « Conseil à l'occupé » : « Si tu vois une fille en conversation avec l'un d'eux, ne t'en offusque pas. Ce garçon en aura juste pour son argent – qui ne vaut rien[46]. » Offusqué, Léautaud, à qui les fièvres patriotiques sont définitivement étrangères, ne l'est certes pas lorsqu'il constate, le 18 juin, que les « putains commencent à se montrer côte à côte avec les soldats allemands ». Ce jour-là, il a repéré la clientèle des « habituées » à la terrasse du Napolitain, boulevard des Capucines, et dans un bar situé à l'angle de la rue de l'Ancienne-Comédie et de la rue de Buci. En revanche, la réprobation n'est absente ni du témoignage de Simone de Beauvoir qui croit voir l'espèce proliférer à vue d'œil (« trois à quatre putains » à la terrasse du Dôme le 30 juin, cherchant, « non sans succès », la clientèle allemande ; une colonie, le lendemain, qui occupe tout le devant du café, si bien qu'on « croit entrer dans un bordel »), ni du journal de cette institutrice qui signale, à la date du 15 juillet, à la porte du Moulin de la Galette, un fort détachement ennemi entouré de « Françaises vêtues de façon trop voyante et outrageusement maquillées[47] ». Dans cette partition, la rage est dévolue au peu évangélique R. P. Raymond-Léopold Bruckberger qui, après s'être évadé, entre en juillet 1940 dans un café plein d'Allemands en galante compagnie : « On passerait ces filles au goudron et on les brûlerait sur la place publique, je m'en soucierais comme d'un feu de cheminée chez le voisin[48]. »

L'hétaïre tricolore n'est plus un article en circulation. Au grand dam d'une certaine littérature qui aimait à débusquer la figure rédemptrice derrière la figure de perdition, les plus nobles sentiments au cœur de la plus noire déchéance. Pas plus la Boule de suif de Maupassant que la Boulotte de Léon Bloy ne se reconnaîtraient dans les tapineuses parisiennes qui se sont aussitôt détournées de la clientèle française pour aller se blottir dans les bras innombrables de l'armée allemande. Il y eut pourtant quelques velléités séditieuses, éphémères au demeurant, des concertations entre filles pour refuser l'argent des vainqueurs. « Nous avons tenu parole pendant cinq jours, rapporte Violette, une prostituée qui officiait dans le petit hôtel du 6 de la rue de Chartres. Après quoi, n'ayant plus personne pour assurer la croûte, il fallait bien que nous nous y mettions, même avec réticence[49]. »

Symboliquement, l'un des tout premiers morts, si ce n'est le premier, de l'armée d'occupation sera victime, non d'un attentat, mais d'un banal accident sur la voie publique après qu'il eut sacrifié à Vénus. Le 16 juillet, en effet, le cadavre d'un sous-officier allemand est découvert dans la tranchée du chemin de fer de ceinture près du parc Montsouris. De l'enquête, il ressort que le militaire en question sortait d'un hôtel de passe voisin lorsqu'il est tombé accidentellement sur la voie. Étourdi par ses exploits ? On ne le saura jamais. La fille avec laquelle il venait de prendre du bon temps est restée introuvable en dépit des recherches actives de la police municipale[50].

Toute visible et même démonstrative qu'elle soit, l'offre prostitutionnelle est loin cependant de répondre, dans les premiers jours, aux besoins de l'armée allemande. Sur les quelque quatre mille huit cents filles « encartées » qui arpentaient avant le 10 mai les trottoirs parisiens, combien sont-elles à être restées fidèles au poste, combien en reste-t-il face à la marée verte des vainqueurs ? Moins de la moitié, semble-t-il, de même qu'ont fondu dans les mêmes proportions les effectifs des maisons closes et des maisons de rendez-vous, estimés avant guerre à un peu moins de deux mille. Fuyant le sort incertain de la capitale, la plupart des tenanciers ont dans un premier temps replié leur précieux effectif vers des positions pas toujours préparées à l'avance. Certains, comme ce « taulier » du faubourg Saint-Antoine a mis la clé sous la porte, et sur celle-ci une pancarte qui proclame fièrement : « Maison fermée. Personnel mobilisé. » D'autres comme Marcel et Fabienne Jamet, les patrons du One-two-two de la rue de Provence, ou Georges Martel, le tenancier du Sphinx, ont choisi de confier leur établissement à des gérantes avec le concours des filles qui se sont portées volontaires pour rester sur place. Au total, le contingent disponible est si mince que, moins d'une semaine après l'entrée des Allemands à Paris, le général von Stütnitz ira s'en plaindre auprès du préfet de police Roger Langeron, chargé des contacts avec les autorités d'occupation. D'aucuns voient dans cette pénurie un premier acte de rébellion sinon de résistance. Tel cet inspecteur de police qui confie à Léautaud que bon nombre de femmes en maison ont pris la décision de se retirer plutôt que de servir à la clientèle allemande. Les événements vont rapidement montrer qu'il n'en est rien.

Avec la loi du 18 février 1927, l'Allemagne avait opté, dans ce domaine, en faveur d'une politique abolitionniste interdisant les maisons de tolérance et autres établissements analogues, en même temps qu'étaient institués un strict contrôle médical de la « prostitution libre » et le traitement obligatoire des filles atteintes de maladies vénériennes. Du sanitarisme à l'eugénisme, le IIIe Reich allait franchir le pas en érigeant la lutte contre la syphilis en devoir national et la contamination en « crime contre la race » passible de stérilisation ou de castration. Telle quelle, cette législation n'était que partiellement transposable à la France occupée. Assurer le ravitaillement sexuel de la troupe et conjurer les risques de la prostitution clandestine : pour parvenir à ce double objectif, l'OKH est prêt à toutes les adaptations nécessaires. Dans cette optique, le système de la réglementation française lui apparaît comme un moindre mal, à condition de renforcer le contrôle de l'autorité sanitaire locale par un dispositif de prophylaxie et de dépistage spécifiquement allemand. L'idée est de cantonner autant que faire se peut la consommation sexuelle des soldats aux pensionnaires des maisons closes de préférence aux prostituées des rues et surtout aux contacts personnels avec la partie féminine de la population civile.

En liaison avec la police locale, les services sanitaires de la Wehrmacht sont donc chargés d'organiser la réouverture des maisons de tolérance après une inspection minutieuse des locaux et du personnel. Localement, les *Kommandanturen* reçoivent l'ordre de traiter l'affaire en urgence et de procéder à la réquisition des meilleurs établissements pour en réserver l'usage aux seules troupes du Reich. N'ayant fait l'objet d'aucun accord préalable, le partage entre « maisons françaises » et maisons réservées aux occupants est laissé à la discrétion des autorités militaires. À Paris, c'est le capitaine Haucke, commissaire de la *Geheime Feldpolizei* (GFP), qui a reçu mission, sous l'autorité de la *Kommandantur* du *Gross Paris*, de réorganiser et de surveiller la nouvelle carte prostitutionnelle de la capitale. Ce n'est pas un débutant. Avant d'arriver en France, il a dirigé la police des mœurs à Berlin. Sur les cent soixante-dix-sept maisons de tolérance ou de rendez-vous disséminées dans le département de la Seine, il en affecte d'emblée cinq aux officiers et dix-huit à la troupe[51]. Des pancartes bilingues apposées à la porte des établissements officialisent cette ségrégation de fait. Sans que les Parisiens aient eu leur mot à dire, les « gros numéros » des maisons les plus prestigieuses ont roulé sur le tapis vert-de-gris. Disparaît ainsi provisoirement du patrimoine national, en raison de leur classement *nur für Offiziere*, ce qu'un journaliste avait appelé avant guerre les « grands théâtres subventionnés du vice » : Aux Belles Poules du 6, rue des Moulins, dont

Toulouse-Lautrec avait été l'hôte permanent à la fin du XIXe siècle et où Drieu La Rochelle avait fait à son ami Aragon les honneurs du salon mauresque ; Le Chabanais, temple de la volupté aristocratique hanté par le souvenir d'Édouard VII et de sa fameuse baignoire en cuivre rouge décorée de cariatides représentant des chimères à la poitrine engageante ; le One-two-two avec sa chambre des miroirs, sa cabine de transatlantique et son wagon sleeping ; Le Sphinx du 31, boulevard Edgar-Quinet que Foujita, Kisling, Kessel et Cendrars avaient transformé, avant guerre, en annexe bordelière des Montparnos ; enfin le 50, rue Saint-Georges. Ne restent en « zone libre », couverts du pavillon de la phallocratie tricolore, que des établissements de second ordre et les maisons d'abattage : les bordels de la rue de Hanovre établis au 7 et au 9 (« une paire de claques », disait Sacha Guitry), le 13 de la rue de Rochechouart (Le Grand Treize), le 15 de la rue Saint-Apolline et son célèbre lit clos, le 30, rue Lafferrière, les ruches bourdonnantes et perpétuellement laborieuses du 8, boulevard de la Chapelle (Le Panier fleuri) et du 10, rue de Fourcy (alias Le Fourcy et Le Moulin galant), ainsi que ces autres grands déversoirs de la luxure populaire que sont le Grand 106 du boulevard de la Chapelle, l'Éden de la rue de Lappe, le Fragonard de la rue Bessières, le 123, rue de Lesdiguières, le 162, boulevard de Grenelle, le 9, boulevard Blanqui et le 226, boulevard de la Villette.

Ailleurs, en zone occupée, le partage n'est guère plus équitable. Environ un tiers des 528 « maisons de société » recensées en 1939 tombe sous la coupe de l'ennemi et se trouve interdit à la clientèle française. Partout, les Allemands s'attribuent les établissements les plus cotés. À Tours, quatre maisons sont réquisitionnées pour les soldats et les sous-officiers : Le Petit Soleil, Le Cocktail, Le Singe vert, L'Étoile bleue, auxquelles s'ajoutera bientôt La Paix, un ancien cabaret-dancing transformé en bordel chic pour officiers, tandis que les Tourangeaux n'ont plus accès qu'aux faveurs des pensionnaires de La Lune et de La Psalette, lesquelles ne comptent pas parmi les filles les plus belles ni les plus fraîches de l'effectif bordelier[52]. À Poitiers, la maison la plus huppée, sise au 28 de la rue Rabelais, est affectée au service exclusif des gradés. À Limoges, seuls les bordels de bas étage des rues des Cervières et des Combes sont laissés à l'usage des Français. La situation est pire à Nantes, puisque la *Feldkommandantur* s'est octroyé toutes les maisons disponibles et les prestataires qui y étaient attachées. À l'heure où capitaines et colonels se retrouvent au salon de la

Grande Maison, au 28 de la rue Scribe, les hommes se pressent à L'Aéroplane, L'Arc-en-ciel, Le Bobino, La Bleue, Le Floréal, Le Tabarin, La Demi-Lune ou Le Soleil[53]. Des villes comme Rennes, Rouen, Orléans ou La Rochelle ne sont pas mieux loties : aucun civil français n'a plus désormais accès aux bobinards du cru. Pour nombre d'habitués des lieux, l'installation des Allemands est un crève-cœur auquel le sentiment patriotique ne cotise que pour une faible part. Là où les maisons de tolérance avaient été fermées avant guerre sur ordre du maire ou du préfet, comme à Strasbourg, Mulhouse ou Roubaix, l'autorité militaire allemande procède, en toute hâte, à l'installation d'établissements spécialisés, conformément aux directives de l'OKH prises dès juillet 1940[54].

Sans doute la « conscience professionnelle » est-elle pour quelque chose dans l'accueil que réservent les filles à numéro aux vainqueurs, mais d'autres éléments ajoutent du liant : les Allemands consomment beaucoup, paient bien, s'entichent de ces techniciennes, si expertes au déduit qu'elles en feraient presque oublier leur vénalité, s'amourachent de ces créatures dont la complaisance cauteleuse comble un vide affectif. Aussi les incidents sont-ils rares au début de l'Occupation et les frictions d'épidermes strictement limitées à celles qu'autorisent les jeux de l'amour tarifé. La coopération des filles soumises lui étant acquise, le commandant de la Ville de Paris se montre surtout préoccupé par les écarts de sa propre troupe de plus en plus sollicitée par les prostituées clandestines et souvent encline, soit besoin de nouveauté, soit attrait du fruit défendu, à fréquenter les établissements réservés aux occupés. En fait, le seul accroc notable, durant ces premières semaines, a pour théâtre Les Moulins, une maison « française » sise au 16, rue Blondel, dans le quartier de la Porte Saint-Denis. Le 8 août, vers 21 heures, s'y présente une patrouille allemande en tournée d'inspection. L'officier qui la commande exige de visiter les lieux afin de s'assurer qu'aucun soldat n'est présent dans l'établissement, conformément à l'interdiction dûment signalée par la pancarte extérieure : *« Das breteten dieses Lokals ist deutschen Soldaten und zivil Personen strengt verboten. »* En l'absence de la tenancière, c'est la sous-maîtresse agréée, Marianne S., une Alsacienne originaire de Wissembourg parlant parfaitement l'allemand, qui reçoit la délégation ennemie. Les pourparlers s'interrompent brutalement lorsque la maquerelle invective le porteur de galons en ces termes : « Tu es trop petit et trop vert [...] il faut que tu grandisses un peu. » Aussitôt,

Marianne S. est conduite, sous bonne escorte, au commissariat voisin de Bonne-Nouvelle où elle sera gardée à vue pendant quarante-huit heures. Colère du capitaine Haucke, préposé à la pacification bordelière, qui réclame au préfet de police une sanction exemplaire : rien moins que la fermeture de la maison pour la « durée de l'occupation allemande à Paris », une mesure qu'il juge justifiée par le fait que « les termes employés à l'égard d'un lieutenant dont la haute taille est précisément remarquable constituent une offense morale grave ». Entre-temps, Andrée A., la tenancière du 16, rue Blondel, a pourtant pris soin d'écrire à la Brigade mondaine pour se déclarer étrangère à l'incident. En vain. Le 25 août, le préfet lui signifie la fermeture administrative de l'établissement. Estimant avoir opportunément et durablement frappé les esprits, le chef du *Sittenkommissariat* ne fera pas trop longtemps attendre sa clémence. Le 30 novembre 1940, à l'heure des déambulations nocturnes, Les Moulins de la rue Blondel auront recommencé à tourner[55].

Premiers conflits de territoire

Des hommes captifs ou soumis, des femmes que le désarroi ou le goût de l'aventure ont rendues disponibles : comment les Allemands ne se croiraient-ils pas autorisés à braconner tout ce que les aléas de la vie quotidienne placent sur leur route ? Ceux qui veulent complaire à l'occupant savent le prendre par l'éternelle vanité du conquérant qui souhaite être aimé de sa conquête. Ancien militant d'extrême gauche passé à l'anarcho-pacifisme, le dessinateur Robert Guérin, dont le trait spirituel et corrosif agrémente la une d'*Aujourd'hui*, le nouveau quotidien dirigé par Henri Jeanson, est l'un des premiers journalistes de renom à s'être mis au service direct des Allemands. Pour le compte de la *Propaganda*, son commanditaire, il illustre un dépliant diffusé à des dizaines de milliers d'exemplaires dont le propos est de montrer le « vrai » visage des occupants qu'il met en scène sous un jour particulièrement avantageux, les femmes françaises pendues à leur cou.

L'automne 1940 débride les plaies à vif de la susceptibilité gauloise. Çà et là, on assiste à des réactions sporadiques qui visent à desserrer l'emprise de l'occupant voire à lui disputer les places qu'il a conquises, de gré ou de force, sur le territoire si mouvant de la sexualité. De façon significative, au cours de la troisième semaine d'octobre, les premiers affrontements entre Parisiens et militaires allemands se déroulent aux abords des boîtes de nuit de Montmartre. Dans la soirée du 25, ce sont de véritables batailles rangées qui opposent consommateurs et soldats de l'armée d'occupation : la première, vers 20 heures, devant le 8, boulevard de Clichy, la seconde, un peu avant 23 heures, au bar des Noctambules, sis au 24 de la même voie, s'achevant sur le trottoir en une mêlée générale[56]. En regard de ces incidents rapportés avec minutie par les inspecteurs des Renseignements généraux, la surveillance des « menées dissidentes » est encore une activité de tout repos.

L'offensive la plus sérieuse émane des milieux étudiants, promus dépositaires d'une tutelle masculine que leurs aînés, captifs ou tétanisés, ne sont plus en mesure d'exercer. Le 13 octobre, vers 22 heures, une dizaine d'étudiants tentent de pénétrer par la force au 7, rue Grégoire-de-Tours, une maison dévolue à l'usage exclusif des militaires allemands. Faute d'y parvenir, ils arrachent les affiches signalant la réquisition de l'établissement et lancent des cris hostiles à l'adresse des clients qui se trouvent à l'intérieur. Même scène, même chahut, à quelques pas de là, devant la porte du 13, autre bordel militarisé qui confère à la rue l'aspect d'une enclave tudesque en plein cœur du Quartier latin[57]. Dans les jours qui suivent, des rixes éclatent Chez Capoulade, au Dupont-Latin, au Café d'Harcourt, place de la Sorbonne, mettant aux prises de jeunes consommateurs parisiens et la soldatesque allemande. Toujours des histoires de filles, d'œillades appuyées, de bidasses trop entreprenants, de coqs dressés sur leurs ergots. À la faculté de médecine, l'affaire est d'une tout autre portée symbolique. Les franchises universitaires sont en cause, domaine sanctuarisé entre tous que nul ne peut alors bafouer impunément. Le 25 octobre, de nombreux étudiants ont quitté le cours du professeur Rouvière pour protester contre la présence de trois officiers allemands dans l'amphithéâtre. À l'issue du cours, une conversation s'engage entre deux étudiantes et les galonnés vert-de-gris, ce qui n'est pas du goût de certains de leurs condisciples qui les observent de l'extérieur. L'attitude des filles est jugée trop empressée, trop avenante. Conspuées, harcelées, elles iront, le lendemain, protester auprès du secrétariat de la faculté et demander la protection du doyen[58].

Cette agitation libidinale précède de peu l'agitation politique. Le 30 octobre, la nouvelle de l'arrestation du professeur Paul Langevin, le physicien fondateur en 1934 du Comité de vigilance des intellectuels antifascistes et figure de proue du Front populaire, fait à nouveau monter la tension. Le 8 novembre a lieu la première manifestation de l'Occupation, qui rassemble une quarantaine de personnes au coin de la rue Soufflot. État de siège : la police, informée par des tracts clandestins de l'Union des étudiants et lycéens communistes lancés à l'intérieur de la Sorbonne, a bouclé le périmètre des facultés. L'interdiction des célébrations traditionnelles de la fête nationale du 11 novembre précipite la mobilisation. Ce jour-là, par petits groupes, des centaines d'étudiants et de lycéens convergent vers la place de l'Étoile en scandant des slogans patriotiques. Le cortège est à 90 % masculin. Appuyant la police parisienne, la troupe allemande disperse avec violence les manifestants. On se gardera, au vu de la chronologie qui précède, de conclure à l'antériorité du sexuel par rapport au politique ou à une quelconque surdétermination biologique de certains choix à caractère apparemment patriotique ou idéologique. Il n'empêche : ce prurit de jeunes mâles à la sève bouillonnante, cette fièvre née de la dépossession ou de la menace de dépossession que la concurrence prédatrice des Allemands faisait courir à leurs prérogatives masculines, s'ils n'ont pas été l'élément déclencheur de la manifestation du 11 novembre, en constituent à tout le moins un préambule dont la connotation n'est pas douteuse. Le grand récit que la Résistance donnera par la suite de cette journée du 11 ne lui accorde aucune place. Définitivement, ces affaires de flirts contrariés, de rivalités amoureuses entre vaincus et vainqueurs, de filles séduites par l'ennemi ont été jugées incompatibles avec la dimension épique de l'événement.

CHAPITRE 4

Jours tranquilles à Vichy

« La famille ! Parlons-en. Il n'a jamais voulu d'enfants. C'est un vieux libertin. »

Charles de Gaulle.

« Marianne, hier, une fois de plus, a coiffé Sainte-Catherine. Elle cherche toujours un homme. »

Aujourd'hui, 26 novembre 1940.

« La presse nageait en pleine spiritualité. L'éloquence officielle ou officieuse multipliait les symboles vertueux. Mais personne ne semblait pressé de leur donner une forme visible. »

Lucien Rebatet, *Les Décombres*.

L'immense ferveur qui entoure Philippe Pétain, nommé chef de l'État français par les Actes constitutionnels des 11 et 12 juillet 1940, est un phénomène complexe, pour l'essentiel étranger à la politique. Le maréchalisme est un messianisme. Il fait appel moins à des convictions qu'à une incarnation, moins à une pensée qu'à une croyance. Au christianisme, il emprunte son vocabulaire, sa téléologie et son système de représentation. Pétain n'est pas seulement un bon pasteur venu remettre les brebis égarées sur le droit chemin, un père protecteur dont l'équanimité, la droiture, la sagesse sont gages de salut. Il est le « maréchal sauveur », celui qui par son sacrifice permettra la rédemption de la France vaincue, celui qui fait « don de sa personne » pour racheter les fautes de la collectivité[1]. Déifié avant d'être réifié, le chef de l'État français est implicitement et parfois même explicitement présenté comme une figure christique, image qui se superpose à celle, toujours vivace, du vainqueur de Verdun. Pétain, en dépit de tous ces attributs, pose un problème considérable aux tenants de l'ordre moral : il est le dernier à pouvoir prétendre au rôle de pierre angulaire de l'édifice. Le militaire marié, père de famille, catholique convaincu, issu d'une famille maurrassienne, frotté de lectures barrésiennes, il est à Londres et il se nomme… Charles de Gaulle. À Vichy, il faut faire avec un maréchal certes glorieux mais indifférent à la religion et qui ne s'est résolu à se marier, civilement, que tardivement, et encore, avec une divorcée. Longtemps distant à l'égard du politique, on ne lui a connu aucun engagement spécifique, sinon une grande loyauté au régime en place. N'eût été sa répugnance envers la franc-maçonnerie, qui entravera sa promotion, il aurait pu aborder la guerre de 14 comme le prototype de l'officier républicain. Tous éléments d'un cursus que les idéologues de la Révolution nationale ne peuvent que flairer avec circonspection. D'où leur souci constant de faire coïncider, autant que possible, le personnage et sa légende, l'image publique du Maréchal et la représentation qu'ils souhaitent en donner. Quitte à occulter, dans un même mouvement, tout ce qui dans la longue carrière et la personnalité même de Pétain ne rentre pas dans cette épure. Quitte à évacuer également tout ce qui est de nature à semer l'équivoque, poison mortel pour le chef charismatique dont l'exceptionnelle popularité procède alors de ce qu'il a su répondre à un besoin général de certitudes, de repères, de stabilité dans une France chavirée par la défaite. Pourtant, l'ambivalence des images attachées au culte de Pétain résistera à ces tentatives d'unification et de sanctification, ce qui, loin de le desservir, actionnera dans l'inconscient collectif d'autres mécanismes de ralliement au moins aussi durables et aussi efficaces. Si bien qu'avec une intensité variable selon les individus et les circonstances, l'adhésion à sa personne ira tout autant au « Maréchal-Christ » qu'au vieux chef gaulois ; souvent aux deux en même temps, dans un surprenant syncrétisme mystico-érotique juxtaposant icône chrétienne et idole païenne.

La vie dissolue de Philippe Omer Pétain

Que d'aspérités, que de fondrières dans la vie de Philippe Omer Pétain qui toutes s'inscrivent en faux contre les récits et les portraits lénifiants qu'une propagande simpliste cherche à répandre afin d'accréditer le mythe d'un chef aussi pur, limpide et droit que le bleu de son regard. Le prédicateur qui, tel Joseph de Maistre au lendemain de la Révolution, répète que Dieu a puni la France de ses péchés est un agnostique éloigné de toute pratique religieuse privée et vivant sur le plan conjugal au mépris des lois de l'Église. Il a, certes, de la sympathie pour le clergé, un attachement viscéral pour l'institution qu'il considère, à l'instar de Maurras, comme un facteur d'ordre et un instrument de régulation sociale, mais son sens de l'apostolat ne dépasse pas le conseil qu'il prodigua un jour à de jeunes interlocuteurs : « Une bonne messe n'a jamais fait de mal à personne. » L'« illustre vieillard » qui célèbre la famille, « communauté spirituelle qui sauve l'homme de l'égoïsme », a attendu l'âge de soixante-quatre ans pour se marier et n'a pas de descendance reconnue hormis la demi-douzaine de bâtards qu'une rumeur tenace lui attribue en entretenant un parfum de scandale autour de ces paternités illégitimes. L'austère contempteur de l'esprit de jouissance et du plaisir roi traîne derrière lui une solide réputation de gaillardise acquise depuis le début du siècle et entretenue par une vie amoureuse qui n'inclina ni à la stabilité ni à la sérénité.

L'itinéraire sentimental du futur chef de l'État français n'a rien, en effet, d'un long fleuve tranquille. Ni d'un ouvrage de la Bibliothèque rose, collection fétiche des enfants modèles dont l'esprit bêtifiant et étroitement moralisateur sera associé à Vichy dans une formule célèbre : « Terreur blanche, marché noir et bibliothèque rose ». En amour comme à l'armée, Philippe Pétain semble toujours avoir été en retard d'une promotion. Il est vrai qu'il a eu à surmonter bien des handicaps et que longtemps Cupidon ne lui fut guère prodigue de ses flèches. Outre l'absence de fortune – cinq générations de Pétain ont labouré la terre de Cauchy-à-la-Tour sans grand profit excepté une ferme et cinq vaches –, sa modeste solde d'officier d'active fait de lui un médiocre parti pour les filles de bonne famille. À l'approche de la trentaine, au moment où il reçoit son deuxième galon, il cherche à se caser au « pays » en demandant la main de Célina Brassart, héritière de la deuxième famille du village par le nombre d'hectares. Celle-ci refuse au motif que le « service du Seigneur » et des tâches aussi impérieuses que fleurir les autels et tenir l'harmonium la requièrent. À Besançon, ville-étape de l'année 1886, les jeunes filles bien nées ne sont pas indifférentes à l'allure conquérante et au regard bleu turquoise de ce chasseur à pied. Les pères si, qui appliquent à la lettre, en gestionnaires avisés, une féroce politique de sélection censitaire : pas de relations, pas d'espérances... pas de mariage !

La dernière tentative d'entrer en bourgeoisie par la voie express du *conjungo* se situe au début de l'été 1888, à l'occasion d'un bal qui réunit toute la bonne société franc-comtoise. Pétain y tombe sous le charme de Marie-Louise Regad. Ce n'est pas un second choix : grande, fine, blonde, élancée, musicienne de surcroît, son père est propriétaire des forges de Quincey, sa mère l'une des fortunes les plus considérables du département. Le bal se clôt sur une promesse réciproque d'hyménée. Reste à plaider sa cause auprès des parents dont le consentement en matière de mariage est à l'époque indispensable – la législation ne changera sur ce point qu'avec la loi du 20 juin 1896. Pour avoir la fille et la dot, les géniteurs sont catégoriques : que le prétendant renonce à la carrière des armes, quitte à entrer ensuite dans les affaires de la famille pour s'y faire une situation. Doit-on abjurer sa vocation pour épouser une riche héritière quand on est soi-même démuni et d'origine modeste ? Coïncidence : à quelques détails près, le cruel dilemme auquel se trouve confronté le lieutenant Pétain constitue la trame d'un mélodrame à succès, *Le Maître de forges*, de Georges Ohnet, qui fait alors pleurer bien des cousettes et nourrit les graves conversations de messieurs dont le ventre s'orne de plastron et de chaîne en or.

À partir de cette situation, si riche en ressources, Louis-Dominique Girard, son petit-neveu par alliance qui sera également son chef adjoint de cabinet à Vichy, a bâti une fable sulpicienne, pièce maîtresse du procès de canonisation que lui et ses semblables vont chercher à instruire[2]. En proie aux « pires tourments intérieurs », Pétain se rend à la cure de Mazinghem, paroisse desservie par son oncle maternel et « directeur de conscience », l'abbé Legrand. Il y aurait connu une « nuit pascalienne » éclairée par la prière et les conseils du saint homme, au terme de laquelle, ayant entendu la « voix de Dieu », il se serait renoncé en renonçant à Marie-Louise afin de se consacrer au service exclusif de la patrie. Abdiquer des sentiments d'un cœur humain – trop humain ! –, sacrifier sa part de biens terrestres pour ne pas forfaire à l'honneur ni trahir le drapeau, tel serait le contenu du « serment de Mazinghem » : « L'Armée sera son épouse mystique comme l'Église est celle de Celui qui a répandu son sang pour la rédemption des péchés. »

N'en déplaise à son hagiographe abusif, le virage personnel de Philippe Pétain, en cette fin de siècle, est plus physique que métaphysique. Sa paroisse sent désormais moins l'encens que le musc et le benjoin. C'est que, quarante ans avant de faire publiquement don de sa personne à la France, il a résolu d'en faire profiter, à titre précaire et révocable, les dames qui passent à sa portée. L'échantillon prélevé sur la flore féminine est particulièrement représentatif d'une vie tributaire de son état d'officier errant au gré des affectations successives, pour qui le mot « engagement » n'a pas cours dans le vocabulaire civil. On y rencontre un bataillon fourni d'amours ancillaires, un contingent de jolies rêveuses au premier rang desquelles se détachent Jacqueline, la fille de l'armateur Cyprien-Fabre, Amélie Racine, la sœur d'un minotier marseillais, ou encore Alice Lecointe, une beauté audomaroise qui a pris feu et flamme pour le commandant de la 4e brigade d'infanterie, sans oublier la jeune Lucie Delarue en compagnie de laquelle il a « profané la lune », une nuit à Provins, et qui, devenue Mardrus, en fera un vibrant poème. Plus tard, évoquant cette période, Pétain résumera les deux joies de sa vie : l'amour et l'infanterie. Plus tard encore, montant d'un cran dans le cynisme, il aurait confié à son geôlier de l'île d'Yeu : « Le cul et la gueule, il n'y a que ça de vrai. »

Entre deux escarmouches, l'année 1898 le ramène sur le terrain des grandes manœuvres. La forteresse à prendre a les formes d'une beauté opulente de vingt-quatre ans, gardée par une grand-mère et une belle-mère aux allures de cerbères. Elle s'appelle Eugénie Hardon, Ninie pour les intimes, catégorie dans laquelle se range assidûment Philippe Pétain depuis bientôt vingt ans qu'il fréquente chez les dames Hardon. En 1901, on parle mariage dans le petit appartement de la rue Cambon qui abrite les tutrices légales d'Eugénie. Cette fois, l'argent n'est pas en cause, les dames Hardon n'en ont elles-mêmes pas ou trop peu pour reprocher à Pétain son impécuniosité et ses origines plébéiennes. On invoque du bout des lèvres la différence d'âge – vingt ans ! – pour éconduire poliment le prétendant en prenant soin de laisser Eugénie, pourtant majeure, dans l'ignorance de cette requête. En février 1903, Eugénie épouse François Dehérain, un médecin, interne des hôpitaux de Paris dont la vocation tardive d'artiste-peintre comptera un peu dans les infidélités de Ninie et beaucoup dans l'échec du ménage. De son côté, Pétain, tirant la leçon de cette nouvelle déroute sentimentale, semble désormais décidé à persévérer dans le célibat.

Sa doctrine paraît si solidement fixée qu'il peut se permettre d'ironiser en public : « Chaque fois que j'assiste à un mariage, je recule le mien de deux ans. » Et de répondre à un officier qui lui prédit que son tour viendrait bien un jour : « Cette question est close, car maintenant j'en suis à deux cents ans. » Mais Pétain, l'« homme qui glane un peu partout sans s'attacher à personne », ainsi qu'il se définit lui-même, n'a pas oublié la belle Eugénie si manifestement douée pour le péché de chair[3]. Les amants du début du siècle se sont retrouvés, en 1913, sur la Côte d'Azur. Ninie, qui est maintenant séparée de son mari dont elle a eu un fils, se laisse à nouveau séduire, puis, en stratège avisée, se rétracte aussitôt. Atteint par la limite d'âge, le colonel Pétain, qui s'apprête à quitter la vie militaire, a perdu l'initiative et il n'aime pas cela. L'attitude d'Eugénie lui pose comme à n'importe quel viveur de la Belle Époque l'éternel problème de la quadrature du cercle : comment déchaîner la sensualité d'une femme sans être aussitôt débordé par elle et contraint à des concessions humiliantes sur le terrain des sentiments, zone de manœuvre où ce quasi-sexagénaire redoute à la fois la perte d'autonomie et l'enlisement ? Pratiquant la tactique éprouvée du salut par la fuite, il menace Eugénie de cesser leurs relations jusqu'à ce que « l'indifférence s'ensuive ». Stratagème payant : Ninie vient au rendez-vous qu'il lui a fixé dans sa garçonnière parisienne du 3, rue Pérignon et cède à l'assaut du colonel qui, sans coup férir, investit à nouveau la place. L'esprit lui revient en ajustant sa toilette. Elle a été folle, elle regrette ce funeste moment d'abandon, elle en veut à son hôte d'avoir ainsi profité d'un instant de faiblesse. Surtout, elle réalise qu'elle n'est aimée que pour son corps alors même qu'elle rêve de sentiments plus éthérés. Pétain ne sublime pas, il consomme. Pétain exige l'exclusivité ? Eugénie, toute à sa quête d'un Graal amoureux, fréquente ailleurs. Fin de partie ?

Février 1916 : à la tête de la IIe armée, le général Pétain s'est fait la réputation d'un chef énergique et calme, soucieux d'économiser la vie de ses hommes. À soixante ans, il est en passe de devenir une gloire nationale avec l'aide de ses poilus et bientôt un dieu de la guerre grâce à *L'Illustration* au sommet de sa diffusion. Fascinée par cette popularité grandissante, Ninie a pris la plume pour la mouiller de nostalgie et de repentance. C'est une capitulation en rase campagne. Pétain lui répond par une brève missive dont le post-scriptum illustre cruellement le renversement du rapport de force : « Ton papier à lettres a la même odeur que les gaz asphyxiants des Allemands ; il sent le chlore. » Ces amabilités sont suivies d'un billet comminatoire aux termes duquel Eugénie est priée de venir l'attendre, le 5 février, au buffet de la gare du Nord. Nouvel embrasement. Il leur faudra patienter jusqu'au 24 avant de se revoir. Ce soir-là, le général a décidé de se ménager un tête-à-tête avec sa maîtresse suffisamment discret pour que ses proches collaborateurs ne connaissent pas avec certitude l'endroit où il va passer la nuit. Secret d'alcôve, secret-défense. Mais voilà que, pendant son absence, arrive un télégramme de Joffre qui convoque Pétain pour le lendemain matin au grand quartier général de Chantilly. Au terme d'une équipée digne de Labiche et de Courteline réunis, le colonel Serrigny parvient à dénicher son chef à l'hôtel Terminus de la gare du Nord. Devant une porte, une paire de bottines jaunes à tiges renforcées auxquelles tiennent compagnie de « charmants petits souliers “Molière” tout à fait féminins » signale la présence du couple. Il est trois heures du matin lorsque Pétain en « bannières », c'est-à-dire vêtu d'une longue chemise à deux pans comme on en portait à l'époque, vient ouvrir à son aide de camp. Il ne dormait pas et il n'a pas davantage l'intention de le faire durant les quatre heures qui lui restent avant le départ pour Chantilly, fixé à 7 heures. Dans cet intervalle, Eugénie se montre si ardente et si passionnée que le souvenir de cette nuit « inoubliable » va hanter l'esprit du général tout au long de la journée du 25, pourtant elle aussi mémorable, puisqu'elle verra sa nomination au poste de commandant en chef de l'armée de Verdun en charge de la bataille défensive contre les assauts du Kronprinz[4].

L'amour et la guerre donc, et avec une égale ardeur sur les deux fronts. Pour la guerre, il se sert des crayons taillés pointu, pour l'amour il préfère la plume Sergent-Major. Chaque jour, depuis son quartier général de la mairie de Souilly, il prend le temps, même au plus fort de la bataille, d'écrire à Eugénie un de ces billets galants où l'évocation des heures torrides passées avec elle tisonne le brasero de son imagination. Le 21 mars, alors que 2 000 pièces d'artillerie ont ouvert le feu sur la citadelle de Verdun et les forts environnants, il rêve d'une autre canonnade : « Le souvenir de tes caresses me fait défaillir. Mais j'adore aussi t'en faire et tu n'as pas à craindre que je ne sois jamais lassé. J'aime à te sentir frémissante sous mes baisers et depuis longtemps je suis d'avis que le plaisir qu'on donne attache plus que celui qu'on reçoit[5]. »

Correspondance impudique acheminée sous forme de pneumatiques ou de « petits bleus », en partie censurée lors de sa publication par Pierre Dehérain, le beau-fils du Maréchal, que Girard, l'impavide hagiographe de « saint Philippe », n'a cependant aucun mal à recadrer selon son propos : « Sous la plume d'un mystique, écrit-il, l'expression crue des désirs des sens longtemps contenus ne surprend pas[6]. »

Pétain n'a pourtant rien de ces personnages tourmentés, marinant dans la mauvaise conscience, qui hanteront bientôt les romans de François Mauriac. En pleine bataille, seule lui importe la satisfaction d'un désir charnel barbouillé d'une vague sentimentalité de tourlourou dont on sent bien qu'elle n'est là que pour faire taire les scrupules de sa maîtresse. Pour autant, le seigneur de la guerre, désormais sur le pavois, ne succombe pas à l'empire des sens au point d'en oublier toute prudence. En juin 1916, les fréquentes incursions d'Eugénie dans la zone des armées, théoriquement interdite aux femmes, légitimes ou pas, ne sont pas passées inaperçues. Le 20 juin, Pétain, se sentant épié, lui rappelle les servitudes de sa charge et de sa gloire naissante : « Tu m'as fait passer deux journées délicieuses. Je t'en remercie de tout mon cœur. Je crois qu'il faut abandonner l'idée d'un séjour dans cette région. Tous mes faits et gestes sont repérés avec une précision déconcertante. Figure-toi que mercredi un off.[icier] a téléphoné chez moi que je m'emb.[êtais] pas à Chalons ; laissant entendre que j'étais en bonne fortune, au moment où je pouvais supposer que notre rencontre n'avait pas encore transpiré. Toi aussi, tu deviendras célèbre que tu le veuilles ou non[7]. »

Depuis qu'il est de nouveau question entre eux de mariage, Eugénie qui se fait désormais appeler « Annie », jugeant ce prénom plus convenable, plus conforme au destin qu'elle s'imagine, a tendance à manifester un sens irascible de la propriété qu'exacerbe la rumeur entretenue autour des conquêtes d'un général toujours victorieux. Si l'on en croit Serrigny, censé jour et nuit monter la garde devant la chambre et le bureau du grand chef, Pétain, à partir de 1916, est un homme en état de siège. Ce que l'intéressé reconnaît lui-même au détour d'une missive destinée à apaiser les inquiétudes d'Annie-Eugénie : « J'ai subi, cette semaine, écrit-il le 25 juin, un véritable assaut matrimonial. Je pensais que les bruits qui circulaient partout, sans pouvoir en préciser l'origine, étaient provoqués par les intéressées elles-mêmes [...]. J'ai ouvert une brèche dans mon encerclement féminin. Je mets autant de ténacité à desserrer l'étreinte de ces dames qu'à résister aux Boches[8]. » Qui sont donc les dames en question ? Des infirmières, des femmes de lettres, des actrices, des châtelaines toujours prêtes à ouvrir leur porte à un képi étoilé, de riches Américaines venues remettre des chèques pour la Croix-Rouge et toute une kyrielle d'intrigantes, impressionnées par l'auréole qui nimbe le front du général Pétain. Elles sont à la table du fringant sexagénaire. Pas forcément dans son lit, quoi qu'en dise Serrigny qui a surnommé son chef « Monsieur Flirt ». Émerge de ce buisson juponneux Yolande de Baye, âme d'élite et cœur à prendre, qui œuvre à l'hôpital de campagne de Vitry-le-François et que Pétain appelle « ma pucelle ». Ses visites répétées au QG de Chalons ne laissent aucun doute sur l'intérêt qu'elle porte au commandant de la IIe armée. Jusqu'à ce que Serrigny parvienne à l'évincer en faisant valoir auprès du général qu'une liaison avec une jeune fille de vingt-quatre ans enrôlée dans les formations sanitaires serait du plus mauvais effet et ne manquerait pas de ternir son renom.

Plus sérieuse est la relation qui s'ébauche, deux ans plus tard, entre l'homme qui vient d'accéder au maréchalat après avoir été consacré « vainqueur de Verdun » et la cantatrice Germaine Lubin, spécialiste du répertoire wagnérien, épouse à la ville du romancier Paul Géraldy. Ils se sont rencontrés à l'issue du récital qu'elle a donné à Pierrefite devant l'état-major de l'armée française, quelques jours avant la signature de l'armistice. Placée à la droite de Pétain lors du dîner qui suivit, elle n'a pas été insensible au charme de sa conversation, ni au fluide de son regard, ni à son « visage marmoréen ». En plaisantant, ils ont décidé qu'elle serait sa marraine de guerre. Il a voulu davantage que cette amitié platonique et, selon Germaine Lubin, lui aurait proposé le mariage au début de l'année 1919, à l'occasion d'une nouvelle rencontre à Kaiserslautern où Germaine Lubin était venue chanter pour les troupes françaises qui occupaient la Rhénanie[9]. Le 14 Juillet, jour du défilé de la victoire, la cantatrice a fait savoir au Maréchal qu'elle assisterait aux festivités dans les locaux du journal *La Montagne*, rue Royale, où son directeur Alexandre Varenne a réuni quelques amis pour la circonstance. L'un d'entre eux, le futur écrivain Jacques Chardonne, a raconté la scène : « Nous étions une demi-douzaine [...]. Le Maréchal, à la tête du défilé, se détourna et s'avança devant notre fenêtre ouverte sur la rue Royale, et salua la femme de son cœur (pour un moment)[10]. » Selon toute vraisemblance, c'est cet hommage public de Pétain-

Tristan, du haut de son cheval blanc, à Germaine-Isolde qui achève de convaincre Annie Hardon de presser le mouvement.

Plusieurs versions circulent sur les circonstances qui ont entouré la régularisation de cette vieille liaison. Certaines empruntent leurs meilleurs ressorts à la littérature de gare : Annie aurait arraché l'acquiescement de son futur mari sous la menace d'un revolver ou d'un flacon de vitriol. Quoi qu'il en soit, le mariage est célébré le 14 septembre 1920 à la mairie du VIIe arrondissement, dans la plus stricte intimité et sans la moindre publicité. Officiellement divorcée depuis le mois de mars 1914, Annie n'a le droit qu'à une union civile, nulle et non avenue au regard du droit canon ; quant à Pétain, le voici *de facto* exclu des sacrements de l'Église. « Terrible scandale dans le monde de l'état-major, où Pétain est traité comme du poisson pourri », note un observateur bien informé qui affirme, par ailleurs, que le Maréchal aurait effectué préalablement une démarche auprès de l'archevêché pour obtenir l'annulation du premier mariage de sa future femme[11]. Presque aussitôt, le nouveau marié s'emploie à organiser pratiquement une véritable séparation de corps. Les deux époux ont chacun leur appartement, lui au 8, square de La Tour-Maubourg, elle au 6. Une porte de communication a été percée dans le mur mitoyen à seule fin de sauver les apparences. Entre hommes, Pétain précise : « Le verrou est de mon côté ! » En fait, ce mariage, qui n'est rien d'autre que le « rapprochement de deux solitudes », ne change rien à ses habitudes de vieux garçon ; il n'est que la frêle façade sociale d'un édifice qu'il n'habitera jamais. Non seulement il continue de cultiver ses anciennes relations féminines dont il conserve dans sa cantine les billets parfumés, noués par des faveurs de couleur, mais il reste, à soixante-cinq ans, aussi volage et aussi disponible qu'un jeune homme. Une correspondance retrouvée par Jacques Isorni dans les archives professionnelles de Pétain où elle avait été dissimulée montre que vers la fin de l'année 1921, alors qu'il vient à peine d'entrer dans la deuxième année de son « concubinat légal » avec la dame Hardon, le fringant maréchal de France a noué une nouvelle relation amoureuse avec une certaine Mme C., veuve d'un officier du 24e bataillon de chasseurs tué en Champagne[12]. Passade ? Dérivatif ? Liaison clandestine ? Rien de tout cela. Cette jeune femme et ses deux fillettes lui apportent plutôt une famille de substitution dans laquelle il tient pour la première fois le rôle du mari et du grand-père. Lors d'une visite dans la propriété de la dame, il est reconnu par un collaborateur du *Journal de Rouen* qui signale sa présence dans le département « avec sa famille ». Mari et grand-père en même temps ? Le paradigme qui, près de vingt ans plus tard, va présider aux étranges noces de Pétain et des Français serait-il le fruit d'un aménagement domestique, une modalité idéale de son rapport avec les femmes étrennée tardivement dans l'espace privé avant de servir en place publique ?

Le Maréchal et la dactylo

L'homme à qui les parlementaires ont confié la totalité du pouvoir exécutif et législatif n'a donc rien d'un moine-soldat. Loin d'être un handicap, la verdeur qu'on prête à cet octogénaire – quatre-vingt-quatre ans et trois mois lorsqu'il accède au pouvoir – ajouterait plutôt à son prestige dans un pays où les bonnes fortunes des chefs d'État, d'Henri IV à Napoléon en passant par François Ier, ont toujours été considérées comme autant d'hommages rendus à la virilité nationale. Mais comment n'entacherait-elle pas le discours du nouveau régime en introduisant dans l'opinion une part de distance et de scepticisme où se logerait l'idée que l'ordre moral n'est pas si intraitable qu'il ne puisse souffrir bien des dérogations à titre individuel, que le Maréchal, en tout cas, ne s'embarrasse guère de tels principes pour régler sa vie personnelle ? D'autant que ce dernier met un point d'honneur à ne rien changer de ses habitudes, quand bien même celles-ci apporteraient un démenti quotidien aux prônes jansénistes du nouveau régime. À la tête de l'État français, il reste fidèle à la pratique qui consiste à tenir soigneusement la Maréchale à l'écart de sa vie publique. Qu'une circonstance officielle les réunisse, ce qui est rare, et l'épouse ignorée aborde les hôtes du jour en ces termes : « Madame Pétain ! Je me présente à vous. Le Maréchal risquerait de ne pas le faire. » Lorsqu'elle séjourne à Vichy, c'est à l'hôtel Majestic, les appartements du Maréchal qui occupent les chambres 124 et 125 de l'hôtel du Parc lui étant interdits en vertu du protocole qui régit depuis l'origine cet improbable ménage. Exceptionnellement, lors du voyage du chef de l'État français à Marseille, en décembre 1940, elle est parvenue à s'imposer dans le convoi officiel. Elle a si bien usé la patience du Maréchal, mettant à profit un arrêt en gare d'Arles pour se montrer à d'anciennes relations et retarder du même coup le départ du train, qu'elle sera déclarée *persona non grata* pour les futurs déplacements en province. De même qu'elle n'aura plus, dorénavant, accès à l'hôtel du Parc que pour les petits déjeuners. Au menu : grimaces et vexations, ce pain quotidien des vieux couples. Lorsque les bavardages de la Maréchale l'indisposent, Pétain se plonge dans la lecture du carnet du *Progrès de l'Allier* et plaisante chaque fois qu'il découvre que l'adresse de deux fiancés de la fonction publique est la même ou qu'un couple de sa connaissance annonce la régularisation d'une ancienne liaison. Ce qui a le don de mettre en rage sa visiteuse matinale.

Le thé de cinq heures et les bonnes œuvres, voilà tout ce à quoi est bientôt réduite Eugénie dans l'ombre d'un homme qui n'aura finalement été son mari que pour l'état civil. Contrairement à celui-ci, l'âge lui est tombé dessus comme un manteau de disgrâces : « On la voyait déambuler en ville de son étrange démarche chaloupée [...]. La muse départementale était devenue une assez formidable vieille femme aux épaules carrées, au menton en galoche, qui faisait songer à une armoire à glace du dernier siècle[13]. » Reléguée dans une semi-proscription qui prolonge la séparation de corps d'avant-guerre, elle doit la plupart du temps céder la place à d'autres présences plus jeunes, plus avenantes, moins revêches. Dans un bref ouvrage de propagande publié en 1942, le très laudatif René Benjamin n'hésite pas à mettre en scène cet entourage féminin du chef de l'État en prenant soin toutefois, tout à son cantique, de ne lui prêter qu'un rôle des plus anodins, et surtout respectueux des convenances : « Enfin, si le Maréchal a la chance de recevoir une femme à sa table, ce lui est un plaisir sensible qu'elle lui serve son café, plutôt qu'un colonel, ou même un général. Une femme, quand elle est fine, renseigne à ravir sur la sensibilité du pays. Et le Maréchal est de ces hommes qu'une présence féminine tient en éveil et rend heureux [...]. Puisqu'il mène un instant la France, il rend hommage aux femmes qui en sont l'ornement. Et si l'une d'elles lui fait l'honneur de sa visite, galant et malicieux, il tire d'elle des ondes et des sons qui lui deviennent des indications précieuses[14]. »

En tire-t-il autre chose ? Les confidences que le « plus vieux prisonnier de France » fera sur cette période à Joseph Simon, son gardien de l'île d'Yeu, bien qu'elles émanent d'un grand vieillard dont la lucidité est sujette à éclipses, ne peuvent pas être totalement écartées. Retenons simplement que Pétain lui aurait confié avoir encore sacrifié aux plaisirs de la chair en 1942, soit à l'âge de quatre-vingt-six ans, avec une jeune fille qui se serait déclarée vivement satisfaite de cette « nuit d'amour » en compagnie du grand homme[15]. Plus solide semble être, en revanche, le témoignage de Maurice Martin du Gard, chroniqueur minutieux et souvent implacable des coulisses de la capitale provisoire. La scène qu'il rapporte se déroule le 13 décembre 1940 vers les dix heures du soir. Laval, qui vient d'être limogé du gouvernement deux heures plus tôt, dans des conditions humiliantes, a regagné l'hôtel du Parc après un dîner au Chanteclair avec Fernand de Brinon, émissaire officieux auprès de l'ambassadeur d'Allemagne à Paris. « Par la porte entrouverte, note Martin du Gard, je vois un petit carton sur la cage d'ascenseur : "L'ascenseur est arrêté." Il n'y a que lui pour être arrêté ! dis-je, très content de ce mot stupide. Et au même moment, à mon grand étonnement, j'aperçois l'ascenseur qui monte et dedans le Maréchal, le visage clair, dans un complet gris flambant neuf, qui serre de près, on pourrait dire amoureusement, une très jeune femme au corsage rouge. Quelques minutes après, Pierre Laval sort de son bureau et gravit l'escalier, mais il redescend aussitôt, le pas pesant : le Maréchal a condamné sa porte[16]. » Une chose est sûre en tout cas : seules les jeunes et jolies sujettes sont admises à travailler au troisième étage ; là-dessus l'entourage du Maréchal, au fait des agréments de la vie et des lubies du vieux chef, a fait montre d'intransigeance. Un jour de février 1942, Pétain, s'étant trompé d'étage, entrouvre la porte de ce qu'il croit être un bureau. Il y découvre une jeune dactylo en train de taper sur une machine à écrire, posée devant elle sur une petite table portative. Avant de réaliser que la fille, faute de place, est assise sur un bidet. C'est le Maréchal lui-même qui raconte la suite de l'histoire à l'un de ses ministres : « J'ai beau ne pas tenir au faste, j'ai trouvé que cela manquait de décorum. Je lui ai demandé ce qu'elle tapait. Elle m'a répondu : "La Constitution." Je lui ai dit : "Vous en avez de bonnes." Elle a dû mal comprendre, car elle a rougi et m'a dit en baissant les yeux : "Les robes plissées, ça trompe. J'ai beaucoup maigri depuis l'armistice." Comme je voyais qu'elle avait l'esprit déluré, j'ai voulu badiner avec elle. Finalement elle m'a dit : "Si vous restez plus longtemps avec moi à me taquiner comme ça, je vais avoir des ennuis avec la Maréchale ! – Comment ? lui ai-je dit. Elle ? Jalouse ? À son âge[17] ! »

À sa table, c'est une autre compagnie qu'affectionne le chef de l'État : très prisées pour leur charme et pour leur élégance sans cesse renouvelée grâce à la valise diplomatique, les femmes d'ambassadeurs y côtoient les dames de la meilleure société. De l'avis unanime, l'amour est le seul sujet qui a le don de le dérider et de le distraire de ses soucis. La conversation n'est pas sans embûches pour le Maréchal qui, du fait de son grand âge, laisse parfois échapper de malsonnants lapsus en forme de contrepèteries. « Le vieux a encore confondu nouille et coude[18] », s'écrie la marquise de Keroatz au sortir de l'un de ces dîners. Ce genre d'anecdotes circule à la vitesse du son. La capitale provisoire de l'État français, confinée dans un étroit périmètre où le corps à corps et le bouche à oreille sont les figures imposées des relations interpersonnelles, est une assourdissante caisse de résonance. La culture du ragot quotidien y a plus d'importance que la chronique des événements politiques et militaires. Or, très vite, il se dit que le chef de l'État français se montre peu soucieux de respecter dans ses actes ce « grand idéal chrétien » dont il se réclame par le verbe, ni de fournir l'exemple de cette « mystique » qu'il prescrit aux autres ; bref, que l'ascèse du Maréchal manque singulièrement d'assise. Autour de lui, cependant, la garde rapprochée du pétainisme hôtelier s'échine à sauvegarder les apparences[19]. Jusqu'à une certaine limite. Ainsi, lorsque le Maréchal convie dans sa loge, le 29 août 1942, l'extravagante comtesse du Luart qu'il a connue au temps de son ambassade chez Franco et dont la réputation sulfureuse a fait depuis longtemps le tour des salons, Henri du Moulin de Labarthète, directeur du cabinet civil, et le docteur Bernard Ménétrel quittent ostensiblement la salle du Grand Casino. Sur scène s'achève le premier acte de *Mârouf*, l'opéra d'Henri Rabaud tiré d'un conte des *Mille et Une Nuits*. Le moment est symbolique : Mârouf, le misérable savetier du Caire, vient de plaquer Fatimah, son acariâtre épouse.

Que savent les Français du comportement et des mœurs de celui qui s'est présenté à eux comme le prédicateur d'une croisade contre « l'esprit de jouissance », l'apologiste du sacrifice de soi contre l'obsession du moi, l'instigateur de ce que Fabre-Luce appelle alors le « vertuisme » ? Suffisamment, semble-t-il, pour ne pas s'en tenir aux portraits aseptisés de la propagande officielle. D'innombrables échos publiés dans la presse, et pas seulement en zone occupée, ont contribué à façonner une représentation du Maréchal sensiblement différente de l'imagerie d'Épinal que s'emploient à diffuser les officines du régime. Sous le titre « Le Maréchal explique pourquoi les femmes ne portent pas la francisque », un magazine grand public comme *La Semaine* offre à ses lecteurs, en novembre 1942, un échantillon assez représentatif de ces « petits faits vrais » qui circulent à propos du chef de l'État français : « À un récent dîner, le Maréchal avait pour voisine une jolie dame rougissante de l'honneur qui lui était fait. "Monsieur le Maréchal, lui dit-elle au cours du repas, n'est-ce pas injuste que seuls les hommes aient droit au port de la francisque ? Pourtant, bien des femmes mériteraient cette distinction... Pourquoi leur est-elle refusée ?" Le Maréchal se tourne alors vers un monsieur et lui demande de lui prêter sa carte de membre de l'ordre. "Voici l'explication que vous me demandiez, madame. Tout titulaire de la francisque fait au chef de l'État le 'don de sa personne'. Alors vous comprenez[20]." » Le pharisaïsme de Pétain en agace plus d'un, pas forcément parmi les plus mal disposés à l'égard du régime. À la date du 1er mai 1941, François Sentein, un ancien militant d'Action française, jette dans son Journal cette note exaspérée : « Fête du travail et du maréchal (Philippe) Pétain. La dévotion qui en ce jour s'élève vers ce vieux lapin célibataire et stérile, candidat républicain en somme, mais du Comité des forges et des Scouts de France, hérisse en moi le monarchiste que, tout de même, je continue d'être[21]. » De retour de Vichy où il a effectué une mission pour les prisonniers de guerre rapatriés, François Michel ne dit pas autre chose : « L'atmosphère en est indescriptible ; opérette cauchemardesque, ambiance fuligineuse, tragédie farcie de rigolade cynique. Tragédie ? et le dérisoire de ce maréchal nonagénaire qui passait sa garde en revue vers midi, mangeait cinq kilos de viande par jour, jouait au bésigue avec son médecin, tripotait les seins des dactylos. »

Un ton au-dessus, la presse naissante de la Résistance s'empare de ces contradictions tonitruantes pour faire le procès d'un Pétain dépeint moins comme un nouveau Bazaine que comme une réincarnation de Tartuffe. Ce n'est pas l'ordre moral qui est ici condamné, mais l'indignité de celui qui s'est arrogé le droit de parler en son nom. S'agissant des valeurs familiales, de l'exemplarité qu'on attendait du chef de l'État, Pétain sera toujours sous le feu de la « dissidence » gaulliste qui ne cessera de le morigéner et de stigmatiser son inconduite. « Lui qui a vécu jusqu'à quarante ans une vie de basse et crapuleuse débauche, peut-on lire en août 1942 dans l'édition clandestine de *L'Insurgé*, il vous parle de famille et il n'a pas d'enfants. » Les moins informés, en l'occurrence, semblent être les Allemands eux-mêmes. Le sculpteur Arno Breker, artiste francophile, épris de colossal et d'académisme, ayant écrit à Pétain qu'il serait heureux de le voir accepter l'une de ses statues héroïques, le Maréchal lui répond, en le remerciant, qu'une Grâce antique lui ferait davantage plaisir. « Je ne pouvais soupçonner, commenta Breker, la sensibilité avec laquelle ce représentant de Mars avait coutume d'apprécier les charmes suaves de la beauté féminine. Lui envoyer la statue d'un de ces mâles athlétiques lui paraissait naturellement inconvenant[22]. »

Tel est donc le bon pasteur que l'Église des Gaules a intronisé « gardien et protecteur de la France chrétienne », « père et chef », « voie et vérité du pays ». Malmenée par les luttes anticléricales du début du siècle, en perte d'influence dans un pays qui s'urbanise, la hiérarchie catholique a accueilli avec enthousiasme la nomination de Philippe Pétain. Qu'il se transforme en bras séculier des intérêts du parti clérical et elle sera prête à fermer pudiquement les yeux sur les écarts passés, présents et futurs de ce grand pécheur devant l'Éternel, à ignorer la rumeur insistante, si fâcheuse pour la réputation de celui qui a remis à l'honneur les « grandes vérités de la morale chrétienne ». À quelques entorses près, ce concordat implicite sera, au moins dans les premiers mois, assez scrupuleusement respecté de part et d'autre. En fait, il y a déjà longtemps que l'Église se préoccupe du cas Pétain avec le souci de préserver le mythe qui s'est construit autour du vainqueur de Verdun et surtout de lui conférer une valeur édifiante. Sans toujours être dupe de l'épais rideau d'encens qu'elle répand pour suppléer à l'odeur de sainteté manquante.

Depuis la mort de Foch, en mars 1929, Philippe Pétain est le seul survivant des chefs prestigieux de la Grande Guerre. Nommé à la tête de l'État français, il n'est plus seulement maréchal de France, il est « le Maréchal », et avec la disparition de Franchet d'Esperey, en juillet 1942, le seul désormais dans son grade et dans sa dignité. En l'état, sa situation matrimoniale qui le tient à l'écart des sacrements de l'Église empêcherait tout enterrement religieux. Pourtant, Mme Pétain a obtenu de l'officialité du diocèse de Paris, le 30 janvier 1929, l'annulation de son mariage avec François Dehérain. Rien ne s'oppose donc plus, à partir de cette date, à une régularisation en bonne et due forme. Mais si la Maréchale est toute disposée à faire enfin bénir son alliance par un prêtre, Pétain est, quant à lui, moins pressé de confirmer devant Dieu une union qui ne lui a guère donné de félicités terrestres. Parvenu au faîte du pouvoir, il ne peut cependant plus esquiver la pression de l'épiscopat qui s'émeut à l'idée que la mort du chef de l'État ne puisse donner lieu qu'à de simples funérailles civiles. Pour le parti clérical, cette perspective est d'autant plus insupportable qu'il a fait de Pétain le porte-étendard d'une véritable contre-réforme. Des obsèques nationales sans la bénédiction de l'Église seraient assurément un scandale politique. Peut-être pis encore : l'aveu public d'une imposture. Pour le Maréchal, régulariser est devenu une obligation d'État. Il finit par s'y plier. De mauvaise grâce et avec une implication si faible qu'elle ne laisse pas ignorer ce que cette formalité a pour lui de déplaisant et de dérisoire. Mettant opportunément à profit une disposition du droit canonique, le mariage religieux est célébré par le chanoine Landry dans une chapelle de l'archevêché, mais hors de la présence de Pétain lui-même qui, pour ne pas avoir à se confesser, a mandaté un « procureur » – en l'occurrence l'official de Paris – afin de le représenter pour l'échange des consentements. S'agissant d'un acte de sa vie privée, le chef de l'État a exigé le secret absolu. À tel point que le doute, entretenu par le silence persistant de l'Église de France, subsiste encore sur la date exacte de la cérémonie : mars 1941 ou janvier 1943 ? Les Français, en tout cas, n'en ont rien su. Éditorialiste à *La Croix*, très introduit auprès de l'épiscopat, Pierre Limagne illustre bien la perplexité que suscite dans ces milieux le « cas Pétain » quand, le 8 octobre 1942, il s'interroge dans ses carnets intimes : « Nous demeurons dans l'incertitude au sujet d'une question qui pour des catholiques n'est pas sans importance. Au fait, si le chef de l'État avait pu passer par l'Église depuis son mariage civil, on le ferait savoir discrètement[23]. » Pécheur repenti pour l'Église, laquelle, bon gré, mal gré, a dû se satisfaire d'une cérémonie clandestine et tardive, Philippe Pétain n'a pas cru utile de faire connaître la bonne nouvelle à ses « chers compatriotes ». L'aurait-il jugée préjudiciable à son propre culte ?

Pétain, phallus national

Assurément, le maréchalisme, seule expression populaire du soutien à Pétain qui va résister aux vicissitudes de l'Occupation, est une attitude distincte de l'adhésion à l'idéologie de la Révolution nationale. Il pourra connaître des sautes et des voltes, des hauts et des bas selon les circonstances, il ne s'en maintiendra pas moins jusqu'au bout grâce à ce découplage entre le soutien au régime et l'attachement à la personnalité charismatique de Philippe Pétain. Dès les premiers jours, l'élan vers le vieux chef est un phénomène instinctif. Sa popularité naît de l'adéquation entre une situation et une posture. Protecteur de la nation vaincue et dernier symbole vivant d'une France hier victorieuse, il couvre à lui seul tout le spectre émotionnel d'un peuple en état de choc et se situe à la confluence de toutes les attentes : matérielles, psychologiques, affectives. Mythe écran entre la population et la réalité du pouvoir, le maréchalisme est d'abord une projection du désarroi des Français. Dans le culte qui se met en place, la présence, la prestance, l'apparence physique du Maréchal exercent d'emblée un indéniable magnétisme. Sur ce point, l'apologétique du Maréchal n'aura ni à forcer le trait ni à solliciter la réalité outre mesure. Reprenant à son compte la conception platonicienne, qui fait du corps l'image de l'âme, la littérature officielle va juste s'employer à ériger l'apparence physique du vieux chef en vertu, à lui donner un contenu sinon politique du moins moral.

À quatre-vingt-quatre ans, le chef de l'État français en paraît à peine soixante-dix. Son éclatante santé est perçue comme une promesse de renouveau : « À le voir si vert, les sexagénaires s'accordent encore un quart de siècle et ne désespèrent pas de rajeunir. » N'est-elle pas d'ailleurs le signe de la pérennité de la nation au-delà des épreuves : « Sa personnalité rayonnait de je ne sais quoi d'inaltérable. Inaltérable au temps, inaltérable à l'âge » ? Il est droit « non comme un jeune homme mais comme sa conscience » et cette allure en impose par son autorité naturelle : « Le Maréchal porte la tête droite, sans la porter haute [...]. Ce n'est pas un masque qu'il s'est fait : rien n'est plus naturel que son air majestueux. » Il n'est pas jusqu'à sa moustache qui n'ait, selon un zélé polygraphe, « l'impeccable blancheur de la vertu », là où d'autres, en d'autres temps, y auraient vu une parade de la masculinité triomphante. Tabernacle de la mythologie maréchaliste, son regard bleu azur suscite une prose intarissable. Comme si toute la séduction, tout l'ascendant du « chef aux yeux de ciel », au regard « limpide », « clair et droit », d'un « charme prenant » s'étaient amassés dans cette prunelle donnant la chaleur de la vie à ce visage figé dans la perfection du marbre. Subjugués, les Français ne peuvent que subir l'envoûtement de cette voix « virile et émue », « frémissante et calme » d'où sortent des « paroles de sagesse et de tendresse » et qui donnent envie de « serrer dans ses bras cette petite boîte de radio, énervante et honnie un quart d'heure avant ». Porté par les ondes, l'organe du Maréchal « soulage la France meurtrie des obscurités qui l'entourent », elle fait pleurer ceux qui l'écoutent en même temps qu'elle les console, elle émeut autant qu'elle réconforte. Car le message est d'abord dans la voix, dans les vibrations qui la parcourent, dans les résonances qu'elle éveille au cœur des vrais Français[24]. Certes, avec le temps, le procédé s'émoussera, suscitant jusqu'à l'irritation d'un Claudel, pourtant guère enclin à l'irrévérence facétieuse : « *La voix de notre Maréchal/ Ne vous trouve pas érectiles/ C'est que vous êtes difficiles.* » Tandis que monte vers Pétain une vague de dévotion – on va jusqu'à composer un *Pater* du Maréchal –, le général de Gaulle qui, dans son refuge londonien, se fait projeter les actualités cinématographiques en provenance de Vichy, est l'un des rares à saisir de quoi il retourne : « C'est un grand acteur, un grand metteur en scène », dit-il à propos de son ancien professeur à l'École de guerre.

En contact quasi permanent avec le Maréchal, un homme est en charge de surveiller la production iconographique et de veiller à la santé du modèle. Chef du secrétariat particulier, le docteur Bernard Ménétrel tire de cette double fonction, outre une sulfureuse réputation de démiurge, une autorité qui va bien au-delà de son domaine de compétence et déborde sur l'ensemble de la propagande[25]. En amont, il est l'homme qui fait profiter le Maréchal des soins cosmétiques que son père, un médecin ami de Pétain, a mis au point dans le cadre d'un contrat avec Elizabeth Arden. À en croire la rumeur, Pétain lui serait redevable de ce visage lisse et sans rides, de ce teint d'ivoire et de rose qui fait l'admiration de ses interlocuteurs et, plus encore, de ses interlocutrices. Quant à la miraculeuse vitalité du chef de l'État, tout Vichy s'est longtemps interrogé : gelées, pommades dermiques, composés d'éphédrine ? Là encore, il semble que Ménétrel n'ait fait que reprendre un traitement expérimenté par son père, à base de piqûres d'oxygène et de douches aérothermiques à jets d'air caloriquement contrastés. En aval, il exerce un contrôle total sur la production et la diffusion de toutes les photos du Maréchal, d'abord par l'intermédiaire du Bureau d'archives et de documentation institué le 1er octobre 1940, puis, à partir de 1941, par l'entremise du Service central de photographie (SCP) confié à l'un de ses fidèles en la personne de Georges Reynal[26].

L'intuition de Ménétrel, confortée par l'exemple de la propagande nazie, est que la photographie, par sa diffusion massive et répétitive, est, plus que la radio, le moyen idoine d'instaurer une relation de nature personnelle, affective, entre le chef de l'État et chaque Français, de favoriser l'adhésion à un homme qui n'est plus l'incarnation d'une autorité lointaine mais une présence familière admise dans l'intimité de chaque foyer. De là, le recours au plan très rapproché, au cadrage serré et frontal qui, rompant avec l'impersonnalité de la IIIe République défunte, donne l'illusion d'une proximité, d'une densité qui s'impose et en impose. D'où encore la mise en valeur de ce regard vif et clair, véritable bande générique de la propagande maréchaliste, qui, en fixant l'objectif, interpelle et implique quiconque le croise un instant. C'est à Edé, le photographe personnel de Pétain, auteur des premiers portraits officiels, qu'il revient d'avoir su créer ce climat intimiste de suggestion mentale à distance. Faire de la photo la contrepartie visuelle du discours : telle est la consigne que Ménétrel entend faire appliquer à la dizaine d'agences accréditées à Vichy et aux reporters de presse. Pour la réalisation, le cahier des charges impose le respect de ce qu'on pourrait appeler la règle des 3 V (Vitalité, Virilité, Vigueur) et des 2 R (Renouveau, Redressement).

Maître de la censure, le docteur l'est également de la publication dans la presse des photos du Maréchal qu'il sélectionne méticuleusement, écartant au passage tous les clichés qui accusent l'âge ou la lassitude du chef de l'État et ceux où le sujet est surpris avec ses lunettes. Entre au surplus dans ses attributions la faculté de rendre obligatoire ou à défaut de recommander telle ou telle photo du Maréchal dont l'attitude met en valeur la « noble allure » et l'« éternelle jeunesse ». Ainsi, le 12 janvier 1942, la photo intitulée « Promenade du Maréchal » est imposée pour reproduction (« au mieux et au minimum sur deux colonnes », précise la consigne du service de la censure) à tous les journaux de la zone libre avec la légende suivante : « 20° au-dessous de zéro [...]. Cela n'empêche pas le Maréchal de faire sa promenade quotidienne, accompagné de son collaborateur immédiat, le docteur Ménétrel, chef du secrétariat particulier et vice-président des Œuvres sociales[27]. » Même dispositif lorsqu'il s'agit de répondre à la propagande gaulliste à propos des supposées défaillances physiques de Pétain ; le Service central de photographie diffuse, à titre de contre-preuve, une photo légendée en ces termes : « Le Maréchal toujours en pleine activité et en pleine santé, malgré les bobards anglais. » En six mois, le bilan du SCP est impressionnant : onze mille clichés diffusés à l'étranger, quatre-vingt-huit mille en

France où un maillage serré de correspondants et de centres d'affichage a été mis en place afin de couvrir l'ensemble du pays, de part et d'autre de la ligne de démarcation. Seuls points noirs : la réticence de la presse parisienne à relayer cette propagande par l'image et la mauvaise volonté allemande à en faciliter la diffusion, malgré l'accord conclu en 1941 avec la *Propagandastaffel.*

Pour les portraits officiels, c'est Pétain lui-même qui délivre l'*imprimatur*, pour peu qu'ils satisfassent son sens aigu de la dignité attachée à sa fonction et sa légendaire coquetterie. En octobre 1940, un projet d'affiche a été confié par le secrétariat général de l'information à Philippe Noyer, un graphiste lyonnais de l'« équipe Alain-Fournier ». Elle représente le visage de Philippe Pétain sur fond de drapeau français, s'inscrivant dans le blanc de celui-ci, en position arbitrale entre le bleu et le rouge, faisant en quelque sorte trait d'union entre les deux versants de l'histoire nationale. Fier de ses yeux bleus, le chef de l'État a imposé plusieurs retouches à l'artiste : trop pâles, trop délavés au regard de leur propriétaire qui les imagine « couleur de ciel, couleur de France ». Tirée à plus d'un million d'exemplaires et placardée à la fin novembre, cette affiche a un impact considérable sur la population. Ce n'est pourtant qu'un modeste mascaret en regard du raz de marée iconographique qui va bientôt submerger le pays. À telle enseigne que le ministre de l'Intérieur, Pierre Pucheu, pourra affirmer sans mentir : « Jamais, depuis des siècles, le visage du chef de l'État ne s'est autant identifié avec le visage même de la patrie. » Phénomène décisif dont on ne comprendra que par la suite à quel point il aura changé les rapports des Français avec le titulaire du pouvoir et avec la scène publique.

Pas moyen d'échapper à l'image sérielle du chef charismatique, présente sous une forme ou sous une autre à chaque instant de la vie quotidienne. Encadré et placé sous verre, le portrait du Chef investit tous les lieux publics. Il figure obligatoirement dans les salles de classe, les préaux d'école, les postes, les dispensaires, les commissariats et, à la libre initiative des commerçants, dans les vitrines des magasins, dont certains rivalisent d'imagination pour le mettre en valeur. L'effet n'est pas toujours garanti. Le chanteur Mouloudji se souvient d'avoir vu dans la vitrine d'une pharmacie des Buttes-Chaumont un cavalier juché sur un cheval blanc, qui pointait hardiment son épée vers le ciel pour vanter un médicament contre l'impuissance, « Défaillance ?... Employez Forsex », le tout dominant une photographie du Maréchal légendée de la fameuse philippique contre « l'esprit de jouissance[28] ». Peut-on inconsciemment mieux résumer les enjeux autour de l'effigie de Philippe Pétain ?

Du signifiant au signifié, tout dans l'affaire du buste dévoile les intentions de la propagande vichyste, l'arrière-plan d'une ébauche de restauration de la domination masculine que l'État français, moitié par inconstance, moitié par débilité, ne parviendra pas cependant à mener jusqu'à son terme. Au début de l'automne 1940, Pétain a en effet accédé à la demande du sculpteur François Cogné qui lui proposait de réaliser son buste. Formé à l'écart de la filière des Beaux-Arts et des circuits académiques, Cogné – « un franc-maçon notoire », persifle Henri du Moulin de Labarthète, le directeur du cabinet civil de Pétain – n'en est pas moins devenu, dans l'entre-deux-guerres, le sculpteur officiel de toutes les gloires nationales. À ce petit-maître de l'art commémoratif, la République est redevable de la statue de Clemenceau sur les Champs-Élysées, des bustes de Foch, Joffre, Lyautey et, dès la fin des années vingt, d'une première effigie du vainqueur de Verdun. La seconde version, achevée en octobre 1940, a tout pour plaire au vieux chef. Sous le ciseau de Cogné, il est représenté de face, nu-tête, et revêtu d'une vareuse d'officier ; un manteau est accroché à son épaule droite. Le Maréchal est tellement satisfait du résultat qu'il signe, le 22 octobre, une note par laquelle il autorise Cogné à « éditer » son buste, confiant au ministre de l'Éducation nationale le soin des « reproductions à exécuter » en accord avec l'artiste. Pour quel usage ? À quel dessein ? Nul ne le sait exactement. Ce qui n'empêche pas, au début de 1941, la fabrication en grande série d'une réduction de cette œuvre dans l'usine de céramique de Cusset. Qui va payer ? Là encore, l'incertitude est totale. On parle d'un coût de 20 millions de francs pour 200 000 pièces à distribuer dans la France entière. Sous l'influence de l'administration des Beaux-Arts, le conseiller Richard rédige un rapport dans lequel il s'étonne que l'œuvre en question ait échappé aux règles traditionnelles de la commande d'État et que son auteur puisse bénéficier par contrat avec les Musées nationaux d'un droit de reproduction lui assurant des « sommes considérables », à un moment où tant d'autres artistes doivent travailler dans une situation précaire. Si bien que lorsque les journaux annoncent, le 29 mars 1941, que le buste du Maréchal est destiné à remplacer celui de la République dans les établissements publics, le cabinet civil du chef de l'État s'empresse de faire savoir qu'il n'a en aucune manière donné d'ordre de cette nature.

En l'absence d'éléments tangibles, rien ne permet d'établir avec certitude les raisons de cette volte-face. La doctrine officiellement arrêtée après bien des atermoiements porte la marque d'un réel embarras : le choix de commander ou non le buste « officiel » du Maréchal est laissé à la libre appréciation des maires et des responsables administratifs. Affaire close ? Non pas. Une consigne de la censure, notifiée le 29 septembre 1943, ira jusqu'à interdire les photos représentant le remplacement du buste de la République par celui du Maréchal, photos pourtant réalisées par des reporters dûment accrédités auprès du SCP[29]. Entre-temps, les serviteurs zélés de la Révolution nationale se seront emparés de cette bataille symbolique pour en faire un test de loyauté à l'égard du régime.

Dans un premier temps, leur succès est incontestable, un peu partout la tête ronde et moustachue du vieux chef gaulois supplante sa rivale. Cependant, la prudence et l'attentisme de certains édiles les conduisent parfois à laisser s'installer une cohabitation de fait entre les figures emblématiques de l'ancien et du nouveau régimes. En septembre 1942, un délégué à l'information fait observer à Pierre Laval que, dans un grand nombre de mairies et de préfectures, le buste de Marianne continue de trôner à la place d'honneur, tandis que le portrait du Maréchal est relégué dans un coin, épinglé au mur, à titre provisoire. « Quel est votre sentiment à ce sujet, monsieur le Président ? » interroge l'ardent pétainiste. Réponse de Laval : « La photographie du Maréchal ou la francisque du nouvel État doivent remplacer partout le buste de Marianne[30]. » Plus le temps passe, plus la presse collaborationniste fourmille de rappels à l'ordre. Une lettre d'une lectrice de Deauville, publiée en juillet 1943 par *Révolution nationale*, signale qu'à la mairie, le portrait du Maréchal n'a été que posé contre le buste de la République qui se trouve ainsi masquée, c'est-à-dire invisible mais toujours présente. « N'est-ce pas là, s'inquiète cette bonne Française courroucée, l'admirable symbole de tous les gaullistes cachés et honteux qui font leur propagande en catimini[31] ? »

Au-delà de la revanche sur la « gueuse », si longtemps espérée dans les milieux monarchistes, soucieux de voir s'accomplir jusque dans les moindres détails toutes les promesses de la « divine surprise », l'affaire du buste est bel et bien, même si elle ne s'avoue pas comme telle, une tentative de coup d'État patriarcal, un simulacre de contre-révolution masculine d'autant plus flagrant que les autres symboles nationaux au genre indéterminé (le drapeau tricolore, *La Marseillaise*) ont été épargnés et que personne, à aucun moment, ne semble avoir songé à les remettre en cause. Remplacer la poitrine de Marianne par la moustache du Maréchal n'est évidemment pas un projet anodin. Opérer une telle substitution revient à consacrer symboliquement le changement de sexe de la figure allégorique de la France, à affirmer la nature essentiellement masculine du nouveau régime au détriment d'une représentation féminine que la nouvelle donne issue de la défaite et de l'Occupation fait apparaître comme inopportune, dévalorisante ou plus exactement dévirilisante. L'hebdomadaire catholique *Voix françaises* ne s'y trompe d'ailleurs pas, qui, au lendemain de la Saint-Philippe, le 2 mai 1941, se félicite d'une initiative à laquelle il donne tout son sens en quelques lignes : « Nous avons été émasculés, énervés, privés de tout ressort, car nous n'avions à aimer qu'un buste de plâtre aux yeux morts. » Pas plus que l'académicien Henry Bordeaux, infatigable thuriféraire du Maréchal, qui ne cache pas sa satisfaction de voir le buste de Pétain prendre la place de cette « femme anonyme et sans caractère » qu'était, selon lui, la Marianne républicaine.

Le bâton du Maréchal

Cette obsession d'une virilité régénérée, Pétain en est, en dépit de son âge, le symbole vivant, du moins la propagande maréchaliste s'efforce-t-elle, non sans succès, de le faire croire. L'originalité du culte pétainiste réside aussi dans les accessoires de ce culte, sa liturgie et ses rites qui, à des degrés divers, traduisent consciemment ou non l'idée fixe d'une virilité nouvelle, jaillissante, érectile. Sans exagérer la portée des symboles ni en faire, comme dans la scolastique freudienne, les révélateurs d'un appareil secret, on ne peut que s'interroger sur la récurrence des emblèmes phalliques dans le cérémonial maréchaliste[32]. Ainsi cette canne qui va et vient dans le champ de la caméra des Actualités cinématographiques de l'automne 1940, cette canne avec laquelle il soulève à l'horizontale la fillette de Ménétrel âgée de six ans, dans une scène immortalisée par une photo qui, par les bons soins du secrétariat à la propagande, fera le tour de la France. N'est-ce donc là, comme le pensent les bonnes âmes et les vrais patriotes, que la ramée de Clovis, le bâton de justice de saint Louis, la hampe de Jeanne d'Arc, la baguette de sourcier d'un vieux druide, voire la version démilitarisée de son bâton de maréchal ? Pour qui scrute attentivement les images, le doute n'est pas permis : le Maréchal se tient droit. En elle-même son allure annonce le programme du régime qu'il a fondé : redressement ! La canne dont il se sert dans tous ses déplacements est donc moins une aide à la marche qu'un objet de parade qu'il jette à chaque pas devant lui, le prolongement martial d'une virilité qui s'affiche dans son autorité et sa majesté retrouvées, l'attribut par excellence d'un *imperium* qui se veut cependant débonnaire ; un appendice du corps politique de Philippe Pétain.

Dès les premiers voyages en zone libre, la canne du Maréchal fait l'objet d'une attention particulière, d'une dévotion quasi fétichiste qui la place de façon surprenante au cœur des manifestations cultuelles. C'est à Lyon, en novembre 1940, que débute cette étrange célébration. Une délégation des métiers s'avance tels les rois mages vers les sept étoiles du berger Pétain, ils tiennent dans la main des cannes ornées de flots de rubans. Le plus âgé s'adresse au chef de l'État :

« Monsieur le Maréchal, trois jeunes gens qui aiment leur métier ont sculpté cette canne que je vous offre de leur part.

– Ah ! Je suis très touché, elle est très belle. Mais comme je ne suis pas assez infirme pour en avoir deux, je vous donne la mienne.

– Monsieur le Maréchal, répond le vieil homme, rouge d'émotion, vous nous comblez ! Et pour que ces trois jeunes gens soient tous heureux et fiers sans se jalouser, je fonde tout de suite devant vous le Comité de la canne du Maréchal et je décrète que chacun d'entre eux, à tour de rôle, l'aura pendant quatre mois[33]. »

Le scénario se répète à Toulon, quinze jours plus tard, lors de la visite du chef de l'État au Foyer du marin. Un sous-officier marinier, rapatrié d'Angleterre, offre une canne sculptée à l'« illustre visiteur » qui, en retour, lui fait cadeau de la sienne. Dès lors, le rituel est fixé et Pétain, à chaque déplacement, ne manquera plus d'y sacrifier, au même titre et avec la même solennité qu'il mettra à accomplir toutes les autres obligations de sa charge. Le plus curieux dans l'affaire est que personne ne cherchera à expliciter cette énigmatique allégorie ni à percer le secret du pèlerin et de sa parabole. Quelle sève est-elle censée jaillir de ce morceau de bois ? Quel talisman le vieux chef cherche-t-il à transmettre à ses sujets ? Droite, raide, ferme, la canne du Maréchal est le symbole de la France nouvelle : on est prié de s'en tenir à cette image-là. Sitôt connue par l'entremise de la presse et des actualités filmées, la cérémonie de l'offrande de la canne suscite une véritable ferveur populaire, un engouement primitif où affleure l'inconscient des Français. Des centaines de cannes en provenance de toutes les provinces et des camps de prisonniers parviennent à Vichy où certaines auront l'insigne honneur d'être suspendues au râtelier du Maréchal, nouvelle grotte de Lourdes d'un peuple en quête de miracles[34]. Suprême consécration du fétiche : la canne du Maréchal, un simple canne au manche recourbé, une « canne de paysan », est mise aux enchères au casino de Vichy en septembre 1941, à l'issue d'un gala au profit des prisonniers de guerre coloniaux auquel assiste le chef de l'État, entouré de son gouvernement au grand complet et du corps diplomatique. Jean Nohain, alias « Jaboune », le plus populaire des animateurs du Poste parisien, fait office de commissaire-priseur. Au terme d'une lutte serrée entre une Lyonnaise et le ministre plénipotentiaire du Mexique, c'est à la dame qu'échoit la précieuse baguette magique. Pour la somme de 148 000 francs, soit cent fois le salaire moyen mensuel de l'époque[35].

Indépassable est cependant, dans le même registre, la cérémonie du 8 novembre 1940. L'initiative en revient au professeur de philosophie Jacques Chevalier, le filleul du Maréchal promu secrétaire général à l'Instruction publique et que du Moulin de Labarthète décrira comme une sorte de « Templier », un « moine ligueur qu'animait une exaltation parfois troublante ». Né à Cérilly, dans le Bourbonnais, Chevalier est un homme de racines. Les siennes plongent dans la forêt de Tronçais qui borde son village natal et qui a donné au XVIIe siècle les bois du Louvre, des grands navires de la flotte française et plus tard les fûts destinés au vieillissement du cognac. Cette forêt, la plus grande chênaie de France, Chevalier lui a consacré un docte ouvrage de géographie humaine publié en 1913. Elle est pour lui l'inépuisable métaphore de tout ce à quoi il est viscéralement attaché : permanence, tradition, transmission, renaissance de l'énergie nationale. Sa philosophie politique et sociale est un surgeon de cette passion sylvestre. Ce jour-là donc, le ministre a convié Pétain et sa suite pour une manifestation au cours de laquelle un chêne doit être dédié au Maréchal. Comme il se doit, Chevalier a choisi le plus haut (42 mètres) mais non le plus ancien (il n'a que deux cent soixante-dix ans !) parmi les quelques spécimens qui dominent orgueilleusement la forêt. Intarissable, il en raconte l'histoire à son dédicataire avec force détails : l'arbre a été planté en 1669, quand le surintendant Colbert entreprit de reboiser la forêt et donna l'ordre d'« enfouir un gland dans tous les espaces vides ». Emporté par son lyrisme, l'enfant du pays poursuit : « Permettez-moi, monsieur le Maréchal, de vous présenter votre chêne. Il est toujours jeune et vivace comme vous. On viendra chaque année ici et on dira : "Cet arbre a été marqué par le maréchal Pétain qui a sauvé trois fois la France." Comment douter d'un pays qui a produit de tels arbres et de tels hommes ? » Pétain est enchanté. C'est une cérémonie comme il les aime. Sous les applaudissements, il marque de son sceau et de celui de l'État l'arbre presque trois fois centenaire tandis que retentissent les cors d'un équipage de vénerie. Visiblement ému, le Maréchal improvise quelques mots : « Je ne me figurais pas que cet arbre fût aussi vieux ; j'imaginais que son âge était voisin du mien. Je vois bien maintenant que jamais je ne le rattraperai. Mais à quoi bon faire des comparaisons ? » Il est alors interrompu par un bûcheron qui s'écrie : « Le Maréchal de France est aussi grand que le chêne. » Ravi de l'enchaînement qu'on lui offre, Pétain conclut : « Quoi qu'il en soit [...] si j'ai un vœu à former, c'est celui de pouvoir rester aussi droit que ce chêne pour pouvoir continuer à me consacrer au service du pays, et si je sentais le poids des ans venir me courber, je me redresserais à son image[36]. » Bientôt l'image fera poncif sous toutes les plumes serves : « Le Maréchal, droit comme un chêne », premiers copeaux d'une nouvelle langue de bois.

Rien de fortuit dans cette invraisemblable profusion des symboles, ni dans cette rigoureuse concordance des signes qui enchâssent l'icône Pétain. Dans la mythologie de la Révolution nationale, il est le patriarche protecteur mais toujours fécond, celui qui, en dépit de son grand âge, incarne la vitalité de la race française dont la « vieille graine peut encore germer », la force et la puissance constitutives de l'identité mâle de la nation, une « réaction très virilement humaine à une République féminisée, une République de femmes et d'invertis » dont les faiblesses coupables ont conduit à la défaite[37]. L'histoire de l'entre-deux-guerres est celle d'un chaînon manquant dans la glorieuse épopée de la virilité nationale. Au Maréchal incombe la tâche de restaurer cette vertu perdue, condition préalable de la « renaissance française », du rétablissement de l'autorité de l'État étroitement identifiée à la verticalité masculine. Guidé par une sensibilité à fleur de peau, l'académicien Abel Bonnard est l'un des premiers à expliciter cette interprétation sexuée des événements dans un article du *Cri du peuple.* « Il est satisfaisant, écrit-il, que celui qui nous représente ne s'appelle plus président mais Chef, c'est-à-dire qu'il ne soit plus un homme assis parmi les intrigues qu'il ne domine point, mais un homme debout devant une nation qu'il dirige [...]. On ne savait plus qu'il faut d'abord juger tout homme sur sa stature et sur son aplomb, celui qui se dresse maintenant devant nous est vrai dans toute sa personne [...] il domine un peuple qui s'achève en lui, il est notre chef parce qu'il est notre homme[38]. »

La bataille qui s'engage par discours et images interposés entre la France combattante de Londres et la « France nouvelle » de Vichy est littéralement un combat de coqs : c'est à qui ravira à l'autre, dans une surenchère incessante, les plumes chatoyantes de la virilité. Face à la « France qui se couche » dans une attitude de soumission féminine à l'occupant, la Résistance se pose d'emblée à travers la figure antithétique d'une France « debout », d'une « France qui se lève et qui se dresse » pour reprendre les armes et se battre. En marge de la rhétorique politique, un autre discours s'insinue par quoi l'opposition Pétain-de Gaulle n'est plus appréhendée comme le choc de deux visions opposées du destin national, mais comme un conflit de territoire entre deux mâles dominants. On va même jusqu'à comparer la virilité des deux chefs, comme en témoigne cette lettre anonyme adressée au docteur Ménétrel en décembre 1943 : « La jeunesse est représentée par le général de Gaulle, qui possède quatre membres souples et un... "raide"... La vieillesse est le tableau que représente de façon si vivante le maréchal Pétain, qui possède quatre membres raides et un... souple... On dit aussi que l'été, le Maréchal est matinal et qu'il se lève avec l'aurore ou un peu avant, c'est d'ailleurs certainement tout ce qu'il doit lever... car à son âge le contraire serait surprenant, mais si le docteur Ménétrel était un petit malin, il proposerait à ce maréchal de se faire pratiquer la petite opération de Voronoff, c'est alors que ce vieux bonhomme sympathique... b[anderait]... comme un moine espagnol et alors il épaterait la France et les Français et peut-être même serait capable de fabriquer un enfant à une de ces charmantes gamines qui peuplent les nombreux ministères[39]... » Preuve ultime de l'acuité de cet enjeu : à la Libération, le « chêne du Maréchal » en forêt de Tronçais fut « fusillé » par un peloton de FTP. On cribla de balles le tronc du vieil arbre comme pour rabattre sa superbe, mais sans aller jusqu'à mettre à bas ce mâle symbole. En revanche, l'Aiguille de Blaitière, dans le massif du Mont-Blanc, rebaptisée en 1941 « pic du Maréchal-Pétain », n'eut pas à connaître pareille mésaventure. Son altitude (3 507 mètres) la mettait à l'abri des vengeurs et de leurs outrages.

Le maréchalisme, une affaire de femmes ?

L'apparition massive des femmes dans l'espace public est, à n'en pas douter, le fait marquant de la période et constitue en lui-même un phénomène sans équivalent, du fait de l'implication de la population civile dans le déroulement du conflit. Emportées dans le tourbillon de l'exode, éprouvées par le choc de la défaite et pour nombre d'entre elles par la captivité d'un mari, d'un frère ou d'un fils, les femmes seraient-elles directement tombées dans l'entonnoir du maréchalisme ? L'épreuve du printemps tragique de 1940 les aurait-elle rendues particulièrement réceptives à la rhétorique pétainiste ? Incontestablement, la popularité de Pétain repose dans un premier temps sur sa capacité à répondre aux croyances, aux aspirations et aux attentes d'une large majorité de la population féminine. Jusqu'en 1942, année bissectrice qui marque le début de son déclin, le maréchalisme est une maison à entrées multiples. D'un côté, il profite du regain de piété religieuse né de la défaite et se développe en osmose avec cette spiritualité de la souffrance que l'Église de France, experte en pratiques mortifiantes, a placée au cœur de son apostolat. De l'autre, il se situe sur le terrain des affects, pratique le détournement des émotions, inspire des comportements où la sexualité chauffe la pensée, la fait grésiller dans l'arabesque imaginaire des fantasmes et se consumer dans un vocabulaire à double sens. Loin d'être dissociés, ces deux versants du maréchalisme forment un bloc où la ferveur religieuse est inséparable de l'hystérie des foules, où les grands rassemblements autour du vieux chef apparaissent comme le prolongement sous d'autres formes, à peine moins sacralisées, des innombrables pèlerinages qui sillonnent alors les routes de France. À l'image des crises mystiques, ce pétainisme élémentaire fonctionne au mélange : moitié spiritualité, moitié sexualité ; moitié sublimation, moitié pulsion. C'est cet élan ambigu, ce transport de femme amoureuse dans lequel le sentiment est guide et la sensation devient règle qui va porter nombre de Français au-devant, pour ne pas dire aux pieds, du Maréchal lors de ses déplacements en zone non occupée.

À peine installé au faîte de l'État et passant outre les avis de son entourage qui craint pour sa sécurité, Pétain décide d'une politique de voyages sans précédent dans l'histoire de la défunte République. Comme en 1917, lors des mutineries, il opte pour la méthode du contact direct qui lui a si bien réussi au cours de sa carrière militaire. Se posant comme l'incarnation de la nation et l'interlocuteur de chaque Français, il veut aller au peuple, se montrer près de celui-ci, y tremper sa légitimité et donner de la chair à son verbe. N'aime-t-il pas à répéter que « la vertu maîtresse, c'est la vertu de présence » ? Avec Pétain, si l'on s'en tient à la distinction théorisée par l'historien du droit Ernst Kantorowicz, c'est autant le corps physique du monarque que son corps politique qui se donne à voir au cours de ces pérégrinations à travers la zone libre. Dès sa première visite à Toulouse et à Montauban, les 5 et 6 novembre 1940, un wagon spécial a été affecté aux journalistes, radio-reporters, photographes et cameramen des actualités Pathé et Gaumont. Tous sont saisis tantôt par l'enthousiasme, tantôt par l'onde de recueillement qui parcourt les foules amassées sur le passage du Maréchal. Encore en rodage dans la cité des capitouls, l'ordonnancement des voyages apparaît fixé à partir de la visite à Lyon les 17-19 novembre, où cent cinquante mille personnes acclament Pétain et à Marseille, le 3 décembre. « Au retour de Lyon, note Maurice Martin du Gard, les inspecteurs qui avaient fait tous les voyages de Doumergue et de Lebrun pleuraient. Ils n'avaient jamais assisté à une chose pareille[40]. » L'année 1941 marque l'apogée de la tournée Pétain. Pas moins de quatorze voyages : à ce stade, il ne s'agit plus d'événements sporadiques, mais d'une stratégie concertée qui doit relier entre elles et autour de la personne du chef de l'État toutes les régions de la zone non occupée. Avec un sens de la formule qui fait image, René Benjamin, tout absorbé qu'il est par l'écriture au jour le jour des évangiles de son grand homme, n'en perçoit pas moins la nature de l'ascendant qu'exerce Pétain sur les foules venues l'acclamer : « Le Maréchal est viril et calme. L'opinion féminine est nerveuse. » À lire le très prolifique prix Goncourt 1915, qui pourrait douter que toute la France voit Pétain avec les yeux d'une femme amoureuse : « De sa voix prenante, où l'on perçoit le rythme de la vie et les battements du cœur, il [le Maréchal] continue […] : "On ne construit que dans l'amour et dans la joie." Alors, à ces mots merveilleux, c'est la détente, la délivrance, l'effusion ! La foule devient passionnée. Les bouches s'ouvrent, les mains se tendent, comme s'ils [*sic*] pouvaient atteindre cet homme si noble, qui vient de dire les plus belles choses. Car ce sont les plus belles. Ils ont entendu les plus beaux mots de la langue : joie, amour, se donner. Ah ! oui, malgré le désastre, c'est une fête ! La plus grande. Vive le semeur de bon grain[41] ! »

Sans concertation, sans mot d'ordre, parce qu'il est dans l'air du temps et que l'automatisme de l'écriture le commande, le fil de cette métaphore s'impose à tous. Pas un reportage, pas un papier dans la presse sans que la panoplie des mots et des images ne contribue à féminiser les réactions de la foule en présence de ce maréchal, « père, époux et semeur ». « Dans les rues de Toulouse, titre *La Dépêche du Midi*, le chef de l'État a été, partout, l'objet d'ovations chaleureuses de la part d'une foule *conquise.* » « Marseille *s'est donnée* au Maréchal », affirme à la une *Le Petit Provençal* qui, par ailleurs, se félicite : « La France a enfin un homme à aimer. » Quant à Roland Engerand, la relation qu'il fait dans *L'Illustration* de la visite de Pétain en Limousin évoque moins la fusion mystique que l'union charnelle : « Il [le Maréchal] va présider le repas champêtre, le gai pique-nique de quinze mille garçons et filles de France [...]. Ils l'écoutent, tout frémissants, dans toute l'approbation et le don de leur être... Émouvant repas où les bouches sont employées, plus qu'à manger, à exprimer les sursauts du cœur [...]. Partout en ce voyage, sous mille formes diverses, se répétera la déclaration d'amour de la jeunesse française à son chef bien-aimé [...]. Ce voyage, c'est le baiser de la jeunesse, c'est le baiser du Limousin au sauveur de notre patrie[42]. »

Assuré de son succès, ce « prophète de félicité » pourrait ne miser que sur sa seule présence qui « enflamme et ravit » tous ceux qui se pressent pour le voir et l'entendre. Il n'en est rien. Au gré des circonstances et de sa fantaisie, Pétain a recours à des procédés scénographiques qu'il invente dans l'instant avec plus ou moins de bonheur. Indice d'une sexualisation à la fois inconsciente et consciente de ses rapports avec les Français, la cérémonie du baiser au drapeau, figure métonymique de la foule qu'il étreint ainsi collectivement, est sans nul doute celle qui déchaîne le plus d'enthousiasme. La première en a été donnée à Toulouse, le 5 novembre, lorsque le vieux maréchal, las de répondre aux ovations, s'est emparé dans une inspiration subite de l'un des drapeaux qui ornait la façade de la préfecture, l'a pressé contre sa poitrine et l'a embrassé, provoquant en retour une nouvelle vague d'acclamations. Ravi de ce geste improvisé, il le répète, le lendemain, à Montauban. À Clermont-Ferrand, lors des cérémonies du 11 novembre, cette mise en scène a pris de l'ampleur et de la solennité. Le protocole a prévu que, ce jour-là, le Maréchal passerait en revue, à l'occasion d'une prise d'armes, un détachement du 92e régiment d'infanterie qui a reçu en garde le drapeau du 33e régiment dissous après l'armistice. Or ce drapeau, c'est celui du régiment dont le colonel Philippe Pétain exerçait le commandement à Arras en 1914 et avec lequel il débuta la Grande Guerre. Cette fois, le baiser au drapeau s'accompagne de longs préliminaires que rapporte un témoin emphatique et subjugué : « Le Maréchal, au garde-à-vous, salue la soie glorieuse, déchiquetée par la mitraille, de l'emblème de son régiment ; puis, droit comme un chêne, superbe d'élégance et de dignité, il s'avance, le regarde longuement, avec une sorte de passion contenue : lentement, il avance le bras, en caresse la soie, la portant à ses lèvres, il l'effleure, en renouvelant le serment qu'il fit au pays, à l'heure du désastre, du don de sa personne, pour en atténuer le malheur[43]. »

Prêter aux foules rassemblées autour de Pétain des réactions et des attitudes féminines est un procédé d'autant plus tentant que ces foules sont en majorité composées de femmes. Pour s'en convaincre, il suffit de regarder les actualités cinématographiques de l'époque : leur présence colonise et colorise les premiers plans. En zone Sud, elles forment incontestablement les gros bataillons du maréchalisme, apportant au chef de l'État français le soutien d'un attachement aussi inconditionnel que démonstratif. L'abondant courrier qui afflue, chaque matin, au cabinet du Maréchal émane dans les trois quarts des cas de correspondantes pour qui le nom de Pétain est devenu synonyme de protection et de recours, d'espérance et de salut, de secours aussi, tant sont nombreuses les demandes d'aides matérielles de la part de femmes de prisonniers, de veuves et de filles mères. Étrange engouement que celui que suscite cet octogénaire et que ne peuvent expliquer à eux seuls le désarroi, la détresse, la solitude affective dans laquelle se trouve plongée une grande partie de la population féminine. Certes, sur les écrans d'avant-guerre, le triomphe des hommes mûrs semblait annoncer un retour du patriarcat. Le quinquagénaire Sacha Guitry séduisait de très jeunes femmes, damant le pion à des rivaux plus fringants. Harry Baur, Jules Berry, Erich von Stroheim, Charles Vanel dansaient autour de femmes-enfants le ballet d'un désir inavoué parce que pas toujours avouable. Mais c'est avec la débâcle de juin 1940 que se produit un véritable renversement dans l'échelle des valeurs masculines. L'issue calamiteuse de la campagne de France, la débandade des classes d'âge mobilisées en 1939, l'incroyable docilité avec laquelle des centaines de milliers d'hommes jeunes ont pris le chemin de la captivité restaurent, d'un seul coup, la suprématie des pères vieillis sur les fils présomptueux. La génération précédente n'avait-elle pas gagné la guerre, alors que celle qui suivait n'avait su que la perdre et de quelle humiliante manière ? Dans ce contexte, le patriarche Pétain ne peut que rafler la mise. Prestige, autorité, rayonnement font retour à l'ancêtre.

À lire la presse, le point de vue féminin au contact du vieux maréchal se partage entre deux exclamations : « Mon Dieu, qu'il est beau ! » et « Je l'ai vu ! ». L'impression est si vive que chacune croit, de bonne foi, avoir été en présence d'une apparition quasi surnaturelle. C'est ce phénomène qu'observe la correspondante d'une agence de presse suisse, Wanda Wulliez, à la sortie de l'hôtel du Parc : « À côté de moi, rien que des égosillés. Une femme, les yeux extasiés, en plein paroxysme, cherchait ses mots pour définir l'apparition : "Il est ineffable", a-t-elle susurré. On n'avait plus envie de rire. C'était un culte et elle avait la foi[44]. » En politique, le phénomène n'a pas de précédent, exception faite du général Boulanger dont la prestance avait fait chavirer bien des cœurs de grisettes à la fin du siècle précédent. Mais l'élan des cœurs et des corps que suscite le chef de l'État français est d'une tout autre ampleur. Transfert d'un fond mystique vers le vieux chef perçu comme l'héritier des rois thaumaturges ? Frénésie née d'une frustration sexuelle ? Pour les plumitifs qui rapportent pieusement les invraisemblables débordements auxquels donnent lieu les visites de Pétain, la question ne se pose pas. Avec le recul, en revanche, la pâmoison saute aux yeux et toutes sortes de pathologies qui en disent long sur l'état de choc, l'ébranlement des organismes provoqués par la défaite. En cet automne 1940, la France compte quelques millions de bacchantes, sans compter celles du Maréchal. Effarant tableau clinique. Partout, sur son passage, ce ne sont que femmes en pleurs qui tordent leur mouchoir, mordent leur poing, se précipitent qui pour baiser la main du chef vénéré, qui pour embrasser le pan de son manteau, comme cette jeune Grenobloise dont le père, officier, a été tué pendant la campagne de France et qui, au passage du chef de l'État, glisse à terre, s'agenouille, éclate en sanglots avant de poser ses lèvres sur la sainte relique. Au sortir de sa visite à l'hôpital Montalivet de Marseille, les infirmières n'expriment qu'un regret : « C'est à genoux qu'il aurait fallu l'accueillir. » Au comble de l'exaltation également, ces femmes qui tendent leur enfant en direction du Maréchal, ces volontaires des sections féminines de la Croix-Rouge, ces bénévoles du Secours national, ces conductrices des Amitiés africaines dont les « yeux brillants » regardent « avidement » l'illustre visiteur, ou encore cette ouvrière de l'usine Ciba, à Lyon, qui, après avoir touché son idole, tombe en syncope. Aucune cependant ne surpasse dans l'aveu la jeune Arlésienne chargée de réciter le traditionnel compliment lors de la visite de Pétain dans la ville, le 3 décembre 1940. Vêtue du costume local, long châle et bonnet à rubans de soie, elle s'acquitte de sa mission avec une conviction émouvante : « Au Chant XI de *Mireille*, ânonne-t-elle, Mistral, parlant de la France, a dit : "Tu es la Forte." Et il a dit, parlant de la Provence : "Tu es la Belle." La Belle vous assure aujourd'hui, monsieur le Maréchal, de son amour pour votre personne, et que, de toute son âme, elle est française. » À peine a-t-elle eu le temps de savourer l'effet produit par ces fortes paroles que les « Cigalou Arlaten » entament un couplet du *Coupo santo*. À la fin du morceau, un tambourinaire, débordant d'« estrambord », la furie provençale, s'avance vers le chef de l'État pour lui demander de signer son tambour. Celui-ci s'exécute et embrasse le jeune homme. Au grand dam de la belle Arlésienne qui n'aura pas droit au baiser et lâchera dans un soupir : « Si ç'avait été moi… je ne me serais plus jamais lavé les lèvres de ma vie ! » A-t-elle eu la consolation de faire partie de la délégation des jeunes filles qui offrit un saucisson au Maréchal avant son départ ? L'histoire ne le dit pas.

Ce que ses laudateurs ne veulent pas voir n'échappe pas en revanche à l'œil acéré de Pétain lui-même, qui ne dissimule pas le plaisir que lui procure la transe de ses admiratrices. Étrennant ses galons de ministre de l'Agriculture, Jacques Le Roy-Ladurie a eu le privilège d'être placé dans la voiture du Maréchal, le 7 juillet 1942, lors de son déplacement à Tulle. De ce poste d'observation stratégique, le nouveau ministre découvre un autre aspect de la personnalité du chef de l'État, très éloigné de la représentation qu'en donnent les fabricants d'images pieuses. Alors que le ministre l'avertit de la présence de l'évêque, mitre en tête et crosse à la main, le Maréchal lui rétorque : « Inutile ! Tous les curés sont pour moi », avant de se tourner ostensiblement de l'autre côté de la place. « Un peu plus loin, raconte Le Roy-Ladurie, un groupe de femmes semblent près de défaillir, et le Maréchal les croit au bord de l'extase. Il fait beau et chacune a revêtu sa toilette la plus légère. Il flotte comme un air de délire qui fait crier, s'agiter les bras en tous sens. Le Maréchal, cette fois, n'a rien perdu de la scène : "Mon petit Jacques, me lance-t-il, jamais les femmes se sont si bien données qu'aujourd'hui !" Et tout en leur adressant deux ou trois saluts galants, il poursuit, de plus en plus émoustillé : "Ne t'en fais pas ! Ce n'est pas du corps à corps[45]." » Sans doute les femmes seront-elles de moins en moins nombreuses à « se donner » à mesure qu'iront en s'accroissant les difficultés de ravitaillement et que les événements flétriront le mythe du patriarche protecteur, mais jusqu'aux dernières heures du régime subsistera, en dépit des déceptions et des souffrances, quelque chose de cette ferveur originelle autour de la personne du vieux maréchal à la canne ; l'écume d'une épiphanie dans le sillage du porteur de képi à la triple rangée d'or, orné de feuilles de chêne.

Au reste, il n'y a pas que la personnalité du chef de l'État français pour brouiller le message de « redressement moral » que le nouveau régime s'emploie à délivrer au pays. La grande réussite de la propagande vichyste est de faire croire à des apparences qui ne coïncident que très partiellement avec une réalité plus contrastée et souvent plus ambiguë. En fait, l'édifice de l'ordre moral ne fait illusion que grâce à une façade sans cesse ravalée par la radicalité des discours et par l'affirmation mille fois réitérée de principes d'autant plus exigeants que nombre d'acteurs et de thuriféraires du nouveau pouvoir sont, pour leur compte, bien décidés à ne pas suivre. La rupture introduite dans ce domaine par la Révolution nationale sera toujours davantage affaire de sémiologie et de lexicologie que d'exemplarité individuelle.

Vichy, capitale du vertuisme ?

« Je suis la femme de l'affiche "Travail, Famille, Patrie", quoique danoise et gouine impénitente ! Mais le mari, c'est une tante, et notoire, et le gosse, un môme prêté par l'Assistance publique[46]. » Il ne faut pas trop la pousser, Guita Karen, poitrine pompeuse et croupe majuscule, pour qu'elle décline à qui veut l'entendre le pedigree des modèles qui ont posé à ses côtés pour l'une des affiches que le nouveau régime a fait placarder dans les usines et dans les ateliers de la zone Sud au seuil de l'année 1941. Que les tenants du vertuisme aient pu la choisir afin d'incarner l'un des symboles du triptyque régénérateur de la Révolution nationale est pour cette jeune comédienne aux formes sculpturales et aux penchants saphiques une source inépuisable d'hilarité. Sur le plateau de *Croisières sidérales*, le film d'anticipation que tourne le réalisateur André Zwoboda, où elle tient le rôle de la Vénusienne accueillant les Terriens sur sa planète, la belle Guita n'en finit pas d'exciper de ses récents états de service dans la croisade pour une France régénérée. Ce mauvais esprit souligné d'œillades intempestives a le don d'agacer Madeleine Sologne et Jean Marchat, les vedettes de la distribution, mais trouve une oreille complaisante auprès d'Henri Mahé, alias « Riton la barbouille », l'artiste peintre en charge des décors du film, réputé jusque-là pour les fresques intimistes dont il a orné le cabaret Tabarin comme le « 31 », Cité d'Antin, ainsi que bien d'autres lieux de la galanterie parisienne où le client aime à « baiser comme chez soi ».

Confier à une actrice lesbienne, étrangère de surcroît, encadrée par un homosexuel et un enfant abandonné par ses géniteurs le soin de figurer les piliers du nouvel ordre moral n'est assurément qu'une désastreuse erreur de casting à mettre sur le compte de l'improvisation cafouilleuse qui caractérise les premiers mois de l'État français. Incidemment, pourtant, ce « lapsus communicationnel » fait apparaître le décalage entre les intentions du régime, son projet d'ordre moral et la réalité qui rétablit les êtres et les situations dans leurs prérogatives essentielles : imprévisibles et contradictoires, ambivalents et paradoxaux. De même qu'il laisse entrevoir du premier Vichy autre chose que ce monolithe pudibond peuplé de bonnes sœurs, d'abbés de cour, de douairières à bonnes œuvres, de duègnes confites en dévotion, de scouts prolongés, de cheftaines à scapulaires, de ganaches en culottes de peau, de demi-soldes hâbleurs, d'adjudants ayant avalé le drapeau jusqu'à la hampe. Autre chose que ce continent de continence aspergé par le goupillon et défendu par un sabre de bois.

D'emblée, le nouveau régime s'est placé rhétoriquement sous le signe de la vertu, colonne portante de la « France nouvelle ». Il a désigné l'ennemi : l'« esprit de jouissance », cause première de la défaite, maillon fatal d'une chaîne qui relie les « relâchements individuels » à l'effondrement collectif du printemps 1940. Il a identifié les forces corruptrices du corps social : le divorce et l'« onanisme conjugal », la coquetterie et le flirt, le cinéma et les lectures dégradantes, les dancings et le débraillé vestimentaire, le bistrot et l'alcoolisme. Enfin, il a débusqué le mal dans son plus simple appareil : n'avoir que l'obsession de soi et s'abandonner à la vie facile. Après les débordements du Front populaire (tandems, camping et batifolages), voici que les Français sont invités à se plier, *gementes et flentes*, à l'hygiène collective du repentir et de l'expiation, à rabattre sur leur tête le capuchon des pénitents, à partager le dolorisme exalté que leur prêchent sur tous les tons ceux que Paul Morand appelle les « ordres hospitaliers de la mortification ». Cependant, les premiers signaux qui émanent de l'État français ne sont pas dépourvus d'équivoque. Car outre Philippe Pétain, le personnel du nouveau régime n'apparaît pas toujours comme le mieux qualifié pour exalter les vertus régénératrices de la famille et les bienfaits de la fidélité conjugale. Le premier gouvernement compte deux illustres bâtards en la personne de Paul Baudouin, au poste de ministre des Affaires étrangères, et, surtout, du général Maxime Weygand, dernier commandant en chef des armées en mai 1940, promu le 16 juin au poste de ministre de la Défense. Nommé ministre de la Famille dans le cabinet du 16 juin 1940, Jean Ybarnegaray, un ancien député du Parti social français du colonel de La Rocque, s'est rendu célèbre dans la région de Bayonne en refusant obstinément de reconnaître la paternité d'un enfant conçu hors des liens du mariage. Pour un État qui s'est fixé d'entrée, comme objectif, de revaloriser l'institution familiale, le paradoxe n'est pas mince. Les premiers opposants à Vichy ont beau jeu de dauber sur « l'immoralité » profonde de quelques-uns des hommes du nouveau pouvoir[47].

Mais pour l'heure, ceux qui donnent le ton, ceux qui jettent les bases idéologiques de l'État français sont personnellement à l'abri de ce genre de grief. Dans l'entourage du Maréchal, des hommes comme le général Émile Laure, un ancien élève des jésuites devenu secrétaire général du nouveau chef de l'État, et l'amiral Jean Fernet s'activent dès les premiers jours à faire souffler le thème de la régénération morale dont les autorités du même nom avaient déjà usé et abusé lors de la Grande Guerre. Une fois de plus, il s'agit de purifier la France de ses ennemis intérieurs, de la libérer de ces trois grands fléaux que sont l'alcoolisme, la syphilis et la pornographie, pointés comme les principaux facteurs de corruption et de décadence. Mais par où commencer ? Dans cette ville qui compte désormais la plus grande concentration d'amiraux jamais vue dans les eaux du pouvoir, il n'est pas indifférent que la première bataille symbolique se déroule autour d'une piscine. Cette tempête dans un bassin donne l'échelle d'un État miniature en même temps que la mesure des préoccupations qui échauffent les esprits au moment où le nouveau gouvernement doit affronter toutes sortes de difficultés pour se donner un semblant d'existence. Inaugurée au début de l'année 1940, la piscine du Sporting à Vichy ne suscite pas que l'engouement des sportifs. Avec l'été, les ébats nautiques des jeunes filles, jambes et épaules dénudées, attirent une foule de plus en plus importante de badauds visiblement plus séduits par la plastique des naïades que par leurs aptitudes à la compétition. Un tel spectacle ne peut que heurter la pruderie d'un Weygand qui s'indigne qu'on puisse tolérer pareille indécence quand les malheurs de la patrie exigeraient dignité et recueillement. Il obtiendra gain de cause. La fréquentation de la piscine sera réservée aux seuls usagers et le port du peignoir rendu obligatoire.

À peine nommé au poste de ministre de la Famille et de la Jeunesse, Jean Ybarnegaray a fait publier un communiqué appelant les « associations et groupements s'intéressant à la défense de la moralité publique » à se faire connaître auprès du ministère. Au quatrième étage de l'hôtel des Célestins qu'occupe la direction de la Famille, les lettres affluent, la plupart assorties d'offres de service. Dans chaque département de la zone libre, des enquêteurs sont missionnés pour mener sur le terrain la guerre aux « grands fléaux sociaux ». Leurs efforts seront bientôt relayés par les directeurs régionaux de la famille et de la santé (DRF), mis en place à partir du 18 septembre 1940. Amorçant une pléthorique production législative, les premiers textes de l'État français ont pour objet de renforcer l'arsenal répressif au service de cette entreprise de relèvement de la moralité publique. Un des premiers textes promulgués, la loi du 20 juillet 1940, redéfinit la notion de proxénète. À la vérité, le projet qui consistait à résoudre les difficultés probatoires que rencontrait la police pour établir la « circonstance d'habitude » et l'origine frauduleuse du revenu des souteneurs était déjà dans les cartons de la IIIe République[48]. Détail auquel ne s'arrête pas la presse, momentanément résolue à ne voir que les signes de rupture et au besoin à les sur-interpréter. « Toute une corporation qui étalait au grand jour et aux lumières des bars sa paresse et sa fortune pourra enfin être traquée[49] », se félicite un peu prématurément Merry Bromberger dans *Paris-Soir*.

Simultanément est lancée une grande campagne antialcoolique qui fait vaciller la « France de l'apéro ». Alarmé par la lecture du rapport du docteur Jean Delay insistant sur le rôle de l'alcoolisme dans la défaillance des soldats français lors de l'offensive allemande, le législateur, écartant toute demi-mesure, cède à l'ivresse du tout-répressif. La loi du 23 août 1940, rédigée dans la hâte et sans réflexion préalable, en porte la trace. Elle interdit la fabrication et la mise en vente des boissons apéritives titrant 16° d'alcool et plus. La consommation dans les établissements publics de vin et de boissons de distillation n'est plus autorisée que trois jours par semaine : mardi, jeudi et samedi. Toute vente d'alcool est prohibée pour les mineurs de moins de vingt ans, de même qu'est interdite toute forme de publicité en faveur des apéritifs. Enfin, la fiscalité frappant les boissons alcoolisées est fortement augmentée. À Vichy même, les inspecteurs de police vont faire montre d'un zèle proche de l'acharnement pour faire respecter la nouvelle loi. Exemplarité oblige : Chez Ricoux, l'une des tables préférées de Pierre Laval sur les rives de l'Allier, est frappé d'une contravention pour fermeture tardive. À l'hôtel des Ambassadeurs, seul bar à posséder une licence nocturne, les représentants des légations étrangères sont également tenus de respecter les jours sans alcool. Si l'eau pétillante de Châteldon ne les tente pas, ils peuvent toujours s'abîmer dans la contemplation morose des bouteilles de cognac et de rhum remplies de liquide coloré que le barman a artistiquement disposées sur les étagères. Par un arrêté du 9 juillet 1941, le préfet de l'Allier ira jusqu'à interdire la vente du vin et de la bière au comptoir, mais le tollé que provoquera cette mesure l'obligera à la rapporter partiellement le 26 du même mois. De la part du premier Vichy puritain et rigoriste, c'est là un aveu d'impuissance. Il est vrai qu'entre-temps, la mise en œuvre de la loi antialcoolique du 23 août 1940 s'est soldée par un échec. Même défaits et mortifiés, les Français rechignent à se mettre à l'eau, fût-elle de Vichy.

Hôtels du libre-échange

À la vérité, Vichy l'austère, ce « phalanstère dans une cuvette », comme l'imagine Henri du Moulin de Labarthète, n'est qu'un trompe-l'œil, un fragile décor de pièces montées, à l'image de ses façades de stuc et de plâtre derrière quoi s'agite et vibrionne une « Babylone moderne », ainsi que le suggère dans un reportage en date du 18 juillet le correspondant du *Petit Niçois*. En dépit du drame qui vient de fondre sur le pays, la saison d'ouverture de la station thermale reconvertie en campement d'un gouvernement de casino n'a rien à envier aux fastes de la Belle Époque tels qu'a pu les décrire Valery Larbaud, un Vichyssois de pure souche héritier des sources Saint-Yorre. À quelques notables exceptions près, c'est le monde et le demi-monde de Bordeaux brassés dans une foule bavarde, papillonnante, indiscrète de faux curistes et de vrais courtisans qu'on retrouve au cours de l'été 1940. La rupture qui s'est imposée au sommet est loin de s'être installée dans toutes les têtes. Nommé rédacteur à la radio nationale où il restera à peine trois mois en poste, Lucien Rebatet est scandalisé par le spectacle qui s'offre à ses yeux. « Les ridicules, les insanités, les effarants anachronismes » qu'il découvre dans la capitale de l'État français insultent ses convictions de « révolutionnaire européen ». Au bout de quelques jours, il s'est fait une religion. Au mieux, ce sera le royaume de Bourges, alors qu'il rêve à l'Empire de Charlemagne. Au pis, un succédané de la IIIe République passé au badigeon des vieilles lubies réactionnaires. Comme à son habitude, il manie goulûment les verges : « Vichy bourdonnait comme un Deauville des plus heureux jours. De la gare à l'Allier, c'était un flot de robes pimpantes, de négligés savamment balnéaires, de vestons des grands tailleurs, Hollywood, Juan-les-Pins, les Champs-Élysées, tout Auteuil, tout Passy, toutes les grandes "premières" de Bernstein et de Jean Cocteau, la haute couture, la banque, la Comédie-Française, le cinéma avec les grues les plus huppées du boulevard de la Madeleine, juchées sur leurs talons Louis XV et sur une superbe dont elles ne descendaient plus à moins de mille francs[50]. » Mais ce qui porte son exaspération au paroxysme, c'est le télescopage entre le projet et la pratique, entre les intentions proclamées et l'impuissance à faire changer les choses, et au final, ce qu'il perçoit comme étant un mélange méphitique de bondieuseries et de caleçonnades. Trop de mondains et trop de curés. Trop de gotha et trop de Golgotha. L'austérité du nouveau régime n'est que matière à discours. Ni plus ni moins qu'« au temps où Paul Reynaud nous la prêchait entre une partie carrée chez Mme de Portes et une spéculation à Wall Street[51] ». C'est dit : Vichy ne sera pas le centre d'impulsion de cette révolution national-socialiste à laquelle rêvent les fascistes français. Tout juste une cité des menus plaisirs noyée dans les brouillards et hantée par la nostalgie d'un glorieux début de siècle dont elle ne conserve plus que le charme suranné des volutes rococo et des frises aux savantes arabesques.

Outre la présence massive des prêtres et des militaires – « on aurait pu croire que tous les séminaires de France avaient dégorgé sur Vichy, avec les écoles militaires », note Roger Peyrefitte –, c'est le très grand nombre de jeunes femmes et de jeunes filles, les unes ayant suivi leur administration, les autres provisoirement libres de tout engagement, qui frappe tous les observateurs et donne à la ville le primesaut d'une fête printanière. Au cœur du Vichy thermal, l'allée du parc des Sources qui mène au casino et à La Restauration, vaste brasserie-jardin dotée d'un cinéma en plein air, la rue du Président-Wilson si bien achalandée qu'on dirait un coin de boulevard parisien, la rue du Parc qui regroupe la plupart des grands hôtels transformés en ministères forment le périmètre des élégances où évoluent les tailleurs de Lucien Lelong et les escarpins de Perugia. Ce sont les mêmes que l'on retrouve dans des tenues moins guindées au Club-House, devisant entre une partie de tennis et les préparatifs de leur sortie vespérale. Plus sobre mais partageant le même territoire, la fine fleur féminine de l'administration vichyssoise, de la sous-chef de bureau à la chef du secrétariat particulier, se sent monter en graine par le jeu des promotions accélérées dont le nouveau régime, en manque de bons serviteurs, sait se montrer prodigue. Sous le titre « Jeunes, gaies, sportives, elles ont à Vichy des responsabilités d'homme », *Marie-Claire* leur consacre un long reportage dont les lectrices retiendront surtout qu'on peut à la fois remplir ses fonctions avec zèle et ne rien négliger de ce qui fait l'attrait de la jeunesse[52]. Enfin, dans les pensions et les meublés de Vichy ville, du côté du marché et de la gare, loge le *poppolo minuto* des dactylographes, des employées de bureau et des femmes de chambre.

Que faire une fois passé l'agitation des premiers jours, lorsque s'éteignent les derniers feux de la saison estivale, lorsque la ville reprend son visage compassé et maussade et que le provisoire est appelé à durer ? Dans un univers de pénurie, les plaisirs de la chair ne sont-ils pas les seuls à n'être pas rationnés ? Dans un quotidien où tout n'est bientôt plus qu'ersatz, un corps de femme ne reste-t-il pas le seul bien authentique, la seule libéralité gracieuse consentie par les temps ? Pour tromper l'ennui, pour se revancher de la misère présente, des rations ascétiques et des portions congrues, d'une défaite humiliante et d'une patrie mutilée, Vichy fornique, Vichy devient la ville des « secrétaires-maîtresses » et des barbons aux sabots fourchus, tous indifférents aux encycliques de vertu aussi longues et répétitives que les jours sans pain, sans tabac et sans alcool. L'amour y est un dérivatif et un dédommagement. En pratique, c'est souvent la rencontre d'un besoin et d'une occurrence, d'une nécessité et d'un désarroi, d'un désœuvrement et d'une ambition. Facétieuse balistique que décrit un témoin de l'époque : « À certains quinquas ou sexagénaires résignés à une vie qui sent déjà la retraite, Vichy offre une chance inespérée et des demoiselles toutes neuves [...]. Ce bain de jouvence au pays des sources offre d'autant plus d'intérêt pour les sous-directeurs et chefs de bureau que le gibier féminin se livre sans trop de difficultés à ces chasseurs grisonnants et souvent timides. Vichy grouille de fillettes aux jupes plissées qui, fraîchement débarquées de Belleville ou de Clermont-Ferrand, de Bellerive ou de Toulouse, ne demandent qu'à faire dans l'administration une carrière agréable et rapide. La rencontre de ces hommes mûrs en veine d'aventures et de ces fausses vierges libérées de l'autorité familiale fait de Vichy 40-41 une sorte de Maxim's 1900 plein de candeur et de mauvaises pensées[53]. » Pour un Jean Giraudoux rongé par son expérience malheureuse à la tête du Commissariat à l'information durant la drôle de guerre, la tentation est fille de l'amertume et du désœuvrement. Près de trente ans de vie commune avec Suzanne Boland pèsent soudain sur les épaules de ce quasi-sexagénaire autant que les mauvais souvenirs de son passage à l'hôtel Continental. Des scènes de ménage à répétition déchirent ce vieux couple qui a trouvé refuge dans un modeste garni vichyssois. Paul Morand a été le témoin de l'un de ces esclandres : « Suzanne reprochait à Jean sa maîtresse, la jolie Mme X. “Elle te trompe ! Elle suce la Y. !” cria-t-elle au-dessus de la cage d'escalier, tandis qu'il descendait avec moi[54]. »

Avec ses cent soixante chambres à double porte, ses interminables couloirs recouverts de toiles de Jouy roses ou bleues, l'hôtel du Parc qui abrite Pétain, Laval, le ministère des Affaires étrangères, le secrétariat général du gouvernement, le secrétariat à l'information et leurs collaborateurs respectifs est à peine moins agité. L'endroit tient à la fois du centre névralgique et de la volière. Par ses installations, le plus chic et le plus confortable des palaces vichyssois témoigne des préoccupations de la riche clientèle qui le fréquente depuis le début du siècle. Chaque chambre communique par le fond du placard avec la chambre voisine. Emprunté au théâtre de boulevard, ce dispositif a permis de dénouer tant de situations scabreuses, de sauver la mise à tant d'époux ou d'épouses infidèles que la direction a veillé à ce que, malgré le nouveau code moral, l'adultère conserve cette issue de secours entre une pile de caleçons et une rangée de mouchoirs. En outre, les installations sanitaires individuelles y sont de premier ordre et l'eau chaude continue de couler quand elle est coupée partout ailleurs. On ne s'étonnera pas dans ces conditions que l'endroit soit le centre des intrigues amoureuses, des approches à la consommation. « C'est le building de Cythère et d'ictères », observe du Moulin de Labarthète à propos de ce temple de la capitale hépatique reconverti en asile gouvernemental. Entre initiés, les conversations portent autant sur les affaires de l'État que sur l'état des affaires, euphémisation délicate de la chronique scandaleuse de l'hôtel du Parc et des alentours. On remarque que beaucoup de demoiselles cohabitent à tous les étages avec beaucoup d'hommes seuls. On se demande à quel titre exact une certaine Mme Roussy, qui se présente comme la « femme du recteur de la Sorbonne », occupe la chambre 235. On cherche à démêler les fils des adultères à la parisienne qui se nouent et se dénouent dans les allées ou dans les restaurants des bords de l'Allier.

Au gouvernement, quelques-uns des mousquetaires du nouveau régime se sont fait une réputation de fine lame. Jean-Louis Tixier-Vignancour est de ceux-là et il ne s'en cache pas. Ce jeune avocat de trente-trois ans, député des Basses-Pyrénées depuis 1936, ami de Jacques Doriot et représentant officieux du Parti populaire français (PPF) à Vichy, occupe le poste de secrétaire général adjoint à l'information d'où il a la haute main sur le cinéma et la radio de l'État français. Lorsque son ancien confrère du barreau parisien, André Weil-Curiel, passé dès le 19 juin à la « dissidence gaulliste », évoque dans ses Mémoires la figure de Tixier, ce n'est pas pour stigmatiser ses accointances avec les milieux collaborationnistes parisiens, mais pour pointer l'irrégularité de ses mœurs au regard des conventions de l'époque. Il le décrit comme le type même de la « brute sportive, douée d'une verve de commis voyageur méridional », exubérant en paroles, en gestes, en amour, d'un tempérament tellement excessif qu'il soupçonne chez lui « quelque dérèglement des glandes ». Le couple qu'il forme avec Janine Auriol en exaspère plus d'un, autant par sa superbe que par son excentricité. Dès son arrivée, la femme de l'avocat béarnais s'est aliéné les bonnes grâces de la petite société vichyssoise. Elle a ressorti ses shorts de toile aux couleurs vives, les uns plats, les autres à plis, son ensemble jaquette et pantalon bleu marine qu'elle avait étrenné en juillet 1939 sur la plage de Porquerolles. S'agissant de la femme d'un ministre, ces audaces vestimentaires signalent une désinvolture coupable qui ne fait guère sourire que le Maréchal. Il y a plus grave : les Tixier-Vignancour donnent de brillantes et bruyantes réceptions dans leur chambre de l'hôtel du Parc, dont leurs voisins de palier Léon Brilloin, le sous-secrétaire d'État à la Radiodiffusion nationale, et sa femme Stépha se plaignent régulièrement en haut lieu. Sans qu'on sache très bien de quoi se nourrit leur dépit : du caractère festif et incongru de ces libations nocturnes ou du fait de n'y être point invités. Une nuit, le général Laure trouve Tixier complètement nu dans les couloirs de l'hôtel du Parc. Il est ivre et crie à tue-tête : « Ma femme me fait cocu, ma femme me fait cocu[55] ! » S'il parvient à se maintenir après cet éclat, traverse sans dommages la crise du 13 décembre 1940 et la destitution de Laval, bénéficiant même au passage d'une promotion avec le titre de secrétaire général, il est finalement relevé de ses fonctions le 21 janvier 1941 à la suite d'un autre scandale du même ordre à propos duquel l'on ne sait trop ce qui est sanctionné, de son intempérance sexuelle ou de son manque de discrétion.

Pour être plus feutrée, l'activité de l'hôtel des Ambassadeurs, affecté aux représentants du corps diplomatique, ne cède rien à celle de l'hôtel du Parc sur le chapitre du libre-échange sexuel. On s'y reçoit entre habitués pour les réceptions officielles, mais aussi pour des soirées plus intimes dont les échos font une heureuse diversion à la morosité ambiante. C'est ainsi que le microcosme vichyssois va se divertir de la rivalité amoureuse qui oppose l'ambassadeur de Turquie Behic Erkin à l'ambassadeur du Japon pour la conquête d'une jeune Française, objet de leur commune convoitise. Le premier finira par l'emporter en recrutant la demoiselle en qualité de dactylo au service de sa légation. Parfait homme du monde, le ministre de Roumanie, Dinn Hiott, est le vivant portrait de son ex-souverain, le roi Carol II. Il régale le Tout-Vichy en cigarettes, caviar, alcools, et pour couronner le tout, il ne cesse d'additionner les succès féminins. Parfois, le mariage prolonge bourgeoisement des rencontres nouées sous l'empire des sens. En parcourant le carnet mondain de *La Semaine à Vichy* ou du *Progrès de l'Allier*, on découvre que l'ambassadeur de Suède Hedegreen et son collaborateur Stromberg ont trouvé l'âme sœur parmi les plus distinguées des représentantes de la « colonie parisienne ». Ou que l'attaché à la légation cubaine a contracté mariage en puisant dans les ressources locales. Point d'orgue de ce singulier ballet diplomatique, la cérémonie qui unit l'ambassadeur de la République Dominicaine, le séduisant Porfirio Rubirosa, à l'actrice de cinéma Danielle Darrieux s'élève à la hauteur d'un événement parisien[56].

S'il est de chastes censeurs pour s'indigner de ces débordements, ce n'est pas seulement dans les allées du pouvoir qu'ils se recrutent. Un matin, Robert Gillet, fonctionnaire au service du cinéma, arrive en retard à son bureau, les yeux bouffis de sommeil. À sa collègue Suzanne Borel ralliée secrètement à la Résistance, il explique : « J'ai dansé jusqu'à six heures du matin chez les Roumains. – Vous avez dansé. Vous n'avez pas honte ? Vous partiriez ce soir pour le front, je comprendrais que vous ayez dansé toute la nuit : les officiers anglais sont allés au bal la veille de Waterloo. Mais vous êtes dans un pays vaincu, qui croupit dans la défaite et vous dansez. C'est indigne[57]. » Tout accaparée par ses activités officielles ou clandestines, la jeune diplomate a-t-elle jamais pris le temps de parcourir le « petit royaume du Maréchal » ? L'aurait-elle fait qu'elle eût trouvé presque à chaque coin de rue matière à indignation. La sexualité vénale y est en pleine expansion. Certes, les tenancières des maisons de rendez-vous clandestines de la rue Laprugne et de la rue Debussy ont fait l'objet de condamnations devant le tribunal de Cusset (décembre 1941 et mars 1942), mais le bordel de la rue Drichon et les six autres établissements de la ville, couverts par la tolérance, fonctionnent à plein. Pour faire face à la demande, ils ont même dû recruter une vingtaine de nouvelles pensionnaires, jusqu'à porter l'effectif total à 82 unités. Quant à la prostitution sauvage, c'est à une croissance exponentielle que doivent faire face les services de police depuis l'installation du gouvernement : quelques filles isolées avant guerre, 2 100 clandestines dans le département de l'Allier selon une estimation de la préfecture établie en 1944[58]. À l'origine, le programme d'ordre moral passait par un redressement des âmes et un contrôle des corps. Très vite, il est apparu que le nouveau régime, malgré une étroite surveillance des mœurs, était dans l'incapacité d'établir une véritable police du sexe à l'intérieur même du pré carré vichyssois, dans l'aire pourtant limitée où il était censé exercer pleinement ses prérogatives. Avec la nomination de Darlan et plus encore le retour de Pierre Laval, les hommes qui, dans l'entourage du Maréchal, portaient le projet de régénération morale seront progressivement évincés ou marginalisés. Mais bien avant que ne sonne l'heure des « dessalés », l'ennemi était dans la place.

Drôles de paroissiens

Sans l'engagement initial de l'Église catholique au service de la Révolution nationale, le projet de régénération morale de la société française aurait-il eu le même écho auprès des Français ? Assurément pas : c'est l'intrication du nouveau régime et du cléricalisme qui donne à cette expérience, du moins à ses débuts, un contenu et une autorité. Les ultras de la collaboration parisienne, souvent issus des milieux pacifistes, socialistes, anticléricaux, ne s'y trompent pas. Ils sont les premiers à s'insurger contre ce programme d'ordre moral qui, à la différence de celui d'un Mac-Mahon dans les années 1870, recourt à l'intervention de l'État dans la sphère domestique pour tenter d'infléchir la vie privée des citoyens. Leur prose virulente retrouve les accents des grands combats laïcs du début du siècle. L'entourage du Maréchal est leur cible. Jean Aurenche, dans *Aujourd'hui,* dénonce ceux qui veulent transformer la France en « jésuitière », Charles Dieudonné (*La France au travail*) s'en prend aux « hommes aux chapeaux noirs », aux « petits comploteurs en soutane », René Chateau (*L'Œuvre*) vitupère la « bande noire de Vichy » ; tous soupçonnent la hiérarchie catholique de vouloir exercer le pouvoir *in partibus* en imposant au pays un régime de réaction morale. Cette campagne culmine après la destitution de Pierre Laval, le 13 décembre 1940, à propos de laquelle ils sont unanimes à voir une manœuvre de la « clique cléricalo-maurrassienne ». L'interprétation qu'en donne Marcel Déat, l'un des chefs de file avant-guerre du « néo-socialisme », situe bien la ligne de fracture idéologique entre cette gauche collaborationniste, encouragée et soutenue par l'ambassade d'Allemagne à Paris, et ce qu'elle désigne comme les deux faces d'une même entreprise de réaction, les deux fers d'une même offensive cléricale : Vichy et Londres, alliés objectifs de la sacro-sainte « Église de l'ordre ». « Ce que le traître de Gaulle rapporterait dans les cargos de l'Angleterre, prophétise

Déat, ce serait un régime de conservatisme social, de domination capitaliste, de cléricalisme forcené, de dictature militaire[59]. »

Avec la nomination de l'amiral François Darlan au poste de vice-président du Conseil, le 21 février 1941, les procès contre le gouvernement des clercs et des « frères ignorantins » diminuent en fréquence et en virulence. Il est vrai que la personnalité de ce dernier ne s'y prête guère. Fils d'un ministre dreyfusard, ancien directeur de cabinet du ministre de la Marine du Front populaire, Darlan passe pour être un « amiral rouge » depuis que Léon Blum l'a nommé, le 1er janvier 1937, au poste de chef d'état-major général de la Marine. En tout cas, c'est un esprit voltairien qu'on aurait bien du mal à confondre avec ces contrefacteurs de Bossuet ou ces adeptes de la théocratie qui ont marqué de leur empreinte les premiers pas du régime. En privé, il n'a que mépris envers ceux qu'il appelle les « puceaux de sacristie », catégorie dans laquelle il range des hommes aussi différents que le général Weygand et son successeur au poste de secrétaire d'État à la Guerre, le général Charles Huntziger, le ministre de l'Éducation nationale Jacques Chevalier en guerre ouverte contre la laïcité depuis qu'il s'efforce d'introduire l'enseignement religieux à l'école publique et les intellectuels catholiques qui hantent les bureaux ou les antichambres du Secrétariat à la jeunesse et à la famille, tels Henri Massis, Jean de Fabrègues et Gustave Thibon. Sous la houlette de Darlan, un deuxième Vichy prend forme, beaucoup moins réactionnaire et plus nettement pro-allemand.

Le retour de Pierre Laval, le 18 avril 1942, avec le titre de président du Conseil qu'il cumule avec les ministères de l'Intérieur, des Affaires étrangères et de l'Information, consacre ce virage et marque un nouveau recul des influences croisées des maurrassiens et de la droite catholique au sein du gouvernement. Lorsque Pétain délègue, par l'Acte constitutionnel du 17 novembre 1942, la plus grande partie de ses pouvoirs à Laval, il adresse à celui-ci une contre-lettre secrète par laquelle il lui demande de s'engager à respecter les « traditions spirituelles de la France en protégeant de toute atteinte, notamment les convictions religieuses et philosophiques, l'exercice du culte, les droits de la famille, les mouvements de jeunesse, le respect de la personne humaine ». Avec retard, le chef de l'État a-t-il pris conscience que l'Église ne dispose plus de soutiens militants ni même de relais solides au sein du nouveau cabinet ? C'est possible. Encore que les notables catholiques aient toujours été minoritaires dans l'exécutif de l'État français, situation qu'ils compensaient cependant par une forte présence au cabinet du Maréchal. Cette fois, la donne est différente. Des anticléricaux notoires occupent des postes clés dans la nouvelle équipe gouvernementale. Non pas des anticléricaux de l'espèce commune, nourris de banquets républicains et nimbés des lumières de la franc-maçonnerie que l'Église a, avec le temps, appris à combattre, mais des adversaires d'un type nouveau qui la déconcerte : des fascistes épris de vitalisme tragique et d'amitiés viriles, des païens qui célèbrent ouvertement le caractère révolutionnaire du corps et du sexe. Ces hommes-là tranchent avec les notables vichystes dont ils n'ont ni la culture ni la voussure.

S'ils partagent avec la droite catholique une volonté commune de politiser la question familiale et de transformer les mentalités pour créer un nouveau climat favorable à la natalité, s'ils s'accordent avec les milieux réactionnaires sur la nécessité de rééduquer les masses et de remodeler les esprits, ils ne manifestent, en revanche, qu'un mol enthousiasme – et pour certains pas d'enthousiasme du tout – à l'égard du projet de « redressement moral » qui est censé unifier la doctrine de la Révolution nationale. Un homme résume les ambivalences du régime, ce hiatus permanent entre le verbe et l'action, entre le « dire » et le « faire » : Paul Marion. Soutenu, pour ne pas dire recommandé, par Otto Abetz qui voit en lui un « excellent propagandiste » de la collaboration, il est entré dans le cabinet de l'amiral Darlan avec le titre de secrétaire général adjoint à l'information. Son ascension, dès lors, est régulière : secrétaire général en août 1941 puis secrétaire d'État en avril 1942 avec le retour de Laval dont il est l'homme lige. À ce poste clé, il a une responsabilité éminente dans la conception des messages de l'État français, ainsi que la haute main sur la propagande jusqu'au 6 janvier 1944, date à laquelle il sera remplacé par le milicien Philippe Henriot, aussi fervent catholique que Marion est athée. Car si tout dans le parcours de ce dernier le prédisposait à occuper de telles fonctions, rien ne lui était en revanche plus étranger que les notions d'« ordre moral » et de protection de la moralité publique. Son itinéraire est jalonné d'engagements successifs qui ne sont qu'en apparence contradictoires.

Licencié de philosophie, Paul Marion a adhéré au Parti communiste en 1922, intégré le comité central lors du congrès de 1926, suivi les cours de l'école des cadres du Komintern à Moscou, expérience décisive mais qui le détourne définitivement du communisme. Comme tant d'autres, cet ancien stalinien subit la fascination de Jacques Doriot au service duquel il met son expérience de spécialiste aguerri de l'agit-prop en tant que responsable de la presse et de la propagande du PPF. Drieu La Rochelle, qui l'a connu à cette époque, a laissé de lui le portrait d'un homme qui aurait su faire la synthèse de Lénine et de Goebbels : « Il avait le sens de la rupture, il portait ce mélange d'amour et de haine qui fait les véritables révolutionnaires, il avait vraiment besoin de détruire dans l'esprit français le vice de faiblesse[60]. »

Dans ses fonctions ministérielles, Marion va donner la pleine mesure de ses talents de manipulateur. Exerçant un contrôle actif sur la presse, la radio et le cinéma, il procède par orientations et recommandations de préférence à une censure brutale. Pour choisir les hommes, les brevets d'honorabilité, les certificats de bonnes mœurs seraient plutôt de nature à l'indisposer. Il aime au contraire les marginaux, leur goût pour la flibuste, leur potentiel de subversion sociale. Le recrutement de ses délégués départementaux à la propagande dépêchés auprès de chaque préfet s'en ressent. Dans les Hautes-Alpes, il nomme pour succéder à Jean Hérold-Paquis, qui lui-même n'était déjà pas un prix de vertu, un ardent quinquagénaire dont les relations adultérines défraient la chronique locale. En Vendée, c'est un barman, ancien organisateur de courses, qu'il désigne pour le représenter, au grand scandale de la toute-puissante bourgeoisie catholique du cru. Stupéfiant Marion dont la personnalité, précisément, ne va cesser de surprendre et de s'insinuer à la manière d'une substance toxique. Ce passionné, fort en gueule, fouailleur et gouailleur, détonne par sa désinvolture autant qu'il déconcerte par un singulier mélange de sincérité et de cynisme. Son langage à la verve argotique, sa voix aux accents faubouriens, son débraillé de « Milord l'Arsouille en goguette sur l'Olympe », ses airs faussement bonasses font de lui un personnage pour mélodrame et roman populaire. Car, c'est peu dire que, dans le petit monde confiné et conformiste de la « capitale hépatique », Marion a le don de perturber le postprandial de ses collègues. En une fulgurante ellipse, du Moulin de Labarthète, contre l'influence duquel il mène une guérilla de chaque instant, a bien cerné le secret dessein de cet adversaire : « Il a tenté d'étriper la bourgeoisie par en dessous. Il la prend, aujourd'hui, à revers[61]. » Le très conservateur Joseph Barthélemy le soupçonne d'avoir gardé la nostalgie de ses jeunes années rouges : « Évidemment, il souhaite que Staline soit battu, mais il l'a connu et lui garde une fidèle admiration [...]. Il est fidèle à un point fondamental de la doctrine bolcheviste : la haine de la religion. C'est un sans-Dieu comme ceux des bords de la Volga[62]. »

Révolutionnaire, Marion l'est resté sans conteste, autant par doctrine que par tempérament, mais c'est un révolutionnaire voluptueux qui mène de front une carrière d'extrémiste et une vie de bohème, arrosée de vins goûteux et peuplée par les filles de l'asphalte. Lucien Rebatet, qui l'apprécie beaucoup, le présente comme un « trousseur de jupons à la galopade ». Le résistant Jean Texcier, qui le déteste souverainement, en fait le « Nathanaël sarcastique et désabusé des Nouvelles Nourritures révolutionnaires ». Le 3 janvier 1939, pourtant, il a démissionné du PPF en reprochant, entre autres, à Doriot sa « vie dissolue » et son « manque d'ascétisme ». Incohérence ? Oui et non. Les licences qu'il s'autorise, il les estime incompatibles avec ce que doit être, selon lui, l'éthique d'un authentique chef fasciste. Or lui n'est pas chef mais simple technicien d'une révolution qu'il courtise depuis vingt ans et qui ne cesse de se dérober à sa convoitise. Restent les femmes pour se consoler de l'insaisissable utopie, des nuits canailles à défaut du grand soir. Ce n'est pas un raffiné. *La Princesse de Clèves* n'est pas son livre de chevet, pas plus que l'amour courtois n'est son paradigme. Du haut de ses neuf ans, le jeune Pascal Jardin, fils du chef de cabinet de Laval, a pu observer à loisir le petit monde de Vichy et pas seulement par le trou de la serrure. Il a été fasciné par cet adulte non conformiste dont les pitreries, les provocations et le parler cru retentissaient comme autant de coups de cymbale dans une partition pour musique de chambre. L'éducation amoureuse qu'il en a reçue n'est pas exactement celle que recommandaient les burgraves de l'État français : « Paul Marion est un collaborateur fanatique. Il était d'ailleurs fanatique dans tous les domaines. Souvent, quand il venait à la maison à Charmeil, nous nous isolions tous les deux. Il voulait que, si les cataclysmes à venir m'épargnaient, je puisse être plus tard un être vraiment libre. Il me déconseillait le mariage, source de “chieries lancinantes”, et me faisait l'apologie de l'amour libre, et, plus particulièrement, de la prostitution, me vantant la fascination qu'exercent sur les hommes les femmes qui se partagent. Il y voyait une richesse, un renouveau. Il vomissait les mémères, les tricoteuses, les honnêtes. Il raffolait des créatures qu'il imaginait vautrées sur des divans de soie, occupées à se laquer les ongles des doigts de pieds. Son exceptionnelle nature de goinfre le portait plus vers la pornographie que vers l'érotisme[63]. »

Qui pourrait se morfondre en pareille compagnie ? À l'hôtel du Parc, les bureaux du ministère de l'Information respirent un air de dissidence. On y brocarde les « culs serrés » et les « culs bénis » du cabinet du Maréchal qui travaillent à « châtrer les hommes ». On s'y gausse de la mièvrerie et de la « spiritualité de patronage » dans lesquelles baignent les images et les prêches qu'on s'attache par ailleurs à mettre en forme. Le bureau 214 est le refuge du « club des galopins ». Il y a là Armand Lanoux et Jacques Laurent-Cély qui, lorsqu'il ne courtise pas Claude Martine, rédactrice de première classe au service de documentation, s'affaire à rédiger des notes d'orientation destinées à la presse[64]. D'autres figures plus inquiétantes gravitent dans l'entourage de Marion qu'a vite fait de repérer du Moulin de Labarthète, non pour leur propension au travail mais pour leur obsession des affaires du sexe : « Un fanfaron du rapprochement franco-allemand, le jeune de Vriès qui affichait, dans tous les restaurants, sa jeune et jolie maîtresse ; un journaliste cul-de-jatte, Guyon Cesbron, qui épousait, à quelques mètres de nous, son infirmière allemande[65]. » De temps à autre, Louis-Émile Galey vient rendre compte à son ami Marion qui l'a nommé en septembre 1941 à la Direction du Service du cinéma, de préférence à Robert Brasillach. Leur complicité remonte au début des années trente et se fonde sur un commun rejet de la « gérontocratie régnante ». À chacune de ses visites, Galey est accompagné de sa jeune et ravissante secrétaire Christine Gouze-Rénal dont il connaît et couvre les activités de résistante au sein du réseau Combat. Une difficulté surgit quand Galey doit partir rejoindre sa légitime épouse au fin fond de la zone Sud. Que faire de la jeune femme ? Qu'à cela ne tienne ! Le ministre l'hébergera tout le temps nécessaire. Pour Marion, l'adultère, ce fondement de la société qui aide à supporter le lien conjugal, est une cause sacrée, n'en déplaise à la pudibonderie régressive des législateurs de la Révolution nationale. Mais plus encore que les hommes, ce sont les circonstances qui condamnent l'État français à voir ses principes détournés ou minés de l'intérieur.

CHAPITRE 5

Coryphées et corps en fête

« J'ai seize ans ; la politique me laisse indifférent ; ce qui m'importe, c'est de rejoindre les adolescents de mon âge. C'est un appel. Une sorte d'instinct me tire vers les garçons de ma génération. »

François Augiéras, *Une adolescence au temps du Maréchal.*

« Nous, nous entrions dans les villages, torses et jambes nus, le ceinturon sanglé, la bottine arrogante, le talon fendant la route [...]. Ivres de grand air, les sens et les membres rompus par l'exercice, nous étions, sans castration honteuse ni stupide rétention, les plus triomphants des garçons. »

Stephen Hecquet, *Les Guimbardes de Bordeaux.*

« C'est depuis que les jeunes garçons ont commencé à se dépouiller et à se dévêtir pour les exercices que cet amour des mâles s'est glissé dans les parcs et les lieux publics pour toucher et marier les beaux jeunes enfants. »

Plutarque.

De quelque côté qu'on l'examine, l'ordre moral vichyste est pris en tenaille. Il a beau se débattre, faire tourner à plein la machine à légiférer, frôler la surchauffe par sa production réglementaire, s'immiscer toujours un peu plus dans la vie privée des citoyens, les résultats sont le plus souvent à l'inverse des objectifs poursuivis. Son projet pour la jeunesse n'échappe pas à cette fatalité. Clé de voûte de la « régénération morale », la politique éducative du nouveau régime charrie toutes les ambiguïtés d'une pensée d'État qui met en effervescence des forces instinctives ou irrationnelles sans se prémunir contre leurs retombées. Éduquer les qualités viriles de l'âme en même temps que celles du corps, forger par la pratique du sport un homme nouveau capable de maîtrise spirituelle et corporelle, voilà du concret, mais du concret explosif, lourd de virtualités subversives que personne en haut lieu ne semble s'être donné la peine d'examiner d'un peu près.

À peine née, la Révolution nationale en appelle à une révolution du corps et, au premier chef, du corps masculin, symbole d'excellence qu'il convient de restaurer dans ses qualités de force et de puissance, de robustesse et d'endurance grâce à toutes les ressources que le sport peut ajouter aux capacités humaines. Ce n'est d'ailleurs pas un chef politique, du moins pas en apparence, qui s'adresse aux jeunes Français par la voix du Maréchal, mais un médecin de famille : « L'atmosphère malsaine dans laquelle ont grandi beaucoup de nos aînés a détendu leurs énergies, amolli leur courage et les a conduits par les chemins fleuris du plaisir à la pire catastrophe de notre histoire. » Le diagnostic est posé : celui d'un rapport direct entre la défaite de juin 1940 et la déficience du peuple, entre la débâcle de nos troupes et la défaillance d'« une France physiquement lasse et épuisée ».

En proclamant que la victoire allemande est d'abord une victoire du sport, Vichy s'emploie à faire parler les faits tout en les ordonnant dans une maïeutique propre à flatter le bon sens des Français. Le triomphe des athlètes allemands aux Jeux olympiques de Berlin en 1936, grandiose répétition des capacités du Reich, n'annonçait-il pas la déroute de nos troupes quatre ans plus tard ? L'équipe allemande d'athlétisme n'avait-elle pas écrasé l'équipe de France le 15 août 1939 à Munich par 106 points contre 45, n'abandonnant à nos compétiteurs qu'un prémonitoire succès au 110 mètres haies, autrement dit : le trophée de la course d'obstacles ? Plus accablants encore, ces chiffres que le nouveau régime cite à l'envi au point d'en faire un thème de propagande par voie d'affiche : entre 1918 et 1936, le pourcentage des jeunes Français déclarés inaptes au service militaire est passé de 24 à 33 %, tandis que celui des jeunes Allemands refusés à la conscription chutait de 23 à 17 % durant la même période. Aux yeux de Vichy, l'explication est simple : c'est la France des banquets et des assis, la France des buveurs d'apéros et des stations dominicales dans les bistrots enfumés qui a perdu la guerre. Alcoolisme, tabac, sédentarité, mauvaise alimentation ont fabriqué une « race déchue », criblée de tares, incapable de résister aux légions allemandes supérieurement entraînées. Puisque c'est « dans notre corps que nous avons été battus », tout comme en 1870, c'est ce corps qu'il convient maintenant de restaurer en le pliant aux saines disciplines d'une pratique sportive intensive. Magnifier le sentiment national, lui offrir un substitut à travers les images valorisantes d'une jeunesse athlétique et virile est une vieille recette des pays humiliés ou défaits.

Au moment où Vichy arrête les grandes lignes de ce programme, nul n'imagine que celui-ci puisse, un jour, mettre en conflit le projet éducatif du régime et ses sympathies cléricales, sa préoccupation d'un « ordre viril », d'une « race forte » et ses aspirations moralisatrices. Personne non plus ne semble conscient du potentiel subversif que recèlent l'exposition et l'esthétisation des corps juvéniles, l'apologie par voie d'affiches, de brochures et de films de ces plastiques avantageuses, de ces silhouettes déliées, de ces profils hardis, de ces torses nus, de ces cuisses nerveuses et musclées. En quelques mois, la gérontocratie vichyssoise va apprendre – à ses dépens ? – qu'on ne place pas impunément le corps au centre de la propagande d'État. Que l'exaltation de la virilité met en jeu d'autres leviers que celui de l'idéologie.

France en short ou France dénudée ?

C'est à Jean Borotra que le nouveau régime décide de faire appel pour être l'initiateur du sport de masse. Le choix a sa logique. Dans une France militairement défaite, il n'est pas absurde de sonner le rappel des gloires récentes, tous terrains de compétition confondus. Ses victoires avec les mousquetaires en coupe Davis (1927-1932), en sus de ses succès en individuel à Wimbledon et Roland-Garros, lui ont conféré un prestige considérable. Tout ne plaide pas, loin s'en faut, en sa faveur. À travers son personnage de tennisman racé, d'authentique représentant de la « noblesse de court » impliqué dans une active vie mondaine, Borotra incarne plutôt une conception élitiste, pour ne pas dire aristocratique, du sport conforme à l'esprit des *public schools* britanniques. En outre, il faut faire avec sa réputation d'anglophile patenté. Mais cela compte peu en regard des exigences de l'heure. Fougueux, intrépide, élégant, celui que la presse a surnommé le « Basque bondissant » possède tout ce qu'il faut pour réussir : quelques idées simples et une force de séduction capable de déjouer la frilosité et les préventions d'un monde qui n'est pas le sien. Nommé, le 13 juillet 1940, commissaire général aux sports auprès du ministre de la Famille et de la Jeunesse, Borotra, en apôtre fervent de la rééducation morale par l'effort physique, lance aussitôt un vaste programme de réformes. Les préjugés idéologiques n'embarrassent guère ce polytechnicien avide de réalisations concrètes et soucieux de se dérober à sa propre caricature. Hormis un vocabulaire martial très en vogue à l'époque – « Le sport, c'est à l'heure actuelle la meilleure façon d'agir, d'espérer français », « On ne fait pas de grande race sans avoir des muscles » –, la Charte qu'il promulgue en décembre s'inscrit dans le droit fil de la politique de Léo Lagrange, son prédécesseur du Front populaire, auquel il rendra d'ailleurs un vibrant hommage au cours d'une cérémonie au stade Jean-Bouin en octobre 1941.

Acte fondateur d'une politique appelée à survivre bien au-delà de l'intermède vichyste, la Charte consacre l'intervention de l'État dans le sport, en plaçant sous tutelle administrative les clubs et les associations par le biais du système de l'agrément et du régime de l'affiliation. Toutes les conditions sont réunies pour que ce qui n'était, avant-guerre, que divertissement et loisir devienne un phénomène de masse et, plus encore, une véritable religion civile. Toutes les conditions plus une : à l'issue d'une âpre négociation, Borotra a obtenu du ministre des Finances Yves Bouthillier que soit inscrite dans la loi du 13 novembre 1940 une autorisation d'engagement de dépenses à hauteur de 1,9 milliard de francs destinée pour l'essentiel à financer un programme d'équipements. En regard des 50 millions de francs affectés dans le budget de 1939, le changement d'ambition et d'échelle est spectaculaire. Sous le charme de l'étourdissant M. Borotra, Pétain, qui l'invite chaque semaine à sa table, entend qu'on ne refuse rien à celui qui s'est donné pour tâche de mettre un terme à la « terrible décadence des corps ». Entre-temps, Borotra, rattaché depuis le 15 octobre au ministère de l'Instruction publique avec le titre de commissaire général à l'éducation générale et sportive, a vu s'élargir son domaine de compétence avec pour mission prioritaire de mettre en œuvre le projet éducatif dont le Maréchal avait tracé les grandes orientations dans la *Revue des deux mondes* au mois d'août précédent.

Organisée par une circulaire du 15 novembre 1940 signée du ministre Georges Ripert, l'éducation générale et sportive (EGS) vise à introduire le corps au centre du dispositif scolaire. Plus qu'une nouvelle discipline et même qu'une méthode, l'EGS se présente d'abord comme une philosophie : la véritable éducation est celle qui met en jeu l'être humain dans sa totalité, opère une synthèse harmonieuse entre le corps, l'intelligence et le caractère, fait appel au développement de toutes ses facultés, établit un lien concret et direct entre « savoir » et « agir », entre « le cerveau et la main ». Contre la « primauté de l'intelligence » dont il faut bien comprendre, après la « tragique leçon de choses » de l'été 1940, qu'elle n'est qu'« une arme au service de la volonté », le devoir de l'école n'est plus de former des cerveaux nourris d'une culture purement livresque, mais des « élites de chair et de sang ». Ne plus dresser le corps et l'âme l'un contre l'autre mais les fondre en une seule unité : la conception vichyste de l'homme intégral n'invente rien mais avance, bardée de citations, derrière la double autorité de Socrate et de Platon et même d'Henri Bergson – non pas le « juif » Bergson dont l'origine est purement et simplement gommée, mais le philosophe promu à titre posthume au rang de caution morale[1].

Le programme des écoles publiques, qui n'accordait jusque-là que peu de place aux activités physiques – un après-midi par semaine de « plein air », selon les directives de Jean Zay –, est entièrement refondu de telle sorte que, de marginales, celles-ci deviennent prépondérantes. Sous couvert d'équilibrer les « disciplines intellectuelles » et les « disciplines de l'action », c'est une véritable révolution pédagogique qui s'amorce sous l'égide du colonel Maisonneuve puis de son successeur à la direction de l'EGS, Jean-Jacques Chevallier, un brillant universitaire par ailleurs sept fois champion de France d'athlétisme au cours des années vingt. Surplombant les matières classiques dont les horaires sont comprimés et le prestige rabattu, l'EGS comporte un « massif central » à dominante sportive et physique, et des « contreforts » destinés à élargir le champ éducatif tels que l'hygiène, les travaux manuels, le chant choral, l'initiation à la musique, des séances de cinéma et des représentations théâtrales. À raison de neuf heures par semaine dans l'enseignement primaire, plus une demi-journée de « plein air » le mercredi après-midi, presque autant dans le secondaire et le supérieur, c'est la vie et l'emploi du temps de millions de jeunes Français qui se trouvent du même coup bouleversés et recentrés autour de disciplines tournées vers l'action et la valorisation du corps. À l'exemple du *tutor* anglais, un « maître d'éducation générale », issu d'une discipline intellectuelle mais assisté par un moniteur, est chargé de suivre les élèves sur le stade et de les assister dans leur « vie physique et sociale ». Dans le primaire, c'est l'instituteur qui remplit les deux rôles. Pièce maîtresse du nouveau dispositif : les leçons d'éducation physique auxquelles il incombe de refaire une « race saine et robuste », d'inculquer aux nouvelles générations le sens de la discipline et de la solidarité, l'esprit d'équipe, le respect de la « vraie hiérarchie » et le goût de l'« altruisme agissant ». En résumé, chasser les miasmes du « sinistre individualisme », du « débraillé physique et moral » dont la France a failli mourir. La stature du corps masculin, façonné dès le plus jeune âge, doit désormais s'inscrire au rang de valeur civique, de même que l'aptitude à se tenir droit, à s'ériger en réaction contre l'affaissement des postures provoqué par le laisser-aller démocratique sera gage d'un renouveau patriotique.

La méthode choisie est celle de l'hébertisme, mise au point en 1905 par un officier de marine, le commandant Georges Hébert. L'idée est de favoriser l'éducation physique et singulièrement la gymnastique, discipline de masse « socialement utile » (« être fort pour tous plutôt qu'être fort pour soi »), historiquement rattachée au patrimoine français, de préférence à ce que l'on nomme alors le « sport », d'essence élitiste, suspect en outre d'être le vecteur d'influences étrangères[2]. Dans le champ des pratiques corporelles, la première, qui cherche à favoriser la pratique pour tous, l'altruisme, la solidarité et l'amélioration physique des plus faibles, participe d'une mystique de gauche, tandis que le second, en mettant l'accent, avec le baron Pierre de Coubertin, sur l'esprit de compétition, les valeurs individuelles d'audace, d'énergie et de dépassement de soi-même, « la belle et loyale brutalité qui fait les peuples forts et sains », relève incontestablement d'une mystique de droite. Faisant fi de ces positions axiologiques, Vichy brouille le jeu et opte pour une éducation de masse. Institué en méthode nationale, l'hébertisme ou « méthode naturelle », en s'adressant moins aux muscles qu'aux grandes fonctions vitales, vise à un développement complet des élèves par la reproduction et le perfectionnement de tous les gestes naturels que « l'homme primitif devait accomplir pour subsister ». En la récupérant, le pétainisme donne à la doctrine d'Hébert un cadre plus large en rapport avec la sanctuarisation de la France rurale promue conservatoire des saines et bonnes mœurs. De ce point de vue, le retour aux lois de la nature, aux règles de vie propres à l'espèce avant que celle-ci n'y ait été soustraite par la civilisation industrielle et urbaine, la mise en exergue de la vitalité et de la santé des corps comprise comme une revanche sur les passions émollientes et corruptrices du monde moderne ne sont qu'une déclinaison du « retour au réel » prôné par Vichy. Discipline de plein air, la méthode naturelle comporte une série d'exercices répartis en « groupes de base ». Marcher, nager, courir, sauter, ramper, grimper, lancer : sous la houlette d'un moniteur en petite culotte, les enfants du Maréchal sont invités à retourner à l'état sauvage, à une sorte de rousseauisme qui n'est pas le moins surprenant des avatars de l'idéologie anti-urbaine et contre-moderniste de la Révolution nationale. Sur le « plateau » ou terrain d'exercice, les élèves sont organisés par « vagues » d'une dizaine de membres, chaque « vague » ayant à sa tête un « chef » choisi pour ses qualités naturelles d'énergie et d'initiative. Outre l'usage tonique de l'eau froide et une frugalité qui s'accommode bien des restrictions de l'époque, l'hébertisme prescrit de découvrir les torses afin de les exposer au soleil et au vent. Précepte dont les soldats victorieux de la Wehrmacht ont démontré au cours de l'été 1940 qu'il n'était pas sans effet sur la perception de l'identité masculine ni dégâts collatéraux.

À ses débuts, l'EGS, comme toute nouveauté, suscite un véritable engouement, à la hauteur des succès que remporte par ailleurs la politique sportive de Borotra. Jeunes et adultes trouvent dans les exercices corporels un dérivatif, une évasion du quotidien, un espace de vie non contingenté qui leur permettent de lutter contre l'ennui et d'oublier les rigueurs du temps. À la postérité de Vichy va s'attacher cette image d'un succédané du scoutisme, d'une France en short et en culottes courtes s'adonnant à la vie de plein air. C'est une façon de voir les choses. Il en est une autre pour qui connaît la réversibilité des images : cette France en short est aussi une France dénudée, une France qui redécouvre son corps et se montre d'autant plus attentive aux plaisirs qu'elle peut en tirer que la sous-alimentation et les privations de toutes sortes ne la ménagent guère. Tandis que la surproduction étatique d'un discours d'ordre moral ne touche qu'une minorité de Français convaincus par avance, la surexposition des corps qui caractérise la période a en elle-même un formidable impact dont il se révèle difficile voire impossible de contrôler les effets. Pour avoir voulu forger un « homme nouveau », les apprentis sorciers de la Révolution nationale n'ont-ils pas contribué à réveiller le vieil homme et, pis encore, la « bête » tapie au fond de chacun ?

Croisade contre l'indécence

En mars 1942, l'hebdomadaire *La Semaine* publie une étonnante photo. On y voit Jean Borotra perché sur les épaules de son chef de secrétariat, un gaillard tout en ronde bosse. À la lecture de l'article, on apprend qu'à l'initiative du ministre, cinq chefs de cabinet, dix sous-chefs et vingt directeurs se mettent chaque mercredi et chaque samedi en culottes courtes pour se livrer à des exercices de gymnastique[3]. Ce reportage est un baroud d'honneur. En dépit des apparences, Borotra n'est plus sur le pavois. Encore quelques semaines et il devra laisser la place à son successeur, le colonel « Jep » Pascot. Trop novatrice, pour ne pas dire révolutionnaire, l'EGS a ligué contre elle une coalition qui va des parents d'élèves à l'Académie de médecine en passant par les professeurs des matières classiques, inquiets ou irrités de la part faite à l'éducation physique dans les nouveaux programmes scolaires. Faisant feu de tout bois, l'offensive la plus sérieuse émane des milieux conservateurs. L'ironie mordante d'un ancien ministre de l'Instruction publique, le libéral Anatole de Monzie qui se gausse d'une école bâtie « avec du muscle et de la vertu, beaucoup de muscle, beaucoup de vertu, un peu de latin autour », épaule le vieil humanisme du *Temps*, hier organe officieux de la IIIe République et des modérés de toutes obédiences, désormais sanctuaire de la bourgeoise attentiste. Son inquiétude ? Qu'un « mandarinat sportif » se substitue au « mandarinat intellectuel », mettant sur le même plan le « tour de poitrine » et le « tour d'esprit ». Lorsque l'éditorialiste de service invite dans un style compassé les guides de la jeunesse à ne pas « oublier l'intelligence » au profit d'un « régime du muscle », sans doute est-il permis de lire entre les lignes l'expression d'un préjugé de classe et comme l'écho d'une appréhension lancinante face à la « tyrannie » que sont supposés exercer les maîtres d'éducation physique sur les jeunes têtes brunes ou blondes.

Ce ne sont pourtant là qu'échauffements sans conséquences, en regard des foudres cléricales qui s'apprêtent à tomber. Avec une audace inhabituelle vis-à-vis d'un régime qui lui a déjà donné beaucoup de gages prometteurs, l'Église est en effet partie en guerre contre l'EGS : elle dénonce une dérive de l'éducation traditionnelle vers une mystique du corps, une idéologie culturiste, un exhibitionnisme musculaire gros de tous les dangers. Historiquement, le christianisme, qui s'est donné pour mission de civiliser le corps, a toujours condamné la nudité. Il a rompu avec les pratiques antiques, notamment celle de la gymnastique (du grec *gumnos* qui veut dire nu) que les athlètes pratiquaient dépouillés de tout vêtement. Sans aller jusqu'à condamner les exercices corporels dans ce qu'ils ont d'utile et de nécessaire à l'équilibre de l'organisme – le scoutisme ne les a-t-il pas intégrés à son projet éducatif ? –, le pape Pie XII a tenu à rappeler, en 1942, qu'en affirmant que le corps doit être subordonné à l'esprit, la doctrine de l'Église « ne fait qu'élever une digue contre les vagues de dépravation d'un culte païen de la chair, sans âme ni conscience[4] ». Projet « total » d'éducation, l'EGS ne porte-t-elle pas en germe un projet totalitaire ? Le fascisme n'est-il pas le régime qui s'est le plus nettement engagé au service de la restauration du corps en tant que « réceptacle de la race » et « creuset de la nation », le « parti du corps vivant » célébré, selon la formule de Drieu La Rochelle, à travers de « splendides et enivrantes solennités physiques[5] » ? Qui peut garantir que, partant des mêmes prémisses et partageant pour l'essentiel les mêmes méthodes, la révolution des corps prônée en haut lieu ne débouchera pas sur une autre révolution négatrice des valeurs et de la culture chrétiennes ? Autant de questions qui montrent que l'Église a pris la mesure de l'enjeu et n'entend pas se laisser dessaisir du contrôle des corps au profit de l'État. Combien de fois les évêques de France n'ont-ils pas frémi en entendant les préposés officiels à l'éducation de la jeunesse entonner des péans aux forts accents de paganisme où il n'était question que de glorification du corps et de culte de la force, de beauté et de puissance, des « vieux dieux gaulois » et du « jaillissement des énergies vitales » ? Le pire ne va pas tarder à venir lorsque le prolifique Abel Bonnard composera une *Ode à la gymnastique* dans laquelle le corps sera métaphoriquement exalté comme « notre racine dans la nature ».

Délaissant les sphères doctrinales où le vieil anticléricalisme l'attend en embuscade, la hiérarchie catholique décide de porter le débat sur le terrain plus consensuel de la moralité publique, lequel offre de surcroît l'avantage de prendre les théoriciens pyromanes de la Révolution nationale au piège de leurs propres contradictions. L'année 1941 sera celle de la croisade contre l'indécence gestuelle et vestimentaire, avec pour cible l'EGS et plus généralement toutes les disciplines qui « offensent gravement la pudeur ». Esprit réputé tolérant, Mgr Saliège ne peut néanmoins, sur ce chapitre, que recommander une vigilance accrue, de crainte qu'avec l'EGS « la route ne soit ouverte au nudisme » ou pis encore. L'archevêque de Toulouse voit, lui aussi, le danger. Une instruction du Commissariat général aux sports a bien posé comme règle que les exercices doivent être exécutés « dans une nudité décente, compte tenu des circonstances atmosphériques et de l'endurcissement du sujet », allant jusqu'à prescrire une tenue spécifique pour chaque sexe : maillot pour les garçons, tunique pour les filles, culottes de sport pour tous[6]. Mais la pénurie de textile et l'indiscipline chronique des (mauvais) « sujets » en ont décidé autrement, faisant la part belle à l'improvisation et à la fantaisie. Le sport roi ouvrirait-il la porte à l'impudicité ? La gymnastique serait-elle le cheval de Troie de la luxure ? À peine nommé au siège épiscopal de Bourges, Mgr Joseph Lefebvre s'en émeut dans une lettre au directeur départemental de l'EGS : « La méthode naturelle que vous préconisez, et pendant l'exercice de laquelle les jeunes gens sont à peu près nus, heurte la décence et choque nos âmes chrétiennes. » Un scandale en entraînant un autre, le prélat fait remarquer, en connaisseur de « l'âme des adolescents », que « les leçons d'éducation physique se déroulent sur des stades ouverts où les jeunes filles peuvent pénétrer ou sur lesquels elles peuvent jeter des regards[7] ».

D'un peu partout pleuvent les mandements épiscopaux comme autant de mises en garde à l'encontre d'une politique éducative conçue par des hommes auxquels on ne concède le bénéfice de « bonnes intentions » que pour mieux souligner leur ignorance des problèmes d'édification de la personnalité. La position de l'Église tient en quelques sèches dénégations : « Il serait naïf de croire que tout ce qui cultive le corps cultive l'âme ; il serait dangereux d'admettre que tout ce qui se réclame de l'éducation physique est nécessairement bon ; il serait faux d'imaginer que toutes aptitudes corporelles doivent absolument être développées au maximum[8]. » Pour conjurer ce péril, le clergé ne manque ni de relais ni d'alliés[9]. Il peut surtout compter sur la force d'inertie des conservatismes. Dans une France encore rurale accrochée au roc de la tradition, les modes ne pénètrent que lentement et au prix de bien des esclandres, comme en témoigne un ancien moniteur de La Brède (Gironde), Pierre Baron : « Combien de préjugés a-t-il fallu surmonter, combattre pied à pied pour passer de la grosse flanelle à demi-manches à la flanelle Rasurel plus aérée, puis à son abandon, de la grosse chemise à manches à la fameuse chemise Lacoste, des pantalons de velours aux pantalons plus légers, puis au short, enfin à l'exposition rationnelle du corps au soleil[10]. »

Dans le camp opposé, l'occasion est trop belle pour ne pas tenter d'élargir la brèche qui vient de s'ouvrir entre le gouvernement de Vichy et le parti clérical. S'y engouffre la gauche collaborationniste pour laquelle le combat de l'Église n'est que l'éternel combat de Tartuffe. Sous le titre « Le scandale des culottes courtes », *Les Nouveaux Temps* s'en prend, en décembre 1940, à l'esprit de revanche « proprement réactionnaire » de tous ceux qui rêvent de liquider les conquêtes de la « pitoyable révolution manquée de 1936 » au nombre desquels le quotidien de Jean Luchaire range la vie de plein air et l'idée du sport libérateur, du sport pour tous. « La Révolution nationale, pour être complète, poursuit le preux défenseur de la morale laïque, doit atteindre les mœurs vestimentaires ; l'incapacité d'une nation à certains actes se juge à son inaptitude à porter certains vêtements. M. Borotra, qui veut faire descendre sur l'herbe les "sportifs des gradins", devra inciter aussi au port dominical de la culotte courte, en attendant mieux[11]. » Découvrir ses genoux serait-il donc un marqueur idéologique dans la France du Maréchal ?

Le vieux débat sur l'éducation physique des filles, réactivé par les instructions du 1er juin 1941 sur l'éducation générale et sportive, porte les passions à l'incandescence. Balayant les précédentes directives qui bouclaient les jeunes filles dans leur rôle de futures mères et de gardiennes du foyer à grand renfort de cours de puériculture et d'enseignement ménager, le Commissariat général s'engage résolument dans la voie de l'émancipation du sport féminin. L'égalité de principe est proclamée. Elle est si audacieuse sur le fond que c'est à peine si on remarque certaines modalités restrictives. « Dans l'entraînement physique proprement dit, prescrit l'autorité vichyste, les exercices peuvent être, pour les filles, les mêmes que pour les garçons [...]. Dans l'initiation sportive, on tiendra compte des légitimes préoccupations des familles, en évitant les exhibitions spectaculaires ; mais, cette réserve faite, les jeunes filles devront être entraînées aux exercices sportifs avec les méthodes utilisées pour les garçons, suivant un dosage approprié[12]. » Ainsi le Commissariat non seulement autorise mais recommande une évolution des pratiques dont il ne peut ignorer ce qu'elles ont de subversif pour une société qui fait encore de la modestie et de la pudeur des composantes essentielles de l'éternel féminin.

Conscient des obstacles qu'il lui faut affronter, Borotra s'est adjoint en la personne de Marie-Thérèse Eyquem, nommée le 17 août 1940 directrice des sports féminins, une collaboratrice au profil fédérateur. Âgée de vingt-sept ans lors de sa prise de fonction, Mlle Eyquem est un pur produit des œuvres caritatives du catholicisme social. Avant d'entrer en 1939 en qualité de rédactrice principale au Commissariat général à l'information, elle a occupé le poste de secrétaire général de la Fédération catholique d'éducation physique féminine, un organisme issu du regroupement des patronages des sœurs de Saint-Vincent-de-Paul. Sa conception du sport féminin, un sport « tempéré, spiritualisé par la grâce et la douceur ; un sport dansé si l'on ose dire », tient compte du lourd cahier des charges que lui imposent la bienséance et la bien-pensance de l'époque, les préjugés et les préventions de son milieu[13]. Ce qui ne l'empêche pas de faire montre d'un activisme qui bouscule hardiment les usages, déclenche une vague d'adhésions dont l'enthousiasme, comme celui de tous les prosélytes, se révèle difficile à tempérer. Sous son impulsion, l'ensemble des fédérations sportives féminines passe d'une dizaine de milliers à environ cent mille affiliées ; une Fête nationale de la sportive rassemble, le 5 juillet 1942, sur une trentaine de stades à travers le territoire, près de cinquante mille gymnastes dont cinq mille au Parc des Princes où un public nombreux, en grande majorité masculin, est venu contempler les évolutions gymniques de cette avant-garde de la nouvelle féminité. Fort d'une enquête réalisée de janvier à mai auprès de la population parisienne qui révèle une nette évolution des mentalités en faveur du développement du sport féminin, le colonel « Jep » Pascot, un ancien international de rugby qui a remplacé Borotra le 19 avril 1942, impose comme base de l'éducation physique féminine la méthode française de gymnastique harmonique créée et mise au point par Irène Popard[14]. Propulsée au rang de vestale du sport féminin, Irène Popard n'a rien d'une muse éthérée : son discours résonne fâcheusement aux oreilles des conservateurs lorsqu'elle prétend mettre l'éducation physique au service de l'abolition des différences de classe. Résolument acquise à cette cause dont l'Allemagne national-socialiste est depuis l'origine la vitrine, la presse collaborationniste rappelle opportunément qu'avant d'être chargée de mission par le colonel Pascot, Irène Popard a créé des œuvres dans de nombreuses cités de la banlieue ouvrière, la première à Aubervilliers, dès le début des années vingt, sous le patronage du maire de l'époque, un certain Pierre Laval[15].

On comprend que, dans ces conditions, vaines sont les précautions dont Marie-Thérèse Eyquem s'efforce d'entourer son action, inaudibles ses appels à une pratique modérée du sport féminin, compatible avec l'accomplissement du rôle familial et social alors dévolu à la femme. Pour l'autorité ecclésiale, celle qui s'exprime en chaire et dans les bulletins paroissiaux, le diable est entré dans le bénitier. Face au mouvement sportif féminin, l'Église avait le choix entre la récupération et l'excommunication. À quelques exceptions près, la hiérarchie épiscopale choisit de brandir l'anathème dès lors qu'elle a acquis le sentiment d'être désormais en concurrence avec l'État pour le contrôle du corps féminin. Pas question pour elle de laisser échapper le magistère spirituel et moral qu'elle exerce encore sur de larges pans de la société française grâce à une population féminine sensiblement plus croyante et plus pratiquante que celle des hommes, plus impliquée aussi dans la vie associative puisque, avec plus de deux millions d'adhérentes à la veille de la guerre, une organisation comme la Ligue d'action féminine catholique représente une force considérable. Contre l'éducation physique des jeunes filles, les responsables diocésains convoquent, pêle-mêle, le risque de masculinisation des femmes, le spectre de l'androgynie et de la « garçonne », l'inaptitude physiologique du corps féminin à la gymnastique, les dangers moraux de l'entraînement mixte et, sur le plan social, un manquement à leurs devoirs qui sont de se préparer à être bonne épouse et bonne mère de famille.

Bastion de la résistance à la vague culturiste, l'enseignement libre catholique fait tout ce qu'il peut pour diluer l'EGS, l'adapter à sa pédagogie spécifique, quand il n'en écarte pas purement et simplement les disciplines qui lui paraissent impudiques et contraires à ses principes. En Vendée où les écoles libres scolarisent plus de 60 % des élèves, le préfet doit multiplier les injonctions à l'égard des établissements qui refusent d'inscrire l'éducation physique dans leurs programmes[16]. Maîtres en casuistique, les préfets des études se livrent à une interprétation captieuse des instructions concernant l'EGS féminine qui leur permet de la transformer en activités ménagères ou en cours de secourisme. C'est impunément que Mgr Gaillard, l'archevêque de Tours, peut rappeler dans *La Semaine religieuse* du 28 novembre 1941 que « toute exhibition féminine d'éducation physique doit être écartée » et que les « concours mixtes d'éducation physique sont formellement interdits[17] ». Impunément aussi que le *Bulletin des écoles libres* du diocèse de Viviers-en-Ardèche stipule que « le costume ne sera pas réduit à l'excès. Certains exercices, peu convenables à la modestie féminine, et d'ailleurs nullement indispensables, seront évités[18] ». Plus subtils, Mgr Beaussart, le président du Comité national de l'enseignement privé, et l'abbé de La Serre, à la tête de l'Union générale et sportive de l'enseignement libre (UGSEL), s'emploient, au niveau national, à aplanir les différends avec l'administration vichyste, arguant de la parenté entre l'EGS et le scoutisme d'une part et, d'autre part, de l'expérience déjà ancienne acquise par l'école libre en matière d'éducation générale. Une ligne d'apparent compromis sort de l'assemblée des cardinaux et évêques de France réunie le 24 juillet 1941. L'objectif est de spiritualiser l'éducation physique et de l'intégrer dans un plan général de formation chrétienne en échange d'une autonomie accrue pour les établissements privés. La stratégie va se révéler payante. Par une lettre de Borotra, datée du 28 février 1942, à Mgr Beaussart, la Fédération gymnastique et sportive des patronages de France (FGSPF) et sa filiale, l'UGSEL, se voient officiellement confier la responsabilité d'organiser l'EGS dans l'enseignement libre ainsi que la formation des maîtres d'éducation générale, des moniteurs et monitrices d'éducation physique. La victoire semble définitive lorsque l'enseignement catholique obtient, par la loi du 2 novembre 1942, que les écoles privées soient libres d'organiser leurs propres programmes et d'utiliser leurs propres méthodes d'enseignement. L'école laïque, elle, n'aura pas cette chance.

Duplicité cléricale : en s'opposant à la tyrannie du sport promu religion d'État, l'école libre n'est pas simplement mue par des considérations doctrinales ou éthiques. Elle a très vite perçu tout le profit à tirer de la réorganisation des programmes de l'école publique auprès des parents d'élèves que rebute la trop grande place faite à l'éducation physique et aux activités dirigées. À ceux-ci, elle fait valoir le sérieux et la qualité de son enseignement fidèle aux matières classiques, la pérennité d'une pédagogie qui a fait ses preuves face aux innovations imprudentes et moralement dangereuses de l'école laïque. L'argument n'est pas sans impact et contribue au reflux d'un certain nombre d'élèves vers le privé. À partir de 1941, l'enseignement confessionnel enregistre une croissance régulière de ses effectifs. Cette progression est d'abord due à l'octroi par le gouvernement de subventions publiques (lois du 6 janvier et du 2 novembre 1941) qui soulagent financièrement les familles, mais il faut y voir aussi les effets de la crispation d'une France rigoriste ou puritaine à l'égard du sport roi. Le résultat est là : entre 1939 et 1943, le nombre d'élèves scolarisés dans les écoles primaires libres passe de 17,7 % à 22,6 % du total[19].

S'il n'y avait que l'Église à lutter contre les nouveaux programmes et la généralisation du sport à l'école ! Mais le gouvernement doit aussi compter avec l'hostilité croissante des parents qui y voient une charge de travail supplémentaire et, surtout, une source de surmenage pour leurs enfants dans une période où, du fait des restrictions, ceux-ci souffrent d'une sous-alimentation chronique. S'ajoutent à cela la défiance des Allemands envers une entreprise qui leur apparaît, non sans raison, d'essence nationaliste voire militariste, le manque de moyens en personnel et en infrastructures sportives, les réticences d'une partie des enseignants motivées tantôt par le souci de préserver la prépondérance et le prestige des matières classiques, tantôt par des raisons purement idéologiques. Tirant les conséquences de ce feu roulant de critiques, la circulaire du 25 octobre 1941 avait déjà réduit l'éducation générale et sportive à trois heures hebdomadaires pour les garçons, deux pour les filles. Avec l'arrivée de Pascot, coiffé d'un nouveau ministre de tutelle en la personne d'Abel Bonnard, l'EGS ne change plus de contenu mais d'orientation. Elle s'adorne d'un volet « moral », cache-sexe d'une volonté d'embrigadement de la jeunesse par l'école. « Notre principe, proclame le premier, est de saisir l'individu partout. » Pour le second, la régénération et l'exaltation des corps s'inscrivent dans la perspective d'une mobilisation idéologique de l'école au service du nouvel ordre européen.

Est-ce cet ultime avatar qui contribuera à sceller le sort de l'EGS auprès des chefs de la Résistance ? Les anciens collaborateurs de Jean Zay, comme Marcel Abraham, pourront difficilement attaquer de front le développement des activités physiques à l'école dont le principe avait été introduit par le Front populaire. Ils s'en prendront aux visées idéologiques sous-jacentes à cet enseignement, s'indignant du rôle qu'y jouent les militaires. Sans trop de nuances, la propagande communiste dénoncera à travers l'éducation physique un dressage destiné, comme l'écrira *L'Étudiant patriote*, à « diminuer le niveau intellectuel de la jeunesse française » et à promouvoir l'avènement de « brutes militarisées » dans le droit fil de la tradition prussienne. Ceux des résistants qui ne sont guère soucieux de défendre l'héritage de 1936 se montreront tout aussi hostiles à l'EGS. Au terme d'une série d'articles, *Combat* conclut qu'il vaudrait mieux s'efforcer de nourrir la jeunesse que de lui « imposer le fardeau inutile des activités physiques », tandis que *Libérer et fédérer* présentera la « promotion envahissante des activités physiques et manuelles[20] » comme l'organisation en règle d'une chasse à l'intelligence. Aux termes d'une ordonnance du 2 octobre 1943, le gouvernement d'Alger déclarera nulles et non avenues la plus grande partie des lois vichystes sur le sport.

Chantiers et Compagnons : une ardente jeunesse

L'éducation générale et sportive n'est pas la seule création de l'État français à faire l'objet de détournements subreptices. Souci constant des hommes de Vichy, la politique de la jeunesse est à l'origine, elle aussi, pavée de bonnes intentions empruntées, pour la doctrine, au catholicisme social, et pour la méthode, au scoutisme. La création, le 6 septembre 1940, d'un Secrétariat général à la jeunesse (SGJ) rattaché à l'Instruction publique a une double fonction : prendre en charge cette catégorie de population en l'encadrant étroitement dans un maillage d'organisations à but éducatif et civique d'une part, et d'autre part, associer la jeunesse en tant que symbole de renouveau à l'image de la Révolution nationale. Dans cette perspective et selon une pratique tôt établie de culpabilité sélective, la mission qui incombe à la jeunesse n'est pas tant de remplacer la génération des aînés que de se démarquer des « pseudo-jeunes » d'avant-guerre auxquels le régime fait plus volontiers porter la responsabilité de la défaite. Par bien des aspects, le discours du premier Vichy est imprégné de références au personnalisme chrétien de la revue *Esprit* qui associe le respect de la personne au service de la communauté contre la « double erreur » du collectivisme et de l'individualisme[21]. Il ne s'agit plus d'être « léger, libertin, railleur, sceptique et folâtre », mais de retrouver les chemins de la discipline et de l'effort. Partition monocorde que la presse catholique interprète systématiquement un ton au-dessus : « Nous ne voulons plus voir traîner dans les rues de nos villes, peut-on lire dans *La Croix*, des jeunes gens aux démarches alanguies, aux tenues mollement débraillées, au langage tristement vulgaire. Nous ne pouvons plus supporter ces petits crevés dont l'unique ambition était de s'asseoir au café, de céder à tous les désirs troubles et de se coucher tard, satisfaits d'une journée creuse[22]. »

Par opposition à cette jeunesse dépravée, aboulique, démissionnaire, un nouveau type de jeune Français doit naître sur les ruines de l'ancien système : « La régénération des jeunes Français doit s'annoncer par des signes certains, une autre présentation de soi-même, une autre tenue, un autre style, la propreté, la netteté, la bonne grâce et une fermeté sans raideur, une souplesse sans abandon, et tout d'abord la correction [...]. Tandis que les divers peuples d'Europe dressent des jeunesses monumentales, qui ne sont que la façade que chacun d'eux tourne vers l'aurore, comment concevrait-on une jeunesse de France boudeuse ou rétive, toute en retrait quand il faut être en relief, et qui ne fait que manifester notre absence[23] ? » À des centaines de milliers d'exemplaires, l'iconographie vichyste en reproduit la silhouette idéale : un regard clair, une profil net et ferme qui suggèrent la droiture du comportement et le polissage des disciplines intérieures. Ce jeune, on le souhaite franc et disponible, on le veut pur et chaste, car la chasteté, loin d'être une vertu stérilisante, est, au contraire, une « qualité éminemment virile et dynamique », un supplément d'énergie au service de la patrie mutilée et souffrante. Enfin, on cherchera à développer en lui les valeurs masculines d'audace et d'opiniâtreté, de conquête et de bravoure, de combativité et de fierté devant l'adversité, celles-là mêmes qui ont tant fait défaut pendant la campagne de France. Bref, une propédeutique de réinvestissement de la fonction guerrière sur quoi fonder un « ordre viril ». Quelques maximes bien choisies de Lyautey, Montherlant, Kipling ou Saint-Exupéry composeront le codex de cette éthique du dépassement de soi. On l'a compris à ce qui précède : à travers la formation des jeunes, l'enjeu est d'imposer une pensée d'État sur l'identité masculine où la notion de « virilité » devient synonyme de perfection et de maturité, de civisme et de santé morale. « En ce sens, écrit Jean-Jacques Chevallier dans une brochure à destination des cadres de l'école nationale d'Uriage, le viril s'oppose bien entendu au féminin, et aussi à l'enfantin et aussi au sénile, soit à toutes les formes de faiblesse, si gracieuses et si touchantes par ailleurs qu'elles puissent être [...]. La parole est femelle ; mais l'acte est mâle, dit un proverbe arabe Vous aurez, chefs, demain, à reconstituer un ordre mâle, un ordre viril[24]. » À la différence de l'EGS et à quelques nuances près, ce programme comble les vœux de l'Église. Tout comme le modèle choisi pour le mettre en œuvre, en ceci qu'il réfute la « jeunesse unique » sur le mode totalitaire au profit d'une « jeunesse unie » dans laquelle chaque mouvement est censé trouver sa place à condition qu'il respecte l'« esprit Maréchal ». Assez vite cependant, derrière l'emphase des mots, une fois dissipées les vapeurs de la rhétorique officielle, se révèle un arrière-plan moins édifiant que la chanson de geste inscrite à l'ordre du jour. C'est que, ici comme ailleurs, l'histoire s'écrit durant toute la période sous la tension constante entre les principes affichés par la Révolution nationale qui conjugue austérité et ascèse, et ce formidable appétit de vivre en dépit ou à cause même des circonstances, cet attrait irrésistible du plaisir immédiat, du plaisir dérobé aux malheurs du temps qui sourd par tous les interstices du quotidien.

La dérive des Compagnons de France en constitue une illustration parmi d'autres, mais celle-là, combien significative. À leur création, le 28 juillet 1940, les Compagnons ont tout pour agréer à ces puissances tutélaires que sont l'État français et l'Église catholique : une référence au compagnonnage médiéval et un chef, Henri Dhavernas, ancien commissaire national des Scouts de France. Leur projet ne manque ni d'ambition ni de pertinence : rassembler les jeunes chômeurs des milieux populaires et les jeunes réfugiés, coupés de leur foyer depuis l'exode ou bien dans l'impossibilité de retourner dans leur département d'origine en zone interdite. Se présentant au départ comme une œuvre de « sauvetage public », les Compagnons, organisés en « compagnies » à plein temps où à temps partiel, ne font pas qu'offrir un uniforme à leurs jeunes recrues vêtues d'une chemise bleue frappée d'un coq blanc sur fond rouge, ils leur procurent également une occupation dans des centres de pré-apprentissage ou dans des camps où ils sont employés à des travaux d'intérêt général. Sauver les jeunes du désœuvrement – il en passera plus de 30 000 chez les Compagnons de France – est un service inappréciable dans un pays à l'économie désorganisée et dont le tissu social craque de toutes parts. Le « maître compagnon » Dhavernas en tirera un prestige éphémère et des subventions plus durables à la hauteur de la mission que cet inspecteur des Finances se proposait d'accomplir avec le concours de jeunes cadres aux talents aussi divers que prometteurs, comme Félix Gaillard, Paul Delouvrier, Maurice Clavel ou encore Pierre Poujade[25].

S'ils s'acquittent avec un certain succès de la tâche qui leur est dévolue, du moins jusqu'à ce que le Service du travail obligatoire (STO) ne vienne, à partir de 1942, décimer leurs rangs et la Résistance débaucher leurs chefs, les Compagnons ont vite fait cependant d'acquérir une réputation de turbulence aux antipodes de l'ascèse que Vichy avait programmée pour eux en les cantonnant à l'écart des villes et de leurs « plaisirs fallacieux ». Le pieux et prude Henri Dhavernas en sera la première victime, à qui le ministre Jacques Chevalier reprochera pêle-mêle une rencontre (imaginaire) avec Laval et Déat à Paris et des infiltrations communistes (plus vraisemblables mais non prouvées) au niveau des cadres subalternes[26].

Par vocation, le mouvement se doit de recueillir les jeunes en difficulté, des « garçons difficiles », pour reprendre le titre d'un article du docteur Mathis dans *Le Chef Compagnon*, peu enclins par nature ou faute d'éducation aux disciplines sociales[27]. En d'autres termes : les nouvelles classes dangereuses brutalisées par la guerre et les retombées de la défaite. Ce que reconnaît sans ambages le bimensuel doctrinal *Métier de chef* : « On ne faisait évidemment pas passer d'épreuves d'incorporation à nos Compagnons ; on ne les triait pas sur le volet, et c'était parfois aux dépens des poulaillers du voisinage, des employeurs de nos compagnies ou de la vertu des filles[28]. » Parfois ? Les rapports des préfets, tout au long des années 1941 et 1942, utilisent d'autres adverbes. On y mentionne au passif des compagnies mal encadrées et mal ravitaillées, d'innombrables plaintes pour vols et cambriolages, des attitudes frondeuses ou subversives ponctuées par le chant de *L'Internationale*. S'appuyant sur le dépouillement de leur correspondance par le contrôle postal, le préfet de l'Ardèche résume assez bien, dans son rapport du 31 mai 1941, l'état d'esprit de ces jeunes recrues : « Il semble qu'ils restent indifférents à tout et ne pensent qu'à s'amuser, danser, boire, critiquer. Les groupements de jeunesse ont beaucoup à faire pour lutter contre la paresse, l'ivrognerie et la débauche[29]. » Sous les dehors d'une propagande qui les représente « une fleur au chapeau, à la bouche une chanson », ils ont, plus souvent qu'à leur tour, recours à d'autres arguments et à d'autres armes. L'article du « Code d'honneur des Compagnons » qui intime d'être « gai, sobre et propre, chevaleresque avec les femmes » est celui qui, au quotidien, souffre du plus grand nombre d'entorses. C'est ainsi que l'activité de la compagnie basée à Saint-Jean-Soleymieux (Loire), dans l'ancien couvent des sœurs de Saint-Joseph, donne lieu à un rapport indigné du préfet en juillet 1942 : « On peut les trouver errant sur les routes, à toute heure de la nuit. Ils achèvent de dévoyer quelques filles, et lorsqu'ils rencontrent une fille bien née, telle par exemple que la jeune institutrice de Marols, ils l'accostent et l'accablent de tant d'obscénités que cette jeune fille ne veut plus se trouver sur la route dès que le soir arrive. » Mêmes griefs dans une lettre datée du 20 mars 1942, interceptée par les services du contrôle postal, dans laquelle un jeune Aveyronnais explique les motifs qui lui ont fait abandonner la compagnie d'Espalieu : « Les éléments ont été pour la plupart recrutés parmi les jeunes dont le genre est un peu spécial. En général, la moralité n'est pas très bonne et est même presque scandaleuse, tant par l'attitude que par les propos de ces Compagnons, comme cela s'est produit encore dernièrement lors d'un feu de joie qui s'est fait au foirail et où l'on a fait chanter des chansons tout à fait grivoises à de tout jeunes cadets[30]. »

Si ce n'est pas chez les Compagnons de France, où donc peut-on rencontrer ces jeunes Français épris de renaissance nationale, aux regards clairs et droits, aux corps endurcis par la pratique du sport et le contact quotidien avec la nature que les pétainistes blanchis sous le harnais célèbrent comme la « fleur de la race » ? Aux Chantiers de jeunesse ? Assurément, les Chantiers figurent en bonne place parmi les creusets de l'ordre nouveau. C'est le laboratoire où Vichy tente de reconstruire un modèle masculin en lui inculquant le culte de l'attitude, de l'allure et de l'engagement : « Sois un homme fort, viril... Sois français ! » Il semble pourtant qu'au final, l'aventure des Chantiers de jeunesse ait davantage laissé le souvenir d'un substitut du service militaire – ce qu'ils furent en réalité – que de la « nouvelle chevalerie » dont rêvaient leurs concepteurs. L'idée est née d'une urgence : que faire des quelque quatre-vint-six mille hommes des classes 39/2 et 40/1 que la défaite a jetés sur les routes, débraillés et hagards, dans un état de semi-vagabondage ? Ancien commissaire des scouts d'Île-de-France, la veille encore commandant du VIIe corps d'armée, le général de La Porte du Theil – « un polytechnicien de plein air », selon la formule de Maurice Martin du Gard – se voit confier la mission de récupérer et d'encadrer ces jeunes à la dérive. Pour tourner la convention d'armistice qui interdit le service militaire et n'autorise qu'une armée de cent mille hommes exclusivement affectés au maintien de l'ordre, il imagine un système d'accueil qui combine les idéaux du scoutisme et la discipline militaire avec l'idée d'un service civil. Ainsi naissent, par décret du 31 juillet 1940, les Groupements de jeunesse que la loi du 18 janvier 1941 pérennise sous le nom de Chantiers de la jeunesse française.

En théorie, tous les jeunes en âge d'être appelés sous les drapeaux doivent y accomplir un service national obligatoire d'une durée de huit mois. En pratique, seule la zone libre est concernée, car les Allemands ont immédiatement interdit en zone occupée ce qui, malgré les subterfuges administratifs, leur apparaît comme une organisation paramilitaire, l'embryon d'une armée de la revanche susceptible de participer au camouflage de matériel et au recyclage des officiers surnuméraires. L'implantation géographique des Chantiers obéit au principe de la vie au grand air, cadre naturel pour une rééducation intensive des corps selon la méthode de l'hébertisme que Vichy, on l'a vu, a mis également au programme des écoles. Chaque groupe (cent cinquante à deux cent vingt hommes) constitue un camp particulier, volontairement éloigné de toute ville et des autres camps. Le choix de l'isolement participe du mythe d'une régénération radicale. L'heure est à la fabrication de nouvelles sociabilités, moins artificielles et plus solides que celles dont la débâcle de juin 1940 a consommé la faillite. Au contact de la nature rédemptrice, les jeunes ne pourront que mieux se détacher de l'existence facile, préservés qu'ils seront des tentations du « nihilisme mesquin et jouisseur ». Seule femme à partager la vie des camps, l'infirmière n'y a été admise qu'au terme d'un vif débat en raison des « attentions maternelles » et des soins qu'elle est à même de dispenser aux jeunes hommes, mais à condition qu'elle ait « une attitude et une tenue parfaites ne prêtant à aucune équivoque ». Installées au niveau des provinces, les assistantes sociales n'arrivent qu'au début de l'année 1941. Leur mission est d'épauler les jeunes dans leurs difficultés personnelles et familiales, de les aider à se reclasser dans la vie à la sortie des Chantiers, de coopérer à la prévention des fléaux sociaux au cours des visites épisodiques qu'elles effectuent dans les camps. Pas de quoi perturber l'« ordre viril » que les chefs s'efforcent de bâtir par le dressage à la discipline individuelle et collective et par l'endurcissement des corps.

Comme tant d'autres, le général de La Porte du Theil a été marqué par la débauche à laquelle s'était abandonnée l'armée de la « drôle de guerre », il en a tiré des leçons, il les applique. Dans son esprit, il est clair que l'apprentissage des vertus militaires chez les jeunes recrues passe par un contrôle de leur sexualité. C'est à cette aune qu'il mesure l'efficacité de son action lorsqu'il se félicite en février 1941, dans un rapport annexé au *Bulletin périodique officiel*, qu'après seulement quelques mois d'expérience, les Chantiers aient un taux de contamination vénérienne dix fois moindre que celui des autres collectivités comparables[31]. Il est vrai que tout, dans la stricte discipline et l'emploi du temps auxquels sont astreints les appelés des Chantiers, a été conçu pour tempérer leur ardeur sexuelle. Après des journées consacrées à des travaux ruraux ou forestiers consommant une grande débauche d'énergie, qui aurait encore la force de s'employer à autre chose ? Comme l'écrit l'aumônier de la province d'Auvergne, l'objectif des Chantiers est d'apprendre aux jeunes la « maîtrise d'un corps d'homme, d'un corps en qui les hurlements des sens ne sont plus artificiellement exagérés par un régime amollissant ou échauffant, mais ramenés, par une hygiène de dureté, d'exercices, de grand air, d'eau froide, à leur juste mesure[32] ».

Pourtant, La Porte du Theil n'est pas dupe de la précarité des résultats obtenus à l'heure où il lui faut dresser le bilan d'un an de commandement. « La vie très active au grand air, note-t-il, l'absence des causes habituelles d'une excitation factice ont calmé des instincts qui se donnaient libre cours dans nos villes et nos villages ; mais l'occasion se présentera à la sortie des Chantiers ; il est certain que cette période n'aura été qu'une pause[33]. » Il n'empêche : la référence constante à un humanisme chrétien, la présence nombreuse d'aumôniers – cent cinquante au total –, la continence imposée aux recrues font des Chantiers de la jeunesse l'œuvre éducative sans doute la plus conforme aux aspirations initiales de ses tuteurs vichystes. On aurait tort cependant de n'y voir qu'« une bande de puceaux de sacristie » (*Je suis partout*), que le « paradis des adjudants » (*La Gerbe*), ou de ne retenir à leur propos qu'un « péguysme de pacotille » (Thierry Maulnier), qu'« un naturisme ingénu et végétal » (Emmanuel Mounier). À l'image de l'armée, ils ont développé auprès des trois cent vingt-neuf mille jeunes qui y ont transité de 1941 à 1944 une mystique et un esprit de corps avec tous les excès propres à la vie communautaire de jeunes hommes à la sève bouillonnante. Au cours de la première année, l'afflux des plaintes qui remontent au Secrétariat général à la jeunesse pose à plusieurs reprises la question d'une dissolution des Chantiers. En milieu rural où cet appoint de main-d'œuvre gratuite aurait dû être accueilli comme un heureux palliatif à la pénurie d'hommes – cinq cent mille agriculteurs sont alors prisonniers en Allemagne –, l'installation des camps provoque des réactions mitigées puis franchement hostiles. Propriétaires et fermiers se plaignent des vols et des razzias, au point d'évoquer un retour des « grandes compagnies », ces hordes armées qui terrorisaient les campagnes au Moyen Âge. En dépit d'un commandement trié sur le volet et formé par les écoles de cadres à un culte exacerbé de l'attitude, les chefs ne sont pas tous les icônes persuasives qu'ils devraient être en matière de continence et de chasteté. Ici, ce sont deux demoiselles de Picarreau (Jura) qui, le 30 août 1940, se plaignent des « chansons obscènes » interprétées par les jeunes des Chantiers à l'occasion d'une représentation en l'honneur des villageois. « La population a été écœurée, commentent-elles, d'autant plus que les chefs applaudissaient[34]. » Là, c'est une habitante de Narbonne, un « cœur de mère qui souffre », qui, le 24 juin 1942, s'épanche dans une lettre au Maréchal : sa fille a été séduite par l'un de ces officiers des Chantiers qui courent la ville, y flirtent beaucoup, y compris avec « quelques jeunes femmes de la meilleure société », manifestant la plus grande indifférence tant à l'égard des remontrances de leur hiérarchie qu'envers les reproches de la population locale à la fois outrée et blessée. Si, en majorité, les jeunes s'ennuient aux Chantiers, supportent difficilement les conditions frugales et les contraintes de la vie communautaire, résistent tant bien que mal à l'indigestion de chant choral, à la contagion des veillées à la lueur des feux de camp, il en est qui y trouvent d'autres nourritures.

Incorporé dans l'armée moins de trois semaines avant l'armistice, puis affecté au Chantier de Cavaillon, dans le Vaucluse, où il arbore fièrement sur les épaules les deux bandes vertes de chef de groupe, Stephen Hecquet est de ceux-là. Ce qui le séduit dans les Chantiers, c'est un ordre masculin fondé sur le « sain épanouissement » du corps, et non sur l'« absurde continence », une microsociété d'hommes dont la camaraderie naît de l'émulation, des exercices qui trempent le caractère et des épreuves librement consenties en commun. À son initiative, la petite troupe qu'il commande a balayé les quelques « louveteaux à poils mous », porte-parole du « scoutisme à la braguette nouée » que La Porte du

Theil, le « vieux routier de Châtelguyon », leur avait initialement dépêchés[35].

Pour Hecquet, la première des vertus guerrières est dans l'allure. L'armée française écrasée par les légions bottées du Reich n'était qu'un ramassis de « troufions, le calot sur l'oreille, la ceinture déboutonnée, la godasse nonchalante, le lazzi à la bouche ». Tenue impeccable, regard droit, menton volontaire, claquement de talons, pas cadencés : la virilité est affaire d'attitude, de postures, surtout quand il s'agit de faire oublier à ces hommes qu'ils n'ont pas d'armes. Et pour certains, au début, pas même d'uniformes, mais la nudité à vingt ans n'est-elle pas « le plus noble et le plus flatteur des uniformes » ? Une instruction réglée, qui vise à relégitimer la domination masculine, prend leur corps pour cible. Au bout de quelques semaines de ce dressage, le « chef » Hecquet a derrière lui les « plus triomphants des garçons ». Sa fierté ? Ce jour où les petits paysans provencaux, ébahis et craintifs, les ont pris pour des soldats allemands. Pourtant la petite troupe n'a ni casques, ni bottes, ni ceinturons. N'importe, la détermination qui se lit sur les visages est celle des conquérants : « Ces garçons qui, d'une même voix, faisaient résonner à la face de leurs compatriotes stupéfaits l'orgueil de leur uniforme, celui de leur jeunesse et de leur virilité, ces garçons – à dessein je viens d'employer le mot virilité – ouvrant les villages comme autant de femmes à conquérir, ces garçons n'étaient pas différents de ceux qui, la veille encore, se seraient crus déshonorés de suivre la cadence et d'y prendre plaisir[36]. » Y aurait-il, pour qui sait en user, des défaites plus exaltantes que des victoires ?

Les belles images de la propagande pétainiste

Avec la jeunesse, une fois encore, le paradoxe de l'ordre moral vichyste est à son comble. D'un côté des lois qui organisent, contrôlent, répriment les activités des jeunes, de l'autre une propagande qui, involontairement et inconsciemment, les incite à toutes les transgressions. À côté de l'icône Pétain, sur l'autel de la Révolution nationale, la belle image de la jeunesse maréchaliste occupe une place d'honneur et le culte que lui rendent les pontifes du régime n'est pas loin de soutenir la comparaison avec celui qu'on prodigue à l'ancêtre. Jamais État, en France, n'aura autant célébré l'excellence du corps masculin, autant créé d'occasions de faire parader sa beauté en public, autant exposé son image à tous les regards. Qu'importe si la jeunesse, anémiée par les restrictions, ne correspond que très imparfaitement à la représentation idéale que Vichy s'emploie à en donner. Ce qui compte ici, c'est la projection et la mise en scène d'une virilité juvénile, orgueilleuse, triomphante, qui ne laisse rien ignorer du galbe des mollets ni du fuselage des muscles ; une surproduction qui laisse loin derrière l'imagerie d'Épinal que certains artistes, tel Gérard Ambroselli, s'échinent à réactiver à l'usage des cœurs purs et des âmes enfantines. À mi-chemin d'une fiction antiquisante et de l'iconographie athlétique des pays totalitaires, le sport est esthétisé, valorisé du point de vue artistique en tant que lien des énergies vitales du pays et expression d'une nouvelle culture populaire opposée aux abstractions déréalisantes de l'intellectualisme.

Mis au service du sport, l'art apparaît comme un espace de revanche, une arme de reconquête de la fierté nationale : « L'art ne doit pas traduire ce que nous sommes, affirme René Borelly dans le premier numéro de sa revue *Atalante*, mais ce que nous voulons être : exprimer le courage, l'énergie, la santé morale et physique, nous rendre le culte de la Beauté[37]. » Au musée Galliera (*Le Sport dans l'art*, mars 1941), au Salon d'automne, au pavillon de Marsan à l'Orangerie : un peu partout, des expositions dressent leurs paysages de corps sportifs alliant force et beauté selon l'idéal antique. La plus imposante, inaugurée le 7 février 1942 par Jérôme Carcopino et Jean Borotra à l'hôtel de ville de Vichy, rassemble autour du thème « L'Art et le Sport » les œuvres des artistes les plus cotés de l'époque : Vlaminck, Dufy, Dunoyer de Segonzac, Yencesse, Savignac, Belmondo, Gromaire, Desnoyer, Luc-Albert Moreau. Tout est prétexte à exalter la pure plasticité du corps masculin, de type apollinien, façonné et sculpté par le sport régénérateur. Si la présence d'un torse mâle avantageusement mis en valeur sur les affiches primées de Pellos, Villemot et Mercier, dans le cadre du concours destiné à illustrer le nouveau « serment de l'athlète », se justifie pleinement, on peut se demander de quel imaginaire relèvent le buste musculeux et entièrement dénudé d'un jeune homme illustrant une campagne en faveur de l'hygiène (affiche de Bernard, 1942) ou la pose dynamique d'un magnifique athlète blond aux épaules vigoureuses, à la taille mince figurant en surimpression sur le profil casqué d'un poilu (affiche de Coudon, août 1941) à l'occasion du premier anniversaire de la Légion française des combattants[38] ?

Dans une ambiguïté qui laisse perplexe, la propagande vichyste fonctionne comme une fabrique légale d'images homoérotiques qu'elle répand à profusion à travers le pays, s'adjugeant de fait une sorte de monopole d'État en même temps qu'elle censure avec une sévérité sans égale les publications à caractère pornographique, fait la chasse aux imprimeurs de revues licencieuses et incrimine la responsabilité des écrivains pédérastes dans la genèse de la défaite. L'affiche de Feullie (1941), qui invite les jeunes à venir passer leurs vacances aux champs, chez les Compagnons de France, montre un corps d'athlète émergeant de sa chrysalide de citadin chétif. De la même période date une composition photographique de Quinto Albicocco à la gloire des Chantiers de la jeunesse, représentant en contre-plongée une phalange de jeunes hommes en culottes courtes, torse dénudé, le poing virilement vissé à la hanche, le regard levé vers un ciel où apparaît en filigrane le visage de Pétain. La répétition à l'infini de ces icônes suscite une extrême vigilance de la part des censeurs qui ne tolèrent pas la moindre représentation non conforme à l'idée qu'ils se font de la jeunesse maréchaliste. La circulaire du 10 septembre 1941 en fait foi. Elle proscrit le flou et le mou : « Toute photographie ne présentant pas la troupe, les Compagnons de France et même la jeunesse dans une tenue mâle et correcte doit être éliminée (hommes mal coiffés, débraillés, sales, tenues et allures négligées, etc.)[39]. »

Les photos des magazines valorisant les corps en mouvement par de subtils contrastes d'ombre et de lumière ainsi que des cadrages en contre-plongée, des documentaires comme *L'Appel du stade* (1941) de Marcel Martin, le premier court-métrage documentaire produit sous les auspices du Commissariat à l'éducation générale et sportive, *Autour de la piste* de Pierre Laffont, *Vive la natation* de Serge Griboff complètent ce « bel atlas humain », ce « recueil pieux de jeunes corps français » auxquels le critique littéraire André Fraigneau et quelques autres dans le sillage d'un Montherlant, vibrant panégyriste des *Olympiques*, se montrent particulièrement réceptifs[40]. La surexposition du corps masculin, l'apologie de la virilité ne s'arrêtent pas à la seule célébration du sport, elles affectent également l'iconographie des mouvements de jeunesse placés sous le contrôle direct ou dans l'orbite du régime. Dans la production du Service du cinéma, le jeune est l'acteur principal, qu'il soit filmé dans le cadre du stade (*Le Serment de l'athlète*), de l'école (*Le Sport à l'école*), à la mer (*Jeunesse de la mer*), à la campagne (*Jeunes de France*) ou à l'assaut des cimes (*Jeunes en montagne*) : il est au centre de toutes les mises en scène de l'« homme nouveau »[41]. Pour rétablir le primat du masculin par un effort de rénovation physique et morale, pour séduire et convaincre la jeunesse des bienfaits de la vie en plein air et de l'effort sur soi-même, le documentaire de propagande mise sur le pouvoir des images, leur capacité à susciter des comportements mimétiques, leur force d'entraînement sur de jeunes esprits particulièrement malléables, leur charge émotionnelle habilement exploitée dans une construction spectaculaire combinant surimpressions et fondus enchaînés. Le rôle fédérateur de ces courts-métrages est aussi considérable que leur impact sur les mentalités. Diffusés en première partie des séances de cinéma depuis que la loi du 16 octobre 1940 a mis fin au double programme, ils atteignent également les campagnes les plus reculées grâce aux tournées qu'organise le Commissariat général à l'éducation générale et au sport (CGES) à l'aide de cars spécialement équipés d'une cabine de projection.

D'une certaine manière, le scoutisme dans sa version française, initiée en 1921, aura servi de laboratoire à l'humanité régénérée à laquelle aspire la Révolution nationale, en ce sens qu'il a très tôt associé l'éducation des corps à une spiritualité rugueuse, la douche froide à l'eau bénite. Dans le nouveau type masculin que s'employaient à forger les R.P. Jacques Sevin et Paul Doncœur, les deux jésuites fondateurs du mouvement, l'apparence était signe de transcendance, la beauté du corps se devait de révéler l'être dans sa beauté intérieure. C'était la première pierre, ontologique, d'une théologie politique. Adepte d'une éducation totale englobant le corps et l'esprit, l'hygiène et la santé morale, les exercices physiques et les jeux scéniques, l'ivresse goûtée d'un retour à la nature et les appels enflammés à la croisade, le sens du service et la fascination pour la chevalerie médiévale, la mystique scoute se donnait pour objectif, appuyé sur le magistère suprême de l'Église, de créer un nouveau type masculin : l'homme de la « splendeur humaine par le christianisme intégral ». À partir de juin 1940, les scouts sont portés au pinacle. La pastorale vichyste en fait les éclaireurs des temps nouveaux. Leurs anciens chefs sont partout : La Porte du Theil et le R.P. Forestier, respectivement commissaire général et aumônier national des Chantiers de jeunesse, Dhavernas en « maître compagnon », le scoutmestre Lansaye en charge de la propagande au cabinet du Maréchal, Goutet à la direction de la jeunesse, Schaeffer à la tête du mouvement culturel Jeune France. Lors des déplacements du Maréchal, ils forment l'ornement des cérémonies pétainistes, une sorte de garde d'honneur traitée à l'égal d'une troupe d'élite. Durant la période de l'Occupation, les effectifs des six grandes associations scoutes, fédérées en septembre 1940 dans une organisation nouvelle, le Scoutisme français, passent de quarante-deux mille à cent soixante mille membres, alors même que le mouvement n'est que toléré en zone Nord par l'administration militaire allemande.

Un homme est à l'origine de la révolution esthétique qui bouleverse l'image du scoutisme et des scouts, un homme dont l'œuvre est pour beaucoup dans l'attrait croissant que le mouvement va exercer sur les jeunes et sur la nouvelle génération de chefs appelés à les encadrer. Il s'appelle Pierre Joubert[42]. Diplômé de l'École des arts appliqués, il a donné ses premiers dessins à *L'Illustration* à l'âge de dix-sept ans. À la fin des années vingt, son goût de l'action, une irrésistible dilection pour les petites communautés et l'esprit clanique le font mener de front deux engagements qui lui apparaissent un court moment complémentaires : il est chef de patrouille scoute à la 14e Paris et Camelot du roi. Finalement, le scout s'avère plus tenace que le fantassin de la cause monarchiste. En 1927, Pierre Coze le fait entrer comme illustrateur bénévole à la revue *Le Scout de France*, organe officiel du scoutisme catholique. En quelques traits aériens, le crayon iconoclaste de Joubert crée un nouveau style lumineux, insolent, débarrassé de toute mièvrerie comme de l'académisme sulpicien de la presse catholique. Au fil des saynètes, des croquis, la silhouette scoute s'épure, s'allège, se dévêt. Joubert fait valser les capes, raccourcit largement la culotte, dégage le foulard que l'on serrait traditionnellement jusqu'à la pomme d'Adam. Mains aux hanches ou bras croisés, appuyés à un tronc d'arbre ou dressés sur quelque éminence, les scouts de Joubert ont l'air de défier, en les éclaboussant de toute leur grâce juvénile, les vieux chefs aux poils grisonnants, aux jambes torses et aux mollets de cigogne. La direction du mouvement fronce les sourcils, des commissaires pudibonds qui en tiennent pour le harnachement protecteur du premier uniforme réclament la tête de ce dangereux révolutionnaire. Il faudra attendre l'Occupation raréfiant toute espèce de tissu pour que le débat soit tranché et que le costume scout imaginé par Joubert s'impose pour de bon. Le « clan des jambes nues » a définitivement investi la place.

Entre-temps, cet amoureux des formes, devenu illustrateur officiel de mouvement, a été sollicité par Guy de Larigaudie pour rehausser de son graphisme les premiers ouvrages de littérature scoute (*Le Roi de Torla, Huit scouts sur un bateau, Le Foulard de satin*). Toute l'esthétique des Scouts de France est déjà là : une stylisation géométrique qui mélange art déco, flamboyant néomédiéval et réalisme idéalisant. C'est alors qu'il accomplit son service militaire au 158e d'infanterie à Strasbourg que le commandant de son régiment, le colonel de Verdilhac, à la demande duquel il vient de décorer le mess des officiers, le présente à son fils Yves, un tout jeune magistrat, lui aussi chef de patrouille, lui aussi épris de littérature épique, d'ordre chevaleresque, de lointaines aventures et de sentiments exaltants. Autour d'une tarte à l'oignon arrosée d'Edelswicker, à la brasserie Schutzenberger, Verdilhac expose l'idée du roman qu'il a en tête : Éric, un scout que rien ne distingue en apparence de ses camarades, est en réalité le jeune prince de Swedenborg, une principauté imaginaire située quelque part en Scandinavie, que son meilleur ami Christian et toute la patrouille auront pour mission de délivrer des usurpateurs. Le premier tome de la saga du Prince Éric, *Le Bracelet de vermeil*, est publié en février 1937 par une maison d'édition alsacienne, Alsatia ; la collection « Signe de piste » est lancée. Alors juge suppléant à Dieppe, Verdilhac a préféré s'abriter derrière le pseudonyme de Serge Dalens. L'histoire séduit par la nouveauté du ton, mais ce sont les illustrations qui fascinent. Pureté des formes, prodige graphique qui saisissent la grâce adolescente dans le naturel de son impudente beauté, les personnages de Joubert accèdent à l'intemporalité. À les regarder, on s'aperçoit cependant que ces visages d'archanges à missel, ces corps d'éphèbes graciles qui plaident pour la vie de plein air, la culture physique et l'exposition au soleil contre la crasse et la décrépitude sordide des grandes concentrations urbaines ne surgissent pas du néant. Ils évoquent irrésistiblement ce modèle de beauté androgyne si prisé et si en vogue dans les milieux homosexuels allemands mais aussi anglais et français durant l'entre-deux-guerres[43]. Sans que l'auteur y ait pris garde, Éric et Christian apparaissent comme l'incarnation parfaite de l'idéal érotique homosexuel des années trente, celui du jeune garçon, du camarade de collège ou de *public school*, de l'ami allemand libre de son corps et fier de la séduction immédiate qui s'en dégage. Les corps adolescents de Joubert qui forment l'imagerie du *Bracelet de vermeil*, n'était l'uniforme qui les sangle, sont des corps indifférenciés presque asexués, porteurs de fortes pulsions homoérotiques. Avec ce premier tome, la littérature pour la jeunesse sort de la niaiserie édifiante et du confinement poussiéreux de la morale de patronage. L'ouvrage, dont le succès va s'amplifier au fil des ans, cristallise des valeurs à forte charge idéologique : culte de l'honneur, de l'effort, de la fidélité à la patrie, du don de soi, de l'action héroïque, tandis que l'iconographie ouvre sur un imaginaire plus ambigu où l'érotisme est un passager de moins en moins clandestin. À ceci près que les premiers volumes de « Signe de piste » ne comportent aucun personnage féminin, la règle de la non-mixité qui prévaut dans l'enseignement catholique s'étendant également aux fictions.

À l'automne 1940, Joubert et Verdilhac se retrouvent à Vichy. Le premier pour un bref passage au sein de la direction des Scouts de France qui s'y est momentanément transportée ; le second, plus durablement, au Secrétariat général à la jeunesse auprès duquel il a été mis à disposition par le ministère de la Justice pour y diriger les délégués régionaux puis, en tant que fondateur, les centres de rééducation pour jeunes délinquants. Pendant que Joubert prête sa plume à *Siroco*, le très maréchaliste « vrai journal des jeunes » fondé par Jean-Louis Dubreuil, son compère s'emploie à sauver les adolescents à la dérive. Leur vie comme leur imaginaire romanesque restent rivés à l'enfance. En janvier 1943 paraît *La Mort d'Éric*, quatrième volume du cycle qui fait suite au *Prince Éric* (1939) et à *La Tache de vin*. L'action, cette fois, se situe pendant la drôle de guerre et la campagne de France. Ce n'est plus un roman mais un récit. Quelque chose s'est affermi dans le trait de Joubert et dans son univers graphique qui semble s'être ajusté sur l'esthétique national-socialiste *via* un détour commun par le style néomédiéval, comme s'il s'agissait de s'approprier la virilité du vainqueur. La fascination de l'adolescence qui, depuis le départ, constitue le ressort de cette fiction s'y déploie dans une atmosphère de gravité ténébreuse, étrangère aux premiers épisodes. L'insouciance des éphèbes a laissé place à un noir romantisme, les sylphes graciles ont cédé le pas à des garçons à l'air déterminé, à la carrure solide, aux genoux puissants. Autant de références et d'hommages indirects aux vainqueurs que Dalens-Verdilhac n'hésite pas à expliciter dans un avant-propos où il interpelle ses jeunes lecteurs : « Ouvre les yeux sur l'Europe : devant ces Allemands orgueilleux de l'être, ressuscite la France. Crois au travail, à l'intelligence, à la force [...]. Toi, deviens un conquérant[44]. » À la fin du livre, le prince Éric meurt sous l'uniforme français par une belle journée de juin 1940, le jour précisément de ses dix-huit ans. Comme si, en tuant la figure du pur héros créé selon les canons de l'idéal scout, l'auteur avait voulu signifier l'impasse dans laquelle lui et les siens s'étaient engagés face à l'Allemagne.

Un mythe est né qui va survoler quatre générations, superposer irrésistiblement à l'utopie scoute le visage d'Éric, les volutes blondes de ses mèches, la perfection de son corps aux membres déliés si semblable à ceux de la *Hitlerjugend.* Plus encore qu'auparavant, les illustrations de Joubert participent au succès de l'ouvrage. C'en est sans doute même la composante essentielle, qui lui vaut d'élargir son public et qui fait que la saga du Prince Éric n'est pas seulement une fresque pour la jeunesse mais aussi sur la jeunesse, où communient à la fois ceux qui la vivent et ceux qui sont fascinés par elle. À quelque catégorie qu'ils appartiennent, les lecteurs du *Prince Éric* reconnaissent sans difficulté avoir cédé à la même tentation que résume l'un d'entre eux, près d'un demi-siècle plus tard, dans un hommage à Pierre Joubert : « Combien d'entre nous [...] n'ont pas refusé à leurs doigts énervés le plaisir supplémentaire d'ouvrir le livre et d'en déflorer la lecture par la vision, même rapide, des illustrations intérieures[45]. » Dans la France plus équivoque que vertueuse du Maréchal, la question mérite d'être complétée : combien d'admirateurs du Prince Éric n'ont-ils acheté le livre que pour le plaisir des images, que pour la seule contemplation de ces corps adolescents moulés dans leur uniforme ? Au début des années quarante, le style scout créé par l'imagier Joubert n'a pas qu'une vie de papier. Il séduit l'encadrement du mouvement, de même qu'il façonne les silhouettes et l'attitude de toute une génération. La relation que fait l'hebdomadaire *Demain* du grand pèlerinage scout organisé en août 1942 au Puy semble déjà tout imprégnée de l'éthique et de l'esthétique de la collection « Signe de piste » : « Cela était beau, lorsqu'ils débouchaient, le vendredi soir, du boulevard Carnot, par larges rangs de huit, visages bronzés, genoux découverts et chantant [...]. Ils étaient vivants et ils étaient beaux [...]. Ils étaient des jeunes mâles et ils apportaient à la Vierge cette virilité » et non pas « ces visages pâles, ces genoux cagneux, ces épaules rentrantes qui eussent permis de dire qu'on ne jetait au pied du Christ que des rebuts d'humanité[46] ».

La prépotence du corps adolescent dans l'imaginaire de l'époque s'exprime également au sein de la version laïque du scoutisme. Dans un registre moins novateur mais plus emphatique, René Tulpin, l'instructeur national d'éducation physique des Éclaireurs de France, ne rêve que de conformer ses garçons aux canons de la statuaire antique. En février 1942, dans la revue *Le Chef*, il propose de créer un concours du plus bel athlète scout « à l'imitation des statues grecques[47] ». Puis, filant imperturbablement sa marotte, annonce dans le numéro suivant qu'il a choisi les Jeux olympiques comme thème du prochain camp d'été à l'issue duquel il promet pour le vainqueur « la plus belle récompense qu'un homme libre pût souhaiter : un front couronné d'un rameau d'olivier, sous les platanes de l'Atlis[48] ». Les *Hérakléia* organisés en avril 1943 à Saint-Jorioz (Haute-Savoie) prolongent et renouvellent cette fiction antiquisante où l'élite des routiers, plongée dans un bain de mythologie grecque, est invitée à se comporter en héros antiques. Nul ne sait jusqu'où d'aucuns auront voulu pousser le mimétisme.

Trouble sexualité et « repaires de débauche »

L'apothéose du « scoutisme primaire », l'« indigestion de jeunesse » que dénoncera Emmanuel Mounier, après y avoir apporté son écot, se situent sans conteste à la confluence de l'idéologie communautaire de Vichy et de la doctrine de l'Église romaine. À ses débuts, le Secrétariat général à la jeunesse est le carrefour où se mêlent les eaux. Son patron Georges Lamirand, tout comme son adjoint Louis Garrone au poste de directeur de la formation, est un chrétien fervent, disciple de Lyautey, préoccupé d'apostolat autant que des devoirs sociaux du catholicisme. L'un et l'autre ont été choisis dans le but de se concilier les puissants mouvements d'action catholique qui, à travers les différentes branches de l'ACJF, regroupent près de 80 % des effectifs des organisations de jeunesse en zone Sud. L'un et l'autre sont là pour donner des gages à l'Église, laquelle, forte de son expérience, entend profiter des circonstances et de la sollicitude que manifeste l'État français à l'égard de la jeunesse pour élargir son influence et faire prévaloir son point de vue. Avec le temps, l'affaire va se révéler plus ardue qu'il n'y paraissait. Dès juillet 1941, l'assemblée des cardinaux et archevêques de France est sur la défensive. En fixant sa doctrine,

« Jeunesse unie, oui, jeunesse unique, non », la hiérarchie catholique dévoile son inquiétude face à l'activisme des partisans d'une jeunesse sur le modèle de la *Hitlerjugend* ou des *Balillas*. À Paris, au nom de l'anticléricalisme d'État, Lucien Rebatet dans *Je suis partout* réclame un strict partage des rôles : « Que l'Église fasse avec les enfants de bons latinistes, puisqu'elle s'y entend, cela doit être encore possible. Mais c'est à la nation – et à la nation seule – qu'il appartient d'en faire des Français, des hommes et des aryens. »

Avec l'arrivée de Bonnard, en avril 1942, les catholiques sont progressivement éliminés de la direction du SGJ au profit des laïcs. En août 1942 sont créées les Équipes nationales dont l'objectif affiché est de rassembler les jeunes de douze à vingt-cinq ans afin de les engager dans la défense passive et l'aide aux populations sinistrées lors des bombardements de l'aviation anglo-américaine. En fait, sous couvert de mobilisation civique et de solidarité envers les victimes civiles, il ne s'agit ni plus ni moins que de contraindre les mouvements d'obédience catholique à se fondre, à l'occasion d'actions communes, dans ce qui apparaît comme un embryon de jeunesse unique. Chemise bleue et croix celtique, l'uniforme des Équipes nationales n'annonce-t-il pas clairement la couleur ? Après avoir beaucoup louvoyé, beaucoup négocié aussi pour se défendre contre les empiétements du SGJ, l'épiscopat obtient que les jeunes catholiques puissent participer aux tâches de secourisme mais sous leur propre pavillon, distinct de celui des Équipes nationales. Plus qu'une éventuelle absorption, bien improbable au regard du rapport de force, l'autorité ecclésiale redoute avant tout la phagocytose, les risques de contamination, les miasmes de l'air du temps. Le virus a été identifié par les épidémiologistes paroissiaux en même temps que les pathologies qui l'accompagnent : licence et débraillé, laisser-aller et débauche. Pour *La Semaine religieuse* de Paris, la campagne en faveur de la jeunesse unique serait le fait d'anciens animateurs des « Jeunesses laïques », des « Faucons rouges », des « Pionniers », des « Ajistes » de l'obédience de Léo Lagrange, autant dire des rescapés, des « revenants de la franc-maçonnerie et du marxisme, des partisans de la coéducation, de la promiscuité, du naturisme et du short permanent » qui « vaticinent depuis peu sans retenue dans des chroniques dites "éducatives" de certains journaux où l'on respire à nouveau l'atmosphère de Front populaire[49] ». Filiation abusive ? Pour partie seulement, dans la mesure où l'on retrouve dans les milieux parisiens de la gauche collaborationniste quelques-unes des figures du laïcisme le plus virulent.

Au premier rang de celles-ci, Marc Augier peut déjà, à trente-deux ans, se prévaloir de solides états de service : ancien responsable du Centre laïc des auberges de jeunesse (CLAJ) créé en 1933 sous le patronage du Syndicat national des instituteurs (SNI) pour concurrencer la Ligue française des auberges de jeunesse du catholique Marc Sangnier, puis chargé de mission auprès de Léo Lagrange, le sous-secrétaire d'État aux Sports et aux Loisirs du Front populaire. Bien qu'il se rattache à la gauche socialiste, le CLAJ se réclame avant-guerre de valeurs ambivalentes, idéologiquement réversibles : l'utopie d'un retour à la nature aux allures de catharsis, un rousseauisme radical inspiré de l'œuvre de l'écrivain Jean Giono et de son phalanstère de Contadour, le rêve d'une internationale de la jeunesse et, naturellement, le pacifisme et le laïcisme. Rédacteur en chef du *Cri des auberges de la jeunesse*, Marc Augier y ajoute un néoromantisme anti-intellectuel et anti-bourgeois dont les effluves venus d'outre-Rhin flattent agréablement son odorat de socialiste mutant. En fait, il s'est pris à rêver d'une jeunesse émancipée des contraintes familiales, pratiquant la vie de plein air, le retour à la nature, une jeunesse libre de son corps dans la droite ligne de la *Jugendbewerung* et des *Wandervögel* (littéralement : « oiseaux migrateurs ») dont l'influence a marqué trois générations successives de jeunes Allemands jusqu'à leur dissolution, en 1933, par Hitler. Hypnotisé par le chiffon rouge que brandissent alors les dirigeants du CLAJ, l'épiscopat se répand alors en fulminations contre la mixité et les mœurs dissolues des « apaches du Front populaire ».

L'Occupation accentue les tensions sans vraiment faire bouger les lignes. Devenu le principal collaborateur d'Alphonse de Châteaubriant à *La Gerbe* et un membre très actif du groupe Collaboration, Augier a pris « l'option socialiste en faveur de l'Allemagne » et s'emploie à la servir davantage en soldat qu'en politique. Une première fois, il échoue dans sa tentative de récupération du CLAJ dont il est exclu le 27 septembre 1940, après avoir ouvert durant l'été une auberge expérimentale au château de Boutigny sous la protection des vainqueurs. Ce n'est que partie remise. L'appui des Allemands, l'intervention de Fernand de Brinon finissent par lui apporter, en mars 1942, un protectorat de fait sur le mouvement ajiste. Plus question de pacifisme ou de la douce et bucolique utopie d'une France rurale et artisanale telle que Giono l'avait prônée dans *Regain*, Augier veut faire des Auberges de jeunesse (AJ) le creuset de la « révolution communautaire », seule à même d'intégrer les jeunes Français dans le nouvel ordre européen. Plus question du seul amour de la nature, mais d'une célébration héroïque de la force, de l'ordre, de la virilité et de la santé des corps, d'une idéologie fondée sur la domination masculine au service d'un homme nouveau[50]. Pour une très courte période qui prend fin le 18 juin 1942 avec son engagement au 1er bataillon de la Légion des volontaires français (LVF) contre le bolchevisme et son départ pour le front de l'Est, il s'emploie à promouvoir en zone Nord le mouvement néo-ajiste comme le fédérateur « naturel » des organisations de jeunesse, avec l'appui du Rassemblement national populaire (RNP) de Marcel Déat et de la presse collaborationniste issue de la gauche laïque. Certes, il a dû reconnaître un certain relâchement au sein des auberges, des « coucheries » supplantant l'esprit initial de camaraderie entre garçons et filles, mais il en impute la responsabilité exclusive à certaines « minorités », sanctionnées depuis par la radiation de « nombreuses juives, Polonaises, Roumaines ou Russes pour retape, sabbats et exhibitionnisme ».

N'empêche : le débat sur la mixité des auberges, principe de base de l'ajisme, revient sur le tapis. Le 3 mars 1941, Charles Dutheil, le dirigeant d'une société de montagne, Alpina de Millau, qui a créé un groupe d'auberges non mixtes dans les Causses et les gorges du Tarn, a fait valoir ses arguments auprès du Maréchal : « Ce n'est pas l'intérêt du pays d'efféminer davantage les jeunes gens, qui ont plutôt besoin de virilité et de courage [...]. Nous n'avons que faire d'AJ doucereuses et féminisantes, il nous faut, plus encore maintenant, de vraies AJ où s'élaborent les plus belles vertus[51]. » À l'unisson de ce courrier, des rapports attirent l'attention du Secrétariat général à la jeunesse sur les « liaisons dangereuses » et les inconvénients d'une promiscuité devenue l'unique but des jeunes qui fréquentent les auberges. Face à l'avalanche des critiques, les doctrinaires de la mixité s'arc-boutent sur leurs positions – « il ne faut pas confondre deux cents vauriens avec soixante-quinze mille ajistes », déclare un responsable lyonnais –, mais recommandent de « réformer sérieusement les AJ en y mettant de la santé, de la franchise et de la pureté[52] ». Après avoir envisagé un instant le principe d'une autorisation préalable à l'ouverture de nouvelles auberges, le directeur du Secrétariat à la jeunesse opte pour une forme de contrôle moins strict : des enquêtes de moralité sont effectuées par les délégués régionaux et départementaux, une école des cadres, spécialisée dans la formation des parents aubergistes, est créée à Mollans-sur-Ouvèze (Drôme). Point d'orgue de cette reprise en main : la dissolution du CLAJ et de la LFAJ, remplacés en zone Sud par les Auberges françaises de la jeunesse (AFJ), un organisme technique s'occupant de la gestion des auberges, et les Camarades de la route, mouvement destiné à regrouper les usagers. Cependant, cette unification apparente du mouvement ajiste sous la tutelle de l'État français laisse en suspens la question de la mixité, principale pierre d'achoppement avec l'Église et ses représentants. Réunies le 20 avril 1942 à l'archevêché de Lyon, les associations catholiques proclament la nécessité de maintenir intacte la vieille barrière, maintes fois ébranlée au cours de l'histoire mais toujours jusque-là reconstituée, de la séparation des sexes. Elles se déchaînent contre l'immoralité foncière d'une « mixture imprudente et impudente », tandis que les prédicateurs les plus avisés, tels l'évêque de Viviers, Mgr Alfred Couderc, ou Mgr François-Louis Auvity, l'évêque de Mende, s'attachent à élargir le débat : « Un vent de paganisme [...] se manifeste sous forme de propagande, pour tout ce qui se rapporte au culte du corps, de la force physique et de la beauté, pour tout ce qui favorise le nudisme, la mixité des sexes dans certaines manifestations sportives, excursions, scènes récréatives ; il se manifeste également dans la création des auberges mixtes de la jeunesse et dans la gémination de nos écoles et de nos collèges[53]. » Partout, des consignes sont données « au nom de la morale chrétienne » pour s'opposer à l'introduction des auberges mixtes et pour que MM. les curés veuillent bien « aviser leurs paroissiens de ne se prêter, d'aucune façon, ni directement ni indirectement, à la création de ces auberges et même d'user de leur influence pour les empêcher de s'établir ». Les maisons de la jeunesse, créées à l'instigation du régime dans plus de deux cents communes afin d'inculquer aux jeunes le goût des activités artisanales et agricoles ainsi que l'initiation aux traditions locales, ne trouvent pas davantage grâce aux yeux de l'épiscopat pour qui il s'agit ni plus ni moins de nouveaux « repaires de débauche ». Imprécations sans plus d'effet que les précédentes, puisque le Secrétariat général à la jeunesse au sein duquel l'Église a perdu pratiquement tout relais d'influence s'est prononcé, le 22 mai

1943, en faveur de « la fréquentation mixte dans les auberges de la jeunesse ».

Auberges, Chantiers, Compagnons, le constat est le même : une réalité en brutal décalage avec la propagande, un vécu en contradiction avec les principes affichés et dans tous les cas un fort relent de sexualité trouble. Avec les Chantiers de la jeunesse, la polémique se déroule à front renversé. C'est la gauche collaborationniste qui, cette fois, instruit un procès en pédérastie. Fers de lance de la campagne, *L'Œuvre, Les Temps nouveaux, La France socialiste*, trois quotidiens de la presse parisienne dont la principale caractéristique est d'être proches ou directement sous le contrôle du Rassemblement national populaire de l'ex-néosocialiste Marcel Déat, tous trois activement soutenus par Otto Abetz, l'« ambassadeur » du Reich à Paris. Abetz fait partie de ces nationaux-socialistes qui se veulent hommes de gauche à tout prix, il ne conçoit la politique de collaboration qu'avec ses interlocuteurs naturels du Comité France-Allemagne d'avant-guerre : sociaux-démocrates, briandistes, pacifistes. C'est ce réseau qu'il va mettre à contribution pour combattre les tendances « cléricalo-réactionnaires » du premier Vichy. Encouragé par ce mentor, fort en tout cas de l'impunité que lui vaut sa protection, *L'Œuvre* a pris pour cible, à l'automne 1941, les Chantiers de la jeunesse dont l'existence même fait obstacle au projet de « jeunesse unique » des ultras de la collaboration. Nourriture insuffisante, habillement improvisé, mainmise des anciens officiers exclusivement préoccupés de faire oublier leur responsabilité dans la défaite, militarisme obtus à la manière de « l'adjudant Flik », tout est bon pour tenter de discréditer cette entreprise dont le gouvernement de Vichy se montre par ailleurs si fier.

Car les laïcs de la collaboration en sont convaincus : derrière la dérisoire parade des éternelles ganaches et autres culottes de peau, cette conscription des corps réalisée sous le contrôle d'anciens dirigeants scouts et encadrée par des « prédicateurs camouflés » de la démocratie chrétienne, se cache une offensive des « calotins » pour étendre leur emprise sur la jeunesse et asservir les esprits. À ce grief majeur, ils en juxtaposent assez fréquemment un autre, suffisamment en tout cas pour que le lecteur le moins perspicace en arrive à faire le lien : repaires de l'obscurantisme, les Chantiers sont *également* des écoles de pédérastie. On aura reconnu là l'adaptation circonstancielle d'un grand classique de la littérature anticléricale qui, depuis le début du siècle, brodait sur la thématique des relations homosexuelles – on ne parle pas encore d'« amitiés particulières » – dans les écoles religieuses. Avec les « effets scabreux » de cette nouvelle alliance du sabre et du goupillon, la gauche collaborationniste tient son plat de résistance. C'est René Chateau, un vieux routier du laïcisme, condisciple de Déat au lycée Henri-IV, ancien membre de la Ligue des droits de l'homme et ex-dignitaire du Grand Orient, qui, le premier, ouvre le feu dans son éditorial du 11 février 1941. Indignation vertueuse et feinte incrédulité : « C'est à peine si on ose rappeler la parole désespérée d'un ministre, maintenant démissionné, qui, revenant d'un certain camp, disait qu'on y formait surtout de jeunes invertis[54]. » Quelques jours plus tard, *L'Œuvre,* dans un registre lourdement allusif, revient à la charge : « Comme disait un jeune au retour des chantiers : quoi qu'il arrive, ils sont toujours derrière[55]. » En novembre, c'est au tour des *Nouveaux Temps* de mener l'assaut à l'abri d'une batterie de questions qui se veulent toutes plus dérangeantes les unes que les autres : « J'ai reçu des confidences de jeunes qui reviennent de certains chantiers. Cela ne paraît pas toujours très sain, s'alarme le chroniqueur de service [...]. N'est-il pas intolérable de penser que des adultes peuvent, à peu près librement, raccrocher et pervertir des adolescents ? Et ne croyez-vous pas que l'on devrait nous donner les moyens de châtier, non pas le jeune, mais son triste compagnon ? Non seulement nous croyons qu'il faut agir, mais nous le demandons instamment [...]. Quant aux misérables qui sont presque toujours des "gens bien" et qui peuvent offrir de l'argent, tenter, pervertir, ils méritent autre chose qu'une semonce. Puisque nous sommes, dit-on, en période révolutionnaire, on pourrait peut-être, tout particulièrement, s'occuper d'eux[56]. »

Après avoir laissé aux plumes les plus polémiques le soin d'exécuter les basses besognes, Déat juge le moment venu, en décembre 1941, de dresser lui-même un premier bilan des Chantiers, dix-huit mois après leur création. Son statut d'intellectuel et sa stature de chef d'un grand parti national lui imposent une certaine retenue qu'il compense, et au-delà, par la sévérité du propos et des astuces de vieux journaliste. Le titre : « Qu'a-t-on fait de notre jeunesse ? » est à la fois un clin d'œil de normalien au vers célèbre de l'ambivalent Verlaine et un détournement persifleur de la parole évangélique. « Il faut appeler les choses par leur nom : il y a un scandale de la jeunesse auquel l'État français est parfaitement incapable de mettre fin. De toutes parts, les révélations affluent et cela finit par constituer un énorme réquisitoire. Je n'ai pas l'intention ni de citer des noms, ni de préciser les lieux, ni même de révéler quoi que ce soit que les initiés ignorent. Et la protestation contre des abus sans nombre devient le cri public [...]. Pourtant, il y avait, au début, un bel élan, et la jeunesse, par nature, ne manque ni d'espérance ni d'idéal. La chute est triste à mesurer : l'immoralité sévit sous toutes ses formes dans certains camps. Et cela fait dans l'ensemble une assez jolie pétaudière, un assez complet ratage[57]. » Le ratage est-il moins évident à partir du printemps 1942, lorsque la tutelle des Chantiers échoit au très collaborationniste et très hétérodoxe Abel Bonnard ? Toujours est-il que les attaques de *L'Œuvre* baissent d'un ton et ciblent désormais davantage l'émiettement des mouvements de jeunesse (sept cent vingt-huit en décembre 1941 !) que telle ou telle organisation en particulier.

Reste la question posée par Déat et ses folliculaires : les organisations de jeunesse vichystes ont-elles été des « écoles de pédérastie » ? Reflétant les inhibitions de l'époque qui conduisaient à étouffer purement et simplement ce genre d'affaires, les archives ne sont guère prolixes et les témoins pas davantage, à quelques notables exceptions près. Pourtant, en dépit de ces lacunes et de ces manques, malgré l'amnésie volontaire qui frappe la plupart des récits, il ne fait aucun doute que le regroupement de dizaines de milliers de jeunes gens en petites communautés exclusivement masculines, la promiscuité et les aléas, la frustration née des campements à l'écart des villes et de la population féminine ont été autant de facteurs favorables au développement de relations homosexuelles entre adolescents, mais aussi entre les jeunes et les adultes qui avaient pour mission de les encadrer. Est-il possible de croire que les hommes de la Révolution nationale, tout acquis à l'idée d'une communautarisation de la jeunesse, aient pu délibérément ignorer ce risque ? Sinon, ont-ils pris alors le parti de le relativiser, de faire comme si le danger de voir se développer une homosexualité de situation devait être tenu pour négligeable ? Pourtant, la guerre de 1914-1918, en bouclant les hommes dans un univers exclusivement masculin, en les confinant pendant de longs mois dans les tranchées et dans les cagnats, en les rapprochant dans des situations de péril extrême, avait été un terrain propice à la diffusion de pratiques ou d'amitiés homosexuelles[58]. Tous ceux qui eurent à exercer durablement un commandement sur le front furent un jour ou l'autre confrontés à l'ampleur de ce phénomène. En Allemagne, les travaux du grand théoricien de l'homoérotisme Hans Blüher et notamment son livre *Der Wandervögel als erotisches Phänomen* (1912) avaient mis en évidence le rôle de l'homosexualité, généralement sublimée, entre chefs et adolescents, jusqu'à en faire le ressort secret de la cohésion et de la dynamique des mouvements de jeunesse. Si Blüher restait totalement inconnu en France, toute une littérature s'attacha, entre les deux guerres, à faire de l'homosexualité l'attribut de la jeunesse, le symptôme d'une adolescence qui cherchait à se prolonger en rejetant le monde des adultes et le carcan de ses normes.

Formés à bonne école, les chefs scouts qu'on retrouve à Vichy étaient tout particulièrement sensibilisés aux problèmes que posait la sexualité des adolescents et préadolescents exposés à la vie communautaire des camps. Dans un manuel à l'usage des cadres, *Le Scoutisme, étude documentaire et applications*, publié en 1924, le R. P. Jacques Sevin s'était surtout employé à apaiser les peurs que nourrissaient alors les parents catholiques à l'encontre de la sexualité et du corps en général : « La promiscuité réelle dépend beaucoup du nombre d'enfants attribué à chaque tente [...]. Même alors, il faut que toutes les précautions soient prises et la décence la plus sévère observée : les scouts ne couchent pas en chemise de nuit, mais en pyjama, ou restent habillés, et ils se glissent dans un sac de couchage avant de s'enrouler dans leurs couvertures. La toilette se fait hors de la tente. Celle-ci n'est pas sans surveillants, du reste [...]. Notons encore que, à cause même des dimensions restreintes de la tente, il est bien difficile que le mal s'y fasse sans la complicité de plusieurs au moins de ceux qu'elle renferme ; en fait la surveillance est mutuelle. Enfin, si le scoutmestre sait faire travailler sa troupe, les enfants seront le soir si recrus d'une bonne fatigue que, cinq minutes après l'extinction des feux, tous dormiront à poings fermés[59]. » Sous le pseudonyme de « Renard noir », le sage jésuite, à qui le sujet tenait décidément à cœur, distillait en fin d'ouvrage d'autres recommandations du même ordre : « Ne campez [...] ni à proximité d'une caserne, d'un camp militaire ou d'un fort ; les soldats se feront un plaisir de "déniaiser" vos enfants. Ni trop longtemps au même endroit : des camps ambulants sont souvent préférables pour l'âme et pour le corps. Un des dangers du camp réside dans les relations qui s'établissent entre les scouts et les indigènes [...]. N'envoyez pas toujours les mêmes scouts aux provisions : c'est ainsi que des relations s'établissent [...]. Ne croyez pas que tout va bien parce que vous ne voyez rien[60]. » Tant de sapience, tant d'astreignantes contraintes, tant de vétilleuses précautions n'avaient pas cependant empêché certains scandales de venir aux oreilles des parents ni désarmé tous les préjugés tenaces qui s'attachaient au scoutisme et plus généralement à toutes les formes de vie collective auxquelles pouvaient être soumis les jeunes gens.

Il faut croire, en tout cas, que, pour la Révolution nationale, des impératifs supérieurs relèguent ces objections au rang de préoccupations subalternes. À peine formées, ces concentrations d'adolescents ou de jeunes hommes auxquels l'uniforme confère un surcroît de virilité attirent un essaim de curieux, tous apparemment passionnés par le problème de la formation des jeunes Français au service de l'ordre nouveau. En quête de « nouvelles chevaleries », Montherlant se rend à plusieurs reprises à l'école des cadres de La Chapelle-en-Serval (Oise) où les préceptes éducatifs de Jacques Bousquet, le futur chef de cabinet de Bonnard, lui paraissent découler en droite ligne du recueil de textes choisis à l'usage des « jeunes gens » qu'il vient de publier sous le titre *La Vie en forme de proue* avec les encouragements des autorités vichystes[61]. Il est en revanche très critique à l'égard du Secrétariat général à la jeunesse auquel il reproche de faire trop mollement son travail et va jusqu'à proclamer : « Je veux être l'épée d'Abel Bonnard, qui ne possède, pour pénétrer dans les consciences juvéniles, que ce rouleau de pâtissier qu'on appelle Lamirand[62]. » En réalité, il se serait bien vu à une place de choix dans l'équipe dirigeante du SGJ avec licence de « s'ébattre » et de « s'ébrouer » parmi les jeunes corps hâlés par la vie au grand air. On tient ses mœurs pour suspectes en haut lieu ? Montherlant se répand dans la presse sur le gâchis des organisations de jeunesse qui n'ont ni les chefs ni les « grands aînés » qu'elles méritent. Sans aller cependant jusqu'au bout de son propos. Au moins, ses lecteurs de *L'Équinoxe de septembre* et du *Solstice de juin* savent-ils à quoi s'en tenir. Ce qu'il faudrait pour assurer l'« avenir de la qualité humaine » ? Des pédagogues sur le modèle de la Grèce antique, des hommes qui font coïncider leur devoir et leur plaisir, « ce qui est sûrement la meilleure façon de donner au devoir une bonne trempe ». Car si « la société n'agit pas par devoir autrement qu'en à-coups », ces hommes, eux, inscrivent leur action dans la durée parce que c'est là qu'« ils satisfont le mieux leurs penchants fondamentaux ». On n'est pas loin, ici, des thèses de Blüher pour qui l'homosexuel représentait l'éducateur idéal en raison de son aptitude naturelle à se consacrer aux jeunes.

Indissociable de son adhésion au fascisme, la mystique de la jeunesse conduit également Robert Brasillach à s'intéresser de près aux centres et autres groupements de jeunes au point d'en devenir un visiteur assidu. Une première fois, en janvier 1942, il livre ses impressions dans un article de *Je suis partout* à l'issue d'une journée passée dans un camp de la région parisienne. Il a été séduit par les « seyants uniformes de sortie » gris et bleu, ornés d'écussons, la veillée a remué en lui les souvenirs de toutes les microsociétés masculines au sein desquelles il a toujours vécu, les phratries de ses vacances au Canet, de ses études à Louis-le-Grand et à l'École normale supérieure, des camps de prisonniers – d'anciens camps de jeunesse aménagés par la *Hitlerjugend* – où il a été interné jusqu'en mars 1941. Il a été ému par ce chef de trente ans qui portait à ces gamins une « sorte de tendresse » ; un chef qui connaissait l'« esprit de la joie » associant l'agrément à la rudesse de la formation et non un de ces « échappés de patronage », un de ces intellectuels qui ne savent pas gouverner les hommes parce qu'« ils ne savent pas que les hommes ont un corps, des besoins, des passions[63] ». En mai 1942, il est invité à faire une conférence sur la révolution espagnole à la maison de jeunes de Brunoy où un public d'étudiants, d'ouvriers, d'apprentis, de chômeurs écoute ce grand adolescent visiblement atteint du complexe de Peter Pan leur expliquer que l'anarcho-fascisme à la française sera une éternelle jeunesse à base de santé et d'insolence, d'irrévérence et de camaraderie. Les solstices, les équinoxes le ramènent invariablement à Brunoy. Pour rien au monde il ne manquerait ces longues soirées festives vouées au culte d'une fraternité virile où les rires et les chants servent à entretenir la ferveur jusqu'au matin[64]. « Il faut un chef à la jeunesse » : par le titre de son éditorial du 23 mai 1942, le rédacteur en chef de *Je suis partout* ne fait pas que formuler une exigence politique, il confie une ambition refoulée ou plutôt ce qu'il y a d'exprimable dans le refoulé.

À mille lieues de la mystique fasciste d'un Brasillach, un jeune résistant comme Roger Stéphane ne cache pas la sympathie que lui inspire l'utopie masculine de l'école des cadres d'Uriage, manufacture de « chefs splendides » – le mot est du secrétaire général à la jeunesse Georges Lamirand – fondée par l'État français. Évadé du camp de Fort-Barraux, Stéphane est reçu, le 16 novembre 1942, par le pacha d'Uriage, le capitaine de cavalerie Dunoyer de Segonzac, qui oscille alors entre pétainisme et gaullisme. On lui remet la panoplie de rigueur avant de le conduire au chalet Jeanne-d'Arc, l'un des dix grands chalets-dortoirs où sont regroupés les stagiaires. La cérémonie du salut des couleurs, « Jeunesse ! France ! », lui donne des frissons. Tous ces jeunes hommes ont si fière allure. Le soir, à la lueur des torchères, il tombe sous le charme de son chef de groupe, « un charmant garçon de vingt-trois ans [...] blond, visage assez poupon qu'une moustache n'arrive pas à vieillir[65] ». À l'heure de la veillée, ce sont les chœurs entonnés par « trois jeunes et vivants gars des comédiens routiers » qui prolongent l'enchantement. Pincement au cœur quand il lui faut s'extraire, dès le lendemain à l'aube, de ce bain d'amitié virile et quitter le château. L'enthousiasme de Roger Stéphane repose-t-il sur une méprise, sur l'emballement fantasmatique de sa capricante imagination ? Du temps où l'École des cadres de la jeunesse installée près de Vichy empiétait sur ses terres, l'avocat parisien Philippe Lamour s'est penché sur les mœurs de la tribu avant de conclure : « Tout le haut personnel appartient à la confrérie de Corydon[66]. » À lire les pages laissées par Stéphane au sujet du « centre-laboratoire » d'Uriage, on devine qu'un instant au moins, celui-ci s'est plu à le croire.

Éducations particulières

D'autres, tout aussi inconditionnels de la jeunesse, n'ont ni les scrupules ni le tempérament à recouvrir leurs passions du grand manteau opaque de l'idéologie. Ceux-là préfèrent la voie expresse de l'abordage individuel aux détours sinueux de la subornation collective. Tel le chanteur Charles Trenet, subjugué par la plastique de la jeunesse maréchaliste au point de composer une *Marche des jeunes* qu'on lui reprochera beaucoup par la suite, et qui profite de ses tournées en zone libre pour retrouver un jeune Compagnon de France à la poitrine frappée du coq gaulois[67]. Tel Roger Peyrefitte, diplomate avisé mais consommateur imprudent, qui, au lendemain de la défaite, a suivi son administration à Vichy. Le 13 octobre 1940, il est interpellé alors qu'il s'apprête à entrer dans une pâtisserie de la ville avec un garçon portant l'uniforme des Compagnons. Les policiers qui le filent depuis qu'ils l'ont vu sortir d'une salle de cinéma en compagnie du jeune homme ont repéré « le grand cordon », c'est-à-dire sa braguette ouverte : « Ce mineur est-il de vos parents ? – Non, mais je le protège. – Les

Compagnons de France n'ont pas besoin de protection[68]. » Audition. Vaines explications. Haute suspicion. Du commissariat, le rapport file directement à l'hôtel du Parc. Pris au collet, le « lièvre » est « fricassé ». En clair : à l'instigation de François Charles-Roux, secrétaire général des Affaires étrangères, que Peyrefitte n'appellera plus désormais que « M. Lapureté », et du ministre de l'Intérieur, Marcel Peyrouton, Peyrefitte doit signer une lettre de démission qui met un terme à sa carrière. Cette fois, aucune échappatoire possible. C'est le prix à payer pour bloquer la procédure judiciaire, échapper à la « Grande Grille » (la prison de Vichy), éviter le scandale public, les articles dans la presse qui éclabousseraient sa famille, son père très âgé et malade. Sur un point au moins il s'applique à suivre les conseils du Maréchal : retour à la terre, dans la maison familiale d'Alet en pays cathare. Philosophe, il conclut : « Le Golgotha de la 33e année ne pouvait manquer à l'apôtre que je suis. »

Pareille mésaventure sera épargnée à François Sentein. Comme quoi le titre officiel d'éducateur de la jeunesse s'avère être un bien meilleur paratonnerre que l'immunité diplomatique, la zone occupée plus laxiste que la zone dite libre. À vingt et un ans, Sentein est un jeune homme très doué et très désœuvré qui vit de petits travaux de plume. Venu de son Languedoc, il a grandi dans le sérail de l'Action française. Mais au premier sous-sol, à cause de sa pédérastie qui lui a valu un méchant sobriquet : le « fol ». Pour ses copains de la tribu oisive et littéraire de l'homosexualité, il est « Friquet », ainsi que l'a baptisé Max Jacob. Petite taille mais belle gueule. Avec ses cinquante-quatre kilos, sa passion du sport, son allure énergique, il ne correspond à aucun des poncifs de l'homosexualité. Un jour d'octobre 1941 qu'il traîne ses galoches sur le Boul' Mich, Pierre Monnier lui propose un poste de chef de chantier dans un centre de jeunesse. « Friquet » dresse une oreille attentive : par définition, tout ce qui est jeune, libre et disponible est sien ou pourrait l'être. Créés par la loi du 12 juillet 1940, ces centres, rattachés dans un premier temps au SGJ, ont pour mission de former les jeunes des milieux défavorisés à un métier tout en leur dispensant une éducation « morale, civique, physique et artistique[69] ». C'est la seule organisation de jeunesse autorisée en zone Nord. À l'origine, ce devait être une réplique des Chantiers en zone occupée, mais les Allemands, de crainte qu'ils ne deviennent des foyers d'agitation, ont veillé à ce qu'on les maintienne dans de strictes activités d'apprentissage. Au centre installé porte Maillot, dans l'ancien palais de l'artisanat de l'Exposition de 1937, Sentein se voit chargé de l'enseignement général. Six heures de cours par jour dispensés à des équipes de 60 garçons de quatorze à dix-sept ans pour la formation professionnelle (CFP), de dix-sept à vingt et un ans pour les ateliers de jeunesse (AJ). Autant dire un inépuisable vivier où scintillent plus de « hanches compréhensives » et de « fesses tranquilles » qu'il n'a jamais eu le loisir d'en rencontrer[70].

Ce remuant pédagogue, à peine plus âgé que ses élèves, nourrit de hautes ambitions : contre la molle et sordide bourgeoisie qui « n'a de patrie que ses rentes », il voudrait faire lever les fiers bataillons d'une « aristocratie du ruisseau ». Il s'y emploie corps et âme. Pour le corps, cet adepte de la pédérastie cornélienne telle que la définit Cocteau – l'union de deux forces – aurait plutôt tendance à idéaliser son homosexualité en l'opposant au stupre hétérosexuel. Sentein est un libertaire rigoureux, un jouisseur ascétique. On lui a confié ce trésor de jeunes à un âge et dans des situations où ils méritent le plus d'être regardés, ce serait pécher contre l'esprit de ne pas en être le « découvreur ». La plupart du temps, il lui suffit que les corps « parlent » pour en être remué jusqu'au tréfonds. Tantôt c'est l'échancrure du maillot d'un très jeune chef de chantier laissant voir dans son éclatante blancheur la naissance d'une fesse qui le met en transe, tantôt c'est le corps vif et souple d'un de ses élèves enfilant un slip minuscule dans une cabine de piscine qui fait briller ses « yeux de pêcheur ». Ce qui l'attire par-dessus tout, ce sont les Compagnons de France, parce qu'ils sont les « plus neufs », débarrassés surtout des « colonels en retraite », doublement en retraite depuis juin 1940, qui « ont toujours mis sur la jeunesse et le sport leurs doigts à poils gris[71] ». Dommage que des « binoclards en short », comme le chef Maurice Clavel et autres adeptes du scoutisme à retardement les nomment, montent une garde vigilante au château de Cambous, près de Montpellier, où se déroulent les sessions de formation. « Friquet » doit donc se rabattre sur les centres où il ne tarde pas à découvrir que les éducateurs, comme lui épris d'amitiés particulières, forment un appréciable contingent non répertorié par les bureaux de Vichy.

À la fin novembre 1941, Sentein est convié par Maurice Sachs. Dans un sourire, son hôte lui fait remarquer que son précédent visiteur, un certain M. T., est lui aussi un éducateur breveté par le Maréchal. Le petit appartement balzacien de la rue de Rivoli qu'occupe le prince de la pédérastie parisienne à la canne au pommeau d'argent serait-il le rendez-vous secret des « chefs de la jeunesse » investis par l'État français pour apprendre la moralité et l'hygiène à leurs élèves ? Rue Dumont-d'Urville, en juin 1942, dans une annexe de l'École des cadres supérieurs de la jeunesse, il fait la connaissance de Jean L., un jeune chef qui s'est donné pour mission de créer entre ses équipiers, « dans la mesure de leurs aptitudes », de « saines relations de pédérastie sentimentale[72] ». À en croire Sentein, bien d'autres encore et au plus haut niveau penchent du même côté, risquent une allusion, se découvrent à demi au détour d'une conversation, enhardis par quelque signe. Entre eux, ces coryphées de la jeunesse, comme tous les homosexuels dans n'importe quel milieu, utilisent un langage codé inaccessible aux non-initiés, les mots de passe qui ouvrent des « chambres secrètes ». Un matin de janvier 1944, au centre de La Ferté-sous-Jouarre, un chef d'équipe de dix-sept ans se résout à l'accoster après quelques jours d'observation : « Connais-tu François H. ? » Ce François H. est une figure haute en couleur de la pédérastie parisienne et l'un de ces rois du marché noir qui écume le boulevard Saint-Germain. On le surnomme « la folle perdue » ou « la boulangère » par référence à ses débuts de mitron dans sa Bretagne natale. Il n'en faut pas plus pour que Sentein comprenne que le jeune chef qui vient de le questionner si abruptement appartient lui aussi à la confrérie[73].

Ce parfum de débauche a le don d'exciter l'ire d'une partie de la presse collaborationniste dont l'activité délatrice s'étend tout naturellement aux « chefs indignes » et au « scandale permanent » des centres de jeunesse. Sont particulièrement visés les centres des Mesnuls et de Sillé-le-Guillaume en région parisienne. Le plus enragé à enfoncer le clou n'est autre, comme toujours, que *Au pilori* : « À quelques exceptions près, peut-on lire dans l'édition du 25 juin 1942, les cadres des centres de jeunesse sont un ramassis d'incapables, de sans-métier, de ratés, de faux artistes qui, sans la défaite, seraient au chômage. Ils ont trouvé dans la “jeunesse” une possibilité de vivre aux dépens de la communauté nationale, aux frais du contribuable français[74]. » À la lecture de ces brûlots, les « faux artistes » haussent les épaules, tenant pour inoffensives les charges d'une feuille que l'outrance a depuis longtemps discréditée. Leurs véritables adversaires, les plus dangereux, sont ailleurs : chez les cagots maréchalistes qui prêchent contre la masturbation ; chez les démocrates-chrétiens « au froc empesé », lecteurs de Daniel-Rops et de François Mauriac ; tous « ces apôtres à la face de carême vitupérant le plaisir qui abaisse », tous ces

« furieux de la vraie vie » qui ne connaissaient rien de cette « part de la vie qui ne se connaît pas, au contraire du sport ou de la pauvreté, par l'expérience, mais par l'imagination ». Au fait, sont-ils si dangereux que cela, ces « castrateurs de la jeunesse », n'exagère-t-on pas leur influence et leurs manigances dans le seul but d'entretenir une vigilance de tous les instants ? Certes, un article de Sentein a été en partie censuré par René Vincent, le directeur de la revue doctrinale *Idées*, mais l'auteur lui-même a conscience d'avoir poussé un peu loin la provocation en comparant le héros du film nazi *Le Jeune Hitlérien Quex* à l'enfant Vivien de la Chanson de geste de Guillaume d'Orange[75]. Rien de tout cela finalement n'empêche Sentein le « fol », cœur chrétien dans un corps païen, d'être nommé, le 18 janvier 1943, directeur pédagogique de zone pour l'enseignement général des centres de jeunesse. Sans que la promotion de cet éducateur zélé ne soulève la moindre objection.

En sens inverse, combien de jeunes ont-ils cédé à des pulsions homoérotiques – on dirait aujourd'hui homophiles – en adhérant à l'une des innombrables organisations que leur proposait la Révolution nationale ? Combien d'entre eux ont-ils découvert à cette occasion un idéal de camaraderie entre garçons plus ou moins chargé de sensualité, prolongé ou pas par des actes sexuels ? Les témoignages n'abondent pas. Ce qui n'en rend que plus précieux celui de François Augiéras. Que faire pour se désennuyer quand on a quinze ans à Périgueux, un flot de vitalité sans emploi, du sang slave dans les veines et qu'on s'étiole aux côtés d'une mère décoratrice sur porcelaine, « besogneuse, idiote, inhumaine », dangereuse « à force de nullité » ? Orphelin d'un père qu'il n'a pas eu le temps de connaître, Augiéras cherche la protection d'un aîné. Fils unique, il est attiré par les garçons de son âge comme par un « puissant aimant ». Une section de la Jeunesse de France et d'Outre-Mer (JFOM) s'est créée et sème la mauvaise graine d'une agitation fascisante dans ce gros bourg endormi. Elle ne rassemble pas des enfants de chœur. Se réclamant d'un ordre nouveau et révolutionnaire, la JFOM a été fondée en octobre 1940 par Henry Pugibet, un ancien officier d'aviation, alors âgé de vingt-deux ans, avec le concours de Roger Saivre, futur chargé de mission pour l'enseignement auprès du cabinet civil de Pétain.

Un soir de l'automne 1941, Augiéras s'est rendu à leur sabbat quotidien qui se tient dans la salle des fêtes de la rue Victor-Hugo, tout près de la place du Palais. Il en est revenu gonflé d'orgueil et d'exaltation, arborant fièrement l'uniforme de pionnier de la Nouvelle Europe qu'on lui a fourni gracieusement, sans la contrepartie d'un précieux bon de vêtement : pantalon bleu foncé, chemise grise avec pour insigne une alouette gauloise qui de loin « ressemble à l'aigle allemand », cousue à l'épaule et au cœur. La cérémonie initiatique achève de le convaincre. Après avoir prêté serment au Maréchal – un père symbolique à la place du père biologique ? –, il a enfin le sentiment d'être admis dans le « clan des hommes », d'avoir franchi la première étape d'un processus guerrier de virilisation. La JFOM lui apporte tout ce à quoi, secrètement, il aspirait : une forme de fraternité sauvage au contact de la nature, une rupture avec la civilisation urbaine, rationaliste, humaniste, les marches épuisantes où le cœur bat dans les tempes, les joutes des adolescents qui se défient entre eux, les chants à la lueur des feux de camp dans la forêt, passer la nuit dehors avec des garçons de son âge, « sans prêtre, sans aumônier », sans adultes ratiocinant, toujours prêts à faire la morale. Car la grande affaire de son adolescence est désormais, il en est sûr, de changer de religion, de devenir, les événements aidant, « obstinément païen ». La JFOM lui offre ce retour aux forces cosmiques solaires dans un embrasement où se mêlent mysticisme et sensualité, dans une grande farandole vers l'« unité primordiale » sur le modèle du néopaganisme germanique. C'est dit : il sera du côté de cette sève qui bouillonne en lui, du côté des forêts et des sources, disponible pour toutes les aventures, il portera sur le flanc le poignard à lame d'acier plus par antichristianisme que pour se conformer aux rites de la Jeunesse hitlérienne. Attrait supplémentaire, il « soupçonne d'instinct » le néopaganisme de tolérer très bien que les adolescents s'aiment entre eux d'« amour pur », dans une exaltation dont la jeunesse allemande « nous donne un magnifique exemple[76] ».

En mars 1942, lorsqu'il quitte la JFOM, le jeune Augiéras est pourtant toujours désespérément vierge, bien qu'il porte un short fâcheusement déchiré à la hauteur de la braguette ; il se languit d'un « rituel de la montée vers le ciel » que la vie lui a jusqu'ici refusé. Commence alors une longue errance qui l'amène à un stage d'initiation à l'art dramatique au cours duquel il tombe amoureux d'un Compagnon de France, de six ans son aîné, laid et trapu mais avec « de beaux yeux et d'immenses mains », puis le voilà enrôlé à son tour parmi les Compagnons, au château de Marsac, où il reçoit pour mission de s'occuper d'une cinquantaine d'enfants difficiles, « un peu délinquants, un peu fous ». À la suite de la visite d'inspection d'un chef, il est démis de ses fonctions[77]. Pourtant, l'« embrasement céleste » ne viendra que beaucoup plus tard, en septembre 1944, dans les bras d'un jeune Arabe séduit par son nouvel uniforme, le troisième en trois ans, celui des équipages de la Flotte. Telle quelle, cependant, la trajectoire rimbaldienne de François Augiéras, y compris dans ses paroxysmes et ses fourvoiements, révèle l'essentiel de ce que fut l'étrange « civilisation du Maréchal » : des milliers d'enfants et d'adolescents en rupture de famille, une « obstinée tendance » au vagabondage, un paradoxal sentiment de liberté jusque dans l'enrégimentement auquel on pouvait toujours se soustraire à tout instant – Vichy n'est pas Lacédémone –, des amitiés juvéniles enivrées d'elles-mêmes, d'autant plus ferventes qu'on les savait précaires, une exultation des corps au contact du plein air, du soleil et de l'eau, un retour « magique » à la nature et à ses lois. Quelque chose d'archaïque, de primitif et d'instinctif comme l'état sauvage.

CHAPITRE 6

Les déboires de l'ordre viril

« Français, soyez des mâles. »

Le Réveil du peuple, 17 décembre 1940.

« La tenue est le signe de la race. C'est à sa tenue que l'on juge une nation, que l'on juge un homme. »

Roger Vauquelin des Yveteaux, 30 mai 1942.

« Vous les aimez vraiment ces échantillons d'hommes grotesques, ces caricatures qui posent devant vous ? C'est à ces fantoches que vous confierez vos craintes, vos ennuis et vos aspirations, votre vie en un mot ? Que voulez-vous que cachent ces attitudes, ces accoutrements, et quels hommes recouvrent-ils ? Des hommes sans caractère et sans personnalité. Des cerveaux déréglés et des imaginations malsaines. »

Compagnons, août 1943.

La meilleure façon de comprendre une époque n'est-elle pas de s'intéresser à ses obsessions ? Auquel cas, l'apologie à jet continu de la virilité pourrait en dire plus long sur les années 1940-1944 que la plupart des clichés en circulation. Dans la confrontation malheureuse avec l'ennemi, le mot « débandade » est, on l'a vu, à prendre au pied de la lettre. En première comme en dernière analyse, chacun s'accorde à pointer la défaillance érectile d'une nation « dévirilisée », inapte à se battre comme à se reproduire. L'ordre du jour est à la réaction contre les valeurs féminines de paix, de douceur et de plaisir qui ont dominé l'entre-deux-guerres et façonné un climat de « sous-vitalité biologique », véritable humus de la défaite. « Morale de midinette », avait tranché Montherlant au moment de Munich. Il est plus encore à la reconstruction du masculin dont le projet commande à la fois la rééducation des corps et la restauration des valeurs viriles. Vichy, cependant, n'est pas seul à vouloir reconstituer une identité masculine suivant les « lois naturelles » de l'espèce. En concurrence avec la pensée d'État de la Révolution nationale, la symbolique de la Résistance exalte par les mots et par les actes une conception essentialiste de la masculinité, vouée à la fonction guerrière, aux vertus d'audace, de courage et de force.

De part et d'autre, on partage les mêmes dégoûts et les mêmes répulsions. La *Douce France* dont Charles Trenet vante dans une chanson à succès la « tendre insouciance », la mode zazoue qui propage l'indifférenciation des sexes et bouscule les codes traditionnels, le pur esthétisme de certains maîtres en littérature, la production cinématographique dont les nouveaux acteurs cherchent à plaire en adoptant les modes féminins de séduction exaspèrent les combattants des deux bords. Imprégnant les mentalités et les comportements, le virilisme se diffuse comme l'anticorps de la défaite, entre idéologie et pathologie. Aux orateurs, aux *speakers* de la radio, aux commentateurs des actualités cinématographiques, il inspire ce ton déclamatoire et ces accents martiaux si caractéristiques de l'époque, que beaucoup garderont au-delà du délai de péremption, c'est-à-dire bien après la guerre. À la propagande, il insuffle une vision magnifiée des figures masculines. Aux minorités activistes, il injecte ce goût irrépressible de la parade et de l'uniforme. Système performatif, il fonctionne naturellement avec ses modèles, ses antimodèles et ses boucs émissaires.

Les vieux habits de l'homme nouveau

Un homme vaincu est-il encore un homme ? Cette question lancinante est au cœur de la crise de l'identité masculine qui atteint son point culminant au lendemain de la défaite. Y répondre devient une exigence politique dont dépend la restauration de l'édifice social, avec ses repères ancestraux et ses assignations fondées sur la différence biologique entre les sexes. Pour les propagandistes de la Révolution nationale, la tâche se révèle singulièrement ardue. Puisque l'autorité masculine a été humiliée dans l'exercice de la fonction militaire, n'est-ce pas d'abord dans cette fonction-là qu'il convient de la rétablir ? Plus facile à dire qu'à faire dans un pays qui n'est pas encore en paix mais n'est plus vraiment en guerre. L'armistice est un entre-deux stérile. À défaut d'un théâtre d'opérations où l'honneur masculin pourrait se revancher des flétrissures du printemps 1940, une remilitarisation factice du pays fera l'affaire. Composant une offre pléthorique, les organisations vichyssoises d'encadrement de la jeunesse, de mobilisation patriotique (Légion française des combattants, Légion tricolore), de maintien de l'ordre (Service d'ordre légionnaire, Milice) et de collaboration militaire (Légion des volontaires français contre le bolchevisme) se développent comme autant de substituts à l'activité guerrière prématurément interrompue au printemps 1940. Une rhétorique de la virilité belliqueuse leur sert d'étai, leur insuffle, par sa violence déclamatoire, une dimension épique que le contexte dramatique de l'heure préserve sinon du ridicule du moins de l'inanité.

S'adressant à la population masculine, Yves Urvoy, un collaborateur de Paul Marion, l'exhorte à retrouver les antiques vertus de la « race » en réaction contre une « République féminisée » : « Vous êtes les fils d'une race débordante de vitalité, dont la vieille graine peut encore germer. La vitalité du corps français, c'est la virilité : un foyer perpétuel de jaillissement, un trop-plein répandu par excès, une virilité profondément charnelle. Vous n'êtes pas passifs, pacifistes, lâches, avilis, mesquins, endormis, abâtardis, casaniers, épris du confort et de la sécurité du foyer, affolés, fuyards, fébriles, bavards, affaissés, dépris, étouffés ; vous n'êtes pas des cornichons ratatinés. Vous êtes du côté du sang, de la guerre. Vous êtes fils de guerriers [...]. Vous êtes la tension face à la mollesse et à la facilité ; la création face à la jouissance[1]. »

Pour réveiller l'ardeur virile, la propagande d'État fait donner l'armée de réserve que constituent, dans l'imaginaire national, les figures historiques de la masculinité guerrière. C'est ainsi qu'un croisé dresse sa silhouette protectrice derrière le légionnaire du SOL, que Vercingétorix apparaît comme l'ancêtre tutélaire d'une recrue des Chantiers de la jeunesse et que le chevalier Bayard s'élance hardiment dans l'ombre d'un écolier[2]. Qu'ils soient armés de l'estoc, de la francisque d'attaque ou de la lance, les héros du passé sont là pour personnifier un modèle qui associe le masculin à la fonction militaire, Jeanne d'Arc étant l'exception à la règle, encore que sa silhouette androgyne portant armure et épée atténue les effets de la transgression. En dessous du modèle guerrier, mais participant à la « révolution communautaire » où se régénèrent les vertus mâles, la figure de l'ouvrier dont les outils tiennent lieu d'armes de poing est remise à l'honneur au panthéon de l'identité masculine[3]. Stature impressionnante, sanglée dans une salopette qui ne laisse rien ignorer de son anatomie musculeuse, elle trône, une masse à la main, sur une affiche de 1943 dont le slogan s'efforce d'ennoblir une proposition équivoque : « En travaillant en Allemagne, tu seras l'ambassadeur de la qualité française[4]. »

Particulièrement réceptifs à la dialectique du tendre et du ferme, du passif et de l'actif, du terne et du flamboyant, les mouvements collaborationnistes sont en première ligne du combat pour la reconstruction d'un modèle de virilité masculine. Mais le problème qui se pose à eux est du même ordre que celui sur lequel bute la propagande de l'État français : guerriers, les nationaux-socialistes français ne peuvent l'être que par la parole, l'uniforme et la parade. Ce sont des civils qui jouent aux soldats, exaltent la camaraderie fusionnelle née de la lutte en commun et s'échinent à réduire le décalage entre les apparences et une réalité qui les ramène plus prosaïquement à leur condition de combattants désarmés, d'eunuques du fascisme. On accède par là à l'essence même du collaborationnisme, faite de simulacre et de représentation. D'où l'importance de la question de l'uniforme, attribut compensateur par quoi les hommes cherchent à se rétablir en apparence dans l'autorité et le prestige de la fonction dont ils viennent précisément d'être déchus. Rapidement, l'affaire vire à la monomanie.

Entre collaborationnistes, s'entendre sur un programme est à la limite chose plus aisée que de se mettre d'accord sur un uniforme, chacun ayant une idée précise de ce qui conviendrait le mieux pour redonner prestige et éclat à la silhouette masculine. Secrétaire général du PPF, chargé par Doriot de le représenter au sein de l'éphémère comité créé à Vichy, en août 1940, pour étudier la constitution d'un parti unique, Victor Barthélemy garde un souvenir affligé de ces querelles : « Une matinée, on examina avec beaucoup d'attention les projets d'uniforme du parti, que Deschizeaux avait apportés, sous forme de dessins exécutés par un dessinateur de mode. Bien entendu, après cette discussion, aucun accord n'était intervenu sur la question de savoir si l'on porterait le pantalon droit ou la culotte de cheval avec des bottes, sur la couleur de la chemise ou du couvre-chef[5]. » L'histoire se répète avec les mêmes palinodies et les mêmes palabres lorsqu'en juillet 1941 les chefs des mouvements collaborationnistes parisiens se réunissent pour débattre de leur participation à la Légion des volontaires français, l'unité destinée à combattre aux côtés des Allemands sur le front de l'Est. Comme il était prévisible, la question de l'uniforme des futurs légionnaires français fait l'objet de longues et fastidieuses discussions. Le débat porte notamment sur les avantages et les inconvénients comparés de la demi-botte allemande et de la bande molletière à la française que défend avec vigueur Eugène Deloncle, le fondateur du Mouvement social révolutionnaire (MSR). Étrange et dérisoire dispute qui marque bien l'étroitesse du territoire concédé aux supplétifs du nouvel ordre européen, mais qui se poursuivra néanmoins jusqu'à ce que l'intervention du représentant de l'OKH vienne leur rappeler qui commande.

Qu'on puisse débattre à propos de boutons de guêtre dans des cénacles théoriquement voués à l'action n'étonne alors personne. Pas même lorsque Abel Bonnard, le nouveau guide de la jeunesse dont La Porte du Theil dit qu'« il arrange les fleurs mieux qu'une geisha », signe le 7 juillet 1942 un très long arrêté ministériel par lequel il fixe avec la minutie et le sens du détail propres aux grands faiseurs la tenue des cadres et des jeunes recrues des Chantiers. Car Vichy n'est pas seulement, selon le mot féroce de Montherlant, « l'art d'accommoder les vestes », c'est aussi, dès qu'il est question d'uniforme et de prestance masculine, l'art de se pousser du col. La collection Bonnard fait alterner des dominantes de vert forestier et de cuir havane selon les saisons ; la cape en drap cardé, les demi-bas blancs et le pantalon de golf sont de mise pour les chefs, tandis que les appelés doivent porter sous le blouson un paletot en toile, croisé sur le devant, à deux rangées de deux boutons, une chemise à col tenant rabattu de teinte kaki (« dans l'attente du gris moyen ») et une cravate régate en rayonne. L'uniforme des « services d'honneur » est décrit avec un soin particulier d'où ressort un goût prononcé pour les accessoires : « *Gants* en fil blanc, *béret* en drap vert forestier ; on le rabat sur le côté gauche. *Brodequins* en cuir fauve. *Ceinture* en cuir fauve de 35 mm de largeur, fermée devant par un bouton à gorge et deux passants en cuir. *Couteau* à large lame d'acier, manche en métal blanc, porté du côté gauche (longueur : 25 cm), gaine en cuir fauve, le dessous formant un anneau coulissant directement dans la ceinture de cuir. *Boutons* en corozo de couleur (havane pour le blouson, vert pour le paletot)[6]. »

Notre sensibilité contemporaine habituée à l'indifférenciation des sexes comprend mal la place accordée à ce déterminisme vestimentaire. Elle est pourtant fondamentale dans l'esprit des chefs de la collaboration. Pour ceux-ci, l'uniforme est la première étape dans la reconstitution de l'identité masculine, le symbole d'une dignité et d'une autorité rétablies, le signe, par tous immédiatement perceptible, de la « révolution des esprits et des âmes » d'où est censé sortir l'homme nouveau. Tous les partis collaborationnistes apportent donc un soin méticuleux à la composition de leurs uniformes[7]. Le PPF de Doriot en a confié la confection à deux maisons réputées : Dawaechter à Bordeaux et Sigrand à Paris. La tenue des membres du bureau politique se compose d'une vareuse et d'un pantalon bleu marine, presque noir, et d'un manteau à martingale. La chemise est bleu foncé, la cravate noire en signe de deuil après la défaite. Les insignes octogonaux du parti se portent sur la poche gauche de la vareuse à la manière des dignitaires du NSDAP. Au MSR de Deloncle, l'inspiration militariste est encore plus marquée. Les « officiers » du parti portent béret, tunique et pantalon ou culottes et bottes, et parfois un baudrier. Les grades sont matérialisés par des barrettes dorées en tissu, cousues sur les pattes d'épaules à la manière de l'armée française d'aujourd'hui. Galons, épaulettes, écussons, ceinturons, c'est tout le fourniment militaire qui constitue l'équipement de base des hommes regroupés au sein des « formations d'élite » propres à chaque parti, comme les Gardes françaises (PPF), la Légion nationale populaire (RNP), les Corps-francs (Parti franciste), la Milice révolutionnaire française (la Ligue française) ou Jeune Front (Parti français national collectiviste) que dirige le vibrionnant Robert Hersant. Empreinte d'une solennité particulière, la remise de l'uniforme dans les organisations de jeunesse s'apparente à une cérémonie initiatique de passage à l'« âge viril » copiée du fascisme italien, lequel s'inspire lui-même de la Rome antique. Rigueur des temps oblige, elle s'effectue contre la remise de points textiles chichement distribués : dix pour la chemise, deux pour la cravate, un pour le brassard. L'engouement, même limité à quelques dizaines de milliers d'individus, est réel. Le port de l'uniforme dans une France vaincue et démilitarisée est polysémique. Il n'est pas simplement signe d'une affiliation partisane, mais représentation d'un système de valeurs dans l'espace social et réaffirmation de repères hiérarchiques.

L'épouvantail zazou

La difficulté et la complexité d'une croisade pour la reconstruction de l'identité masculine intervenant au lendemain d'une défaite, alors que les deux tiers du pays puis sa totalité sont occupés par une armée étrangère, auraient eu de quoi rebuter les plus ardents prédicateurs si l'évolution des mœurs, cette fameuse « dégénérescence » dont les intellectuels fascistes relevaient déjà les symptômes avant guerre, ne leur avait pas fourni à point nommé un imposant contingent d'hérétiques. Qui sont donc ces « déviants », ces « spécimens tarés de la race » qui, par leur présence tapageuse, offrent un contre-modèle de l'excellence masculine à restaurer ?

En première ligne figurent les zazous. Promue à une notoriété fulgurante à partir de 1941, l'appellation générique désigne tout à la fois et indifféremment une mode vestimentaire, une attitude et un état d'esprit dont le goût pour le swing – une variété syncopée de jazz en provenance d'Amérique – n'est qu'une facette parmi d'autres. Être zazou, c'est d'abord se distinguer par son apparence, c'est opposer à l'uniforme des jeunesses embrigadées l'étendard bigarré de la dérision et de l'extravagance. Premier signe distinctif de la tribu, la coiffure estompe les différences entre les deux sexes : cheveux longs sur la nuque pour les garçons, sur les épaules pour les filles. Côté vestiaire, la silhouette des filles est carrée, tandis que celle de la variété masculine de l'espèce a les épaules tombantes. Leur façon de parler – voix de fausset pour les garçons, voix grave pour les filles – achève d'introduire un brouillage provocateur des genres que les tenants d'une France virile ne peuvent ressentir que comme un facteur aggravant de la crise.

« Être ou ne pas être swing ! Est-ce tout ce que notre désastre lui a inspiré de viril[8] ? », interroge anxieusement l'hebdomadaire *Révolution nationale* dans un article consacré au « nouveau mal de la jeunesse ». Antithèse de « l'homme nouveau », le zazou tombe à pic pour renouveler les ratiocinations de la presse collaborationniste sur la dégénérescence physique de la race : « petites natures, petites carcasses désarticulées » (*Le Franciste*), « tristes larves » (*Je suis partout*), « pâles éphèbes aux épaules de gamins tuberculeux [...] petits crétins rachitiques » (*Le Pays libre*), « invertébrés [...] pantins grotesques ou sordides [...] caricatures humaines » (*La Gerbe*), « sous-Tarzan frisottés » (*Jeunesse*). Certes, semblables diatribes font partie de la littérature de toutes les époques et de tous les temps. Au XIIe siècle déjà, le chroniqueur anglo-normand Orderic Vital soupçonnait la jeunesse turbulente de s'abandonner à une mollesse toute féminine, tandis que l'évêque de Sées, Serlon d'Orgères, s'en prenait à la mode des cheveux longs importée alors d'Angleterre, allant jusqu'à comparer les jeunes hommes à la longue chevelure et aux chaussures recourbées aux sauterelles de l'Apocalypse. Ce qui singularise les philippiques contre les zazous, c'est moins le fond que la forme, moins le textuel que le contextuel, et encore moins les sempiternelles déplorations sur le thème récurrent de la décadence que l'intériorisation d'un sentiment d'infériorité face à l'occupant. Aux zazous de sexe masculin, il est surtout fait reproche de convoquer en permanence le spectre de la défaite en incarnant par leur « avachissement » et par leur « laisser-aller » tout ce qui a fait l'impuissance de nos troupes, d'être en quelque sorte, comme l'écrit l'éditorialiste des *Nouveaux Temps*, des « êtres négatifs » offrant à l'occupant qui, « vaincu d'hier, se souvient de la dignité avec laquelle il triompha de sa défaite, le spectacle de leur déchéance[9] ».

Lors d'un meeting à la Salle des sociétés savantes, en novembre de cette même année 1942, Marcel Bucard est encore plus explicite : « Ne vous est-il pas arrivé, interroge le fondateur du francisme, de faire des comparaisons entre nos “zazous” et les hitlériens de vingt ans qui reviennent de se battre dans les boues glacées de Russie ? Lorsque vous voyez les uns trottinant sur nos boulevards en faisant des effets de fesses et de parapluie, et les autres, col de chemise largement échancré, martelant fièrement le sol de leurs bottes, le regard clair, n'êtes-vous pas obligés d'avouer : entre cette race-là, héroïque et conquérante, et la nôtre, dévitalisée et prétentieuse, il y a la même différence qu'entre la vie et la décrépitude. »

À Londres ou dans les premiers maquis de la Résistance, on n'est guère plus tendre à l'égard des « petits messieurs », « oisifs et jouisseurs » dont la désinvolture est régulièrement mise au pilori en des termes presque identiques. Cela n'a rien de surprenant. Comment la virilité agressive des combattants des deux camps s'accommoderait-elle d'une mode qui se caractérise par le refus de tout engagement et par une suprême indifférence aux malheurs de la patrie ? Le slogan « Une France swing dans une Europe zazoue » est un insupportable défi lancé à tous les messianismes, à l'esprit de sérieux des adultes impliqués, de part et d'autre, dans l'action.

Sur l'échelle des détestations, les zazous se situent à peu près au même niveau que les trafiquants du marché noir auxquels ils sont, d'ailleurs, fréquemment assimilés. En temps ordinaire, ce mélange de provocation et de dandysme qui n'est pas sans rappeler celui des Incroyables et des Merveilleuses du Directoire, n'aurait suscité que sourires et haussements d'épaules. Pas dans la France du Maréchal où se développe une pensée d'État sur l'identité masculine, où les ultras de la collaboration se sont érigés en avant-garde d'une contre-révolution virile. Les esprits échauffés ne demandent qu'à passer à l'action, avec pour cible prioritaire ce qui, dans la mode zazoue, introduit la plus grande confusion entre les sexes. Autrement dit : la coiffure. « Passons à la tondeuse ces huppes de vieilles coquettes » : le mot d'ordre circule dans la presse parisienne dès le début du printemps 1942, avant d'être repris et mis à exécution par les organisations de jeunesse des partis collaborationnistes. En juin, à Paris, la tonte publique des garçons et la fessée pour les filles constituent le programme ordinaire des premières expéditions punitives, les « zazouades » que lancent les Jeunesses populaires françaises (JPF) de Doriot contre les bases arrière de la tribu implantées dans le périmètre Étoile – place Victor-Hugo – Neuilly. De forts relents de lutte des classes flottent sur ces châtiments capillaires. Puis, c'est la police qui prend le relais en organisant une véritable chasse contre tout ce qui porte cheveux longs, vestons avantageux à larges revers et rabats multiples et ne peut justifier d'aucune occupation régulière. Bilan de ces rafles sporadiques qui vident provisoirement les vitrines limonadières du zazouisme : quelques dizaines de « déviants » sont enrôlés de force au Service civique rural dans le but de leur faire découvrir la vie au grand air et les travaux des champs. Sanction bénigne en regard de celle qui attend les plus malchanceux d'entre eux, quelques mois plus tard, avec l'envoi au STO et la déportation en Allemagne.

Rendant compte de ces activités répressives, *Gringoire* se félicite que la police « ait mis fin aux excentricités des gamins vicieux et des fillettes oisives qui hantaient les cafés et les brasseries des Champs-Élysées et du Quartier latin ». Vicieux ? Les mots ne viennent pas au hasard. Suggéré au détour d'une phrase ou explicité sur le mode à la fois furieux et goguenard, le rapprochement entre zazous et homosexuels remplit les colonnes des journaux. La thématique de l'homosexualité, du corps féminisé, rejoint celle de la désagrégation du corps social, symbole d'une nation efféminée. L'amalgame est d'autant plus tentant que les apparences sont en partie trompeuses. Car si tous les zazous ne sont pas homosexuels, loin s'en faut, bien des homosexuels cèdent peu ou prou au carnaval bariolé de la mode zazoue. Mauricio Aguilar, un jeune Salvadorien que l'on voit beaucoup dans l'entourage de Cocteau où son charme ténébreux fait des ravages, est décrit par l'un de ses admirateurs en ces termes : « Discret précurseur de la mode zazoue que la jeunesse française commençait à adopter avant qu'elle ne devienne caricaturale et parfois même provocatrice, il était toujours tiré à quatre épingles. Il rehaussait une taille plutôt petite d'une mèche amplement relevée sur le front, il portait des costumes d'une coupe impeccable, veston croisé un peu trop long, pantalons étroits, chemises à haut col, nœud de cravate étroitement serré, souliers à double semelle[10]. » Âgé de dix-sept ans en 1941, le jeune André Beaurepaire, un autre « page » de Cocteau, affiche déjà une orientation sexuelle que l'on ne qualifie à l'époque d'équivoque que pour mieux signifier qu'elle ne l'est pas. Au grand désespoir de son père qui dirige la Compagnie des encres à Levallois et de sa mère Marie-Josèphe Navarre, héritière des Papeteries du même nom. Lorsqu'il sort de l'hôtel particulier familial de la rue Berlioz pour aller rejoindre les garçons de son âge au sous-sol du Colisée ou de Rumpelmeyer, ce fils de bonne famille arbore une tenue qui fait se retourner les passants de ce paisible quartier du XVIe arrondissement : redingote lilas à poches raglan, petite cravate nouée en « saut de la mort », épaisses semelles qui donnent à sa démarche une ondulation particulière[11].

Une personnalité très en vue de la scène parisienne fait le lien entre toutes les aversions de la presse collaborationniste : Charles Trenet. Sous les feux de la rampe où sa notoriété ne cesse de grandir depuis son récital de mars 1938 à l'ABC, le « fou chantant » exploite avec talent toutes les ressources artistiques de sa propre ambiguïté. Ancien partenaire de Johnny Hess avec qui il a débuté au music-hall, il s'empare du rythme swing comme d'un bâton de cheddite pour dynamiser son répertoire (*Swing Troubadour, La Poule zazoue*, deux titres enregistrés avec Django Reinhardt et le quintette du Hot-Club) et de l'esprit zazou pour ce qu'il emprunte au surréalisme et à l'absurde. Trépidation, palpitation, élucubration : le pavillon Trenet couvre trop de marchandises suspectes pour que l'idéologie « virile » consente à les dédouaner. On lui reproche de s'être proclamé « zazou d'honneur » et de se faire le propagandiste d'œuvres décadentes et méprisables, et notamment, selon *Le Cri du peuple*, de cette « dirythmie morale et organique, accréditée par les nègres convulsifs de La Nouvelle-Orléans et des affairistes juifs de Broadway » qu'est le swing. Premier rôle à l'écran dans *La Romance de Paris*, le film de Jean Boyer sorti en 1942, puis dans *Adieu Léonard* (1943), la pochade des frères Prévert à l'intrigue gentiment loufoque, le voici cloué au pilori par François Vinneuil, alias Lucien Rebatet, qui lui impute sans barguigner la « judaïsation du goût français » suivant une escalade inquisitoire visant à marquer l'hérétique du sceau de multiples infamies. Bien qu'il s'efforce de cacher son homosexualité, brouillant les pistes avec une myriade de « fiancées » successives (Simone Delamare, Suzy Solidor, l'héritière américaine Doris Duke, la chanteuse canadienne Guylaine Guy, et la dernière en date, Corinne Luchaire) qu'il jette en pâture à la presse, Trenet n'en est pas moins affublé d'une réputation sulfureuse. Nul n'ignore dans les rédactions les frasques de ses jeunes années catalanes en compagnie du poète Albert Bausil, ni le « scandale » de Vernet-les-Bains, le 14 juillet 1930, que *L'Indépendant* de Perpignan présenta à ses lecteurs comme une « orgie homosexuelle impliquant des personnalités locales », en réalité une soirée un peu arrosée au terme de laquelle la maréchaussée ouvrit quand même une enquête pour attentat à la pudeur et outrage aux bonnes mœurs. On s'interroge aussi sur la nature exacte de ses relations avec son partenaire Johnny Hess, mais beaucoup moins à propos de l'amitié qui l'a uni avant-guerre à un jeune Allemand prénommé Frantz, lequel devait être passé par les armes en 1939 pour désertion.

Et si le « fou chantant » n'était rien d'autre qu'une « folle » ? La question est implicitement posée au détour de la polémique lancée par Jean Boissel, le directeur du *Réveil du peuple* qui, après avoir insinué que le patronyme de Trenet ne serait que l'anagramme du nom « spécifiquement juif » de Netter, interpelle le chanteur à la veille de son récital au théâtre de l'Avenue, annoncé pour le 21 février 1941 : « Êtes-vous disposé à vous laisser faire une prise de sang de façon à permettre de se rendre compte si, malgré les états civils que vous seriez susceptible de nous présenter, il n'y aurait pas de votre part de maquillage, comme cette chevelure blonde que l'on voit sur vos affiches et qui nous paraît si bien oxygénée[12] ? » Trenet a beau protester de son aryanité, apporter à la *Kommandantur* ses fiches d'état civil et son certificat de baptême, faire imprimer sur des cartes un « ni juif ni mort » qui n'est pas du meilleur goût, il ne peut en revanche faire taire les sectateurs de la France virile, qui se répandent en allusions venimeuses sur le chanteur « fleur bleue » dont les compositions « font entrer en transe les zazous des trois sexes[13] ».

Une « littérature désaxée et désexuée » ?

Entre Vichy et la collaboration, l'homosexualité sert de trame à tout un discours implicite. Elle se cache derrière l'exaltation de la virilité, elle se retrouve comme bouc émissaire de la faillite des mœurs ayant conduit au désastre. Un dessin de Sennep pour *Le Figaro* montre un propagandiste de la Révolution nationale morigénant un paysan à l'air fruste en train de pousser sa charrue : « Si vous n'aviez pas tant lu Proust, Gide et Cocteau, nous n'en serions pas là. » Inutile de le préciser car personne ne s'y trompe : trois auteurs homosexuels et, surtout, parmi les premiers homosexuels de l'histoire moderne à avoir cherché à valoriser leurs pratiques par la revendication littéraire. On ne saurait souligner avec plus d'ironie l'immense décalage entre le discours du « pays légal » et l'état d'esprit de la « France réelle », ni traiter avec plus de dérision la question de la responsabilité de la littérature dans la défaite qui agite le petit monde de la politique et des lettres depuis la fin de l'été 1940.

Ouverte en zone Sud, la querelle renouvelant la tradition du procès des intellectuels gagne la presse parisienne. Du *Figaro* au *Temps* en passant par *La Croix*, c'est à qui fera donner ses plus illustres plumes pour étriller les « mauvais maîtres ». Sont pris dans la rafle dénonciatrice tous ceux qui, à partir des années vingt, ont contribué à répandre ce qu'Henry Bordeaux nomme le « mal intellectualiste » et qu'Henri Massis désigne comme une « défaillance de l'intelligence ». Euphémismes distingués qui ont l'épaisseur d'une feuille de vigne sur les burettes de l'ordre moral. Ne varie guère d'un éditorial à l'autre l'inventaire des agents de décomposition qui ont avili la littérature, miné les valeurs traditionnelles et finalement créé, par la corruption des mœurs et par l'avachissement des consciences, les conditions du désastre de juin 1940. Ainsi une « certaine » littérature est-elle accusée d'avoir instillé dans le corps national ces bacilles de l'anti-France que sont l'immoralisme esthétisant, l'individualisme jouisseur, l'irrespect de l'autorité et de la patrie, l'érotisme morbide et les sexualités contre nature[14].

Répliquant à la célèbre formule de Gide selon laquelle « les bons sentiments ne font pas de bonne littérature », la droite académique (Henry Bordeaux, Edmond Jaloux, Louis Madelin) relayée par les intellectuels organiques du nouveau régime, pour la plupart issus de la mouvance catholique de l'Action française (Henri Massis, André Bellessort, René Benjamin, Jean de Fabrègues, Camille Mauclair), s'arc-boute sur la responsabilité morale et sociale de l'écrivain pour mieux flétrir une production littéraire dominée par la « sensualité, les cas pathologiques, l'indécision des caractères, l'attirance de la misère physiologique et morale » ou encore le « psychologisme malsain ». À l'opposé de ce pôle moralisateur, la jeune garde collaborationniste, soucieuse de se démarquer du conformisme néoclassique des « vieilles barbes », défend le sacro-saint principe de la liberté de création au nom d'une conception de la littérature qui dissocie esthétique et éthique. Derrière le projet de régénération des lettres et des arts, elle subodore une entreprise d'émasculation menée par les champions de l'ordre moral, un « assaut des médiocres », résume Thierry Maulnier dans une charge suffisamment imprécise pour ne froisser personne. Le sujet inspire au jeune Jacques Bostan, alias Jacques Laurent, ses premières gammes de hussard irrévérencieux : « On est confus d'avoir à rabâcher que ce n'est pas en brûlant Rabelais et en oubliant Gide qu'on ranimera notre vertu ; que s'il y a une corruption française, elle est dans les propos de Clément Vautel et non dans *L'Œdipe* de Cocteau ; que s'il y a une bassesse française, elle n'est pas dans le cynisme de Montherlant mais dans l'idéalisme des romans bleus ; que s'il y a une dégénérescence française, elle n'est pas imputable à la liberté des arts mais à l'incontinente sottise d'une presse parfois bien-pensante[15]. »

Si le nom d'André Gide est le premier à venir sous la plume, c'est que l'auteur de *Corydon* (1924) est, depuis la défaite, au centre de la polémique sur les « mauvais maîtres ». En assumant publiquement sa pédérastie, en lui donnant une légitimité culturelle loin de la malédiction et de la culpabilité sociale dans laquelle Proust avait cru devoir la boucler à double tour, Gide est devenu, presque à son corps défendant, sinon le porte-parole des homosexuels français, du moins leur symbole le plus visible. *Corrumpere juventum* : la droite catholique n'a pas attendu la défaite pour lancer l'anathème contre l'homme et son œuvre, accusés l'un et l'autre de détournement de mineurs. Au lendemain de la débâcle, cette droite-là n'en est que plus à l'aise pour dénoncer les effets néfastes d'une littérature qui préconisait l'affranchissement de toutes les contraintes sociales, morales et religieuses. Contre le « maître ès décomposition », le « colporteur de la pestilence », le « fossoyeur universel de toutes les vertus », d'innombrables brûlots allument un bûcher rhétorique. Ni son talent ni son style ne sont en cause : on lui reconnaît volontiers les « charmes de la forme » et des « dons éminents », qui, circonstances aggravantes, n'ont fait que rendre plus pernicieuse son entreprise de démolition de la religion et de la famille, d'intoxication de l'âme nationale par le venin du scepticisme et du renoncement. Chez les détracteurs des « mauvais maîtres », le procès de Gide, « semeur d'ivraie », est instruit au nom de la morale conventionnelle qui condamne l'homosexualité en tant que pratique contre nature. Pris à leur propre piège, ils n'osent cependant prononcer le mot et, à l'image d'un Massis, se perdent de circonvolutions en circonlocutions. Toute référence à l'ordre moral est, en revanche, bannie du propos des jeunes collaborationnistes fascisants qui s'interdisent de faire à Gide un procès d'immoralité et se refusent à juger de la valeur d'une œuvre d'après les catégories ordinaires de la bien-pensance. Au spiritualisme de celle-ci, ils opposent une approche biologique de la littérature fondée sur le primat nietzschéen du « sain » sur le « moral », du vitalisme sur l'affadissement, de l'instinct sur le rationalisme desséchant, du principe dionysiaque sur le principe apollinien. Pour cette génération séduite par la théorie esthétique du fascisme qui ne sépare pas pensée et action, ce n'est pas tant l'homosexualité de Gide qui est en cause que les ferments et les poisons qu'elle est censée avoir instillés dans le corps de la nation : amollissement, pacifisme, individualisme, hédonisme, irresponsabilité. Tout ce qui contrevient, en somme, à l'esthétique révolutionnaire d'une littérature « virile » dont Céline, Montherlant, Drieu et quelques autres ont ouvert la voie. Ces réserves faites, les ultras de la collaboration vont se montrer infiniment plus agressifs envers un moraliste catholique rallié à l'antifascisme comme Mauriac qu'à l'égard de Gide. Lucien Combelle, son ancien secrétaire passé au service de Drieu, ne défend-il pas dans ce petit milieu l'idée que l'œuvre gidienne ne ressortit pas à une littérature de « dévirilisation », contrairement à l'illusion qu'en donne une lecture superficielle, et que son refus du conformisme bourgeois pourrait bien l'entraîner à terme vers des choix plus révolutionnaires ?

Il est vrai que tout au long de l'année 1941, Gide, retiré à Nice, tient d'étranges propos devant un petit cénacle de jeunes disciples abasourdis. L'*amor fati* gidien semble s'être fixé sur la *pax germanica.* « Oui, explique-t-il, l'hitlérisme aura apporté un immense progrès à l'Europe [...]. Vous connaissez l'histoire d'Auguste ? La première partie de sa vie le montre débauché, monstrueux, cruel, mais ensuite c'est pourtant le grand empereur qui domine son siècle. Qui nous dit que Hitler[16] [...] » Puis le 17 décembre : « J'ai déjeuné avec Malraux, nous avons parlé de tout cela. Eh bien ! il est tout de même incontestable, l'antisémitisme excepté, que ce que veut l'hitlérisme est grand, grandiose, excellent. Mais nous sommes d'accord pour penser que sa victoire ne peut être que totale[17]. » À la même époque, le bruit court, colporté par Léautaud, que si Gide se refuse à « faire le voyage à Paris », comme l'y invite Drieu, c'est pour ne pas s'exposer au risque de tomber sous le charme des fringants officiers de la Wehrmacht qui hantent les bureaux de la NRF[18].

Rien de tout cela n'est de nature à dissiper l'odeur de soufre qui entoure le vieux maître. Celle-ci continue d'indisposer les narines délicates de tous ceux qui, dans le sillage du Maréchal, luttent pour le triomphe des valeurs muséales du Beau, du Bien et du Vrai. Pourtant, ce contestataire de l'ordre traditionnel n'a alors guère l'esprit porté à la sédition, si l'on en juge d'après les notes de son *Journal.* Il a trouvé « admirable » le premier discours du Maréchal sur l'« esprit de sacrifice », jugé nécessaire le programme de redressement moral affiché par le nouveau régime, approuvé la « servitude volontaire » de la collaboration, sous réserve qu'elle soit « honnête », admis la perspective d'une dictature à condition qu'elle soit « française ». Autant de réflexions qu'ignore, et pour cause – cette partie du *Journal* ne sera publiée qu'après la guerre –, la France maréchaliste dont l'horloge mentale semble s'être arrêtée à l'époque des « refrains méphitiques » de Nathanaël. La presse locale ayant annoncé pour le 21 mai 1941 une conférence de Gide sur le poète Henri Michaux dans les salons de l'hôtel Ruhl, un certain Noël de Tissot, responsable de l'union départementale de la Légion française des combattants, s'est cru obligé d'adresser une sévère mise en garde à celui qu'il désigne comme le « champion triomphant de l'esprit de jouissance[19] ». Le contenu en est clair : « Que Nathanaël se fasse oublier, lui et toute sa famille », la menace à peine voilée : « Vous auriez tort de voir dans cette lettre les protestations un peu naïves de barbares trop zélés[20]. »

Bien que la conférence ait été autorisée par la censure et que la salle lui soit tout entière acquise, Gide déclare qu'il renonce à prendre la parole afin de ne pas « semer la discorde entre les Français ». En « faisant don de son silence à la France » comme le vieux Maréchal, lui, avait fait don de sa personne, selon la formule du fervent Claude Roy, l'austère pédagogue fait coup double : il acquiert à bon compte un statut de victime sans toutefois perdre le bénéfice d'une subtile ambiguïté. Le retour de Gide en 1942 à Tunis met un terme à une polémique qui peinait à trouver de nouveaux ressorts.

Cocteau, « le cuisiner de l'équivoque »

Il n'en va pas de même de celle que suscite la personnalité de Jean Cocteau. Si le *Livre blanc* a été publié anonymement en 1928, nul ne se trompe sur la nature des mœurs de *Thomas l'imposteur*. Et si quelqu'un voulait en ignorer, la presse collaborationniste aurait vite fait de l'affranchir. Dans le langage des reconstructeurs de la virilité masculine, il est le « champion de la branlade individualiste », un « pantin farci d'opium », le symbole de l'influence sodomite dont les valeurs « féminines » avaient fini par imprégner la IIIe République et ses dirigeants. Avec l'imprudence et l'inconscience dont il était coutumier, Cocteau avait rédigé une « Adresse aux jeunes écrivains », que l'hebdomadaire collaborationniste *La Gerbe* s'était empressé de publier dans son numéro du 5 décembre 1940. L'adresse en question se concluait par un tonitruant « Piétinez-nous ! ». C'était une figure de style destinée à stimuler l'ardeur créative des jeunes écrivains. Pendant quatre ans, les godillots de la France virile allaient prendre l'injonction au pied de la lettre. Plus que son œuvre, c'est la sexualité de Cocteau qui est constamment sur la sellette, même si l'une et l'autre sont présentées comme indissociables. La critique que fait François Vinneuil, alias Lucien Rebatet, à l'occasion de la création de *La Machine à écrire* en avril 1942 est typique de ces allers et retours entre l'homme – « Cocteau le truqueur, l'énervé, le cuisinier de l'équivoque » – et l'œuvre – un résumé de « vingt ans d'abaissements, de turpitudes, de perversions physiques et d'instabilité pathologique » – confondus dans un même opprobre. « Ce clown aurait pu être charmant, ajoute Rebatet. À cinquante ans, l'âge de la pleine maturité pour les vrais hommes, ce n'est plus qu'un Jocrisse dégénéré [...]. L'agitation morbide qui distingue l'espèce zoologique dont est Cocteau met le comble au ridicule et à la laideur de cette exhibition. »

La reprise des *Parents terribles*, en novembre 1941, au Gymnase, avait déjà fait pleuvoir des cataractes d'invectives sur le malheureux Cocteau dont la pièce, qui mettait en scène la déchéance de la figure paternelle, avait été jugée « contraire à l'œuvre de résurrection nationale ». La « saine jeunesse » fut appelée à se mobiliser contre une œuvre « indécente » qui conjuguait tous les miasmes et tous les maléfices colportés, selon le critique de *Je suis partout*, par les « grands-pères des latrines » et les « grandes-tantes de la petite secousse ». En fait de « saine jeunesse », ce furent tour à tour des commandos du PPF, des anciens Camelots royalistes conduits par l'ex-cagoulard Filliol et une escouade de « bordeliers chaude-pissards » emmenée par Alain Laubreaux qui donnèrent l'assaut à la scène du théâtre à coups de boules puantes et de bombes lacrymogènes[21]. L'exaspération des censeurs est à son comble lorsque la Comédie-Française décide de recevoir *Renaud et Armide*, malgré les mises en garde de Jérôme Carcopino, le ministre de l'Éducation nationale, qui estime la « pièce inopportune » et l'auteur « indésirable ». Cocteau inscrit au répertoire national, panthéonisé de son vivant à l'heure de la Révolution nationale ? Le scandale est patent. Créé le 14 avril 1943 au Théâtre-Français, *Renaud et Armide* n'est cependant qu'une tempête dans un dé à coudre. Au-delà d'une brillante première et de quelques représentations dont le parterre est parsemé d'uniformes allemands, le public boude.

Esclave de ses fixations, la presse collaborationniste se livre à une exécution en règle dans laquelle la critique théâtrale proprement dite se trouve réduite à la portion congrue. Pas une ligne ou presque sans une allusion perfide ou narquoise à la sexualité de l'auteur. La palme, dans le genre, revient au rédacteur du *Pilori*. Au « paladin d'une littérature d'arrière-garde », ayant fait jadis la « petite folle dans les plates-bandes de la tolérance judéo-maçonnique » et reconverti depuis dans l'épate des « mignons du faubourg Saint-Germain », il est rappelé que le théâtre n'est ni un exercice d'« onanisme à haute fréquence » ni cette « lessive douteuse » où il barbote comme « une lotte dans le pantalon d'un noyé » et qu'on ne peut se livrer à une salutaire dénonciation des travers de la bourgeoisie que si l'on a soi-même « les glandes qui fonctionnent normalement ». En comparaison, le versificateur de *La Révolution nationale* ne débite que d'anodines saillies dignes du répertoire des chansonniers montmartrois : « *Tout Paris, pour Armide, a les phares Renaud/ Au Théâtre-Français où l'on jouait Cocteau/ L'autre soir, on battait les records de recettes/ Les tapis poussiéreux ont besoin de tapettes/ Après tant d'avatars, le rôle s'imposait/ Prévoyant l'avenir, le poète faisait/ La juste volte-face à quoi tout le dispose/ Ponsard rime toujours quand Racine repose*[22]. » Plus politique, plus élaboré, le propos de Laubreaux consiste à s'interroger, en ethnologue patenté des « tribus de la décadence », sur la présence simultanée à l'affiche, en ce printemps 1943, de trois auteurs à la « virilité douteuse » : « Je ne sais quel diable a composé ce triptyque, mais s'il a voulu donner une haute idée de l'art dramatique français tel que le conçoivent aujourd'hui les officiers de l'État, il ne pouvait mieux choisir ses images. Elles sont d'un éloquent symbole. On retiendra, en effet, que dans les jours sombres trois théâtres nationaux n'ont rien trouvé de mieux, sous les yeux qui nous observent et qui nous jugent, que d'identifier la France dans les noms de Jean Cocteau, de Maurice Rostand et de Jean-Michel Renaitour[23]. »

Chauffés à blanc contre le « chef de file de la littérature sodomite », les ultras de la collaboration se saisissent de chacune de ses apparitions publiques pour l'accabler de leurs sarcasmes. Le 19 juillet 1943, Jean Cocteau, encadré de Jean Marais et de son secrétaire, tous deux arborant un superbe bronzage estival, est venu témoigner en faveur de Jean Genet, faux voleur mais vrai poète, qui comparaît devant la 14e chambre correctionnelle pour un énième larcin chez un libraire. « C'est le plus grand écrivain du siècle. Il vole pour nourrir son âme et son corps », n'hésite pas à affirmer Cocteau, qui, ébloui par le « sperme poétique inouï » de Genet, s'en est institué le protecteur. Par miracle, le multirécidiviste échappe à la relégation. Nouveau déluge d'invectives. Le journal de Doriot s'émeut de la présence à l'audience d'un Cocteau « entouré d'une demi-douzaine de mignons fort chevelus, fort zazous, fort greluchons et tels qu'on se les imagine faisant des malpropretés dans les portes cochères », tandis que *Je suis partout* interroge perfidement : « Cocteau-Genet ? Une histoire de neveux, peut-être ? »

Le 27 août, ce ne sont plus des mots mais des poings qui s'abattent sur une cible vivante. Alors qu'il se dirige vers le métro Concorde, Cocteau est reconnu et molesté par les gros bras du service d'ordre du PPF venus faire la claque à un défilé d'une unité de la LVF en partance pour le front de l'Est. « Ils frappaient l'homme qu'ils m'imaginent être et que le journalisme leur enseigne à croire tel », écrit-il le surlendemain dans son *Journal*. On ne saurait mieux dire. À ceci près qu'il n'est pas sûr que Cocteau ait été détesté pour les raisons que mettaient le plus souvent en avant ses détracteurs. À bien y regarder, c'est moins son homosexualité qui est en cause que la manière dont il la vit, moins sa nature que sa culture, moins son orientation sexuelle que le fait que celle-ci soit vide de toute implication politique. La réprobation sociale qui pèse alors sur les homosexuels s'échelonne suivant un subtil nuancier. Seuls les « pédés précieux », comme les appelle Drieu, les « tantes » et autres « folles » qui transgressent en public le genre masculin par leurs poses et leur gestuelle sont voués à une commune exécration et à un universel mépris. En définitive, si Cocteau est coupable aux yeux des ultras, s'il mérite la vindicte dont il est poursuivi, ce n'est pas en tant qu'écrivain homosexuel mais à cause du style « hystérique et femelle » de son œuvre, sous-produit et digne héritier de la « minusculisante analyse d'enculage » d'un Proust que tous les thuriféraires de la France virile, Céline en tête, désignent alors comme l'initiateur et l'instigateur de l'entreprise d'émasculation littéraire qui a contribué à démoraliser la nation.

Ce qui met par-dessus tout en rage la presse collaborationniste, c'est la protection que Cocteau sollicite et obtient de l'occupant en toutes circonstances. Cosmopolite et mondain, il fréquente les officiels allemands comme il fréquentait les dignitaires de la IIIe République. Son attrait irrépressible pour les jeux de la séduction trouve là un terrain de choix où se déployer. À l'image d'un Guitry, il est sensible aux marques de déférence que lui prodiguent le *Sonderführer* Gerhard Heller, l'écrivain Ernst Jünger qui partage avec lui la passion de l'opium, ou le sculpteur Arno Breker qui n'a eu, semble-t-il, aucune difficulté à le convaincre qu'Hitler était un « artiste génial », un « mécène grandiose » digne d'admiration. En retour, Cocteau n'est pas avare de compliments envers celui qu'on surnomme le « Michel-Ange de la beauté aryenne ». Le 23 mai 1942, à l'occasion de l'exposition organisée à l'Orangerie, il signe dans *Comoedia* un « Salut à Breker » qui fait quelque bruit dans le Landerneau littéraire. L'hommage débute comme une ode à l'universalité de l'art et une invite à transcender les frontières humaines : « Je vous salue Breker. Je vous salue de la haute patrie des poètes, patrie où les patries n'existent pas, sauf dans la mesure où chacun y apporte le trésor d'un travail national. » La suite est moins claire et peut prêter à de fâcheuses interprétations : « Je vous salue Breker [...] parce que vous inventez un nouveau piège où se prendra l'esthétisme, ennemi des énigmes. Parce que vous rendez le droit de vivre aux statues mystérieuses de nos jardins publics. Parce que, sous le clair de lune, véritable soleil des statues, j'imagine vos personnages arrivant une nuit de printemps, place de la Concorde, avec le pas terrible de la Vénus d'Ille [...] » À l'opposé du jeune poète fasciste Jean Turlais qui, au même moment, affirme que la vue de centaines de statues d'Arno Breker lui a permis d'« accéder à l'essence du national-socialisme mieux que n'auraient su le faire des dizaines de gros volumes de doctrine », l'émotion qui s'empare de Cocteau est avant tout sexuelle. Par deux fois, le 12 et le 19 mai, il retrouve Breker dans les galeries de l'Orangerie après la fermeture. La seconde fois, il n'y vient pas seul : « Marais étant le type même d'un personnage de Breker, je voulais le lui faire connaître[24]. » Ce rapprochement entre la plastique animale et sensuelle de Marais et la froide beauté asexuée de la statuaire de Breker peut paraître forcé. Il s'impose pourtant comme une évidence, voire comme une révélation, au regard d'un Cocteau convaincu que les éphèbes qu'il dessine depuis des lustres ont trouvé dans les athlètes du sculpteur leurs frères de race.

D'un bout à l'autre de la période, l'appui des Allemands ne lui sera pas ménagé. Une première fois, en avril 1941, Cocteau intervient auprès de la *Propagandastaffel* pour faire lever l'interdiction dont Fernand de Brinon, le délégué du gouvernement français auprès des autorités d'occupation, a frappé *La Machine à écrire* à la veille de sa création au théâtre Hébertot. Le *Sonderführer* Lucht, responsable du *Theatergruppe*, après avoir assisté à une représentation de la pièce, annule la décision de Brinon et, dans une réponse cinglante, se pose en défenseur de la vie artistique et de « l'esprit français ». Croyant pouvoir désamorcer l'indignation de l'Association des directeurs de théâtre qui trouve là l'occasion de brandir à bon compte l'étendard de l'indépendance contre l'arbitraire des nouveaux maîtres, Cocteau laisse échapper un aveu qui signe maladroitement son allégeance aux Allemands : « Il est lamentable, je vous l'accorde, que la justice nous vienne de l'occupant. » Il ne se départira plus de cet état d'esprit, forgé dans la certitude que seuls les Allemands sont à même d'apprécier son œuvre – « Thierry Maulnier dit que je suis l'auteur qui a le plus d'influence en Allemagne », note-t-il complaisamment dans son *Journal* – et de lui apporter la nécessaire protection que les puissants doivent aux artistes face à l'incompréhension et aux persécutions de leurs contemporains.

S'estimant « l'homme le plus haï de France », entretenu dans cette idée par un Jünger qui stimule habilement ses penchants paranoïaques (« Si les journaux paraissaient sur un timbre-poste, il resterait toujours assez de place pour vous insulter »), Cocteau peut céder à son germanotropisme avec la bonne conscience que lui procurent les injures répétées de la presse collaborationniste. Suprême et édifiant paradoxe : Suzanne Abetz, accédant à une requête de Cocteau, accepte d'être la « marraine » de *Renaud et Armide* au moment même où les thuriféraires de l'ordre nouveau se déchaînent contre la pièce. De voir ainsi l'« indécent bateleur » encensé et porté sur le pavois par les plus hautes autorités allemandes explique en fin de compte la nature et l'intensité du ressentiment qu'éprouvent les ultras de la collaboration face à cette proie qui, sans cesse, leur échappe. Que la IIIe République, « complice de toutes les déviations », ait choyé à travers Cocteau l'« incarnation du faisandé et de l'équivoque » comme un vivant symbole de ses propres turpitudes est une chose, que l'occupant le consacre à son tour au point de lui accorder le statut informel de « prince des Lettres françaises » en est une autre, beaucoup plus difficile à digérer. D'autant plus difficile qu'on attend précisément de la présence des Allemands une contagion virile qui balaie l'influence délétère des « hommes-femmes » de l'avant-guerre. Quelle n'est pas la déception des collaborateurs français d'avoir à constater qu'un tel projet n'entre pas dans les visées du vainqueur. Le laxisme des autorités d'occupation à l'égard des mœurs françaises et singulièrement de la licence parisienne les laisse interloqués, puis navrés, furieux enfin. « Laissez-les donc dégénérer ! C'est tant mieux pour nous ! » a répondu Hitler à Albert Speer, effrayé de ce qu'il a vu lors de ses premières visites dans Paris occupé. L'impunité de Cocteau, conséquence directe des conseils prodigués par le maître du IIIe Reich, restera jusqu'au bout idéologiquement incompréhensible au regard des sectateurs de la France virile. C'est sans doute la raison pour laquelle se concentre autour de sa personne et du couple qu'il forme avec Jean Marais la quintessence de ce qu'on ne nomme pas encore l'homophobie. Il faudra attendre la Libération pour que l'ondoyant poète ait pour la première fois à rendre des comptes, non à la postérité ni à quelque Apollon musagète, mais aux mâles combattants de la Résistance.

Mauvais genre sur pellicule

Comble d'infortune : au moment où les Pygmalion de l'homme nouveau réclament des mécanismes d'exemplarité, c'est l'ami de Cocteau, l'ambigu Jean Marais qui, en bousculant les anciens canons de la séduction masculine, triomphe sur les écrans et fait battre le cœur du public féminin. Pour le jeune Jean-Alfred Villain-Marais, la partie n'était pas gagnée d'avance. À ses débuts en 1938 au théâtre de L'Œuvre, il n'est qu'un acteur incertain au débit mécanique, à la voix de « violoncelle crapuleux » – le mot est de Jouhandeau –, au jeu incohérent et maladroit, mais à la plastique époustouflante qui fait dire à un critique : « Quant à Jean Marais, il est beau et c'est tout. » Lorsqu'il réapparaît sur scène, en février 1941, dans un *Britannicus* dont il a signé les costumes, les décors et la mise en scène, Marais n'est encore qu'un giton melliflu, l'hologramme flottant de ces faunes à la bouche pulpeuse, à la moue boudeuse que Jean Cocteau dessine en marge de ses manuscrits ou sur les pages de garde de ses livres. Bref, un trop petit gibier pour la grosse artillerie de la « France virile », occupée à canarder le « prince de l'équivoque » qui lui tient lieu à la fois de protecteur et de gourou. Une première salve cependant est tirée à l'occasion de la création de *La Machine à écrire* en avril 1941 au théâtre Hébertot, une satire des mœurs refoulées de la province où Jean Marais tient le double rôle de frères jumeaux. Dans un article intitulé « Marais et marécages », François Vinneuil (Rebatet) s'en prend à ce « type même de théâtre d'invertis » qui résume « vingt années d'abaissement, de complaisances pour toutes les turpitudes du corps et de l'esprit ». Alain Laubreaux, son confrère de *Je suis partout*, n'attendait que ce signal pour sonner la charge après avoir vainement tenté d'organiser une première cabale contre le *Britannicus* où sévissait dans le rôle de Néron celui qu'il n'appelle plus que « le plus mauvais acteur de France ». Laubreaux, pourtant, n'a rien d'un prix de vertu. Ce père de famille s'affiche dans tout Paris avec des maîtresses différentes, toutes situées, au dire de Rebatet, sur la « frontière du putanat ». Ce qu'il éprouve à l'égard de Marais est un sentiment complexe qui mêle les aigreurs d'un hétérosexuel complexé par son physique de Falstaff impotent et une réelle aversion idéologique pour un acteur qui symbolise à ses yeux la « dévirilisation décadente » de la France.

Ici intervient l'incident que François Truffaut a reconstitué dans son film *Le Dernier Métro*, où l'on voit le « décadent » Marais rosser Laubreaux, le collaborateur à poil dur, que la peur cloue sur place et fait transpirer à grosses gouttes. Au fil des ans, Cocteau et Marais lui-même ont donné plusieurs versions de cette affaire qui convergent globalement sur les faits et les lieux (le boulevard des Batignolles, devant le restaurant Le Relais de Porquerolles), mais divergent sur la date (entre le 12 et le 17 juin 1941) et sur certains détails comme l'affirmation, contraire à la vérité, selon laquelle Laubreaux était un agent de la Gestapo. Bonification mémorielle qui donne encore plus de relief au geste courageux de Jean Marais, mais ouvre du même coup sur des abîmes de perplexité quant à l'impunité dont bénéficiera son auteur au moment où l'armée d'occupation commencera à basculer de la « correction » policée à la répression ciblée envers la population civile. Prudence ou calcul, les 5 et 6 juillet, au stade Roland-Garros, Marais participe à *Huit cents mètres*, un impromptu sportif écrit par le dramaturge André Obey dont les représentations exceptionnelles sont données, sous le signe de la francisque, au profit du Secours national. De l'avis général, il y apparaît « sublimement beau », en dieu du stade entouré des jeunes premiers de l'époque qui ont pour noms Alain Cuny, Georges Marchal et Roger Pigaut.

Cependant, sa carrière cinématographique marque le pas. Ni *Le Pavillon brûle* (1941) ni *Le Lit à colonnes* (1942), deux productions de Roland Tual, ne rencontrent les faveurs du public, bien que Marais y campe des personnages à l'hétérosexualité irréprochable, sauf pour la presse collaborationniste toujours prompte à brocarder sa voix de fausset et ses « tics de gigolo ». Au cours du tournage du second film, en mai 1942, une liaison s'ébauche avec sa partenaire, l'actrice Mila Parély. « Je voulais que nos relations restent secrètes, raconte Marais. Hélas ! L'hôtel avait des cloisons si minces et mon amie criait si fort que toute la troupe fut au courant. Le lendemain matin, tous nos camarades faisaient des plaisanteries un peu trop appuyées[25]. » Sitôt connue, l'histoire suscite l'incrédulité des journalistes.

« Comment faites-vous l'amour ? demande l'un d'entre eux à Marais.

– À la papa comme tout le monde. »

Cocteau, qu'inquiète la bacchanale homosexuelle du Paris occupé – « Je redoute le bûcher purificateur », confie-t-il alors au jeune Roger Stéphane –, a-t-il jugé le moment venu, pour la carrière de son protégé, que celui-ci donne des gages visibles d'orthodoxie sexuelle ? Toujours est-il qu'il le pousse au mariage, sans toutefois parvenir, malgré ses efforts, à le convaincre. Il ne semble pas que Mila Parély, quoique réellement éprise, ait été dupe de ce bal masqué : « Je n'étais pas très féminine, confiera-t-elle par la suite, plutôt genre garçon manqué. Entre nous, il y avait 25 % de sexe et 75 % de tendresse. » La consécration que Marais avait jusque-là vainement courtisée déboule en trombe, le 14 octobre 1943, avec la sortie de *L'Éternel Retour*, une libre transposition de la légende germanique de Tristan et Ysolde signée de Jean Delannoy pour la réalisation et de Jean Cocteau pour le scénario. À Paris, le film fait un triomphe dès le soir de la première. Le 16 octobre, la queue devant le cinéma Colisée s'étire jusqu'au Rond-Point des Champs-Élysées. Cohue et émeute. Des femmes s'évanouissent. On appelle police secours. Bientôt, pour contenir la déferlante du succès, il faut organiser un service d'ordre à l'entrée des salles de cinéma. Sur l'écran, chaque apparition de Patrice-Marais, « mélange de force fragile et de sexualité exacerbée », selon un critique, avec ses mèches crantées sur le front, son pull-over en jacquard et ses bottes de cuir noir, provoque la pâmoison des demoiselles, des jeunes et des moins jeunes femmes.

En même temps que sort le seul film vraiment nazi d'expression française, naît le phénomène Marais qui donne un nouvel élan au culte de la vedette de cinéma, érigée en idole vivante. Le 17 novembre, il sort gagnant du concours des jeunes premiers avec 5 500 voix, devançant largement Georges Marchal et Alain Cuny. Quelques jours auparavant, au cours du gala du Grand Palais au profit des prisonniers, il a fallu l'intervention de la police pour extraire le héros de *L'Éternel Retour* des griffes de ses admiratrices. Partout où il se trouve, désormais, Marais est cerné par des grappes de jeunes filles qui, telles les Érinyes poursuivant Oreste, ne rêvent plus que de toucher le mythe blond, lui couper une mèche de cheveux, lui arracher une photo revêtue de son précieux paraphe. Nombreuses sont celles qui font le pèlerinage de la rue Montpensier, s'installent dans l'escalier, sur les bancs ou sous les arcades du Palais-Royal, tentent d'escalader la façade, s'époumonent en criant « Jeannot ! » dans l'espoir, parfois récompensé, d'une apparition furtive de leur demi-dieu. Colette, qui observe ce manège en voisine, leur trouve des « visages de fraîches pirates tout menaçants d'enthousiasme ».

Avec *L'Éternel Retour* et le visage lumineux de son acteur fétiche surgi des noires profondeurs de l'année 1943, le doute n'est plus permis. L'anatomie sculpturale de Marais, sa beauté saine et triomphante, ses poses figées et hiératiques, ses bottes lourdes comme un piédestal en font la copie vivante des statues de Breker. Habité par son fantasme fusionnel qui le pousse à ne négliger aucun détail, Cocteau, omniprésent sur le tournage, veille à ce que les cheveux de Marais-Tristan et de son Isolde de cinéma, l'actrice Madeleine Sologne, soient blondis jusqu'à cette blancheur qu'est la blondeur nordique, à la manière des marbres du sculpteur du IIIe Reich.

Dans *Histoires de ma vie,* Jean Marais raconte que Cocteau a conçu le film afin que celui-ci ait enfin un rôle qui soit à la hauteur de l'idée qu'il se faisait de lui. Au final, l'image d'un Marais plus blond que les blonds aryens, plus germanique d'allure que les soldats allemands eux-mêmes répond si bien à tous les canons de l'esthétique nazie qu'après la projection du film, Breker demande à Marais, juste retour des choses, de poser pour lui. Un historien du cinéma a pu écrire qu'au-delà du personnage mythique de Tristan baignant dans un climat aussi irréel que celui de l'Occupation, c'est bien à « l'image matérialisée de l'attirance française pour l'Allemagne » que le protégé de Cocteau avait donné son poids de chair et de muscles[26]. On aurait sans doute surpris bien des spectateurs de l'époque en leur disant qu'ils venaient d'assister à autre chose qu'un simple conte fantastique dans la veine du cinéma français qui, selon le mot de Brasillach, sacrifiait alors beaucoup à « l'ange du bizarre ». En février 1946, les critiques anglais, découvrant le film, réagirent vivement à ce clonage sur pellicule. Marais sera qualifié de « nazi typique », de compromis entre « *Lohengrin* et *Horst Wessel* ». Le *Daily Mail* fustigera la solennité, la sentimentalité intense – bref, toute l'âme teutonne – qu'on retrouvait dans le héros, véritable « idéalisation de la jeunesse hitlérienne », tandis que le *Daily Telegraph* regrettera que Cocteau ait cru devoir « souiller ce film avec des marques de l'idéologie allemande aussi criantes que des croix gammées » en allant jusqu'à « germaniser les amants pour leur donner des qualités physiques et morales si chères à la fiction nazie[27] ».

Au comble, comme toujours, de la mauvaise foi dès qu'il s'agissait de Cocteau, la critique de la presse collaborationniste, Rebatet en tête, salua une très belle « symphonie d'images », mais en attribua tout le mérite à son réalisateur Jean Delannoy. À l'exception d'*Au pilori* qui, à la grande surprise de ses lecteurs, s'inclina, chose sans précédent, devant le talent du « magicien » Cocteau et de l'« émouvant » Jean Marais. Pour beaucoup, en effet, il était difficile de reconnaître – et plus encore de l'écrire – que le film français le plus imprégné de l'esthétique nazie était l'œuvre de ce couple scandaleux dont l'homosexualité constituait l'identité la plus apparente. Si la presse ultra ménage le film et le personnage de Tristan, incarnation d'une « chevalerie moderne » mais surtout illustration du germanotropisme qui habite une partie de la classe intellectuelle depuis l'avant-guerre, elle ne cache pas son dépit devant les honneurs qui pleuvent sur la tête de l'acteur, à travers lequel elle persiste à ne rien voir d'autre qu'un « ambassadeur des zazous ». « Exhibition indécente », s'insurge le chroniqueur de *Je suis partout* à propos de la réception donnée à l'hôtel Majestic le 12 octobre, en présence de la maréchale Pétain et d'une brochette de ministres : « Quelle ne fut pas la surprise de cette personne respectable qui ignorait totalement qui était M. Jean Marais, ses antécédents et ses mœurs, en voyant paraître ce personnage extravagant et énervé au milieu d'une cour de petits jeunes gens de son espèce, qu'il avait amenés de Paris[28]. » Qu'un jeune inverti aux cheveux longs incarne de sa puissante musculature le mythe célébré par Nietzsche et Wagner et récupéré par le IIIe Reich, qu'il s'impose, en outre, à cette occasion, comme la vedette la plus populaire de France, voilà qui est proprement insupportable pour tous ceux qui veulent remettre à leur place les hommes et les femmes, les sexes et les genres. Bref, en finir avec le « débraillé de l'équivoque ». « L'Antinoüs plébéien », comme l'appelle Jünger, dont Cocteau-Hadrien a organisé la divinisation et le culte ne perd rien pour attendre.

C'est dans ce contexte que se déroule, le 22 mai 1944, la générale d'*Andromaque*, au théâtre Édouard-VII. Amoureux du « grand genre » revisité par un surréalisme très « couture », Marais a tout pris en charge : production, mise en scène, décors, costumes. Sur scène, il tient le rôle d'Oreste, coiffé d'une « queue de cheval de Troie », les jambes nues sous la jupette de son péplum, les bras moulés dans une torsade d'étoffe brandissant le sceptre que Picasso lui a sculpté dans un manche à balai. Tout n'est pas du meilleur goût dans le travail de Marais et les perruques rousses, les tuniques violettes, les armures rutilantes, les couleurs criardes des toiles peintes du décor dans lequel se meuvent des acteurs masculins demi-nus et des femmes strictement habillées ne rappellent que par trop certains cabarets de Montmartre. Surcharge fatale : c'est du Racine, version déclamatoire à la Mounet-Sully, ponctué de gesticulations qui donnent l'impression d'une involontaire parodie. Du haut de sa meurtrière de papier, Laubreaux est, comme il se doit, le premier à déverser le fiel de son encre sur l'« homme au Cocteau entre les dents », coupable d'avoir marqué le spectacle du « sceau de Corydon » en authentique « bateleur femelle », en « terroriste à tunique » dont le jeu prolonge sur scène l'activité destructrice de l'anti-France[29]. Comme si le geste du maquisard posant ses explosifs et celui d'un « acteur surfait et prétentieux » s'attaquant à « l'un de nos plus immortels chefs-d'œuvre » participaient de la même entreprise subversive dirigée contre la nation et son patrimoine. Dans *Le Francisque*, Jean Demailly croit discerner un mal plus profond : « Il fallait voir M. Marais, plastronnant en scène en des costumes éblouissants, faisant valoir ses cuisses avec une impudeur gênante et aux dépens des admirables vers raciniens, lesquels passaient au second plan. Le premier étant l'exhibition de cette "vedette" gonflée du cabotinisme le plus répugnant et faisant, aux yeux sidérés des spectateurs normaux, des grâces d'un goût plus que douteux, destinées à émouvoir la cour du personnage en question, composée de répugnants petits zazous à voix de châtrés. C'était donc là l'étalage le plus complet du mal qui dévore notre jeune théâtre [...]. Combien d'acteurs hésitants, de galopins en chemise rose ont osé ces dernières années s'exhiber sur les planches [...]. Il faut en débarrasser la scène française, où les rôles d'hommes doivent être tenus par des hommes, non par des eunuques[30]. »

Le 28 mai, Philippe Henriot transforme la cabale en affaire d'État en lui consacrant son éditorial au micro de Radio-Paris : « Un Jean Marais, un Alain Cuny, fulmine-t-il, ne sont pas moins sacrilèges en massacrant Racine que les Anglais en assassinant la cathédrale de Rouen ou celle d'Orléans. On est écrasé de honte en pensant que ces vociférations et ces grimaces de saltimbanques en délire, ces attitudes équivoques et suspectes où se retrouvent les mœurs dont on rougissait hier et qu'on affiche aujourd'hui, peuvent donner à ceux qui sondent dans tous les domaines la qualité d'âme de la France, l'impression d'une irrémédiable décadence. » En quelques phrases, de sa voix de baryton de l'ordre viril, le secrétaire d'État à la Propagande a déclenché la mobilisation contre les « esthètes extravagants et névrosés ». Au soir du 29 mai, la Milice envahit le théâtre et empêche le public d'entrer dans la salle, tandis que Marais doit se réfugier dans sa loge sous la protection d'un essaim de jeunes femmes, prêtes à faire rempart de leur corps. Le 30, le préfet de police décrète l'interdiction de la pièce, maigre satisfaction et ultime victoire du pôle mâle de la collaboration.

La violence verbale et l'acharnement dont est victime Marais, en dépit des gages que son protecteur et lui-même donnent aux Allemands, ne sont pas le fruit du hasard. Sa popularité, à partir de 1943, le désigne comme la figure de proue d'une nouvelle génération de séducteurs en rupture avec le phallocentrisme d'avant-guerre. Succédant à la carrure prolétarienne d'un Gabin dans le cœur du public féminin, Marais, avec son visage d'archange boudeur, ses chemises blanches immaculées, ses mains manucurées, sa blondeur parfumée, en est la parfaite antithèse. Bien qu'il ne la cache ni ne l'affiche de façon provocante, son homosexualité condamne à la contamination l'acteur et ses personnages. Le culte candide dont il fait l'objet de la part des femmes de tous âges est ressenti comme un camouflet par les zélateurs de l'« homme nouveau », une consécration intempestive de l'inversion et de son « esthétique frelatée » aux dépens des valeurs viriles que la Révolution nationale s'efforce de remettre au goût du jour.

Au reste, Marais n'est pas seul en cause. Il n'est qu'une image, certes la plus visible et la plus éclatante, mais qu'une image parmi d'autres dans l'impitoyable miroir que tend le cinéma de l'époque à la société française et singulièrement à sa composante masculine. Lieu commun du cinéma de l'Occupation, la valorisation de la faiblesse masculine semble faire écho à la défaillance des combattants du printemps 1940 en même temps qu'à la condition d'homme diminué qui est celle de centaines de milliers de prisonniers dans les stalags[31]. Aux antipodes de l'esprit guerrier et de l'agressivité sexuelle, les jeunes premiers qui font leur apparition à l'écran, comme Jean Desailly (*Le Voyageur de la Toussaint*), Louis Jourdan (*Premier rendez-vous*), Raymond Rouleau (*Monsieur de Lourdines*), Georges Rollin (*Goupi mains rouges*), François Périer (*Premier bal*), Paul Meurisse (*Défense d'aimer*), Bernard Blier (*Marie-Martine*), incarnent des hommes doux et fragiles, parfois de véritables condensés de qualités féminines. Force, puissance, assurance, attitude conquérante : les anciens codes de séduction sont brusquement déclarés caducs, quand ils ne sont pas tournés en ridicule. Dans le face-à-face des *Visiteurs du soir* (1942) entre Gilles le ménestrel (Alain Cuny) et Renaud le seigneur de la guerre (Marcel Herrand), c'est le premier qui, esquivant le défi et la surenchère, apparaît non seulement comme le seul héros positif du film mais aussi comme le seul homme désirable en saint Sébastien attaché par les bras, à côté de sa bien-aimée, dans la geôle du château. En outre, la période voit accéder au premier plan des acteurs dont la virilité ou l'aura érotique ne sont pas, loin s'en faut, les qualités dominantes, tels Jean Tissier (*L'Amant de Bornéo*), Noël-Noël (*Ademaï bandit d'honneur*), Charles Trenet (*La Romance de Paris*) ou Tino Rossi (*Fièvres, Mon amour est près de toi*). Le contraste avec les effigies masculines d'avant-guerre est tel que l'actrice Ginette Leclerc, qui n'aime rien tant que les « vrais hommes », ne peut cacher sa surprise lorsqu'elle découvre sur le tournage du *Chant de l'exilé* un Tino Rossi maquillé à outrance :

« Tu sais, tu joues un soldat dans le désert, ça va paraître un peu curieux que tu aies l'air si soigné.

– Penses-tu ! De moi, on accepte tout[32]. »

Tout aussi significative est la mise en échec des grandes figures de la domination masculine (Raimu, Sacha Guitry, Harry Baur, Jules Berry) qui triomphaient dans le cinéma des années trente. La loi incestueuse du père, qui s'exprimait jusque-là à travers la possession réelle ou symbolique des jeunes filles, ne fonctionne plus. Pas plus que n'opère désormais la séduction débonnaire et ventripotente de ceux qui personnifiaient ce patriarcat à l'écran. Nombre de scénarios incluent une castration symbolique des géniteurs cinématographiques d'avant-guerre ou font ressortir leur impuissance à l'aide de métaphores transparentes. Dans *Douce* (1943), le père de la jeune fille de la maison (Jean Debucourt) est un ancien officier de cavalerie qu'une mauvaise chute de cheval a privé d'une jambe. Quand il se déplace, le « pauvre papa », « si doux », est toujours précédé du bruit sinistre de sa jambe de bois tapant sur le plancher. Devant la jeune gouvernante qu'il essaie de séduire, il lâche cet aveu, rempli de résonances : « Vous savez, je n'ai pas réussi grand-chose dans ma vie, sauf Douce. J'ai tout manqué. La guerre, par exemple. D'abord, je l'ai perdue. Et ensuite, je n'ai même pas réussi à y laisser ma jambe. » L'impuissance masculine est également métaphorisée par la cécité qui frappe Jacques (Jean-Louis Barrault) dans *L'Ange de la nuit* (1942) et François (Sacha Guitry) dans *Donne-moi tes yeux* (1943) que leur infirmité relègue l'un et l'autre dans une situation de dépendance à l'égard de leur jeune compagne. L'évolution est surtout sensible chez Guitry qui campe à la ville comme à la scène un personnage de patriarche incestueux, dont le registre bascule en 1943 de la comédie de boulevard au mélodrame, ultime avatar d'un phallocentrisme en berne. Une scène dans la nuit noire du couvre-feu illustre bien l'inversion des rôles consécutive à la décrépitude de l'ancien séducteur. Lorsqu'ils s'arrêtent devant la bordure d'un trottoir, Catherine s'empare de la torche, comme si elle avait senti l'incapacité de François à conduire le couple. D'une voix d'une humilité inhabituelle, le sculpteur demande pardon à la jeune fille pour les souffrances qu'il lui a infligées et pour la goujaterie de son comportement : « Décidément, je crois que nous faisons fausse route tous les deux. Que notre cheminement dans la nuit ressemble étrangement à notre aventure. Je m'aperçois en effet que, ou bien je me laisse guider par toi les yeux fermés, ou bien je ralentis ta marche. » Avec *Val d'enfer* de Maurice Tourneur (1943), le thème de l'impuissance masculine est abordé sans détour à travers le personnage d'un veuf quinquagénaire (Gabriel Gabrio) constamment cocufié et bafoué par la jeune prostituée (Ginette Leclerc) qu'il a prise pour épouse. Très proche de l'apologue de *Val d'enfer*, la leçon qu'inflige Renaud au baron Hugues dans *Les Visiteurs du soir*, « ce qui est méprisable et qui prête à rire, c'est de quémander l'amour quand on a passé l'âge de plaire aux femmes », vaut certes pour tous les temps. N'empêche que dans le contexte de la défaite, elle apparaît comme l'épitaphe de la phallocratie patriarcale.

Perdus au milieu de cette cohorte d'hommes mous, de romantiques échevelés, de doux rêveurs à l'humeur pacifique, d'excentriques efféminés, de gratteurs de mandoline, les héros de *Mermoz* (1942) et de *Pontcarral, colonel d'Empire* (1942) font figure d'exceptions notables. Encore que pour retracer la vie du célèbre pilote de ligne, surnommé « l'Archange », et exalter les valeurs de courage et d'audace, le réalisateur ait choisi un homosexuel en la personne du jeune acteur Robert Hughes-Lambert, ce que les thuriféraires du film dissimuleront soigneusement au public malgré leur propension coutumière à dénoncer l'influence sodomite[33]. En comparaison, la création hypervirile au point d'en être caricaturale de Pierre Blanchar campant un demi-solde ennemi irréconciliable des Bourbons et fidèle à l'Empereur ne peut que rallier tous les suffrages. Drame historique, patriotique et sentimental, *Pontcarral* est l'un des plus grands succès commerciaux de l'Occupation. Sabreur impétueux, le héros du film fait montre de la même fougue dans sa vie amoureuse et sur les champs de bataille, violant son altière épouse avant d'aller tuer l'amant de celle-ci en duel, associant ainsi dans un implacable enchaînement virilité et esprit guerrier. La réplique de Pontcarral à l'infidèle Garlone (Annie Ducaux), qui le supplie de la laisser voir le cadavre de son amant, sonne comme un manifeste de la contre-révolution masculine : « Vous êtes ma femme. Vous faites ce que je veux ! » On s'en félicite dans les deux camps qui, outre le monopole du patriotisme, se disputent la cause non moins sacrée mais plus discrète de la restauration patriarcale. La France libre veut voir dans ce film un appel à peine déguisé à la Résistance, tandis que Vichy, qui l'a en partie financé par l'intermédiaire du ministère de l'Information, le juge si conforme à l'esprit de la Révolution nationale qu'il le fait projeter au cours des séances de propagande organisées dans différentes légations étrangères. Enfin, le cinéma remplit une mission civique en proposant pour l'édification des jeunes générations une histoire exemplaire ; deux heures durant, Pontcarral-Blanchar fait revivre les grandeurs du passé, ranime le souffle épique de l'histoire de France, conquiert les esprits et les cœurs comme on enlève une place forte. À la hussarde. Pour une fois, l'honneur des hommes est sauf. La fiction vient à point nommé pour voler au secours d'une réalité moins flatteuse

CHAPITRE 7

Beauté du mâle, beauté du mal

« Je suis germanophile de cœur parce que, comme je l'ai déjà écrit depuis des années, tous ceux qui aiment leur temps et certaines images de l'homme ont plus ou moins couché avec l'Allemagne. »

Robert Brasillach, in *Révolution nationale*, 17 mai 1944.

« Cette queue c'était aussi l'arme de l'ange, son dard. Elle faisait partie de ces engins terribles dont il était bardé, c'était son arme secrète [...]. C'était le trésor ultime et premier des Allemands, la source de l'or blond. »

Jean Genet.

De tous les obstacles que rencontrent l'idéologie viriliste développée par la Révolution nationale et les milieux collaborationnistes, la présence des Allemands n'est, de toute évidence, pas le moindre. Refaire l'homme français, reconstruire un type masculin qui, par sa qualité physique et morale, surclasse les « pauvres spécimens dégénérés » produits par la civilisation urbaine et rationaliste tient, dans ces conditions, de la gageure. À l'arrivée, le résultat est tout autre : le modèle suprême sur quoi se projette cet idéal de force et de puissance n'est plus un modèle français mais celui de l'occupant, célébré comme la synthèse de l'athlète grec et du chevalier médiéval. Car à la différence de la Résistance qui s'efforce de créer son propre modèle guerrier, les adeptes de la collaboration sont très vite fascinés par les soldats allemands, succombent à la tentation de les imiter, rivalisent pour en démarquer l'esthétique. Le contraste est alors frappant entre une mythologie de la virilité nationale construite en opposition à une « France efféminée » en proie à l'inversion et à la lésine sexuelle – la France des « hommes-femmes » décadents de l'avant-guerre – et une attitude marquée peu ou prou par la soumission à la virilité étrangère qu'incarne l'occupant. Ainsi le lourd climat homoérotique créé par la présence de la troupe allemande infléchit-il à la fois l'idéologie collaborationniste et le comportement de ceux qui en sont plus ou moins imprégnés.

Autour du modèle guerrier allemand, ces Siegfried bardés de métal et de cuir sur qui la guerre semble avoir agi comme le ciseau d'un sculpteur, ne gravitent pas uniquement des hommes prédestinés à subir la séduction intellectuelle de la force ou des intellectuels partageant l'idée, très en vogue depuis le XIXe siècle, selon laquelle la structure du corps reflète celle de l'esprit. L'esthétique nazie, la plastique de sa statuaire répandue par voie d'expositions ou d'affiches, les modèles vivants qui en circulent à des milliers d'exemplaires, sanglés dans d'impeccables et rutilants uniformes, la prégnante liturgie corporelle du national-socialisme constituent un champ de forces, un véritable nid à fantasmes pour l'imaginaire des homosexuels, vulnérables à l'expression de toute masculinité paroxystique. À tel point que l'aura érotique qui entoure la troupe d'occupation apparaît déjà aux contemporains comme indissociable d'une certaine mystique homosexuelle. Un Sartre ou un Guéhenno, emportés par la passion partisane et la rage épuratrice, iront même jusqu'à établir un lien d'ordre psycho-pathologique entre pédérastie et fascisme ou collaboration. Dès l'avant-guerre, dans *L'Enfance d'un chef*, Sartre avait pris ses marques sur ce sujet. Que l'imagerie nazie ait rencontré la fantasmagorie des homosexuels est un fait trop évident pour être nié, même s'il est convenu de ne plus faire le lien, comme si leur place dans l'histoire ne pouvait être que du côté des victimes. Il n'empêche, en 1940, le désir trouve de nouveaux et irrésistibles attraits dans les fourgons de l'occupant.

Écrivains en transe

Dès les premières heures de l'Occupation, se développa aux confins du politique et du sexuel une littérature vouée à la célébration de la beauté, de la vitalité et de la virilité des corps nazis. À vrai dire, tous les éléments de ce culte figuraient déjà dans un livre comme *La Gerbe des forces* d'Alphonse de Châteaubriant, publié en 1937, au retour d'un voyage en Allemagne. Sans le savoir, l'auteur avait inauguré un genre promis à une brève mais flamboyante prospérité. Au fil des pages, ce n'étaient que défilés et exhibitions de jeunes Siegfried imberbes, véritables « grâces de la nature », de « jeunes Mercures blonds bottés de brun [...] sanglés dans leurs cuirs militaires », formant une phalange « vivante et forte, large d'épaules, agile, musclée, noire, brune, soutachée de nickel, fortifiée sous toutes les coutures d'un métal impeccable ». Sans qu'on y prît garde, l'image de ces lansquenets modernes, répandue à profusion par la propagande nazie, avait fait bien des dégâts, y compris dans les milieux qu'on aurait pu croire les plus réfractaires à toute séduction. À la fin de 1939, un producteur français, croyant faire œuvre patriotique, avait eu l'idée de tirer un film du livre de Hermann Rauschning, *Hitler m'a dit*. Fort mécontent du film qu'il tenait pour primaire, Jean Giraudoux, le commissaire général à l'information, s'en était vivement pris au réalisateur : « La scène du sac du palais de l'archevêque de Vienne est inadmissible ! Vous ne savez pas ce que sont les jeunes nazis : vous ne savez pas comme ils sont beaux, comme ils sont héroïques, comme ils ont le sens du sacrifice[1]. »

À partir de juin 1940, le déferlement de cette caste de « guerriers aristocratiques » allait mettre au contact et pour quatre longues années la majeure partie de la population française avec, selon la formule de ce même Châteaubriant, « la chair et le poil des légions de Germanie ». Cette friction quotidienne avec l'occupant fut à l'origine des drames et des souffrances que l'on connaît, mais aussi, pour une minorité non négligeable de Français, une source de désir et de plaisir dans lesquels l'émotion esthétique sembla aller de pair avec les considérations politiques. Le plus remarquable est que dans l'abondante production littéraire marquée par cette attirance ambiguë, les hommages les plus vibrants à la troupe d'occupation émanèrent d'intellectuels qui n'étaient pas homosexuels ou qui, malgré leur orientation masculine, refusaient toute relation homosexuelle. Il est vrai que la plupart d'entre eux avaient été séduits dès avant-guerre par les idéaux de virilité, de force, de vitalité élémentaire, de camaraderie que portait en lui le national-socialisme, par cette Allemagne « démesurée et brûlante » qu'ils opposaient volontiers à une France stérile, peuplée de démocrates impuissants ou de « froides queues », selon la féroce contrepèterie visant les Croix-de-Feu du colonel de La

Rocque. D'un coup, ce fascisme rêvé, ces « corps resplendissants » observés jusque-là à distance et non sans une certaine réserve bien naturelle chez des hommes élevés pour la plupart au lait du nationalisme français, ce fascisme-là fit brusquement irruption dans leurs vies. Ce n'était plus une idéologie étrangère, mais une réalité humaine à bien des égards décisive dans la représentation que ces intellectuels se firent du national-socialisme et déterminant, chez les plus notables d'entre eux, des attitudes et des réactions qui eussent été autrement inconcevables.

Pour être l'un des plus connus, l'itinéraire de l'« homme occupé » que fut Robert Brasillach passe néanmoins pour ne pas avoir encore livré tous ses secrets et bien des historiens, prolongeant ainsi les préjugés des épurateurs, continuent de le situer à la frontière indécise de l'homosexualité et de l'intersexualité. Absence du père tué au Maroc alors que l'enfant n'a pas cinq ans, attachement amoureux à la mère : Brasillach est une proie facile pour les psychanalystes de la collaboration[2]. On leur accordera que son intérêt pour les amitiés masculines comporte bien une composante érotique particulièrement sensible dans ses écrits de l'Occupation. Personne n'a pu jamais démontrer qu'il était possible d'aller au-delà. Certes, l'attrait pour l'énergie juvénile du fascisme, ce culte des jeunes adolescents, symboles de l'instinct et de la pureté originelle, « appuyés sur leur race » et « fiers de leurs corps vigoureux » auxquels l'auteur de *Notre avant-guerre* (1941) consacra tant de pages exaltées et déjà teintées de nostalgie, convoquait tout un imaginaire pédérastique, mais il fut également partagé par beaucoup d'autres. À la sortie du *Jeune Hitlérien Quex*, le film de Hans Steinhoff, interdit avant-guerre en France et projeté pour la première fois au cinéma César à Paris en mars 1942, les critiques parmi les plus élogieuses surgirent de la plume de journalistes non engagés politiquement, comme Lo Duca dans *Comoedia* et l'Italo-Suisse Nino Frank qui sévissait alors à *Vedettes*[3]. En comparaison, le jugement de Brasillach, que tout dans l'histoire de ce « Tarcisius nazi » aurait dû jeter en transe, apparaît d'une grande équanimité, se limitant à reconnaître malgré quelques « maladresses » un « ensemble propre, sain, viril », d'une « sobre beauté visuelle[4] ». Ce n'est donc pas dans les émois de « Brasillach la jeunesse », comme l'appelait non sans mépris Emmanuel Mounier, qu'il faut aller chercher les traces de son ambivalence. Pas plus que dans son goût certes très prononcé pour la camaraderie entre hommes, dans cette nostalgie qui le poursuivit toute sa vie des petites sociétés masculines dont il avait tant apprécié les codes et les rites, de la khâgne du lycée Louis-le-Grand à la rédaction de *Je suis partout*, microsociété qu'il prit longtemps pour le laboratoire fraternel du fascisme à la française.

Cet idéal d'amitié masculine était, chez Brasillach, inséparable d'un projet politique. Il en vint même à le considérer comme la seule force susceptible de régénérer la nation, à la manière du *Männerbund* théorisé par Hans Blüher et des mouvements de jeunesse qui avaient si bien préparé la renaissance du nationalisme allemand en proposant une alternative communautaire et aristocratique à la République de Weimar, libérale et démocratique. Plus que les mythes néoromantiques du nazisme et sa *Weltanschauung* trop éloignée de sa culture gréco-latine comme de sa sensibilité de Méditerranéen, plus que les liturgies grandioses de Nuremberg, ces « cathédrales de lumière » qui mettaient la politique en images et dans laquelle il crut pourtant discerner « la poésie même du XXe siècle », ce qui séduisit Brasillach dans le IIIe Reich, ce fut l'expérience d'un *Männerstaat*, d'un État fondé sur la camaraderie entre hommes, la camaraderie « élevée jusqu'à l'amitié nationale ». Selon le mot de François Sentein, la tragédie de Brasillach aura été finalement de « confondre fascisme et avoir un bon camarade », d'assimiler les amitiés idéalisées de la jeunesse, les fugues d'adolescents à une idéologie[5]. Lorsque l'ancien rédacteur en chef de *Je suis partout*, ayant rompu, la mort dans l'âme, avec son journal, déclara, après les premiers revers de la Wehrmacht en Russie, son amour pour les soldats allemands auxquels il souhaitait serrer la main, « sans motif », dans une sorte d'élan d'« affection fraternelle » qui l'avait fait passer du « collaborationnisme de raison » au « collaborationnisme de cœur », ce qu'il exprimait là avait sans doute moins de rapport avec une homosexualité latente qu'avec l'idéalisation d'un groupe de « copains du même sang », ultime substitut imaginaire aux amitiés brisées par l'épreuve et suprême défi à ses anciens équipiers qui avaient voulu le salir en l'accusant d'avoir trahi la cause.

Il n'est pas sûr, en revanche, qu'on puisse en dire autant des sentiments que lui inspira sa rencontre avec Karl-Heinz Bremer. Ancien lecteur à la Sorbonne et à l'ENS, cet universitaire, pétri de culture française, était revenu à Paris à la fin de l'année 1940 en qualité d'adjoint de Karl Epting, le directeur de l'Institut allemand. C'est dans les locaux de l'ancien hôtel Sagan, rue de

Talleyrand, que Brasillach, à son retour de captivité, fit la connaissance de ce « grand garçon blond » au dur regard bleu cerclé de métal. Affinités électives fondées sur des goûts communs en littérature et sur les souvenirs de la rue d'Ulm que Bremer avait fréquentée peu après le passage de Brasillach ? Sans doute y eut-il cela et peut-être un peu plus que cela. Tout témoignage est à prendre ici avec des pincettes. En novembre 1941, lors du voyage des écrivains français à Weimar, Bremer aurait été, s'il faut en croire André Fraigneau tombé également sous le charme, un guide amical et prévenant, et Brasillach un hôte aussi ébloui que dissipé. Est-ce aux relations entre les deux hommes auxquelles Jouhandeau, bien mal placé pour parler, fera allusion des années plus tard quand il s'offusquera de l'« inconduite » de Brasillach à Weimar ? L'ironie du destin voulut que le « nazi » Bremer, en qui Brasillach croyait voir un intercesseur entre la France et l'Allemagne, fasse l'objet d'une enquête du SD mettant en cause son orthodoxie idéologique[6]. Le 29 février 1942, Bremer fut requis pour le front russe : ce n'était pas à proprement parler une récompense. Sur le quai de la gare de l'Est, ses amis de l'Institut, Brasillach au premier rang, mèche rebelle et regard mélancolique derrière ses grosses lunettes de myope, vinrent l'accompagner. Ils ne devaient plus jamais le revoir. Fin mai, Bremer fut tué dans un engagement au nord du lac Ilmen. Le fin lettré qui incarnait aux yeux de Brasillach l'« esprit éternel de la jeunesse créatrice » était tombé en combattant. La mort de Bremer constitue un événement déterminant dans la radicalisation de son engagement qui se manifeste notamment par un soutien actif à la LVF. Pourtant, les textes qu'il devait lui consacrer, que ce soit son article dans *Je suis partout,* « Sur la mort d'un ami allemand » (18 septembre 1942), ou le poème *Chant anniversaire en l'honneur d'un ami allemand* (mai 1944), sont des déplorations dont le contenu autant que le ton ressortissent moins du politique que de l'intime. Et il est permis de s'interroger sur certaines vibrations qui parcourent ces odes au « jeune Siegfried vainqueur des sortilèges ».

Sur le cas de Drieu La Rochelle qui semble *a priori* soulever moins de questions, la vulgate a statué en ces termes : la fascination de Drieu pour la force et la puissance guerrière des Allemands se développa chez lui à mesure qu'il faisait le constat de son impuissance sexuelle, de son absence croissante de désir pour les femmes. Incapable de s'attacher virilement à une femme, « il se donne femininement au parti qui lui paraissait le plus fort, le plus mâle ». Et l'« homme couvert de femmes » ne se jeta dans les bras d'airain du fascisme que pour mieux oublier la faillite de sa propre virilité. Ce fut, notamment, la thèse de Sartre. En avril 1944, celui-ci fit paraître, dans l'un des derniers numéros clandestins des *Lettres françaises*, un article intitulé « Drieu La Rochelle ou la haine de soi », premières mesures d'une partition qui n'allait cesser de s'enrichir, jusqu'à la publication après-guerre de « Qu'est-ce qu'un collaborateur ? » qui en constituerait en quelque sorte le développement symphonique. Il y décrivait un Drieu « lâche et mou » et quelques autres collaborateurs, « demi-castors de la littérature » à l'image du « pédéraste Fraigneau », comme des traîtres efféminés courtisant honteusement les troupes d'occupation, quand des « millions de paysans et d'ouvriers français tentaient de vivre courageusement », l'« aspect sexuel » de la « liaison féodale du collaborateur à son maître » dans laquelle il diagnostiquait un « mélange de masochisme et d'homosexualité ». Sartre n'était certes pas le premier à dénoncer la féminité latente des intellectuels fascistes et à les accuser d'être des homosexuels refoulés ou pratiquants, dans ce registre les campagnes des communistes contre l'homosexualité assimilée à une « perversion fasciste » avaient préparé le terrain, ce dont s'alarmait dès 1934 l'écrivain allemand Klaus Mann : « On n'est pas loin d'identifier l'homosexualité au fascisme [...]. On est en train de faire de l'homosexuel le juif de l'antifasciste. »

Mais, tout proche qu'il fût alors du Parti communiste, Sartre s'en distinguait par le lien qu'il établissait entre problématique psychique individuelle et construction idéologique. Pour lui, imprégné des préjugés médicaux et psychanalytiques de l'époque qui considéraient l'homosexualité soit comme une maladie, soit comme une névrose, la sexuation prédéterminait l'appartenance à un système de valeurs. D'où l'orientation psychopathologique des homosexuels assumés ou refoulés vers la collaboration qu'il définissait comme essentiellement marquée par des attitudes féminines de soumission, de ruse et de séduction à l'égard des Allemands. Partant du cas de quelques homosexuels de la collaboration qu'il citait nommément, il en venait à faire du « pédéraste » – que ceux qu'il qualifiait ainsi l'aient été effectivement ou non – l'incarnation d'un pôle de valeurs négatives. Avec l'Occupation, le héros de *L'Enfance d'un chef* (1939), dont la conscience homosexuelle allait déjà de pair avec le camouflage et la trahison, s'était coulé dans la définition même du « salaud » selon Sartre : celui qui se satisfait du droit du plus fort, y investit du profit comme du plaisir. L'itinéraire menant de la pédérastie au fascisme était en quelque sorte psychologiquement et historiquement balisé. À l'appui de la thèse de Sartre, Drieu lui-même, enclin à une psychose d'autopunition, n'avait-il pas associé son inféodation à l'occupant à la part de féminin qu'il portait en lui, quand il écrivait en juin 1944 : « Mes ennemis ont très bien senti, c'était assez visible, le caractère féminin, inverti de mon amour de la force » ? Ses écrits, comme ceux d'un Brasillach ou d'un Châteaubriant, ne furent-ils pas tissés de métaphores représentant la France et l'Allemagne dans une union où la France tenait le rôle de la femme soumise, matrone passive et nourricière, cantonnée dans la culture et l'agriculture, face à un partenaire dominateur, revirilisé par le nazisme ? Combien de fois n'a-t-on pas cité ces textes comme preuve d'une homosexualité refoulée et du « climat de féminité » dans lequel baignaient ces « grands prêtres de la puissance virile et des vertus masculines » que furent les écrivains de la collaboration ?

Quelques années plus tard, Gallimard, en publiant le *Journal* de Drieu, viendra donner un certain crédit à ces thèses. Drieu s'y livre à une interminable introspection sous l'influence manifeste de son ami Jacques Lacan[7]. L'arrivée des Allemands coïncide pour lui avec l'approche de la cinquantaine (il a eu quarante-sept ans le 3 janvier 1940) et avec la dégradation de sa dernière vraie relation amoureuse, Beloukia, la femme de Louis Renault, qu'il vit comme un épuisement du désir. Amoureux prostré de la force comme d'une « sacrée ressource » dont il se sent progressivement exclu, il réalise, en voyant défiler la Wehrmacht dans les premiers jours de l'Occupation, que les Allemands représentent « admirablement » tout ce qu'il a toujours voulu être et que ce « tout » englobe également l'idéal politique dont il rêvait pour son pays : fierté virile, vitalisme élémentaire, dépassement ascétique, héroïsme guerrier. Le parallélisme est total entre la manière dont il analyse sa situation propre et celle de la France. « Vieux débauché impuissant », « mâle par saccades », comment n'adhérerait-il pas de tout son être au dynamisme brutal des conquérants, comment ne lierait-il pas son sort, non à l'Allemagne, mais à l'hitlérisme gorgé de cette sève révolutionnaire qui est la sève de la vie ?

La suite des événements, cependant, ne va pas tarder à montrer que Drieu, en bon intellectuel, aimait surtout l'idée de la force mais n'en supportait guère la présence incarnée. Quelques semaines suffisent pour que son enthousiasme s'altère au contact du personnel allemand en poste à Paris. Il espérait des interlocuteurs « nourris à la moelle de Goethe l'Olympien et de Nietzsche le cynique », il ne rencontre que des bureaucrates empêtrés dans le règlement, des libéraux posant déjà aux victimes, de la « graine de Talleyrand » à l'image d'un Abetz ou d'un Achenbach, les hommes réputés forts de l'ambassade d'Allemagne à Paris. « L'hitlérisme mourra faute d'hitlériens », prophétise-t-il sombrement à la date du 7 décembre 1942.

Seul Jünger, dont il réédite *Les Falaises de marbre* chez Gallimard, trouve grâce à ses yeux et lui paraît incarner ce type d'humanité supérieure à l'avènement de laquelle il aspirait tant. Par bien des traits, Jünger, si aristocrate, si peu nazi, n'est pas sans rappeler la figure de Bremer. Étrange paradoxe : les amis allemands des fascistes français eurent ceci de particulier de n'être ni l'un ni l'autre d'authentiques nazis et de cultiver, à des degrés différents, une certaine liberté d'esprit. Comme beaucoup, Drieu a voulu voir dans le succès des armes la preuve de la supériorité idéologique du vainqueur. Il n'est donc pas surprenant qu'il se comporte en « amant historiciste déçu », selon l'heureuse formule d'un de ses biographes, dès lors que la victoire lui paraît devoir changer de camp[8]. Au cours de l'été 1943, il ne reste plus grand-chose des qualités qu'il prêtait à l'armée allemande trois ans auparavant et le désenchantement nourrit sa prose : « Le fascisme n'est pas plus fort que moi, philosophe de la violence en pantoufles. » Un temps, il s'efforce de croire qu'il pourra retrouver ce qu'il goûtait dans le national-socialisme auprès du conquérant communiste, nouvelle figure du vainqueur. Contraints à la défensive, les Allemands n'ont droit de sa part qu'à une vague commisération teintée d'ironie. Vaincus ou presque, il les admire de faire montre dans l'adversité des mêmes qualités que dans la victoire, et c'est sous le coup d'un retour de flamme qu'il se rend sur les Champs-Élysées, le 7 juin 1944, afin de saluer la « race blonde » qui y défile, sans le savoir, pour la dernière fois.

Une double abjection ?

Fétichisme de la force, obsession des images liées à la virilité, culte du corps masculin érigé en religion civile : la récurrence de ces thèmes dans la littérature de la collaboration ne pouvait guère passer inaperçue, dans un contexte d'affrontement idéologique où tout était bon pour discréditer et avilir l'adversaire. Dans un premier temps, l'attaque ne vint pas des combattants de la Résistance mais de la nébuleuse des intellectuels qui soutenaient leur cause. Sans prendre toujours garde que l'image, assez courante en littérature, de l'invasion militaire décrite comme une pénétration sexuelle en avait incité d'autres en d'autres circonstances à filer la métaphore jusqu'au bout et à s'aventurer dans des personnifications hasardeuses au sujet du couple franco-allemand. Au début du siècle, la presse cocardière se plaisait, depuis l'affaire Eulenburg, à désigner l'homosexualité en tant que « vice allemand » par excellence et, durant la Grande Guerre, de nombreux invertis furent soupçonnés ou accusés de trahison, comme si leur sexualité hétérodoxe et marginale les rejetait automatiquement dans le camp ennemi[9]. Par une ruse de l'histoire, Sartre l'internationaliste retrouvait à son insu, trente ans plus tard, les accents sinon les mots d'un Maurice Barrès ou d'un Paul Bourget pour flétrir des comportements jugés plus abjects et plus inquiétants que « la saine cupidité des traîtres classiques ». Personne, sur le coup, ne s'en aperçut. Il est vrai que *Les Temps modernes* ne passait pas non plus pour être le continuateur du *Gaulois* et que le concept d'« homophobie » restait encore à inventer.

Qui du reste, à l'époque, aurait songé à mettre en cause la probité de Sartre, promu nouveau pontife des Lettres et arbitre souverain des catégories morales entre lesquelles il distribuait, selon les comportements adoptés sous l'Occupation, tous ceux qui faisaient alors profession de penser et d'écrire ? Pourtant, c'est au moment même où il flétrissait sur le mode inquisitorial les attitudes de certains homosexuels face à l'occupant que Sartre entreprit de faire entrer Jean Genet dans le panthéon des maudits de la littérature en qualité de « poète-voleur » et de figure subversive de l'exclusion, victime de la société bourgeoise. L'imposture était totale. Car le pédéraste Genet, « voleur pour de faux mais fasciste pour de vrai », ainsi que le décrit le biographe de son œuvre, avait surtout loué le mal dans l'ordre politique en faisant l'éloge – et quel éloge ! – des miliciens et des nazis[10]. Ce tour de passe-passe fut d'autant plus facile à réaliser que Genet, laudateur extatique de l'« or blond » de la SS et apologiste inlassable des « archanges » hitlériens, avait jusque-là réservé à quelques intimes le récit des transes dans lesquelles le jetaient les beaux soldats de la Wehrmacht et qu'en outre ces confidents n'étaient plus en situation de témoigner, pour des raisons diverses.

Il y avait eu d'abord Jean Turlais, dont Genet avait fait la connaissance en avril 1942 alors qu'il s'occupait, entre deux séjours en prison, d'une boîte de bouquiniste sur un quai de Seine, Turlais qui, en compagnie de Roland Laudenbach, un maurrassien féru de littérature, l'avait introduit auprès de Cocteau, lui entrouvrant ainsi les portes du petit monde littéraire parisien. Auteur d'une « Introduction à l'histoire de la littérature fasciste » dans les très vichystes *Cahiers français* où il proposait d'emblée d'incorporer l'inconnu Genet, ce jeune agrégé, en adepte du *vivere pericoloso* des fascistes, s'était engagé dans la Milice le 6 juin 1944 puis dans la Ire armée au sein de laquelle il devait enfin trouver ce qu'il cherchait. La mort le faucha sur le front d'Alsace en mai 1945. Il y eut aussi et peut-être surtout François Sentein, autre maurrassien, de l'espèce homosexuelle celui-là, lutin érudit à l'amitié jamais prise en défaut, toujours présent quand les affaires du « poète-voleur » tournaient mal, le visitant en prison, améliorant ses manuscrits, prélevant sur ses maigres subsides de quoi lui permettre de cantiner dans sa geôle. Il se fit que Genet, ayant purgé sa dernière peine à la Santé, fut frappé d'une mesure d'internement administratif et transféré le 25 décembre 1943 au camp des Tourelles, boulevard Mortier, un camp placé sous le contrôle de la Milice et réputé, chez les prisonniers politiques, pour être l'antichambre de la déportation. Bien que détenu dans la section des droits communs, Genet prit peur, mit en branle tous ses soutiens, proposa de s'engager dans l'organisation Todt en échange de sa libération. En vain. Aucune de ses influentes relations n'avait prise sur ce monde à part que formaient les miliciens au béret frappé du gamma. Aucune sauf Sentein qui, à l'âge de dix-sept ans, avait connu Joseph Darnand à l'occasion des sombres complots de la Cagoule et gardait un contact indirect avec le secrétaire au maintien de l'ordre de Vichy. Harcelé par Genet à qui il avait dévoilé ses accointances, Sentein finit par plaider la cause du « plus grand poète français » auprès de Darnand et obtint la libération de son ami le 14 mars 1944.

Lorsque Sentein fut déféré devant un comité d'épuration, quelques mois plus tard, c'est un Genet désinvolte qui lui lança : « Tant pis pour toi, tu n'aurais pas dû fréquenter des gens comme ça. » Le propos avait de quoi surprendre dans la bouche de celui que le « petit Frantz » avait entendu maintes fois célébrer la beauté de « tous les gars du Reich », des matelots au ruban de fillette, des tankistes vêtus d'étoffe funèbre, des guerriers centaures sur leurs petites motocyclettes ou des as de la Luftwaffe. Il était encore plus stupéfiant si l'on songe que Genet venait d'achever la rédaction de *Pompes funèbres*, une longue déclaration d'amour au nazisme et aux nazis. À leur génie érotique, à leur grandeur inhumaine, à la sublimité de leurs crimes. Il est vrai que le manuscrit resta dans un tiroir jusqu'en 1947, date à laquelle il fut publié sous le couvert de l'anonymat. Nul mieux que Genet, durant cette période, ne mérite en tout cas qu'on lui applique ce qu'écrivait Jean Guéhenno à propos des pédérastes collaborateurs : « Leur joie est celle des pensionnaires d'un bordel de petite ville quand vient à passer un régiment. » Ces années vert-de-gris furent pour lui un émerveillement de tous les sens, une fête intérieure, un tourbillon érotique « plus enivrant quelquefois que la jouissance elle-même ». Bandaison ininterrompue : « Combien de fois n'ai-je pas désiré tuer ces beaux gosses qui me gênaient puisque je n'avais pas assez de bite pour les enfiler tous et ensemble, pas assez de sperme pour les gaver[11]. » Sur le boulevard Saint-Michel, Sentein l'apercevait, de temps à autre, trottinant comme un caniche à côté d'un soldat allemand[12]. Était-ce Erik, l'amant mystérieux pour qui il avait momentanément quitté sa chambre de l'hôtel de Suède, face à la Seine, afin de se mettre en ménage chez Paule Allard, future collaboratrice des *Temps modernes*[13] ? Le preux *Feldgrau* fut tué sur le front russe, mais Genet bandait encore quand il le fit revivre à travers la caricature monstrueuse et délirante d'Erik Seiler, le héros de *Pompes funèbres*, « mollets de fer » et « lourdes bourses », auquel le narrateur n'eut aucun mal à s'identifier, tant il avait vécu ces années-là en immersion dans un « cortège de guerriers casqués, poudrés, fleuris, embaumés, rieurs ou sévères, nus ou bardés de cuir, de fer [...], porteurs d'oriflammes rouges signés de noir ». De même qu'il s'identifiait crânement à l'« increvable solitude » des miliciens « maudits comme des reptiles », plus réprouvés que les filles et les voleurs, plus parias que les pédérastes eux-mêmes. Suprématie esthétique du mal, noblesse de la violence, sanctification et glorification du crime, enthousiasme pour le décorum du IIIe Reich, amour des jeunes héros au destin fort et tragique, Genet s'empara de l'idéologie nazie comme d'un stimulant érotique, d'un scénario à l'intérieur duquel, complice ou comparse, il pouvait enfin déployer toutes les ressources de sa sensibilité et de son imaginaire. De ce point de vue, on peut dire qu'il est l'écrivain de la période qui en assimila et en restitua le mieux la substance. Il en tira une jouissance à la fois morale et intellectuelle qui éclate dans le récit du coït entre le jeune milicien Riton et le nazi Erik Seiler, accouplement monstrueux au regard de l'histoire en marche, suprême figure érotique aux yeux d'un Genet pour qui seul le mal était source de beauté et donc de plaisir. En regard de ces pages brûlantes d'une somptueuse obscénité, les improvisations des écrivains collaborationnistes autour du mariage morganatique d'un colosse d'Arno Breker et d'une « Grâce » d'Aristide Maillol semblent avoir la pâleur desséchée des fleurs de rhétorique.

Transes d'écrivains

À Paris, les figures de proue du gotha rose des Lettres, tel le vieil académicien Abel Hermant, chroniqueur prolifique de la presse parisienne, se joignirent bruyamment au chœur des chantres du nouvel ordre européen. À près de quatre-vingts ans, Hermant avait passé l'âge des frasques, il était loin le temps où il tentait de séduire en slip rose les juniors de la piscine de l'Automobile-Club de France. Ce n'était pas encore tout à fait le cas pour Maurice Rostand, cinquante ans en 1941, le fils turbulent de l'immortel auteur de *Cyrano* et de *L'Aiglon*. Sujet d'inépuisables railleries de la part des chansonniers montmartrois, il continuait de défrayer la chronique avec cette excentricité parée de tous les colifichets de Sodome qui lui avait valu une douteuse notoriété dont d'aucuns redoutèrent, à partir de l'automne 1940, qu'elle ne discréditât la cause de la collaboration franco-allemande. Intime de Proust, ami de jeunesse de Cocteau, le mirobolant Maurice, cheveux longs soigneusement coiffés, toujours poudré à frimas, s'était fait connaître avant-guerre dans le monde des lettres par sa poésie sucrée et par un roman scandaleux, *La femme qui était en lui* (1933), inspiré des premières opérations de changement de sexe réalisées à Berlin. Au milieu des années vingt, Willy voyait déjà en lui une « vieille dame démodée ». Cela ne s'était pas arrangé par la suite et les minauderies du couple inséparable qu'il formait avec sa vieille mère, la poétesse Rosemonde Gérard, si elles faisaient l'attraction des dîners en ville ou du dernier métro parisien, provoquaient en retour des commentaires affligés chez les adeptes de l'ordre viril, inquiets qu'on puisse associer la germanophilie à un spectacle aussi décadent. Hermant et Rostand ressemblaient trop au Charlus de Proust, lui aussi pro-allemand en 1916, et restaient trop marqués par les codes pédérastiques du début du siècle pour être pris au sérieux. Légers, futiles, parisiens, ils évoquent irrésistiblement le mot d'un publiciste du XIXe siècle à propos de Jean Lorrain : « une tapette dans un verre d'eau ».

En comparaison, Henry de Montherlant, André Fraigneau et Marcel Jouhandeau appartenaient déjà à une autre génération d'écrivains homosexuels dont la sensibilité comme le style répugnaient à toute manifestation de préciosité efféminée. La valorisation emphatique de la virilité que les nazis avaient érigée à la fois en norme esthétique et en principe régénérateur du politique n'était pas pour leur déplaire. On ne sera donc pas surpris de l'exclamation d'un Jouhandeau à l'automne 1941 : « Virilité, triomphe. À moi les héros. Horreur des mignons[14] ! » D'autant moins surpris que la conversion idéologique de ce dernier est largement antérieure à la guerre. D'un conservatisme mâtiné de tendances réactionnaires, il a progressivement glissé vers un nationalisme antibolchevique et fascisant, suivant en cela un itinéraire assez fréquenté à l'époque. Entre 1936 et 1938, il a donné à *L'Action française*, puis à *La France déchaînée* de Darquier de Pellepoix, une série d'articles antisémites bientôt regroupés dans une brochure intitulée *Le Péril juif*, au moment même où il vivait une passion dévorante pour un jeune peintre juif, Jacques Settiner. La victoire allemande sonnerait-elle donc pour lui la relève des « mignons » par les « héros » ? Sans doute l'auteur de *Chaminadour*, chroniqueur intimiste de la vie provinciale, n'aurait-il pas demandé mieux que de servir, si l'on peut dire, dans le corps de l'ennemi. En visant trop haut, de façon trop ostensible, il s'est condamné à un échec si prévisible qu'on peut légitimement s'interroger, par-delà l'objet convoité, sur le but réellement poursuivi par cet « amateur d'imprudences ». Figure de saint tombé d'un vitrail dans un bordel d'hommes – celui de la villa Guelma, en l'occurrence, qu'il fréquente assidûment –, Jouhandeau appartient à cette espèce de pécheurs autant préoccupés de la chute, au sens biblique du terme, que de la hauteur de la chute et du plaisir qui va avec[15]. C'est un janséniste de la volupté. Chaque liaison l'amène à parcourir le cycle adonisien de la passion : blessure, mort, ensevelissement, résurrection. Roger Peyrefitte dira méchamment de lui qu'il officiait à l'enseigne de « l'harmonium et du tube de vaseline », dans un « mélange de religiosité et de débauches crapuleuses ». Un petit livre, *De l'abjection*, publié anonymement en 1939, rend compte de cette tension permanente entre élan mystique et pesanteur charnelle.

Un jour de septembre 1941, Gerhard Heller, le *Sonderführer* des Lettres, lui a demandé de faire partie de la délégation qui doit se rendre à Weimar pour le congrès des écrivains européens. Depuis qu'il a fait sa connaissance à l'occasion d'un concert de musique de chambre, Jouhandeau est secrètement épris du « lieutenant belhomme », ainsi qu'on le surnomme dans les milieux littéraires parisiens. C'est pour lui et pour nul autre qu'il accepte d'entreprendre le voyage. Il s'en explique d'une phrase lourde d'équivoque : « Si je n'ai pas été d'une grande utilité jusque-là, je ferais volontiers aujourd'hui de mon corps un pont entre les deux pays ; déjà ils se rencontrent fraternellement au moins en nous deux. » En réalité, il n'a pas éprouvé un tel sentiment depuis la fin de sa liaison, en 1939, avec Jacques Settiner dont il a fait le héros de *Chronique d'une passion*. Sur cet amour qui le fait descendre aux abîmes aussi sûrement qu'accéder à son ciel, sur les frissons et les tourments que lui procure le commerce quotidien de son idole, « ange » et « monstre » à la fois, sur cette « religion » qu'il lui doit d'avoir inventée, Jouhandeau ne cache rien dans le petit carnet qu'il remplit au jour le jour de son écriture en pattes de mouche. C'est une « cathédrale de sentiments » qu'il déplace avec lui, un oratoire dont il se veut le modeste mais peu discret desservant. Dans le train qui roule vers Francfort, il fait les yeux doux à un archange casqué de retour du front de l'Est à qui il trouve « l'air du berger David » : Hans Baumann, vingt-six ans (il en paraît dix-huit, même en uniforme !), poète attitré des Jeunesses hitlériennes, comblé d'honneurs et de commandes par le régime. Le poète ne parlant pas français et Jouhandeau guère mieux l'allemand, Heller fait office de traducteur. Une trinité amoureuse serait-elle en gestation ? L'étape de Francfort, en tout cas, est pleine de promesses. Le lyrique Baumann lui a dédié l'un de ses hymnes dans le style de Hölderlin : « Toi qui viens de l'Occident couronné de pain et de vin… », mais c'est pour le trentenaire Heller que se consume le narcisse natif de Guéret, sans que le moindre signe de son idole ne vienne tisonner cet ardent brasier. Tandis que Jouhandeau s'abandonne à ses dévotions secrètes – « lui cacher jusqu'à l'ombre de sa splendeur » – Heller, qui doit cornaquer une demi-douzaine d'écrivains sous le regard du ministère de la Propagande, s'éloigne à grandes enjambées. Le « lieutenant belhomme » était un bel indifférent. L'adoration véritablement masochiste de Jouhandeau pour Heller appelait ce martyre que le *Sonderführer* lui administra « en bourreau habitué à faire et à voir souffrir ». Au retour du voyage, il s'offre un ultime et délicieux frisson, remet à son tourmenteur le petit carnet couvert de notes et s'imagine déjà perdu par cet aveu : « Que mes notes s'égarent, qu'elles tombent entre les mains de n'importe qui et nous voilà damnés ensemble ! » La damnation tardant à venir, Jouhandeau se met en quête d'un éditeur, tout au long de l'année 1942, bravant les conseils d'un autre pèlerin de Weimar, le suave Jacques Chardonne qui, abusé par les apparences, subodore une abominable « histoire de coucherie ». Il faudra attendre 1949 pour que paraisse anonymement, sous le titre *Voyage secret*, une version remaniée mais ô combien révélatrice du fameux carnet.

« Un nid de tantes » ?

« Jouisseurs stériles » absorbés par la quête de leur seul plaisir, « monstres » acharnés à la ruine de la famille, figures emblématiques de l'« exécrable individualisme » hédoniste issu de la Révolution française, les homosexuels avaient tout, en théorie, pour s'attirer les foudres d'un régime né à l'enseigne du natalisme et de la morale catholique traditionnelle. Hétérosexuel impavide, Pétain regardait, cependant, la pédérastie moins comme un fléau social que comme un acte contre nature, un contresens physiologiquement absurde et répugnant. Son dégoût instinctif pour cette forme de sexualité surpassait, chez lui, tous les préjugés moralisateurs. En 1916, il avait refusé de recevoir l'écrivain Pierre Loti à sa table, arguant que « ce petit vieux prétentieux et peint » avait les yeux faits et se mettait du rouge ; il se laissa même aller, par la suite, jusqu'à écrire au ministre de tutelle que l'attaché naval Loti « serait probablement mieux au Maroc auprès de Lyautey », dans une perfide allusion aux mœurs de ce dernier. Pourtant, si les théoriciens de la Révolution nationale considèrent l'homosexualité comme l'un des symptômes du désordre global des mœurs qui a conduit la nation « dévirilisée » à rendre piteusement les armes, ils se gardent de faire des homosexuels des boucs émissaires au même titre que les juifs ou les francs-maçons. Ce qui passe aux yeux de certains pour un fâcheux oubli dévoile involontairement une réalité indicible. Bien des raisons s'opposent alors à un procès en règle. La première, et la plus sérieuse, est que, pour nombre de personnalités éminentes, le choix en faveur de la collaboration avec les Allemands n'est pas que politique. Il se trouve étayé et, pour certaines d'entre elles, fondé par une attirance secrète ou avouée pour l'éros mâle de l'occupant, ses symboles et ses rites. Avant même que des intellectuels antifascistes proches de la Résistance, comme Sartre ou Guéhenno, ne s'interrogent sur ce qu'ils appelleront « l'attirance pédérastique pour le fascisme », l'idée selon laquelle la collaboration était un véritable « nid de tantes » avait pénétré un large public, bien au-delà du cercle des « initiés » de la presse et de la politique. Que Joseph Darnand et Henri du Moulin de Labarthète, dans un dialogue rapporté par ce dernier, puissent parler entre eux des « pédérastes de la collaboration » en leur prêtant un rôle à part montre bien que ces derniers ont été assez vite perçus, non comme une coterie excentrique et marginale, mais comme une catégorie spécifique, une modalité particulière et influente du collaborationnisme inclinant à une certaine soumission à l'égard de l'Allemagne[16].

Pour avoir été discrète, l'entrée, en février 1941, de Jacques Benoist-Méchin au cabinet de l'amiral Darlan, avec le titre de secrétaire général adjoint à la vice-présidence du Conseil, n'est pas passée totalement inaperçue. Si le grand public ignore à peu près tout du nouveau promu, les milieux de l'édition et du journalisme savent, quant à eux, à quoi s'en tenir. À quarante ans tout juste, Benoist-Méchin est sans aucun doute, de tous les ministres de Vichy, celui qui connaît le mieux l'Allemagne et les Allemands. Chez lui, ce n'est pas une dilection momentanée mais une occupation mentale. En 1923, il a fait son service militaire comme interprète à l'état-major de l'armée alliée à Mayence puis à Wiesbaden, mettant ses pas dans ceux de son aïeul, le baron Alexandre Méchin qui, sous l'Empire, fut gouverneur-préfet de la Ruhr et protecteur de la Rhénanie. Six ans plus tard, on le retrouve rédacteur en chef de *L'Europe nouvelle*, développant avec une sombre ardeur les thèses d'Aristide Briand favorables à un rapprochement franco-allemand. La publication, en 1938, de son *Histoire de l'armée allemande*, couronnée l'année suivante par le grand prix de l'Académie française, clôt une période studieuse où son admiration pour la force et le dynamisme du régime national-socialiste ne mobilise encore que l'érudit frémissant dont la plume se plaît à caresser des divinités de fer et de bronze. Mobilisé comme simple caporal en 1939, il est fait prisonnier en juin 1940, interné au camp de Voves jusqu'au 25 août, date à laquelle les autorités allemandes décident de lui rendre une liberté qu'ils pressentent utile à la cause de la « Grande Europe ».

L'emploi est tout trouvé : il sera chef de la délégation diplomatique des prisonniers de guerre à Berlin, éminence plénipotentiaire naviguant entre la capitale du Reich et Vichy, dans un jeu complexe où il devient tout à la fois l'homme lige de Laval et l'informateur d'Otto Abetz, à moins que ce ne soit l'inverse, tant ce ténébreux casuiste est habile à fondre les nuances et à se perdre dans le labyrinthe des multiples stratégies qu'il mène de front au service d'un but unique. Car non seulement la victoire de l'Allemagne lui paraît assurée, mais encore la juge-t-il nécessaire au renouveau de la France et de l'Europe. Promu en juin 1941 secrétaire d'État à la vice-présidence du Conseil, chargé des relations franco-allemandes, ayant résolu, une fois pour toutes, d'être non pas « pour » mais « avec » les vainqueurs de juin 1940, Benoist-Méchin s'emploie à illustrer, non sans difficulté, cette subtilité sémantique en étant successivement l'artisan, en mai 1941, des « protocoles de Paris » qui, par le biais d'engagements pris en faveur de l'Allemagne en Syrie et en Afrique du Nord, aboutissent à un quasi-renversement d'alliance, et le rédacteur du « pacte transitoire » du 14 juillet 1941, lequel se heurtera à l'intransigeance des dirigeants du Reich finalement moins « européens » qu'il ne se plaisait à le croire. À la question de savoir pourquoi l'un des héritiers de l'Europe aristocratique, pianiste et musicologue, lisant Tite-Live et Tacite dans le texte, féru de vieille culture germanique, est devenu l'un des soutiens les plus inconditionnels du nazisme, on peut certes répondre par les détours imprévisibles de la destinée, le jeu des aléas et la vie des contingences, le rêve récurrent de certains intellectuels qui s'imaginent volontiers en accoucheurs de l'Histoire.

Ce serait toutefois ignorer l'explication la plus plausible, qui tient à la personnalité même de Jacques Benoist-Méchin, à sa singulière intimité. Derrière le choix politique de ce germanophile à la veine prolifique, il y a avant tout un choix esthétique, une reddition amoureuse habillée de pied en cap sous le drapé doctrinal d'un idéologue soucieux de préserver les apparences et de situer son engagement à hauteur de visionnaire, sur les cimes de la pensée créatrice et du pur esprit. Pourtant, ce qu'il aime par-dessus tout dans l'Allemagne national-socialiste, ce sont les Allemands, la force et la jeunesse divinisées, les corps glorieux de ces garçons si semblables aux jeunes prostitués qu'il aimait à fréquenter à

Unter den Linden quelques années auparavant. Son Allemagne est le pays du nazisme comme phénomène érotique de masse, corrupteur et envoûtant, ténébreux et indépassable, renouvelant la poésie spartiate avec le lyrisme charnel de ces phalanges blondes et musculeuses, le déploiement de ces fastes d'énergie à la lueur des flambeaux qui font scintiller les cuirs noirs ou fauves et l'acier des poignards. Il l'avouera, plus tard, en prison : « C'était le style particulier du fascisme et du national-socialisme qui m'avait séduit tout d'abord, plutôt que tel ou tel aspect de leurs doctrines sociales ou économiques [...]. J'avais constaté que la puissance et la beauté sont deux phénomènes inséparables et que les grandes époques politiques coïncident invariablement avec les grandes époques de l'art[17]. »

Pour Benoist-Méchin, la révélation remonte à 1928. Cette année-là, il fait la connaissance d'Arno Breker, le futur sculpteur officiel du IIIe Reich, et c'est dans son atelier du 21, avenue d'Orléans qu'il voit naître et grandir la statue d'athlète qui va servir d'archétype à toutes ses œuvres ultérieures, une sorte de dérivé du modèle antique mais réduit à quelques clichés : le muscle, le monumentalisme, la supériorité mâle. Il en ressort ébloui par ce « torse svelte et fuselé comme un Apollon archaïque » qui, dans la pénombre des lieux, « ressemblait à une chrysalide merveilleuse », illuminé comme s'il venait de découvrir le pays des héros et des demi-dieux. L'œuvre juvénile et virile de son ami Breker annonce, il en est convaincu, la régénération de la vieille Europe par opposition au « manque de style » dont « la France est affligée depuis l'avènement de la République », une faute de goût dont Benoist-Méchin confesse qu'elle est à l'origine de son aversion pour la démocratie. Le national-socialisme, en construisant une nouvelle culture imprégnée de représentation à fortes connotations homoérotiques dont la statuaire de Breker est sans doute l'exemple le plus achevé, en transmutant la sèche matière de l'idéologie en un combustible de mythes et d'images, l'a définitivement rallié à sa cause.

Cet idéal du héros nazi au corps puissant et viril dont Breker a su si bien restituer la trouble séduction, il n'espère rien tant que de l'importer sur le sol de France afin de le substituer à la « petite race française », à ces avortons que fabrique en série la démocratie, à ces corps disloqués ou en putréfaction tels que les représente l'« art dégénéré » alors si en vogue. Le retour de Laval en avril 1942 offre à Benoist-Méchin, promu secrétaire d'État auprès du nouveau chef du gouvernement, l'occasion d'accomplir symboliquement ce dessein. Il convainc Breker de venir exposer ses œuvres à Paris, non sous la protection des « baïonnettes allemandes » – ce serait pour lui un affront –, mais à l'invitation du gouvernement, de la municipalité et des artistes français. L'exposition est inaugurée le 15 mai à l'Orangerie. Sous couvert de collaboration artistique, une interminable théorie de ministres, d'ambassadeurs, d'écrivains, d'artistes défile aux pieds des colosses de marbre et de bronze. On sait ce qu'inspira à Cocteau la consécration parisienne de son ami Breker. D'autres invités, en revanche, ont su garder leur sang-froid. Frappé par le gigantisme des statues et les proportions de leurs attributs mâles, Sacha Guitry eut ce mot : « Heureusement qu'ils ne sont pas en érection, on ne pourrait plus circuler. » L'humour est parfois aussi un exercice de psychanalyse sauvage. Près de quinze ans après sa rencontre avec Breker, Benoist-Méchin a enfin réussi à imposer et à faire saluer en plein cœur de Paris les images de pierre qui l'avaient si intimement touché et avaient tant remué son imagination. Cet activisme forcené au service de l'« art européen » recouvrait-il autre chose qu'une fiévreuse et secrète agitation libidinale ? Quiconque a écouté attentivement l'allocution que le secrétaire d'État a prononcée ce jour-là pour accueillir le sculpteur du Reich peut avoir quelque raison d'en douter : « Un peuple, déclare-t-il, dont le souci dominant et perpétuel ne resterait pas, envers et contre tout, la traduction des œuvres de son génie personnel ne se priverait pas simplement d'une jouissance et d'un luxe superflus : il perdrait sa raison d'être et ne pourrait plus justifier les moyens qu'il emploie pour croître et se perpétuer[18]. » Le taciturne Benoist-Méchin a de quoi être satisfait. Le Tout-Paris n'a-t-il pas accouru à ce sabbat dont il aura été, de bout en bout, le patient et minutieux maître d'œuvre ? Le déjeuner à Matignon en présence de Laval et des corps constitués confère à l'événement une incontestable dimension politique. Au soir de ce triomphe, Benoist-Méchin a fui les invitations. Il est rentré chez lui, dans son appartement du 52, avenue de Clichy où l'attendait sa vieille mère. Il y a déjà plus de deux mois que Laval a rangé dans un tiroir le rapport de police daté du 28 février 1942 signalant que le ministre Benoist-Méchin entretenait une relation intime avec un très jeune soldat de l'armée allemande[19].

Abel Bonnard, le scandaleux

Au sein du gouvernement Laval, Jacques Benoist-Méchin n'est pas le seul à être épris d'amitiés viriles et à admirer la statuaire héroïque d'Arno Breker. En la personne d'Abel Bonnard, il a en effet un double et un repoussoir. Affectée de tous les traits caractéristiques de la « folle », l'homosexualité de Bonnard est à l'opposé de celle d'un Benoist-Méchin, assez prudent ou assez habile pour n'en rien faire paraître à travers son personnage public. Membre du groupe Collaboration où, nonobstant la présence des plus acharnés zélateurs de l'Europe allemande, il parvient à se distinguer par son maximalisme, Abel Bonnard s'impose, au printemps 1942, comme le candidat de la presse ultra à la succession du libéral Jérôme Carcopino au ministère de l'Éducation nationale. Laval se montre d'autant plus sensible à cette candidature « spontanée » qu'on lui a fait souvent reproche de n'avoir eu dans son premier cabinet que des inconnus au pedigree incertain, au passé sans relief. Avec celui que Céline désigne comme l'« académicien de choc » et que *Je suis partout* présente comme « notre nouveau Rivarol », il croit enfin tenir une recrue flatteuse, la « grâce et la parure » de son gouvernement. Pétain, qui avait déjà une première fois écarté l'idée de nommer Bonnard à ce poste, comme le lui proposait Darlan en février 1941, n'ignore pas que cette fois il ne peut s'y opposer sans ouvrir une crise politique et raviver les tensions avec les Allemands au moment où il assigne à Laval la tâche de desserrer autant que faire se peut leur emprise. Mais il rechigne néanmoins à signer le décret par lequel il confie l'éducation de la jeunesse à son collègue de l'Académie française tant l'indispose la « réputation équivoque » de celui-ci. À Fernand de Brinon, le délégué général du gouvernement dans les territoires occupés qui met en avant le talent littéraire de l'essayiste tout en s'employant à dissiper les fâcheuses rumeurs, il réplique d'un ton sec que « tout le monde est au courant » et que le talent n'a jamais été une excuse pour qui donne le mauvais exemple. Il y a cependant autre chose dans la réticence du chef de l'État, autre chose qui réveille une vieille ambition frustrée. Bonnard lui semble d'autant moins correspondre à l'image qu'il se fait d'un ministre de l'Instruction publique que lui, Pétain, rêvait d'occuper ce poste dans le ministère Doumergue en 1934. Pourtant, le vieux maréchal finit par se laisser forcer la main. Sur le moment, l'incident apparaît comme l'une de ces innombrables arquebusades dans la guérilla permanente entre Pétain et Laval. En fait, la nomination de Bonnard signe à la fois l'acte de décès de l'ordre moral, vœu pieux mais référence structurante du discours vichyste, et le début d'un grand désordre dans les esprits. Tant il est vrai que la personnalité du nouveau ministre a tout pour électriser les passions, hystériser les polémiques, installer un trouble profond et durable dans l'opinion[20].

Un ministre homosexuel et fier, sinon de l'être, du moins de le paraître ? Ce que la IIIe République n'avait pas osé, le régime vichyste l'a accompli en nommant – sous la pression allemande, il est vrai – Abel Bonnard à la tête du ministère de l'Éducation nationale. Au sommet de l'État, la consigne est donnée de faire comme si on ignorait tout de la particularité sexuelle du nouveau ministre. Il faudra à certains beaucoup de *self-control* pour s'y tenir. Avant d'entrer au gouvernement, l'auteur de *Pensées dans l'action* (1941) apparaît comme l'une des figures de cette homosexualité individualiste, élitiste, aristocratique qui, depuis Proust, se répand dans les milieux littéraires sans pour autant s'identifier à une quelconque « cause homosexuelle », laquelle n'a, au demeurant, à l'époque, ni surface sociale ni contenu politique. Une fois ministre, il n'est plus perçu, par une majorité de Français, qu'à travers la seule identité que lui confère son orientation sexuelle, comme si celle-ci avait réduit ou phagocyté toutes les autres composantes de sa personnalité. Il faut dire que, d'entrée, ni le comportement ni les propos du ministre n'ont été de nature à faire se dégonfler la rumeur[21]. Choquer l'amuse et le divertit. Il a sur ce point une éthique de dandy à la Barbey d'Aurevilly, habité par « l'aristocratique plaisir de déplaire ». Le jour de la passation des pouvoirs avec Jérôme Carcopino, distant et visiblement plein de morgue à l'égard de ce successeur si peu conventionnel, si étranger au sérail universitaire, le presque sexagénaire Bonnard s'affiche en compagnie d'un chef de cabinet à l'insolente jeunesse, aux cheveux blonds coupés au bol sur le front, déambulant le col ouvert, vêtu d'un blouson moulant au plus près son buste. Ce jeune chef de cabinet n'est autre que Jacques Bousquet, un agrégé de lettres partageant les goûts et les convictions « européennes » du nouveau ministre. Jusqu'à ce que Bonnard fasse appel à lui, il occupait, on l'a vu, le poste de directeur de l'école des cadres des centres de jeunesse à La Chapelle-en-Serval, en zone occupée. Pour cette cérémonie, le nouveau ministre a exigé de son collaborateur qu'il conserve son uniforme. La scène a vivement impressionné tous les participants, si l'on en croit ce que rapporte le journaliste de *La Gerbe* : « Soudainement appelé à Vichy par le nouveau ministre de l'Éducation nationale, Bousquet n'a pas quitté pour cela le costume qu'il porta tout l'hiver. Et les doctes recteurs, les sévères inspecteurs de l'enseignement supérieur, qui venaient prendre contact avec le grand maître de l'université, eurent la surprise d'être reçus par un directeur de cabinet de vingt-sept ans, arborant encore le blouson de laine bleue, le pantalon bleu et les écussons du centre de jeunesse[22]. » Impressionné, comment le jeune Pascal Jardin ne le serait-il pas également lorsqu'il découvre que son ministre de tutelle en visite à la maison paternelle de Charmeil, non loin de Vichy, ressemble à « une vieille poupée », à une « folle pathétique aux yeux peints de rimmel[23] » ?

« Frêle créature poudrée à frimas », « petit marquis échappé du règne de la Pompadour », « intellectuel dilettante », charmant et raffiné : ces clichés où l'amusement le disputait au mépris, Bonnard les aura traînés toute sa vie. Toute sa vie, il n'aura eu de cesse de démontrer qu'il y avait erreur sur sa personne. N'y avait-il pas eu, d'ailleurs, dès le départ erreur sur sa véritable identité ? Abel Bonnard est en effet un bâtard camouflé. Pour l'état civil, il est le fils d'un fonctionnaire de l'administration pénitentiaire. En réalité, son vrai père est un aristocrate italien, Joseph Napoléon Primoli, descendant de Lucien Bonaparte, qui séduisit sa mère, Marie-Paule Benielli, peu de temps avant son mariage. Poète et romancier, Bonnard a débuté avec le siècle dans les salons littéraires de la bourgeoisie israélite. Il n'oubliera jamais que l'aura naissante de Proust l'en a très rapidement évincé. La notoriété ne lui viendra que dix ans plus tard avec ses récits de voyage (*En Chine, Au Maroc*) et *Éloge de l'ignorance* (1926), un petit traité provocateur contre la « barbarie du savoir ». En signant *Savoir aimer* (1937), Bonnard dévoile un autre aspect de sa personnalité en rupture avec la bien-pensance de l'époque. Les milieux conservateurs n'apprécieront guère cette apologie de l'adultère et pas davantage les brocards dont il couvre la « comédie sociale » du mariage à travers laquelle « la plupart des gens ne recherchent qu'une autorisation administrative et un brevet de légalité pour le défoulement de leurs pulsions ». On n'est pas très loin de certaines thèses développées par Léon Blum dans son traité *Du mariage*, publié en 1907, réédité précisément l'année où paraît l'ouvrage de Bonnard et qui valut à son auteur, accusé de s'être fait le propagandiste de la « chiennerie », une violente campagne de la part de l'Action française. Auréolé de la double réputation d'écrivain classique et de pamphlétaire sulfureux, Bonnard devient la coqueluche des salons et des dîners en ville où il se spécialise dans le paradoxe étourdissant, l'apophtegme vengeur et le trait venimeux. On s'arrache ce causeur à l'abondance acérée, cette pythie assoiffée de méchanceté savante. Les honneurs pleuvent : élu à l'Académie française en 1932, il en devient le chancelier en 1940.

Entre-temps s'est produite une évolution décisive : le prosateur est devenu bretteur. Son livre, *Les Modérés* (1936), lui a valu une stature d'écrivain politique de premier plan. Il y récuse l'alternative du libéralisme et du marxisme, qui ne sont à ses yeux que les deux sous-produits d'un même égalitarisme. En creux se dessine un projet qu'il développera dans *Pensées pour l'action* (1941) : créer une aristocratie de l'esprit capable de faire la synthèse des principes d'organisation apolliniens et des principes de profusion dionysiaques. Du Nietzsche serti de préciosités stylistiques et amorti par une cadence proustienne. Mais qui donc opérera cette synthèse ? Où trouver l'élite qui la portera au pouvoir ? Au printemps 1937, Doriot l'invite à prendre la parole à l'occasion d'un meeting du PPF dans son fief de Saint-Denis. Pour Bonnard, tout est nouveau : le décor comme le public, composé en majorité d'ouvriers et d'anciens militants communistes. L'événement est pour lui à la fois un choc et une rupture. Maurice Martin du Gard en éclaire la dimension psychologique : « Soudain, il s'entend : sa voix domine l'assemblée populaire, il la touche, il l'enflamme, quelle surprise pour lui-même ! On l'acclame ; il en pleure. Il a découvert le peuple ; le peuple l'admire, il est admirable. Voilà promu tribun le causeur de salon[24]. » En présence de l'athlétique Doriot dont l'éloquence évoque si bien le sang et la sueur des travailleurs, Bonnard aurait-il eu la révélation d'un nouveau destin ? S'est-il senti brusquement supérieur au rôle que la vie lui avait jusque-là alloué ? Sans doute ne veut-il plus être le « charmant », le « raffiné » Abel Bonnard, encore moins le « régal des délicats ». Pas plus qu'il n'entend continuer à vivre dans le « vilain monde de la bourgeoisie » quand le PPF lui propose un « parti de vrais hommes suivant un vrai chef[25] ». À travers le fascisme, c'est à une révolution esthétique qu'il adhère, à un soulèvement contre l'« empire de la laideur » symbolisé par la démocratie et façonné par l'esprit bourgeois. Le 4 juin 1937, il est reçu à Berlin par Hitler pour un entretien que publie *Le Journal*. La dramaturgie du national-socialisme qu'il découvre pour ainsi dire en mouvement le bouleverse. Ce délicat ne demandait qu'à tomber amoureux de la force. Ce qui le submerge dans la mythologie nazie, c'est à la fois une théorie globale de l'état viril, ce schéma relationnel du *Mannerbund* aux vertus érotico-politiques et le culte du corps masculin à travers l'imagerie d'une beauté moderne, saine et sportive.

Lorsqu'une jeune et mince Allemagne fait irruption, le 14 juin 1940, sur les Champs-Élysées, Bonnard y reconnaît son rêve, tout comme il le retrouve dans le *Porte-flambeau* et le *Porte-glaive*, les deux statues monumentales destinées à la nouvelle chancellerie du Reich – ces « modèles de perfection » venus remplacer la « petite humanité malade » – qu'Arno Breker lui fait découvrir en novembre 1941 à l'occasion du voyage des écrivains français outre-Rhin[26]. Tous ses choix politiques, sa conception même de la collaboration découlent d'une vision sexuée de l'histoire selon laquelle l'Allemagne serait l'élément mâle du vieux continent, le principe viril et fécondant de l'Europe nouvelle. En comparaison, la France ne lui apparaît plus que comme une nation abâtardie, au comble de la décadence. « Ah ! le peuple français, s'exclame-t-il un jour devant Joseph Barthélemy, quel peuple affreux ! Et il l'était déjà au XVIIIe siècle. Comment peut-on lui rester attaché, quand nous avons près de nous, que dis-je ! chez nous, un peuple tendre, sentimental, affectueux, et qui ne manque jamais une occasion de nous manifester sa bonté […]. *Ich hatte ein Kameraden*, ça vous a une autre gueule que *La Marseillaise*[27]. » Quels que soient les lieux et les auditoires, le discours d'Abel Bonnard, durant les quatre années de l'Occupation, se ramène à un thème unique, obsessionnel, envahissant : c'est un discours sur le corps, un discours qui fait du corps la projection et le réceptacle de la race, un enjeu idéologique, un objet d'affrontement entre partisans de l'« homme nouveau » et adeptes de l'« homme du refus ». Il en a tracé l'épure dans un article de *La Gerbe*, en novembre 1940, où il assigne à la jeunesse la tâche de « redonner un style à l'homme français », de « former des faisceaux de viriles énergies », de « bannir le règne de la laideur » et de « faire rentrer la beauté en triomphe dans la vie de tous » par la pratique intelligente et réglée du sport, le respect des disciplines et des saines vertus[28].

Au ministère de l'Éducation nationale, en charge de la « fleur de la race et du sol », il se définit comme le « jardinier de ce printemps si tendre qui pousse sous un ciel sombre », multiplie les adresses aux jeunes dans ce langage précieux, sucré, amphigourique qui ne parvient pas toujours à contenir une excitation suspecte même aux oreilles les moins attentives. Chacune de ses interventions publiques l'expose à un périlleux dédoublement. Le ministre voudrait se donner les apparences d'une âme romaine, l'orateur est souvent piégé par les dérapages de sa libido. Exposant sa conception de l'« homme complet » réconcilié avec la nature et les exercices du corps, il lance devant les stagiaires d'éducation physique réunis en septembre 1942 : « L'homme nouveau [...] sentira son âme redescendre dans tout son corps, s'y dilater, s'y épanouir, couler le long de ses muscles, jouer jusqu'au bout de ses doigts. Devenez forts, sains, lestes, calmes, gais, bienveillants, en vous attachant à la beauté du monde, devenez beaux ! » Message immuable qu'il ressasse encore, le 8 mars 1944, à l'occasion d'un rassemblement des jeunes des Équipes nationales, salle Récamier, comme si, à l'heure où se précise la défaite de son camp, il n'était pas d'autre urgence, pas de mission plus impérieuse à accomplir : « Vous avez à créer un nouveau type d'homme français [...], vous avez à devenir beaux. Au lieu de la prétention sans beauté, il faut retrouver la beauté sans prétention qui est la beauté de la race[29]. »

Tout aussi invariablement, le modèle qu'il cite en exemple à ses jeunes auditeurs est celui des miliciens de Joseph Darnand. Parce qu'ils incarnent, selon lui, ce qui dans la nation se rapproche le plus de l'« altière beauté de l'homme allemand », parce qu'ils représentent à ses yeux les spécimens les plus aboutis de cette régénération de la race grâce à quoi la France pourra occuper pleinement sa place dans l'Europe nouvelle. Dès janvier 1942, Abel Bonnard s'est penché en parrain bienveillant sur le Service d'ordre légionnaire, embryon de la future Milice française, dont la loi du 30 janvier 1943 consacrera officiellement les statuts. Le 3 octobre 1942, il a vu parader les hommes de Darnand dans le parc Borély, à Marseille, et ce défilé avait un « caractère si vif, si décidé, si mordant, une maigreur si nerveuse » qu'il en a gardé une « impression profonde ». Il a vibré à la prestation de serment solennelle de ces légionnaires à la fière allure malgré leurs tenues dépareillées (« un pauvre uniforme sans agréments, sans parure », regrette-t-il dans un souffle), il a eu le sentiment d'assister à la « naissance d'une chose saine, virile, vivace », il est reparti convaincu que c'était là la force dont la France avait besoin, le rassemblement où allaient se former les faisceaux de viriles énergies. Aussi participe-t-il, début janvier 1943, à la réunion constitutive de la Milice qui se tient à l'Hôtel thermal de Vichy en présence de Laval, Darnand, Platon et Marion. Sa conception du rôle politique de la Milice ne diffère guère de celle que s'en font les autres participants, sa manière de l'exprimer, en revanche, est unique et les chefs miliciens rassemblés le 30 janvier ne vont pas tarder à s'en apercevoir. « La guerre actuelle, leur déclare-t-il, est une guerre d'enfantement [...]. Elle marque le passage d'un homme à l'autre [...]. L'opinion n'cst qu'une énorme femelle. Je reconnais et salue l'élément mâle de la nation. Français virils qui m'écoutez, regardons les choses en face pour recevoir de la difficulté même une incitation à agir. » Jusqu'au bout le ministre esthète restera fidèle à ses miliciens plus encore qu'à la Milice elle-même. À Jacques Laurent, dépêché par Maurice Gaït, son ancien directeur de cabinet, pour lui conseiller de mettre une sourdine au soutien bruyant qu'il apporte aux hommes de Darnand qui multiplient les opérations sanglantes et les actions de représailles contre la Résistance alors même que les Alliés viennent de débarquer sur le territoire national, Bonnard réplique, écumant de rage : « Quoi ! Vous osez insulter ces jeunes gens aux méplats si parfaits[30] ! »

Ces extravagantes déclarations, ces vaticinations de pythie érotomane, ces exhortations débitées sur le mode frénétique, que d'exaspération n'ont-elles pas suscité dans l'entourage du chef de l'État ! Le 30 juin 1942, le cabinet de Pétain fait savoir auprès des journalistes accrédités à Vichy que les récents discours d'Abel Bonnard n'ont pas reçu l'« assentiment complet du gouvernement » et que le Maréchal, fort irrité, lui marque une « certaine tiédeur ». À plusieurs reprises, on parle de révocation. Le bruit circule qu'il serait nommé ambassadeur à Tokyo afin de l'éloigner définitivement de la scène politique. À la mi-février 1943, Pétain lui-même intervient en Conseil des ministres pour réclamer la démission de Bonnard et de Marion ; c'est Laval qui, *in extremis*, sauve la tête des deux « indésirables », selon la formule employée quelques instants plus tôt par le Maréchal visiblement à bout de patience. Tancé, morigéné comme l'un de ses écoliers dont il a la charge, le ministre de l'Éducation nationale n'est aucunement disposé à en tenir compte. L'appui actif que lui prodigue depuis Paris Otto Abetz, et qui lui vaut le sobriquet d'« Abetz Bonnard », équivaut dans son esprit à un sauf-conduit qui lui permet d'ignorer avec superbe l'agitation stérile de ses détracteurs. Quoi qu'il arrive, il est décidé à lier son destin à celui de l'occupant, fût-ce dans la tragédie, surtout dans la tragédie, creuset des âmes fortes où se forge le « métal viril » des hommes supérieurs. Plus la puissance allemande vacille, plus il réclame un engagement total de la France au côté du Reich. Plus l'espoir d'une victoire de l'Allemagne hitlérienne s'éloigne, plus il manifeste sa soumission à l'égard de l'occupant. Son esprit mordant s'exerce alors contre tous ceux qu'il suspecte de tiédeur envers la cause « européenne » : de Pétain – « un brochet nageant dans l'eau bénite », « les heures de lucidité d'un vieillard sont courtes comme les heures de lumière d'un jour d'hiver » – à Laval, « l'Auvergnat du Danube », son protecteur patient mais vite désenchanté. L'entrée des Allemands en zone libre, le 11 novembre 1942, donne lieu à un invraisemblable dialogue en forme de surenchère entre Marion et Bonnard : « Enfin, c'est la botte dans la fourmilière. – Vous avez raison, cher ami. Après le règne des pantoufles, voici les cothurnes de bronze. »

Encore une fois, cette fidélité aveugle à l'« empire millénaire », quoiqu'elle participe par certains côtés d'une conception tragique et héroïque de l'Histoire, n'est pas affaire de politique mais de goût. À la limite, Bonnard n'exprime plus une préférence idéologique mais une préférence sexuelle et, ce qui est encore plus étonnant, une préférence fantasmatique, une chimère cultivée en vase clos, dans un caisson d'isolation sensorielle. Involution qu'Alfred Fabre-Luce a cernée avec pertinence : « En 1942, il ne remarque même pas que ces vainqueurs ont vieilli de vingt ans et se déplacent à bicyclette. Il continue à parler des "sandales d'airain" qui vont écraser nos petites intrigues [...]. La force est bien, comme il l'a toujours pensé, le fondement nécessaire de l'ordre. Mais comment la définir ? [...] Battue en Russie, l'Allemagne plaide l'infériorité matérielle et invoque, contre les bombardements anglo-saxons, les sentiments humanitaires et les conventions de Genève. Ceux que Bonnard aimait pour leur force sont devenus des faibles ; des faibles qui ont renoncé d'avance au bénéfice de la pitié[31]. »

Longtemps, le rôle attribué à Bonnard dans l'histoire de Vichy a souffert du pittoresque de son personnage. Longtemps les frasques et les sotties de ce petit homme maniéré ont masqué ce que sa présence et son action au gouvernement ont pu avoir de profondément subversif. C'est en fait l'un des acteurs majeurs de la période. Par sa longévité dans la fonction de ministre de l'Éducation nationale, contrastant avec les expériences succinctes des cinq titulaires qui s'étaient succédé à ce poste depuis juillet 1940, par les compétences qui lui furent dévolues à la tête d'un ministère qui couvrait un vaste secteur incluant, outre l'institution scolaire, le Secrétariat général à la jeunesse et les mouvements de jeunesse. Jusqu'alors inspirée par les principes de la Révolution nationale, l'école, sous la férule du nouveau ministre, passe ouvertement au service de la collaboration franco-allemande. Le catimini n'est pas dans sa méthode. Ne va-t-il pas d'ailleurs jusqu'à proclamer qu'« un enseignement de neutralité ne pourrait être qu'un enseignement de nullité » ? Sans toutefois remettre en cause les avantages que l'Église a obtenus des ministres précédents (subventions à l'école privée, révision du statut des congrégations), la plupart des initiatives prises à partir d'avril 1942 montrent bien qu'une page a été tournée. Ainsi Bonnard réintègre-t-il la quasi-totalité des instituteurs pacifistes et anticléricaux révoqués par Jacques Chevalier à l'automne 1940. Ainsi encourage-t-il également les campagnes en faveur d'une « jeunesse unique » se référant au modèle national-socialiste, dans le dessein non dissimulé de combattre l'influence catholique au sein des mouvements de jeunes. Il n'est pas jusqu'aux Arts et Lettres, domaine annexe de sa compétence ministérielle, qui ne connaissent un infléchissement symbolique. Par décret en date du 22 mai 1944, le ministre accorde une pension annuelle de 8 000 francs à l'écrivain Paul Léautaud dont l'œuvre corrosive autant que la vie dissolue constituent une parfaite antithèse du Vichy première manière. L'ermite de Fontenay-aux-Roses en est le premier surpris, lui qui soupçonnait initialement Bonnard, ce « sot qui n'a jamais écrit que pour ne rien dire », de vouloir renforcer la censure des lettres dans le sens de l'ordre moral[32]. De Luchaire à Rebatet, de *L'Œuvre* à *Aujourd'hui*, tous ceux qui s'étaient alarmés des tendances réactionnaires de la Révolution nationale et de la collusion entre le régime et l'Église ont enfin trouvé un héraut en la personne de Bonnard, un authentique révolutionnaire acquis à la cause européenne, un « grand vivant » à qui prodiguer encouragement et soutien.

Haro sur « Gestapette »

Bonnard, décidément, en fait trop. Trop pour les bien-pensants que ces mœurs d'esthète décadent scandalisent et qui, faute d'obtenir sa révocation, ne manquent pas une occasion de lui signifier un mépris compact, à l'instar d'un du Moulin de Labarthète révulsé par les « relents d'un esprit méphitique qu'une voix d'eunuque semblait extraire d'un coffre pourri », ou une profonde hostilité comme le général de La Porte du Theil qui, lors d'une visite de Bonnard au quartier général des Chantiers de jeunesse à Châtelguyon, donne l'ordre de ne pas hisser le drapeau tricolore[33]. Trop également pour les ultras de la collaboration parisienne qui, bien qu'ils ne lui ménagent pas l'appui de leurs écrits publics, ne l'épargnent guère en privé. Dans ce monde-là, ce n'est pas l'« inverti » qui choque – il est loin d'être le seul dans ce cas –, mais l'excentrique qui dérange, ses éclats et ses ridicules, ses accents emphatiques et ses manières apprêtées. Bonnard fait sourire, y compris dans son propre camp, et c'est son drame. Il amuse Brasillach à qui il confie, un jour : « Lamartine est un poète femelle. Autrement, il se serait appelé Lemartin. » Il provoque l'hilarité de Luchaire qui raconte à qui veut l'entendre que le ministre s'est entiché d'un nouvel éphèbe, un soldat allemand blond et hâlé, qu'il voudrait à tout prix soustraire à un départ pour le front de l'Est, au motif que ce militaire d'élite, aux proportions idéales et aux goûts particuliers, pourrait incarner à lui seul l'œuvre géniale d'Arno Breker[34]. Il est la risée des dîners en ville. Un soir, chez Josée de Chambrun, la fille de Pierre Laval, Arletty, dont la distinction et la discrétion ne sont pas les qualités dominantes, interpelle le chef du gouvernement : « Il paraît que vous avez des pédés dans votre cabinet. – Oui, ils ont des couilles au cul, mais ce ne sont pas toujours les mêmes[35]. »

Débordant les cénacles de la collaboration, la réputation de Bonnard rejaillit sur l'image du régime. Pour tous les Français, il accède à une brusque notoriété sous le sobriquet de « Gestapette ». Qui a eu l'idée de cette foudroyante contraction, de ce meurtrier télescopage ? Pétain lui-même, comme l'indiquent certaines sources, ou Pierre Dac, le féroce humoriste de Radio Londres ? Pour l'avoir employé devant d'autres enseignants, un professeur de la Sorbonne, Marcel Durry, un spécialiste de la Rome antique, est mis à pied puis révoqué en juin 1942. Bonnard a beau s'être cuirassé contre les avanies que lui a values de tout temps son goût pour l'outrance, le trait le touche au vif. En termes d'opinion, c'est un désastre. Un ministre du Maréchal et par extension le régime que ce dernier a fondé sur la base d'une « régénération » morale se trouvent associés à ce que la quasi-totalité des Français considèrent alors comme une perversion, une maladie, une tare physiologique et sociale. Déviance intolérable et comme telle confinée entre le médical et le judiciaire, l'homosexualité est également au regard des contemporains une déviance risible. Quoi qu'il fasse, quoi qu'il dise, une vague de dérision recouvre ses actes et ses paroles, laissant dans son ressac allusions salaces et plaisanteries graveleuses. Dans les cabarets montmartrois, le chansonnier Jean Rigaux se taille un franc succès aux dépens de celui qu'il s'obstine à appeler alternativement « Abel Connard » ou « La Belle Bonnard ». Sur les ondes de la BBC, Pierre Dac, qui en a fait également sa tête de Turc, le désigne comme le « président du groupe L'envers vaut l'endroit ». Avec Bonnard est englobé dans le même opprobre un autre académicien, membre du groupe Collaboration : Abel Hermant. La similitude des prénoms et des penchants sexuels attribués à l'un et à l'autre constitue une source intarissable d'inspiration pour les faiseurs d'épigrammes et de bouts rimés. Un quatrain dû à la plume ravageuse de Jean Paulhan circule dans Paris : « *Tandis qu'Abel Bonnard lèche notre vainqueur/ Abel Hermant l'évente et pose quelques fleurs/ Sur son ventre ou ses pieds. On se demande enfin/ Voyant de tels Abels ce que font les Caïns*[36]. »

Tourner l'adversaire en ridicule, s'emparer de ses travers afin de disqualifier sa politique est un procédé dont usait et abusait une certaine presse avant-guerre. Il y a cependant quelque chose de différent dans ces méchants vers de Paulhan, quelque chose qui révèle, à travers le cas d'Abel Bonnard, un état d'esprit, une nouvelle théorie des tempéraments largement répandue dans tous les milieux hostiles à Vichy. Cette idée, c'est que la sexualité des individus les prédestine en politique à un type de comportement particulier et que, singulièrement, l'homosexualité, perçue à l'époque par une majorité de Français comme l'apanage des hommes efféminés ou, à tout le moins, identifiée à des valeurs féminines, prédétermine une attitude de soumission, étrangère à la virilité, antithétique des valeurs proprement masculines. L'« inverti » est cet être qui non seulement est toujours subjugué par la force, mais en tire un plaisir inavouable, ignominieux. Collaboration et homosexualité sont donc dénoncées comme des déviances mobilisant les mêmes ressorts psychologiques, les mêmes tares physiologiques qui inclinent l'une et l'autre à faire montre de servilité, à se « coucher » dans une pose de « femelle soumise » devant le vainqueur. La contraction entre « Gestapo » et « tapette » pouvait faire croire à une égale stigmatisation du comportement public et de la conduite privée d'Abel Bonnard, l'homosexualité de ce dernier n'étant à la limite qu'un supplément d'abjection qui viendrait couronner le crime. Il n'en est rien. Bonnard le mystagogue fanatique de l'« empire millénaire », Bonnard le pourvoyeur brutal du STO, multipliant les décrets – le dernier sera promulgué le 21 juin 1944 ! – afin que les étudiants n'échappent pas à la déportation du travail obligatoire vers l'Allemagne, suscite au bout du compte une moindre vindicte que Bonnard « la folle ». Comme si la soumission qu'il manifestait à l'égard de l'occupant était jugée moins disqualifiante que sa sexualité, comme si l'une n'était que le prolongement naturel de l'autre.

En fait, c'est toute la Résistance qui s'empare du cas Bonnard, illustration caricaturale et providentielle, pour assimiler la collaboration à l'homosexualité. Au micro de Radio Londres, Maurice Schumann a donné le ton dans son éditorial du 2 mai 1942. Moins qu'au serviteur zélé du Reich, c'est à l'« esthète de fin de soirée » qu'il s'en prend, au pervertisseur de la jeunesse à qui, comble de cynisme, Vichy vient de confier le ministère de l'Éducation nationale. D'un bout à l'autre de sa diatribe, le porte-parole de la France libre pose au mieux-disant sur le marché très encombré de l'ordre moral. « C'est une triste obligation que d'avoir à parler de M. Abel Bonnard, vitupère-t-il. Moins ennuyeuse et moins vaine pourtant que la lecture d'un de ses livres. Car on aurait tort de prendre pour un simple accessoire d'opérette cet habit vert acheté par Laval au marché noir. L'ennemi ne laissant rien au hasard, surtout pas la santé morale de nos enfants, qu'il s'est juré de ruiner comme leur santé physique. S'il a choisi Bonnard comme *Gauleiter* à l'instruction publique, il avait ses raisons. Les voici : Travail, Famille, Patrie, vous connaissez la devise. Eh bien ! Tout chargé qu'il est de l'inculquer à la jeunesse, M. Abel Bonnard, lui, ne les connaît pas [...]. Maîtres de tous les degrés, parents d'élèves, jeunes gens des écoles, on avait bien raison de dire que le “masochisme de l'humiliation” formait la doctrine de l'anti-France de Vichy. Car quand M. Bonnard prononce les trois mots de travail, de famille et de patrie, il doit avoir l'impression de se donner trois gifles à lui-même[37]. »

Avec une virulence inouïe, la presse clandestine emboîte le pas. Comme son titre l'y invite, *Franc-Tireur* fait feu sur la « belle Bonnard », incarnation de « la collaboration active et de la pédérastie passive[38] ». Plus sobre, *Défense de la France* se borne à constater « la solide réputation de mœurs infâmes » qu'apporte avec lui le nouveau maître de « l'éducation[39] ». De même, les arguments de *Libération* relèvent-ils moins du combat politique que du procès en pédérastie, lorsqu'une plume venimeuse s'en prend à « Bonnard, cette cocodette doriotiste et fardée, pâmée devant les beaux hommes de la Wehrmacht et vouée, dans la religion de l'ignorance, à la désorganisation hitlérienne de l'Université[40] ». La prose intime des opposants au régime n'est pas plus tendre à l'égard du « grand maître » de l'Éducation nationale. C'est Jean Zay, l'ancien ministre du Front populaire, qui note dans ses *Carnets de prison* : « La moralité personnelle de M. Bonnard est connue dans l'Université ; son avènement fera sensation », ou Léon Werth qui, commentant dans son *Journal* une circulaire du ministre, écrit : « Le style de la belle Bonnard est confidentiel. Ainsi, dans les premières années de ce siècle, un peintre de Salon, qui avait nom Courtois, révélait, en peignant des lutteurs forains, un goût de l'athlète qui n'avait rien de sportif[41]. »

Ces attaques culminent avec l'année 1943 marquée par les revers de l'armée allemande sur le front russe, mais aussi par la montée progressive des mécontentements dus aux difficultés croissantes du ravitaillement comme à l'instauration par la loi du 16 février du Service du travail obligatoire (STO). Épargnant encore Pétain qu'on veut croire manipulé par son entourage ou menant un subtil et complexe double jeu, le ressentiment de la population se fixe sur les « mauvais serviteurs ». La personnalité de Bonnard offre alors toutes les caractéristiques propices à cette cristallisation. Hormis peut-être Laval qui fait l'objet d'une défiance et d'une hostilité croissantes dans de larges secteurs de l'opinion, nul autre que le ministre de l'Éducation nationale n'aura suscité une haine aussi viscérale qui, au-delà de sa dimension politique, plonge ses racines très loin dans le mépris qui s'attachait alors socialement à l'homosexualité. Nul autre que lui n'aura été autant couvert de propos injurieux aux termes desquels on le vouait à mille tourments, à mille supplices en rapport avec sa sexualité[42]. Le 8 juin 1943, un cortège d'étudiants, protestant contre l'impéritie avec laquelle avaient été organisés les examens de médecine, occupe le carrefour de l'Odéon. Un slogan fuse, bientôt repris par l'ensemble des manifestants avec une rage vengeresse : « Gestapette aux chiottes ! » Plus qu'un traître, qu'un séide à la solde de l'ennemi, Abel Bonnard est devenu dans l'imaginaire collectif le symbole vivant d'une France à la virilité perdue.

Les phalanges roses de l'ordre noir

Toutes les plumes de la collaboration homosexuelle n'eurent pas, tant s'en faut, le talent ou la notoriété de celle d'un Benoist-Méchin ou d'un Abel Bonnard pour sublimer l'incoercible élan qui les portait vers la beauté bottée des légions germaniques. Ce ne fut pourtant pas faute d'essayer à longueur d'articles qui n'avaient même pas tous l'excuse d'être écrits sous la dictée de l'occupant. La présence de nombreux homosexuels dans la presse collaborationniste, la porosité de celle-ci à l'égard d'une ambiance d'homosociabilité et d'homoérotisme créée par la présence massive des soldats *feldgrau* fut en effet à ce point visible qu'elle embarrassa les Allemands en maintes circonstances. Pour cette raison et quelques autres que l'on devine, la police de Vichy se montra particulièrement zélée dans le fichage des homosexuels de la collaboration parisienne. Elle y mit d'autant plus d'ardeur que la plupart d'entre eux s'étaient transformés en agitateurs messianiques et ne ménageaient guère leurs critiques contre la Révolution nationale jugée trop timorée et contre l'État français dénoncé pour son attentisme. Dans bien des cas, la « collaboration pédérastique » se révéla comme le choix opportuniste d'aventuriers du monde de la presse et des Arts et Lettres dont l'archétype demeurera Maurice Sachs ; dans d'autres, elle renvoyait au schéma classique de l'intellectuel cherchant à théoriser un attrait instinctif pour la masculinité en l'élevant à une représentation du monde.

Petit-fils de l'auteur des *Pléiades*, le comte Clément Serpeille de Gobineau met sa plume ubiquiste au service d'un grand nombre de publications pour des articles de vulgarisation des théories racialistes et antisémites. Avec une virulence qui surprend et déconcerte jusqu'aux Allemands eux-mêmes. Sauf peut-être Otto Abetz qui l'avait invité en avril 1935 à venir assister avec un groupe de jeunes Français au championnat professionnel de la jeunesse du Reich à Sarrebruck : « Je constatai que Gobineau montrait une sympathie surprenante pour les jeunes gens, qu'il manifestait un enthousiasme à 150 % à la réussite en France du national-socialisme[43]. » À Paris, le diplomate nazi se renseigne et apprend que Gobineau est « l'un des homosexuels les plus connus de France » et qu'il entretient une relation intime avec un « demi-juif ». Devenu ambassadeur de la puissance occupante, Abetz, pour se débarrasser de cet encombrant personnage, le fait nommer, non sans quelque cynisme, expert à l'Institut d'études des questions juives (IEQJ), puis président du comité d'honneur. Une première fois, Gobineau fait l'objet d'un rapport de Paul Sézille, l'organisateur en septembre 1941 de l'exposition *Le Juif et la France*, qui le dénonce comme ayant des relations homosexuelles « avec un certain nombre de Levantins ou Sud-Argentins », comble de l'horreur chez ces obsédés de la pureté ethnique[44]. Un autre conflit opposera, vers la fin 1943, Serpeille de Gobineau à l'ethnologue franco-suisse Georges Montandon, président de l'Institut d'études des questions juives et ethno-raciales (IEQJER, à ne pas confondre avec l'IEQJ du capitaine Sézille). En butte aux mêmes accusations, il se défend en termes véhéments mais sans vraiment convaincre : « Cet homme ne peut admettre que j'aie suscité parmi les jeunes gens des amitiés fidèles et une compréhension remarquable de mes idées sans en inférer à des mœurs anormales : jalousie vicieuse et obsession perverse. » D'un naturel plus discret mais non moins impliqué dans la collaboration militante, notamment en tant que membre du comité d'honneur de la LVF, Lucien Daudet, fils d'Alphonse et frère cadet du polémiste de *L'Action française*, chronique épisodiquement dans la presse parisienne. Comme tant d'autres, il ne résiste pas à l'envie d'exprimer publiquement les sentiments d'admiration que lui inspire la vue des soldats allemands. L'hommage, perdu dans le flot des commentaires extatiques de *Je suis partout* où le débit était particulièrement élevé, aurait pu passer inaperçu si d'aucuns, épris de pureté raciale, ne s'étaient empressés de rappeler que Lucien, qui s'y connaissait en hommes, avait été l'amant du « juif Proust » vers 1900.

Le cas le plus révélateur des ravages imputables à l'éros mâle de l'occupant sera sans conteste celui de Jean Fontenoy, ce « phénomène de Fontenoy », ainsi que le qualifiait Marcel Déat, l'une des célébrités de la presse collaborationniste. Ancien correspondant de l'agence Havas à Moscou puis en Chine, ex-communiste devenu membre du PPF, il s'était engagé dans l'armée finlandaise en janvier 1940 pour combattre les Soviétiques. L'occupation lui apporte un rôle éminent dans nombre d'entreprises de presse : imposé par Laval à la tête de *La France au travail*, il figure par la suite au nombre des créateurs et des dirigeants de l'Agence français d'information et de presse (AFIP), financée par les fonds de la *Propagandastaffel*. Engagé dans la LVF, il revient en France après un séjour au front de l'Est pour diriger l'hebdomadaire

Révolution nationale, avant d'être nommé à la direction de l'Office français de l'information d'où sortira l'AFP. Simultanément, il siège au directoire du RNP depuis février 1941 comme représentant du Mouvement social révolutionnaire (MSR) qu'il a créé avec le polytechnicien Eugène Deloncle. Pour ses amis, comme Lucien Combelle, Fontenoy était un authentique aventurier, « opiomane, rêveur, conteur fantastique, routard fabuleux ». Le portrait qu'en donna Jean Quéval à la Libération n'en diffère, somme toute, que par les intentions nettement moins amicales de l'auteur : « Blond, solide, carré, l'allure jeune et la démarche ferme, l'homme physiquement ne déplaît pas. Alcoolique et toxicomane, tantôt ivre mort, tantôt extralucide, familier des nuits des ruisseaux de Paris[45]. » Fut-ce avant ou après la mort de son épouse, l'aviatrice Madeleine Charnaux, survenue en octobre 1943 – les témoignages sur ce point sont imprécis –, toujours est-il que Fontenoy prit l'habitude de se montrer en public entouré d'une escouade de jeunes soldats allemands dont les tendances n'étaient que trop visibles.

Autre figure de condottiere, mais dans un tout autre registre mélangeant l'encens, le soufre et la poudre, celle de Monseigneur Jean Mayol de Lupé, aristocrate de vieille souche, prélat de Sa Sainteté, « Monsignore » en cour de Rome, devenu à près de soixante-dix ans aumônier général de la LVF et ardent propagandiste de la croisade antibolchevique. Reître et prêtre à l'irradiante ambiguïté, le portrait qu'en a laissé Christian de La Mazière, autre « rêveur casqué », engagé à l'âge de vingt ans dans la division SS Charlemagne, est sans doute le plus conforme au modèle : « Du matin au soir, on le voyait se promener sur un splendide pur-sang alezan. Assimilé à un *Sturmbannführer*, il s'était fait tailler sur mesure à Berlin, et dans les tissus les plus rares, une tenue d'officier supérieur SS avec des épaulettes toutes dorées. Dessus, il affichait trois rangées de décorations gagnées sur les fronts les plus divers [...]. Il portait un revolver sur la hanche à la place de l'épée. Il évoquait un personnage de la Renaissance, par la vigueur mais aussi le raffinement et la culture. L'ardeur du croisé, chez lui, se doublait de l'onction du "Monsignore". Un jour, je l'avais salué en lui disant : "Mes respects, Monseigneur" ; il m'avait répliqué : "Laisse donc là tes respects, mon enfant, et donne-moi plutôt ton affection de fils"[46]. »

Tout cela se murmure, s'insinue au détour d'une phrase, est colporté de façon plus ou moins déformée et fournit la matière de savoureux rapports de police. Mais ces affaires de mœurs ne prennent une dimension vraiment politique que lorsque l'un de soutiens du régime, voire un fonctionnaire de l'État français, s'y trouve impliqué. Auquel cas, les services de Vichy diligentent des enquêtes afin de surveiller étroitement les faits et gestes des intéressés. C'est ce qui arrivera avec l'historien Bernard Faÿ. Professeur au Collège de France depuis 1933, cet intellectuel contre-révolutionnaire s'était fait, avant-guerre, le spécialiste des questions américaines et de la franc-maçonnerie, donnant des articles au *Figaro*, à *Candide* et à *Je suis partout*. Sa nomination par l'État francais, le 11 août 1940, au poste d'administrateur général de la Bibliothèque nationale était dans l'ordre des choses : couronnement d'un brillant cursus universitaire en même temps que reconnaissance d'une parfaite conformité idéologique avec les thèses de la Révolution nationale. Convaincu de l'existence d'un complot des loges en perpétuelle activité depuis la chute de l'Ancien Régime, il apparaît également tout désigné pour occuper une place de choix dans la répression antimaçonnique amorcée par Vichy avec la loi du 13 août 1940. Aussi le gouvernement lui confie-t-il, en novembre 1940, la tâche d'inventorier les archives maçonniques saisies quelques semaines plus tôt aux sièges des différentes obédiences. Faÿ accepte la mission en historien soucieux d'étayer sa thèse par des documents irréfutables, tandis que Vichy et le SD (*Sicherheitsdienst*) allemand attendent surtout de lui l'élaboration d'un fichier des francs-maçons. En pratique, ce sera son jeune secrétaire William Gueydan de Roussel, trente-deux ans en 1940, auteur avant-guerre d'une thèse remarquée sur « L'Évolution du pouvoir exécutif en Allemagne de 1919 à 1934 » et ancien élève du philosophe allemand Carl Schmitt, qui organisera l'inventaire et l'exploitation des archives confisquées, en liaison constante avec le SD de l'avenue Foch[47]. Né à Lausanne de parents naturalisés américains, Gueydan est un catholique traditionnel de l'espèce antisémite dont l'agitation et les cogitations cherchaient, jusque-là en vain, une prise sur les événements. En 1939, lorsque Bernard Faÿ reprend du service dans les ambulances de la Croix-Rouge, il lui sert de chauffeur et de « petite main ». Démobilisé, sans un sou en poche, il est recruté par son mentor qui, fort de ses nouvelles fonctions à la tête de la Bibliothèque nationale, peut désormais s'attacher ses services à temps plein. Tous ses services. Entre autres activités, Gueydan sera notamment l'interprète de Faÿ pour toutes ses démarches auprès des autorités allemandes. Un épisode trouble se produit en décembre 1940. Sans raison apparente, ce jeune homme qui présente pourtant toutes les garanties d'une stricte orthodoxie national-socialiste – ne vient-il pas de publier un essai sous le titre prometteur d'*À l'aube du racisme* ? – est arrêté par la police allemande. Libéré au bout de quelques jours, après que Faÿ eut fait des pieds et des mains pour le faire sortir, Gueydan redouble d'activisme, nullement affecté par l'avanie qu'il vient de subir. Créateur et animateur de la Commission d'études judéo-maçonniques puis du Cercle aryen, il est à tu et à toi avec le petit monde de la collaboration pédérastique. Il copine mais ne couche pas. En octobre 1941, lui qui, un an auparavant, était totalement désargenté, peut désormais s'acheter une propriété à 250 000 francs aux Combes-par-Dignac (Charentes). Toutes ses tentatives pour obtenir la nationalité française se soldent cependant par un échec. En haut lieu, on se méfie de lui. On a quelques raisons pour cela : William Gueydan, qui n'est en réalité pas plus « de » que « Roussel », est devenu un agent de la Gestapo, immatriculé sous l'indicatif FR3.

À partir de l'arrestation de Laval en décembre 1940, le climat politique se détériore, Paris devient un foyer d'agitation suspect pour les hommes de Vichy saisis par la fièvre obsidionale. Bien que connu pour ses amitiés maçonniques, l'amiral Darlan poursuit la politique répressive de son prédécesseur et confie, en mai 1941, à l'ancien capitaine de frégate Robert Labat le soin de constituer et de diriger un Service des sociétés secrètes (SSS) dont le siège est symboliquement établi rue Cadet, dans les anciens locaux du Grand Orient de France. S'il n'entre pas précisément dans les compétences de Labat de contrôler l'activité des autres officines antimaçonniques, il ne fait aucun doute qu'une telle mission lui est officieusement échue. L'homme n'a pas été choisi au hasard : ancien du Deuxième Bureau de la Marine, proche, avant-guerre, de la branche militaire de la Cagoule, il a rejoint Vichy à la demande du colonel Groussard, inspecteur général de la Sûreté nationale dont il est devenu l'un des plus proches collaborateurs au Centre d'information et d'étude (CIE), un service camouflé de renseignements et de contre-espionnage. L'une des premières tâches de Labat sera d'ordonner une enquête au sujet des relations entre « Nadette » et sa « Tante », noms de code attribués respectivement à Bernard Faÿ et à son assistant William Gueydan de Roussel. À ses enquêteurs, Labat enjoint : « Donner précisions avec toute la crudité voulue. » En l'espace de quelques semaines

Les cartes postales de la « drôle de guerre » traduisent les deux obsessions des mobilisés : la hantise d'une « trahison de l'arrière » et la peur des effets du bromure sur leur virilité.

Pendant les hostilités, l'injonction nataliste continue.

Tract allemand destiné à la population française. L'Anglais y est peint sous les traits d'un conquérant aviné et lubrique.

Durant les alertes, l'hypertension nerveuse provoque une suractivité sexuelle dont s'amusent les humoristes.

Comme lors de la Grande Guerre, la chanson populaire célèbre l'entente cordiale entre les Françaises et les Alliés.

14 juin 1940. Un officier allemand donne des instructions à la population parisienne. Autour de l'occupant, des femmes visiblement peu effarouchées.

Dessin de Guérin extrait de la brochure *Barjus rentre à Paris* (1940). La propagande joue du décalage entre la réputation des « hordes du Reich » et la « correction » des soldats allemands pendant les premiers mois de l'Occupation.

Été 1940. À Brumath (Bas-Rhin), le rapprochement franco-allemand enjambe les difficultés de l'heure.

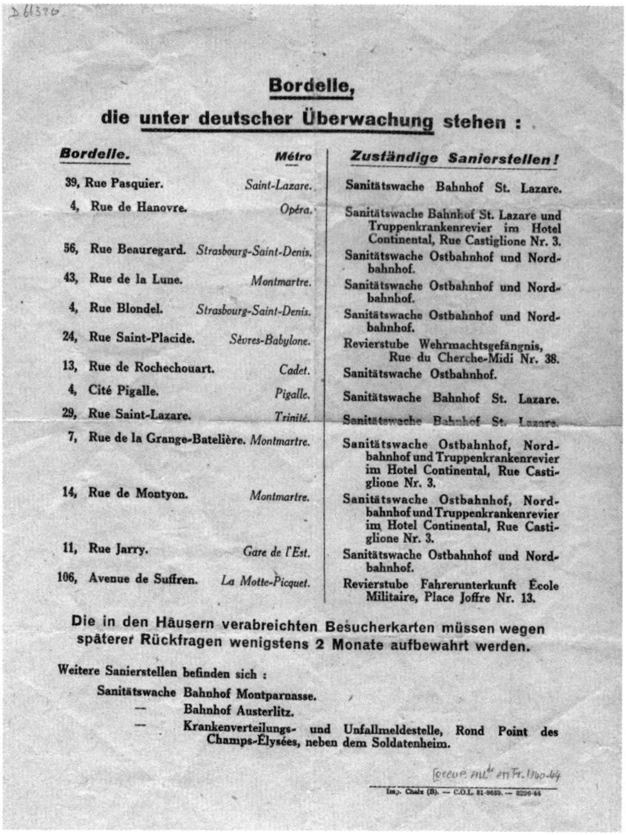

D 61320

Bordelle,

die unter deutscher Überwachung stehen :

Bordelle.	Métro	Zuständige Sanierstellen!
39, Rue Pasquier.	*Saint-Lazare.*	Sanitätswache Bahnhof St. Lazare.
4, Rue de Hanovre.	*Opéra.*	Sanitätswache Bahnhof St. Lazare und Truppenkrankenrevier im Hotel Continental, Rue Castiglione Nr. 3.
56, Rue Beauregard.	*Strasbourg-Saint-Denis.*	Sanitätswache Ostbahnhof und Nordbahnhof.
43, Rue de la Lune.	*Montmartre.*	Sanitätswache Ostbahnhof und Nordbahnhof.
4, Rue Blondel.	*Strasbourg-Saint-Denis.*	Sanitätswache Ostbahnhof und Nordbahnhof.
24, Rue Saint-Placide.	*Sèvres-Babylone.*	Revierstube Wehrmachtsgefängnis, Rue du Cherche-Midi Nr. 38.
13, Rue de Rochechouart.	*Cadet.*	Sanitätswache Ostbahnhof.
4, Cité Pigalle.	*Pigalle.*	Sanitätswache Bahnhof St. Lazare.
29, Rue Saint-Lazare.	*Trinité.*	Sanitätswache Bahnhof St. Lazare.
7, Rue de la Grange-Batelière.	*Montmartre.*	Sanitätswache Ostbahnhof, Nordbahnhof und Truppenkrankenrevier im Hotel Continental, Rue Castiglione Nr. 3.
14, Rue de Montyon.	*Montmartre.*	Sanitätswache Ostbahnhof, Nordbahnhof und Truppenkrankenrevier im Hotel Continental, Rue Castiglione Nr. 3.
11, Rue Jarry.	*Gare de l'Est.*	Sanitätswache Ostbahnhof und Nordbahnhof.
106, Avenue de Suffren.	*La Motte-Picquet.*	Revierstube Fahrerunterkunft École Militaire, Place Joffre Nr. 13.

Die in den Häusern verabreichten Besucherkarten müssen wegen späterer Rückfragen wenigstens 2 Monate aufbewahrt werden.

Weitere Sanierstellen befinden sich :

Sanitätswache Bahnhof Montparnasse.
— Bahnhof Austerlitz.
— Krankenverteilungs- und Unfallmeldestelle, Rond Point des Champs-Élysées, neben dem Soldatenheim.

Imp. Chaix (B). — C.O.L. 81-8659. — 8226-44

Affiche indiquant les maisons closes réquisitionnées par la Wehrmacht à Paris. En regard figure le nom de la station prophylactique la plus proche où les soldats sont tenus de se présenter avant et après consommation.

Chaque semaine, le *Deutsche Wegleiter* fournit à la troupe allemande un répertoire complet des lieux de plaisir et de spectacle…

… tandis que le guide pour officiers (*Pariser Nächte*) offre pour chaque secteur un tableau suggestif des nuits parisiennes.

À la terrasse des cafés parisiens, le spectacle des couples franco-allemands renouvelle symboliquement l'humiliation de la défaite.

À l'abri des regards, comme ici au restaurant Transcontinental, l'agitation libidinale est à son comble.

Composition photographique de Quinto Albicocco en hommage aux Chantiers de jeunesse. Jamais propagande d'État, sous couvert d'éducation physique, n'aura autant exalté le corps masculin.

De la canne du Maréchal au chêne « Pétain » de la forêt de Tronçais : une profusion de symboles phalliques.

Chantiers et mouvements de jeunesse s'emploient à construire un « ordre viril »… avec tous les risques inhérents à la vie en communauté des jeunes hommes.

Jacques Benoist-Méchin, subjugué par le « grand style » du nazisme et des nazis, entre le docteur Epting, directeur de l'Institut allemand (à gauche), et le docteur Conti, secrétaire d'État du Reich, lors d'une conférence à Paris en septembre 1941.

Dessin de Sennep, *Le Jour-L'Écho* de Paris, 13 septembre 1941. Croisade du muscle et guerre contre la « mauvaise littérature » vont de pair.

Dessin de Sennep (1943). Scène de ge
à l'hôtel du Parc, siège du gouvernem
et temple de « Cythère et d'ictères »,
selon un collaborateur de Pétain.

Affiche de D'Hey (1941). Uniforme et figure historique de la masculinité guerrière sont ici utilisés comme des attributs compensateurs du prestige perdu.

Affiche de propagande pour le STO (1943). Cet ouvrier à la carrure impressionnante se veut l'antithèse du vaincu de juin 1940.

Abel Bonnard rendant hommage à Arno Breker, le « Michel-Ange de la beauté aryenne », lors de l'inauguration de l'exposition de l'Orangerie, le 15 mai 1942.

BUTS DE GUERRE. « — Pour une France swing, dans une Europe zazoue ! ... »

Dessin de Ralph Soupault, *Je suis partout*, 6 juin 1942. Pour les collaborationnistes, le phénomène zazou est une « mode judéo-gaulliste »…

… et le symbole d'une « France dévirilisée ». Dessin de Ralph Soupault, *Je suis partout*, 2 juillet 1943.

SUPER-ZAZOUS.

— Travailler pour l'Allemagne ? Plutôt mourir !
— Bravo ! jeune homme ! vous n'aimez pas l'Allemagne ?
— Peut-être... mais, surtout, je déteste le travail...

Jean Marais, Jean-Louis Barrault et Alain Cuny dans une représentation de *800 mètres*, une pièce d'André Obey au stade Roland-Garros en juillet 1941. Une « émotion toute sexuelle » selon un critique de l'époque.

Madeleine Sologne et Jean Marais dans *L'Éternel Retour*, 1943. Blondis pour les besoins du film jusqu'à la blancheur aryenne.

Le général de La Porte du Theil et Abel Bonnard passant en revue les troupes. Cohabitation difficile entre le « vieux chef » et le ministre de l'Éducation nationale.

Salué par les jeunes francistes, Marcel Bucard, que ses détracteurs surnomment « la grande Marcelle », fait son entrée lors d'un meeting à la Maison de la chimie en janvier 1943.

Affiche de Phili pour la fête des mères de 1942. L'enfant, sujet central et valeur suprême de l'identité féminine.

© Roger-Viollet / Lapi

Mgr Mayol de Luppé en grand uniforme d'aumônier de la LVF. Prêtre et reître.

Prisonniers français travestis en femmes à l'occasion d'une représentation dans un stalag. Pour la revue allemande *Signal* qui publie cette photo en mars 1941, la question implicite est : où sont les hommes ?

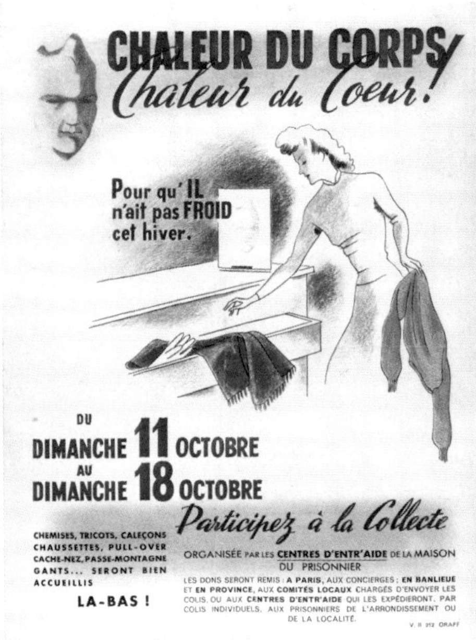

Campagne des centres d'entraide de la Maison du prisonnier. Un discret rappel de la dure condition affective des prisonniers de guerre.

La danse, première activité clandestine des Français, à la une du journal des *Compagnons de France* en octobre 1943.

Réfugiés à la station de métro Lamarck lors d'une alerte en 1943. La nuit sera longue et pleine d'imprévus, comme dans le métro londonien durant le *Blitz*.

Une nuit de l'Occupation au célèbre cabaret montmartrois du Lapin agile. Entre le Lunapark et le « lupanar de l'ordre nouveau ».

Hippodrome d'Auteuil, mars 1941. Plus que jamais, l'objet de la mode est d'attirer le regard et si possible de le retenir. Y compris celui des Allemands.

Violette Morris, sportive, gestapiste et pionnière de la mode du pantalon féminin.

Vichy, 18 juillet 1943. Le Maréchal contemple les semelles de bois de la « chaussure nationale ».

au cours de l'automne 1941, un dossier est constitué qui comporte, entre autres pièces, divers feuillets sur lesquels Faÿ a consigné le récit de ses relations intimes avec un certain nombre d'étudiants, à l'époque où il était chargé de cours aux États-Unis et, plus compromettant encore, des lettres dont le destinataire était désigné par les initiales WM entourées d'un cœur[48]. Le mariage de Gueydan avec une demoiselle Thérèse de K., en mars 1941, ne semble pas avoir fait obstacle aux relations extra-professionnelles entre Faÿ et son secrétaire. Du moins jusqu'en 1942 où Gueydan se montre de plus en plus exaspéré par le comportement de « Nadette » qu'il traite dans son Journal de « jésuite », de « farceur », puis de « lâche » et de « servile ». « X., note-t-il avec une certaine délectation à la date du 30 mars 1942, a une dent contre B.F. Il lui reproche d'être p. d., d'avoir des manies crapuleuses, d'être infidèle envers ses amis, égoïste et ambitieux. » Aucune suite ne sera donnée à ces investigations d'alcôve et Faÿ continuera de s'acquitter de sa mission avec l'installation d'un musée des sociétés secrètes à Paris et la publication, jusqu'au printemps 1944, des *Documents maçonniques*.

La même obsession policière du renseignement, commune il est vrai à tous les régimes, conduira Vichy à s'intéresser à la vie privée des chefs des partis collaborationnistes parisiens. Mais ces investigations ne se révéleront vraiment accablantes que dans le cas de Marcel Bucard, le fondateur du parti franciste, l'un des ultras de la collaboration les moins hostiles à Pétain pour lequel cet ancien combattant couvert de décorations conservera jusqu'au bout une déférence qu'étaient loin de partager les autres dirigeants fascistes. Une fiche de juillet 1943 signale que Bucard a installé dans une chambre de l'hôtel Lebon, non loin de son domicile de la place des Ternes, un jeune légionnaire de la LVF qui a eu les deux pieds coupés à la suite d'une blessure sur le front russe. Le témoignage du directeur de l'hôtel ne laisse guère de doute sur l'objet de ses visites quotidiennes au cours desquelles il se comporte en protecteur attentionné, « chouchoute et dorlote » le jeune homme[49]. Mais la rumeur selon laquelle Bucard « en était » a déjà tellement couru qu'elle n'intéresse plus personne. En fait, l'accusation avait été lancée dès avant-guerre par les communistes dont la presse insinuait que les ressemblances entre le capitaine Bucard et le chef de la SA, le capitaine Roehm, ne s'arrêtaient pas à leurs valeureux états de service respectifs lors de la Première Guerre mondiale. C'était quelque temps après que le PC soviétique eut entrepris de dénoncer l'homosexualité comme un vice consubstantiel au fascisme. Contre ce genre d'attaques venues d'adversaires idéologiques, Bucard arguait qu'il était marié depuis 1928 et père de trois enfants (quatre à partir de 1938). Il lui fut cependant plus difficile de répliquer aux coups que lui porta Georges Valois, le fondateur du Faisceau, lorsque ce dernier le décrivit comme un obsédé qui « porte sur lui des images pieuses et des images pornographiques » et qui « ne peut faire un article ni prononcer un discours sans y introduire un trait scatologique ou sexuel[50] ».

À l'époque de l'Occupation, Bucard n'est plus ce jeune « archange blond » qui fascinait ses troupes par sa prestance et les dominait de sa haute taille. Avec l'âge, l'empâtement a gagné sa silhouette et ses traits, ce qu'il essaye de masquer par un prognathisme artificiel à la Mussolini. Le Francisme, pourtant, continuera de recruter, notamment la Jeunesse franciste qui semble avoir été, en termes d'effectifs, le plus important des mouvements collaborationnistes de ce type. Pour les autres dirigeants des partis pro-allemands qui s'efforcent en vain de débaucher ses troupes, Bucard n'est plus que « la grande Marcelle », un pantin tragique aux facultés altérées par les séquelles de ses blessures de guerre, une caricature grotesque du fascisme à la française tout juste bon à réchauffer cette atmosphère de camaraderie virile qu'il affectionnait par-dessus tout et qui lui servit sur la fin de succédané à l'action politique. Grand pourfendeur de pédérastes, Déat se singularise par son acharnement à accabler les mœurs de Bucard et à prendre pour cible les « hystéries mystico-érotiques des francistes[51] ». Pour outrancière qu'elle soit, l'accusation qui vise à faire apparaître le Francisme sinon comme une secte, du moins comme un repaire d'homosexuels, est loin d'être totalement infondée. Ainsi, Philippe Riboulleau, vingt-trois ans en 1942, le chef de la très dynamique et de la très fanatique section franciste de Loire-Inférieure, est vilipendé par les cadres locaux du RNP pour son homosexualité notoire et les pratiques contre nature qu'il tolère voire encourage dans les locaux de la Maison bleue, la permanence du parti sise au 22, place de Bretagne à Nantes. Jean B., l'un des membres des Corps-francs (le service d'ordre du Parti franciste), et Georges D., le délégué à l'action sociale, y ont été surpris en « flagrant délit de pédérastie ». Un rapport des RG angevins fait état, à la même époque, de « parties fines » organisées en compagnie de trois ou quatre militants. Les allusions perfides à la virilité des chefs francistes cesseront brusquement lorsque Marcel R., le chef des Jeunesses nationales populaires (la branche jeunesse du mouvement de Déat), sera exclu du parti, au printemps 1944, parce que, de son propre aveu, il donnait « un caractère galant aux réunions de jeunes[52] ».

Bien d'autres personnalités connues pour leur homosexualité se sont impliquées dans une collaboration active avec l'occupant. Fondateur avant-guerre du Comité secret d'action révolutionnaire (CSAR) surnommé la Cagoule par la presse, puis créateur du Mouvement social révolutionnaire (MSR) en septembre 1940, l'ancien polytechnicien Eugène Deloncle sera victime de ses penchants avérés pour l'action violente et les menées clandestines. Après le débarquement allié de novembre 1942 en Afrique du Nord, il tente de passer en Algérie pour y rejoindre l'amiral Darlan. Ses relations complexes avec l'amiral Wilhelm Canaris, le chef de l'Abwehr, lui valent dans un premier temps d'être arrêté par le Sipo-SD puis d'être abattu à son domicile, le 7 janvier 1944, par des agents français du SD. Contrairement à d'autres, il ne semble pas que l'homosexualité de Deloncle ait eu un rôle primordial dans ses choix politiques. Que les Allemands aient cherché à se servir de son orientation sexuelle pour mieux le piéger par l'intermédiaire des auxiliaires français de la Gestapo est, en revanche, une certitude étayée par plusieurs témoignages dont celui de Jean-Damien Lascaux, le neveu de Pierre Bonny, interrogé en octobre 1944 sur les missions que lui avait confiées son oncle pour le compte de l'antenne de la rue Lauriston : « Bonny m'a chargé de surveiller les agissements de Deloncle parce que ce dernier qui avait des mœurs contre-nature m'invitait souvent chez lui et, bien que j'aie toujours refusé ses propositions, manifestait toujours le désir de me voir[53]. » Plus proches du banditisme que de la politique, mais utilisant celle-ci pour asseoir leur influence et organiser d'innombrables trafics quand ce n'est pas pour extorquer de l'argent aux juifs contre promesse d'une illusoire protection, voire les spolier purement et simplement de leurs biens, des aventuriers comme Louis de Vaufreland immatriculé par le SD allemand en tant qu'agent F 7117, Guy de Marcheret, ancien pigiste de *Paris-Soir* et son ami de cœur Philippe Riglos de Pacheco, tous deux recrutés par la Gestapo de l'avenue Foch, Marcel Frecaut, Marcel Herckmanns ou encore Daniel Fernet dit « Duval », l'agent traitant de Lascaux, peuvent être considérés à la fois comme victimes et bénéficiaires d'une sexualité qui les rendait particulièrement vulnérables à toutes les manipulations, mais avait également développé chez eux une aptitude au secret, au simulacre et au double jeu[54]. Prolonger cette liste n'aurait guère de sens et ne ferait que renforcer une impression sans pour autant lui donner la moindre valeur probante. Nul ne saura jamais quelle fut l'opinion dominante des homosexuels vis-à-vis des grands enjeux politiques de la période, ni même s'il y en eut une, ou si, comme c'est le plus probable, celle-ci fluctua au gré des événements à l'unisson de la communauté nationale. Ce qui importe, au demeurant, est ailleurs : dans la visibilité d'une collaboration à connotation homosexuelle, dans les affinités supposées entre homosexualité et collaboration et dans les arguments de ceux qui les dénoncèrent.

CHAPITRE 8

Au grand bal des cocus

« Il faut qu'à son retour, il vous retrouve aussi douce à aimer que dans ses rêves. »

Marie-Claire, 20 décembre 1942.

« Des femmes qui disent : ils sont tous prisonniers, on n'a rien à se fourrer dedans. »

Louis Calaferte, *C'est la guerre.*

C'est un Conseil des ministres de l'hiver 1941. Pétain que cet exercice formel ennuie au plus haut point est pour une fois de bonne humeur. L'alacrité du Maréchal se lit dans la prunelle de ce regard bleu dont la France est comme hypnotisée. Tout à son propos, le ministre Jacques Chevalier expose les grandes lignes du projet portant création d'un Conseil de la famille que ce catholique traditionaliste présente, non sans emphase, comme le pivot du nouveau régime. Idées toutes faites, automatisme verbal. Soudain, Pétain l'interrompt : « Dites-moi, monsieur le ministre, est-ce que les cocus y seront représentés[1] ? »

Le trait fait sourire en même temps qu'il surprend de la part du vieux maréchal dont nul n'ignore toute l'attention qu'il accorde à la situation conjugale des prisonniers de guerre. Par expérience, l'ancien commandant en chef de 1917 sait à quel point la séparation des sexes est alors source de démoralisation et de désordre. Il se souvient de tout ce qu'on a pu dire et écrire, de vrai et de faux, à propos de l'immoralité de l'arrière. De même qu'il a pu mesurer au contact de la troupe l'ampleur du traumatisme occasionné par la hantise d'une trahison des femmes et par la phobie de l'abandon. Tout le porte donc à prendre très vite la mesure de l'enjeu que représentent les femmes de prisonniers de guerre, à la fois en tant qu'épouses des « fils captifs de la France », bénéficiant d'une « élection singulière dans le cœur de la patrie », et en tant que membres isolés de familles ayant droit, de ce fait, au soutien et à la protection de l'État. Ces femmes de prisonniers de guerre, Vichy les voudrait exemplaires, stoïques et fidèles. En pratique, chacun a bien conscience que la captivité, en épargnant la vie des hommes mais en différant leur retour à une date indéterminée, a ouvert le grand bal des cocus. Dévirilisée, la France l'est au sens propre à cause de ce million et demi d'hommes manquants. De cette nation femelle par déficit de mâles, les gouvernants savent qu'ils ont tout à redouter : la dissolution des liens conjugaux mis à rude épreuve par l'absence du chef de famille, le déséquilibre des sens et des sentiments détraqués par la brisure des foyers, les comportements erratiques que dictent la lassitude, le découragement, le désespoir, quand ce n'est pas, selon le mot d'un prisonnier, cette « fureur qui tient les femmes au ventre ». Que faire pour limiter les effets tant moraux que psychologiques d'une séparation aussi radicale ? Une propagande insistante célèbre les vertus sacrificielles de la patience et de la continence. Toutefois, faute de moyens financiers, l'État français peine à s'acquitter de la mission qu'il s'est lui-même assignée. En dépit d'une immixtion accrue des pouvoirs publics dans la sphère domestique, il est par ailleurs impuissant à endiguer le développement des sexualités illégitimes, ces trahisons des épouses dont la nouvelle parvient toujours, tôt ou tard, jusqu'au fin fond des camps, plongeant les prisonniers dans une extrême déréliction. Protecteur défaillant dans un cas, désarmé dans l'autre, Vichy est miné par une mauvaise conscience qu'il voudrait faire partager à l'ensemble des Français, tout en stigmatisant les comportements féminins qui s'écartent d'une norme à laquelle il est de plus en plus difficile de se tenir, tant la dégradation de la situation matérielle des femmes de prisonniers de guerre ne cesse d'accroître leur vulnérabilité aux sollicitations extérieures.

« J'attendrai » ?

« J'attendrai/ Le jour et la nuit, j'attendrai toujours/ Ton retour/ […]. Le temps passe et court/ En battant/ Tristement/ Dans

mon cœur plus lourd/ Et pourtant/ J'attendrai ton retour. » Une mélodie insinuante, une promesse mille fois ressassée, des mots simples à l'unisson de tous les cœurs souffrants : cette chanson venue d'Italie et adaptée dans sa version française par Louis Poterat avait déjà presque tout pour plaire lors de sa création, en mars 1938, par Rina Ketty. Il ne lui manquait que le poids du vécu, ce concours de circonstances qui fait d'un modeste refrain un viatique universel. Depuis l'armistice et le départ en captivité d'un million six cent mille prisonniers, *J'attendrai* exprime avec une acuité troublante le quotidien des centaines de milliers de femmes confrontées au traumatisme de la séparation puis à celui de l'absence prolongée d'un mari, d'un fiancé ou d'un amant. L'extraordinaire succès populaire de cette rengaine est le révélateur d'un fragile et éphémère consensus autour de l'absent et autour de l'épouse de l'absent. Solidarité, compassion et bons sentiments sont dans l'air du temps. Ce qui, pour l'heure, fait l'affaire de tout le monde. Des épouses en premier lieu, qui trouvent dans l'expression publique d'un amour oblatif une image individuellement et socialement gratifiante. De leur entourage ensuite, manifestement inquiet à l'idée que les femmes affranchies de la tutelle masculine ne succombent à une sexualité débridée. De l'État enfin, qui se veut le défenseur des intérêts moraux et matériels de l'immense peuple des captifs.

Attendre donc. Et d'abord des nouvelles de ces maris que la débâcle a livrés aux mains de l'ennemi. À partir de juillet 1940 s'ouvre, pour celles qui n'ont pas eu la chance de voir revenir leur compagnon, une période d'incertitude marquée par un profond désarroi. La pénurie la plus cruelle est celle des informations. « C'est la même rengaine partout, note Simone de Beauvoir, les femmes dans le métro, les femmes sur le pas des portes : "Avez-vous des nouvelles ? – Non, il est sûrement prisonnier", "Quand pourra-t-on avoir les listes ?"[2]. » Des listes, le Centre national des prisonniers de guerre (CNPG) commence à en publier d'après les renseignements fournis par l'autorité militaire allemande : neuf entre le 12 et le 31 août, une trentaine en tout à la date du 15 octobre. Pour écrire, encore faudrait-il savoir où est qui ? Les services de Vichy sont assaillis par les demandes de renseignements auxquelles il leur est évidemment impossible de répondre. Le désastre militaire ouvre, pour des centaines de milliers de femmes, sur un désert affectif où souffle un vent d'interrogations angoissées. Au début du mois de septembre, environ la moitié des prisonniers ont été localisés par la Croix-Rouge qui en a informé les familles à l'aide de simples cartes imprimées sur lesquelles les prisonniers de guerre (PG) n'ont eu qu'à rayer les mentions inutiles. L'essentiel est dit à la septième ligne : « Suis en bonne santé. » La désorganisation des services postaux fait que nombre d'entre elles ne parviendront pas, ou alors tardivement, à leur destinataire. Au mieux, le contact entre les prisonniers et leurs familles est rétabli au début de l'automne, au pis vers la fin de l'année 1940. Les conditions sont telles que les premières lettres qui parviennent dans les camps peuvent faire croire à une atrophie des sentiments. Il est vrai que si la réglementation édictée par l'autorité allemande est singulièrement restrictive (cartes postales plutôt que lettres, texte à la longueur calibrée et limitée), les recommandations de Vichy en matière de correspondance ne le sont pas moins : ne pas se répandre en « vaines lamentations », se borner aux nouvelles familiales et locales, celles que le prisonnier « désire le plus ardemment recevoir ».

D'emblée, la solitude forcée des femmes de PG est perçue comme un phénomène de masse, un séisme de nature à ébranler le corps social dans ses profondeurs. Il faudra attendre 1942 pour qu'une estimation vienne confirmer cette impression. À cette date, le gouvernement évaluera à sept cent soixante mille le nombre de prisonniers mariés, soit un peu plus de la moitié du total des captifs, dont six cent seize mille pères de famille. Si l'on tient compte des vingt mille prisonniers de guerre rapatriés dans l'intervalle au titre des familles nombreuses, c'est donc près de huit cent mille femmes qui, au lendemain de l'armistice, se trouvent séparées de leur mari, sans compter toutes celles, non répertoriées par les statistiques, que l'absence d'un fiancé ou d'un compagnon plonge dans une solitude plus ou moins provisoire. Désemparées face à des responsabilités auxquelles elles n'ont pas été préparées, dépourvues de perspectives à court terme, la plupart des femmes de PG se sentent bientôt aussi étrangères à leur propre vie que les captifs eux-mêmes. L'espoir d'une libération prochaine de l'être aimé a permis de passer le cap des premiers mois. La convention d'armistice, dans son article 20, a beau dire clairement que les prisonniers ne seront libérés qu'après la signature d'un traité de paix, on se raccroche à l'idée que la signature de la première implique automatiquement celle du second à brève échéance. Ou bien que le Maréchal obtiendra par la négociation une issue rapide et favorable pour ces hommes dont on se dit que l'Allemagne ne saurait longtemps s'embarrasser. Le gouvernement n'a-t-il pas inscrit, au premier rang de ses priorités, le retour des prisonniers de guerre, cette « avant-garde » de la Révolution nationale dont le sort occupe tous les discours et toutes les pensées du nouveau régime ? Pas plus les prisonniers que leurs familles n'imaginent que la captivité puisse être durable. Si bien que, dans un premier temps, le mythe d'un retour imminent, le respect qui entoure les femmes esseulées, la considération dont on les gratifie à chaque prise de parole publique constituent autant d'obstacles à la mise en œuvre immédiate de stratégies individuelles.

Les rubriques que la presse féminine consacre au problème s'inscrivent déjà néanmoins dans le cadre d'une culture de la fidélité où les conseils pratiques alternent avec les injonctions moralisantes. « Ne pas l'oublier, ne pas l'idéaliser », « Ni fantôme, ni idole ! », « Comment maintenir intact son souvenir » : un solide bon sens y fait contrepoids au sentimentalisme un peu mièvre dans lequel baignent les lectrices de l'époque. L'impact en est d'autant plus fort que la distance a pour effet, dans un premier temps, de sublimer de part et d'autre les sentiments, selon l'antique loi qui veut qu'il n'y ait fusion que dans la séparation, l'obstacle de l'autre disparaissant avec son absence. Vers la fin de l'année 1940 apparaissent les premiers signes d'impatience, voire de détachement, annonciateurs de futures ruptures. Une lectrice de *Pour elle* interroge : « Comment retrouver un prisonnier en Allemagne ? Comment regagner sa confiance et comment boucler mes cheveux ? » Ce qui lui vaut une sèche réplique sous la plume de la courriériste du magazine : « Je ne sais pas si vous vous rendez compte de l'impression que produit la lecture d'une lettre comme la vôtre qui commence en lamentations pour finir en frivolités ? Comment voulez-vous qu'on prenne votre chagrin au sérieux ? Écrivez au Centre d'information, 60, rue des Francs-Bourgeois, et ensuite allez chez le coiffeur qui vous apprendra à faire des anglaises[3]. »

Ce n'est certes pas par hasard si la presse féminine, en cet hiver 1940-1941, commence à mettre subrepticement en scène les défaillances des femmes seules. Le temps n'est désormais plus loin des admonestations et des blâmes. Car, à d'imperceptibles détails, il devient évident que l'absence du mari prisonnier ne se vit plus déjà chez toutes les épouses avec la même intensité, que l'épreuve ne pèse plus du même poids sur toutes les épaules. Si une majorité d'entre elles fait face à la situation, souvent avec stoïcisme, et accepte d'endosser temporairement le rôle de chef de famille, une minorité non négligeable ne se sent déjà plus tenue ni au comportement sacrificiel ni au strict respect des convenances que la société attend d'elles. Pour toutes, la solitude forcée est d'abord synonyme d'état d'urgence autant que d'états d'âme. Une nécessité fait loi. Comme dans les camps, la nécessité est la même : avant d'aimer, il faut manger. C'est la solution qui va diverger lorsque certaines découvriront que pour manger, il faut aimer.

Stratégies féminines de survie

Assurer au quotidien la survie des femmes de prisonniers, préserver les couples de la rupture en aidant les épouses à surmonter les épreuves de la séparation, entretenir une mystique de l'amour conjugal afin de préparer le retour de l'absent : pour un État patriarcal, ce triptyque, on vient de le voir, s'impose avec la force d'une obligation morale. Y faillir, c'est dévaluer l'autorité de la parole publique au moment même où l'on prétend lui redonner tout son éclat, c'est réduire l'autorité à un magistère d'éloquence bénisseuse. Or le gouvernement de Vichy, qui ne cesse de répéter que la nation a contracté une dette envers les captifs, est en butte à des impératifs qui s'excluent l'un l'autre : le devoir de protection qui lui incombe à l'égard des femmes de prisonniers d'une part et, d'autre part, le paiement aux Allemands des frais d'occupation qui, à lui seul, absorbe 58 % du revenu national. À un tel niveau de prélèvement, aucune politique sociale d'envergure n'est possible, quelque désir qu'en ait Pétain lui-même, dont « toutes les misères touchent le cœur », comme l'écrit *Le Petit Parisien* du 7 décembre 1940, mais qui se trouve, de ce fait, condamné à une gestion conjoncturelle de ses projets. Exposées sur le plan moral au même sevrage affectif, les femmes de PG ne sont pas matériellement logées à la même enseigne. Leur situation financière est étroitement tributaire de l'activité professionnelle que leur mari exerçait avant la guerre ou du grade de celui-ci dans la hiérarchie militaire. Les femmes de fonctionnaires perçoivent en intégralité le traitement de leur conjoint. Les femmes d'officiers, de sous-officiers et d'officiers de réserve, quel que soit par ailleurs leur niveau de ressources, ont droit à une importante délégation de solde qui peut aller jusqu'à 75 % du montant de celle-ci. La situation des femmes de soldats est infiniment plus précaire. Une allocation militaire leur est versée, qui comporte une dotation principale et un complément par enfant ou ascendant à charge selon un barème qui varie du simple au double en fonction du lieu de résidence. En moyenne, cette allocation équivaut à la moitié d'un salaire de manœuvre. À Paris, à la fin de l'année 1940, une mère d'un enfant reçoit de l'État 28,50 francs par jour, quand la viande de bœuf est à 22 francs la livre et la botte de carottes à 4,50 francs. À Rouen, une mère de deux enfants touche une mensualité de 1 095 francs. À Lens, une allocataire sans enfants doit vivre avec 600 francs par mois. Épouses attentionnées, il leur faut en outre prélever sur ces maigres ressources pour envoyer, chaque mois, au mari prisonnier un colis dont le coût moyen s'élève à 250 francs et pour lequel l'État leur octroie généreusement, à partir de mai 1942, un supplément de 2 francs par jour.

Face à la détresse croissante des familles de prisonniers de guerre, Vichy réagit au coup par coup. Entre juin 1941 et mai 1942, les compléments par enfant de l'allocation militaire sont augmentés par trois fois, en dépit des réticences du ministre des Finances Yves Bouthillier qui ne cache pas sa préférence pour des aides en nature. Un fonds de solidarité nationale est créé pour les cas d'urgence et le ministre du travail René Belin abroge le texte interdisant de verser des allocations familiales aux femmes non salariées. Ajustements tardifs, vite annulés par l'inflation galopante. Alarmé par la carence des pouvoirs publics, Jacques Chevalier, le secrétaire d'État à la Famille, est le premier à réclamer un statut social en faveur des femmes de PG dans une lettre adressée en juillet 1941 à l'amiral Darlan. Mais sa proposition de verser l'allocation de salaire unique aux femmes dans le besoin se heurte à l'opposition de l'intraitable Bouthillier. C'est le retour de Laval aux affaires qui débloque la situation. La loi du 20 juillet 1942 institue une nouvelle prestation sous le nom de « délégation familiale ». Le montant de l'allocation de base est majoré de 20 % et le plafond de ressources pour bénéficier d'une ouverture de droits est désormais fixé par décret[4]. Le gain en pouvoir d'achat est réel, mais, là encore, il suffira de quelques mois pour que la hausse régulière du coût de la vie réduise à néant l'effort ainsi consenti. De son côté, Maurice Pinot, à la tête du Commissariat général aux prisonniers de guerre rapatriés et aux familles des prisonniers de guerre (CGPGR), a mis en place un réseau de secours mutuel, les centres d'entraide (CEA), destinés à coordonner les initiatives. À peine créée, cette nouvelle structure, que matérialise dans de nombreuses villes l'installation d'une Maison du prisonnier, entre en conflit avec les agences publiques et semi-publiques telles que la Famille du prisonnier de guerre ou le Secours national qui, chacune à des titres divers, prétendent s'arroger le monopole de la solidarité via la collecte des dons privés, l'organisation de vestiaires, de restaurants d'entraide, de cantines scolaires ou de colonies de vacances. Pour dérisoires qu'elles soient en regard de l'objectif affiché, ces rivalités n'en attestent pas moins de l'existence de projets concurrents sinon doctrinalement opposés au service d'une même clientèle. On y retrouve toute la palette des sensibilités vichystes : du catholicisme social au paternalisme autoritaire en passant par le syndicalisme ouvrier, aucun n'étant exempt d'une volonté de contrôle sur la vie des femmes. À la limite, la prise en charge complète des épouses de prisonniers de guerre était dans la logique du régime et sans doute une majorité d'entre elles y auraient-elles volontiers consenti. L'échec vient de l'incapacité de Vichy à mettre en œuvre une politique en adéquation avec ses principes. Faute de pouvoir leur verser une aide appropriée, l'État français encourage bientôt les femmes de PG à travailler, au mépris du modèle, qu'il s'emploie par ailleurs à valoriser, de la femme gardienne du foyer et du sanctuaire familial.

Le cas des épouses dont les maris « ne sont momentanément pas en mesure de subvenir aux besoins du ménage » figure déjà au premier rang des dérogations à la loi du 11 octobre 1940 interdisant aux administrations et aux services de l'État de recruter des femmes mariées. En juillet 1941, on va jusqu'à leur accorder une priorité à l'embauche, au moins dans des emplois à temps partiel spécialement créés à cet effet. Quelques milliers de femmes de PG sont engagées en tant qu'auxiliaires dans les PTT, le Métropolitain ou à la SNCF. Avoir un emploi rémunéré, si modeste soit-il, est l'assurance d'échapper à la marginalisation progressive, d'autant que ce salaire ouvre également droit à l'allocation dite de « salaire unique » que Vichy a opportunément substituée à l'ancienne allocation républicaine de la mère au foyer et dont le montant compense largement, dans ce cas, la perte des allocations militaires. Plus précaires sont les quatorze mille postes créés au cours de l'année 1941 par la Famille du prisonnier de guerre, l'agence publique de la générale Huntziger, pour qui l'objectif est de fournir dans quelque deux cents ateliers un emploi rémunéré aux femmes en détresse – il s'agit pour l'essentiel de travaux de raccommodage ou de ressemelage – plutôt que de les « maintenir dans l'assistanat d'aides systématiques et avilissantes[5] ». Pour celles qui n'ont aucune qualification, les petits métiers nés de la pénurie et de l'économie de guerre constituent un pis-aller qui permet de survivre au jour le jour. Il y a les queutières, c'est-à-dire des femmes qui proposent de faire la queue devant les magasins et de livrer à domicile ceux et celles qui veulent économiser leur temps ou que cet exercice fastidieux indispose, les remailleuses qui font des prodiges pour prolonger la vie des derniers bas de soie, les vérificatrices de points textile que les grands magasins emploient afin de dépister les tickets falsifiés qui circulent en masse. La situation la plus courante est un mixte qui combine un revenu d'appoint et les allocations journalières versées par l'État. Aussi nombre de femmes de prisonniers ont-elles pris le parti d'aller habiter chez leurs parents ou beaux-parents, le partage des frais et la présence d'un entourage familial mis à contribution pour s'occuper des enfants en bas âge pendant les heures de travail les aidant à supporter les désagréments d'une tutelle et d'une surveillance plus ou moins discrètes.

Au début de 1942, le CGPGR n'en estime pas moins à trente mille le nombre de familles de prisonniers vivant entièrement des allocations militaires, autrement dit avec en moyenne 1 000 francs par mois. Sur les huit mille cinq cents lettres qui arrivent chaque jour à l'hôtel du Parc, un quart proviennent de femmes et de mères de prisonniers réclamant la plupart du temps des subsides. Comme tous les foyers modestes, les familles de PG se trouvent doublement frappées : par les restrictions et par les moindres possibilités qui s'offrent à elles de les contourner. Les calories supplémentaires qu'on achète à prix d'or au marché noir sont hors de leur portée. « Aujourd'hui, note Georges Duhamel, il faut disposer de plusieurs monnaies [...] il faut de l'argent, des tickets, des amis et des jambes. » En guise de monnaie, certaines femmes de prisonniers de guerre ne tardent pas à réaliser qu'elles ne disposent guère que de leurs jambes, à condition qu'elles soient jolies et pour un tout autre usage que ne l'envisage le suave auteur de la *Chronique des Pasquier*. Dans une économie de troc, le corps n'est-il pas une contre-valeur indéfiniment négociable, un bien d'un rapport infiniment supérieur à toute activité salariée ? Madeleine, l'héroïne de *La Guerre des captives*, un roman conçu sur une idée de la Fédération des associations de femmes de prisonniers « d'après la documentation rassemblée par ses dirigeantes et l'expérience vécue de ses quatre-vingt mille adhérentes », n'est pas loin de le penser : « En se débarbouillant, elle revit par l'esprit cette femme qui lui avait parlé, quand elle avait été s'attabler à la terrasse du Richelieu pour ingurgiter un "café", décoction de glands pilés. C'était une fille. Mon Dieu ! elle ne paraissait ni particulièrement tarée ni perverse. 300 francs de moyenne par jour qu'elle se faisait. Presque 10 000 par mois ! Alors que les honnêtes femmes se crèvent à gagner 1 700 francs moins les impôts, assurances sociales et taxes diverses [...]. La vie est une chienne, elle l'avait toujours pensé, et l'honnêteté une bêtise[6]. » Ce calcul, les femmes de prisonniers de guerre sont de plus en plus nombreuses à le faire à mesure que l'isolement, les difficultés matérielles ou l'indifférence à certains compartiments de la morale les conduisent à préférer les profits tangibles de l'individualisme à l'aumône de la solidarité collective, l'autonomie au paternalisme inquisiteur des organismes chargés de les secourir. Adultère et prostitution surgissent ainsi à l'intersection des stratégies féminines de survie et d'une demande masculine encouragée par ce renouvellement de l'offre.

Dans un tel contexte qui met quotidiennement à l'épreuve les valeurs familiales, le projet étatique d'ordre moral est pris à revers par la déstabilisation d'une partie de la population féminine soustraite au contrôle du mari absent et sujette à toutes sortes de sollicitations extérieures. Un lancinant sentiment de culpabilité en découle, qu'on peut suivre à la trace à travers les documents émanant du secrétariat d'État à la Famille. « La famille de prisonnier chargée d'enfant est condamnée aux privations les plus sévères ou à chercher des ressources inavouées », s'indigne Jacques Chevalier dans sa lettre à l'amiral Darlan. D'où, à l'en croire, « un développement considérable de la prostitution des femmes et des mineures et [...] les très nombreuses naissances survenues ou attendues [...] d'enfants dont les pères sont des Allemands[7] ». Tout aussi pressant et encore plus précis, Maurice Pinot, le responsable du CGPRG, n'hésite pas à affirmer au cours d'une réunion ministérielle, le 16 décembre 1941, que 75 % des prostituées parisiennes sont des femmes de prisonniers[8]. Un mois plus tard, le nouveau secrétaire d'État à la Famille, le docteur Serge Huard, fait sensiblement le même constat dans un courrier à Darlan. Le cas des femmes de prisonniers en situation de « danger moral » est devenu, explique-t-il, un problème crucial, avant d'indiquer qu'« une enquête sur la prostitution faite dans les premières semaines de ce mois à Paris a montré que parmi les prostituées, il y a environ 60 % de femmes de prisonniers dont la plupart ne sont pas tombées par vice mais par faim[9] ». Même sentiment navré de la part du titulaire du poste en juin 1942, Raymond Grasset, qui, en se référant aux procès-verbaux du tribunal de simple police, avance le chiffre de 50 % de femmes de prisonniers sur l'ensemble des comparutions à l'audience matinale. Chacun a sa statistique, qui corrobore l'impression générale. « Un des plus hauts parmi les princes de l'Église, note le garde des Sceaux, Joseph Barthélemy, me confiait amicalement quelle douleur il éprouva en apprenant d'un de ses confrères que dans la ville épiscopale de ce dernier, le nombre des prostituées en carte s'était subitement accru d'une quarantaine d'unités, correspondant toutes à des femmes de prisonniers cherchant, par tous les moyens, même les plus honteux, des ressources pour envoyer des colis à leurs maris, en pouvant subsister elles-mêmes[10]. »

Il est permis de s'interroger : ces chiffres alarmistes ne sont-ils pas destinés à forcer la main d'un ministre des Finances, que l'on dit réticent à toute augmentation des allocations et manifestement peu convaincu que l'« inconduite des femmes » n'aurait à l'origine que des causes économiques ? Manipulées ou pas, ces données statistiques n'en restent pas moins peu flatteuses pour l'État français et indiquent une tendance que confirment par ailleurs les sondages effectués dans les archives judiciaires et policières. Les femmes de prisonniers de guerre et de requis civils (STO) représentent ainsi 30 % des affaires de mœurs (avortement, adultère) traitées par les quinze juridictions correctionnelles du Limousin et de Poitou-Charentes entre 1940 et 1944[11]. Proportion comparable à ce que révèle le dépouillement des mains courantes des commissariats parisiens pour l'année 1942 où un grand nombre de prostituées clandestines interpellées par la police municipale invoquent la captivité de leur mari comme excuse absolutoire, misant sur la mauvaise conscience collective afin de s'attirer l'indulgence des agents. Telle Odette P., vingt et un ans, ouvrière d'usine, interpellée le 13 juillet 1942 dans le quartier des Ternes, qui déclare ne se livrer à la prostitution que pour gagner ponctuellement de quoi envoyer des colis à son mari prisonnier. Paradoxalement, le fait de se prostituer n'implique pas, à l'en croire, une remise en cause du lien conjugal, mais relève, au contraire, d'une conduite sacrificielle poussée à l'extrême. Quoique la vénalité ou la recherche d'avantages matériels n'en soient pas exclues, l'adultère se situe, en revanche, sur un tout autre plan. Il est le fait des femmes qui ne peuvent se résoudre soit à la solitude affective, soit à l'abstinence sexuelle, soit aux deux à la fois, et pour lesquelles la fidélité, pierre angulaire de l'attente, s'apparente à une privation supplémentaire dans une période qui n'en connaît que trop. Aventure passagère ou liaison durable, leur « défaillance » va nourrir d'une part la réprobation collective d'une société déjà encline, en temps de paix, à traiter plus sévèrement la faute de la femme que celle du mari, et d'autre part le ressentiment des prisonniers qui vivront l'infidélité des femmes comme une double trahison, à l'égard d'eux-mêmes et envers la nation.

Le temps des ruptures

Pour garder l'espoir, il faut se projeter dans un temps incertain, entretenir la flamme vacillante du souvenir, lutter contre les images qui se brouillent, contre le délitement des sensations anciennes, apprendre à se méfier de celles qui, insidieusement, prennent leur place et n'ont pas encore d'état civil dans le train-train quotidien. En haut lieu, on a décrété la mobilisation générale pour entretenir le moral des femmes de prisonniers. La chanson, comme toujours en France, est en première ligne. Visiblement, on mise beaucoup sur les vertus tranquillisantes de la rengaine populaire dont les petites gélules existentielles sont généreusement distribuées sur les ondes. De ce point de vue, la production comble les espérances du régime. Séparation douloureuse, serment de fidélité, espérance des retrouvailles : ces thèmes sont dans tous les refrains qui font sobrement rimer absence et patience, amour et retour. Au premier rang de ce chœur digne de l'antique Léo Marjane, celle qu'on surnomme « la prêtresse du culte des stalags » donne le ton avec *Te revoir* et *Attends-moi mon amour* (mars 1941). Derrière l'optimisme de commande, une sourde inquiétude commence cependant à poindre, que des paroles apaisantes s'emploient à dissiper : « *Si parfois le soir ton cœur tremble/ Repense à tous nos souvenirs/ Après tant de bonheur ensemble/ Notre amour ne peut pas finir.* » Chacun a sa place dans cette partition. Celle d'André Claveau est de faire vibrer la corde de la nostalgie lorsqu'il interprète *Tendrement, tristement* (juillet 1941) ou *Tu pourrais être au bout du monde* (février 1942). L'effusion mélancolique est également le registre de Lucienne Boyer (*Rêver*), Georges Guétary (*Mon cœur est toujours près de toi*) et Jean Lumière (*Une lettre de France*). Autant d'ex-voto sonores déposés au pied de l'autel conjugal et d'un passé idéalisé. Avant tout, il s'agit d'accréditer l'idée d'une fidélité mutuelle entre les époux, résistant à l'épreuve de la séparation et de l'éloignement. Fidélité des prisonniers que proclament Bordas, Suzy Solidor et Fred Hébert avec *Compagnons dormez-vous ?* : « *Compagnons à qui rêvez-vous ?/ Nous rêvons aux yeux doux/ De l'amie qui nous est chère* » ; fidélité des épouses dont Tino Rossi semble se porter garant quand il inscrit à son répertoire *Quand tu reverras ton village* (avril 1942), une chanson écrite par Charles Trenet : « *Ta belle t'est fidèle et bien sage/ C'est elle qui viendra te chercher.* » Si les voix d'Elyane Célis (*Quand tu reviendras*) et d'Annette Lajon (*Pour fêter ton retour*) restent résolument rassurantes, il est significatif, en revanche, que l'un des plus grands succès populaires, enregistré en juillet 1941 par l'incontournable Léo Marjane, se fasse l'écho du doute qui s'est emparé des femmes de prisonniers après un an d'attente : « *Je suis seule ce soir/ Avec ma peine/ J'ai perdu l'espoir de ton retour/ Et pourtant je t'aime encore et pour toujours/ Ne me laisse pas seule sans ton amour.* »

En dépit de la place éminente que Vichy assigne aux prisonniers dans le processus de purification et de rédemption, la captivité n'en est pas moins progressivement perçue comme une expérience émasculante, un état qui, en fin de compte, suscite moins l'admiration que la pitié et la sollicitude. Le régime a beau faire, l'entreprise de réhabilitation tourne court. Aux PG, on veut bien concéder la défroque des malchanceux, en aucun cas l'étoffe des héros. Au reste, certaines initiatives vichystes ne contribuent pas peu à appauvrir l'image déjà passablement dépréciée que l'opinion se fait d'eux. La nomination, en novembre 1940, de Georges Scapini au rang d'ambassadeur chargé de traiter avec le gouvernement du Reich les questions relatives aux prisonniers de guerre est de celles-là. Sur le papier, Scapini a les meilleurs titres pour remplir cette mission : combattant héroïque de la guerre de 1914-1918, il est en outre l'un des cofondateurs en 1935 du Comité France-Allemagne, berceau de la collaboration idéologique. À ceci près que le nouvel ambassadeur est un infirme. Un éclat d'obus lui a enlevé la vue un matin de novembre 1915, alors qu'il défendait une ligne de tranchées à l'orée d'un bois de la plaine d'Artois, dénommé Bois de la Folie[12]. Au poste qu'il occupe, il y a dans cette cécité comme une métaphore de l'impuissance. Le choix d'un homme diminué pour représenter les PG auprès des vainqueurs mais aussi au regard des Français ne renvoie-t-il pas à la condition misérable de ces prisonniers dont la captivité s'apparente à une forme de castration ? Léautaud en est bien persuadé lorsqu'il écrit dans son *Journal*, à la date du 21 novembre 1940 : « Il y a sûrement quelque chose d'éteint, d'affaibli, de diminué en France. Un homme de plus de quatre-vingts ans, je crois bien, comme chef du pays et pour le représenter. On a nommé un ambassadeur pour contrôler le sort des prisonniers en Allemagne. C'est un aveugle, Scapini. Un aveugle est chargé de voir comment les choses se passent ! Il faut notre époque pour voir cela. On dirait que nous ne cherchons qu'à inspirer la pitié pour nous tirer d'affaire. Aucune virilité, rien qui ressemble à l'énergie. N'y a-t-il plus d'individus un peu forts, valides, solides, pour toutes les questions qu'il y a à régler ? Nous sommes devenus le pays de l'effacement et de la sensiblerie[13]. »

Si la sanctification publique du statut des prisonniers, avec pour corollaire la sacralisation du corps de leurs femmes, interdit l'expression publique de tels propos, elle n'empêche pas cependant une évolution souterraine des mentalités qui ne va pas tarder à se traduire en actes. Très vite, le courrier apporte dans les camps les reflets d'une réalité mouvante et dérangeante. Encore les échanges épistolaires sont-ils strictement réglementés dans les deux sens : deux lettres et deux cartes postales par mois, dont les formulaires imprimés comportent pour les premières vingt-sept lignes et pour les secondes sept seulement. Un tel standard incite à la concision et tempère le lyrisme. « Combien de camarades ai-je surpris, raconte Francis Ambrière, penchés sur une écriture familière, qui, à travers les réticences imposées par le contrôle allemand, supputant les réserves de la pudeur quant aux tendresses et celles de la prudence quant aux vues de la guerre, s'efforçaient désespérément de faire jaillir la vérité entre les lignes. J'ai vu des hommes déchirés parce qu'ils sentaient sous des mots refroidis une liaison en train de se rompre ou un foyer qui se disloquait[14]. » Sitôt en possession du courrier, le prisonnier s'isole sur son châlit, cherchant à reconstituer à l'abri de cette fragile redoute l'univers familier auquel il a été arraché et à retrouver un peu de cette intimité qu'il ne peut désormais plus vivre que par procuration. À l'oflag XI A, l'Alsacien Marcel Haedrich observe auprès de ses camarades les ravages qu'exerce l'arrivée des premières lettres en provenance de cette France si lointaine et dont ils redoutent déjà qu'elle ne se détache d'eux comme une femme oublieuse et ingrate. Untel s'émeut d'un sourire sur une photo : « Je ne me souviens pas qu'elle m'en ait fait un pareil en trois ans de mariage. » Un autre cesse de manger pendant deux jours parce que sa femme lui a écrit : « Je me suis bien amusée. » Un troisième se rembrunit quand il apprend qu'il va être père. Il n'a eu que vingt-quatre heures de permission en mai 1940 ; l'offensive allemande l'a renvoyé tout de suite sur le front. Il vérifie ses souvenirs, se livre à de fallacieux calculs et, en désespoir de cause, finit par interroger anxieusement le médecin du camp[15].

Livrés à eux-mêmes, les prisonniers de guerre, et singulièrement les quelque quarante-neuf mille officiers qui ne sont astreints à aucun travail, ont tout le temps de méditer. Les longues plages d'inactivité qui s'offrent à eux sont un terrain propice aux ruminations moroses, loisir qui leur était épargné dans la vie civile. Trahison, abandon, infidélité : l'éventail du malheur – le seul que l'esprit envisage en pareilles circonstances – leur donne le tournis. Se déclarant dès les premiers mois de captivité, le mal court et fait chaque jour de nouvelles victimes. Dans un tel contexte, le pire, à défaut d'être toujours sûr, est suffisamment fréquent pour entretenir une psychose collective. Liaisons mal assurées, mariages ou fiançailles précipités par la mobilisation, amours exclusivement charnelles subitement privées de leur raison d'être, discordes latentes ; que de liens précaires auxquels l'éloignement confère soudain un caractère fastidieux ou insupportable, que d'unions fragiles se dénouent alors brutalement par l'absence ! Une lettre de rupture est rarement un exercice où la délicatesse, le souci de ne pas blesser inutilement le destinataire dictent le choix des mots. Certaines, souvent les premières à parvenir dans les camps, sont néanmoins d'une cruauté inouïe. La plupart émanent de femmes à qui la séparation a donné l'occasion de découvrir les exigences d'une sensualité qu'elles avaient jusque-là refoulée ou tout simplement qu'elles ne soupçonnaient pas. Le ton est abrupt, le mode opératoire expéditif. « Ce n'est plus la peine que tu reviennes, je suis avec ton frère. Le plus jeune des petits qui a un an, je le garde, les deux autres tu te débrouilleras, je les ai donnés à ta mère. » Ou encore : « Prends ça comme tu veux, mais je suis enceinte de quatre mois. » Parfois, un mot écrit machinalement à course de plume ajoute à la désinvolture du propos la féroce ironie du vrai. Telle cette femme qui annonce à son ancien amant : « Je me suis mariée, il y a trois mois. Je suis très heureuse. Je voudrais, chéri, que vous ne m'écriviez plus, vos nouvelles ne m'intéressent nullement. » Parfois, c'est le suborneur qui est chargé de signifier au mari cocu son congé : « Ta femme me charge de te dire qu'il est inutile désormais que tu lui écrives[16]. »

En comparaison, les ruptures justifiées par la lassitude, le découragement ou l'usure du temps finissent par apparaître sinon comme des modèles de probité, du moins comme un pis-aller acceptable. D'une lettre à l'autre, les arguments avancés par les femmes infidèles ne varient guère, s'abritant avec humilité derrière la faiblesse de la nature et les courtes vertus humaines : « Je croyais t'aimer. J'ai rencontré l'homme de ma vie. Je cède à la fatalité. Je resterai ta meilleure camarade », « Mon Pierrot, je t'aime bien, mais je t'attends depuis deux ans. On ne vit pas avec les morts », « Ce n'est pas parce que tu perds, malheureusement, ta jeunesse que je dois perdre aussi la mienne ». Ou encore ce laconique : « Que veux-tu, j'ai besoin d'une présence ! » La déréliction des hommes est telle que nombre d'entre eux, comprenant que l'ampleur déroutante des circonstances entre pour beaucoup dans leur disgrâce, pardonnent à l'épouse infidèle et parfois même, le pardon ayant été repoussé, se cramponnent à des liens devenus honteux de crainte de perdre définitivement pied. Le plus souvent, un sursaut de dignité leur fait lâcher prise, surtout quand l'adultère se double d'une maternité dont le prisonnier est en général le dernier averti, à moins qu'une âme charitable ne se soit chargée, entre-temps, de l'en informer. Placé devant le fait accompli, le soldat Jacques R., matricule n° 624, *Stammlager* VB, écrit à son épouse : « Sois sûre que jamais, non, jamais je n'aurais pensé ça de toi. Je sais très bien que tous, on peut avoir des moments d'oubli, les bêtises, je les aurais toujours pardonnées, mais ça, non, encore une fois non, je ne passerai pas là-dessus : élever un moutard qui ne sera pas de moi[17]. » Sous les mots qui peinent à filtrer une pensée apoplectique, la frontière est tracée entre ce que les prisonniers de guerre sont prêts à accepter et ce qui leur paraît définitivement insupportable[18].

Autour du captif lointain et vulnérable, un siège est mené avec une opiniâtreté qui dit bien l'intrication des intérêts moraux, affectifs et matériels. À travers des règlements de comptes sordides s'assouvissent les haines recuites des familles, les ressentiments du voisinage, les jalousies des rivales évincées ou des soupirants éconduits. Des mères, pour se venger d'un mariage contracté sans leur assentiment, dénoncent l'inconduite réelle ou supposée de leur bru, des parents ou des voisins rapportent de façon médisante les moindres faits et gestes des épouses sans cesse convoquées devant le tribunal à mille têtes de l'opinion. Les pires étant les gardiens de la moralité publique qui, sous couvert de l'anonymat, s'empressent de faire parvenir aux prisonniers tout ce qui peut attester de leur infortune : photos, documents, témoignages. Ces missives, outre qu'elles réveillent la mémoire masculine encombrée des récits sur la « trahison des femmes » pendant la Grande Guerre, ont également pour effet de réactiver de plus anciens préjugés à l'égard de la vulnérabilité des femmes seules. Le spectacle que ces hommes trompés, bafoués, rabaissés, incapables d'autres réactions que féminines donnent à leurs camarades prisonniers est celui d'une domination déchue, d'une débâcle de la phallocratie. « Je me rappelle, note Francis Ambrière, de cette mère de famille qui, s'en allant vivre avec un autre, en informait "loyalement" le mari en ajoutant un post-scriptum : "Tes enfants sont très contents de leur nouveau papa" ; perfidie ou inconscience, on n'ose trancher, qui claquait comme un coup de grâce. J'ai connu l'homme qui le reçut, par un jour gris pareil à tous les autres. C'était un ouvrier breton, fruste et taciturne, qui, sans doute, n'avait jamais pleuré de sa vie, et ce matin-là c'est à peine si un peu de rose vint lui colorer les pommettes. Après les derniers mots, ce qui précédait sur la lettre lui semblait léger. La femme, il s'en moquait, c'était ses enfants qu'il refusait de perdre[19]. »

La trahison suprême, la plus difficile à pardonner, c'est évidemment la liaison d'une femme de prisonnier de guerre avec l'occupant. Noué pour des motifs qui ne sont pas toujours en rapport avec l'assouvissement d'un simple désir sexuel, ce type de relations semble avoir été beaucoup plus fréquent qu'on ne l'a longtemps imaginé. Au regard de ces femmes, le soldat allemand est souvent autre chose qu'un amant de passage. Il est d'abord et littéralement une « bonne fortune », un protecteur qui se substitue au mari défaillant et aide l'épouse à affronter une passe matériellement difficile. Aussi celle-ci n'éprouve-t-elle qu'un vague sentiment de culpabilité et même parfois pas de culpabilité du tout, au point de s'ouvrir de la situation auprès d'un mari dont elle chercherait presque, au moyen de cette confidence, à dissiper certaines inquiétudes. C'est le cas de cette jeune femme dont le mari est prisonnier au stalag X A et qui n'hésite pas à lui écrire : « J'ai un ami qui s'occupe très bien de notre enfant. Il nous amène du ravitaillement et m'emmène au cinéma [...]. Je t'envoie une photo de lui avec le petit. » Un soldat *feldgrau* tenant dans ses bras un garçonnet pose devant l'objectif, réplique fidèle des premières affiches de la propagande allemande[20]. Le terrain est propice à ce que l'on n'appelle pas encore les « rumeurs urbaines », mais qui en ont déjà l'efficacité. L'un des plus persévérants canards de la guerre, qui semble avoir été lancé par Benoist-Méchin, se trouve recueilli par Ernst Jünger au cours d'un petit déjeuner chez Paul et Hélène Morand : « De même que la guerre de Troie a été le modèle mythique de toute guerre de l'Histoire, de même renaissent toujours la tragédie du retour et la figure de Clytemnestre. Une femme qui apprend que son mari va être libéré lui envoie un dernier colis. Entre-temps, le mari est libéré, plus tôt qu'elle ne s'y attendait, et il la retrouve avec son amant et leurs deux enfants. Dans le camp de prisonniers en Allemagne, les camarades se partagent le contenu du colis et quatre d'entre eux succombent après avoir mangé le beurre qui contenait l'arsenic[21]. »

Que la misogynie traditionnelle de la société française trouve à se repaître de cette sanie ne doit pas faire oublier, pour autant, qu'elle n'invente pas son substrat. Les dénonciations émanant de femmes de prisonniers semblent avoir été un moyen assez répandu pour se débarrasser d'un mari devenu aussi encombrant qu'inutile. Sur l'ampleur exacte du phénomène, l'opacité a, là aussi, été longtemps la règle. Mais si aucune statistique d'ensemble n'a pu être établie, il n'en reste pas moins que les procès instruits à la Libération ont fait apparaître une sur-représentation des femmes dans les affaires de dénonciation : entre les deux tiers et les trois quarts des causes jugées, suivant les lieux de juridiction. Avec cette particularité supplémentaire que la délation féminine a eu presque toujours pour ressort, sous couvert de motifs politiques, des conflits à caractère privé. Arme des faibles par excellence, elle aura servi d'expédient dans un grand nombre de cas pour dénouer des situations conjugales devenues d'autant plus inextricables que la réforme de la loi sur le divorce allongeait sensiblement les procédures et que l'adultère faisait l'objet d'une répression accrue. La tentation était grande alors pour ces femmes de faire jouer à leur profit la force coercitive de l'occupant, de l'arbitraire duquel elles pouvaient espérer des mesures exorbitantes du droit commun. La *Feldgendarmerie*, la Gestapo furent saisies de milliers de cas derrière lesquels se cachaient de simples litiges conjugaux.

Assez vite cependant, les Allemands ont appris à se méfier de ces lettres où l'imprécision et l'incohérence de la prose délatrice contrastent avec le soin apporté à identifier le présumé coupable par la mention d'un état civil exhaustif. L'histoire de Pierre S. est à cet égard édifiante. À son retour de captivité, dans la petite ville du Sud-Ouest dont il est originaire, il découvre fortuitement une lettre en date du 15 février 1943 par laquelle son épouse demandait ni plus ni moins aux Allemands que de le passer par les armes. Voici ce document dans le jus de sa syntaxe originelle : « Messieurs, le prisonnier S. qui se trouve actuellement au stalag XII A, commando [...] a écrit dans des lettres clandestines à sa famille : "Ici nous crevons de faim, j'espère que sous peu nous irons nous venger au côté de De Gaulle et Giraud pour nous sortir de cette racaille de Boche de fripouille qui pillent notre pays [...]. En Russie ils prennent la dope, le cochon d'Hitler a peur pour sa peau de chien sous peu nous l'aurons nous lui ferons son conte à celui-là." Ce prisonnier mérite la peine de mort c'est un grand danger pour notre pays, qu'il paie de sa vie le mal qu'il veut faire aux autres faites vite. » Au bas de la lettre, une main ferme a signé : « Un homme qui attend et qui croit à la victoire allemande qui la désire de tout son cœur pour la paix de son pays. »

Pour faire bonne mesure, la chronique révélera que d'autres femmes ont manifesté à l'égard de leur mari prisonnier un attachement tel qu'elles n'hésitèrent pas à adopter des comportements extrêmes, marqués par la prise de risques et le sacrifice d'une vie routinière. Bouleversées à l'idée d'une longue séparation et résolues à rejoindre leur conjoint coûte que coûte, elles ont choisi de s'engager comme travailleuses volontaires en Allemagne pour quelques mois ou pour tout le temps qu'allait durer la captivité du mari. Certes, elles ne constituent qu'un très faible contingent parmi les quelque quarante mille Françaises qui, sur l'ensemble de la période, ont opté pour ce type de statut. Nullement amoureuses, encore moins sacrificielles, la plupart des recrues sont des filles en quête d'aventure, attirées par le standard de vie et les salaires élevés que leur a fait miroiter la propagande allemande et bien souvent des « femmes de mauvaise vie » qui n'ont d'autre choix que de fuir le territoire national pour se soustraire à une enquête judiciaire, quand ce n'est pas pour échapper à une condamnation infamante. Ignorant volontiers cette dernière catégorie pour ne s'intéresser qu'aux cas exemplaires, la presse collaborationniste porte au pinacle ces « épouses modèles » dont l'engagement au service de l'« Europe nouvelle » n'est pourtant que la conséquence fortuite des sentiments passionnés qu'elles portent à un mari ou à un amant détenu outre-Rhin. Sous le titre « Roger, permissionnaire du stalag, retrouve rue de Belleville Annie, permissionnaire du *Kommando* », un hebdomadaire parisien raconte, dans un article largement illustré, l'édifiante histoire du couple Lhote[22]. Lui, un « grand gars blond à la correction impeccable », a été fait prisonnier en juin 1940 et se trouve alors au stalag III D de Berlin. Elle, dont le « visage dit la volonté, la ténacité et la décision », n'a pas hésité une minute pour s'engager comme ouvrière dans un *Kommando* dès qu'elle a appris que les épouses de prisonniers pouvaient partir dans la région du stalag où étaient les leurs. Depuis, « le bonheur est renoué », conclut le rédacteur visiblement ravi par cet épilogue. Épouses dévouées, amoureuses indomptables, rien n'a pu arrêter ces femmes-là, ni la perspective de contribuer à l'effort de guerre de l'ennemi, ni la crainte d'être instrumentalisées dans le cadre d'un processus politique que la plupart feignaient d'ignorer ou tenaient pour secondaire.

Après tout, l'exemple viendra parfois de haut. Pour justifier son voyage artistique en Allemagne, Danielle Darrieux invoquera la promesse qui lui avait été faite de pouvoir retrouver son amant, Porfirio Rubirosa, diplomate dominicain assigné à résidence en Allemagne. À l'autre bout de l'échelle, le schéma est identique. Tel est bien, par exemple, l'état d'esprit de Régina Wallet lorsqu'elle se présente en juillet 1942 au bureau de recrutement de la « relève » à Toulon[23]. L'atelier de couture Rossig & Cie où elle a obtenu d'être affectée est situé dans la ville de Dresde, soit à moins de 100 kilomètres de l'oflag IV où Jean-Paul, son mari, est détenu depuis vingt-quatre mois. En novembre, un premier permis de visite est l'occasion d'émouvantes retrouvailles au camp d'Hoyerswerda, sous les neiges de Silésie. Chaque dimanche, elle refera le trajet : train, autobus, six kilomètres à pied dans la boue, la nuit, le froid. Lorsque Jean-Paul sera transféré comme « travailleur libre » dans une maison d'édition à Leipzig, elle ira le rejoindre au prix de mille difficultés, n'échappant que par miracle au terrible bombardement du 4 décembre 1943 qui détruisit 60 % de la ville et fit plus de dix mille morts. « La joie est suspendue à des épines », dit un proverbe allemand.

Les captifs amoureux, ou Sieglinde et le Limousin

Ces prisonniers dont l'épreuve est censée racheter les péchés de la nation pratiquent-ils de leur côté cette chasteté et cette continence que l'État français réclame pour leurs femmes ? On le présuppose, compte tenu de leur situation, mais, en réalité, la question n'est pas dans l'air du temps. Si la figure de la « mauvaise Française » s'installe avec l'occupant lui-même, celle, pourtant bien fondée, du prisonnier de guerre fautant avec la « mauvaise Allemande » est pratiquement absente de l'imaginaire national. Excepté dans le proche entourage des rapatriés où, d'une manière générale, on se méfie des récits par trop gratifiants, l'ignorance prévaut sur bien des aspects de la vie quotidienne des captifs. Toute information susceptible de mettre à nu le mythe du sacrifice rédempteur des prisonniers de guerre tombe immanquablement sous le coup d'une censure attentive à ne rien laisser filtrer de ce qui pourrait porter atteinte à l'honneur et à la dignité des PG ou aviver les inquiétudes d'une population féminine déjà considérablement fragilisée par la séparation et l'absence prolongée des hommes. À grand renfort de clichés et de formules convenues, les discours officiels, les écrits autorisés composent un tableau sulpicien de la vie dans les camps. Sous le titre *Prisonnier en Allemagne*, le premier témoignage paraît en librairie au mois de mai 1941. Il est l'œuvre du journaliste Jean Mariat, capturé lors de l'encerclement de la poche de Dunkerque, ancien prisonnier du camp de Ziegenhain (stalag IX A) et rapatrié six mois auparavant[24]. Le livre porte un bandeau racoleur qui en indique clairement la cible : « La vie de votre prisonnier décrite par un prisonnier. » La captivité y est présentée comme une ascèse certes pénible, mais dont les meilleurs savent tirer parti pour pratiquer les plus hautes vertus morales et spirituelles. Quant aux stalags, l'auteur reconnaît y avoir rencontré une humanité composite, mais surtout des hommes fidèles à leurs attaches affectives, à preuve cette mode qui consiste à inscrire sur son béret ou sur son calot le nom de la bien-aimée et, le cas échéant, celui des enfants avec « adjonction de cœurs percés de flèches, de colombes sentimentales ou de mains qui se serrent sur fond de myosotis ». Rien d'étonnant à ce que la lecture de l'ouvrage soit vivement recommandée aux femmes de prisonniers par voie de placards de presse.

On retrouve la même décoction sédative, administrée par le livre d'un autre journaliste, Louis Walter, *Derrière les barbelés*, publié en août 1942, et qui se veut une suite de « reportages vécus » sur la vie des officiers de l'oflag IV D à Elsterhorst, l'une des plus grandes concentrations d'officiers prisonniers en Allemagne (quatre mille hommes)[25]. Quelle lectrice ne serait pas attendrie et rassérénée en prenant connaissance de la revue écrite par les chansonniers du camp : « *Ô femm', combien vous êtes lointaines/ Et nos lèvres désapprennent/ vos doux baisers/ Ô femm' dans nos cœurs c'est la romance/ De votre cruelle absence/ De nos regrets/ Tendres et dociles/ Vous peuplez notre séjour/ Des silhouettes graciles/ De nos amours/ Ô femm', chez les prisonniers de guerre/ Les épouses et les mères/ Vivent toujours*[26]. » Tout n'est pas faux dans ces descriptions lénifiantes de la vie des camps. Éclipsée par d'autres besoins physiologiques élémentaires, la sexualité n'est pas la préoccupation dominante des premiers mois. Ce qu'exprime d'un clin d'œil Jacques de La Vaissière : « Des camarades s'étonnent et s'émeuvent de la disparition de la libido [...]. Une chose est certaine : à nouveau, l'appétence fondamentale est alimentaire. Tout le reste c'est un luxe. Évidence à méditer lorsqu'on reviendra à l'abondance[27]. » Il n'empêche que la réclusion constante imposée à des hommes jeunes dans les premières semaines et au-delà pour les officiers, la vie communautaire avec ce qu'elle implique de promiscuité, la frustration sexuelle infligée aux natures les plus ardentes ont été autant de facteurs favorables au développement de relations homosexuelles. Comme dans n'importe quel milieu carcéral, et sans doute dans les mêmes proportions, l'homosexualité a dû être pour ces hommes une sexualité d'attente et de substitution. À l'époque, ni l'aveu public ni l'impudique confidence ne constituent la loi du genre. À peine y trouve-t-on une furtive et discrète allusion dans *La Complainte des prisonniers*, composée par les hommes du stalag XVII B en l'honneur de la visite de l'ambassadeur Scapini dans un camp situé sur le Danube autrichien : « *Ici vivons comme moines cloistrés/ En continence et grande chasteté/ Loin des ribaudes et gentes damoiselles/ N'avons que mâles en guise de pucelles/ Et si nous avons peu de sols en nos poches/ Voyons nos bourses arrondies comme cloches*[28]. »

Pour ceux qui ont la chance de ne pas être astreints en permanence à la vie de camp, il y a une solution plus exaltante que l'homosexualité substitutive : la femme allemande. Or, de façon massive au début de l'automne 1940, l'affectation des prisonniers de guerre dans des équipes de travail (*Arbeitskommandos*) réparties entre les *Kommandos* agricoles (*Landwirtschaftskommandos*), les *Kommandos* industriels (*Gewerbekommandos*) et les *Kommandos* employés dans l'administration militaire (*Herresverwaltung*) arrache les prisonniers à la rumination morose de la réclusion continuelle. Les officiers et les sous-officiers n'ont pas cette chance : la Convention de Genève interdit aux vainqueurs de les mettre au travail sauf si les intéressés en font la demande expresse. D'un bout à l'autre de la période, les *Kommandos* agricoles restent les plus prisés et les mieux dotés en effectifs. Près de six prisonniers de guerre sur dix y travaillent encore en 1942, en dépit des circulaires successives qui exigent un transfert massif de la main-d'œuvre vers les usines d'armement afin de répondre aux besoins croissants de l'énorme machine de guerre du Reich[29]. Pour épuisant qu'il soit, surtout au moment des récoltes et des moissons, le travail à la ferme n'est pas sans compensation : il n'est pas rare que le prisonnier de guerre loge sur son lieu de travail, partage à la même table la nourriture de son employeur – une femme dans trois cas sur quatre – et accède bientôt le plus naturellement du monde à des privautés d'un autre type. Pourquoi en serait-il autrement ? Dans les campagnes où l'écrasante majorité de la population est féminine et à mesure que la guerre à l'Est y prélève les derniers contingents d'hommes valides pour les expédier au front, les prérogatives et le prestige du mâle échoient aux prisonniers de guerre français. Car, pour être des vaincus, ils n'en sont pas moins des hommes dont une flatteuse réputation transfrontalière assure qu'ils ne rechignent à aucune besogne.

Réserve faite quant à la propension bien gauloise à enjoliver ce genre de récit, il ne fait aucun doute que nombre d'Allemandes se sont montrées particulièrement accueillantes envers les prisonniers français sur toute l'étendue du Grand Reich, il semble même que, taraudées par une pénible abstinence, elles aient dans la plupart des cas fait les premiers pas. Si bien qu'à partir de 1943, nombreux sont les Français des *Kommandos* qui, ayant pris la place des Allemands dans les fermes, les ont également remplacés dans les lits des fermières. « C'est là que nous obtenons les meilleurs résultats, note Jacques Perret dans son *Caporal épinglé*. Déjà j'entends parler d'heureux ménages, de terres enfin prospères grâce aux méthodes beauceronne ou briarde, de troupeaux bichonnés à la morvandelle sous l'œil enamouré de fermières rêvant d'une progéniture de beaux bâtards. Honneur aux prisonniers[30] ! »

C'est dans les provinces rhénanes, semble-t-il, que ce rapprochement est le plus fréquent, reprise du jeu aussi paradoxal qu'approximatif de l'époque encore toute fraîche dans les mémoires où les troupes françaises les occupaient au début des années vingt. Bien des témoignages accordent également une mention spéciale aux Autrichiennes et à leurs qualités d'hospitalité. Celui d'Antoine Blondin, requis du STO mais en contact quotidien avec les prisonniers de guerre de la région de Pottschach, à 60 kilomètres au sud de Vienne, est particulièrement édifiant. Comme tant d'autres, il a été sensible au lourd climat érotique des lieux, privés de toute présence masculine hormis celle de vieillards, au moment de l'arrivée des Français. Climat qu'il restitue à l'aide d'une aimable litote : « Depuis longtemps, une impatience habitait le hameau[31]. » D'autres témoins ont raconté comment et dans quelles circonstances le stalag XVII A, situé non loin de là, à Kaisersteinbrück, constitua pour les autochtones une espèce de haras inépuisable. Beaucoup de ces femmes en butte à des besoins trop longtemps refoulés ne recherchent que le spasme, font montre d'une animalité toute crue, d'une sensualité bestiale qui surprend les prisonniers français habitués à un minimum de préliminaires. L'abordage est rude, sans fioritures :

« *Wieviel Zeit du nicht Matame ?* (Combien de temps, toi pas de Madame ?)

– *Ein Jahr !* (Un an !)

– *Sclecht !* (Mauvais !)

– *Ich, Matame*[32]. »

Telle autre, veuve d'un officier tué sur le front de l'Est, fait une consommation effrénée de KG (*Kriegsgefangenen*) au point d'en épuiser six en dix mois et de venir protester auprès de l'*Arbeitseinsatz* du stalag XII A lorsqu'on tarde à lui fournir un remplaçant. Aussi redoutable par ses débordements est l'espèce des passionnées, prêtes à tout pour combler leur solitude : « Dans notre camp, raconte un ancien prisonnier de guerre, un seul de nos camarades avait fait la conquête de la veuve d'un officier allemand tué en Russie. Devenue follement amoureuse de lui, elle avait fait retailler toute la garde-robe de son mari à sa taille et avait accepté d'être la partenaire de notre ami pour son entraînement sportif. Il était champion de boxe amateur et avait besoin de quelqu'un comme punching-ball. Elle avait beaucoup de bleus, mais elle était contente[33]. »

Entre eux, les prisonniers de guerre français apprennent vite à inventorier les ressources locales. Une bonne place est celle où la patronne couche, où la fille est *gemütlich* et les petites bonnes guère plus farouches. En ville, les *Kommandos* industriels sont moins bien lotis car la surveillance y est plus tatillonne, les risques considérablement majorés. Ce qui n'empêche pas les hommes du stalag VII B employés à l'usine Man d'Augsbourg de répondre favorablement aux invites des ouvrières allemandes qui leur proposent nourriture et vêtements en échange de prestations en nature[34]. Certains emplois dans les *Kommandos* de ville obéissent à la loi des avantages cumulatifs : travail en solitaire, le plus souvent chez un artisan, ambiance familiale, discrétion assurée jusqu'à un certain point, celui précisément où le sentiment d'impunité autorise toutes les audaces. C'est ce qui arriva, par exemple, à ce prisonnier qui, travaillant chez un photographe, coulait des jours heureux en compagnie des deux filles de la maison qu'il comblait tour à tour, chacune n'ignorant rien de ce qui se passait avec l'autre, jusqu'au jour où l'une des deux tomba enceinte, précipitant ainsi la perte de l'imprudent étalon[35].

Ces femmes qui s'offrent aux vaincus pour des rapports souvent limités au coït, comment ne bouleverseraient-elles pas auprès de leurs amants de passage la représentation de la « pure race germanique » que le Reich a voulu orgueilleusement ériger en mythe ? Avides de généralisation hâtive, les PG français ne s'embarrassent pas de nuances dès lors qu'il s'agit d'évoquer l'élément femelle de la « race des seigneurs ». D'avoir pu ainsi hisser dans l'Allemagne victorieuse le pavillon de la phallocratie tricolore est, pour eux, autant source de fierté que de mépris, comme l'atteste ce propos d'un prisonnier du stalag IV B : « Le prisonnier qui rentrera en France à la Libération après avoir passé son temps à la campagne, sans avoir vu "sa femme", sera un saint et un couillon. Les femelles allemandes sont assez putains pour que pas un seul d'entre eux n'ait pas été consolé. Elles pissent devant vous sans se gêner, ne parlent que de cul et se laissent peloter en rigolant[36]. » Par-dessus tout, un extraordinaire sentiment de revanche habite les prisonniers auxquels le cours de la guerre a livré ce gibier facile. Revanche sur l'humiliante débâcle de juin 1940 : ici, ce n'est plus le vainqueur qui se réserve la femme du vaincu, mais le vaincu qui, par un imprévisible retournement de situation, s'empare de la femme du vainqueur. Revanche aussi sur leur statut de prisonnier : parqués et marqués comme du bétail derrière les barbelés des stalags, ils n'étaient plus que des hommes diminués, amoindris, impuissants ; les voici restaurés dans leur condition de mâles à part entière par la grâce de ces milliers de femmes allemandes, cœurs en jachère ou corps en feu. Revanche enfin sur la virilité arrogante des soldats de la Wehrmacht : guerriers désarmés d'une armée défaite et d'une nation asservie, ces gueux de l'Europe nouvelle se transforment en fringants usufruitiers d'innombrables *Gretchen,* tandis que la fine fleur de l'« empire millénaire » tombe, fauchée par vagues entières, sous le feu de l'Armée rouge. Un dialogue imaginaire d'Antoine Blondin dans *L'Europe buissonnière* rend bien compte de ce renversement de situation : « Mais si je te mets sous moi, murmura Superniel, si je te serre entre mes bras, est-ce que c'est la Grande Allemagne que j'étreins ? – Oh ! non, dit Mitzi, un tout petit bout seulement[37]. »

Il n'échappe à personne, pas même aux plus frustes, que ces trophées de chair et de sang arrachés à l'ennemi sont autre chose qu'un butin personnel, autre chose qu'une brèche ouverte dans le sordide de la captivité, mais il faut l'œil affûté et la plume incisive du prisonnier de guerre Jacques Perret pour en discerner la vraie nature : « Des guirlandes de cœurs se sont accrochées aux barbelés et l'amour traqué, furtif, ténébreux, a quand même fleuri, et souvent fructifié à l'ombre des schupos embusqués ; inquiètes étreintes, soupirs étouffés, baisers pendables tapis dans la rumeur des bottes, infidélités monstrueuses, fastueuses revanches sur l'oreiller du vainqueur, cornards avantageux paradant sur l'Acropole, sublimes cocus raidis sur les steppes [...]. Qui de nous chantera ces idylles interdites ? Qui de nous contera une de ces histoires extravagantes, cocasses, pathétiques, où tous les échos de la catastrophe universelle retentissent en secret dans la pâmoison clandestine[38] ? » Extravagant et cocasse assurément, le comportement de ce prisonnier de guerre qui se promène dans les rues de Coblence au bras de la femme d'un *Feldwebel* dont il a emprunté l'uniforme et agit en toutes circonstances comme s'il appartenait réellement à la Wehrmacht. Pathétique, à n'en pas douter, le départ de cet officier permissionnaire qui, avant de regagner son unité sur le front russe, se voit refuser par sa fiancée, une jolie blonde de dix-neuf ans, les baisers qu'elle réserve désormais en secret au prisonnier français employé dans l'exploitation viticole de son père.

Du coup, on en oublierait presque que les risques encourus, de part et d'autre, n'étaient pas minces. Une ordonnance d'Hitler dès le 10 janvier 1940 faisait interdiction absolue aux prisonniers de guerre d'entrer en relations intimes avec les femmes et les jeunes filles allemandes ou de s'approcher d'elles sans autorisation spéciale. Avec l'afflux des prisonniers, le dispositif fut complété le 5 août 1940 par une circulaire de Reinhard Heydrich, chef de la police de sûreté et de sécurité du Reich, prescrivant la peine de mort pour les prisonniers de guerre en cas de rapports sexuels avec une Allemande, et par une note du *Reichsleiter* Martin Bormann (16 juillet 1940) à l'adresse de la population féminine, sommée au nom du parti de préserver en toutes circonstances « l'honneur et la dignité de la race ». Le décret du haut commandement militaire affiché dans les camps au mois d'août suivant ne prescrit plus la peine de mort et la réclusion perpétuelle que pour les cas d'une « extrême gravité », réservant aux autres, conformément au paragraphe 92 du code pénal militaire allemand, une peine pouvant aller jusqu'à dix ans de prison. Afin que nul n'en ignore, une *Bekanntmachung* est lue aux prisonniers dès leur arrivée au camp et figure au dos de leur carte d'immatriculation. Que l'ordre du jour de l'Oberkommando der Wehrmacht (OKW) du 25 août 1941 éprouve la nécessité de rappeler les dispositions antérieures en relevant au passage le barème des sanctions montre bien que la crainte du châtiment n'a pas été ce puissant appareil de freinage que les Allemands avaient cru construire à coups de règlements.

Pourtant, la justice distributive des tribunaux militaires (*Militärgerichte* ou *Feldgerichte*), devant lesquels furent déférés les prisonniers de guerre fautifs, n'aura guère chômé. Les condamnations oscillent entre six mois et dix-huit mois de prison, grimpent jusqu'à six ans s'il en est résulté une naissance. Mais la jurisprudence est souvent plus clémente que les réquisitions du procureur du Reich. Sans doute est-il permis d'y voir l'influence des représentants de la puissance protectrice des prisonniers, en l'occurrence de l'État français lui-même, autorisés dans le cadre des Conventions de Genève à participer aux délibérations des juges militaires ? À partir de l'été 1941, le tarif s'alourdit dès lors que la relation coupable implique la femme d'un soldat de la Wehrmacht mobilisé sur le front russe et tombe du même coup sous la double incrimination de « démoralisation » et de « travail de sape contre la défense nationale ». Auquel cas, c'est vers la sinistre forteresse de Graudenz, située entre Thorn et Marienburg, sur le territoire polonais, que le condamné est dirigé afin d'accomplir sa peine dans le cadre particulièrement éprouvant d'une compagnie disciplinaire. Cependant, la politique des autorités allemandes ne se limite pas à la répression. Un volet dissuasif a été ajouté avec l'organisation, dès décembre 1940, de bordels pour prisonniers de guerre sur le modèle des bordels militaires, installés dans des baraquements à proximité des camps. Auprès des entreprises où ont été affectés les PG, des maisons closes sont créées à l'initiative du Front du travail et leur gestion confiée soit à la firme, soit à l'État. Dans tous les cas, les prostituées recrutées sont exclusivement des étrangères, puisque l'objectif affiché est de « garantir la sauvegarde de pureté du sang allemand » en préservant la population féminine des coïts d'aubaine ou de rapine dans lesquels sont passés maîtres les prisonniers de guerre français.

Aucune de ces mesures, pourtant, n'a été de nature à ralentir l'activité sexuelle des plus ardents dont la rumeur colporte, de baraque en baraque, la geste mirifique. En regard, les projets d'évasion, les sabotages, les actes de résistance ne sont que des occupations accessoires dont la réalisation, à niveau de risque comparable, mobilise globalement moins d'énergie. Sur les sept cents prisonniers de guerre qui défilent en moyenne chaque mois à partir de 1943 devant les tribunaux militaires, 77 % sont condamnés pour avoir eu des rapports coupables avec des Allemandes, 10 % pour voies de fait, 8 % pour vol et braconnage[39]. En valeur absolue, les chiffres sont plus modestes, mais quelques milliers de condamnations par an ne traduisent selon toute vraisemblance qu'une faible partie de la réalité quant aux relations entre les prisonniers de guerre et les Allemandes[40]. Dans la très grande majorité des cas, la loi du silence, la solidarité de ces couples informels déjouent la répression. Nul ne saurait dire non plus quelles sont les proportions respectives de célibataires et d'hommes mariés impliqués dans ce genre d'affaires. Rien par ailleurs dans les archives ne permet d'évaluer le nombre d'enfants conçus de ces unions entre citoyennes allemandes et captifs français, bien que les multiples directives du parti après 1942 soulignent l'acuité du problème.

Ce qui est certain, en revanche, c'est que l'autorité vichyste, en la personne de l'ambassadeur Scapini, ne chercha pas à faire le tri et que le bureau juridique du Service diplomatique des prisonniers de guerre (SDPG) mit un zèle égal à tous les défendre, quel que fût le statut matrimonial des uns et des autres. Au reste, aucun des cas d'adultère qu'il eut à connaître, ne serait-ce que par l'intermédiaire des avocats-conseils des stalags, ne fit l'objet de la moindre communication auprès des juridictions françaises. Plus surprenant encore, on vit le représentant du Maréchal, censément dépositaire des préceptes de l'ordre moral, se féliciter d'avoir fait entériner par certains tribunaux une jurisprudence qui excluait du champ pénal les relations des prisonniers de guerre avec les jeunes filles et les veuves, au motif que l'ordonnance de l'OKW n'interdisait expressément les rapports intimes qu'avec les femmes mariées (*deutsche Frauen*)[41]. Fortement réprobatrice et tout autant répressive à l'égard des sexualités illégitimes des femmes de prisonniers, la Révolution nationale fut une mère indulgente envers ses fils prisonniers. Une mère indulgente et jusqu'à un certain point complice, au fond secrètement ravie qu'enfin ses « chers enfants » fassent montre vis-à-vis de l'ennemi d'une robuste et saine virilité.

CHAPITRE 9

La loi des suspectes

« Dites, vous ne le trompez pas, vous, Grandmaison ? faut pas mon petit, faut pas. C'est pas digne, c'est pas français. »

Marcel Aymé, *Le Chemin des écoliers.*

« Saleté va ! alors pendant qu'on souffre à en crever, nos femmes font la bombe. Ah ! les garces[1]. » Impossible de ne pas entendre l'immense plainte qui monte des camps. Par-delà les clivages de la sphère publique, l'infidélité d'un nombre sans cesse croissant de femmes de prisonniers ouvre à l'intérieur de la sphère privée un front où vichystes et résistants vont combattre, sans jamais le reconnaître, du même côté de la barricade : chacun à son heure, chacun selon ses méthodes, mais avec le même souci de défendre l'ordre patriarcal. Sur ce front-là où bute la force coercitive de l'État, le gouvernement de Vichy est soumis d'entrée à une double pression qui ne se relâchera pas. Celle de l'opinion publique d'une part, dont la propension naturelle à s'ériger en censeur des comportements, indépendamment de la propagande d'État, se trouve exacerbée par le climat d'abattement et de suspicion générale. Celle des prisonniers d'autre part, qui, pour être plus lointaine, ne s'en exerce pas moins avec une force morale incomparablement plus astreignante. Car s'il est un préjugé largement répandu à l'époque, c'est bien celui-là : loin d'être considérées comme de modernes Pénélope, de « misérables créatures, enterrées vivantes dans le sépulcre de l'incompréhension générale », les femmes de prisonniers de guerre sont d'abord des suspectes sur lesquelles pèse le regard de toute la communauté. Cette surveillance, qu'elle s'exerce par l'entourage ou par l'entremise des visiteuses mandatées par les organisations de secours aux femmes de prisonniers, a pour objet de repérer les « défaillances » et pour effet d'en assurer, involontairement ou pas, la publicité. Coupables, les femmes de prisonniers infidèles le sont alors à double titre : en tant qu'épouses ayant commis l'adultère, mais aussi comme « mauvaises Françaises » cherchant à se soustraire à la souffrance commune, critère qui, au regard des vichystes comme des résistants, va fonder durant cette période l'appartenance à la communauté nationale. Car ce qui est incriminé par-dessus tout, ce n'est pas tant le fait, pour ces femmes, d'avoir voulu briser leur solitude affective, mais bien d'en tirer un plaisir illicite au moment où la France entière se trouve plongée dans l'affliction. Au sommet de l'État, on a toutes les raisons de redouter que leur mauvaise réputation ne finisse par rejaillir sur le régime lui-même et n'achève de discréditer le discours sur la régénération des mœurs dont les Français n'ont déjà que trop tendance à croire qu'il demeure sans prise sur la réalité. Faut-il coûte que coûte préserver l'avenir des couples légalement unis en prêchant la patience aux épouses et l'indulgence aux maris captifs ? Ou bien faire droit aux requêtes de ces derniers en accentuant la répression des sexualités illégitimes, au risque de créer l'irréparable et de rendre la séparation définitive ? Secoué par un interminable débat, l'État français explore successivement ces voies antagonistes, s'y échoue ou s'y fourvoie.

Femmes sous surveillance, ou les mille yeux d'Argus

En s'instituant comme premier garant de la vertu féminine, l'ordre vichyste trouve son modèle implicite dans la mythologie gréco-romaine : comme jadis Io, les femmes sont mises sous la surveillance des milliers d'yeux du berger Argus. Ce sera cette France réduite aux aguets qu'Henri-Georges Clouzot mettra magistralement en scène en 1943 avec *Le Corbeau*, chronique villageoise enserrée dans un inextricable filet de rumeurs et de ragots, de médisances et de calomnies à travers quoi l'ignominie le dispute au sordide. Qu'elles soient fidèles à leurs devoirs d'épouses et s'inscrivent *nolens volens* dans l'entreprise de rédemption collective voulue par Vichy en se pliant sans barguigner aux vertus de patience et de sacrifice qu'on leur prêche en haut lieu, ou qu'elles s'abandonnent dans un « moment d'égarement » ou pour une liaison plus durable à une sexualité illégitime, les femmes de PG sont confrontées à des choix dont l'enjeu les dépasse. Par là même, elles se trouvent impliquées dans un processus de politisation des corps auquel participent, à des degrés divers, toutes les instances du contrôle social ; de l'autorité politique à l'institution judiciaire en passant par la presse, les associations d'entraide et de secours aux familles des prisonniers, les assistantes sociales, sans oublier l'entourage immédiat des femmes de prisonniers, qui fut dans bien des cas à l'origine d'une véritable organisation du soupçon.

Vichy sera bien une tentative de restauration patriarcale, mais paradoxale. En échappant, par la force des choses, aux maris absents, le contrôle de la sexualité des femmes de prisonniers passe directement ou indirectement aux mains d'autres femmes qui jouent les premiers rôles de ce premier réseau de surveillance, le plus redoutable du fait même de la pression qu'il exerce au quotidien, que forme l'entourage familial des femmes de prisonniers. C'est là que s'élabore le discours moral qui cherche à les enfermer dans le cercle de feu d'un tutorat autrement asphyxiant que les lointaines fumées discursives ou législatives sorties des fabriques de la Révolution nationale. Gardienne de l'honneur familial, la belle-mère est le plus souvent le cerbère de cet *inferno* domestique où la damnation est acquise à la moindre faute, au moindre écart de conduite. À la bru investie malgré elle du rôle de chef de famille, on ne tolère rien. Ni sorties ni loisirs, aucun de ces « stupéfiants » que sont les « plaisirs faciles ». Le fait même, pour une femme seule, d'aller au cinéma est considéré sinon comme un signe d'immoralité, du moins comme une distraction pernicieuse à l'heure où « tant de films montrent des comportements licencieux » et risquent d'éveiller chez elle quelques secrets penchants pour la débauche. Cette question de la compatibilité de certains loisirs avec l'état imposé du célibat soulève d'ailleurs bien des débats au sein des associations. Bien qu'on s'interdise d'en faire une généralité, les « errements » de celles qui se montrent avides de se distraire au point d'en négliger leurs devoirs maternels et familiaux sont montés en épingle : « Je connais pas mal de femmes de prisonniers qui vont au cinéma et laissent leurs enfants seuls. Je connais une femme d'officier qui va au théâtre tous les lundis. Elle laisse ses enfants seuls à la maison. Elle en a deux. Elle dit même que son mari ne serait pas content s'il le savait, lui-même ayant écrit qu'il s'était privé d'un spectacle, qu'il n'avait pas le cœur d'y aller. Une de mes voisines s'est trouvée avec elle dans un abri un lundi au sortir du théâtre. Il y avait alerte et ses enfants étaient seuls à la maison. Plusieurs fois, j'ai fait la remarque à certaines femmes de prisonniers. Elles m'ont répondu : “Ce n'est pas au cinéma qu'on fait le plus de mal ! Et puis, il ne le saura pas[2].” »

Les cas extrêmes où la belle-mère se comporte en véritable dépositaire de l'autorité patriarcale en l'absence du mari encombrent les témoignages : « Mon mari a encore sa mère qui est une ennemie pour moi et fait tout pour nous séparer, rapporte l'une d'entre elles dans une lettre au Mouvement populaire des familles. Je n'ai été mariée que quinze jours avant la guerre et mon mari ne m'a jamais considérée comme sa femme, faisant toujours passer sa mère avant moi. C'est elle qui garde nos meubles, nos ustensiles de ménage, qui touche le traitement de mon mari. Non seulement cela, mais elle essaye de me ruiner dans son estime[3]. » Dans les petites villes ou dans les villages, là où la surveillance communautaire peut s'exercer sans relâche, les femmes de prisonniers suscitent une méfiance comparable à celle qu'avaient eu à subir les épouses des mobilisés et les veuves de guerre au temps du précédent conflit. Une nouvelle toilette, des horaires de rentrée irréguliers, des sorties nocturnes signalent dans l'esprit d'observatrices sans charité une inquiétante disponibilité affective et sexuelle, porte ouverte à toutes les dissipations. Un regard, une parole échangée avec un homme suffisent à faire d'elles des « oublieuses » et pourquoi pas, demain, par un implacable enchaînement, des « traîtresses ». Elles sont alors triplement coupables : au regard du mari absent, vis-à-vis de la nation dont les prisonniers sont l'âme souffrante et, ce n'est pas là le moins choquant aux yeux du régime, par leur mépris des valeurs communautaires de sacrifice et de recueillement auxquelles elles opposent la dissidence individualiste d'un anachronique esprit de jouissance. Ce climat de suspicion qui pèse sur le moindre de leurs gestes leur fait à chaque instant sentir à quel point leur respectabilité est une concession précaire, révocable sur-le-champ. L'incompréhension est une source inépuisable de malentendus réciproques, de propos malveillants, d'aigreurs mal contenues. Il n'est guère de femmes de prisonniers de guerre qui n'en portent les stigmates : « Nous avions un problème devant ces personnes qui ne comprenaient pas que nous étions des femmes jeunes et nous étions obligées, pour nos maris, de nous tenir convenablement, de nous coiffer, de nous maquiller. Ces gens disaient : “Mon Dieu, elles en ont trouvé un autre[4].” »

Ce que d’aucuns attendent des femmes de prisonniers est un demi-deuil, seule attitude extérieure jugée finalement en rapport avec leur état et conforme aux convenances. L’exigence familiale et sociale est suffisamment forte pour qu’un journaliste comme Pierre Hautefort, dont la plume n’a pas la réputation de s’égarer hors des sentiers de la morale dominante, éprouve le besoin, en novembre 1940, de signer dans *Notre cœur* une solennelle mise en garde à l’adresse des mères qui outrepassent leurs droits et s’emploient à ruiner par leur attitude le foyer conjugal de leur fils prisonnier. Cette dénonciation de l’abus de belle-mère tranche sur la tonalité habituellement lénifiante de la publication. Il récidive, en juin 1941, dans un article où il déplore qu’aux difficultés matérielles des femmes de prisonniers viennent s’ajouter des soucis imaginaires et des scrupules superflus : « L’une se morigène d’aller au cinéma une fois par semaine alors que son mari est privé de distractions […] et n’accueille cette idée qu’après avoir entendu – le rouge aux joues – une “rombière” vitupérer les écervelées qui s’accordent de petites sorties[5]. » L’abondant courrier que lui vaut cet éditorial donne la mesure des dégâts occasionnés par l’intransigeance des entourages et signale incidemment l’insoumission croissante des femmes qui en sont les victimes.

Figure centrale de la censure des mœurs et de la surveillance communautaire, la « rombière » n’est pas l’invention d’un plumitif en mal de copie. Elle renvoie à un personnage familier, même s’il n’est pas socialement typé, qui parle à l’imagination de chacun : femmes d’âge mûr vivant difficilement le crépuscule de leurs charmes, anciennes professionnelles de la galanterie reconverties en prix de vertu, vieilles filles à la laideur inconsolable, dames d’œuvre à la charité hémiplégique, douairières ombrageuses faisant profession d’exemplarité patriotique. Toutes ont en commun, derrière de nobles motifs, une même volonté de se substituer au mari absent, non pas tant comme relais et gardiennes de l’ordre patriarcal, mais dans le dessein d’exercer sur des femmes plus jeunes et plus jolies un contrôle des corps et des mœurs qui semble leur procurer de troubles et tardives satisfactions. Quand le sujet est réfractaire, refuse de se plier aux injonctions, la délation est alors l’ultime mode de régulation qui s’offre à toutes celles que mettent en rage des frasques supposées ou réelles. À l’origine de bien des dénonciations, il y a un groupe de « mères de famille » retranché derrière l'anonymat d'une signature collective, comme c'est le cas par exemple dans le Lot où celles-ci s'indignent auprès des autorités locales de la « joyeuse vie » menée par des femmes de PG[6]. Chaque jour déverse au secrétariat du Maréchal la cargaison sans surprise de ce que le chef du cabinet civil appelle le « courrier des belles-mères ». Sollicitations financières, doléances, dénonciations en règle de l'inconduite des belles-filles, voire des simples voisines ou collègues de travail, en constituent l'ordinaire. Ainsi, au prétexte de s'en remettre à la profonde sagesse du chef de l'État, Mme C., de Marseille, expose avec force détails le comportement de sa bru à laquelle elle reproche dans la même phrase de ne plus écrire à son fils prisonnier et de s'être mise en ménage avec un matelot en Seine-et-Oise. S'ensuit logiquement, entre candeur et perfidie, la question finale : « Dois-je laisser mon fils souffrir moralement du manque de nouvelles et laisser sa femme jouir de sa délégation de solde[7] ? » En octobre 1941, soit moins de trois mois après la réponse du Maréchal, la justicière épistolaire obtient gain de cause : le préfet mandate le commissaire de Villeneuve-Saint-Georges au domicile des amants et, devant le refus de l'épouse infidèle de réintégrer le domicile conjugal, ordonne de suspendre le versement de la délégation de solde.

Semblable malveillance n'est évidemment pas au programme des organismes publics ou semi-publics qui se sont fixé pour tâche d'apporter une aide matérielle et morale aux femmes de prisonniers. Œuvrent en ce sens la Famille du prisonnier de guerre sous l'égide du Secours national, les services sociaux des Maisons des prisonniers installés au chef-lieu du département, les associations de femmes de prisonniers de guerre, le très catholique Mouvement populaire des familles, et d'innombrables centres familiaux d'entraide populaire implantés un peu partout sur le territoire. On y a, en premier lieu, pour objectif de sauvegarder la fidélité des épouses par le culte du souvenir et l'exaltation de l'amour authentique, mais aussi de venir au secours de « celles qui flanchent » afin de les ramener dans le droit chemin, ou bien, une fois acquis le repentir de la femme adultère, d'intervenir auprès du mari prisonnier en l'incitant à pardonner et à se désister de sa procédure de divorce. Qu'elle relève du volontariat des bénévoles ou de l'activité professionnelle des assistantes sociales pour lesquelles Vichy a créé un diplôme d'État en novembre 1941, cette intermédiation n'est jamais totalement exempte d'un certain zèle investigateur qui l'apparente par bien des aspects à une enquête de moralité. Il arrive même que ces enquêtes soient expressément sollicitées par le Commissariat général aux prisonniers de guerre et rapatriés (CGPGR) ou le Service diplomatique des prisonniers de guerre (SPDG) qui en confient la réalisation aux services sociaux des agences publiques, celles-ci rivalisant le plus souvent entre elles pour se poser en « guides extérieurs » des femmes en danger.

À cet effet, la Famille du prisonnier de guerre crée, en février 1942, un service de liaison avec les camps dont l'objectif est de recueillir les demandes des PG concernant leurs proches. Recrutées de préférence dans les familles des prisonniers de guerre elles-mêmes (femmes, sœurs, mères), les visiteuses-enquêteuses forment le plus dense réseau de contrôle social jamais organisé afin d'exercer une surveillance sur le comportement des femmes seules. Il est loin, cependant, de suffire à la tâche, puisqu'un tiers seulement des dossiers transmis est traité dans un délai jugé satisfaisant. Le bulletin intérieur « confidentiel » de la Famille du prisonnier, qui compile les « directives » à l'usage des délégués et autres responsables locaux, permet d'apprécier l'esprit qui préside à ces visites d'entraide dont beaucoup, à mesure que la séparation se prolonge, s'apparentent à de véritables « opérations de sauvetage ». « Notre doctrine répétée mille fois, peut-on y lire, est de remplacer le chef de famille absent. » Ou bien : « L'enquêteuse aura le plus souvent affaire à des gens las, découragés. Il faut qu'ils sentent qu'elle vient à eux comme une amie. Cela les incitera plus facilement aux confidences et à l'abandon si nécessaire pour pouvoir les soulager[8]. » Ou encore : « Éviter de poser des questions trop directes qui auraient l'air d'une inquisition. Parler et faire parler. »

Entre deux visites, le contact est maintenu grâce à des réunions récréatives autant qu'éducatives groupant les femmes d'un même arrondissement ou dont les maris appartiennent à un même stalag. Incontournable est l'intervention de rapatriés, généralement d'anciens « hommes de confiance » qui, aux termes de la convention de Genève, sont chargés de défendre les intérêts matériels et moraux de leurs camarades. On y rappelle « l'image très haute que les prisonniers se font là-bas de leurs femmes, image à laquelle elles se doivent de tendre de toutes leurs forces[9] ». Auparavant, des femmes de PG « à la valeur morale éprouvée » ont été disséminées dans la salle pour mieux repérer les cas les plus douloureux parmi l'assistance. Tant de vigilance ne parvient pas toutefois à enrayer la spirale dépressive qui emporte un grand nombre d'entre elles. L'automne 1942 représente un cap difficile pour les femmes de prisonniers : plus de deux années de séparation ont creusé des ravines où dévalent les eaux du doute. « État de grave démoralisation », observent à cette date les visiteuses, qui relèvent par ailleurs que les « appréhensions des prisonniers » quant aux suites possibles de la séparation sont « le plus souvent justifiées » et que « le mal n'est pas récent[10] ». Seule note optimiste dans ce concert de désolation, le service de liaison avec les camps, pour inciter à moins de sévérité dans le jugement sur les femmes de PG, fait savoir que le « pourcentage de prisonniers qui pardonnent atteint 70 % desquels le foyer a été menacé ». Il en ira ainsi jusqu'au bout : le prisonnier de guerre est dans la plupart des cas un cocu fataliste, enclin à trouver bien des excuses à l'épouse infidèle.

Installée dans le rôle plus confortable de conseillère à distance, la presse féminine participe à sa manière à la régulation des sexualités. Son contenu reflète, dans un plat conformisme auquel ne manque aucun cliché, l'exigence sociale à l'égard des femmes de prisonniers. Leur triple devoir de « femme, de maman et de Française », sans cesse répété à longueur de colonnes, forme les barreaux de cette geôle de papier. Grand déversoir des confidences féminines, le courrier des lectrices sert également de barrage à la marée montante de l'« inconduite » et de l'« immoralité ». Aux épouses volages, à celles qui sont en proie à la tentation ou sur le point d'y succomber, on prône invariablement non seulement la fidélité – service minimum dû à l'absent –, mais encore l'oubli de soi, l'abnégation silencieuse dans le droit fil d'une culture du renoncement qui se veut la réplique symétrique du sacrifice exigé des hommes au service de la nation. Le registre est alternativement celui de la culpabilisation et du sarcasme. À « Cœur souffrant », qui avoue aimer un autre homme que son mari prisonnier, on répond sur le mode imprécatoire : « Ce sont des femmes comme vous qui mériteraient d'épouser un homme méchant qui les ferait souffrir […] faites attention, si vous trahissez la confiance de votre mari, si vous profitez de son éloignement pour vous rapprocher de l'autre, vous commettrez une telle vilenie que vous ne pourrez qu'en être gravement punie un jour[11]. » À « Cœur aimant », une très jeune femme de prisonnier de guerre, mère d'une fillette, qui confesse, dans un style hasardeux, une liaison avec un médecin également marié, on n'épargne ni la raillerie ni la condescendance : « Si vous avez besoin d'un dérivatif ou d'une occupation, prenez plutôt des leçons de français et d'orthographe ; il y en a de gratuites[12]. »

Quelques dissonances se font cependant entendre à propos des fiancées de prisonniers de guerre. Les circonstances ne les délient-elles pas de leur promesse ? Peut-on exiger d'elles la même fidélité qu'à l'égard d'un époux ? La ligne de la presse populaire obéit à une morale de la compassion : ne pas ajouter l'injustice au malheur des prisonniers, ne rien dire, ne rien faire qui puisse désespérer les stalags. L'intransigeance de Nicole, la courriériste des *Dimanches de femmes*, n'a d'égale que celle de son homologue de *Notre cœur* dès lors qu'il s'agit de renvoyer « Mado l'indécise » ou « Loulou, cœur en détresse », toutes deux tiraillées par des sentiments contradictoires, devant le tribunal de leur conscience. S'adressant à des lectrices issues de milieux plus favorisés, des magazines comme *Pour elle* et *Marie-Claire*, confrontés aux récits de situations comparables, font montre d'un pragmatisme plus accommodant. « Avant de vous engager avec votre nouvel ami, tâchez de ne pas lâcher la proie pour l'ombre », « Vous avez eu raison de donner à chacun des chances égales », « Vous ne pouvez pas vous marier sans amour » : autant de conseils que les intéressées peuvent légitimement interpréter comme des sauf-conduits[13]. Au final, l'accumulation, la récurrence et la similitude des cas traités, semaine après semaine, ne laissent guère place qu'à deux éventualités. Ou bien le volume du courrier est tel qu'il justifie que la rédaction lui accorde une large place. Ou bien il s'agit de stigmatiser sans relâche des comportements minoritaires auxquels on cherche à attacher le poids de la culpabilité et de l'opprobre. La deuxième hypothèse est la bonne : s'il faut y revenir si souvent, c'est que le respect de l'ordre moral va de pair avec sa mise en place. La guerre, en bouleversant le cours d'existences tranquilles, en a également révélé l'étrécissement. Combien d'épouses fidèles par routine, économes faute de désirs, vertueuses par manque d'imagination ont-elles découvert à la faveur des événements que la fatalité n'était rien d'autre que l'alibi de leur résignation devant la pente d'une vie plus subie qu'acceptée ? Pour celles-là, l'adultère était une virtualité que la séparation ne fera qu'accomplir.

Qui veut faire l'ange fait la bête à deux dos

Ainsi de Denise et Serge. Un couple illégitime comme il s'en est formé des milliers dans le grand chaos qui a suivi la défaite, une histoire *a priori* banale, à ceci près que la correspondance échangée par les deux amants, entre juillet 1941 et octobre 1943, retrace dans les moindres détails les vicissitudes d'une liaison adultérine au temps du Maréchal sur fond de culpabilisation individuelle et de suspicion collective[14]. Denise est une Parisienne et cette qualification pourrait suffire dans le vocabulaire de l'époque à cerner à la fois un mode de vie et un comportement. Elle fréquentait Bernard depuis trois ans lorsque la mobilisation a été décrétée. Au cours d'une permission, il lui a demandé de l'épouser. Pour être libre et s'affranchir de son milieu familial, elle a dit oui. Le mariage a eu lieu le 4 décembre 1939. On s'est toisé entre familles dans une ambiance qu'on aurait du mal à qualifier de festive, sans que le contexte international y soit pour quelque chose. Six mois plus tard, les chemins de l'exode conduisent Denise à chercher refuge auprès de sa belle-famille à Châteauville, sur les bords de la Loire. Atmosphère mauriacienne, haine cordiale cuite à feu doux, lacet qui se resserre le jour où tombe la nouvelle de la captivité de Bernard. Parce qu'il faut bien gagner sa vie et qu'il n'est pas question de vivre aux crochets de ses beaux-parents qui déjà lui comptent tout et ne lui pardonnent rien, elle s'est fait embaucher en qualité de secrétaire dans une fonderie transplantée le 11 mai depuis les Ardennes dans la région. À l'usine, elle fait la connaissance de Serge qui était déjà employé sur le site originel de Charleneuve où il fabriquait des canons.

À vingt ans, Serge a la virilité belliqueuse, en dépit d'une fragile complexion qui lui a valu d'être exempté par le conseil de révision. L'improbable balistique de ce printemps 1940 qui infléchit tant de trajectoires individuelles fait le reste. Un amour platonique se noue entre Denise et Serge, plein de sentiments délicats où les soupirs ne font encore que la courte échelle au désir. Sur cette trame, désespérément classique, viennent se greffer quelques avatars qui le sont moins. En juillet 1941, Serge s'en retourne dans son village des Ardennes. Il y épouse Raymonde, une jeune tuberculeuse envers laquelle il éprouve, de toute évidence, moins de passion que de compassion. De son côté, Denise, pour échapper à l'emprise de sa tyrannique belle-mère, regagne Paris où elle trouve un emploi dans une fabrique de gazogènes. Ayant accumulé entre eux les obstacles de toutes sortes, ils ont néanmoins pris soin de ne pas rompre le fil d'une secrète correspondance. Les premières lettres de Denise expriment à la fois une tension interne et une impasse émotionnelle. Elle y affirme une volonté farouche de se conformer aux devoirs que lui impose son état de femme de prisonnier, tandis que sourd entre les lignes la conviction intime de ne pas pouvoir s'y tenir. La suite n'est qu'une longue alternance d'abandons et de ressaisissements à travers lesquels on devine le poids des conventions, la pression de l'entourage, la peur du jugement d'autrui et plus encore le spectre de la mauvaise conscience. Moins enclin à l'introspection, Serge n'en est pas davantage quitte avec les scrupules. La lecture d'un article consacré aux femmes de prisonniers l'a mis particulièrement mal à l'aise : « L'article auparavant stigmatisait ceux, plus lâches peut-être, qui ont profité sciemment de l'absence des maris. Pour ceux-là, il faut être impitoyable, refuser toute compréhension. Elles, il faut leur pardonner ; elles sont si perdues de solitude [...]. Voyez-vous, amie, je me suis demandé si je n'étais pas de ceux, “plus lâches peut-être”, qui ont voulu rester près d'une femme mariée. Amie, je ne veux pas être de ceux-là[15]. » La réponse de Denise est au diapason : « Voyez-vous, nous autres femmes seules mais pas libres, nous ne nous sommes pas rendu compte que nous étions dangereuses et en danger. On aurait dû nous enfermer aussi, comme ceux à qui est liée notre vie. Nous aurions souffert, bien sûr, mais au moins nous n'aurions fait souffrir personne[16]. » Dernières mortifications, ultimes macérations avant soldes.

Au printemps 1943, Denise se décide enfin à sauter le pas. Ce n'est pas tant d'être malheureuse qui la chagrine – il est des morosités délectables –, mais le spectacle du bonheur d'autrui qui lui est insupportable : « Par distraction, une fois, j'ai voulu aller au cinéma. J'en suis sortie plus troublée et énervée que je n'y étais rentrée. Rien que de voir des amoureux dans la rue me met les nerfs à fleur de peau. Mes idées tournent à l'idée fixe : je veux mon grand, je le veux tout de suite. » Les beaux jours agissent comme un rhéostat thymique qui la fait passer de la misère dépressive à une exaltation frondeuse : « Je m'en moque de garder sans tache le nom que je porte. Je m'en moque de la désapprobation publique ! Je m'en moque de la famille ! Je m'en moque du déshonneur ! Je sacrifierais tout cela pour une seule heure de bonheur avec vous. Pour une heure, entendez-vous ? Même si elle est unique[17]. » Tout est dit dans une énumération dont l'ordre même est significatif : l'affirmation du moi contre le sacrifice de soi, l'apologie du plaisir contre la glorification du devoir, le bon du sexe contre le bien de la morale.

En se rangeant d'elle-même dans la catégorie des « femmes dangereuses et en danger », Denise cerne en quelques mots la représentation qui a prévalu d'emblée à propos des femmes de prisonniers. Dans une société où l'infidélité de l'épouse est considérée comme un désordre infiniment plus grave que celle du mari, une femme seule, en raison même de la « mobilité de ses désirs », selon la vieille formule du Code civil, ne peut être qu'une femme en danger. Le contexte en fait de surcroît une femme dangereuse, dès lors que les exigences de sa sexualité entrent en conflit avec les impératifs d'un État qui, fort du soutien massif de l'opinion, s'est institué garant et protecteur des intérêts moraux et matériels des captifs. L'adultère n'est plus comme en temps de paix un simple déni de l'ordre social, il menace la cohésion nationale en contribuant à nourrir l'angoisse des prisonniers, affaiblit l'autorité du régime en défiant ouvertement son projet de régénération des mœurs, attise les peurs sociales à l'égard de ce trop-plein sexuel que certaines femmes cherchent à évacuer sans trop de discrimination quant au choix de leurs partenaires ni de considération pour les circonstances.

Procès en sorcellerie

En août 1914, la censure gouvernementale avait interdit à la presse de traiter de quelque façon que ce fût le sujet des relations adultérines des femmes de prisonniers, ainsi que tous les thèmes susceptibles d'engendrer la discorde dans les couples séparés par la guerre. Quelque volonté qu'il en ait, l'État français n'a ni l'autorité ni les ressources pour imposer sur l'ensemble du territoire un tel filtrage de l'information. L'image des femmes de prisonniers lui échappe et sa rapide dégradation écorne le mythe officiel qui les désigne comme avant-garde de la restauration des valeurs morales. Il ne manque pourtant pas de plumes bien-pensantes pour répandre des histoires édifiantes, comme celle, déjà évoquée, de Madeleine, la pécheresse sauvée de la débauche par une association de femmes de PG dont *La Guerre des captives*, un roman à succès écrit par un ancien prisonnier rentré en France, retrace sous une lumière de vitrail la miraculeuse rédemption[18]. Ou bien celle d'Arlette, l'héroïne d'une nouvelle publiée dans *Dimanches de femmes*, qui, après avoir repris sans aucune formation préalable l'entreprise de son mari retenu captif, réussit à la faire prospérer à force de courage, d'énergie et d'esprit d'initiative[19]. Il n'empêche : ces récits sentent trop l'apprêt et la forgerie de la propagande pour qu'on leur accorde autre chose qu'un regard distancié. Ils viennent, en outre, trop tard pour être d'une quelconque efficacité. D'emblée, un parfum délétère se répand dans le sillage des femmes de prisonniers.

Cette mauvaise réputation naît à la confluence de la mémoire masculine traumatisée par la débauche de certaines femmes en 14-18, d'un vieux fond de misogynie solidement ancré dans les mentalités et d'une croyance collective qui attribue les malheurs de la patrie aux trahisons successives ou simultanées de tel ou tel groupe promu au rang de bouc émissaire. Il est symptomatique, à cet égard, qu'un Jean Guéhenno et qu'un Paul Léautaud, dont les sensibilités et les perceptions se situent d'ordinaire aux antipodes, consignent tous deux, très tôt, dans leur *Journal* respectif, une même vision empreinte d'une impitoyable noirceur à l'égard des femmes de prisonniers. Sous la signature du très progressiste Jean Guéhenno dans son *Journal des années noires*, la charge n'en est que plus saisissante : « Déjeuné hier au restaurant. Près de moi étaient assises deux petites putains. Elles parlaient de leurs amis : Jean, Maurice. L'amie de Jean faisait l'éloge de Maurice. "Ah ! Il est gentil avec toi, Maurice." Elles se le voleront bientôt. Et puis, sur l'exclamation vaniteuse de l'une d'elles : "Ah ! que la vie est compliquée." Elles parlent de Georges et de Philippe, et d'autres amants prisonniers : "Tu comprends, il faut bien que j'écrive à Georges. Ce ne serait pas humain." Et j'ai l'impression de deux petites bêtes menteuses et câlines, si sûres de leur puissance, cachée là au centre d'elles, sous leur robe ; elle a bourgeonné en tout un corps, des bras, des jambes, un joli visage avec des yeux mystérieux pour se mieux cacher. Elles sont heureuses. Les Allemands permettent que désormais on ne rentre qu'à minuit. C'est une heure de plus à passer avec Jean et Maurice[20]. » En regard, la prose acide d'un Léautaud semble presque diluée dans le bain corrosif où il trempe d'ordinaire sa plume : « J'ai voyagé ce soir avec cet employé de la préfecture avec lequel j'ai fait connaissance aux premiers jours de la guerre. Il me raconte : "Vous verriez des choses pas drôles, si vous étiez dans mon emploi !... Des enfants qu'on enlève à leurs mères, des femmes dont le mari est prisonnier, qui passent leurs journées chez les marchands de vins, font la noce avec les Allemands, ces enfants laissés sans soin, presque sans nourriture, couchant la nuit sans lit, pendant que la mère est au lit avec un soldat allemand." Je demande ce qu'on fait des enfants. "À l'Assistance publique." Et que dira le mari quand il reviendra ? Et la prostitution ! Si vous voyiez ça !... Tout le quartier de la gare de l'Est[21]. »

Un procès en sorcellerie est en instance, qui allumera ses bûchers aux premières heures de la Libération. Peu importe à la limite que ces histoires et tant d'autres qui leur ressemblent ne concernent qu'une minorité de femmes de prisonniers, la « trahison » de celles-ci est trop voyante pour ne pas éclipser la fidélité du plus grand nombre. Dans la chronique des « années noires », ces femmes-là ne figurent le plus souvent qu'avec les attributs de la mauvaise féminité. À elles seules, elles personnifient l'égoïsme et l'inconscience, la luxure et la débauche, la félonie et la perversité. Un dessin publié par *L'Œuvre* en livre la quintessence[22]. On y voit une jeune femme en déshabillé souriant au spectacle de son amant vêtu d'un pyjama trop grand pour lui : « Je voudrais que mon mari te voie avec son pyjama ; lui qui aime tant rire. » La population n'est certes guère plus tendre à l'égard des hommes qui profitent de la solitude et de la faiblesse de ces femmes et la presse ne manque pas de dénoncer le harcèlement masculin dont celles-ci se disent à juste titre victimes. Telle cette femme de prisonnier, logée dans les locaux d'une coopérative-meunerie, qui se plaint des « mille misères » que lui fait son directeur, un homme seul dont elle doit quotidiennement repousser les avances : « Il avait calculé sur mon affolement après la défaite pour mettre son projet à exécution [...]. Et cependant, cet homme savait bien que j'étais une femme sérieuse [...]. Mais lui, furieux de n'avoir pas été obéi, m'a fait une vie intolérable et cet homme très orgueilleux n'a pas désarmé[23]. » Un sentiment de bête traquée, forcée par une meute insatiable et vorace, s'installe chez nombre d'entre elles en butte à une psychose qui semble ne connaître aucun répit : « Les hommes disaient tous : "Les femmes de prisonniers sont plus faciles que les filles." Il fallait se défendre très fort. Ce n'est pas toujours facile. Il y avait certains endroits qu'on n'osait vraiment pas fréquenter de peur d'être poursuivies par les assiduités de certains[24]. »

Mais ce qui ressort en dernier lieu, à travers la multitude de récits que colporte la rumeur, n'est pas tant l'opportunisme des hommes fondant sur des proies isolées et vulnérables que la disponibilité des femmes de prisonniers de guerre, l'usage autonome que celles-ci font de leur sexualité en mettant à profit l'absence de leur mari. Comme si elles n'avaient attendu que leur éloignement pour donner libre cours à leur vraie nature. Pas une ville, pas un village dont la chronique scandaleuse n'ait été nourrie par son lot de débauchées en tête desquelles les femmes de prisonniers attirent plus que toutes les autres l'attention et la réprobation de la communauté. Certaines semblent avoir manifesté de solides prédispositions dès l'avant-guerre, mais la mutation décisive s'opère à l'occasion de la mobilisation du mari et plus encore à partir de la captivité de celui-ci, synonyme dans bien des cas d'un déséquilibre affectif et d'une perte de repères. L'anthropologie judiciaire est riche de ces spécimens dont l'inconduite tonitruante fait fi des convenances auxquelles elles s'étaient jusque-là, tant bien que mal, pliées.

Les droits de l'hominisme

Si la vénalité est souvent mentionnée comme la première motivation de l'activité prostitutionnelle, nombre de procès-verbaux mettent en exergue, à travers la description du comportement des femmes de PG, une dimension de transe sexuelle, de « fureur utérine » qui semble avoir beaucoup marqué les esprits. Ainsi, le maire de Sainte-Catherine-de-Fierbois (Indre-et-Loire), pressé par des « mères de famille » de mettre un terme à la conduite scandaleuse d'une habitante de la commune, s'adresse-t-il, le 26 mai 1941, au préfet en ces termes : « Mme Juliette J., dont le mari est prisonnier, a eu avec les Allemands cantonnés ici une conduite effroyable. Elle en recevait dix à quinze par jour, si bien qu'ils faisaient la queue à la porte. Elle courait après eux dans les rues et allait les chercher jusque sur la place. Comme sa maison était éloignée du bourg, elle s'était installée au village pour avoir plus d'occasions, cette maison n'avait qu'une seule pièce, de sorte que les deux enfants de Mme J. assistaient à tous ses ébats[25]. » Fuite devant la solitude et griserie collective de la chute, les épouses de prisonniers se trouvent impliquées, dans une proportion significative, au sein de petits groupes de femmes constitués en « communautés de débauche » fréquentant assidûment les cafés et autres lieux de prostitution, ou recevant au domicile de l'une d'entre elles des militaires allemands au cours de soirées où l'on ripaille, où l'on boit force alcools et où l'on pratique l'échange des partenaires sexuels. À Loudun (Vienne), c'est le cas d'une certaine Gabrielle F., femme de PG et mère de deux enfants, qui attire l'attention des gendarmes. Il s'en passe de belles au domicile conjugal du boulevard de Montreuil où l'épouse indigne accueille sa belle-sœur Jacqueline D. et quelques autres « femmes de mauvaise vie » pour s'y livrer à la prostitution clandestine auprès des soldats de l'armée d'occupation et même de mineurs, pensionnaires d'une colonie agricole, originaires du Maine-et-Loire[26]. Intempérance, éthylisme, sexualité débridée et stérile : le tableau est celui de l'« hominisme », néologisme qui, dans la terminologie des doctrinaires de la Révolution nationale, désigne un comportement visant à singer l'homme dans ses excès et dans ses vices[27]. Au regard des contemporains, la traçabilité de l'hominisme permet d'incriminer les débordements de la mode « garçonne » des années trente et plus loin encore le dérèglement des mœurs dû à la Grande Guerre. C'est ce qu'exprime un orateur de la Conférence des Ambassadeurs en février 1941 : « On pourrait penser que la décadence subie par la France est une décadence de femmes ? Voilà qui est possible. La longue guerre de 1914 ne les a-t-elle pas sorties de leur voie de puissance, de leur voie d'action, de leur voie d'expression, de leur voie d'inspiration ? N'ont-elles pas tenté en bien des matières d'imiter les hommes, et tout être qui imite n'est-il pas condamné à demeurer éternellement impuissant entre ce qu'il quitte et ce vers quoi il tente d'aller ? Les femmes, en jouant aux hommes, ont affaibli l'espèce. Renonçant à être celles qui attirent pour devenir celles qui vont au-devant, elles ont pu séduire ainsi quelques hommes aussi superficiels que les temps fades que nous avons vécus. Mais elles sont irrémédiablement rejetées hors de leur mission : *être des créatrices de chair et des inspiratrices d'âmes*[28]. »

Le fait que ces femmes tirent de multiples profits de la liberté que leur procure leur situation est évidemment considéré comme une source de désordre, une prime à l'inconduite, un facteur supplémentaire de démoralisation des « femmes sérieuses » c'est-à-dire fidèles à l'absent, qui ne peut qu'exaspérer la vindicte des « bons Français ». En ces temps de restrictions qui éprouvent durement les mères au foyer, l'argent agit comme un coefficient multiplicateur du scandale pour peu que les débauchées, outre le produit de leur coupable activité, continuent de percevoir une délégation de solde, une allocation militaire ou bénéficient d'un quelconque autre avantage lié à leur statut de femmes de prisonniers. Le sujet est si sensible qu'à partir de juillet 1942, le gouvernement décide de faire confirmer par les prisonniers eux-mêmes le paiement des délégations d'office consenties sur leur solde, sous la forme d'une attestation à adresser aux centres d'administration territoriaux. Ce qui revient à leur accorder la faculté de juger à distance de la bonne conduite de leur épouse et, le cas échéant, le droit de la sanctionner par un retrait de délégation. On imagine l'émoi d'une petite ville comme Chinon lorsqu'a été connue l'histoire d'Alice M., trente ans, couturière de son état, recevant à son domicile nombre de « feldgendarmes » pour des travaux où le fil en aiguille réservait de moins en moins de surprises et de plus en plus de reprises. En mars 1944, le mari d'Alice, en captivité au stalag III B, meurt d'une méningite. Vers la fin du mois, la jeune veuve reçoit une somme de 33 488 francs – soit l'équivalent de deux ans du salaire moyen départemental –, produit d'une collecte effectuée par l'homme de confiance du camp. Le 30 mars, elle est hospitalisée pour un curetage à la clinique Saint-Michel. Une voisine, qu'on devine passablement irritée par la concomitance des deux événements – le vrai pécule et la fausse couche –, s'empresse de faire connaître le nom du géniteur : il s'agit d'un certain Julien F., adjudant-chef du *Kommando* T, chargé des réquisitions de céréales dans l'arrondissement de Chinon, qui fréquente la si hospitalière maison d'Alice depuis octobre 1943. L'affaire en restera là, en dépit de la sourde hostilité du voisinage, jusqu'à l'arrestation d'Alice dans les premiers jours de la Libération[29].

À tous ces griefs, le récitatif de l'infâme, égrenant avec complaisance les détails les plus scabreux de la trahison des femmes de PG, en ajoute un autre : à tort où à raison, celles-ci passent pour bénéficier de la protection de l'armée d'occupation. Que des soldats allemands soient intervenus à de nombreuses reprises pour protéger leurs amies françaises contre des manifestations ouvertes d'hostilité ne fait aucun doute ; qu'ils aient pu couvrir l'activité de prostituées clandestines est, en revanche, beaucoup plus improbable quand on connaît l'extrême rigueur du haut commandement militaire en matière de prophylaxie des maladies vénériennes et la non moindre sévérité de celui-ci envers les agents de contamination Reste que l'idée d'une connivence voire d'une complicité entre les femmes de mauvaise vie et leurs amants allemands circule dans bien des têtes ; la trahison, pour être complète, se devant d'être en quelque sorte cautionnée par l'ennemi. À Azay-le-Rideau, Marie-Louise P., trente-six ans, est le cas type de ces femmes que la captivité du mari a précipitées dans le dévergondage. En quelques semaines, le restaurant autrefois exploité par le couple est transformé en une véritable officine bordelière clandestine. Simultanément embauchées et débauchées par la patronne, d'accortes serveuses de quinze ans sont chargées d'aller racoler la soldatesque allemande au camp du Ruchard tout proche, ou au cantonnement de La Chapelle-Saint-Sauveur. La buraliste, Mme M., parle de « scènes innombrables » au cours desquelles elle a vu Marie-Louise et ses bonnes se « faire prendre les parties sexuelles » par des soldats allemands et leur « mettre la langue dans la bouche » ; le receveur Jean A. a dû se résoudre à condamner son grenier dont les fenêtres donnaient sur la cour du café afin que sa fille, âgée de seize ans, ne fût pas fortuitement le témoin des « scènes d'orgies » qui s'y déroulaient[30]. La *Kreiskommandantur* consigne-t-elle à plusieurs reprises l'établissement de l'avenante restauratrice ? Que ne l'a-t-elle fermé définitivement ! La scandaleuse Marie-Louise est condamnée, le 22 mars 1941, par le tribunal correctionnel de Tours à trois mois de prison avec sursis et à la fermeture de son débit pendant trois ans pour excitation de mineures à la débauche. L'arrêt de la cour d'appel d'Orléans réformant le jugement de première instance n'est-il pas la preuve d'une secrète intervention de l'autorité allemande ? Au reste, les « feld-gendarmes » n'ont-ils pas fait pression sur Jean A., son pudibond voisin à l'origine de la plainte, afin qu'il revienne sur son témoignage ? Tout s'éclaire en définitive à la lumière de cette logique spécieuse qu'aucun fait ne saurait démentir.

Mauvaises épouses, mauvaises Françaises

Pour n'être pas toujours aussi spectaculaire, la déchéance de quelques milliers de femmes, basculant dans la prostitution clandestine ou s'y laissant glisser, aura contribué à asseoir la réputation des épouses de prisonniers de guerre plus sûrement et plus durablement que l'attitude de celles qui, infiniment plus nombreuses, restèrent fidèles à l'absent. Par contrecoup, l'opprobre qui frappe les femmes infidèles ne distingue guère entre les différents types d'adultères. Elle les incorpore sans qu'elles en aient toujours conscience dans une catégorie politique en attendant de l'être dans une nouvelle catégorie juridique. Au bout de quelques mois, la force de ce stéréotype est telle qu'elle anesthésie tout jugement, uniformise les perceptions et englobe toutes sortes de situations dans une condamnation sans nuances. On rejette une forme de sexualité dont la principale caractéristique, plus que d'être illégitime, est d'apparaître comme hors normes, cumulant les transgressions, et comme telle intrinsèquement perverse. C'est la variante citadine, socialement et culturellement évoluée, des bacchantes rurales abondamment décrites dans les procès-verbaux de gendarmerie. Entre leurs mains, les hommes qui ont cédé à leurs avances sont des êtres faibles, des marionnettes constamment manipulées qu'elles achèvent de déviriliser. Chuchotée ou exprimée à voix haute, la réprobation isole ces faux couples et les condamne à une double marginalité. Exclusion insidieuse dont les manifestations ne sont pas seulement l'apanage d'une France traditionnelle et rurale, mais affectent également les populations urbaines, réputées pourtant moins rigoristes.

Depuis qu'il a été libéré en avril 1941 de l'oflag III C situé en Prusse-Orientale, Claude Jamet s'est fait un devoir de recevoir à son domicile de la rue Vavin les épouses de ses camarades qui n'ont pas eu la même chance que lui. Il leur donne des nouvelles du captif, des détails sur la vie du camp, tout ce que les cartes réglementaires ne peuvent pas dire, tout ce que ces femmes désemparées ont besoin d'entendre. Jeune veuf de trente et un ans – sa femme Marguerite est morte quelques semaines après son retour de captivité –, Jamet s'est retrouvé seul avec ses trois enfants. Brillant universitaire, disciple du philosophe Alain, il a été avant-guerre secrétaire de la section SFIO de Poitiers et membre du Comité de vigilance des intellectuels antifascistes. Dans ce pedigree, le pacifisme est son immatriculation profonde, c'est un socialiste de la tendance Paul Faure pour qui la guerre est le seul ennemi, le mal suprême, l'horreur absolue. Comme la plupart de ceux qui partagent ces idées, Jamet porte à bout de bras les paradoxes sulfureux d'une ère crépusculaire. La guerre, la défaite, l'occupation ne l'ont pas fait bouger d'un iota. Pacifiste il est, pacifiste il entend demeurer, fût-ce au service indirect de la *Pax germanica*. Aussi, lorsque son vieil ami René Chateau, ancien député radical de la Chambre de Front populaire, lui propose de tenir le feuilleton littéraire à *La France socialiste*, le quotidien qu'il dirige en zone occupée, Jamet ne laisse-t-il pas passer l'occasion de reprendre la plume, quitte à composer avec la censure allemande. Pas de quoi, à l'époque, entamer une respectabilité solidement assise, d'autant que l'épreuve de ce veuvage précoce lui vaut un surcroît de considération et même de sollicitude dans le quartier.

Un jour d'août 1941, Jeanne – « Dora » pour les amis – est venue lui rendre visite. D'entrée, elle a fait montre avec lui d'une familiarité accaparante, comme si le fait d'être l'épouse de son ami le lieutenant M. resté prisonnier à l'oflag III C lui ouvrait un crédit illimité. Si appétissante, si soucieuse de plaire, si légère dans sa robe à fleurs, Dora, dont la gaieté et la bonne humeur surprennent tout de même un peu de la part d'une femme de prisonnier, n'est pas d'un genre qu'on oublie sitôt la porte refermée. Elle a d'ailleurs un excellent motif pour revenir et, qui plus est, un motif honorable. Officiellement, il s'agit de mettre au point l'évasion de son officier de mari. On comprend qu'un tel plan exige une approche approfondie et pas moins de quatre rencontres successives dans le bureau de Jamet. Situation qui invite, fatalement, à la conversation des corps. À la cinquième enfin, Dora est maîtresse des lieux et de son principal occupant. Au grand dam des enfants Jamet, navrés de voir leur père – un mélange de puissance et de fragilité, comme bien des intellectuels de son acabit – pris dans le lacet d'une aventurière dont la présence au début détonne encore plus qu'elle ne scandalise. Dominique, le cadet de la famille, en est traumatisé : « Il n'y a pas trois mois que Dora partage son lit, et il a pleinement vérifié ce qu'il subodorait dès le premier jour : il a fait entrer dans sa vie, par la grande porte, une charmante créature totalement dénuée de cœur et, selon ses critères, à peu près totalement dépourvue d'intelligence – une notion qu'il dissocie malaisément de celle de culture. Créée pour les poufs, les divans, le plaisir des hommes, que fait cette étrangère, que fait cette écervelée dans le grand fauteuil Louis XV au milieu des milliers de livres, entre les reproductions et les moulages des chefs-d'œuvre du Louvre, face à la photo et aux *Propos* d'Alain, à *La Recherche* et au portrait de Marcel Proust ? Il y a maldonne[31]. » Cependant, le haut-le-cœur du fils n'est que peu de chose en regard de la vague d'indignation qui secoue le quartier, éclaboussant au passage le couple scandaleux du professeur et de la « créature » : « Comme un pavé jeté dans l'eau, cette liaison éveille des ondes concentriques de réprobation dans les mares stagnantes de l'arrondissement. Cette jeune femme toujours peinte comme une poupée, comme une actrice, comme une… qui porte des jupes plissées courtes, des vestes longues, le petit sac en bandoulière, des chaussures à talons hauts, n'a décidément pas bon genre, et elle en rajoute par provocation. Ces jeunes amants insoucieux du qu'en-dira-t-on qui se bécotent, qui se pelotent, qui se tripotent, ce n'est pas le genre du quartier[32]. »

Faut-il incriminer les seuls préjugés dans le processus mental qui a conduit à réduire l'image des femmes de prisonniers à ces caricatures trop voyantes et trop sommaires ? Ces préjugés-là, il n'était pas en tout cas dans l'intérêt de la propagande vichyste de les entretenir, tant on redoutait en haut lieu d'en être éclaboussé. Écrit au lendemain de la guerre, *Le Chemin des écoliers* de Marcel Aymé ramassera en pelote, avec une férocité inouïe, toutes les idées reçues à ce sujet[33]. Le tableau de mœurs qu'il dresse en explorant les arcanes intimes de la France du Maréchal contraste cruellement avec les ambitions affichées par la Révolution nationale. Par son immoralisme pétillant, son absence totale de scrupules, le personnage d'Yvette y apparaît comme le symbole flamboyant de la « trahison » des femmes de prisonniers telle que l'a perçue, sur le moment, la société française. Jusqu'à la veille de la guerre, cette jolie fille de vingt-cinq ans a tenu son rôle d'épouse exemplaire, de ménagère appliquée, s'acquittant de sa tâche avec une « habileté nonchalante », un « dévouement économe » et une « sorte d'acharnement paresseux ».

Son existence entière se serait ainsi consommée dans les peines et les plaisirs du foyer si la mobilisation de son mari, en septembre 1939, n'avait pas dévoilé une nature plus trouble, plus avide de sensations que de convenances. Quand le sergent Jean Grandmaison est conduit en captivité dans un stalag du Brandebourg, la vie d'Yvette achève de basculer. Une « grâce un peu alanguie », des gestes qui « semblent exprimer un regret de ne pas pouvoir s'attarder », un regard où passe un « reflet d'eau lourde et paresseuse » traduisent ce changement d'attitude autant qu'ils marquent une rupture avec son ancien mode de vie. Après avoir été entretenue tour à tour par une demi-douzaine d'amants aux revenus modestes, Yvette se met en ménage avec un lycéen de dix-sept ans, Antoine Michaud, auquel les activités lucratives du marché noir ont donné une aisance et une assurance qui, à son âge, sont autant d'utiles passeports auprès des femmes. Dans ce couple insolite, Antoine, à la différence d'Yvette, n'est pas un monolithe d'indifférence et d'égoïsme. Il reste accessible à des sentiments élémentaires comme la compassion à l'égard du mari prisonnier. Il cherche à convaincre Yvette de lui écrire pour lui donner des nouvelles de leur fille, « Chou », âgée de six ans :

« Je t'assure, tu n'es pas raisonnable. Ce pauvre homme, il ne vit que pour tes lettres, pense à ce que doit être la vie d'un prisonnier. C'est déjà assez triste.

– Pourquoi dis-tu ça ?

– C'est la vérité.

– Mais si mon mari n'était pas prisonnier, je ne t'aurais jamais connu ? Tu vois bien, chéri. Heureusement qu'il est prisonnier. Heureusement qu'il y eut la guerre et qu'on a été vaincus. Heureusement que tout, dis ? »

Finalement, c'est Antoine qui rédigera la lettre, Yvette n'aura qu'à la recopier. Autour de l'épouse volage, il ne manque pas de patriotes de l'espèce courante – pétainistes en 1940, gaullistes en 1944 – pour prêcher la chasteté, vertu à laquelle on accorde, de tous côtés, une révérence nationale ; Yvette n'en a cure. Pour satisfaire son goût extravagant du luxe et de l'oisiveté, elle pousse Antoine à s'engager dans des trafics de plus en plus rentables mais de plus en plus risqués. Jusqu'au jour où le père d'Antoine, modeste employé à la Société de Gérance, découvre tout et met un terme aux activités de son fils. Lorsque Antoine cherchera à revoir Yvette, ce sera pour apprendre que celle-ci, entre-temps, lui a préféré un soldat allemand.

Du délit de draps communs

Ces histoires qui parviennent toujours, tôt ou tard, aux infortunés par un canal ou par un autre sont autant de bactéries jetées dans le bouillon de culture des camps. Parmi les prisonniers en proie à une inquiétude galopante, il y a ceux qui se savent trompés et, plus nombreux encore, ceux qui craignent de l'être. La mission Scapini à Berlin est la chambre d'échos de leur agitation. Plus s'avance l'année 1941 et plus le représentant des prisonniers de guerre français auprès du Reich est assailli par les requêtes émanant des « hommes de confiance ». Au stalag VIII C, le conseiller juridique affecté au camp signale qu'il ne se passe pas un jour sans qu'un prisonnier vienne réclamer un formulaire de procédure de divorce après avoir été informé de la mauvaise conduite de sa femme.

Arguant de l'effet désastreux de ces « manifestations d'immoralité » sur le moral des prisonniers concernés, il dénonce la passivité des pouvoirs publics qu'il assimile à une « forme de complicité », faute d'une loi spécifique sanctionnant l'adultère des femmes de PG et l'abandon de famille. Comment prendre en charge l'angoisse de ces hommes hantés par l'idée de l'inconduite des épouses, idée d'autant plus vivace que les nouvelles en provenance de la France alimentent quotidiennement la chronique des petites et grandes trahisons féminines et qu'à la différence du conflit précédent, une armée d'occupation campe sur le territoire national ? Convaincu de la nécessité de changer la loi, le Service diplomatique des prisonniers de guerre rédige un rapport en ce sens. Puisque ces derniers restent au service de l'État pendant leur captivité, l'adultère qui peut être commis par leur femme ne doit-il pas être considéré, non pas comme un acte privé qui vient s'ajouter à la « douleur des fils de la France », mais comme un délit justiciable de la puissance publique ? Pour préserver la fidélité des épouses et prévenir l'adultère à la fois en tant que « fléau social » mais également comme manifestation d'insubordination civique, l'État n'a-t-il pas le droit mais aussi le devoir d'agir en l'absence des maris prisonniers ?

En France, c'est le secrétariat d'État à la Guerre et singulièrement le général Georges Revers, chef de cabinet de Darlan et futur dirigeant de l'Organisation de la résistance armée (ORA), qui s'empare du dossier. Dans une lettre du 19 mars 1942 au ministère de la Justice, Revers insiste, au vu de l'« augmentation inquiétante des adultères des femmes de prisonniers », sur la nécessité et l'urgence d'« aider par la crainte la fidélité de certaines épouses ». Un mémoire joint à cette correspondance s'attache à analyser les causes de l'infidélité des femmes de prisonniers. Il est l'œuvre d'un ancien prisonnier de guerre, lui-même victime de l'inconduite de son épouse : « Égoïsme de toute forme des femmes modernes, désir d'une vie facile et nonchalante, etc. » C'est autant un règlement de comptes personnel qu'un condensé des opinions dominantes[34]. À lire ce document, on comprend que, pour les prisonniers, le contrôle de la sexualité féminine est devenu un enjeu politique, d'autant plus impérieux que l'espoir d'un rapatriement s'est estompé au fil des mois. Faut-il pour autant renforcer par une nouvelle loi la protection spécifique des foyers séparés du fait de la captivité, comme le réclame le département de la Guerre ? Dans un premier temps, ni Joseph Barthélemy, le garde des Sceaux, ni Henri Corvisy, le directeur des affaires criminelles et des grâces, n'en voient l'utilité. Au fond d'eux-mêmes, ils doutent de l'efficacité de l'action répressive dans ce domaine et plus encore de l'opportunité d'un texte officiel qui ne ferait qu'attirer l'attention sur une situation que les pouvoirs publics sont bien incapables de résoudre.

Un compromis est trouvé avec la circulaire du 25 avril 1942, signée par le garde des Sceaux, qui encadre le pouvoir d'appréciation des parquets en les exhortant à se montrer plus sévères dans leurs réquisitions et à faire systématiquement appel des jugements trop cléments, mais sans aller toutefois jusqu'à modifier les règles de droit en vigueur, notamment pour le bénéfice du sursis et des circonstances atténuantes. Le jugement rendu le 11 mai 1942 par le tribunal de Paimbœuf, moins de trois semaines après la diffusion de la circulaire, semble attester de l'impact des recommandations ministérielles. Poursuivi par le ministère public, sans plainte expresse du mari, au mépris de l'article 336 du code pénal, un couple illégitime se voit condamné à un mois d'emprisonnement et à 1 000 francs d'amende. Les attendus motivant la décision des juges marquent incontestablement une étape dans la fixation d'une nouvelle jurisprudence, au point que l'ancien ministre Anatole de Monzie les citera en exemple, un an plus tard, dans son livre *La Saison des juges*, afin d'illustrer la frénésie répressive du régime : « Attendu […] que la femme P. qui, pour satisfaire ses passions, a abandonné son mari et ses six enfants, et le nommé D., qui n'a pas hésité à détourner une épouse et une mère de ses devoirs naturels, méritent l'un et l'autre une sanction sévère, que ce serait une pernicieuse erreur de considérer l'adultère comme étant uniquement un délit d'ordre privé ; qu'au contraire, en détruisant les foyers, il ébranle les fondements mêmes de la société ; que les efforts actuellement entrepris pour diminuer le nombre des divorces, assurer la protection de l'enfance ou réprimer l'avortement et l'infanticide ne produiront leurs effets que dans la mesure où l'on attaquera le mal à la racine : l'indiscipline des mœurs ; que la rénovation de la famille française ne saurait se concilier avec une indulgence excessive pour un délit dont les répercussions sociales sont particulièrement graves[35]. » Misant sur la docilité des magistrats plutôt que sur la contrainte juridique, Barthélemy a fait un choix habile. Il est payé de retour par un certain élan répressif chez les juges du siège. Au cours de l'année 1942, plus de 15 % des personnes condamnées pour adultère se voient frappées d'une peine de prison, alors que le taux d'emprisonnement était resté inférieur à 2 % pendant tout l'entre-deux-guerres et n'excédait pas 3,5 % en 1941[36]. En pratique, les peines d'emprisonnement sont presque toujours réservées aux cas mettant en cause des femmes de prisonniers, qui donnent lieu à des condamnations à deux ou trois mois de prison, souvent assorties du sursis.

Toutefois, cette inflexion relative de l'activité judiciaire ne parvient pas à mettre un terme au débat. Réceptacle de toutes les doléances, le Commissariat général aux prisonniers de guerre rapatriés et aux familles de prisonniers (CGPGR) ne cesse de plaider en faveur d'une modification de la loi existante. L'idée sous-jacente à cette revendication est de passer de l'individuel au collectif, de la sanction d'une faute civile à la répression d'un attentat contre la cohésion nationale par une stigmatisation politique des corps luxurieux. Au milieu de l'été 1942, un projet de loi préparé conjointement par le CGPGR et les services du Commissariat général à la famille est adressé à la Chancellerie. S'engagent alors de vifs échanges autour du traitement le mieux approprié pour combattre cette « infidélité particulière » qu'est l'adultère d'une femme de PG. Le cocufiage de quelques dizaines de milliers de prisonniers tourne à la *disputatio* sur le mode scolastique. Si les différentes instances gouvernementales s'accordent sur le principe d'un renforcement de la loi, elles divergent profondément quant aux modalités. Au cœur du *dissensus* figure la question de l'initiative de l'action en justice. Le ministère de la Guerre propose d'accorder aux parents des prisonniers le droit de porter plainte contre les coupables en l'absence des maris, tandis que le SDPG qui, par expérience, se méfie de la vindicte aveugle des belles-familles, entend, quant à lui, réserver cette faculté à un conseil composé du maire de la ville et de prisonniers rapatriés agissant en lieu et place des victimes. Ce à quoi s'oppose fermement le CGPGR pour qui le mari doit rester seul habilité à porter plainte contre sa femme et conserver ainsi l'initiative des poursuites. Le commissaire général à la famille partage ce point de vue. Admettre qu'un tiers puisse agir en justice en se substituant au mari, n'est-ce pas prendre le risque de porter à la connaissance de tous des cas d'adultère qui, sans publicité, pourraient trouver une solution autre que le divorce ? Punir l'infidélité serait-il plus important que d'empêcher que des ménages se brisent ?

Pour l'État français, il s'agit de concilier des objectifs contradictoires : d'une part, réprimer l'adultère des femmes de prisonniers au nom d'une conception qui ferait de l'État le protecteur et le mandataire des maris absents, et d'autre part éviter, au nom des sacro-saintes valeurs familiales, que de nouvelles dispositions procédurales ne créent l'irréparable en rendant les séparations définitives. Au Commissariat général à la famille, Philippe Renaudin excipe de cette difficulté pour suggérer une innovation juridique : pourquoi le parquet ne serait-il pas autorisé à agir sans la plainte mais avec l'ignorance du mari prisonnier ? « Aberration », tranche Joseph Barthélemy qui, en juriste sourcilleux, rappelle que du point de vue social, l'adultère ne prend toute sa gravité que si le conjoint est informé. Sans se démonter, Renaudin propose alors de poursuivre le complice de la femme sans poursuivre la femme elle-même. Nouvelle charge du ministre de la Justice contre le « candide » commissaire à la famille : comment un tribunal pourrait-il condamner un homme pour adultère sans nommer la femme avec laquelle il a commis ce délit et sans délivrer du même coup à l'infortuné prisonnier un certificat authentique de mari trompé qu'il n'a en rien sollicité ? Malgré tous ses efforts, la coalition des inquisiteurs et des répressifs pilotée par le vice-amiral Charles Platon, secrétaire d'État auprès du chef du gouvernement en charge des questions familiales, peine à venir à bout de la résistance du garde des Sceaux pour qui l'investigation judiciaire de l'intime apparaît dans un tel contexte comme une aventure à hauts risques. Opposé à l'idée d'une réforme générale, Barthélemy répugne à une loi de circonstance et à des mesures d'exception portant atteinte « aux principes fondamentaux de notre droit pénal ». Il doit néanmoins mettre les pouces sous le coup de l'émotion provoquée par la publication de la loi du 4 septembre 1942 qui, en jetant les bases du futur Service du travail obligatoire, repose avec acuité la question de la protection des foyers des absents. Les services de la Chancellerie doivent s'incliner devant l'argument d'opportunité brandi par les partisans d'une politisation de la répression de l'adultère.

En sus des incriminations traditionnelles (infidélité de l'épouse, entretien d'une concubine au domicile conjugal), la loi du 23 décembre 1942 crée une troisième catégorie d'adultère : « Le concubinage notoire avec l'épouse de celui qui est retenu loin de son foyer par les circonstances de la guerre[37]. » C'est un blanc-seing pour soulever les draps. S'agissant d'un trouble à l'ordre public, l'État, patriarche suprême, se substitue à l'autorité maritale pour poursuivre directement l'amant de la femme infidèle au nom de l'intérêt supérieur de la nation. Outre la poursuite d'office par le ministère public, le texte introduit une autre nouveauté : conformément au vœu du Commissariat général à la famille et en dépit des réticences de Barthélemy, c'est l'amant et non l'épouse infidèle qui est considéré comme l'auteur principal du délit et en tant que tel passible d'une peine pouvant aller jusqu'à trois ans de prison et d'une amende de 1 500 à 25 000 francs[38]. Pour la première fois dans le droit français, le législateur, soucieux de punir avant tout les « profiteurs de guerre » abusant de la moindre résistance morale des femmes seules, a tenu à renverser les principes d'une justice discriminatoire qui, sur la base des articles 336 et 337 du code pénal, faisait de la femme adultère la délinquante principale et de l'homme un simple complice. En revêtant un caractère politique qu'elle n'avait pas jusque-là, la répression de l'adultère est censée mettre davantage l'accent sur la responsabilité masculine. Enfin, la nouvelle loi conserve le pouvoir d'appréciation au mari, « le seul juge et le seul médecin de son honneur », en subordonnant les poursuites contre l'épouse infidèle à l'existence d'une plainte de l'époux trompé. Sur le papier, un subtil équilibre semble donc avoir été trouvé entre la volonté de durcir la répression pénale et le souci d'en restreindre les effets civils, entre la nécessité de permettre l'intervention du ministère public et le désir de ne pas créer des situations irréversibles qui déboucheraient sur des divorces en chaîne.

« Un glaive qui ne s'abat pas »

En pratique, la nouvelle loi ne fera l'objet que d'une application sporadique et tardive, caractérisée par des sanctions très en deçà de la volonté gouvernementale. Plus que sur dénonciation, encore que celle-ci joue un rôle non négligeable, l'action du parquet est surtout déclenchée par la plainte que le mari prisonnier a fait parvenir à la juridiction de son lieu de résidence, soit directement auprès du procureur, soit par l'entremise du SDPG. Une première difficulté toutefois ne tarde pas à surgir, enrayant la machine répressive. Nouvellement constitué par la loi du 23 décembre 1942, le délit de concubinage notoire avec une femme de prisonnier s'avère délicat à établir, bien qu'il ne requière plus ni la cohabitation ni la fidélité mutuelle des concubins, contrairement à ce que stipulait l'article 340 du code civil à propos du « concubinage notoire civil », mais simplement des relations ayant un caractère de continuité, de stabilité et de publicité. Certes, il est çà et là quelques procureurs qui s'emploient à tirer parti de ces nouvelles dispositions pour fouiller les alcôves, quelques juges zélés qui s'efforcent d'imposer une interprétation jurisprudentielle extensive de la loi, ce à quoi les périodiques judiciaires se font volontiers écho pour faire croire à une répression accrue. Mais lorsque les éléments constitutifs du délit font défaut, lorsque les magistrats peinent à établir l'infraction, ce qui est souvent le cas, les faits sont alors requalifiés en « adultère et complicité » avec pour conséquence de renverser la hiérarchie des incriminations telle qu'a cherché à l'établir le législateur. L'épouse infidèle est alors replacée au centre de la procédure. Elle le demeure également dans les très nombreux cas où l'amant se révèle être un soldat de l'armée d'occupation non justiciable des tribunaux français.

Dans ces conditions, la répression judiciaire du concubinage notoire avec une femme de prisonnier de guerre n'amènera devant les tribunaux correctionnels que quelques centaines de couples illégitimes pour l'année 1943 et probablement moins de quatre mille jusqu'à la Libération[39]. Si la tendance est à l'aggravation des peines par rapport aux affaires classiques d'adultère, il n'en reste pas moins que les sanctions sont sensiblement inférieures aux prescriptions légales dans les deux tiers des affaires jugées et se voient assorties du bénéfice du sursis dans la très grande majorité des cas. En outre, un dossier sur trois se clôt, en dépit des réquisitions du parquet, par une simple amende ou par une relaxe. Seul résultat probant : l'amant, que la loi invite à traiter avec plus de rigueur que sa « complice », se voit généralement infliger une condamnation plus élevée dans l'échelle des peines.

De ce décalage entre l'intention répressive du législateur proclamée *urbi et orbi* par la propagande officielle et une pratique judiciaire marquée par une application stricte mais *a minima* des dispositions réglementaires, un vif sentiment d'injustice ressort chez les prisonniers de guerre auxquels la nouvelle loi semblait promettre une réparation éclatante et exemplaire. L'absence de zèle des magistrats du siège en la matière, tout à fait surprenante dans une période où par ailleurs ils n'en manquèrent pas, cristallise le ressentiment des captifs, de plus en plus convaincus qu'on fait bien peu de cas de la « dignité des foyers » que la loi s'était pourtant fixé pour objectif de faire respecter. Amers et désabusés, les prisonniers de guerre éprouvent dans leur chair le vieil adage comme quoi « les absents ont toujours tort », seul guide dans bien des cas de la décision des juges. Au terme d'une longue procédure qui s'est soldée par une peine minime à l'encontre de l'épouse adultère, un prisonnier qui avait cru comprendre qu'« une récente loi punissait sévèrement de telles fautes » se laisse aller à l'ironie cinglante dans une lettre au procureur près le tribunal correctionnel d'Angoulême : « Pour 600 francs d'amende, cela ne vaut pas la peine de s'en priver[40] ! » constate-t-il avec une froide logique comptable.

En vain, le nouveau garde des Sceaux, Maurice Gabolde, diffuse une circulaire datée du 21 juin 1943 par laquelle il réclame des magistrats un usage plus sévère de la loi. En avril 1944, le traitement judiciaire des couples illégitimes impliquant une femme de PG paraît encore si éloigné des prescriptions légales que le bureau du SDPG de Berlin se plaint auprès de sa représentation à Paris de la « scandaleuse indulgence » des tribunaux : une seule plainte, sur les quelque deux cents procédures ayant transité par ses services, a abouti à une condamnation au maximum de la peine prévue par la loi. Indignation en moins, le même constat se retrouve sous la plume de Joseph Barthélemy qui y voit une justification *a posteriori* de sa circonspection face à la surenchère répressive de ses collègues : « J'ai su, par des lettres que m'a communiquées la censure, que la loi nouvelle a provoqué quelque émotion dans les faux ménages scandaleux ; "Il nous faudra, à l'avenir, prendre des précautions", disaient les correspondants. La loi a été stigmatisation officielle d'une turpitude. A-t-elle eu un autre effet ? Je ne le crois pas. Les situations qu'elle vise continuent de s'étaler. On finit par déconsidérer la loi, si on lui fait brandir un glaive qui ne s'abat pas[41]. »

À la vérité, la justice de Vichy, face au « crime » de l'adultère en temps de guerre, ne se distingue guère des tribunaux de la IIIe République. En 1915 déjà, sans qu'il y eût besoin d'un nouveau texte, les juges appliquèrent aux femmes coupables d'infidélité à l'égard de leurs maris mobilisés ce qu'on appela le « double tarif de l'adultère », autrement dit une sanction sensiblement plus sévère que pour les épouses ayant cocufié un simple civil, considérant que l'« honneur » et la « dignité » se retrouvaient encore plus dévalués à l'aune de ces nouveaux critères qui intégraient implicitement un « crime moral » au crime pénal[42]. Une guerre plus tard, la Révolution nationale, tout à son prurit législatif, ne fait que codifier ce barème, sans parvenir pour autant à en imposer une stricte application. Certes, la répression pénale de l'adultère, qu'elle concerne ou non des femmes de prisonniers de guerre, est réactivée comme elle le fut lors de la Grande Guerre, mais la hausse vertigineuse des condamnations – en moyenne six mille par an contre moitié moins avant-guerre – doit être pour l'essentiel attribuée moins à la politique volontariste du ministère public qu'à l'augmentation considérable du volume effectif des infidélités conjugales. La dislocation des couples n'est que la résultante mécanique de la séparation provoquée par la captivité, le STO ou le travail volontaire en Allemagne, et la courbe ascendante de la répression judiciaire ne fait que suivre le développement des sexualités illégitimes, inhérent à tous les temps de guerre[43]. Encore convient-il de préciser que les trois quarts des affaires jugées se soldent par une simple amende, qu'une part importante des procédures concerne les hommes poursuivis pour abandon du domicile conjugal et que la nouvelle loi sur le divorce promulguée en avril 1941 a eu pour effet de multiplier les plaintes en adultère, dernière issue procédurale ouverte à ceux et à celles qui veulent à tout prix échapper aux chaînes du mariage.

Loin d'être entériné par les tribunaux, le basculement interprétatif de l'infidélité conjugale ne s'installe véritablement que dans la rhétorique des moralistes de Vichy dont la violence imprécatoire croît en raison directe de l'inertie et des résistances auxquelles elle se heurte. Par son projet non abouti de coercition des corps luxurieux, la Révolution nationale est incontestablement à l'origine d'un climat de stigmatisation politique des conduites sexuelles, amplifiant la vindicte latente de larges secteurs de la population. Informé de l'inconduite de son épouse qui reçoit en compagnie de sa voisine de nombreux amants, dont des militaires allemands, et qui vient d'accoucher d'un enfant dont le père est parti travailler en Allemagne, René B. écrit à son frère en mars 1943 : « Je ne veux pas de divorce pour le moment, quand je serai libre je m'arrangerai avec elle pour toujours, tu diras au maire qu'elle soit poursuivie de ma part, et qu'il lui donne cinq ou dix ans de prison et au type la même chose et qu'il lui tire l'allocation militaire, si l'Edwige est encore dans le logement, tu lui diras qu'elle n'a pas le droit de toucher à mes costumes et ne rien vendre tant que je ne suis pas là [...] et qu'elle s'arrache les cheveux, quand je rentre, je lui arracherai le reste[44]. » Finalement, « l'Edwige » ne sera condamnée qu'à un mois de prison avec sursis et sortira libre de l'audience, au grand dam de la population de son petit village de Moncontour, dans la Vienne. L'anecdote est révélatrice de la dramaturgie en gestation. Tout comme l'est ce commentaire acrimonieux du *Courrier de Seine-et-Marne* à propos de la condamnation de l'épouse infidèle d'un PG, mère d'un enfant adultérin, à un mois de prison avec sursis et de celle de son complice à 300 francs d'amende : « Pour les quelques exceptions, les drôlesses, les garces, les gourgandines qui trahissent honteusement la foi conjugale, aucun châtiment ne devrait paraître trop sévère. Quant à leurs complices, ces abominables lâches qui profitent de l'absence forcée du voisin ou de l'ami d'hier pour ajouter une souffrance supplémentaire au calvaire de sa captivité, ils mériteraient d'être internés dans des camps spéciaux où ils auraient le loisir de jouer les Don Juan entre les barbelés jusqu'au jour où le mari trompé viendrait leur demander raison de leur infamie[45]. » En brandissant un « glaive qui ne s'abat pas », Vichy attise les ressentiments de ceux pour qui les souffrances de la guerre réclament d'être vengées par le sacrifice de victimes expiatoires. La machine à frustrations tourne à plein régime. Armé par l'exigence d'une répression largement insatisfaite, le bras des tondeurs qui s'emparera, quelques mois plus tard, du scalp des « mauvaises Françaises » aura la rigueur d'une « justice populaire », aveugle et expéditive.

CHAPITRE 10

Une tentative de nationalisation du corps féminin

« Aucun Français n'a le droit de s'installer dans l'armistice. Des mœurs, des faiblesses, des indulgences, des sentimentalités, excusables dans des périodes de paix, d'ordre, de prospérité, d'indépendance, ne sont plus admissibles à une heure où tant de périls pèsent encore sur la patrie et la société. »

Joseph Barthélemy, ministre de la Justice.

« Pour accepter avec ses joies les charges et les peines de la paternité ou de la maternité répétée, il est nécessaire de posséder un esprit de sacrifice qui ne peut se développer dans la société qui place les intérêts de l'Individu avant ceux de la Société. »

Dr Jean-Édouard Roy, *L'Avortement, fléau national.*

Le problème que pose l'infidélité des femmes ne relève pas seulement du contrôle de la sexualité en temps de guerre, il ébranle en profondeur le modèle familial et nataliste que Vichy, dans le sillage de la IIIe République, cherche à promouvoir avec d'autant plus d'acharnement que son analyse de la défaite fait la part belle au krach démographique de l'entre-deux-guerres, à la stérilité volontaire des couples, à la montée des sexualités hédonistes, de l'union libre et de l'« individualisme jouisseur ». Ce point de vue, au demeurant, n'a rien d'original : il fédère toutes les sensibilités politiques bien au-delà de la droite autoritaire et antirépublicaine. Depuis le début des années trente, on dénonçait l'« onanisme conjugal » comme un crime susceptible à la fois de corrompre les individus et de mettre en péril l'édifice social. La section « Protection de la race » du code de la famille promulgué en 1939, véritable ébauche d'une police démographique, détaillait l'ensemble des moyens affectés à la lutte contre les fléaux sociaux (avortement, prostitution, maladies vénériennes, pornographie ou alcoolisme) qu'une circulaire du mois de décembre de la même année n'hésitait pas à qualifier, dans le droit fil de l'intitulé général, de « crimes et délits contre la race ». Par le biais de ce dispositif, le législateur républicain affirmait son droit d'ingérence dans la sexualité des couples en même temps qu'il se dotait de nouveaux outils juridiques au service du contrôle des mœurs. L'argument de la « défense de l'intérêt national », rodé à partir des années 1880-1900 afin de légitimer les intrusions croissantes des pouvoirs publics dans la sphère privée, ne souffrit plus dès lors la moindre contradiction. Tout était en place pour une politisation des corps.

À ses débuts, le régime de Vichy veut croire que la reprise démographique sera la conséquence d'une réforme des comportements et d'une énergique rééducation des masses : en théorie, il ne dissocie pas « populationnisme » et « familialisme ». En pratique, il se trouve contraint de le faire en privilégiant la fécondité aux dépens des normes fondatrices de la famille traditionnelle. Très vite, il apparaît que l'ordre moral, la stabilité des couples, les bonnes mœurs ne lui importent qu'autant qu'ils contribuent à la reprise de la natalité, et dans la stricte mesure où ils constituent le cadre reconnu le plus propice à la procréation. Plus que sous l'influence des cléricaux et de leurs alliés, l'État français va légiférer sous l'emprise des réalités. Celle de presque deux millions de prisonniers et des foyers démantibulés, celle du « rattrapage abortif », promu grand régulateur des étreintes passagères ou des relations adultérines, celle, enfin, de l'esprit du temps, dont nulle loi n'a jamais pu s'affranchir. Une telle situation de crise facilite l'adoption de réformes qui rencontraient jusque-là des blocages. Les plus remarquables sont celles qui concernent la répression pénale de l'avortement. Moins par le durcissement relatif de la pratique judiciaire qui en résulte que par le glissement sémantique qui fait respectivement de l'avorteur et de l'avortée, l'agent et le siège d'un « crime contre la nation ». Ainsi l'État français affirme-t-il, au nom de l'intérêt supérieur de la collectivité, la légitimité d'un contrôle étatique sur le corps féminin, corollaire du « devoir civique et social de reproduction », proclamé à son de trompes par tous les hérauts du régime. Encore convient-il d'observer qu'hormis la loi du 15 février 1942 instituant le renvoi devant le tribunal d'État des « avorteurs d'habitude » et celle du 23 juillet 1942 renforçant la répression du délit d'abandon de famille dont l'initiative incomba au Commissariat général à la famille, l'ensemble des textes législatifs concernant la natalité ou la moralité publique furent élaborés par les fonctionnaires du premier bureau de la Direction des affaires criminelles et des grâces (DACG). Autrement dit, en dehors du gouvernement et de la sphère politique réduite à avaliser des projets issus de l'administration centrale[1].

Économie corporelle et devoir civique

La croisade de l'ordre moral a souvent été présentée comme une coproduction de la Révolution nationale et de l'Église catholique. Globalement recevable, ce point de vue mérite cependant d'être nuancé. Le nouveau régime, en mettant l'accent sur le désordre des mœurs parmi les facteurs de la défaite, offre à l'Église l'alléchante perspective d'un regain d'influence voire d'une restauration catholique. Après tout, le contrôle du corps féminin n'avait-il pas été durant des siècles l'affaire de l'institution ecclésiale ? Ne dispose-t-elle pas dans ce domaine d'une solide pratique appuyée sur une incontestable expérience, ainsi que d'un équipement doctrinal dont elle peut légitimement espérer habiller de pied en cap la politique familiale de l'État français ? De fait, l'Église semble retrouver un certain magistère spirituel, comme en témoigne le grand « concours référendum » lancé en décembre 1941 par le Centre de coordination des mouvements familiaux afin de déterminer les causes de la dénatalité[2]. L'absence ou l'insuffisance de religion rallie le plus grand nombre de réponses parmi les quelque cinq cent mille participants. Viennent ensuite les difficultés à élever les enfants, le travail des femmes hors du foyer et la « coquetterie des femmes qui redoutent de perdre leur ligne ». Au printemps de la même année, la revue au titre-programme *Le Foyer* propose à ses lecteurs de classer par ordre de préférence les qualités féminines. « Avoir une piété vivante » arrive en tête, tandis qu'« être jolie », « être coquette sans trop » et « être cultivée sans pédanterie » ferment la marche. Rien ne semble donc plus s'opposer à ce que le pouvoir temporel s'aligne sur la doctrine familiale de l'Église et mette en œuvre une politique conforme à son enseignement et à ses vœux.

Ce ne sera que partiellement le cas. L'année 1941 n'est pas achevée qu'un premier bilan s'impose : l'ordre nouveau vichyste n'aura pas été une simple version laïcisée de l'ordre naturel cher à saint Thomas d'Aquin. L'idéologie nataliste de l'État français a développé sa propre rhétorique, sa propre représentation de la féminité bouclée par une expertise à la fois démographique et médicale. À la tête de la Fondation française pour l'étude des problèmes humains (FFEPH) créée en novembre 1941, le docteur Alexis Carrel, prix Nobel 1912 et auteur en 1935 de *L'Homme, cet inconnu* (deux cent mille exemplaires vendus), lui apporte la caution d'un scientifique de renom. Un temps membre du PPF, Alexis Carrel n'a jamais caché son admiration pour les hommes d'État à tripes, au premier rang desquels il range volontiers Mussolini. Tout logiquement, le programme eugéniste du national-socialisme allemand suscite son vif intérêt. Pour Carrel, les défaillances sociales, qu'elles se nomment dénatalité ou « dégénérescence de la race », ne sont que la sanction biologique des peuples qui ont cherché à s'affranchir des lois naturelles. L'intérêt des prochaines générations commande donc qu'on promulgue des lois visant à rétablir les femmes qui ont « trahi » dans leur fonction naturelle qui est « non seulement de faire des enfants mais de les élever », des lois tendant à protéger l'institution du mariage et à interdire le divorce.

Si l'argument théologique ne relève que de la conscience individuelle, l'alibi biologique est pour l'État qui s'en réclame un passe-partout qui autorise toutes les effractions dans la sphère privée au nom des « lois de l'espèce » dont le respect conditionne le salut et la survie de la « race ». Le nationalisme est désormais affaire d'enracinement biologique autant que d'ancrage charnel. Carrel prolonge Barrès en donnant à la Révolution nationale une légitimité spécifique pour renforcer le contrôle étatique des sexualités. Le mythe savant de la « dégénérescence biologique » renouvelle ainsi un courant de pensée qui, depuis la guerre de 1914, faisait de la procréation un enjeu patriotique et donc éminemment politique. Avant de resurgir sous la plume des doctrinaires de l'État français, l'idée d'une mobilisation civique des femmes, d'« un impôt du sang » érigeant la maternité en contribution symétrique de la conscription masculine, avait déjà inspiré toute une littérature cocardière qu'illustrait une formule choc : « Avant leurs bras, le pays blessé veut leurs flancs[3]. » Entre les deux guerres, les lois antimalthusiennes et la médicalisation progressive de la grossesse avaient encore accentué le contrôle de l'État sur le corps féminin. La singularité de l'État français, une fois posé le diagnostic du déficit démographique comme cause profonde de la défaite, est de jeter les bases théoriques de cette économie corporelle qui, au nom de la « régénération nationale », s'arroge le droit de s'immiscer dans l'intimité des couples et d'accentuer la répression des sexualités hors normes. En cela, l'épisode de Vichy constitue bien une première tentative de nationalisation du corps féminin. La maternité n'est plus un choix de vie mais un devoir civique auquel doivent se plier les désirs individuels. Ne pas obéir à cette impulsion instinctive, organique, c'est participer à ramener l'humanité au chaos, c'est se placer « hors la loi » naturelle et en marge de la communauté nationale. « Une femme coquette, sans enfants, n'a pas sa place dans la cité, c'est une inutile », affirme un tract du Commissariat général à la famille. Être pleinement française suppose, au contraire, un accomplissement consenti et actif de la vocation maternelle.

De la fête des mères, instituée en 1926, la Révolution nationale fait, à partir de 1941, une véritable liturgie étatique visant à restaurer la maternité comme seule identité féminine capable de concilier bonheur personnel et utilité sociale, mais aussi à célébrer, à travers la mère au foyer, la gardienne des feux et des traditions en charge des « équilibres millénaires » et des « continuités cosmiques ». Par voie d'affiches, d'expositions, d'émissions comme « France Famille » diffusée trois fois par semaine à 19 h 20 sur les ondes de la radio d'État, toute une pédagogie enveloppante du corps féminin est mise au service de l'idéologie nataliste. On y dénonce sans relâche les périls qui, à travers la femme, ont ruiné la nation : l'union libre, la débauche, le divorce, l'avortement. On y stigmatise les coquettes qui ne veulent suivre que la pente de leur désir, les émancipées qui privilégient leur indépendance, les intellectuelles qui, « nourries d'encre, de papier et de phrases », prétendent se poser en égales des hommes ; bref, toutes celles qui ont en commun de transgresser la loi naturelle et la norme civique parce qu'elles n'enfantent pas.

Dans ce contexte, l'irruption d'une sexualité de guerre caractérisée par le développement des relations adultérines et des comportements agénésiques apparaît donc comme un défi à l'autorité de l'État, un trouble de l'ordre public. La volonté du gouvernement de Vichy d'y mettre fin ou, à défaut, d'en limiter les effets insuffle une vigoureuse dynamique législative et réglementaire.

Mais le but demeure la reprise démographique. Les « synarques » et autres hauts fonctionnaires de Vichy ont en effet ceci de commun avec les ministres athées et maçons de la IIIe République qu'ils ne s'intéressent à la famille que comme matrice de l'« enfant sauveur ». L'un des premiers actes lourds de la Révolution nationale, la réforme du divorce, constitue l'éclatante démonstration de l'apparence morale et du substrat nataliste. S'il serait absurde de nier qu'elle traduit une vision idéologique de l'institution familiale en même temps qu'un esprit de revanche sur la loi républicaine du 27 juillet 1884, le seul mot de « réforme » indique ses limites. La loi du 2 avril 1941 est un moyen terme qui n'en modifie pas moins en profondeur la loi Naquet.

Pièges, obstacles, chicanes font de la nouvelle procédure quelque chose qui s'apparente à un champ de mines ou au parcours du combattant. Avec un double objectif : dissuader les demandeurs d'engager un procès et réduire le nombre des causes recevables. Non seulement interdiction est faite d'introduire une demande de divorce pendant les trois premières années de mariage, mais la nouvelle loi offre au juge la possibilité de surseoir à statuer en prolongeant les délais d'épreuve et en privilégiant les instances de conciliation. Pour faire bonne mesure, la loi allonge le délai de conversion de la séparation de corps en divorce. Elle précise dans un sens restrictif les notions d'« excès, sévices et injures graves » auxquelles la jurisprudence avait donné une interprétation extensive. Elle impose une sanction pécuniaire à l'époux coupable, supprime la publicité des débats dans le but de créer un climat d'apaisement propice à la réconciliation. Enfin, elle punit d'emprisonnement et d'amende les « officines initiatrices » spécialisées dans les procédures de divorce. Tout, dans ce nouveau texte, a donc été conçu pour inciter les époux à s'en remettre à la « sagesse paternelle » des magistrats dont les maîtres mots s'inscrivent dans le droit fil de la philosophie du régime : temporisation, concession, conciliation. En quelques articles exploitant au mieux les « moyens de la technique juridique », Vichy invente le mariage-camisole. Conversation mondaine de l'époque : « Et untel, que devient-il ? – Il divorce. – Ben, avec la loi Barthélemy, il en a pour sept ans ! »

Seule la mauvaise foi paranoïaque et l'esprit polémique d'un Marcel Déat peuvent y voir une résurgence des « règlements canoniques du pape Innocent III » aux termes desquels un délai de trois ans était requis pour qu'un mariage fût réputé stérile et frappé d'une sentence de nullité[4]. Le vrai est que la loi du 2 avril 1941 est un texte de circonstance. À son origine, on trouve plus sûrement le traumatisme de la défaite que l'artillerie théologique du droit canon. Comme l'immense majorité des Français, les nouveaux dirigeants sont persuadés que les causes du désastre doivent être, pour une large part, recherchées dans l'infériorité démographique qui a contraint la France à mobiliser vingt-neuf classes d'âge en septembre 1939, quand l'Allemagne n'en appelait que sept tout en alignant sur le champ de bataille deux millions trois cent mille jeunes soldats de vingt à vingt-sept ans contre un million cinq cent mille côté français. Il faut croire le promoteur de la loi, Joseph Barthélemy, lorsqu'il affirme que celle-ci « se préoccupe uniquement de l'intérêt de l'État ». Le divorce, l'instabilité conjugale ne sont ici appréhendés qu'à travers le manque à gagner démographique qu'on leur impute, notamment la carence en familles nombreuses présentée à la fois comme une tare économique et un handicap militaire. Les considérations démographiques utilitaires l'emportent sur l'appel purement incantatoire à une « régénération morale de la famille française ». Le garde des Sceaux ne le cache pas quand il présente la nouvelle loi dans une allocution radiodiffusée dans laquelle – cynisme ou ingénuité – il qualifie d'« apolitique » la réaction anti-individualiste de l'État français : « Désormais, l'individu, l'homme, le citoyen doit être considéré par rapport à l'intérêt supérieur de la nation[5]. »

Dans la genèse de la loi, entre aussi pour une part non négligeable une autre préoccupation dictée par le contexte : comment faire, si ce n'est par un rétrécissement des libertés, pour que la séparation des conjoints, du fait de la captivité des maris, ne débouche pas sur la dissolution des couples et *in fine* sur une vague sans précédent de divorces ? Faute de pouvoir contrôler la sexualité des femmes de prisonniers, l'État français s'emploie à dresser un rempart juridique censé en contenir les effets civils. Grâce notamment à l'application de ce « service matrimonial de trois ans » ou « stage obligatoire » institué par la loi afin de préserver les jeunes couples unis à la faveur de la drôle de guerre contre la tentation de décisions hâtives et irréfléchies. En pratique, les juges seront pourtant invités à tenir compte des situations exceptionnelles et à examiner en priorité les plaintes émanant des stalags. Régime liberticide tempéré par d'inextricables contradictions, Vichy ne va pas cependant jusqu'à promulguer l'indissolubilité du mariage, comme l'Italie mussolinienne. En pleine réaction cléricale, Barthélemy plaide que la politique n'est pas le domaine de l'absolu mais du raisonnable et que le législateur doit tenir compte de l'opinion publique « même quand elle a tort ». Propos qui font grincer les milieux catholiques et provoquent l'irritation des cénacles bien-pensants au sein desquels on déplore la pusillanimité d'un texte qualifié de « palliatif insuffisant » et de « timide essai ».

À ce stade, il est patent qu'à l'intérieur du gouvernement, les natalistes ont pris pour la première fois l'ascendant sur les familialistes, quand bien même le clivage est-il loin d'être aussi tranché que ne le suggère cet apparent dualisme. En l'occurrence, la victoire des natalistes sera davantage symbolique qu'effective. Même appliquée rétroactivement à nombre d'instances en cours, il ne semble pas que l'impact de la loi ait répondu aux espoirs du législateur. Au mieux a-t-elle eu pour effet de différer la dissolution juridique de couples que la guerre avait à la fois séparés et désunis. Le nombre de divorces, qui était de 21 210 en 1939, chute à 14 464 en 1941, se maintient à 14 226 en 1942, mais remonte à 17 333 dès 1943. Des chiffres difficiles à interpréter en raison des circonstances de la guerre, mais qui n'attestent en rien une décrue massive ni surtout régulière. D'inspiration elle aussi d'apparence familialiste, la loi du 23 juillet 1942 n'en marque pas moins une nouvelle étape dans la définition de la fonction sociale du couple assujetti à la procréation et à l'éducation des enfants. Par là même, elle accentue l'intrusion de la puissance publique au cœur même de la sphère privée. Le délit d'abandon de famille ou « abandon pécuniaire », constitué par la loi du 7 février 1924, est élargi avec la création d'une incrimination en « abandon de foyer » sanctionnant le conjoint qui, ayant abandonné sans motif grave la résidence familiale pendant plus de deux mois, se soustrait aux « obligations matérielles et morales de père ou de mère de famille ». Passible d'une peine d'emprisonnement de trois mois à un an ou d'une amende de mille à vingt mille francs, ce nouveau délit est assimilé à une « désertion », préjudice que le coupable porte non seulement à son conjoint et à ses enfants, mais également à la société et à l'État. En sont naturellement exclus les époux éloignés du foyer par suite des circonstances de la guerre. N'étant plus exclusivement de nature pécuniaire, le nouveau délit d'abandon de foyer englobe en revanche les femmes de prisonniers, ou des hommes contraints à travailler en Allemagne, qui désertent le domicile conjugal pour aller vivre avec un amant. En s'abstenant volontairement de diffuser une circulaire générale sur l'« abandon de foyer », l'État français engendrera toutefois un certain laxisme dans l'application de la nouvelle loi et l'empêchera de porter ses fruits dans le court terme. En 1943, les tribunaux continuent encore de frapper très majoritairement les hommes en tant que pourvoyeurs économiques défaillants, mais aussi – et c'est la seule vraie nouveauté – en raison de leurs « comportements individualistes antisociaux ».

La « loi du jardinier », ou le triomphe des natalistes

Affleurant à l'ensemble de ces textes, l'obsession populationniste imprègne directement une très dense et très complète production législative sur la protection de la naissance. Toute la politique de Vichy tend à instituer un devoir civique et social de reproduction, contribution par quoi le citoyen-géniteur s'acquitte de sa dette envers la communauté nationale. Une idée simple préside à ce foisonnant travail juridique : unité de compte et promesse du « redressement français », l'enfant à naître est la valeur suprême, la finalité à laquelle tout devra être subordonné dans l'ordre des moyens comme dans l'univers des symboles. Le nourrisson devient un personnage central de l'iconographie vichyste où il apparaît, significativement, non pas au milieu mais au-dessus de ses parents, comme sur l'affiche de Grach et Stefani, « Toi qui veux rebâtir la France… donne-lui d'abord des enfants », ou sur celle d'Alain Saint-Ogan, le créateur de *Zig et Puce* en 1925, réalisée pour le secrétariat d'État à la Famille à l'occasion de la « journée des mères » du 31 mai 1942. En bref, foin de la doctrine mitrée qui ne considère que l'enfant conçu dans les liens sacrés du mariage. Pour Vichy, mieux vaut une « fille mère », selon l'expression de l'époque, et un enfant illégitime qu'une sexualité stérile et pas d'enfants du tout.

Premier panneau du triptyque nataliste, la loi du 2 septembre 1941 fait obligation à tous les établissements publics hospitaliers, et non plus seulement aux maisons maternelles départementales, de recevoir gratuitement toutes les femmes enceintes dans le mois qui précède ou suit l'accouchement, qu'elles soient ou non originaires de la commune. Libre à elles, après coup, soit de garder l'enfant pour l'élever, soit de le confier à l'Assistance publique. L'article 2 renforce les dispositions de l'article 29 du code du travail en interdisant à l'employeur de rompre un contrat de travail à l'occasion de la grossesse d'une employée et en sanctionnant ce délit par une amende et une peine d'emprisonnement. Autre innovation considérable : la loi instituant l'accouchement sous X, ainsi appelée par référence au signe remplaçant le patronyme dans les registres de l'administration pour toute femme désireuse d'accoucher sans avoir à décliner son identité. Jusqu'alors, seul l'abandon d'enfant avec demande de secret était autorisé. Avec le décret-loi du 2 septembre, c'est l'accouchement secret dans les « maternités secrètes » créées en 1939 par le code de la famille qui est légalisé, ainsi que la gratuité des soins et de l'hébergement durant le temps des couches[6].

Dans le droit fil des repopulateurs de la IIIe République, les moralistes de Vichy choisissent, non sans quelque paradoxe, d'absoudre des conduites immorales afin de prévenir l'immoralité plus grande encore que constitue à leurs yeux l'avortement avec les conséquences démographiques qui en découlent pour la nation. Ainsi doit se comprendre la maternité consentie des filles mères : source de rédemption individuelle et contribution à l'œuvre collective de redressement, toutes deux ayant pour effet d'effacer la « faute originelle ». Ce qu'exprime en termes lyriques le très laïc et collaborationniste *Nouveaux Temps* : « La femme abandonnée qui donne un enfant à son pays n'est-elle pas comparable au soldat qui est blessé en combattant pour sa patrie ? Tous deux n'offrent-ils pas leur sang, leur chair ? Que pourraient-ils offrir de plus précieux et de plus fécond ? Le pays a le devoir de les assister : sur cette assistance, la fille ou la femme abandonnée doit pouvoir compter[7]. »

Le but poursuivi par les concepteurs de la loi de l'accouchement sous X est tout aussi limpide, s'agissant des femmes de prisonniers de guerre. Dût-on au passage bousculer les principes de moralisation de l'intimité et consacrer d'une certaine manière ces relations adultérines qu'on s'attache par ailleurs à pourfendre et à réprimer. Au-delà d'une nouvelle garantie apportée aux femmes en situation de détresse, on espère préserver l'honneur de ceux qu'on appelle par euphémisme les « maris absents du foyer », autrement dit les prisonniers, en offrant aux épouses fautives une procédure légale et discrète afin d'effacer les traces de leurs amours illégitimes sans toutefois en supprimer le fruit. Pétain en personne a tenu à ce que l'article 4 du code de la famille soit modifié en ce sens et à ce que le texte soit complété par une disposition interdisant la recherche de paternité naturelle, sauf dans les cas où il y a eu enlèvement ou viol au moment de la conception. Sur le terrain, consigne est donnée aux visiteuses sociales : « Faites rechercher autour de vous les femmes de prisonniers qui se trouvent dans cette pénible situation [...] pour les soustraire à la malignité publique et les aider à mener à terme leur maternité[8]. » Afin de prévenir aussi bien les avortements que les abandons, des accords sont passés entre les sections de la Famille du prisonnier de guerre et les directions départementales de la Croix-Rouge française pour placer les enfants adultérins des femmes de prisonniers de guerre dans des familles d'accueil à proximité de leur domicile.

Le crime d'infanticide, enfin, est correctionnalisé afin de le soustraire aux jurys d'assises considérés comme trop enclins à une mansuétude qui, par le jeu du sursis et des circonstances atténuantes, avait fini par ôter aux peines prononcées tout caractère d'exemplarité. De crime, l'infanticide est transformé en délit par la loi du 2 septembre 1941 sur la « protection de la naissance ». Cette requalification n'a pas été sans soulever quelques débats, bien que l'infanticide se soit sensiblement raréfié depuis le début du siècle avec la diffusion, y compris en milieu rural, des pratiques abortives. Arguant qu'un « esprit répressif sans nuance paralysait en fait la répression », Joseph Barthélemy est parvenu à imposer un texte qui réprime l'infanticide aux confins de la stérilité volontaire et de l'homicide, ce dont rend compte sa nouvelle définition d'« acte préjudiciable à l'unité nationale, à l'État et au peuple français ». Là encore, les familialistes doivent se soumettre, après avoir vainement réclamé par la voix du vice-amiral Charles Platon, porte-parole d'un christianisme aussi rigide qu'intransigeant, l'application de la peine de mort contre les auteurs de ce qu'ils persistent à dénoncer comme un « acte de barbarie ».

Ce ne sont là pourtant que discrètes escarmouches à côté du tollé que déchaîne la promulgation de la loi du 14 septembre 1941 sur la légitimation des enfants adultérins. Jusque-là, l'article 331 du code civil l'autorisait pour la progéniture illégitime du père seulement après veuvage ou divorce, et uniquement s'il n'y avait pas d'enfants vivants nés d'un premier mariage. Au nom de la protection de l'enfance et dans le but de donner une existence juridique et des parents à des enfants qui, sans cela, resteraient à jamais stigmatisés par la « faute » de leurs géniteurs, la loi vichyste ébranle en profondeur la sacro-sainte institution familiale. Aux termes du nouveau dispositif, un homme a désormais la possibilité de reconnaître, dans tous les cas, un enfant naturel issu d'une seconde union et ce droit est également étendu aux femmes. Cette fois, le ministre d'État à la Justice a dû batailler ferme, affronter la dissidence ouverte du « parti clérical » avant de faire adopter le texte par le Conseil des ministres. Chez les familialistes, l'incompréhension est totale, la fureur à son comble. Attachés au maintien du principe d'inégalité entre enfants légitimes et enfants illégitimes, ils dénoncent un texte qui constitue, à leurs yeux, un encouragement à l'adultère, un « blanchiment après coup des unions irrégulières » dont l'esprit même est en totale contradiction avec les mesures prises pour renforcer l'institution familiale. Irrité mais fataliste, André Lavagne, le chef du cabinet civil du Maréchal, observe : « Léon Blum et le Front populaire eux-mêmes n'avaient pas été jusque-là. » Adoptée le 12 septembre, la loi n'obtient ni le contreseing du commissaire général à la famille, Philippe Renaudin, qui fait savoir qu'il est « en congé », ni celui de Serge Huard, le secrétaire d'État à la Santé et à la Famille, qui tient, quant à lui, à expliciter son refus dans une lettre adressée le 13 septembre à Barthélemy : « Le législateur n'a pas voulu qu'un même homme pût avoir simultanément des enfants légitimes de plusieurs mères différentes. C'eût été consacrer la polygamie. Cette raison reste valable. Elle est même plus forte que jamais au moment où l'on cherche à rétablir les institutions stables et les valeurs morales [...]. Le secrétariat d'État à la Famille a le devoir de protéger le mariage, l'épouse, et les enfants légitimes ; la protection de l'enfant adultérin, victime innocente, si souhaitable soit-elle, ne doit pas aller contre la première[9]. »

À Vichy, nul n'ignore cependant que la maréchale Pétain est la véritable instigatrice de ce texte si controversé. Elle en a en effet vigoureusement plaidé la cause auprès du ministre de la Justice en s'appuyant sur le cas du jardinier de l'hôtel du Parc. La lettre d'un haut fonctionnaire du ministère de la Justice, interceptée le 20 août par la censure, ironise d'ailleurs sur les origines scabreuses de la loi. « Le jardinier d'un grand chef vénéré, écrit-il, sera ainsi l'occasion et le prétexte d'une grande réforme juridique. » Par dérision ou par volonté d'en amoindrir le sens, les adversaires de cette ébouriffante innovation parlent de la « loi du jardinier » comme s'il ne s'agissait que d'un texte *ad hominem*, une simple concession domestique consentie par le chef de l'État dans le but de ménager la Maréchale, soucieuse de la respectabilité de son personnel. Pendant quelques semaines, tout Vichy bruit de cette rumeur, entre railleries et sarcasmes. Discréditer ce qu'on ne peut empêcher : la tactique est de bonne guerre. Mais elle ne saurait néanmoins faire oublier la déconvenue de la faction conservatrice, ni le fait que Pétain lui-même est intervenu pour arbitrer en faveur de la loi, en dépit de l'opposition exprimée publiquement par la hiérarchie catholique. Et pas davantage la prééminence que s'accorde ainsi l'État dans le domaine du contrôle des corps au mépris de la prétention séculaire de l'Église à s'en arroger le monopole en l'assujettissant à des considérations extratemporelles. La reconnaissance légale des « bâtards » par l'État français est un coup de force qui consacre la dimension sociale et politique de la reproduction sexuelle et lui donne priorité sur toutes les autres. En écho à l'évolution des mentalités, le cinéma s'empare du thème de l'enfant illégitime. Pas moins de 23 des 220 films tournés pendant la période traitent de ce sujet, le plus souvent au diapason de la parole pétainiste. Que ce soit pour porter un regard compatissant sur la mère fautive (*Pierre et Jean*), dédramatiser la situation (*Le Corbeau*), prôner la réintégration de l'« enfant du péché » dans la cellule familiale (*Andorra ou les hommes d'airain*), ou le retour à l'ordre du mariage (*La Fille du puisatier*, *L'Enfant de l'amour*). Dans l'esprit du rachat cher au régime, Maurice Tourneur met en scène, avec *Péchés de jeunesse* (1941), un riche négociant vivant seul avec son chien (Harry Baur), qui, au seuil de la vieillesse, décide de partir à la recherche des enfants naturels qu'il a semés à travers la France. La rédemption est au bout du chemin et se présente sous les traits de la dernière de ses maîtresses, une jeune fille de bonne famille qui a dû confier son fils illégitime à l'Assistance publique. Par remords et par chagrin, elle s'est vouée, depuis, aux enfants abandonnés et dirige un orphelinat où est scolarisé leur enfant. Pour réparer sa faute, le père repentant n'a plus qu'à ouvrir sa villa de la Côte d'Azur à tous les petits pensionnaires. D'un bout à l'autre, le film est construit comme un plaidoyer pour la réhabilitation des filles mères et la normalisation sociale de la bâtardise.

Bâtards et bâtardise

La réalité est, on s'en doute, moins accommodante que ces plaisantes fictions. Recherche du plaisir consolateur, assouvissement d'urgences sensuelles ou amours vénales dictées par l'état de nécessité : la sexualité des femmes françaises doit composer avec le risque de la grossesse qui reste à l'époque la principale entrave à l'accomplissement de l'acte sexuel. En fait, si cette hantise subsiste dans bien des esprits, elle n'a plus la force régulatrice qu'elle exerçait sur les comportements et sur les consciences en période de paix. Ces temps déraisonnables bousculent les règles, écornent les principes, ruinent les interdits, mettent en présence des gens qui n'auraient jamais dû se connaître, poussent les femmes à s'offrir à des hommes qui promettent plus qu'ils ne peuvent donner et les hommes à affirmer une virilité que la présence de l'occupant leur conteste en permanence. L'inexistence de méthode anticonceptionnelle féminine fiable et sûre n'a pas empêché cependant une première rupture éthique sous la IIIe République, ouvrant la voie à une libération des mœurs. Depuis le début des années trente, les femmes les mieux informées ont recours à la technique mise au point par deux gynécologues, Ogino et Knaus. Leur méthode est fondée sur l'examen des variations de température selon les cycles menstruels, mais sa fiabilité laisse à désirer, outre qu'elle exige une astreignante gymnastique mentale. En fait, l'autonomie croissante des femmes en matière de sexualité est encore loin de s'accompagner d'une maîtrise de leur fécondité. Pour l'essentiel, elles restent tributaires de la prudence de leur partenaire. Qu'il s'agisse du condom ou du coït interrompu – les seuls moyens anticonceptionnels efficaces de l'époque –, la contraception est en dernier ressort affaire de responsabilité masculine. C'est dire qu'il n'y a pas que des numéros gagnants à la grande loterie agénésique.

La France de l'Occupation ne fait pas exception : comme dans tous les conflits, l'absence des maris, le relâchement des mœurs, le cantonnement de troupes composées d'hommes jeunes et disponibles se traduisent par une augmentation sensible des naissances illégitimes. Progression en fréquence relative, mais aussi en fréquence absolue : 36 600 en 1939 (soit 6,3 % du total des naissances), 38 300 en 1940 (7,1 %), 39 800 en 1941 (8,1 %), puis 46 000 en 1943 (7,9 %), 56 400 en 1944 (9,4 %) et enfin 65 300 en 1945[10]. Soit un total de près de deux cent cinquante mille « bâtards » pour la période incluse entre 1941 et 1945. On est loin cependant de la courbe érectile de la Grande Guerre, qui avait vu le taux des naissances illégitimes grimper de 8,2 % en 1914 à 14,2 % en 1917. La singularité de la période 1940-1944 n'est pas dans le quantitatif, mais dans l'existence de fortes disparités entre « zones » et dans le profil sociologique des mères d'enfants nés hors mariage. Le poids relatif des naissances illégitimes semble avoir été sensiblement plus élevé en zone occupée qu'en zone libre, chez les femmes de prisonniers que dans les autres catégories de la population féminine. Un rapport du Commissariat général aux prisonniers et aux rapatriés adressé le 20 mars 1942 à l'amiral Darlan explicite ce phénomène. « La misère [des femmes de prisonniers], peut-on y lire, a pour conséquence une redoutable crise de moralité : les naissances illégitimes atteignent dans certains départements occupés un chiffre considérable : plus de la moitié des femmes surveillées par la police des mœurs de la région parisienne sont des femmes de prisonniers[11]. » Généralisation abusive ? Les enquêtes diligentées par le Commissariat à la famille vont dans le même sens. Le délégué régional des Deux-Sèvres observe un triplement des naissances illégitimes par rapport à l'avant-guerre : « Beaucoup d'enfants de femmes de prisonniers [...] sont dus à des relations avec les soldats de l'armée d'occupation. » À Paris, les registres des établissements départementaux de l'Assistance publique ne donnent aucune indication sur le statut matrimonial des parturientes. Ils font cependant apparaître, pour l'année 1942, des taux de naissances illégitimes sans commune mesure avec la moyenne nationale : 24 % dans le XVIIIe arrondissement, 29 % dans le XVIe, 31 % dans le XVIIe, 34 % dans le XIVe[12].

La présence massive des troupes d'occupation ne saurait être étrangère à cet état de choses. Encore que certaines villes ou certains départements de la zone libre, vierge de tout soldat allemand jusqu'en novembre 1942, n'aient rien à envier à la capitale. En janvier 1942, le préfet de Dordogne estime que la « recrudescence d'abandons de nouveau-nés à l'Assistance publique » est imputable à de « malheureuses femmes cherchant à cacher leur identité et leur grossesse, et principalement des femmes de prisonniers[13] ». En Corrèze, le rapport mensuel du préfet mentionne la création d'une « maternité secrète » pour les femmes de prisonniers de guerre enceintes, œuvre du conseil général avec le concours du Secours national. Au royaume même du Maréchal, la situation serait encore pire, d'après ce que rapporte *Le Coq enchaîné*, organe clandestin de la Résistance lyonnaise. Un rédacteur vétilleux affirme avoir dénombré, au 1er juin 1942, jusqu'à quatre cent trente-cinq femmes de prisonniers sur les six cent deux femmes enceintes hospitalisées dans les cliniques de Vichy. Vrais ou faux, les chiffres ont moins d'importance que les commentaires qui les accompagnent. Nulle stigmatisation d'un pseudo-ordre moral, mais, au contraire, condamnation de l'incapacité de Vichy à faire respecter ses propres lois et à protéger ces femmes de la déchéance : « Jamais pareille débauche n'avait souillé les antichambres d'un soi-disant gouvernement[14]. » La « souillure » n'est encore flétrie que par des mots, les temps viendront où elle sera justiciable des tondeuses de l'épuration sauvage. En attendant, la question est posée de façon implicite : que signifient donc ces bâtards en pagaille sinon la bâtardise du régime lui-même, sa profonde illégitimité au regard de la loi constitutionnelle comme des lois morales dont il se réclame avec tant d'insistance ?

Vichy, nécropole des fœtus

D'un côté, les familialistes de Vichy ne peuvent que condamner par principe le recours à une sexualité extraconjugale si contraire à leur doctrine du mariage, de l'autre côté les populationnistes de la Révolution nationale estiment que toute naissance, même illégitime, est bonne à prendre et que l'enfant, quelles que soient les circonstances de sa conception, est finalement un élément rédempteur aussi bien pour la mère « fautive » que pour la société qui veut bien l'accueillir. Toute tolérance s'évanouit, en revanche, dès lors qu'il est question des sexualités stériles. Or à partir de 1941, le nombre des avortements explose. Non en raison d'un recul de la prévention masculine ou de la vigilance féminine, mais à cause du désordre sexuel, du dérèglement des mœurs qui s'étend désormais bien au-delà de l'avant-garde des « noceurs » et des « femmes de mauvaise vie ». La « faiseuse d'anges » ou son homologue masculin devient la suprême instance régulatrice de cet intense trafic sexuel. Pour Vichy, il s'agit là du pire des « fléaux sociaux », deux fois condamnable : au nom de la loi naturelle, quand ce n'est pas en regard de la morale chrétienne, au nom également des impératifs démographiques qui font de chaque avortement un « manque à gagner » pour le relèvement national.

Toute une littérature cherche à frapper les esprits en soulignant l'ampleur du mal. Auteur de l'étude *L'Avortement, fléau national*, préfacée par le secrétaire d'État à la Famille et dédiée au maréchal Pétain « restaurateur et protecteur de la famille », Jean-Édouard Roy est la figure emblématique du médecin repopulateur : chef du service de la maternité à l'hôpital de Tours, professeur à l'école de médecine et de pharmacie, père de dix-sept enfants, président du centre départemental de coordination et d'action des mouvements familiaux, il est à la fois proche du Commissariat général à la famille et de l'Alliance nationale contre la dépopulation[15]. Au terme de son enquête, ce champion de la protection de la maternité avance le chiffre symbolique d'un million d'avortements criminels par an, « hémorragie » qu'il attribue à la « décadence des mœurs » mais aussi au désordre sexuel induit par la guerre et la dislocation des foyers. Lorsqu'ils évoquent en public ce problème, le ministre de la Justice, Joseph Barthélemy, et le commissaire général à la famille, Philippe Renaudin, se réfèrent presque toujours à des estimations d'avant-guerre[16]. Pour eux, c'est un cruel dilemme. Admettre une « épidémie » d'avortements dans la France du Maréchal équivaudrait à reconnaître l'échec de la propagande nataliste et familialiste du régime, sans compter l'effet désastreux qu'un tel aveu aurait sur le moral des prisonniers. Nier l'amplification du phénomène reviendrait à se priver d'un argument de poids pour combattre le déclin de cette France qui « perd chaque jour par sa dépopulation une bataille ». Pour contourner la difficulté, les publications officielles citent le chiffre sur lequel s'accordent la majorité des praticiens de l'époque : entre cinq cent mille et six cent mille fausses couches par an[17]. Soit pratiquement l'équivalent du nombre des naissances. Ce qui, par une heureuse coïncidence, autorise bien des effets rhétoriques quand il s'agit de mettre en balance la culture de vie et la culture de mort. Aucune de ces estimations n'a pourtant de valeur rigoureusement scientifique. Et pour cause ! Acte clandestin dans la plupart des cas, ce que les démographes appellent le « rattrapage abortif » échappe à la statistique même lorsqu'il intervient en milieu hospitalier, où la distinction clinique entre fausses couches provoquées et spontanées est quasiment impossible à établir. Cependant, le nombre des avortements spontanés étant réputé constant, les sondages diligentés par le Commissariat général à la famille et à la santé n'en font que mieux apparaître la part des variables conjoncturelles. Tous les autres indicateurs vont dans le même sens : ainsi, à la maternité de l'hôpital de Tours, le pourcentage des avortements par rapport aux accouchements oscille selon les mois de l'année 1941 entre 34 % et 57 %, soit un taux de trois à cinq fois plus élevé qu'avant-guerre[18]. Ces repères corroborent l'impression générale. Le prétendu régime d'ordre moral et ses lois saponifères n'y pourront rien : jamais, à quelque période de l'histoire, il n'y eut autant d'avortements que dans la France de la Révolution nationale. Vichy est une nécropole de fœtus.

Innombrables sont alors les trajectoires qui mènent à l'avortement : employées, domestiques, ouvrières pour lesquelles une maternité aggraverait une situation déjà précaire et les condamnerait à une marginalité accrue, épouses de captifs ne voulant pas peser sur l'amant qui n'est pas libre, qu'elles craignent de perdre ou qui est lui-même trop pauvre pour les aider, filles ayant couché avec des soldats allemands et farouchement résolues à faire disparaître le fruit inopportun d'une relation socialement considérée comme honteuse, femmes de prisonniers enclines à combler leur solitude affective mais nullement disposées à compromettre leur avenir pour une aventure ou un moment de faiblesse. À s'en tenir à l'avortement judiciaire, c'est-à-dire aux cas ayant fait l'objet d'une procédure, les employées travaillant pour le compte de l'occupant et les femmes de prisonniers constituent les deux catégories les plus représentées, l'une n'étant d'ailleurs pas exclusive de l'autre. Sur les quatre-vingt-dix-neuf justiciables dont l'avortement est évoqué à l'occasion des procès devant le tribunal d'État contre les « avorteurs d'habitude », quarante-quatre sont des femmes de PG, dont dix sont réputées avoir eu des relations sexuelles avec l'occupant. Les études locales montrent que, suivant les juridictions, les épouses des prisonniers de guerre constituent entre un cinquième et un tiers des femmes avortées condamnées. Dans les dossiers d'instruction, leur état est mentionné avant toute autre considération, comme si celui-ci induisait une pathologie sociale, une implacable fatalité qui ne pouvait les conduire autre part qu'au fin fond d'une sordide officine.

Supprimer ce qui serait la preuve vivante de la « trahison » s'impose à ces femmes comme un acte salvateur. Autant que les préoccupations matérielles, le souci d'échapper à la réprobation sociale, la crainte ou la compassion à l'égard du mari trompé les poussent chez les spécialistes locaux autoproclamés de ces « affaires de femmes ». Surtout lorsque se conjuguent plusieurs motifs à scandale, comme dans le cas de cette jeune fille des Sables-d'Olonne : « Avant la mobilisation, j'étais fiancée. Mon amoureux est parti dans les premiers. Il s'est fait prendre dans les Ardennes [...]. Je l'ai attendu le plus longtemps que j'ai pu et puis j'ai rencontré K., un Allemand. On se voyait en cachette dans le bourg de La Chaume. J'étais jeune, insouciante, imprévoyante. Ce qui devait arriver est arrivé. Je suis tombée enceinte. K. était d'accord pour m'épouser et garder le bébé. À cause de mes parents et du qu'en-dira-t-on, j'ai refusé. Il m'a trouvé une adresse. Cela a été horrible. J'ai hurlé de peur et de douleur. Je me suis évanouie. J'ai eu la fièvre pendant plusieurs jours, mais j'ai fait face. À la maison, personne ne s'est douté de rien. K. est parti sur le front de l'Est. Je n'ai plus jamais entendu parler de lui. Quand R. est revenu, je me suis mariée. Mais je n'ai jamais pu avoir d'enfants[19]. » Le projet abortif ne revêt pas toujours un caractère aussi dramatique. L'éloignement du mari retenu en captivité est pour certaines une aubaine dont elles profitent pour céder au libertinage et s'abandonner sans retenue aux plaisirs de la chair. L'avortement intervient alors comme un moyen de masquer leur faute et, parfois, comme un rattrapage répétitif pour les plus négligentes d'entre elles. Mariée à un prisonnier de guerre dont elle a eu deux enfants, Georgette B., trente-trois ans, est devenue à l'automne 1940 la maîtresse d'un officier de la Luftwaffe cantonné au camp d'aviation de Parçay-Meslay, près de Tours. Au cours de l'année 1941, elle sera hospitalisée à la clinique Velpeau pour y subir deux curetages à moins de six mois d'intervalle[20]. Or l'histoire de Georgette est loin d'être un cas d'espèce, comme le démontre l'étude des archives judiciaires particulièrement riches pour cette année-là en affaires concernant des femmes de prisonniers sous l'incrimination d'avortement ou de manœuvres auto-abortives.

Réveil d'une sexualité trop longtemps bridée ou usage d'une liberté nouvellement conquise, l'adultère n'a pas encore l'excuse d'un long carême affectif et sexuel, d'une longue plage de découragement et de solitude. De cet état d'esprit témoigne une anecdote rapportée par Jean Galtier-Boissière : « Une femme de prisonnier se présente à la consultation d'un médecin, lui déclare qu'elle est enceinte et, désireuse de cacher sa faute à son mari, lui demande de la faire avorter. Le médecin refuse. En vain prie-t-elle, supplie-t-elle, le praticien demeure inébranlable. “Ah ! c'est bien vrai ce qu'on dit, conclut l'épouse adultère, qu'on ne veut rien faire pour les prisonniers[21].” » Sur un point au moins, Galtier en prend à son aise avec la réalité. Pour celles qui se savent ou se croient enceintes et qui veulent interrompre leur grossesse, rien n'est alors plus facile que de trouver une main secourable sinon expérimentée. Le bouche à oreille ne manque ni d'efficacité ni d'adresses. En ville et plus encore à la campagne, les hommes et les femmes de l'art recrutent leur clientèle à l'aide de rabatteurs rémunérés à la commission. Le démantèlement de l'un de ces réseaux, en juin 1942, dont les ramifications s'étendent à tout le sud de la Vendée, offre un éventail sociologique assez complet de ce microcosme. Côté avorteurs : deux médecins hongrois, diplômés de l'Université de Paris mais non autorisés à exercer la médecine en France, une sage-femme, une institutrice suppléante et une veuve de la guerre 1914-1918, sans emploi. Côté rabatteurs : deux cartomanciennes (« tireuses de cartes », dit le procès-verbal), un gendarme, un directeur de colonies de vacances, un agent d'assurances et un individu sans profession mais non sans revenus, si l'on en juge par les multiples services tarifés qu'il rend dans le milieu de la prostitution légale et clandestine.

Un tel échantillon ne rend cependant qu'imparfaitement compte des évolutions intervenues depuis la guerre, notamment de la déprofessionnalisation des manœuvres abortives[22]. Jusque-là, les sages-femmes s'étaient arrogé un quasi-monopole en matière d'avortement, les autres professionnels de la santé (médecins, pharmaciens) n'intervenant que marginalement. Ce n'est plus le cas sous l'Occupation : place aux autodidactes formés sur le tas, aux « matrones » sans connaissances physiologiques particulières. L'avortement est devenu un petit métier à l'égal de ceux qui prolifèrent aux confins du marché noir et du marché gris avec lesquels il entretient, au demeurant, d'étroites correspondances. Autre nouveauté : l'intervention masculine, très minoritaire sous la IIIe République, tend à se répandre à la faveur d'une hausse vertigineuse de la demande. Au point que les hommes, tantôt comme auteurs, tantôt comme complices, représentent durant la période plus d'un quart des condamnations pour manœuvres abortives. Cinq des dix procès contre des « avorteurs d'habitude » jugés à la section de Paris du tribunal d'État entre octobre 1942 et décembre 1943 concernent des individus de sexe masculin. L'un sera décapité et les quatre autres condamnés aux travaux forcés à perpétuité[23]. « Affaire de femmes », selon le cliché surexposé d'une histoire qui n'y discerne guère à des degrés divers que des victimes, l'avortement est aussi, et plus que jamais, une affaire d'argent, une source importante de revenus ou à tout le moins un complément de ressources appréciable pour celles et ceux qui en font pratique. Et sans doute est-ce là la raison majeure de la masculinisation croissante d'une activité que les circonstances ont rendue des plus lucratives.

Le prix moyen de l'intervention oscille entre 500 et 1 000 francs selon les lieux et les périodes. Soit l'équivalent de l'allocation militaire mensuelle d'une femme de prisonnier ou d'un mois de salaire d'une ouvrière du textile en province. En dehors de cette fourchette, les tarifs fluctuent à l'extrême suivant le niveau de ressources et l'état de détresse des femmes enceintes. Pour les trois avortements qui le feront condamner à mort, le modeste Désiré Pioge, quarante-six ans, maréchal-ferrant et hongreur de son état, parcourant les campagnes de la Sarthe avec les outils nécessaires à l'exercice de ses différents métiers, ne réclame respectivement que 120, 300 et 500 francs. À l'opposé, Gabrielle, trente-huit ans, sage-femme à Bayeux, exige et obtient la somme exorbitante de 7 800 francs pour pratiquer une intervention, en janvier 1943, sur la personne d'Adrienne C., dix-huit ans. Déférée devant le tribunal d'État après la mort de sa cliente, consécutive à une septicémie, Gabrielle, dont le mari enseignant est prisonnier de guerre, n'a d'autre ressource que d'expliquer : « Je regrette profondément ce que j'ai fait, et je jure sincèrement que c'était la première fois... J'avais toujours refusé jusqu'à présent... mais j'avais tellement besoin d'argent dans les circonstances actuelles, parce que je dois prendre en charge ma famille. C'est pour cela que je me suis laissée tenter[24]. » Hormis quelques récits où s'étale crûment l'appât du gain, comme celui de cette femme accusée de quarante avortements qui déclare avoir voulu subvenir ainsi aux besoins de son ménage et à l'entretien de ses enfants, la représentation que les avorteuses donnent d'elles-mêmes est généralement plus gratifiante et semble obéir à des formules toutes faites : c'est la fameuse solidarité du « service entre femmes », dont la logique achoppe toujours, à un moment ou à un autre, sur l'aporie de la compassion tarifée.

Dans l'exercice de leur activité, les faiseuses d'anges ont majoritairement recours depuis le début du siècle à l'avortement instrumental pratiqué suivant deux méthodes : le percement de la poche amniotique à l'aide d'un instrument métallique pointu (aiguille à tricoter, épingle à chapeau, tringle de rideaux, baleine de parapluie, stylet, bougie Chomel), ou bien le décollement de l'œuf par injection vaginale ou intra-utérine au moyen d'une canule reliée à un récipient rempli d'un liquide irritant ou légèrement caustique tels que l'eau savonneuse, l'iode, le vinaigre, l'arnica, la glycérine, l'éther, l'eau boriquée, le vin de quinquina, la liqueur de Fehling, ou encore l'ergot de seigle. La plus courante est l'injection qui va droit au but, sans lésions, et se révèle pratiquement impossible à détecter en cas de décès *post abortum.* Car la mortalité abortive n'est pas une fable inventée par Vichy pour décourager les passages à l'acte, il semble même que la prolifération des intervenants de toutes sortes se soit traduite par un recul des précautions d'hygiène habituelles. En 1941, près de 20 % des corps de femmes déposés à l'institut médico-légal de Paris sont des victimes de manœuvres abortives[25]. En 1943, sur 385 femmes autopsiées, on dénombre près d'un tiers d'avortements criminels[26]. Dans les campagnes, les méthodes mécaniques sont loin d'avoir totalement supplanté les recettes traditionnelles. Si les procédés les plus archaïques, comme les pédiluves à la moutarde, les saignées, les sinapismes, les sangsues, ne rencontrent plus guère d'adeptes hormis chez les analphabètes de la sexualité, il en va tout autrement de l'automédication par les plantes réputées à tort abortives (armoise, aloès, absinthe, camomille, genièvre, cannelle), ou par des emménagogues beaucoup plus efficaces mais souvent très toxiques (apiol, rue, sabine, genévrier, thuya). Une enquête conduite en 1942 par la revue *Médecine et famille* auprès des pharmacies de la ville de Lille montre une progression en flèche de la vente de ces abortifs végétaux[27]. Associé à l'auto-avortement, le recours à l'herboristerie n'est souvent qu'une étape infructueuse sur la voie qui conduit à des méthodes plus radicales. Enceintes, nombre de femmes de prisonniers y ont d'autant plus volontiers recours qu'à partir de 1942, elles agissent essentiellement par elles-mêmes, soit en raison de la surveillance dont elles font l'objet, soit à cause de la réticence de certains avorteurs à traiter ce qu'ils considèrent à juste titre comme une clientèle à risques.

Un crime contre l'État

La montée en puissance du nombre des avortements est pour l'État français une déconvenue d'autant plus amère qu'il n'a eu de cesse de déployer toutes les ressources de son appareil de propagande au service d'une apologétique du corps légitime, assigné aux pratiques d'une sexualité conjugale et conceptionnelle. En conflit ouvert sur l'unification du statut des enfants adultérins, natalistes et familialistes se rejoignent tactiquement dans une même volonté de combattre l'avortement et d'une manière générale toutes les sexualités agénésiques. Idéologiquement, leurs principes d'action respectifs restent distincts, bien qu'une certaine porosité facilite la circulation des idées d'une sensibilité à l'autre.

Pour les premiers, l'avortement est un « crime contre la race » et contre la nation, l'agent mortifère du déclin démographique et par voie de conséquence le principal facteur de notre perte de puissance économique et militaire. Au regard des seconds, il constitue un crime en soi, une transgression majeure de l'ordre naturel fondé sur le caractère sacré de la vie humaine. Avec l'explosion des avortements que provoque le développement d'une sexualité de guerre dissociée de toute visée procréative, tous s'accordent sur la nécessité d'une répression accrue, d'une surveillance et d'un contrôle renforcés du corps féminin.

Dans ce domaine, la légitimité d'une intervention étatique ne faisait déjà plus débat à la veille de la guerre. À droite comme à gauche, aucune personnalité d'envergure n'échappait à ce quasi-consensus impulsé par la très influente Alliance nationale contre la dépopulation. Cependant, le volontarisme démographique de la IIIe République restait étroitement subordonné à la conjoncture internationale et, comme tel, sujet à des fluctuations principalement liées aux tensions franco-allemandes. L'avortement, promu au rang de « fléau social » et de « péril national », en quittant la sphère de la morale privée pour tomber dans le champ politique, avait changé de catégorie mentale et incité du même coup le législateur à mettre en place une réglementation de plus en plus répressive et de plus en plus inquisitoriale. La loi du 31 juillet 1920 créant le délit de provocation à l'avortement et de propagande anticonceptionnelle entérinait ce retournement dialectique en élevant les néomalthusiens au rang d'ennemis de la nation. Réflexe vitaliste sur fond de croix de bois et de berceaux vides ? La loi du 27 mars 1923, dite « loi Barthou », montrait un phénomène plus profond. Au terme d'un âpre débat où les conservateurs avaient ferraillé en vain sur le terrain de la qualification juridique de l'avortement, celle-ci fut modifiée par une majorité de parlementaires, acquise à l'idée qu'il valait mieux un « délit » équitablement et efficacement sanctionné qu'un « crime » de moins en moins puni par des jurys populaires, sensibles à la détresse des avortées et rechignant à appliquer aux faiseuses d'anges les peines de travaux forcés prévues à l'article 317 du vieux code pénal de 1810. L'avortement se retrouvait correctionnalisé au bénéfice des magistrats professionnels dont le législateur escomptait logiquement qu'ils se montreraient moins indulgents et plus réceptifs aux considérations de haute politique que les jurés des cours d'assises.

À première vue, ce paradoxe avait quelque chose de déroutant pour quiconque n'entrait pas dans les subtilités de la pratique judiciaire. D'un côté, l'avortement faisait l'objet d'une réévaluation d'essence politique qui l'érigeait en acte préjudiciable aux intérêts de la société et de l'État, de l'autre, on le transformait en simple délit dans l'espoir d'obtenir, grâce à la diminution légale de la pénalité, une application plus sûre et plus systématique de la loi au moins contre les avorteurs désignés comme les responsables de la mort programmée de la « race française ». Espérance au demeurant déçue, puisqu'il fut assez vite évident que la correctionnalisation avait manqué sa cible. Certes, la proportion d'acquittements chutait, passant en moyenne de 72 % entre 1880 et 1910 à 19 % de 1925 à 1934, mais le juriste Xavier Tallet pouvait faire observer dans sa thèse sur *Les Délits contre la natalité*, publiée en 1938 au creux de la dépression démographique, que cinq cent mille avortements continuaient à être pratiqués chaque année sans que dans le même temps le nombre des prévenus traduits devant les tribunaux correctionnels n'excédât trois cents à quatre cents personnes[28].

C'est dans ce climat alourdi par les coups de force à répétition d'Hitler que sera promulgué le décret-loi du 29 juillet 1939, dit code de la famille. Quatre mois après l'invasion de la Tchécoslovaquie et quatre semaines avant celle de la Pologne, l'ombre portée du Reich recouvre presque entièrement ce texte préparé par le haut comité à la population qu'Édouard Daladier vient tout juste de mettre en place, avec pour mission de coordonner la politique démographique au plus haut niveau de l'État. Effroi devant le dynamisme démographique allemand, fascination devant l'efficacité démographique de l'Allemagne hitlérienne : tel est le contexte dans lequel se situe la préparation du projet. Quelques membres éminents du haut comité, comme Fernand Boverat ou l'économiste Alfred Sauvy, en ont tiré la leçon qu'une répression accrue de l'avortement et des avorteurs était encore le « procédé le plus efficace, le plus rapide et le moins onéreux pour agir sur la natalité », en accord avec les conclusions du rapport remis le 13 mars par la Société de médecine légale et la synthèse de la Chancellerie relayant la demande des procureurs généraux en faveur de « mesures de défense raciale[29] ». Tout incite donc à ce que le code de la famille tranche par ses innovations et par son audace, à ce que le législateur se défasse des scrupules juridiques qui l'ont arrêté jusque-là dans la répression des manœuvres abortives.

Dès le préambule, l'assimilation de l'avortement à un crime contre la collectivité est suggérée par la formule qui le désigne en tant que péril pour « l'avenir de la race ». Le mot a été jusque-là d'un usage courant, tout à fait étranger aux avatars idéologiques qu'il devait connaître par la suite ; commun dans le langage administratif de la IIIe République, il renvoie à la notion de peuple et de population. Ayant ainsi situé l'enjeu, le texte définitif du décret-loi comporte plusieurs innovations essentielles. Il indique en premier lieu que le bénéfice de la loi sur le sursis ne peut plus être accordé aux avorteurs et que celui des circonstances atténuantes sera systématiquement refusé aux avorteurs récidivistes qui encourent désormais une peine minimale d'un an d'emprisonnement ferme.

Non content d'aggraver les sanctions contre les avorteurs et singulièrement contre les médecins coupables de manœuvres abortives, le code crée ensuite un « délit d'habitude » doublant le tarif pénal (de cinq à dix ans de prison) prévu pour l'avorteur occasionnel. La répression de la récidive est de surcroît renforcée par l'adjonction de l'avortement à la liste des délits spécifiés comme susceptibles d'entraîner la relégation. En outre, le champ d'incrimination se trouve élargi par la suppression du « délit impossible » (article 82) que les repopulateurs réclamaient depuis des lustres. Jusque-là, un grand nombre d'avorteurs parvenaient à échapper à toute condamnation en affirmant que la femme sur laquelle ils avaient opéré n'était pas réellement enceinte au moment des faits. Les poursuites peuvent désormais être engagées à l'égard de quiconque se livre à des manœuvres abortives sur une femme, que la grossesse soit supposée ou réelle ; la simple croyance de l'« agent » de ces manœuvres en la réalité de la grossesse suffit à établir la volonté criminelle de leur auteur. Enfin, la tentative d'avortement d'une femme sur elle-même, qui échappait jusqu'ici à toute forme de répression contrairement aux tentatives effectuées par des tiers, est légalement constituée en délit.

En marge de ce volet purement répressif, les repopulateurs de la IIIe République finissante organisent pour la première fois dans le détail le contrôle du corps des femmes enceintes, de la grossesse à l'accouchement, s'employant à en codifier et à en réglementer les différentes étapes grâce à un dispositif inspiré pour partie de l'expérience national-socialiste. L'article 92 du code de la famille stipule désormais que le diagnostic biologique de la grossesse, fondé sur l'examen des urines, ne peut plus être exécuté librement en pharmacie, comme c'était le cas auparavant, et se fera exclusivement à l'avenir sur ordonnance médicale datée et signée. Objectif : différer le diagnostic et en conserver une trace administrative afin de décourager les manœuvres abortives. Au titre des articles 93 et 97, les maisons d'accouchement sont soumises à une surveillance administrative, et l'ouverture de nouveaux établissements à l'autorisation préalable du préfet. Une première étape est ainsi franchie dans le dépistage des projets abortifs.

Soucieux d'efficacité, le code va encore plus loin en transformant le corps médical en agent auxiliaire de l'État dans son entreprise d'investissement et d'investigation de la sphère privée. Depuis les années vingt, les repopulateurs réclamaient vainement la suspension du secret médical en matière d'avortement criminel. L'article 90 leur donne partiellement satisfaction. S'il ne fait pas obligation aux médecins de dénoncer les cas qu'ils auraient eu à connaître au cours de leur pratique, il leur reconnaît le droit d'apporter leur témoignage en justice pour les affaires d'avortement sans encourir la sanction prévue par l'article 378 du code pénal en cas de violation du secret professionnel. Sollicité en tant que police bénévole et volontaire du sexe, le corps médical est promu par ailleurs acteur à part entière de la scène judiciaire en se voyant reconnaître un droit de citation directe et de constitution de partie civile contre les avorteurs par l'intermédiaire de leurs syndicats professionnels. Semblable capacité juridique est également accordée aux syndicats de sages-femmes, aux associations familiales ainsi qu'à l'administration de l'Assistance publique et aux établissements publics d'assistance. Il n'est pas jusqu'à la légalisation officielle de l'avortement thérapeutique qui, malgré les apparences, ne participe de cet esprit répressif. Du point de vue du législateur, c'est une manière de réglementer dans des limites très strictes et d'encadrer par une procédure collégiale une pratique susceptible d'engendrer d'innombrables abus et dérives.

À tous égards, l'année 1939 sera celle de la croisade nataliste et de la traque des avorteurs. L'activité répressive s'intensifie au point de faire comparaître devant les tribunaux durant le troisième trimestre 1939 davantage de prévenus que durant toute l'année précédente. Acquis à l'idée d'une action implacable et convaincu qu'il peut en tirer profit pour parfaire sa posture de « chef de guerre », Édouard Daladier adresse aux préfets, le 21 décembre 1939, une circulaire rédigée en termes particulièrement énergiques : « Toute politique de la famille doit comporter une lutte impitoyable contre ses véritables ennemis. Vous devrez donc veiller à ce que les services de police placés sous vos ordres recherchent avec la plus grande vigueur les individus coupables de crimes et délits contre la race et la natalité. » Des unités de police spécialisées dans les affaires d'avortement sont en voie de formation pour chacune des dix-neuf brigades mobiles, conformément aux dispositions du décret-loi. De son côté, Jacques Doublet, le secrétaire général du haut comité de la population, entre deux notes explorant l'éventail des moyens destinés à combattre les « fléaux sociaux », joue les indicateurs de police en communiquant au directeur de la Sûreté nationale le signalement de présumées faiseuses d'anges[30].

Aux confins du fait divers et de la chronique politique, on apprend en avril 1939 l'internement de Madeleine Pelletier à l'asile de Perray-Vaucluse, après une condamnation pour avortement. Il ne s'agit pas de n'importe qui. Première femme médecin aliéniste, figure excentrique d'un féminisme libertaire, cette doctoresse qui s'habille en homme prônait le refus de la maternité et même de toute sexualité, à l'image de l'héroïne de son roman autobiographique *La Femme vierge* (1933). Rien n'illustre mieux le climat préexistant à Vichy que le dessin montrant trois condamnés attachés à des poteaux d'exécution avec comme *titulus* : « avorteur », « avorteuse », « traître ». « Les avorteurs tuent un petit Français sur trois, commente la légende, ceux qui les protègent trahissent la France au profit de l'étranger. Quel châtiment méritent-ils ? » La violence, quoique dans le ton de l'époque, passe les bornes admises. La revue qui le publie n'a pourtant ni l'excuse de la guerre – nous ne sommes qu'au printemps 1939 – ni celle d'une quelconque marginalité. Il s'agit de la revue de l'Alliance nationale contre la dépopulation au comité de rédaction de laquelle siègent quatre des six membres du très républicain haut comité de la population.

Dans un tel climat, que reste-t-il à Vichy, sinon l'obligation d'aller encore plus loin ? Mais « plus loin » est-il seulement possible ? « Plus loin » doit-il inclure une rupture avec la politique antérieure ou s'inscrire dans la logique de celle-ci en la prolongeant jusqu'à l'extrême ? S'agissant d'une question aussi fédératrice de toutes les sensibilités vichystes, il eût été surprenant que les inépuisables ressources législatives de l'État français fussent prises en défaut.

S'il comprend dans une certaine mesure que les magistrats répugnent à réprimer l'avortement à travers la personne de l'avortée, le garde des Sceaux Joseph Barthélemy n'en est pas moins hostile à une individualisation systématique des peines, qu'il assimile à une « démagogie du pardon ». La loi du 14 septembre 1941, adoptée à son instigation, vise à limiter les possibilités de recours au sursis au bénéfice des avortées elles-mêmes. Sans modifier toutefois les règles applicables aux avortées en matière de circonstances atténuantes, ce qui permettait aux juges de prononcer des peines inférieures au plancher prévu par la loi, voire de limiter la condamnation à une simple amende. Ce nouveau texte laisse par ailleurs en suspens la délicate question du « délit impossible » à propos duquel les tribunaux s'empêtrent depuis quelques mois dans une jurisprudence contradictoire. La tentative d'avortement d'une femme sur elle-même, que celle-ci soit enceinte ou pas, est-elle légalement constituée dès l'instant que ces manœuvres ont été accomplies avec l'intention de réaliser l'acte ? La cour de Toulouse, en son arrêt du 20 septembre 1940, le croit fermement. Mais la cour d'Aix, moins de deux mois plus tard, revient à la situation *ex ante* où le ministère public doit apporter la preuve de la grossesse de l'inculpée. L'arrêt de la cour d'appel de Limoges du 23 mai 1942 marquera encore un revirement jurisprudentiel dont certains tribunaux se prévaudront pour sanctionner dans quelques cas très rares, non l'avortement – inexistant en la circonstance – mais, à travers l'« intention criminelle », une sexualité non conceptionnelle dérogeant au « devoir social de reproduction ». Les voix qui s'élèvent au sein du gouvernement ont alors beau jeu de faire valoir que ni ces retouches législatives ni la pratique chaotique des tribunaux ne sont à la mesure d'une situation qui va en se dégradant. L'État se doit d'agir sous peine de perdre la face.

Les chiffres ne parlent-ils pas en faveur d'une répression impitoyable ? Même ceux qui doutent des statistiques, surtout dans ce domaine lié à la clandestinité, ne peuvent contester que le nombre des avortements a connu depuis l'armistice une progression exponentielle. Pour frapper un grand coup, il n'est plus guère d'autre moyen que de faire basculer les avorteurs dans la trappe de la justice d'exception, celle-là même qu'on réserve aux résistants et autres « terroristes ». Ce sera l'objet de la loi du 15 février 1942, trois centième acte législatif de l'État français et, comme tel, communément appelée « loi 300 ». L'avortement y bénéficie d'une nouvelle promotion juridique en rapport avec sa fulgurante expansion. De crime contre la collectivité, notion esquissée dans le décret-loi de juillet 1939, il passe au rang de crime contre la « sécurité nationale » et la « sûreté intérieure de l'État », ce qui achève d'en construire la spécification éminemment politique. Avorter revient désormais à porter atteinte aux intérêts supérieurs de la nation et, partant, à se rendre coupable d'un acte « nuisible au peuple français », d'un acte de haute trahison. Une définition qui, selon Serge Huard, le secrétaire d'État à la Famille, « s'applique parfaitement à ceux qui ont choisi pour profession de dépeupler notre pays[31] ».

Amorcé avant-guerre, le travail idéologique de nationalisation du corps féminin place les intérêts de la société au-dessus de ceux de l'individu. Il enregistre un progrès décisif avec cette appropriation étatique des vies en gestation. Il reste à en faire respecter les principes par un châtiment exemplaire, réservé aux éléments les plus rétifs de la population. Ainsi requalifiée, l'activité des avorteurs tombe désormais sous le coup du décret du 18 novembre 1939 instituant, au titre des mesures exceptionnelles d'« état de siège », l'internement administratif à l'égard des « individus dangereux pour la défense nationale et la sécurité publique ». C'est donc bel et bien une guerre que l'État français s'apprête à conduire contre les avorteurs, à l'égal de l'action entreprise par le gouvernement Daladier contre les traîtres et les agents de la « cinquième colonne ». En vertu de ce décret, les préfets se trouvent habilités, dans chaque département, à ordonner, sur proposition du secrétariat d'État à la Famille, l'internement de tout individu contre lequel il existe des « présomptions précises, graves et concordantes » tendant à indiquer qu'il pratique des avortements d'une manière habituelle ou dans un but lucratif. L'idée était dans l'air depuis la drôle de guerre où un haut fonctionnaire comme Jacques Doublet avait pu proposer d'étendre le champ d'application du décret du 18 novembre 1939 aux avorteurs « réguliers » et de faire de l'avortement un crime contre la sécurité nationale. L'affaire devait en rester là en raison du refus du ministre de l'Intérieur, Albert Sarraut.

Les avorteurs, déjà livrés à l'arbitraire administratif qui ne connaît ni droit de la personne ni enquête contradictoire, vont l'être aussi à l'arbitraire judiciaire. Il suffira d'une disposition de la loi qui prévoit de déférer les cas les plus graves devant le tribunal d'État, juridiction créée le 7 septembre 1941 afin de juger tous les auteurs « d'actes de nature à troubler la paix intérieure, la tranquillité publique, les relations internationales ou, d'une manière générale, à nuire au peuple français ». Par une circulaire du 17 février 1942, les préfets sont invités à signaler au ministre de l'Intérieur les « faits d'avortement qui leur paraîtront présenter une gravité particulière », la décision de renvoyer l'avorteur incriminé devant le tribunal d'État incombant en dernier ressort au Conseil des ministres. S'il reste un délit au regard des tribunaux correctionnels qui demeurent également compétents pour juger les « avorteurs d'habitude », l'avortement devient passible de peines criminelles – des travaux forcés à la peine de mort en passant par la déportation – dès lors qu'il échoit aux sections spéciales du tribunal d'État.

Cette fois, le vice-amiral Platon a eu gain de cause. C'est lui qui, le premier, a proposé ce transfert partiel des compétences au profit d'une juridiction dont la réputation de sévérité envers les justiciables et de servilité à l'égard du ministère public était déjà solidement établie. Selon la formule du garde des Sceaux lui-même, le tribunal d'État n'était-il pas regardé comme jugeant « sans les scrupules des tribunaux ordinaires en ce qui concerne les preuves » ? Tribunal d'exception, procédure exceptionnelle, tout est fait pour signaler l'avorteur comme un criminel hors normes et le désigner à la vindicte populaire. Il n'est plus seulement le profiteur abusant de la détresse des femmes par esprit de lucre, mais aussi l'« ennemi de l'intérieur », l'« assassin de la patrie » qui, en sapant les bases du redressement français, agit contre la sécurité publique et la défense nationale. Et pourtant, l'État ne sera pas le seul responsable de cet accès d'hystérie collective. Si le corps médical s'en tient, en règle générale, au respect du secret professionnel, le repérage des suspects se trouve facilité, surtout dans les villes de province, par le climat de surveillance et de délation que la presse ne fait qu'encourager. « Matrones », « mégères », « médecins marrons » et autres responsables de la « sinistre industrie des assassins d'enfants », « bêtes immondes et malfaisantes… plus meurtrières que la guerre elle-même » sont démonisés par les mots qui servent à les désigner, avant d'être cloués à un pilori de papier qui en prépare d'autres. Un film comme *Le Bal des passants* (1943) de Guillaume Radot concentre sur le personnage de la faiseuse d'anges, ravalée au rang de rebut de l'humanité, toute la puissance maléfique du destin. Figure féminine de l'abjection et de la cupidité en ces temps de suspicion et de restrictions, cristallisant tous les griefs des milieux populaires dont elle est généralement issue, l'avorteuse ne peut que servir d'exutoire aux pulsions répressives de la société, pulsions incompressibles mais dont l'intensité varie selon les circonstances et dont le point d'application est appelé à se déplacer dans le temps avec le curseur de l'idéologie dominante.

Aux yeux des Français de l'époque, les avorteurs suscitent *mutatis mutandis* la même répulsion que les pédophiles dans la société contemporaine. De toutes parts, on réclame pour eux un châtiment implacable, alors qu'indulgence et commisération vont généralement aux femmes qui se font avorter. Sauf dans les milieux les plus rigoristes qui, d'un point de vue purement doctrinal, s'obstinent à voir en elles à la fois des criminelles et des victimes, mais davantage victimes que criminelles en dernière analyse. Ce clivage catégoriel entre avorteurs et avortées, très prégnant dans les représentations de l'époque, est fondamental pour comprendre les résultats de l'enquête diligentée à la fin de l'année 1942 par la Fondation française pour l'étude des problèmes humains, dite aussi Fondation Carrel. Lorsque 70,5 % des personnes interrogées se déclarent en accord avec l'idée selon laquelle « l'avortement est un crime qui doit être réprimé comme un meurtre », c'est bien évidemment l'image de la faiseuse d'anges à la canule qui hante les esprits et non celle de leurs infortunées clientes.

Avortements judiciaires

À ne considérer que l'activité des tribunaux correctionnels en matière d'avortement, ce qui frappe en premier lieu, comme dans le cas de la répression de l'adultère aux dépens d'un prisonnier de guerre, c'est le décalage entre la véhémence du discours, la dramatisation des enjeux, le ciblage hiérarchisé des « coupables » et une pratique judiciaire parfois contradictoire, souvent incohérente. On la découvre féroce en certaines circonstances, aberrante dans d'autres, dépourvue en tout cas d'homogénéité et de constance à la fois entre les juridictions et sur la durée. Là encore, la statistique est un trompe-l'œil, fruit de l'empilement maniaque des affaires par des magistrats soucieux de « faire du chiffre » pour complaire à une hiérarchie vétilleuse et tracassière. À première vue, le palmarès est éloquent. Le nombre d'affaires jugées fait plus que tripler pendant la période, il est multiplié par huit par rapport à 1938 : 1 225 en 1940, 2 135 en

1941, 3 831 en 1942, 4 055 en 1943, 3 701 en 1944. On aurait tort cependant d'en conclure que les juges cèdent à une surenchère répressive sous l'influence des émules de Savonarole campant sur les bords de l'Allier. S'ils sont en progression sensible, ces chiffres n'en restent pas moins dérisoires en regard du nombre des avortements effectifs. Moins de 1 % des avortements réellement pratiqués se trouvent alors poursuivis en justice. Si insinuante soit-elle, l'idéologie nataliste s'arrête, le plus souvent, au seuil des prétoires en dépit des circulaires – la plupart antérieures à la mise en place du premier gouvernement Pétain – invitant les magistrats à faire montre de plus de sévérité.

Indulgence, pragmatisme ou difficulté à rapporter les preuves d'une culpabilité, l'activisme des tribunaux a pour contrepartie un taux de relaxe record, jusqu'à cinq fois supérieur à ce qu'il était avant-guerre. Ainsi, dans le département de la Seine en 1943, sur 750 personnes accusées d'avortement, 237 sont acquittées, 380 condamnées à moins d'un an d'emprisonnement, 112 entre un an et cinq ans, et 15 à une peine supérieure à cinq ans de prison. Le paradoxe de la répression judiciaire s'exprime à travers des pratiques à la fois simultanées et contradictoires. La part des condamnations inférieures aux dispositions légalistes ne cesse d'augmenter tout au long de la période, parallèlement au nombre de peines de prison ferme. Volonté de sanctionner les comportements agénésiques ? À l'encontre des objectifs affichés, les tribunaux semblent tout autant s'attacher à sanctionner les femmes ayant avorté ou voulu le faire que les avorteuses et les avorteurs eux-mêmes, l'auto-avortement que les manœuvres abortives opérées par un tiers. À l'inverse, les magistrats semblent avoir été plus réceptifs à l'influence des doctrinaires familialistes qui, tel le professeur de médecine et juriste Jean-Édouard Roy, réclamaient, sur le modèle du code pénal danois, que le « séducteur » puisse être poursuivi et sa responsabilité incriminée, soit qu'il ait abandonné la femme enceinte, soit qu'il lui ait conseillé ou imposé un recours à l'avortement. Un premier jugement du tribunal correctionnel de la Seine, le 5 décembre 1940, confirmé par la cour d'appel de Paris puis par la Cour de cassation, incrimine la responsabilité de l'amant qui « a conduit sa maîtresse au lieu où les manœuvres abortives ont été pratiquées[32] ». S'ébauche ainsi, au fil des arrêts, une redéfinition extensive de la notion de complicité. Celle-ci s'étend désormais de la menace à la provocation, de la fourniture de moyen jusqu'à l'aide et à l'assistance. L'innovation est d'importance, bien qu'elle passe alors presque totalement inaperçue : de plus en plus nombreux sont les hommes, « amants » ou « suborneurs », à être inculpés à titre de complices, quand bien même n'ont-ils fait qu'accompagner leur maîtresse au domicile de l'avorteuse ou assister passivement aux manœuvres abortives. Quel contraste, en revanche, entre la propagande vichyste de diabolisation des avorteurs, émaillée d'impitoyables sentences et de foudroyants anathèmes, et la répression judiciaire qui, jusqu'en 1943, frappe davantage la clientèle des avorteurs que les avorteurs professionnels eux-mêmes, à tel point que ces derniers ne représentent alors guère qu'un quart des comparants. Quel décalage aussi entre les appels réitérés à une plus grande sévérité des tribunaux contre les « avorteurs d'habitude » et les jugements prononcés, très en deçà des attentes et des exigences de la Révolution nationale.

À n'en point douter, la loi du 15 février 1942 se veut une réplique destinée à mettre fin à ces dysfonctionnements de l'appareil judiciaire qui ne font que souligner l'incapacité du régime à imposer une hiérarchie des peines conforme à la hiérarchie théorique et rhétorique de ses stigmatisations. En droit, ce sont les préfets et les délégués régionaux à la famille qui ont été désignés pour repérer les affaires concernant les « avorteurs d'habitude » susceptibles d'être transférées devant le tribunal d'État. En pratique, ce sont les parquets qui vont transmettre les dossiers litigieux au garde des Sceaux. Est-ce la raison pour laquelle il faudra attendre plus de sept mois avant que cette juridiction éminemment politique ne soit saisie, en octobre 1942, d'un premier dossier impliquant une sage-femme d'Arcachon accusée d'avoir pratiqué des avortements contre de l'argent, mais qui arguait avoir voulu « rendre service » aux personnes qui étaient venues la trouver[33] ? Le 7 octobre, elle est condamnée à vingt-cinq ans de travaux forcés, le 14 novembre, une autre sage-femme, de Montauban, à dix ans, le 17 décembre, une troisième, originaire de Trilport (Seine-et-Marne), écope d'une peine de réclusion à perpétuité.

La véridique histoire de Marie-Louise

Pour le grand public, l'histoire de la répression de l'avortement sous Vichy se résume à un nom, celui de Marie-Louise Giraud, l'avorteuse de Cherbourg, guillotinée le 30 juillet 1943 dans la cour de la prison de La Roquette à Paris. Propulsé tardivement dans le grand mémorial des victimes, le corps supplicié de cette femme s'y est incrusté comme un concentré de l'inhumanité du régime, une autre versant de l'abjection vichyste. C'est une histoire moche que celle de Marie-Louise, un chalut promené sur les fonds troubles d'une époque où s'agite toute une humanité désolée et souvent désolante. Par quelque côté qu'on l'examine, la personnalité de Marie-Louise Giraud née Lempérière n'a qu'un lointain rapport avec le personnage que campe Isabelle Huppert dans le film de Claude Chabrol, *Une affaire de femmes*, tourné en 1988, plus de quarante ans après les faits et dans l'ignorance délibérée du dossier judiciaire. Reconstruction du passé à l'aune des enjeux du présent, tri sélectif des faits selon une temporalité qui ignore les catégories mentales de l'époque, anachronismes de sensibilité, ce chromo trouve sa place dans une imposante galerie filmique, volontairement oublieuse de la complexité historique[34].

En 1940, au moment où débute l'affaire, Marie-Louise n'a que trente-sept ans bien qu'elle en paraisse dix de plus. Il est vrai qu'elle a derrière elle une vie déjà passablement chaotique à laquelle son mariage avec Paul Giraud, un quartier-maître de la Marine nationale, n'a donné, depuis leur installation à Cherbourg, qu'une apparence de stabilité. Tout juste a-t-elle pu réaliser une partie de ses rêves : fuir Barneville, le petit bourg de la Manche où elle est née, et le métier de bonne à tout faire, destin ordinaire des filles de la campagne par quoi, comme tant d'autres, elle a débuté. Cela n'a pas été sans mal. Car avant de convoler en justes noces, ses références étaient surtout judiciaires et son casier noirci de trois condamnations pour vol et escroqueries diverses qui lui valurent de séjourner deux mois à la prison de Cherbourg où elle dut troquer le tablier blanc de la petite servante contre un méchant droguet. L'histoire pourrait s'arrêter là, mais la respectabilité et la rédemption par le mariage comportent trop de renoncements pour qu'une nature aussi exigeante que la sienne puisse longtemps y trouver son compte.

Au cours de l'année 1939, elle fait la rencontre d'Émile, un manœuvre sur remorqueur, qui devient son amant. Serait-ce l'homme idéal pour la sortir de cette vie encalminée et lui faire oublier les lugubres soirées passées dans le garni où le couple Giraud habite depuis bientôt huit ans ? À la fin de l'été 1940, Marie-Louise est en situation de rupture. Le chaos de la défaite, la présence massive de la troupe allemande qui occupe la ville lui font entrevoir des virtualités prometteuses bien qu'imprécises. Un jour, Gisèle, sa voisine, une petite blonde de dix-huit ans, est venue s'ouvrir auprès d'elle d'un gros souci : elle est enceinte d'un sous-officier français interné à la caserne Proteau, qu'on dit sur le point d'être transféré avec les autres prisonniers vers un camp en Allemagne. Comment se débarrasser du fardeau ? Par défi, Marie-Louise accepte de l'aider et de pratiquer sur elle l'intervention libératrice. C'est une débrouillarde, la dame Giraud, une délurée qui n'ignore rien des procédés auxquels ont recours les praticiennes les plus expérimentées. Aussi récuse-t-elle l'aiguille à tricoter pour l'injection intra-utérine d'eau savonneuse, plus efficace et moins risquée, du moins c'est ce qu'elle a entendu dire. La manœuvre n'exige que peu de matériel : une canule fixée au bout d'une poire à lavement qu'on introduit dans le col de la matrice. En général, l'opération ne dure que quelques minutes, mais il faut parfois la renouveler plusieurs jours de suite lorsque les résultats escomptés ne se produisent pas assez vite. Ce ne sera pas nécessaire dans le cas de Gisèle qui, pour manifester sa reconnaissance, offre un phonographe à cette si compréhensive et si entreprenante voisine. Quant à Marie-Louise, cette première prestation réussie la conforte dans l'idée que rien n'est plus simple que de soulager une femme en lui évitant du même coup d'avoir recours à ces médecins marrons qui font courir toutes sortes de légendes sur les dangers de l'avortement clandestin pratiqué par des non-professionnels, de crainte, sans doute, de perdre leur clientèle.

Ce coup d'essai est-il resté longtemps sans suite ? Sur le plan judiciaire, en tout cas, le dossier est vide jusqu'au 31 mai 1941. Ce jour-là, Yvonne, vingt-trois ans, mère de deux enfants qu'elle élève seule en l'absence de son mari prisonnier, se présente au domicile de Marie-Louise. L'histoire qu'elle lui raconte est d'une atroce banalité : solitude abyssale, carence affective, besoin d'un corps d'homme, rencontre avec un inconnu appelé à le demeurer, nuit à l'hôtel et bientôt lovée dans son ventre la preuve vivante de la trahison qu'il faut, à tout prix, faire disparaître. À tout prix s'entend, dans ce monde-là, à n'importe quel prix. C'est Betty, une copine prostituée en compagnie de laquelle Marie-Louise aime à boire des verres au café Continental, qui lui a envoyé ce paquet de détresse humaine. Le 3 juin, le paquet est revenu, lesté d'un billet de 1 000 francs. Au printemps 1941, 1 000 francs, c'est à la fois peu et beaucoup, assez en tout cas pour nourrir une petite famille pendant quinze jours. Marie-Louise l'a empoché avant de procéder à l'injection. Cette transaction, après d'autres peut-être, achève de la convaincre qu'il est temps de voir plus loin et plus grand que ce modeste artisanat. Justement, Paul, son mari, à la volonté débile et à la santé chancelante, vient d'être mis à la retraite avec une avance de 9 000 francs sur sa pension d'invalidité. Les Giraud en profitent pour louer une maison bourgeoise au 44, rue Grande-Vallée, face à un couvent de bonnes sœurs.

Dans le Cherbourg de l'Occupation en proie à un intense trafic sexuel, l'adresse va vite devenir un précieux sésame pour les femmes en quête d'une délivrance. Et pas seulement pour ces femmes-là. Depuis qu'elle est devenue une base de la *Kriegsmarine*, la ville grouille de prostituées qui, en dépit de leur nombre, n'arrivent pas toujours à satisfaire la demande. Betty, la vaillante tapineuse et la confidente attitrée des soirs embrumés d'alcool, s'est plainte de ce que les filles avaient du mal à trouver des chambres pour abriter leurs amours tarifées et du fait que certains hôteliers, abusant de la situation, n'hésitaient pas à taxer lourdement chaque passe. Pareille occasion ne se néglige pas. Au 44, rue Grande-Vallée, la maison comporte plusieurs étages et au moins trois chambres dont Marie-Louise n'a pas l'utilité. À vrai dire, elle n'occupe qu'une partie du premier étage en compagnie de son mari et de son amant Émile qu'elle a quasiment installé à demeure pour plus de commodité, mais qui sera bientôt supplanté dans cet emploi par Gustave D., trente ans, un vigoureux chef d'équipe d'un chantier de l'organisation Todt. Ce qui ne va pas sans quelques scènes de ménage à trois. Pratique et industrieuse, la dame Giraud a fait savoir aux filles encartées que la maison leur était ouverte à toute heure du jour et même de la nuit. La diversification n'est-elle pas le ressort des entreprises florissantes ? Au deuxième étage, deux prostituées, Jeannette et Charlotte P., dite « Pompom », prennent pension moyennant un loyer mensuel de 200 francs. Une autre chambre au premier étage donnant sur la rue et sommairement meublée est utilisée à tour de rôle par huit filles. Pour prix de la location, Marie-Louise prélève 30 francs sur chaque passe, un peu plus lorsqu'elle doit céder son propre lit aux heures d'affluence. À l'occasion, elle n'hésite pas à monnayer ses charmes auprès des visiteurs allemands. Là, pas de barème, mais un prix unique : 100 francs. Lors de l'instruction, un témoin rapportera qu'elle commissionnait son jeune fils pour aller en ville racoler les plus ardents représentants de la *Kriegsmarine* en goguette. Le béret à deux rubans est une valeur sûre, qui ne discute pas les prix. Outre cette activité, la maison sert également de lieu de rendez-vous, de moins en moins discret, pour les couples illégitimes.

Comme bien l'on pense, ces allées et venues de femmes souvent accompagnées de soldats en uniforme ne passent pas inaperçues. Dans les conversations du quartier, on dit désormais le « 44 » ou, de façon plus imagée, « le bordel en face de chez les bonnes sœurs ». Insensiblement, Marie-Louise, en changeant de statut, a changé les regards qui se portent sur elle. Son entregent, son abattage, sa rusticité cautcleuse d'ancienne fille de ferme l'ont promue au rang d'auxiliaire incontournable de l'armée allemande. Mère maquerelle à plein temps, elle n'en reste pas moins faiseuse d'anges à ses moments perdus, car, comme le dit finement une habituée des lieux, « la taulière assure aussi le service après-vente ». Manière de signifier que la maison fonctionne sous la double enseigne de la bagatelle et de la canule. La notoriété venue, les « clientes » se bousculent dans son officine à partir de l'hiver 1942. Alexandrine, la petite servante qui l'assiste dans ses œuvres, en a compté plus d'une vingtaine en l'espace de deux mois[35]. Toutes ont à peu près le même profil. Ce sont des filles de condition modeste, employées par l'armée d'occupation à des tâches subalternes et dont le dénominateur commun est d'avoir été engrossées par un soldat allemand. Le prix de la prestation oscille entre 600 et 2 000 francs, mais la maison ne fournit pas le savon – produit rare et cher à l'époque – que la cliente est tenue d'apporter avec elle. Le tarif se situe toujours dans la partie haute de la fourchette quand c'est l'amant allemand qui consent à prendre en charge les honoraires de la praticienne. Marie-Louise tient beaucoup à cette surtaxe patriotique, pas peu fière de faire supporter pour une fois les frais d'occupation à l'armée allemande. Elle est moins regardante sur les conditions d'hygiène : couchées par terre sur une vieille couverture, dans la chambre conjugale ou dans le réduit à charbon, les femmes doivent subir l'injection au moyen d'une canule que Marie-Louise oublie parfois de désinfecter. Il est vrai que la clientèle n'est pas du genre à se plaindre.

En amont, elle a mis en place un réseau de rabatteuses d'une redoutable efficacité, composé pour l'essentiel de voyantes, cartomanciennes et autres chiromanciennes. Blanche, une payse qui lui tirait les cartes autrefois à Barneville, est chronologiquement le premier maillon de cette filière. À cinquante-cinq ans, cette robuste femme vit avec un jeune Algérien qu'elle entretient tandis que son mari se morfond dans un lointain stalag. Profitant de son absence, elle a d'ailleurs introduit une requête en divorce, décidée qu'elle est à ne faire l'économie d'aucun scandale. Parce que les temps sont durs et le gigolo exigeant, elle a accepté un emploi d'aide cuisinière au service de la toute-puissante organisation Todt basée à la caserne Proteau. La voyance lui procure un revenu d'appoint, modeste quand il ne s'agit que de consultations ordinaires, plus conséquent si la cliente est un cas intéressant. Pour les esprits crédules qui défilent à son domicile, Blanche remplit de multiples offices : augure, confidente, directrice de conscience, conseillère conjugale et surtout extraconjugale. Qui donc en effet mieux qu'une cartomancienne est à même de prodiguer les judicieux conseils qui permettront de déjouer à temps les aléas de la vie et les coups du sort ? Les « filles à Boches » sont des proies particulièrement vulnérables par leur propension à confondre, ce qui leur arrive plus souvent qu'à leur tour, le grand amour avec le repos du guerrier. C'est toujours la même scène entre l'aimable gourde totalement dépourvue de jugeote et l'extralucide qui, elle, ne manque pas de clairvoyance. La fille qui fond en larmes après avoir confessé son état, réclame des potions et des philtres, l'autre qui la rassure en lui disant que tout peut encore s'arranger par d'autres voies et lui indique pour finir l'« adresse sûre » où son cas sera traité avec toutes les précautions d'usage sinon à moindres frais. Car la délivrance promise, la délivrance tant espérée est toujours à double péage : une fois au guichet de la voyante qui, outre ses honoraires, perçoit en retour une commission de 100 francs pour chaque nouvelle recrue, une autre à la caisse principale où trône la grande prêtresse de la poire à lavement.

Deux autres cartomanciennes, Augustine Baroche, une ancienne novice du couvent de La Vierge-Fidèle, dans le Calvados, et Eulalie Hélène usent pareillement de leurs dons divinatoires pour sortir la bonne carte au bon moment. En rude paysanne que taraude la peur atavique de manquer, Marie-Louise ramasse la mise, ne négligeant aucun extra. Bien sûr, le travail à la chaîne comporte sa part de risques. Plusieurs filles passées entre les mains pourtant expertes de Marie-Louise ont dû, par la suite, être hospitalisées pour un curetage. Le 19 janvier 1942, il lui a fallu traiter un cas particulièrement délicat : Louise M., trente-deux ans, mariée à un Italien travaillant, lui aussi, pour l'organisation Todt. Déjà mère de quatre enfants, Louise s'est dite prête à se « jeter dans le bassin » plutôt que d'avoir à subir une cinquième grossesse. L'adresse que lui a indiquée une âme charitable va la sauver de la noyade mais non d'une mort imminente dont elle avait fini pourtant par repousser l'idée. Une première injection reste sans effet. Le 29 janvier, c'est au tour de la dame Giraud, accompagnée de ses deux enfants, de se rendre au domicile de sa « patiente » afin de procéder à une nouvelle tentative. Cette fois, l'intervention se passe mal. Louise M. perd beaucoup de sang. « C'est plutôt bon signe », conclut Marie-Louise d'un air docte, avant de prendre congé. Elle ne se manifestera plus que pour réclamer la « petite somme convenue » (600 francs), prétextant un « besoin d'argent ». Le 11 février, la malade, prise d'une forte fièvre, est transportée à l'hôpital de Cherbourg où les médecins diagnostiquent une septicémie consécutive à une fausse couche « vraisemblablement provoquée ». Le 15, vers 20 h 30, Louise M. meurt dans la salle commune, après deux semaines d'atroces souffrances. Lorsque Marie-Louise apprend la nouvelle, elle n'a aucun mal à se convaincre qu'elle n'est pour rien dans ce regrettable épilogue. Une injection d'eau savonneuse n'a jamais tué personne ! Faute d'avoir pu recueillir la moindre confidence de la part de sa femme agonisante, Pietro, le veuf inconsolable, renonce à porter plainte. L'eût-il fait que Marie-Louise Giraud aurait probablement sauvé sa tête, puisque c'est précisément le 15 février 1942 qu'est promulguée la loi qui fait des avorteurs des « assassins de la patrie » et les rend passibles de la peine de mort.

Au reste, de quoi aurait-elle peur, Marie-Louise ? N'est-elle pas entièrement au service de l'armée d'occupation ? Elle lui fournit la chair à plaisir et supprime la chair du péché. Est-ce sentiment d'impunité appuyé de quelques naïves vantardises qui lui font négliger les avertissements et oublier peu à peu les réflexes d'une élémentaire prudence ? Pourquoi s'inquiéterait-elle qu'une cliente, Édith F., ait pu venir chez elle sans avoir emprunté l'une des filières habituelles ni même s'être recommandée d'une commune connaissance ? Dans une France partagée à parts inégales entre souffrance et jouissance, Marie-Louise est du côté de la seconde. Résolument et sans complexe. Cet argent qui lui vient de partout à la fois, c'est autant que les autres – ses modestes clientes d'origine populaire – n'ont plus pour satisfaire à leurs besoins les plus élémentaires ou simplement pour survivre. Elle n'en a cure. Tout lui est bon pour s'extraire du lot commun dont le quotidien est fait de misère et de privations. Pour les vingt-sept avortements en quinze mois d'activité que l'instruction a pu imputer à Marie-Louise Giraud, celle-ci aura reçu une somme globale de 13 900 francs dont 7 000 francs pour le seul mois d'octobre 1942.

À quoi il convient d'ajouter les quelque 5 000 francs que lui rapportait chaque mois son activité de tenancière d'une maison de rendez-vous clandestine.

Si l'esprit de lucre n'est qu'un facteur aggravant de l'incrimination judiciaire, il est le grief majeur qui ressort de l'enquête de voisinage réalisée en cours d'instruction. Plus que pour ses agissements illégaux et immoraux, Marie-Louise est surtout dénigrée pour son aisance financière. La « femme d'argent » y est davantage décriée que la « femme de mauvaise vie ». Ce qui se dit dans le quartier, c'est que « la Giraud » ne se prive de rien, qu'elle règle ses achats en espèces, sans tickets d'alimentation, qu'elle dépense chaque jour 100 francs et plus chez l'épicière, qu'elle achète chaque matin une livre de gâteaux pour ses enfants et du vrai café, un luxe inouï, accessible seulement à quelques privilégiés quand les autres doivent se contenter d'infâmes ersatz. Autant d'accusations représentatives de la place exceptionnelle qu'occupe la nourriture, ou plutôt l'absence de nourriture, dans les tensions sociales de la période. Le défilé bruyant des soldats et marins allemands au bras de leurs conquêtes d'un jour, la présence sous le toit conjugal des amants de Marie-Louise complètent ce tableau d'une vie tout entière consacrée au plaisir et dont l'idée même est insupportable pour qui ne connaît que rationnements, privations et continence forcée. Une mégère cupide, « quelque chose de pas trop propre », une virago vivant de la détresse d'autrui, une mauvaise Française qui fricote avec l'ennemi et tire profit des malheurs de la patrie, voilà la réputation qui lui colle à la peau et que la rumeur colporte dans tout Cherbourg.

Un autre aspect de la personnalité de Marie-Louise heurte profondément les mentalités de l'époque. Passant d'un amant à l'autre, les installant successivement au domicile conjugal dans le plus grand mépris d'un mari désarmé et délaissé, elle s'est octroyé les prérogatives d'une sexualité masculine au terme d'une inversion complète des caractéristiques psychologiques à l'intérieur du couple. Ce qui choque dans le ménage Giraud, ce n'est pas tant que Marie-Louise porte la culotte du « chef de famille » – cette transgression dans la répartition sexuée des rôles est suffisamment fréquente pour ne pas surprendre –, mais bien l'état de subordination craintive auquel elle a réduit un mari que le gardien de la paix Leluan, chargé de la surveillance du domicile des Giraud, décrit comme un « être mou, malade, assez peu courageux, alcoolique et sans autorité ». Les scènes que Paul Giraud rapportera au cours de son audition confirment point par point ce portrait pour le moins péjoratif : « … [Après le déjeuner] ma femme a apporté dans la salle à manger un fœtus d'environ quinze centimètres qu'elle a montré à tout le monde, même aux gosses. Ensuite, elle l'a enveloppé dans un chiffon de laine rouge et elle m'a dit d'aller le jeter dans les "petits jardins" à la cité coloniale. Craignant d'être frappé, j'ai obéi et je suis allé porter le fœtus, sous un arbre, à côté d'un tas de saletés, et je suis revenu à la maison[36]. »

Au fond, la vie de Marie-Louise ne donne-t-elle pas l'image d'un certain matriarcat dans lequel les hommes sont réduits à l'état de comparses abouliques soumis au bon vouloir et aux caprices des femmes, dépossédés des attributs du pouvoir et du pouvoir lui-même ? Une image qui serait en somme comme la réplique ou la caricature monstrueuse de la France dévirilisée, de la France humiliée, de la France défaite. La lettre qui arrive le 15 octobre 1942 sur le bureau du commissaire Jean Trouvé, du IIe arrondissement de Cherbourg, est un modèle du genre. Noms, adresses, faits, circonstances, dates ; tout ou presque est mentionné comme dans un procès-verbal de gendarmerie. Ne manque en bas de la missive qu'une signature, omission fréquente à une époque où quatre à cinq mille lettres anonymes parviennent chaque jour aux autorités françaises et allemandes. Qui a écrit celle-là ? Plus tard, la non-inculpation de Paul Giraud, dont la complicité passive aurait pu être aisément établie par le juge, orientera les soupçons vers ce « témoin » effarouché, s'excusant de ne pas avoir dénoncé son épouse, au motif qu'il avait eu peur qu'elle le frappe ou qu'elle le fasse enfermer à l'asile.

À l'issue d'une perquisition au 44, rue Grande-Vallée, Marie-Louise est interpellée en même temps que trois prostituées et qu'une cliente tout juste « opérée » par ses soins. Devant le juge Henry Segondat, chargé de l'instruction, les explications de l'inculpée s'avèrent particulièrement maladroites. Espère-t-elle encore dans une éventuelle intervention allemande qui viendrait la tirer des griffes de la justice française ? À l'en croire, elle ne se serait livrée à des manœuvres abortives que pour secourir des femmes dont le mari était prisonnier ou qui étaient enceintes des œuvres de l'occupant. Grâce à elle, des foyers ont pu rester unis, des réputations ont été sauvegardées, des drames évités de justesse. Au reste, l'argent des passes lui suffisait amplement pour vivre. Un sacerdoce alors ? Mais dans ce cas, pourquoi avoir fait payer les femmes qui, en désespoir de cause, venaient s'adresser à elle ? En quatre mois, le juge auditionne plus d'une centaine de témoins, inculpe quarante suspects, délivre dix-huit mandats de dépôt. Le 24 février 1943, il transmet le dossier de la femme Giraud au procureur général de la cour d'appel de Caen, Jean Demangeot, lequel avait demandé auparavant à être informé des développements de l'instruction. Au vu du caractère à tous égards exceptionnel de l'affaire, tant par le nombre d'avortements pratiqués que par l'émotion qu'elle soulève dans la région, le procureur décide d'adresser un rapport au ministère de la Justice. À ce stade, plus rien ne semble déjà devoir s'opposer à ce que la procédure suive son cours inexorable. Le 19 mars, Henri Corvisy, le directeur des affaires criminelles et des grâces, transmet à son tour pour avis le dossier Giraud au colonel Farge, commissaire du gouvernement près le tribunal d'État. Après examen, ce dernier, eu égard à l'« extrême gravité des faits », émet un avis favorable au « renvoi de la femme Giraud » devant le tribunal d'État. Georges Dayras, l'inamovible secrétaire général du ministère de la Justice, en poste depuis trois ans, est un trop fin connaisseur tant de l'appareil judiciaire que de la raison d'État pour ne pas sentir qu'il peut se dispenser en la circonstance d'en référer à Maurice Gabolde, son ministre de tutelle. Aussi l'affaire Giraud ne sera-t-elle pas évoquée en Conseil des ministres. Le juge de Cherbourg s'étant entre-temps dessaisi, l'ordonnance de renvoi est signée le 22 mai. Marie-Louise Giraud est appelée à comparaître devant le tribunal d'État pour avoir fait avorter vingt-sept femmes, dont vingt-deux postérieurement à la loi du 15 février 1942, et provoqué involontairement la mort de Louise M. Les deux cartomanciennes et une autre rabatteuse doivent répondre, quant à elles, de complicité d'avortement « avec les circonstances d'habitude et de lucre ».

Pour le procès qui s'ouvre à Paris le 7 juin, Paul Devise, soixante-quinze ans, que la Chancellerie a sorti de sa retraite afin qu'il préside cette juridiction d'exception, a ordonné le huis clos, suivant en cela la requête du commissaire du gouvernement. Entre l'exercice cathartique qu'elles auraient souhaité au regard de la portée symbolique de l'affaire et l'effet miroir qu'elles redoutent, les autorités vichystes ont tranché. Pas question de jeter en pâture à la presse ce tableau de mœurs de la France du Maréchal dont le réalisme sordide ne peut qu'entacher l'image du régime. Le réquisitoire du colonel Farge est une véritable charge qui déborde l'incrimination originelle. Par sa voix, ce n'est pas seulement le Minotaure nataliste qui réclame vengeance pour les blessures infligées au corps reproducteur de la nation, c'est la France de la souffrance et de la ceinture bouclée, la France des privations et de la faim qui demande réparation contre ceux et celles dont le plaisir a été acheté avec l'« argent du crime ». Décrivant le train de vie de l'accusée, Farge aura ce mot : « Elle ne se privait de rien… » Pas une fois, cependant, il n'évoque les soldats allemands, bénéficiaires directs ou indirects des multiples prestations de Marie-Louise. Mais l'ombre de la « collaboration horizontale », c'est-à-dire de la dépossession de ce bien national qu'est le corps des femmes au profit de l'occupant, plane sur l'ensemble du procès comme sur la plupart des affaires d'avortement jugées par le tribunal d'État[37].

À l'issue des débats, Marie-Louise Giraud est condamnée à la peine capitale, Eulalie à huit ans de travaux forcés, Augustine (soixante-neuf ans) à dix ans de réclusion. Les décisions du tribunal d'État n'étant susceptibles ni de recours ni de pourvoi en cassation, le sort de Marie-Louise ne relève plus que du droit de grâce dévolu au chef de l'État français. Or par deux fois déjà, en janvier 1941 et en février 1942, Pétain a rompu avec la tradition républicaine qui voulait que les femmes condamnées à mort ne fussent pas exécutées. Le 8 juin 1943, c'est-à-dire le jour même où le tribunal a rendu son jugement dans l'affaire Giraud, une cultivatrice de vingt-neuf ans qui avait assassiné et brûlé au fer rouge son beau-fils, un garçonnet âgé de dix ans, a été guillotinée dans la cour de la prison de Saintes. Dans leurs ultimes notes rédigées à l'intention du chef de l'État, le colonel Farge et le président Devise se prononcent contre la grâce, tandis qu'à l'opposé, le garde des Sceaux Gabolde et la commission des grâces du ministère de la Justice émettent un avis favorable à la commutation de la peine en travaux forcés à perpétuité. Est-ce un membre du cabinet civil, comme le prétendra par la suite l'avocat de Pétain, Jacques Isorni, est-ce le Maréchal lui-même qui, le 27 juillet, a écrit sur le recours en grâce les quatre mots fatidiques : « … est ramenée à exécution » ? Au lendemain de la mise à mort, la presse, à l'exception du quotidien local *Cherbourg Éclair*, ne consacre que quelques lignes à l'épilogue de l'affaire Giraud. Alors que la propagande vichyste se déchaîne contre les « assassins de la patrie », aucune publicité particulière n'est donnée au châtiment de Marie-Louise Giraud que le ministère public, à l'heure des réquisitions, avait pourtant voulu « exemplaire ». Le rite conjuratoire est volontairement confiné dans l'étroit périmètre de l'espace judiciaire. Étrange discrétion qui autorise toutes les supputations. Divergences au sein du gouvernement ? Crainte de voir étaler au grand jour les turpitudes d'« une petite ville française » dont ce fait divers éclairait *a giorno* les profondeurs peu ragoûtantes ? Volonté de ne pas heurter davantage la sensibilité d'une opinion révulsée à l'idée qu'on ait pu guillotiner une femme, si coupable fût-elle ? Le climat n'est pourtant pas à l'indulgence et les événements de la Libération toute proche montreront que le fait d'être une femme n'est plus alors de nature à infléchir, si peu que ce soit, la justice des hommes. Quelle qu'en soit la raison, Vichy n'a pas cherché à associer la population à un exorcisme collectif contre les « femmes de mauvaise vie », catégorie infamante incluant les avorteuses mais aussi les adeptes d'une sexualité vénale, comme les prostituées clandestines et les « filles à Boches » que bien des Français confondent dans une même réprobation et assimilent peu ou prou à des « profiteurs de guerre ».

Semblable incohérence se retrouve dans les affaires traitées par les deux sections parisienne et lyonnaise du tribunal d'État qui n'auront à connaître qu'un très petit nombre de cas. En vingt-deux mois d'existence, cette juridiction ne sera saisie que de quarante-six dossiers concernant des « avorteurs d'habitude » : trente-huit femmes et huit hommes représentant au total deux cent soixante-sept affaires d'avortement. Soit six millième du contentieux global jugé par les tribunaux correctionnels en matière d'avortement. Si les peines prononcées par la section de Paris sont particulièrement sévères (deux condamnations à mort, quinze réclusions à perpétuité), celles de la section de Lyon se caractérisent par une surprenante clémence. Au point de susciter une demande d'explication de la part de la Direction des affaires criminelles et des grâces. À la différence de leurs collègues parisiens, les membres de la section lyonnaise, pourtant choisis par le gouvernement, manifestent une certaine répugnance à traiter les affaires d'avortement et se refusent à les classer au rang des affaires politiques. Leurs réticences s'expriment publiquement lorsqu'ils ont à juger du cas de Germaine C., une mère de onze enfants, titulaire de la « médaille d'or de la famille française », qui comparaît devant le tribunal alors qu'elle est sur le point d'accoucher une nouvelle fois[38]. Au représentant du ministère public, les juges font savoir qu'ils aimeraient mieux ne pas avoir à connaître de ce type de cas.

D'une section à l'autre, les critères qui président à l'établissement des peines apparaissent comme singulièrement arbitraires voire aberrants en regard des options idéologiques du régime. Le maréchal-ferrant Désiré Pioge est condamné à mort et exécuté le 22 octobre 1943 pour seulement trois avortements, quand telle autre avorteuse, accusée d'en avoir pratiqué une quarantaine, sauve sa tête. Une sage-femme du Saulcy, en Moselle, Marie-Marguerite N., soixante ans, est condamnée pour avoir commis neuf avortements à la réclusion perpétuelle, tandis qu'une autre sage-femme de soixante-sept ans écope de huit ans de prison pour s'être livrée, elle aussi, à neuf avortements mais sur la personne de femmes de prisonniers, ce qui, contrairement à la philosophie du régime, ne semble pas avoir été retenu comme circonstanccs aggravantes. Pendant ce temps, d'autres avorteuses incriminées dans dix, quinze ou vingt affaires continuent à être déférées devant les tribunaux correctionnels. Tout se passe comme si le régime, après s'être doté d'une des législations les plus répressives en la matière, n'avait voulu en faire qu'une application sporadique et limitée. En vain les associations familiales réclament-elles l'application d'une disposition de 1939 instituant des unités de police habilitées à faire des enquêtes dans les maternités, les hôpitaux, les cabinets des médecins et des sages-femmes. En vain les délégués régionaux à la famille exigent-ils de l'administration préfectorale d'être associés à l'examen des dossiers concernant les individus soupçonnés d'être des avorteurs professionnels. Et c'est sans plus de succès que les militants natalistes interviennent auprès du vice-amiral Platon pour demander que les préfets utilisent la procédure d'internement administratif contre les avorteurs avec la même vigueur qu'ils mettent à l'employer contre les proxénètes. Les circulaires à répétition (7 avril et 10 juin 1944) témoignent d'une totale absence de coordination entre les différents services chargés de la répression. Par le recours systématique à l'anathème public, par l'aggravation symbolique des lois réprimant les sexualités déviantes, par l'usage de la violence légitime d'État, les hommes de la Révolution nationale n'auront pas cessé d'attiser chez de nombreux Français le besoin d'un exorcisme purificateur en même temps qu'ils s'employaient à en différer le moment. Mais la promesse d'une nationalisation du corps féminin n'a été que partiellement tenue dans sa dimension répressive. La frustration qui en résulte est en attente d'un exutoire qui s'accommode de plus en plus mal des faux-semblants et des subterfuges.

CHAPITRE 11

Défaite et des fêtes

« La France sous l'occupation allemande avait le droit et le devoir de se montrer insolente, de manger, de briller, de braver l'oppresseur, de dire : "Tu m'enlèves tout et il me reste tout." »

Jean Cocteau.

« Jamais, nous n'avons été plus libres que sous l'occupation allemande. »

Jean-Paul Sartre.

« Il m'était arrivé dans ma vie de beaucoup m'amuser : mais c'est seulement au cours de ces nuits que j'ai connu le vrai sens du mot "fête". »

Simone de Beauvoir.

« Puis notre père est prisonnier. Chers Allemands, chers guerriers blonds, fermez bien vos cages. »

Roger Nimier.

Est-il digne, est-il décent de rire, de s'amuser, de danser, de se livrer aux plaisirs de la chair ou de la galanterie quand une partie de la France est occupée et que l'autre s'étiole dans une liberté formelle dont les Allemands sont de moins en moins enclins à respecter la fiction ? À cette question, deux catégories de Français ont répondu d'emblée par la négative. Ce sont, d'une part, les premiers résistants qui, tout à leur ascèse héroïque, estiment comme André Weil-Curiel que la France se doit de « communier dans un même désarroi et dans une même volonté de combattre », et d'autre part, les adeptes du mythe de la régénération morale, pour lesquels l'expiation individuelle est la condition du rachat collectif, la contre-valeur pénitentielle du salut national, dans le droit fil de la dialectique élaborée par Joseph de Maistre à propos de la Révolution française. Exemplaire est, pour ceux-là, le comportement des neuf départements occupés pendant la guerre de 1914-1918 : pas de spectacles, pas de bals, pas de libations. On restait en famille, on se lamentait, on attendait la délivrance dans une attitude de repli, de prostration d'où était bannie toute vie artificielle, cette vie de plaisir qui ne convenait qu'aux temps de paix et qu'aux temps de joie. Patriotes intransigeants et fanatiques de la contrition opposent une même incompréhension navrée ou furibonde face à la décompensation qui suit la défaite, défendent comme au temps de la Grande Guerre les règles essentielles de la sublimation et du recueillement. Le blocage ou la disparition des mécanismes régulateurs, la levée des inhibitions et des barrières morales, l'envie d'échapper, ne serait-ce qu'un moment, à des enjeux trop écrasants, à des contraintes trop étouffantes, ils ne veulent pas les prendre en compte. De même qu'ils se révèlent incapables de comprendre que la défaite ait pu libérer, dans certaines catégories de la population, une énergie avide de s'employer à des activités frivoles ou futiles, ou que la fête puisse être pour certains l'antidote nécessaire à une situation oppressante. Pourtant, cette frénésie de vivre, ce besoin d'espérer envers et contre tout entraînent d'autres ruptures, d'autres inflexions des comportements, d'autres façons de voir les choses qui tranchent avec l'économie des temps de paix. Assenée sans discontinuité par tous les gouvernements depuis la guerre de 1870, l'injonction nataliste à laquelle les Français étaient, jusque-là, demeurés sourds, rencontre soudain un écho inattendu. L'entre-deux-guerres avait vu le triomphe de la famille à enfant unique dans un contexte socioculturel qui ne laissait guère de doute sur la signification profonde de ce phénomène. « Le modèle de l'époque, observe l'historien Philippe Ariès, était celui de la famille prudente, calculatrice, prévoyante, absorbée par la préparation de l'avenir meilleur d'un ou deux enfants. Dans ces conditions, la réduction des naissances ne répondait pas à une quelconque poussée d'hédonisme. Elle correspondait au contraire à une conception ascétique de la vie où tout, y compris le plaisir du sexe, était sacrifié à l'élevage patient de la génération suivante. » Tout se passait donc comme si Malthus avait terrassé Éros, ne laissant aux Français qu'une vision comptable de leur sexualité, une vision de petits rentiers résignés à de modestes revenus. Avec la guerre et l'Occupation, tout change. Un cycle de dépense et d'investissement succède à la thésaurisation antérieure.

La divine surprise démographique de 1942

« *J'ai toujours de l'amour/ Qu'en mon cœur je garde en cachette/ [...]. En voulez-vous des mots fous, des baisers, des folles caresses/ Je peux vous en livrer des caisses/ [...]. Venez mesdames, venez voir/ L'occasion que je vous propose/ Vous comprendrez qu'le marché rose/ Vaut mieux qu'le marché noir.* » C'est une chanson bête, une de celles que les radios débitent à la chaîne et qu'on écoute d'une oreille distraite : l'histoire d'un « naïf », d'un « jobard », qui n'a pas eu la prévoyance de faire au bon moment des stocks de produits comestibles mais qui, ayant de l'amour à revendre, seule denrée non contingentée de l'époque, est devenu le roi du « marché rose ». En cet hiver 1943, *Marché rose*, interprété par Jacques Pills, est l'un des titres les plus réclamés par les auditrices de « Ce disque est pour vous », l'émission de Geneviève Maquet sur les ondes de Radio-Paris. Jacques Pills, s'il n'est pas encore le mari d'Édith Piaf, est déjà un habitué des variétés à succès. Mais la raison de la demande des auditrices ne tient pas (seulement) à son physique avantageux. Le thème du « marché rose » éveille en elles un écho profond. Y auraient-ils prêté attention que les démographes eussent été sans doute moins perplexes lorsqu'ils découvrirent, au lendemain de la guerre, les chiffres de la natalité et plus particulièrement ce qu'avait été le tournant de 1942. Car cette année 1942 marque bien, selon la formule de Philippe Ariès, l'« interruption surprenante d'une évolution séculaire ». Dès cette année-là, en effet, alors que les conditions de vie des Français n'ont cessé de se dégrader et que les perspectives d'une libération du territoire national sont encore quasi inexistantes, le taux de natalité de 1938 est pratiquement rattrapé (14,5 ‰ contre 14,6 ‰) avant d'être largement dépassé en 1943 (15,7 ‰) et en 1944 (16,2 ‰). Non seulement le pire n'a pas eu lieu, mais au sortir de ces quatre années d'Occupation, on enregistrera 650 000 naissances de plus que durant la période 1915-1919[1].

Aux esprits rationnels, le retournement du milieu de la guerre offre à première vue le maquis impénétrable d'une énigme. Cette reprise de la natalité intervient alors même que la population masculine autochtone présente dans l'Hexagone a considérablement diminué. « Faire des enfants est la condition du renouveau national », répète sur tous les tons la propagande du régime. Des enfants ? Mais avec qui ? À un titre ou à un autre, ce sont en effet près de deux millions et demi d'hommes qui se trouvent hors circuit. Capturés pendant la débâcle, 1 800 000 hommes au moins ont été envoyés en Allemagne pour y être internés dans des camps. Au retour de sa première mission, Georges Scapini, l'ambassadeur vichyste chargé de défendre les prisonniers français auprès du Reich, a fait savoir que l'absence des prisonniers de guerre « privait la France de 43 % de son pouvoir de reproduction ». Le chiffre vaut ce qu'il vaut. Il n'en illustre pas moins l'importance du prélèvement effectué sur les forces vives du pays. Si l'on s'en tient aux seuls prisonniers, en apparence, le « déficit » du potentiel reproductif tend progressivement à se réduire. Compte tenu des rapatriements à titre définitif, des « mises en congé de captivité », des bénéficiaires de la « relève », le nombre des prisonniers de guerre connaît une décrue régulière : 1 400 000 en janvier 1942, 1 120 000 en février 1943, 930 000 environ à l'arrivée des troupes alliées en 1945. La population mâle à l'intérieur de nos frontières ne s'en accroît pas pour autant. Car, pendant ce temps, le nombre des travailleurs français en Allemagne augmente dans les mêmes proportions.

Par le biais d'une propagande intensive, le Reich, afin de pallier sa pénurie de main-d'œuvre, a d'abord recruté des contingents de volontaires. Fin 1942, ils sont 247 000 à avoir suivi l'exemple de « Célestin Tournevis » dont un dépliant raconte en images tous les bienfaits qui l'attendent outre-Rhin : emploi stable, salaire avantageux, nourriture régulière sinon abondante. Avec l'intensification de l'effort de guerre allemand contre l'Union soviétique, cet apport est jugé insuffisant. Pour répondre aux exigences de Fritz Sauckel, plénipotentiaire général chargé du recrutement et de l'emploi de la main-d'œuvre, Laval doit se résoudre à créer, en février 1943, le Service du travail obligatoire (STO). Il mobilisera pour deux ans au service de l'Allemagne les jeunes hommes réputés inactifs entre vingt et vingt-deux ans, puis bientôt toutes les classes d'âge jusqu'à cinquante ans. En juillet 1944, les requis ou volontaires travaillant en Allemagne sont estimés à 723 000, dont la moitié environ ont moins de vingt-cinq ans. C'est ce phénomène de flux croisés qui explique que l'effectif total des Français retenus sur le territoire du Reich est resté pratiquement stable pendant toute la durée de la guerre. Avec pour incidence, d'un bout à l'autre de la période, un profond déséquilibre des sexes dans la population.

Plus encore que durant la Grande Guerre, la société française est dominée numériquement par les femmes. Si bien que le marché matrimonial, c'est-à-dire la population mariable âgée de quinze à quarante-cinq ans, s'établit dans un rapport à peu près constant de cinq femmes pour trois hommes[2]. Très logiquement, cette distorsion entre la demande féminine et l'offre masculine trouve une traduction progressive dans le recul de la nuptialité. Passé l'effet de récupération partielle due à la célébration des mariages différés à cause de la guerre et à la normalisation précaire des années 1941-1942, le nombre de mariages subit une brusque décélération avec la fin du conflit et l'instauration du STO : 219 000 en 1943, 205 000 en 1944, contre 274 000 en 1938. La femme seule, qu'elle soit célibataire ou séparée de son conjoint, devient une figure familière de ces années-là.

Dans un marché étroit où la concurrence est vive, les petites annonces de la rubrique matrimoniale disent l'essentiel, non plus en quelques mots mais en quelques chiffres. Telle cette jeune fille de vingt-neuf ans, « cultivée et catholique », qui prend le soin de mentionner d'entrée le montant de sa dot (500 000 francs) et de ses espérances (950 000 francs) dans l'espoir d'attirer un « monsieur agréable » dont la « situation serait en rapport ». Ou cette autre, moins bien dotée (400 000 francs), qui, dans la colonne d'en face, s'adresse à un officier ou à un fonctionnaire qu'elle souhaite toutefois en bonne santé (c'est là sa seule exigence) et avec lequel elle serait même prête à partir « aux colonies[3] ».

Faute d'épouseurs, les jeunes filles appelées à coiffer Sainte-Catherine dans leur vingt-sixième année sont légion. À la soirée organisée en l'honneur des catherinettes de la mode et de la couture aux Bouffes-Parisiens, en novembre 1943, on en dénombre cinquante sur neuf cents employés de la maison Lanvin, trente chez Maggy Rouff, autant chez Lucien Lelong. Outre le déficit de la population masculine et l'effondrement de la nuptialité, un autre facteur aurait dû concourir à la baisse de la natalité : le passage à l'âge de pleine fécondité des classes creuses nées entre 1915 et 1919. Et pourtant, pendant les six années du conflit, le nombre de naissances va dépasser en moyenne de 6 % les prévisions établies par les démographes, toute hypothèse de guerre exclue.

Procréation assistée ou solde génésique ?

À de rares exceptions près, les contemporains s'accordent à voir dans ce rebond nataliste l'un des effets directs de la législation familiale mise en place à la fin de la IIIe République et amplifiée sous le régime de Vichy. Un Léautaud, ulcéré de se voir environné d'enfants, adhère sans nuances à ce schéma lorsqu'il écrit, le 17 octobre 1942 : « Il me paraît bien qu'il y a maintenant une procréation bien intéressée. On ne rencontre que des femmes ayant un ou deux enfants en bas âge, même des gamines ayant à peine vingt ans (à remarquer aussi qu'on se marie très jeune dans le peuple). Il est vrai que les primes de toutes sortes allouées par l'État doivent bien aussi jouer leur rôle. Il paraît que c'est pour le relèvement du pays, pour que la France soit un État fort, etc.[4]. »

Que le législateur ait voulu orienter la sexualité des Français vers la procréation à l'aide d'un important dispositif financier n'est pas contestable, bien que Laval autant qu'Yves Bouthillier, le ministre des Finances pendant les deux premières années du régime, se soient employés à plusieurs reprises à contrer les exigences budgétaires des familialistes. Dans le droit fil du code de la famille, la loi du 15 février 1941 vise à favoriser les familles dont la composition contribue directement à l'accroissement de la population. Le taux de base des allocations familiales est majoré de moitié à partir du troisième enfant, passant ainsi de 20 à 30 % du salaire départemental. Une prime à la première naissance est attribuée aux jeunes ménages mariés depuis moins de deux ans, soit l'équivalent de deux mois en moyenne d'allocations familiales. Clé de voûte de l'édifice nataliste, la loi du 29 mars 1941 substitue à l'allocation de la mère au foyer de novembre 1938 une allocation de salaire unique (ASU) dont le bénéfice est étendu aux épouses d'artisans et d'agriculteurs ainsi qu'aux mères célibataires jusque-là exclues du champ des allocataires. Qui dit salaire unique dit salaire unique possiblement féminin. La rupture lexicale d'avec la politique de la IIIe République semble montrer que Vichy, par-delà le discours sur le retour de la femme au foyer, a eu très vite en tête des préoccupations plus pragmatiques qu'idéologiques[5]. Prioritairement destinée aux jeunes couples pour les encourager à développer leur famille, l'ASU est instituée au profit des foyers ayant au moins un enfant à charge jusqu'à l'âge de quinze ans. En sont exclues, en revanche, au grand dam des familialistes, les femmes seules sans emploi ou celles dont le mari est dans l'impossibilité de travailler[6]. L'âge et le nombre d'enfants du couple déterminent les taux de l'allocation de salaire unique qui peut atteindre jusqu'à 30 % du salaire moyen départemental pour trois enfants et plus. Si bien que la part de l'ASU ne cesse de croître au point de représenter, à partir de 1943, la moitié des prestations familiales. Au total, l'effort financier de l'État en faveur des familles fait plus que doubler entre 1940 et 1944.

Pour importantes qu'elles apparaissent en termes de transferts, ces aides ont-elles eu sur le retournement démographique l'impact que certains ont voulu leur attribuer ? L'investissement nataliste serait-il devenu pour les couples plus rémunérateur qu'un livret de caisse d'épargne ? Il est permis d'en douter. Surtout depuis qu'Alfred Sauvy – un des principaux inspirateurs, avant-guerre, du code de la famille – a établi que, faute d'un relèvement régulier du salaire départemental qui servait alors de base au barème des allocations familiales, le handicap financier des familles nombreuses s'était en grande partie maintenu au moment où les inégalités de niveau de vie selon le nombre d'enfants portaient désormais, non plus sur un modeste superflu, mais sur les besoins élémentaires et la substance même de la vie[7]. À l'appui de la thèse de Sauvy, l'analyse par promotion de mariage montre que l'augmentation de la fécondité est sensible dès les unions conclues en 1941, c'est-à-dire antérieurement à la mise en place de la législation familialiste de l'État français.

Dans le même ordre d'idées, le projet vichyste d'assignation des femmes au foyer peut-il être retenu comme cause du redressement de la natalité ? Assurément, les idéologues du régime ont traité le travail féminin comme une question éminemment politique. Ils opposent la *mater nationalis,* doublement assignée dans l'espace domestique et dans sa fonction reproductrice, à la « Garçonne », l'héroïne du roman de Victor Margueritte, symbole dans l'entre-deux-guerres d'une émancipation acquise grâce au travail et figure négative d'une féminité stérile. Mais il ne s'agit là que d'un discours et bientôt que d'un discours sur le discours dont les incantations lancinantes montrent bien à quel point le sortilège a du mal à opérer, quand il ne se fracasse pas sur le glacis des réalités. Parce qu'ils écrivent en théoriciens et bénéficient des facilités de l'abstraction, les idéologues ont souvent tendance à simplifier les problèmes dont ils perçoivent cependant la complexité. De la corrélation négative entre activité féminine et fécondité, certains repopulateurs, au lendemain de la Grande Guerre, avaient tiré la conclusion qu'il suffirait d'inciter les femmes à rester au foyer pour arrêter la chute de la fécondité. Aucun des doctrinaires de Vichy, si dogmatiques soient-ils, ne peut, en revanche, ignorer qu'il y a eu simultanément depuis 1920 recul du travail féminin et baisse de la fécondité.

Tout semble indiquer, cependant, qu'ils ne sont guère disposés à en tenir compte. À tel point qu'on a pu légitimement soutenir que la législation vichyste avait été conçue comme une véritable machine de guerre contre le travail féminin, comme « un plan gouvernemental maîtrisé d'expulsion des femmes du monde du travail[8] » dont l'objectif était de les orienter vers le seul devoir social qui leur était reconnu : celui du service maternel. La réalité, comme souvent, est plus complexe. Sous bien des aspects, la visibilité donnée à la politique de la famille et au thème du retour de la femme au foyer n'est que la contrepartie d'une pratique toute opportuniste, dans la tradition de la IIIe République, mais accentuée par la désorganisation de l'économie et par la tutelle prédatrice de l'occupant. Destinée à habiller dans un premier temps de simples mesures contre le chômage masculin, l'idéologie du retour de la femme au foyer va surtout se fracasser, très vite, sur l'obligation pure et simple de remettre… les femmes au travail.

Car, au lendemain de l'armistice, l'un des problèmes majeurs auxquels se trouve confronté le nouveau pouvoir est bien celui du chômage masculin : on compte 74 % d'hommes dans le million de chômeurs recensés à l'époque. Le gouvernement Laval s'y attaque de la même manière que l'avaient fait avant lui les gouvernements républicains au lendemain de la Grande Guerre : par l'éviction partielle des femmes de la sphère productrice. Dans le secteur privé, les chefs d'entreprise sont invités, dès le 7 juillet 1940, à licencier leurs employées qui ne sont ni veuves de guerre, ni épouses de soldats non encore démobilisés, ni célibataires privées de ressources, et à donner priorité à l'embauche pour les démobilisés et les pères de famille de plus de trois enfants.

L'injonction est encore plus drastique dans le secteur public où la loi du 11 octobre 1940 est présentée par le ministère des Finances pour ce qu'elle est : une loi de malthusianisme économique, une « mesure de circonstance destinée à assurer, en raison de la crise actuelle du chômage, une répartition plus équitable des places disponibles en limitant la possibilité pour les deux membres d'un ménage d'occuper chacun un emploi ». Ce que René Belin, le ministre du Travail, à la fois plus lapidaire et plus explicite, exprime en un slogan : « Un seul salaire par foyer ! » L'objectif est clairement indiqué à l'article 1, qui vise à « restreindre l'utilisation du travail des femmes dans les administrations en vue de faciliter le reclassement des démobilisés et des jeunes gens sans emploi[9] ». L'article 2 interdit provisoirement l'embauche ou le recrutement de femmes mariées dans les services de l'État au sens large, sauf s'il s'agit de femmes dont le mari est invalide ou dans l'incapacité de subvenir aux besoins du ménage, ou qui viennent de réussir un concours de la fonction publique. L'article 7 ajoute que les « agents mariés de sexe féminin dont le mari subvient aux besoins du ménage pourront être mis en position de congé sans solde », sauf si le couple a trois enfants ou plus à charge. Un sursis est accordé aux femmes célibataires de moins de vingt-huit ans, à condition qu'elles s'engagent à trouver un mari dans un délai de deux ans, moyennant quoi elles bénéficieront d'une « mise en disponibilité spéciale » assortie d'un pécule (article 4), mais le couperet tombe en revanche sur les femmes de plus de cinquante ans, mises à la retraite d'office.

Loi de circonstance, ce texte ignore ou bafoue sur bien des points les préceptes d'ordre moral que Vichy prétend, par ailleurs, mettre à l'honneur. De ce fait, il déchaîne l'ironie mordante d'un Déat qui ne veut y voir qu'une « incitation au concubinage » dans la mesure où, aux termes de la nouvelle loi, le mariage entraîne la perte automatique d'un salaire ou d'un traitement sur deux. Il suscite les sarcasmes de l'éditorialiste des *Nouveaux Temps* pour qui la loi, loin de protéger la famille, a le double inconvénient de ne pas aider les foyers féconds en maintenant dans leur emploi les mères de trois enfants dont le « retour au foyer serait le plus désirable » et d'inciter les autres au malthusianisme en licenciant les jeunes femmes sans enfants que l'on contraint du même coup à l'« insécurité économique[10] ». Il provoque le mécontentement des milieux catholiques qui ne se privent pas de souligner l'immoralité qu'il y a, de la part de l'État, à continuer d'employer des concubines alors qu'il prétend licencier d'« honnêtes femmes mariées ». À l'arrivée, beaucoup de bruit pour rien. Une large liberté d'appréciation ayant été laissée aux administrations, la loi n'est appliquée que de façon aléatoire, chaotique, partielle et le plus souvent pas du tout. Pour les services de l'État financièrement exsangues, la seule perspective d'avoir à supporter les coûts des mises en disponibilité spéciale et des mises à la retraite se révèle si dissuasive que la plupart d'entre eux s'empressent d'enterrer le texte et ses décrets.

L'absence prolongée des prisonniers de guerre qui laisse vacants des centaines de milliers d'emplois, le recrutement de travailleurs volontaires pour l'Allemagne, la baisse régulière du revenu des ménages, la précarité financière des femmes seules ou séparées de leur conjoint, tout se conjugue à partir de 1941 pour relancer le travail féminin. S'ajoute à cela l'embauche massive des *Feldkommandantur* locales qui, pour les activités de service, deviennent, dans de très nombreuses villes, le premier employeur de main-d'œuvre féminine. En septembre 1942, les statistiques officielles ne comptabilisent plus que soixante-dix-sept mille chômeurs (40 % d'hommes, 60 % de femmes) lorsque le gouvernement décide de suspendre l'acte du 11 octobre 1940, devenu alors sans objet, à l'exception de l'article 4. Sans crainte de se déjuger et avant même d'avoir rapporté la loi, l'État aura fait massivement appel à des auxiliaires féminines afin de pourvoir aux besoins du secteur public : entre décembre 1941 et décembre 1943, la SNCF en recrutera vingt mille, les PTT vingt-cinq mille. La propagande officielle continue d'exalter la mère au foyer comme une norme idéale, mais dans le même temps le secrétariat au Travail explique que l'exercice du métier de mère n'est nullement exclusif du travail des femmes à l'extérieur du foyer, placé sous le signe du « salaire d'appoint » et de l'« armée de réserve ».

Au total, l'emploi féminin s'accroît dans une proportion non négligeable, sous un régime qui aspirait théoriquement à le réduire, et cette augmentation concerne toutes les classes d'âge, avec un maximum chez les jeunes filles de quinze à vingt-quatre ans, enrayant ainsi la baisse continue de l'activité féminine amorcée au début des années vingt. Mais, contrairement au scénario de la Première Guerre mondiale, la progression du travail féminin s'accompagne cette fois d'une reprise de la natalité. Phénomène d'autant plus remarquable qu'il est concomitant, on l'a vu par ailleurs, avec l'explosion du nombre des avortements. Aides, allocations et primes de toutes sortes ont dû jouer leur rôle dans ce redémarrage démographique, sans être toutefois aussi décisifs qu'on s'est plu à le croire. Comment expliquer en définitive cette reprise de la natalité autrement que par l'érotisation de la société française ? L'inversion déconcertante de la courbe des naissances à partir de 1942 ne ferait alors qu'enregistrer le solde génésique de l'intense activité sexuelle des Français depuis la défaite de juin 1940. Car ce qui circule dans les nuits de l'Occupation, c'est autant le désir d'enfant, l'acharnement à vouloir transmettre la vie au moment où l'adversité en dégrade jusqu'à la substance, que le désir tout court, la flamboyante systole du désir.

« C'est le vouloir vivre qui travaille »

« Quand je m'apprêtais à brûler ce journal, note José Cabanis à propos de ses carnets intimes, j'ai été retenu par la pensée d'y trouver une chronique quotidienne des années quarante : je vois qu'il n'y est guère question que de sentiments qui ne devaient rien à la guerre et à l'oppression allemande, j'étais un opprimé, très occupé à autre chose[11]. » S'abstraire de l'histoire dont on découvre ou redécouvre le sens tragique, se retrancher des vicissitudes de l'heure, s'abriter de la cruauté du réel : comme tous les peuples en période de guerre, les Français obéissent à ces actes réflexes que commande une situation qui les dépasse et les écrase. Le cas de Cabanis est loin d'être un cas d'espèce. Alors que manger, se nourrir, se chauffer réclament une énergie et une imagination de chaque instant, entraînent un gaspillage de temps que seuls les pauvres ou les très riches peuvent se permettre, les esprits se montrent étonnamment perméables aux aspects non matériels de l'existence. En amont de la seule logique, ce « vouloir vivre qui travaille » – la formule est de Montherlant – trouve paradoxalement son ressort dans le climat anxiogène propre à la période. Spectre familier qui plane au-dessus des têtes et rôde au coin des rues, la mort ne fascine plus. Elle en perd même tout prestige à force d'imprégner le quotidien. Jamais les suicides n'auront été si peu nombreux que sous l'Occupation. Leur nombre chute de moitié entre 1940 et 1942 (4 216 contre 8 798). À Paris, la préfecture de police n'enregistre plus, en 1941, que 133 cas de suicide pour « chagrins intimes » (10,7 % du total) contre 692 en 1938 (29,3 % des cas recensés). Le mal à vivre a chassé le mal de vivre pour faire place à une hâte de vivre intensément l'instant présent. Exacerbation dont témoigne la future sociologue Évelyne Sullerot, dix-sept ans en 1940, fille d'un pasteur protestant de Compiègne, dotée déjà d'un sens aigu de l'observation : « Les très jeunes couples qui ne savaient pas combien de temps ils pourraient vivre ensemble furent légion. La précarité aiguisait les passions et jamais l'amour ne fut si violent, jamais on ne s'écrivit autant de lettres, jamais on ne lut autant de poésie. L'amour occupait les femmes plus romantiquement que jamais et même le plaisir avait un goût de revanche sur le destin contraire qui estompait les aspects les plus sordides et lui conférait une grandeur et un piment inconnus des périodes ordinaires[12]. »

Le sentiment d'urgence est partout. Dans l'âge précoce de la nuptialité chez les filles : en 1942, plus de la moitié des jeunes mariées ont entre vingt et vingt-quatre ans, contre moins d'un tiers en 1939. Dans la fureur de vivre et dans l'exigence du plaisir que manifestent les deux sexes. Dans la revendication d'un individualisme forcené déjà perceptible avant-guerre, mais à laquelle les désordres nés de la défaite et de l'Occupation impriment une vigueur nouvelle. En particulier chez les femmes issues des milieux populaires, désormais aussi avides de dérivatifs et de distractions que les bourgeoises désœuvrées. À celles-là, la presse féminine en plein essor propose de nouveaux standards d'existence, fondés non plus sur leur utilité sociale, encore moins sur une quelconque morale, mais sur l'aspiration à un bonheur individuel entièrement régi par les élans du cœur et le flux des sentiments.

Lancé par le groupe Édimonde de Paul Winkler, en 1938, sur le modèle des magazines nord-américains, l'hebdomadaire *Confidences* a été le premier à ouvrir la boîte de Pandore. En sortent des milliers de « confessions » que le magazine publie sous la forme d'« histoires vécues » après réécriture par la rédaction. C'est un immense collecteur où viennent se déverser les problèmes d'un public féminin qui apparaît exclusivement préoccupé par les vicissitudes de sa vie sentimentale. Tout un chacun peut se retrouver dans les récits de ces lectrices anonymes. L'identification joue à plein. Le récit des « autres » est ce miroir où l'on s'ajuste aux nouvelles normes. Le succès est énorme. À la veille de la guerre, le tirage de *Confidences* dépasse largement le million d'exemplaires. Ce qu'on appelle déjà la presse du cœur contribue à redéfinir et à élargir les droits de la femme : droit absolu à l'amour, droit au bonheur personnalisé, droit au narcissisme consolateur. Autant de conflits en puissance avec les anciennes conventions sociales. Le magazine cesse de paraître avec la drôle de guerre, il a néanmoins eu le temps de faire bouger les mentalités et de façonner un paysage d'où vont sortir de nouvelles conduites, plus libres et plus émancipées par rapport aux contraintes du groupe.

Dans un pays partiellement occupé mais entièrement défait, la première revendication des Françaises et des Français, après le ravitaillement et le chauffage, est qu'on leur parle d'amour. Petite musique lancinante, les paroles de la célébrissime chanson interprétée par Lucienne Boyer s'emparent de toutes les zones de cerveau disponibles et il n'en manque pas. Pas moyen d'échapper à la marée des romances lénifiantes que colportent les postes de radio en bois ou en bakélite trônant dans chaque foyer, les films à la mode, les chanteurs des rues et les vendeurs de petits formats. Amour toujours ? Presque tous les grands succès de l'époque arpègent autour de ce thème unique : *Premier rendez-vous* (Danielle Darrieux), *Mon amant de Saint-Jean*, *Prière à Zumba* (Lucienne Delyle), *C'était une histoire d'amour* (Édith Piaf), *Les Fleurs sont des mots d'amour*, *Amor, amor* (Marie-José), *La Rue de notre amour* (Damia), *Les Jardins nous attendent* (Jean Tranchant)[13]. Si Trenet cultive toujours avec bonheur le style fleur bleue aspergé toutefois de mélancolie (*Que reste-t-il de nos amours, Bonsoir, jolie madame*), si Tino Rossi continue de répandre les sortilèges de sa voix langoureuse (*Bel Ami, Quand je pense à vous, Si tu voulais*), ils doivent cependant compter avec ces nouveaux venus que sont le nasillard Georges Guétary (*Mon cœur est près de toi, Ma Belle au bois dormant*) et surtout le pleurnichard André Claveau (*Mon cœur vous dit bonsoir, madame, J'ai pleuré sur tes pas, Rien que toi*).

À sa manière, le succès de ce dernier auprès du public féminin vérifie le changement du paradigme amoureux, moins oblatif désormais que narcissique. Claveau, le « chanteur enchanteur », susurre d'une voix douce et tendre que chaque auditrice croit reconnaître comme l'appel d'un ami présent et lointain à la fois. Son répertoire appelle l'intimité de l'abat-jour ou d'un sous-bois ombreux, ignore les accents pathétiques ou mélodramatiques de la chanson populaire, installe un climat de volupté grisante, invite à la confidence, à l'abandon, au rêve, cristallise enfin ce besoin d'évasion, cette quête du bonheur individuel au milieu du désastre collectif. La popularité des chanteurs de charme égale et dépasse même celle des vedettes de cinéma. Ils sont les porte-parole d'une utopie refuge où les élans du cœur ont plus d'importance que les mouvements de troupes, où la plénitude des sentiments console des ventres creux. En un mot : le nouvel opium du peuple. André Claveau est submergé par la masse des lettres d'admiratrices qui lui parviennent quotidiennement, à raison d'un sac postal par jour, tandis que police secours doit intervenir pour sauver Guétary des griffes de ses admiratrices lors de sa rentrée à l'Alhambra en mars 1944.

Des esprits aussi distingués que Guéhenno, Montherlant, Fabre-Luce s'offusquent dans leurs écrits de la mièvrerie proliférante, de l'ineptie exponentielle du répertoire à la mode. Mais chacun voit bien que cette fringale amoureuse a également une contrepartie non platonique dans l'érotisation croissante de la société, y compris chez les « midinettes ». La sexualité des Français sort de l'espace privé où elle avait été jusqu'ici, tant bien que mal, contenue. Qu'ils flânent ou qu'ils aillent grand erre, les témoins de l'époque semblent tous avoir été impressionnés par les débordements du spectacle de la rue. Le récit qu'ils en donnent, le fait même qu'ils s'en fassent les chroniqueurs sourcilleux montrent bien qu'un changement a eu lieu dans les comportements, qu'une liberté nouvelle s'affirme à travers un nouveau code amoureux marqué par un penchant certain pour l'exhibition. Ces scènes furtives dessinent un Paris des recoins, des instantanés pris au vol où grouillent le festif et le transgressif. Il n'y a qu'à suivre Montherlant, chasseur à l'affût sur son aire : « Sur les boulevards, des centaines de beaux gosses musardaient, pelotant des "étudiantes" fardées ou rieuses. On prêtait l'oreille : pas une de leurs paroles n'avait trait à la situation[14]. » Ou bien encore le jeune François Truffaut : « Pour montrer à quel point les instructions du *black-out* étaient strictement observées, il me suffira d'indiquer qu'il n'était pas rare d'entendre des couples d'amoureux faire l'amour dans la rue, debout devant des portes cochères. Mon jeune âge à l'époque ne me permet, hélas, de déposer ici que comme témoin auditif[15]. » Les mains courantes des commissariats de police, les audienciers de la 17e chambre correctionnelle de la Seine sont remplis de ces mornes prouesses d'encoignures de portes, de ces amours semi-clandestines qui marquèrent tant le futur cinéaste. Quant au distingué capitaine Jünger, il semble qu'il ait trouvé plus d'une fois de quoi assouvir d'un même élan sa passion d'entomologiste et sa curiosité d'ethnologue envers les mœurs des peuplades décadentes, comme en témoigne, par exemple, le récit d'une promenade vespérale au bois de Boulogne, consignée dans son *Journal* à la date du 23 juin 1943 : « On y voyait les sexes silencieux, collés l'un à l'autre tandis que l'ombre grandissait. Je dépassais des groupes d'une haute plasticité comme celui-ci : l'homme, assis sur une chaise, caressait doucement sa partenaire qui se tenait devant lui ; ses deux mains remontaient le long de ses cuisses et glissaient vers les hanches, soulevant sa légère robe de printemps. C'est ainsi qu'après une chaude journée, le buveur assoiffé saisit l'amphore harmonieusement renflée pour la porter à sa bouche[16]. »

C'est vrai qu'il est inouï, le spectacle de la voie publique dans les grandes villes, prodigue en désordres épicés et en pittoresque de diversion. On s'y embrasse beaucoup. Dans les squares et les jardins publics, debout ou sur un banc, en plein air ou à l'abri d'un porche. Autant de silhouettes enlacées qui préfigurent les amoureux de Doisneau. On s'y embrasse à pleine bouche, car il y a déjà beau temps que ce genre de baiser n'est plus l'apanage du flirt bourgeois ou de l'amour vénal. Entre les deux guerres, la carte postale, le cinéma américain qui le déclinent sous tous les angles, le cosmétique « Rouge baiser », marque déposée en 1925, en ont fait le cliché de la passion, la figure imposée du rituel amoureux. Ce qui est nouveau, ce n'est donc pas tant le baiser sur la bouche que le baiser prolongé en pleine rue qui intègre l'impudeur dans son jeu, atteste de l'urgence des pulsions, de la frénésie irrépressible de l'instinct. Objet de scandale, le « baiser américain », le baiser profond, provoque l'indignation de vieilles barbes, tel l'académicien Abel Hermant qui confie à Maurice Martin du Gard : « Avez-vous vu les couples s'embrasser dans le métro ? C'est incroyable ! La circulation est impossible rue Saint-Florentin où je passe sur les 7 heures, tellement on s'embrasse ! Ah ! l'on peut parler de l'humiliation de la défaite[17]. » Aux aguets derrière sa fenêtre du Palais-Royal, Colette, qui n'est pourtant ni prude ni bégueule, en reste abasourdie : « Filles et garçons, à peine adolescents, profitent du métro pour des prises de contact qui commencent aux lèvres, finissent aux chevilles dans l'obscur piétinement du wagon. Dans le jardin, je les vois sous mes fenêtres s'abattre joints et vaincus, comme font aux bords des étangs les libellules, et s'embrasser immobiles [...]. Scandaleux, ils restent touchants, de par la grâce d'une effarante jeunesse. Leurs longs baisers, appris sur l'écran, tiennent à honneur de se faire avides et bouche à bouche, ils ont l'air de déglutir. Ce n'est pas beau. Mais on les prend en pitié[18]. » Pratiques intemporelles de flirts un peu poussés ? Sans doute. Mais aussi, et c'est nouveau, rites conjuratoires, catharsis qui transmue les morsures en baisers, les larmes en rires et le drame en farce.

Noces, noceurs et censeurs

Des fêtes, il y en eut très tôt et de toutes sortes au cours de la période. Acteurs, décors, rites, tout, a priori, les distingue et les isole. Aucune ne ressemble à l'autre, mais toutes, cependant, sont secrètement reliées entre elles. Toutes ont pour objet de briser le cours normal de l'économie de guerre par une débauche de consommation : nourriture, alcool et sexe. Autant que le permettent les restrictions en vigueur et les ressources des participants. Toutes portent en elles-mêmes une volonté commune de s'affranchir des contraintes et appellent une négation des limites qu'imposent l'oppression allemande ou la tutelle vichyste. Pour ceux qui vont s'y étourdir, la fête est un bonheur de contrebande, soustrait à tout contrôle social. Elle a pour elle l'attrait de tous les interdits : incivique au regard du deuil qui frappe la nation, immorale du point de vue de ceux qui font du relâchement des mœurs la cause principale de la débâcle du printemps 1940, illégale selon les textes vichystes qui interdisent les bals, ferment les dancings, réglementent la consommation d'alcool. Ce n'est certes pas un lieu d'échange et d'altérité, mais au contraire un refuge contre les intrusions agressives du monde extérieur. Le sort du genre humain et de la patrie endeuillée n'y est pas à l'ordre du jour. Il n'en faut pas plus pour que les censeurs et les grandes consciences s'en émeuvent, tantôt au nom du respect de la dignité individuelle, tantôt au nom de la solidarité nationale.

Cela n'a rien de nouveau. La dénonciation d'un rapport à la guerre indécent et scandaleux est un exercice socialement avantageux qui permet d'exercer à bon compte un magistère flatteur. Quelques plumes, au temps de la Grande Guerre, s'y étaient taillé une réputation d'intransigeance et de patriotisme. Certes, il ne s'agit plus cette fois de manifester une quelconque solidarité avec les soldats du front en vitupérant l'immoralité des civils et l'impénitence des noceurs de l'arrière, mais plutôt de rappeler à la décence un peuple assommé, accablé, abasourdi, afin de le mettre en garde contre la facilité qu'il y aurait à chercher dans l'étourdissement ou dans toute forme de vie artificielle l'oubli de sa condition présente. En contrepoint de ces injonctions, l'appel à une régénération des forces morales et spirituelles, l'incitation à rompre avec l'individualisme jouisseur d'avant-guerre, cette liberté extérieure « trop souvent verbale et anarchique » suintant

« l'alcoolisme et la dégénérescence », fournissent la matière des premiers éditoriaux de la presse écrite et des diatribes radiodiffusées sur les ondes officielles. Interpellant de jeunes interlocuteurs qui ne semblaient guère attristés par le deuil du pays et qui lui auraient répondu qu'« on ne peut pas toujours penser à cela », Fernand Laurent retrouve en juillet 1940, dans *Le Jour*, les accents de *La Libre Parole* ou du *Gaulois* lors du précédent conflit : « Eh bien, si précisément, il faut toujours penser à cela. C'est la condition essentielle de notre relèvement. Si tous les Français n'ont pas encore compris qu'une ère est révolue que nous ne reverrons jamais, que c'en est fini de la facilité et du plaisir, que notre vie ne peut plus être désormais qu'un opiniâtre effort et continuel sacrifice, il n'y a rien à espérer [...]. Si tous les Français n'y sont pas spontanément disposés, il appartient aux gouvernements de les y contraindre[19]. »

Comme en 1914, il faut très vite, cependant, se rendre à l'évidence : la régénération morale n'est pas au rendez-vous. Circonstance aggravante, Paris n'a mis que quelques semaines à retrouver ses paillettes de courtisane nocturne et le spectacle de la « vie de plaisirs » se déroule cette fois sous le regard et avec la participation, tarifée ou pas, des occupants. La réouverture des cabarets, on l'a vu, s'est échelonnée entre la troisième semaine de juillet et la fin du mois d'octobre 1940. En vain, *La Gerbe* a enjoint aux directeurs de boîtes de nuit de mettre un terme aux prestations de danseuses nues, les sommant de revenir à une « conception plus saine et plus artistique du spectacle[20] ». Sans plus de succès, *Candide*, replié en zone Sud, a émis le vœu que « Paris, cherchant consolation de peines sans nombre [...], n'aille pas disperser, une fois de plus, ses vertus de création dans une folie sensuelle qui ne lui laisserait plus que la chance d'apparaître dans le monde comme une Athènes dégénérée[21] ».

Grâce à l'intérêt que leur portent les Allemands, intrigués par ce canton de la vie culturelle des vaincus, grâce aussi à l'assiduité d'une minorité de Parisiens soucieux de se distraire ou d'afficher ostensiblement le nouveau train de vie que leur procurent les trafics du marché noir, les cabarets vont connaître une enviable prospérité. La période bat tous les records de fréquentation. Pour quelques établissements fermés par l'autorité allemande, inquiète de voir la troupe d'occupation dissiper son énergie au cours d'interminables libations, il s'en crée deux ou trois par semaine. Ainsi le mois de février 1941 voit-il l'ouverture du Paris-Paris sur les Champs-Élysées, du Siroco rue de l'Arc-de-Triomphe, de l'Armorial rue Washington, des Farfelus près du Palais-Royal et du Patria rue Saint-Didier, « le plus grand, le plus beau, le plus gai des cabarets d'Europe ». Un lecteur attentif de *Paris toujours*, le succédané hebdomadaire de *La Vie parisienne*, pourrait s'apercevoir en le feuilletant qu'une bonne moitié des établissements mentionnés n'existait pas avant-guerre. Sans qu'on y ait pris garde, ils ont poussé comme des champignons. Aucune des grandes villes de province n'échappe à la prolifération de ces moisissures cryptogamiques, même celles qui, au début, ne sont pas soumises à la fermentation des vert-de-gris. À Marseille, où pas un Allemand ne mettra les pieds avant novembre 1942, les cabarets-spectacles, disséminés près de la Canebière et le long du Vieux Port, font salle comble et drainent à l'image de l'Embassy, de La Mascotte ou du Domino une clientèle qui n'a rien à envier à celle des boîtes de nuit parisiennes.

Faute d'instructions de la part de l'autorité de tutelle, la police ne cherche même pas à limiter les exhibitions de femmes dénudées sur les planches des music-halls. Il n'est guère que la presse collaborationniste pour réclamer qu'on débarrasse la France vaincue de ces « chancres » et de cette « souillure ». Plus que jamais, cependant, le nu est à l'honneur. Les revues parisiennes rivalisent dans les programmes audacieux, opposant à l'arrogance victorieuse des armes teutonnes un imposant défilé de croupes parfois ornées, comme au Casino de Paris, d'un plumet tricolore. Avec « Folies d'un soir », dont la première a lieu dès le 23 novembre 1940, les Folies-Bergère ont donné le branle à une série de créations toutes plus affriolantes les unes que les autres. Suivent « Belles Amies nues » au Concert Mayol, « Et voilà Paris » au Lido, « Amours de Paris » au Casino de Paris et le « Paradis retrouvé » au Tabarin dont le tableau final fait jaillir d'une vasque éclairée une Vénus dans le plus simple appareil, entourée de *girls* tout aussi dévêtues. Un sommet est atteint avec une revue intitulée sobrement « Trois millions ». Ces trois millions – un record ! –, c'est très exactement ce qu'il en a coûté à Paul Derval pour produire avec un luxe inouï de moyens et dans des décors somptueux le spectacle qu'il présente aux Folies-Bergère à la fin de l'année 1942. Comme si, en ces temps de restrictions, les prix se devaient de monter aussi haut que les cuisses des filles qui paradent sur la scène.

Ces noceurs invétérés, invisibles en temps de paix et comme fondus dans le décor de la nuit parisienne, voici qu'ils apparaissent maintenant en pleine lumière grâce aux innombrables reportages que leur consacre une presse au ton tour à tour narquois et culpabilisateur. Ce qu'on leur reproche, ce n'est pas tant un comportement qui outrage le malheur de la patrie que d'avoir librement accès à ces biens strictement contingentés que sont désormais la nourriture et l'alcool. La représentation collective de la « vie de plaisirs » s'en trouve modifiée. Ce qui, avant-guerre, n'était que « bamboche » sous la plume des censeurs est devenu « orgie » et « débauche », ce qui ne suscitait que curiosité, indifférence ou mépris provoque une féroce convoitise. Se reconstitue dans l'imaginaire des Français l'antique relation entre la *gula* et la luxure, entre les plaisirs de la table et les débordements du sexe. Le manger et le boire retrouvent une forte charge érotique qui en fait la médiation rituelle par excellence pour tromper l'angoisse diffuse de ces temps crépusculaires[22]. En mai 1940, l'armée française a été surprise en pleine digestion. La disette qui frappe la population à partir de l'automne ne surprend que ceux qui se refusaient à imaginer les conséquences cumulatives de la défaite, de l'Occupation, de la partition du territoire, de la déportation en Allemagne de quelque six cent mille travailleurs agricoles et des prélèvements effectués par l'occupant sur la production nationale.

À l'origine, le rationnement qui prend l'apparence d'une carte d'alimentation à coupons détachables procède d'une volonté d'assurer une égalité devant les attributions alimentaires et de protéger les moins fortunés contre la constitution de stocks par les plus riches. Schéma théorique que le développement du marché noir, éternel circuit semi-clandestin des économies de pénurie, ne tarde pas à mettre à bas. Si la France rurale préserve en partie son autosuffisance alimentaire, celle des villes est plongée dans les affres du ravitaillement qui priment toutes autres considérations. Que manger ? Où trouver à manger ? « À tous les étages de la société, observe Fabre-Luce, une faim psychologique double la faim naturelle[23]. » En accentuant les inégalités sociales, la guerre crée une séparation radicale entre une France à la ceinture bouclée qui doit consentir de gros sacrifices pour survivre, et une France des repus composée d'anciens et de nouveaux riches dont les repas copieux ont la saveur des plaisirs d'alcôve. Ce que l'on mange, en quantité comme en qualité, redevient un marqueur de classe, un signe d'élection ou de déréliction. Des idées de guerre civile mugissent au fond des ventres creux.

À Paris, par exemple, il y a le peuple des nécessiteux voué à la soupe du Secours national, les habitués des gargotes à 5 francs qui doivent se contenter d'un modeste brouet, et, juste au-dessus, la population des ouvriers, employés, domestiques qui fréquente les restaurants communautaires (les rescos) où l'on sert pour 8 à 10 francs un potage, un plat garni et un fromage arrosés de 20 centilitres de vin. Il y a la clientèle des restaurants étiquetés de A à D en quatre catégories selon un tarif dégressif allant de 35 à 10 francs et celle des établissements qui pratiquent le marché noir où, les jours « sans viande », on peut, moyennant un supplément, se faire servir un bifteck recouvert d'une jardinière de légumes ou nappé d'œufs sur le plat. Ceux qui ont les moyens n'ont que l'embarras du choix : soit recourir au marché noir où l'argent roi ouvre toutes les portes, soit déjeuner ou dîner dans l'un des quarante établissements « hors classe » de la capitale qui se moquent des restrictions, s'affranchissent des réglementations et mettent un point d'honneur à soutenir, malgré les circonstances, leur réputation de temples de la gastronomie. On se goberge Chez Maxim's, Chez Alexis (la cantine du Tout-Paris, rue Notre-Dame-de-Lorette), Carrère, Lapérouse, Laurent, Ledoyen, Prunier, Ramponneau et Drouant. On fait bombance à La Tour d'argent, à La Reine Pédauque, au Fouquet's, au Café de Paris, au Claridge, au Berkeley, au Beaulieu et au Chapon fin. Mais, à la fin du repas, solidarité oblige, une taxe correspondant à 10 % du montant de l'addition est prélevée au profit du Secours national.

Impécunieux et criblé de dettes, Jean Galtier-Boissière est partagé entre des sentiments contradictoires lorsqu'il se trouve invité, le 13 février 1941, à l'une de ces tables : « Clientèle de nouveaux riches, les pinards les plus fins coulent à flots. Le richard triomphe dans l'ordre nouveau. Avec du fric, beaucoup de fric, on peut toujours s'en fourrer jusque-là, pendant que les ménagères font des heures de queue sous la neige, pour décrocher un tronçon de rutabaga. Je suis écœuré, mais je m'empiffre tout de même, pour les jours "sans"[24]. » Néanmoins, la mauvaise conscience est rarement au menu de ces agapes, comme le note Ernst Jünger à l'issue d'un dîner à La Tour d'argent, le 4 juillet 1942, après avoir observé ses commensaux : « On a l'impression que les personnes attablées là-haut, consommant les soles et les fameux canards, voient à leurs pieds avec une satisfaction diabolique, comme des gargouilles, l'océan gris des toits, sous lesquels vivent les affamés. En de telles époques, manger bien et beaucoup donne un sentiment de puissance[25]. » En dépit de leurs prix effarants et qui ne cessent de grimper (entre 200 et 1 000 francs par repas), ces établissements ne désemplissent pas. En septembre 1943, les 37 tables de classe dite « exceptionnelle » servent 10 411 couverts journaliers, tandis que les 5 507 restaurants de catégorie D ne comptent environ que 250 000 couverts. Soit, en moyenne, 281 repas par jour dans le premier cas et 45 dans le second[26].

Qui sont-ils, ces privilégiés dont la disette ambiante aiguise l'appétit et fouette les exigences ? Des collaborateurs économiques, des trafiquants du marché noir, des « nouveaux messieurs » reconnaissables à l'étoffe de leur costume et au luxe tapageur de leurs petites amies, des patrons de presse, des soiristes familiers des grandes tables d'avant-guerre, des diplomates étrangers, des vedettes de cinéma et de music-hall, des grands couturiers, des noceurs professionnels ; les mêmes qu'on retrouve dans les cocktails, les avant-premières et les innombrables dîners de gala organisés au profit des œuvres charitables où l'on mange pour ne pas oublier que les autres ont faim. La noce, devoir de solidarité patriotique ? « Sans le luxe et le plaisir des uns, plaide *L'Illustration*, il y aurait encore pour d'autres plus de misères et de tristesse. » L'argument, pourtant bien éventé, suffit à faire rapporter le projet de réglementation qui visait à obliger les établissements de luxe à ne pas servir de menu au-delà de 50 francs.

1942 est l'année des fortes hausses de prix et des estomacs vides. Les rapports des Renseignements généraux se font alarmistes. « La grande masse de la population ouvrière dont les rations sont limitées, note l'un d'entre eux, proteste contre l'approvisionnement privilégié dont bénéficient certains grands restaurants[27]. » Asséchées par le marché noir, les distributions alimentaires ne suffisent plus à assurer le minimum calorique vital. À grand renfort de slogans vengeurs, la presse collaborationniste s'indigne des inégalités qui se creusent face au ravitaillement. *Au pilori* consacre chaque semaine une page entière à dénoncer les « organisateurs de la famine », *France Révolution* fait campagne contre « l'anti-France de ceux qui mangent en catégorie A et profitent du marché noir », *Le Cri du peuple* contre les « restaurants à 500 francs par tête ». C'est également le thème favori de la propagande clandestine des communistes qui exploite habilement le ressentiment populaire contre les « repus » et les « accapareurs ». Sous le titre

« Peuple de France, on insulte à ta misère et à tes privations », un tract de février 1942 s'élève contre l'existence des restaurants « hors classe, [où] des brutes font ripaille en se riant de nos souffrances ». Au verso figure le menu du déjeuner du 9 décembre 1941 du restaurant Drouant[28]. Même procédé pour un autre tract diffusé le mois suivant auprès des femmes de prisonniers : « M. Scapini aime la bonne chère. Le 1er décembre 1941, une dame recevait Scapini, ambassadeur des prisonniers. Fenêtres closes, dans une luxueuse salle à manger surchauffée s'il vous plaît, M. Scapini fut traité comme un prince : homard à l'armoricaine, foie gras du Périgord, une dinde de 100 francs, légumes, salades, fromages variés, dessert, vins fins et liqueurs[29]. » Ces « fenêtres closes » ouvrent bien des perspectives.

Encore n'est-ce là qu'un hors-d'œuvre en regard de la campagne que les comités féminins organisent en direction des mères de famille. Pas un tract, pas un document qui n'identifie désormais le monde de la collaboration autrement que par la conjonction des voluptés de la chère et des turpitudes de la chair. Tout se tient : trahison et débauche, félonie et libations, immoralité et ripailles. L'art de la propagande est dans l'accumulation des détails propres à scandaliser les honnêtes patriotes nourris de rutabagas : « Le fameux restaurant Chez Maxim's étale son luxe. C'est là que s'empiffrent sans vergogne les responsables de notre défaite et de notre misère présente. Le menu n'est pas affiché. Pour y manger, il faut être millionnaire. Devant la porte s'alignent les voitures des officiers allemands et du haut gratin de la collaboration, des poules de luxe accompagnent ces messieurs. Caviar, pintades, langoustes, tournedos, entremets, bouteilles rares, champagne, liqueurs ; c'est ce que Pétain appelle "l'égalité dans les sacrifices"[30]. » Ou encore : « Il n'y a pas de lait pour les bébés et les vieillards. Mais la maîtresse de Stülpnagel se baigne chaque jour dans 50 litres de lait non écrémé. Pendant ce temps, les mères se demandent ce qu'elles vont donner à leurs petits[31]. » Une équivalence est posée entre ceux qui font bombance, ceux qui se livrent à la débauche et ceux qui trahissent, tous comportements formant une sorte de continuum dans l'abjection.

Qu'elle émane des communistes n'est pas une surprise pour qui connaît le puritanisme du parti et l'intransigeance dont il fait montre à l'égard de toutes les licences sexuelles, assimilées à des « vices bourgeois ». À ces mauvais Français dont le premier des crimes est de se soustraire à la souffrance commune et de la défier du haut de leurs privilèges, le PC promet un châtiment exemplaire. En mai 1942, un appel est lancé au personnel des restaurants de luxe pour qu'il dénonce les scandales et les orgies dont il est le témoin dans les lieux où les « occupants et les collaborateurs se goinfrent ». Appel ponctué d'un mot d'ordre : « Faites vos listes. Ajoutez les noms des amis qui les accompagnent, vous aiderez ainsi au règlement de comptes qui ne saurait tarder[32]. » Les choses sont dites et sont fixés du même coup les critères du patriotisme qui serviront à départager les bons et les mauvais Français à l'heure de la libération du territoire. La « fête » est devenue une catégorie politique synonyme de trahison.

Jean qui rit et Jean qui jouit

Au sein de cette fête outrageante, les collaborateurs occupent très vite une place emblématique. Mais de quels collaborateurs s'agit-il ? La collaboration a ses intellectuels, ses idéologues, ses écrivains dont la notoriété acquise avant-guerre ne doit rien aux faveurs des Allemands. S'ils ont choisi de servir le « nouvel ordre européen », ils peuvent en être les débiteurs voire les assujettis, mais ils n'en sont pas les créatures. Il en va tout autrement de ceux qui doivent tout à l'occupant : revenus, position sociale, influence politique. Ceux-là appliquent à la lettre la maxime de Benjamin Constant : « Servons la bonne cause et servons-nous. » Manieurs d'argent, trafiquants du marché noir, affairistes véreux des bureaux d'achats travaillant pour l'armée d'occupation, aventuriers et aventurières guidés par le seul appât du gain, agitateurs en panne de troupes, journalistes et informateurs stipendiés, auxiliaires des polices allemandes, reîtres et séides de la Gestapo française : la liste est longue des obligés des nouveaux maîtres. Ce qu'ils ont en commun ? Un sentiment de précarité qui les fait s'enivrer de leur richesse et de leur puissance, une même fébrilité qui les pousse à chercher dans les débordements festifs ou orgiaques l'exaltation de l'instant, la dilatation d'un état de fait dans un état de choses, puis, sur la fin, la fuite devant l'inéluctable, l'oubli du châtiment ou de la mort imminente.

De cette catégorie relève incontestablement un homme comme Jean Luchaire, figure de proue de la collaboration économique, politique et mondaine. Petit-fils d'un illustre historien, fils d'un auteur dramatique à succès, Luchaire est l'un de ces rejetons de la bourgeoisie qui ne peuvent connaître le succès qu'au prix de la déchéance pour qui la réussite même, selon le mot de Cioran, n'est qu'une forme de déchéance. Entré en journalisme à l'âge de vingt ans, il a été formé au marbre du *Matin* sous la férule du directeur-fondateur Maurice Bunau-Varilla, maître ès journalisme, plume belliqueuse à la réputation de vénalité bien établie. D'emblée, Luchaire a choisi son camp : militant cartelliste en 1924, encarté aux Jeunesses républicaines et laïques, adhérent à la Ligue des droits de l'homme, membre du Parti radical enfin. C'est un ami du progrès et des idées neuves. Il est né à la politique en épousant l'idée maîtresse des formations qui constituaient alors le Cartel des gauches : favoriser un rapprochement franco-allemand pour assurer une paix durable en Europe. Herriot et Blum s'intéressent à son jeune talent, mais c'est à la personne et à la politique de Briand, ministre des Affaires étrangères presque sans interruption de 1925 à 1932, qu'il décide de s'attacher. Non sans profit, car *Notre Temps*, le mensuel qu'il dirige depuis 1927, ne survit que grâce aux subventions que lui verse le Quai d'Orsay en échange d'une prose complaisante.

De ces années au service de la propagande briandiste, le jeune Luchaire a reçu deux viatiques. Le premier est un conseil issu directement de la bouche du maître de la diplomatie française : l'influence d'un journal ne se mesure pas tant au nombre de lecteurs qu'à l'importance des fonds spéciaux qu'il reçoit. Pour ce grand enfant blond qui aime l'argent comme un passeport pour la vie, les plaisirs et les femmes, la leçon n'est pas de celle qu'on oublie. Le second est une amitié née de ses engagements cartellistes et donc pacifistes en faveur de la réconciliation franco-allemande. En avril 1930, un certain Otto Abetz, en visite à Paris, vient frapper à la porte de Luchaire. Ce n'est encore que l'animateur d'une fédération de mouvements de jeunesse, l'*Arbeitsgemeinschaft Karlsruher Jugendbünde*, qui se flatte d'appartenir à « une génération réaliste » – titre de l'ouvrage que Luchaire a fait paraître l'année précédente – et qui, comme lui, est convaincu que la jeunesse, de part et d'autre du Rhin, doit être le fer de lance de la réconciliation franco-allemande. Entre ces deux-là, l'entente est immédiate : ce sont des prédateurs idéalistes, espèce dont la volonté de puissance a besoin d'une raison sociale pour s'exercer. Une première rencontre entre les jeunes Français et Allemands est organisée par Abetz en juillet 1930 au Sohlberg, en Forêt-Noire, une seconde, en août 1931, se déroule à Rethel, à l'initiative de

Luchaire qui s'est autopropulsé à la tête d'un comité d'entente de la jeunesse française pour le rapprochement franco-allemand. C'est à Rethel qu'Abetz fait la connaissance de Suzanne de Brouckère, la secrétaire de Luchaire à qui il demandera cérémonieusement la main quelques mois plus tard comme s'il s'agissait de son vrai père. Plus rien ne séparera les deux hommes, ni le ralliement d'Abetz au national-socialisme, ni son engagement au *Büro* Ribbentrop en tant que spécialiste des questions françaises.

L'influence, la notoriété, Luchaire est prêt à les attraper par tous les bouts, à les saisir au vol, fût-ce au prix d'un détonant mélange des genres. Aussi peut-on le voir déambuler dans les couloirs du Sénat ou dans la salle des Quatre-Colonnes du Palais-Bourbon où il promène sa silhouette nonchalante et légèrement voûtée en compagnie de sa fille aînée Corinne, alias « Zizi », jeune comédienne dont la beauté insolite a déjà été remarquée dans *Les Beaux Jours* (1935) et *Le Chanteur de minuit* (1937). « Papa est encore tellement jeune, confie Corinne au magazine *Vedette*, qu'en me promenant avec lui, j'ai l'air de sortir avec un flirt. » Inversement, il n'est pas rare de rencontrer Luchaire sur les plateaux où tourne sa fille. C'est le vivier où il aime à puiser ses jeunes et jolies maîtresses, telle Annie Ducaux qui partage avec Corinne et Ginette Leclerc l'affiche de *Prison sans barreaux* (1937). À la veille de la guerre, sa réputation de crapule attendrissante, de suborneur séduisant est déjà solidement établie. Il s'en amuse. Ce n'est pas la respectabilité bourgeoise, dont il se moque éperdument, qui lui fait défaut, mais la considération qu'on accorde aux hommes de pouvoir et par-dessus tout l'ivresse que procurent les signes extérieurs de ce pouvoir. La défaite lui apporte en bouquet ces parfums-là.

Au lendemain de l'armistice, il accourt à Vichy où Laval l'a fait mander de toute urgence. Qu'est-ce donc qui motive l'assurance et l'exaltation de Luchaire en ces premiers jours de l'été 1940 ? C'est Laval qui le lui a appris avant même qu'il n'ait pu prendre connaissance de la lettre que lui a adressée Suzanne de Brouckère-Abetz en date du 25 juin : nommé ambassadeur du Reich en zone occupée, Otto Abetz est arrivé à Paris le 22 juin et cherche à joindre son ami Luchaire sur lequel il compte pour réactiver le réseau de relations qu'il a noué avant-guerre au sein de la gauche pacifiste. Laval, lui, a besoin dans l'immédiat d'une audience et pour la suite d'un contact permanent auprès de cet ambassadeur hors normes. Muni d'un viatique de 150 000 francs, Luchaire est bombardé chargé de mission avec pour tâche principale de faire le courrier entre Laval et Abetz, entre Vichy et l'ambassade allemande de la rue de Lille. En octobre 1940, moins d'une semaine après l'entrevue de Montoire et le lendemain du message de Pétain annonçant qu'il fait entrer le pays dans la voie de la collaboration, paraît le premier numéro des *Nouveaux Temps*. Il s'agit d'un quotidien du soir qui vise à prendre la place occupée avant-guerre par *Le Temps* en s'adressant principalement aux dirigeants économiques et administratifs, mais aussi à un lectorat de gauche de sensibilité radicale et laïque. Directeur et actionnaire majoritaire de la société éditrice, Luchaire a enfin entre les mains l'outil dont il rêvait pour asseoir son influence et s'imposer comme un acteur politique de premier plan.

Prônant une « collaboration à 100 % », la ligne éditoriale des *Nouveaux Temps* épouse fidèlement la stratégie d'Abetz dont l'objectif est d'organiser en zone occupée une opposition de gauche à la réaction nationaliste et cléricale qui triomphe alors à Vichy. Son rôle d'interlocuteur privilégié de l'ambassadeur du Reich et d'entremetteur munificent lui vaut de cumuler tous les honneurs : président du groupement corporatif de la presse quotidienne de Paris créée en septembre 1940 et de la Corporation nationale de la presse française fondée en juin 1941, puis coprésident, en septembre 1942, du Comité national de coordination de la presse française chargé d'assurer la liaison entre les journaux des deux zones. Toutes choses qui font de lui l'un des hommes les plus courtisés et les plus haïs du moment. Luchaire, qui se signalait dès avant-guerre par de gros besoins d'argent, touche maintenant à tous les guichets. À ses appointements de directeur des Éditions Lutetia (1 200 000 francs en 1943), s'ajoutent les recettes de la publicité financière qui n'entrent pas dans la comptabilité du journal (environ 100 000 francs par mois) et les fonds spéciaux prélevés sur la Loterie nationale que lui verse personnellement, à partir du retour de Laval au pouvoir, le ministre des Finances Pierre Cathala (1 440 000 francs en 1943). En outre, Luchaire est associé à un trafiquant notoire, Léon de Wiet, au sein de la société de production de films Centrazur et surtout de la Société européenne de fournitures industrielles et commerciales (SEFIC) devenue, en 1941, un bureau d'achats pour le compte de la Kriegsmarine. Le compte d'exploitation lourdement déficitaire des *Nouveaux Temps*, dont le tirage plafonne à 50 000 exemplaires, nécessite d'être renfloué ? Le faux marquis de Wiet et un banquier allemand, Gerard Iblen, ès qualités directeur général du Comptoir financier français, y pourvoiront en participant aux augmentations successives de capital sans exiger pour autant le contrôle de la société éditrice. C'est l'époque où Luchaire peut acquérir deux propriétés, l'une à Barbizon, l'autre à Vernon, pour la somme d'un million de francs, pendant que son journal perd près de 400 000 francs par mois. On le lui reprochera à l'heure des règlements de comptes. Assuré de son effet, le procureur Lindon aura beau jeu de l'accabler devant la Cour de justice : « Chez ceux qui ont trahi par la plume, la trahison a été souvent inspirée par le fascisme, chez Luchaire, elle fut inspirée par la vénalité et la pourriture. »

Une passion et une source de revenus : telle fut longtemps la conception que Luchaire se fit de la politique, menant mille vies en parallèle avec le souci de n'en négliger aucune. Pourtant, en novembre 1942, tout bascule. Abetz, le protecteur bienveillant, tombe en disgrâce. Un télégramme de Ribbentrop le rappelle à Berlin. Au-delà du débarquement allié en Afrique du Nord, il paie à la fois l'échec de sa politique de collaboration jugée trop francophile et une trop grande indépendance dans l'exercice de ses fonctions. Privé de la complicité de l'ambassadeur du Reich, Luchaire est assez cynique et assez lucide pour comprendre qu'il n'est plus qu'une marionnette dont on aurait coupé les fils. Sans illusions sur la suite des événements ni sur son sort personnel, il pose la plume, déserte son bureau du 31, rue du Louvre, ne s'inquiète plus de paraître pour ce qu'il est : un affairiste soucieux de monnayer l'influence qui lui reste au mieux de ses intérêts et de ceux de son clan. À la Libération, le procureur Lindon avancera une explication : « S'il n'a pas écrit en 1943, c'est qu'il a presque fini de perpétrer son crime et qu'il en jouit […] alors comme il passe tout son temps au lit, à la caisse ou à la table, il ne peut pas, par-dessus le marché, être à son bureau. Voilà pourquoi il peut se prévaloir d'un certain silence[33]. » Le trait est féroce mais pas vraiment outrancier si l'on se réfère à l'emploi du temps de Luchaire durant cette année-là. Chaque jour, il tient table ouverte à La Tour d'argent, parfois au Beaulieu ou Chez Maxim's, et les additions qu'il fait régler par sa secrétaire Suzanne Baudoin sont rarement inférieures à 3 000 francs par repas. Soit l'équivalent de trois mois de l'allocation d'une femme de prisonnier ! Dandy désinvolte et sceptique, il a une conception extensive de son statut social et de son train de vie qui inclut, outre une épouse aussi décorative qu'indulgente, Françoise, petite-fille du peintre Albert Besnard, ses trois filles Corinne, Monique et Florence, dont les deux premières s'affichent au bras d'un officier allemand, d'innombrables passades et quelques maîtresses en titre bourgeonnant sur la trame de son existence survoltée.

Parmi ces favorites, la comédienne Yvette Lebon est la plus en vue en même temps que la plus visible. Ce qu'il aime chez elle, c'est ce qu'il retrouve de lui : une nature, un appétit, une absence de tout scrupule poussée à ce paroxysme que les Anglais appellent « insanité morale ». À l'écran, elle a été, tour à tour, la partenaire de Raimu, Tino Rossi, Erich von Stroheim et Sacha Guitry avec lequel elle vient de tourner *Le Destin fabuleux de Désirée Clary*. Tous l'ont peu ou prou courtisée, mais elle n'est pas de celles qu'on paie en mots, à moins qu'ils ne soient coulés dans l'encre d'un journal ou, mieux encore, d'un contrat. La rencontre avec un homme de presse tombe à pic pour cette habituée des seconds rôles dont la carrière ne parvient pas à décoller. Pour concurrencer *La Semaine* éditée par le groupe du *Matin*, Luchaire a créé en 1941 *Toute la vie*, un hebdomadaire illustré qui fait une large part aux arts et aux spectacles. Les filles du patron, Corinne la vedette de cinéma (sa photo est à la une du numéro du 9 septembre 1943), mais aussi Florence, la protégée de Serge Lifar au corps de ballet de l'Opéra, y bénéficient d'un traitement de faveur, tout comme les conquêtes passées de Luchaire ou celles qu'il voudrait bien inscrire à son tableau de chasse. Rien d'étonnant donc à ce que l'« hebdomadaire des temps nouveaux » désigne Yvette Lebon comme la « Vénus française 1943 » et la décrive en ces termes : « 1 m 62, 63 cm de tour de taille, 91 cm de tour de hanches [...] par la longueur des jambes, l'étroitesse des hanches, la vedette Yvette Lebon rappelle la finesse de la déesse égyptienne Isis[34]. » En janvier 1944, elle fait la couverture du magazine avec une photo en couleurs sobrement légendée : « L'étrange regard d'Yvette Lebon. » Intrigué, le lecteur n'a plus qu'à tourner les pages jusqu'à ce qu'il tombe sur cet encadré où il apprend que la spirituelle Yvette Lebon, dont « la jeune et triomphale carrière ne fait que commencer », rêve de faire sa rentrée au théâtre dans un rôle d'ingénue libertine, lasse qu'elle est du cinéma qui, dit-elle, n'a pas su l'employer. « Yvette Lebon, conclut le zélé rédacteur, est une des rares jeunes comédiennes qui oublie la vie pour le théâtre et qui, une fois sur la scène, oublie le théâtre pour vivre[35]. » L'envers du décor, pour qui le connaît, est moins flatteur. Luchaire et Yvette sont de toutes les noces crapuleuses : au One-two-two où ils vont, en habitués des lieux, déguster le bœuf à la ficelle et d'autres spécialités maison ; au 93, rue Lauriston où le gestapiste Henry Lafont les régale en hôtes de marque et, s'agissant de Luchaire, en associé puisque les deux hommes sont en affaires par l'intermédiaire de Guy de Voisin de Lavernière, le mari de Corinne Luchaire, de Georges Prade, le secrétaire général des *Nouveaux Temps*, et de Léon de Wiet. Lorsque Yvette est retenue ailleurs, une autre jeune actrice de moindre notoriété, Monique Joyce, joue les doublures auprès de l'insatiable « Monsieur Jean ».

Un soir de décembre 1942, au cours d'un dîner dans le petit hôtel particulier qu'il occupe avec sa femme, villa des Ternes, le destin lui apporte une nouvelle proie à domicile. Elle n'a pas tout à fait vingt ans, elle se nomme Maud Sacquard de Belleroche. Étudiante insatisfaite, épouse frustrée, elle ne rêve que « bourrasques de corps et d'esprit ». Propulsée à l'âge de dix-huit ans dans un mariage hâtif par des parents inquiets d'avoir engendré une aussi ravageuse créature, douée de surcroît d'une nature précoce, elle a épousé, en novembre 1940, un pharmacien-chimiste de cinq ans son aîné. La vitalité de Maud s'accommode mal de cette union arrangée avec un mari « pacifique et tendre parmi ses bocaux de pharmacie », mais fort éloigné du fascinant guerrier dont elle rêvait en lisant Nietzsche. Prise sous le charme du maître de maison, elle devine d'instinct que celui-ci est de taille à lui apporter tout ce à quoi elle aspirait en secret : « vivre dangereusement » et « s'enflammer pour un surhomme ». Le danger ? Il lui faudra patienter encore quelques mois pour en goûter les vertus aphrodisiaques. Le « surhomme », en revanche, est disponible de suite, consommable sur-le-champ et à l'évidence impatient de vérifier auprès de cette « J 3 » aguichante le charme de sa quarantaine mondaine et mordante. Pendant tout le repas, une main, glissée sous la nappe damassée, caresse son genou et s'insinue jusqu'au triangle de dentelle. Sous prétexte de la raccompagner, il l'entraîne dans les bureaux des *Nouveaux Temps* qui ne lui servent plus désormais que de garçonnière. Frôlements, étreintes, tourbillons. Maud ne tarde pas à mettre bas les armes en même temps que sa chemise de mousseline noire.

Plus qu'une rencontre, c'est une révélation : « Soudain pour moi, la planète bascula. L'astre grisâtre et ouatiné de mon existence se déchira. Plus de défense passive à respecter. Plus de respectabilité bourgeoise à singer. Ma révolution, c'était au chaud de mon ventre de dix-neuf ans qu'elle allait s'opérer J'appris avec une délectation féroce le crescendo du péché selon mon saint Jean Évangéliste collaborateur : champagne, whisky, libertinage, association d'idées et d'épidermes, jouissance en duo, plénitude en pluie, délire en technicolor[36]. » Entraînée dans « l'engrenage magique », il ne lui reste plus qu'à se laisser glisser, grâce à une aptitude certaine, vers les raffinements que lui propose cet initiateur aux tempes cendrées, à la « lèvre persifleuse et renflée », au « regard d'un ciel à défier celui du légendaire Maréchal », dont elle se plaît à croire qu'il est un heureux compromis de Casanova et du vicomte de Valmont, bien qu'elle-même n'ait guère de points communs avec Cécile Volanges ou la présidente de Tourvel.

Dans les bras de cet adepte du « libertinage Régence » qui n'hésite pas à décommander pour elle des personnages importants, Maud, théorisant son propre dévergondage, se découvre « exhibitionniste et païenne » autant que « femelle à l'instinct vital sans défaut ». Le jour, elle est une étudiante entretenue, ayant crédit illimité chez Maggy Rouff, Rochas et Lelong dont les factures viennent échoir sur le bureau de Suzanne, la complaisante secrétaire des *Nouveaux Temps* qui note tout et n'oubliera rien. La nuit, elle est aux côtés de son bienfaiteur à la table du Cabaret, du Florence ou du Monseigneur, étourdie par les « plaisirs aristocratiques » de la fête aux accents de la *Deuxième Rhapsodie hongroise* scandant de tous ses violons les douze coups de minuit. Devant ses juges, Luchaire alléguera piteusement que, travaillant tard, il ne pouvait aller dîner que dans les cabarets qui, seuls, avaient licence de servir après 22 heures. « J'ai aimé, bu, dansé, fumé, car j'avais vingt ans. Et après ? » Après, viennent d'autres plaisirs beaucoup moins aristocratiques, n'en déplaise à la pétulante Maud de Belleroche qui n'aime rien tant que de se parer de la caution de Crébillon, Restif ou Laclos[37]. Car son « seigneur et maître » a l'âme partageuse, la générosité à fleur de peau et le sens du collectif à condition que les gens soient de qualité. Qu'il aime la prêter à d'autres stimule chez Maud son goût du risque, rassasie sa curiosité et flatte secrètement la vanité de cette gaie luronne que ceux qui l'ont connue à l'époque décrivent tantôt comme une « orchidée brésilienne, sauvage et pulpeuse », tantôt comme une « belle Tahitienne » échappée d'un tableau de Gauguin. Aussi ne résiste-t-elle pas, au-delà de ce qu'exigent les convenances et un reste d'éducation chez les bonnes sœurs, lorsque Luchaire lui propose de participer pour la première fois à l'une de ces soirées que l'humoriste Alexandre Breffort définissait comme « l'Amour avec un grand tas ».

Dans ce Paris de 1943 où le présent est souvent un cauchemar et l'avenir encore illisible, Luchaire, le « roi de la presse », est un souverain en exil, un bluffeur désenchanté ayant abattu toutes ses cartes et que rien ne divertit plus, hormis ses passions perverses. À Maud, il fait découvrir tous les pièges tendus par l'inavouable chimie du bien manger et du bien boire : « Chez Armelle, dans un immense appartement proche des Champs-Élysées où nous nous rendions, lui et moi, la chère n'avait pas le moindre reflet de cette misère en gelée qui avait été mon ordinaire comme celui des Français occupés et les aubaines gastronomiques m'incitaient à un laisser-aller disons sentimental. Armelle disposait partout des bougies roses, et sur les divans et les bergères s'agglutinaient les couples [...]. Notre trio s'exhibait devant dix personnes intéressées et même avides du spectacle[38]. » Ravie de ce complément éducatif, Maud égrène par la suite un chapelet d'amours saphiques avec la bénédiction de Luchaire qui réclame et obtient sans difficulté sa part du jeu. Le climat crépusculaire qui commence à envelopper le petit monde de la collaboration est une source d'excitation supplémentaire. Entre forfanterie et crânerie goguenarde, Luchaire redouble d'ardeur et s'enivre de ce nectar particulier que forme le mélange du danger et de la volupté brassée par la peur et l'incertitude de l'heure à venir[39]. Quant à Maud, elle goûte enfin au délicieux frisson d'être en compagnie d'un homme vivant dangereusement, flanqué en permanence de deux gardes du corps, et de découvrir, à l'heure du repos du guerrier, barrant la popeline bleue de sa chemise, la bretelle de cuir qui assure un revolver. Non sans une fierté puérile, elle racontera qu'en ces jours-là, elle n'a jamais fait l'amour sans une arme posée sur la table de nuit, comme s'il s'agissait d'un accessoire aphrodisiaque, d'un adjuvant miraculeux dans le cocktail détonant de son plaisir.

Au printemps 1944, cependant, c'est un Luchaire au bout du rouleau qui la convainc de mettre un terme à leur liaison, arguant qu'il n'est plus qu'un « suicidé en sursis ». Prétexte pour se débarrasser d'une maîtresse encombrante et qui plus est bavarde ? Larmes, beuveries, fougueuses étreintes. La rupture est douloureuse, au moins pour Maud, comme en témoigne cette épitaphe tardive : « Il était l'ami d'Otto Abetz, et alors, est-ce que cela l'empêchait de bien faire l'amour ? Je voulais jouir, oui. Et avec cet homme de quarante ans [...] je commençai de goûter avec ma tête, mon sexe et mes nerfs. Il m'a lavée de cette candeur sosotte des jeunes femmes en me laissant mon enthousiasme. Il m'a appris "la fête"[40]. » Avec une soumission nourrie par le trop-plein de sentiments qu'elle éprouve encore à l'égard de ce « Jean qui me fit jouir et pleurer », avec cette résignation forgée par l'habitude d'être livrée par son amant à d'autres hommes, elle laissera à Luchaire le soin de choisir son successeur : ce sera Georges Guilbaud, vingt-neuf ans, un autre ultra de la collaboration, fondateur en Tunisie de la Phalange africaine, dont le style et la silhouette ne sont pas sans rappeler ceux de Doriot au même âge. Au moment où il décide de se séparer de Maud, il y a déjà longtemps que Luchaire est politiquement un homme seul. Sa vénalité, son cynisme, ses mœurs dissolues ont achevé de ruiner une influence qui ne tenait que par la crainte qu'il inspirait à ses confrères et que le retour d'Abetz, en novembre 1943, n'a pas suffi à rétablir. Les coups pleuvent de partout. Ancien directeur d'*Aujourd'hui*, le concurrent des *Nouveaux Temps* à gauche, Henri Jeanson l'affuble d'un « Louche Herr » qui dit tout de son inféodation à l'occupant et des motifs qui la commandent. Sanctionné par les instances de la Corporation de la presse pour une sombre affaire de complot tendant à « menacer l'existence même du groupement à travers la personne de son président », Jacques Vidal de La Blache, le rédacteur en chef de *Paris-Soir* insinue : « J'imagine Monsieur, oh ! j'ai beaucoup d'imagination, que si, par je ne sais quel miracle, je me trouvais porté à la présidence du Groupement et si je venais à acheter un château, par exemple, il se trouverait de méchantes langues pour établir que, avant la guerre, je n'avais pas un sou devant moi ; d'autres surveilleraient toutes mes sorties. On pointerait ma présence dans les restaurants du marché noir, dans les cabarets de luxe, et, l'infamie n'a pas de limites, on m'accuserait d'abominables "partouzes" dans les maisons de tolérance. Voyez-vous, monsieur Luchaire, j'ai de l'honneur un sens trop pointilleux pour accepter même l'hypothèse de ces effroyables calomnies[41]. » Quant à son adjoint Pierre-Antoine Cousteau, un fasciste pur et dur, il choisit l'ironie pour mieux souligner ce qui le sépare de la collaboration affairiste d'un Luchaire : « Après tout, je ne suis qu'un vendu de second ordre : sans château, sans carnet de chèques élastiques, sans ribouldingue[42]. »

Faisant fond sur cette réputation calamiteuse, Henry Chamberlin, dit « Lafont », interrogé par les policiers de la Brigade anti-Gestapo en septembre 1944, dressera de son « ami » Luchaire le portrait d'un Sardanapale censé le surpasser dans l'abjection : « Il était très mal vu des SS, en raison de sa conduite scandaleuse. Ceci est d'ailleurs connu de tout Paris. Par exemple, Jean Luchaire entretenait des relations sexuelles avec ses trois filles. Son fils, que je connais de vue et dont j'ignore le prénom, a eu également des relations du même genre avec ses sœurs. Ce fils a une maîtresse qui couche également avec son père, Jean Luchaire. Ce dernier avait à un certain moment Yvette Lebon comme maîtresse. Celle-ci entretenait des relations avec un officier allemand qui en avait également avec Corinne Luchaire [...]. Quant à Mme Luchaire mère, elle assiste à toutes ces scènes d'orgie en s'adonnant aux stupéfiants. Tout ce que je viens de dire était connu des SS et c'est pour cela qu'ils m'avaient interdit de le fréquenter. Je voyais Jean Luchaire de temps en temps, malgré la défense qui m'avait été faite et surtout lorsque j'étais invité en un lieu où il se trouvait[43]. » Autant que la personnalité de son auteur, abonné lui-même aux bacchanales et aux soûlographies, ce sont les conditions dans lesquelles ce témoignage a été recueilli qui conduisent à s'interroger sur sa valeur. Ne fut-il pas l'écho fidèle de ce que les policiers étaient alors désireux d'entendre au sujet de la vie dissolue du traître Luchaire ?

Les orgies de la rue Lauriston

Organisateur de la Gestapo française rattachée au QG du 84, avenue Foch, promu par ses commanditaires allemands au rang de juge de paix du monde interlope de la capitale et d'interlocuteur privilégié de la préfecture de police, Henry Chamberlin, dit Lafont, dans un registre moins raffiné où se mêlent le sang et le stupre, cherche lui aussi dans une sexualité débridée l'apothéose d'un pouvoir sans limites sur les êtres et sur les choses[44]. « J'ai vécu dix vies, dira Lafont à son procès, je peux bien en perdre une. » Une recension exhaustive des bonnes fortunes de Lafont s'avérant impossible, l'histoire et les archives policières n'ont retenu que la légende sulfureuse de celles qu'on a appelées les « comtesses de la Gestapo[45] ». Surnommée la « Princesse rouge », la comtesse Marie Tchernycheff-Bezobrazoff est sans conteste la plus emblématique de ces demi-mondaines enrichies grâce à la protection de Lafont. Ex-mannequin de chez Chanel, ancienne vendeuse de chez Schiaparelli, figurante en 1932 dans un navet pornographique, *Les*

Aventures du roi Pausole, d'après le roman de Pierre Louÿs, « Mara » avait fini par accéder à une petite notoriété en épousant en 1939 l'acteur Henri Garat. Le couple se sépare dès 1940 après un voyage au Brésil à la faveur duquel la comtesse a pris pour amant un richissime industriel de Rio de Janeiro ; un jugement de divorce scellera le 6 novembre 1942 une rupture définitive. Rentrée en France dans l'intervalle, Marie Tchernycheff s'associe à Max Stoecklin, un agent de l'Abwehr, au sein de la société BEMIC spécialisée dans la fourniture d'alcools au bureau d'achats allemand d'Otto Brandl. La rencontre avec Lafont est alors un détour obligé pour tout ce qui trafique et fornique dans le milieu de la grande truanderie. Elle se produit vers la fin 1941, lors de l'une de ces réceptions où se côtoient les affairistes de la collaboration économique et leurs employeurs du moment. Ces deux-là sont faits pour s'entendre. Pour « Mara », conquérir l'homme de la rue Lauriston relève moins des sentiments que de l'association commerciale. Chez l'ancien pupille de la nation devenu l'un des hommes les plus puissants de Paris, avoir à ses côtés une véritable comtesse, dont la distinction et l'aisance en société comblent sa soif de reconnaissance, est avant tout une affaire de *standing*. Pour qui croise cet étrange attelage, c'est aussi un symptôme parmi d'autres de la subversion des valeurs et du mélange des genres si caractéristiques de la période.

En décembre 1942, Marie Tchernycheff installe son propre bureau d'achats dans un hôtel particulier de quatre étages, un bien juif réquisitionné par Lafont au 3 bis, place des États-Unis. Bijoux, fourrures, un rez-de-chaussée dans le quartier du Trocadéro, au 7, rue Scheffer : la comtesse ne manque de rien. Pas même d'un amant allemand en la personne de Hans Leimer, un officier SS autrichien chargé du service commercial de la rue du Général-Appert. Lafont, qui la considère désormais davantage comme une collaboratrice que comme une maîtresse, a de quoi s'occuper ailleurs. Que ce soit avec Magda d'Andurain, une aventurière liée au mage bulgare Ivanoff, Madeleine Coraboeuf, dite Madga Fontanges, alias baronne Thévenin, journaliste à *Paris-Soir* travaillant depuis l'avant-guerre pour le compte de l'Abwehr, ou encore la fausse marquise d'Abrantès, née Sylviane Quimfe, à propos de laquelle la chroniqueuse judiciaire Madeleine Jacob écrira, lors du procès des « veuves de la Gestapo », en février 1950 : « Sa patrie, c'est partout où il y a un lit et des accessoires[46]. » Toutes fricotent plus ou moins avec les bureaux d'achats allemands. Toutes sont également bixesuelles, opiomanes, adeptes à l'occasion du triolisme, de la partie carrée ou d'autres figures qui ont pour cadre tantôt l'hôtel de la rue Lauriston, tantôt les grands bordels de la capitale comme le One-two-two, le Sphinx ou le Chabanais. À la Libération, la presse relatera de façon très suggestive les « orgies de la rue Lauriston ». Et avec force détails recueillis auprès des femmes de chambre et du personnel domestique en service lors des réceptions que « Monsieur Henri » avait pris l'habitude de donner le samedi soir[47].

Gravitent également dans l'orbite de Lafont nombre de jeunes femmes plus ou moins connues dans le monde du spectacle, comme Dita Parlo (Gerda Kornstadt pour l'état civil), l'actrice allemande héroïne de *La Grande Illusion*, dont il fera sa maîtresse durant quelques mois, une chanteuse juive allemande qui se produit sous le nom de scène de Carmen Palma au cabaret Bel Ami, Annie Jean-Claude, une ex-danseuse acrobate du Tabarin à qui Lafont laissera 40 000 francs en guise de gratification pour leur première nuit, Corinne Luchaire qui traîne dans son sillage une cohorte de jeunes starlettes prêtes à tout pour se faire un nom et qu'on retrouve à la table de Lafont au Chapiteau, au Parnasse, à l'Abbaye de Thélème ou Chez elle où le sybarite de la « Carlingue » aime à finir ses nuits. Au cours de ces virées sur les itinéraires balisés du noctambulisme, il n'est pas rare qu'il croise le trio tapageur et souvent éméché que forment Pierre Loutrel, un ancien des Bat' d'Af' reconverti en homme de main de la Gestapo de l'avenue Foch et qui accédera bientôt au panthéon du grand banditisme sous le nom de Pierrot le Fou à la tête du gang des tractions avant, l'actrice marseillaise Milly Mathis, et Ginette Leclerc, la « garce somptueuse » du cinéma français d'avant-guerre. Celle qui fut à l'écran « la femme du boulanger » est à la ville la maîtresse de l'acteur Lucien Gallas, un spécialiste des rôles de mauvais garçon dont la carrière marque le pas. Pour complaire à ce dernier, mais aussi à cause de son goût effréné pour la fête et les plaisirs frelatés, elle s'est entremise auprès d'Alfred Greven, le patron de la maison allemande Continental, afin que son amant obtienne des autorités d'occupation l'autorisation d'exploiter un cabaret sis au 70 de la rue de Ponthieu, avec licence de rester ouvert toute la nuit et d'y servir de l'alcool tous les jours. Greven y voit l'occasion de créer un club dans l'esprit de la Maison des artistes de Berlin. À l'enseigne du Baccara s'ouvre en réalité, au mois de décembre 1943, ce qui va vite devenir un lieu de rendez-vous pour les gestapistes allemands et français ainsi que leurs maîtresses, les trafiquants du marché noir et les intermédiaires des bureaux d'achats, les demi-mondaines et les actrices en quête d'un influent protecteur.

Ces couples assouvissant avec une indécente exubérance ce besoin de jouissance immédiate qu'attisent les privations des autres, on les retrouve un peu partout, à toutes les strates de la société. Ils sont à la fois le fruit de circonstances exceptionnelles et l'alliance de tempéraments sensuels et exaltés. Avant-guerre, Antonin Saulnier n'est qu'un restaurateur lyonnais de la rue Gentil, un modeste responsable local du PPF démangé par le démon de la politique. Quant à Josseline Gaël, enfant prodige du cinéma qui a débuté à l'âge de seize ans en jouant Cosette dans *Les Misérables* (1933) au côté d'Harry Baur, elle a épousé l'acteur Jules Berry, de vingt-neuf ans son aîné, auquel elle n'a pas tardé à offrir, sans lui demander son avis, le rôle d'un cocu complaisant dans la plus pure tradition du théâtre de boulevard. En 1943, Saulnier est devenu « Tony », un prospère homme d'affaires enrichi par la spoliation de biens juifs, opérant sous la couverture commerciale de la société cinématographique Neutra, et surtout l'un des chefs de la Gestapo française de Lyon. Signe de réussite parmi d'autres, il a pris pour maîtresse la ravissante Josseline, qui, lorsqu'elle ne tourne pas sur le plateau du *Soleil de minuit* ou de *La Main du diable*, dilapide allégrement le produit de ses pillages. Écurie de chevaux de course, fêtes débridées où viennent s'encanailler quelques figures de la bonne société lyonnaise, l'actrice mène la vie à grandes guides et, le soir venu, danse sur un volcan. À des degrés divers de dépravation et de compromission avec l'occupant, la noce aura été la culture de guerre d'une minorité de profiteurs. Comme si le butin fabuleux amassé par les « nouveaux messieurs » leur brûlait les doigts et les poussait à épuiser dans l'urgence tous les plaisirs éphémères qui s'offraient à eux.

Le non-lieu de la fiesta sartrienne

À la surface de la ville, la fête des séides de la Gestapo, des parvenus de la collaboration économique ou des intrigants de la collaboration mondaine est un abcès navrant. C'est une inflammation aiguë mais circonscrite à quelques milliers d'individus empressés de vivre et de profiter d'une situation qu'ils savent à la fois précaire et instable. On s'y réjouit d'être du bon côté et on y jouit de l'instant. D'autres fêtes, moins visibles mais non moins intenses, s'apparentent à des conduites magiques, à des rites de conjuration par quoi l'on cherche, au contraire, à dissiper et à oublier un contexte pour le moins fâcheux. On s'y rend non par désœuvrement ou par lassitude, mais pour congédier ce que le quotidien a d'intolérable ou simplement de déplaisant. On ne s'étonnera pas d'y rencontrer l'étrange couple que composent depuis le début des années trente Simone de Beauvoir et Jean-Paul Sartre. Entre eux deux, un pacte a été conclu, un contrat d'assurance affectif signé pour se délivrer des chaînes du couple bourgeois. C'est un mariage morganatique qui, la célébrité venue, se transformera en « mise en scène pour dessus-de-cheminée littéraire ». L'une des clauses de ce pacte est de tenir pour négligeables les « amours secondaires ». On couche selon les hasards de son plaisir et on ne se cache rien. Ce qui, il faut en convenir, arrange tout le monde. De ces accommodements successifs est née « la famille ». Drôle de famille, en vérité, qui tient à la fois du phalanstère, sauf que chacun habite séparément à l'hôtel, et du communisme sexuel du Père Enfantin, sauf que tous les partenaires ne sont pas interchangeables. On y recrute par cooptation au gré de l'exigeante sexualité du « Castor » qui, bien qu'homosexuelle, ne dédaigne pas à l'occasion les en-cas masculins, à condition qu'ils soient jeunes et vigoureux.

Lorsque Sartre, libéré du stalag XII D en mars 1941 pour raisons de santé, est de retour à Paris, pas un membre de la famille ne manque à l'appel. Il y a Olga Kosakiewicz, une ancienne élève de Simone de Beauvoir au lycée de Rouen, et sa sœur cadette Wanda, toutes deux apprenties comédiennes mais plus exhibitionnistes que dotées d'un réel talent, Bianca Bienenfeld – « une drôle de personne [...] encombrante, répugnante parfois, touchante souvent avec une sentimentalité de midinette niaise, un profond masochisme[48] » – et Jacques-Laurent Bost, eux aussi recrutés dans le vivier d'une classe de philosophie, et enfin Nathalie Sorokine que le « Castor » a distinguée sur les bancs du lycée Molière à cause de ses manières insolites et de son visage de poupée russe. Géante blonde aux formes opulentes, Nathalie, surnommée « Natacha », est la dernière recrue de la « famille ». La première fois qu'il l'a vue nue, dans la chambre d'un petit hôtel de Saint-Germain-des-Prés, le jeune Mouloudji, qui évolue en marge de la parentèle mais suffisamment près pour en recueillir les « contes de fesses », a eu un choc : « J'eus l'impression que j'allais faire l'amour à une montagne. Ses formes sonnaient comme un défi en cette époque de restrictions[49]. » Névrosée, nymphomane, abordant abruptement les garçons et les filles qui lui plaisent et qu'elle effarouche aussitôt par ses allures de moujik et ses propos de soudard, Nathalie, née de parents russes à Constantinople, vit « sa relation à autrui comme un antagonisme revendicatif[50] ». Dès qu'il s'agit de sa relation avec Simone de Beauvoir, sa jalousie est sans limites, et Sartre, qu'elle ne connaît pas encore mais qu'elle appelle déjà « le génie impuissant », va en subir les foudres au point d'être brutalisé, à son retour de captivité, par la nouvelle venue.

Au sein de la « famille », cette mise en commun des partenaires amoureux ignore cependant la fantaisie libertine. Ce n'est en rien un vaudeville épicé et loufoque. L'affaire obéit, au contraire, à une minutieuse chorégraphie dont le « Castor » règle chaque figure, chaque chassé-croisé, selon un emploi du temps minuté et suivant un enchaînement qui fait d'elle la suprême ordonnatrice de cette toile arachnéenne. Chacun, chacune a son jour, ses horaires fixes, comme si ces rituels de débauche se devaient d'être régis par une stricte étiquette bourgeoise. Pour Mlle de Beauvoir, la bohème n'est pas un état mais un devoir qu'elle accomplit avec l'application besogneuse d'une bonne élève. Nathalie le lui reprochera : « Vous êtes une horloge dans un frigidaire. » L'horloge se dérègle parfois, mais c'est rare, le réfrigérateur encore moins, sauf avec le jeune Jacques-Laurent Bost pour lequel elle éprouve des sentiments de mère incestueuse. On se retrouve au Flore ou aux Trois Mousquetaires, on file à l'hôtel le plus proche. La formation qui prévaut, on l'aura compris, est celle du duo, du tête-à-tête intimiste. Vers la fin de l'année 1941, après quelques ajustements qui n'ont pas été sans échanges de coups et de mots aigres, la famille a retrouvé ses repères. Le « Castor » se partage, parfois dans la même journée, entre Nathalie, Bianca, Olga et Bost. De leur côté, Bost et Olga, quand ils ne couchent pas séparément avec Mlle de Beauvoir, forment un couple presque conventionnel.

De tous, Sartre est incontestablement le plus mal loti. Au vrai, il n'a jamais vraiment réussi à surmonter le problème de sa disgrâce physique. N'ayant pratiquement plus de rapports sexuels avec le « Castor » depuis 1936, il a été maintes fois rabroué par Olga qui, imperméable à ses avances, le maintient sadiquement à distance dans l'emploi d'amoureux transi. Sentiment unilatéral, manque de réciprocité qu'un sartrien compatissant résumera d'une phrase : « Elle était sa mise en question, il n'était pas la sienne[51]. » En compensation, il a reçu les faveurs de Bianca et surtout de Wanda que Simone de Beauvoir a su rallier à la cause du philosophe au point de la convaincre de devenir sa maîtresse. « J'aurais fait n'importe quoi, confiera-t-elle, pour lui éviter de se heurter à une réalité pénible [...] à l'idée qu'il se faisait de sa laideur. Peut-être ne lui avons-nous pas rendu service en le laissant vivre dans une perpétuelle enfance, en cédant à ses désirs. » Le palabre et les querelles occupent le plus clair de la relation infantilisante entre Sartre et la volcanique Wanda. Ce qui fait plutôt l'affaire d'un homme qu'un de ses biographes, il est vrai malveillant, décrit comme davantage « porté aux indolentes et caressantes amours qu'à la virilité affirmée[52] ».

Victime de ses propres règles finalement aussi aliénantes que celles dont elle prétendait s'affranchir, la « famille » n'est pas loin de sombrer dans la routine lorsque survient « l'affaire Simone de Beauvoir ». L'impétueuse Nathalie en est indirectement à l'origine. En octobre 1940, dans un amphithéâtre de la Sorbonne, elle a lié connaissance avec un certain Dupas, un étudiant issu d'une famille bourgeoise qui s'est aussitôt épris d'elle et l'a installée dans sa garçonnière. Avec la bénédiction de la mère de Nathalie, une coiffeuse sans emploi, séparée de son mari, vivant dans la précarité d'un concubinage impécunieux et visiblement soulagée à l'idée de ne plus avoir à financer les études de sa fille. L'idylle ne sera que de courte durée. Aux assauts d'un amant insatiable, Nathalie finit par préférer les ébats et les débats qui font l'ordinaire de sa relation avec Simone de Beauvoir. Au bout de quelques mois, Dupas finit par comprendre qu'il ne saurait venir à bout de sa rivale par des moyens ordinaires. Trop tard. Nathalie le quitte en octobre 1941, après que son mentor à turban lui a proposé de subvenir à ses besoins afin de lui épargner ce qui n'est, à l'entendre, qu'une forme de prostitution déguisée. Furieuse de voir évincé le parti avantageux dont elle rêvait pour sa fille, Mme Sorokine décide de déposer plainte pour « excitation de mineure à la débauche ». Une enquête administrative est diligentée par le rectorat de Paris auprès de la directrice du lycée Camille-Sée et du proviseur du lycée Pasteur où enseignent respectivement Beauvoir et Sartre, tandis que l'enquête judiciaire est confiée à l'inspecteur Dubois de la PJ parisienne[53]. La déposition de la mère de Nathalie démonte avec minutie le filet dans lequel le couple Beauvoir-Sartre retient sa proie : « Elle était parvenue par ce mélange de dureté et d'apparente tendresse à la mettre entièrement en son pouvoir [...]. Il n'y a pas eu à proprement parler contrainte, mais aliénation complète de la volonté. » Ou encore : « Ils agirent de concert, suivant une méthode déjà employée, pour mettre Mlle Sorokine sous leur dépendance. C'est, en effet, chez Mlle de Beauvoir une habitude que de séduire ses élèves et de jouer ensuite le rôle d'entremetteuse vis-à-vis de son amant et de ces jeunes filles[54]. »

Outre les témoignages de Dupas et de Mme Sorokine, Simone de Beauvoir a contre elle d'incarner ce que le ministre Bonnard appelle « les bacchantes de la connaissance » et d'être également une ancienne élève de l'École normale supérieure de Sèvres, établissement que toute une littérature, y compris celle d'anciennes sévriennes, présente depuis le début du siècle comme un foyer lesbien[55]. Le fait qu'elle couche à l'hôtel, vive au café, entretienne des liaisons avec des hommes sans être mariée n'arrange pas son cas. Les conclusions du recteur de l'université de Paris, Gilbert Gidel, à qui le procureur de l'État français a transmis le rapport de la PJ, tombent sous la forme d'un courrier en date du 3 avril 1942, adressé au secrétaire d'État à l'Éducation nationale : « Le maintien de Mlle de Beauvoir et de M. Sartre dans les chaires de philosophie de l'enseignement secondaire me paraît inadmissible à l'heure où la France aspire à la restauration des valeurs morales et familiales. Notre jeunesse ne saurait être livrée à des maîtres si manifestement incapables de se conduire eux-mêmes[56]. » Ce n'est que quatorze mois plus tard, le 17 juin 1943, qu'un arrêté est pris, relevant Simone de Beauvoir de ses fonctions. Sartre, en revanche, ne fait l'objet d'aucune sanction. Au cours de l'interrogatoire de police, il a dû toutefois se réfugier dans de farouches dénégations, n'hésitant pas à affirmer qu'à sa connaissance, « Mlle de Beauvoir n'a jamais eu d'idées et de sentiments particuliers vis-à-vis des femmes ». Étrangement, l'enquête judiciaire se clôt sur un non-lieu, malgré les charges accablantes qui pèsent sur cette « corruptrice de la jeunesse ». Contre toute attente, le procureur de la République a négligé d'explorer la piste que lui indiqua Mme Sorokine et n'a pas fait saisir la malle que Simone de Beauvoir traîne dans ses domiciles successifs. Il y aurait pourtant découvert les lettres et journaux intimes où se trouvent consignées « toutes les ignominies de la vie privée de ce groupe de gens ».

Pour la « famille », qui n'a pas osé défier l'ordre moral devant ses instances répressives – « la clique d'Abel Bonnard » –, cette dérobade marque la fin d'une époque. Bianca, fuyant la persécution antijuive, a quitté Paris pour la zone Sud, Jean-Pierre Bourla, un ancien élève de Sartre au lycée Pasteur, fils d'un « brasseur d'affaires » espagnol, est venu se joindre au groupe en qualité d'apprenti philosophe mais aussi comme amant de la demoiselle Sorokine avec laquelle il s'est mis en ménage dans un hôtel de la rue Dauphine à portée de voix, cependant, de Simone de Beauvoir qui occupe la chambre voisine. Nathalie a beau réclamer, chaque soir, qu'elle vienne les border dans leur lit, rien n'est plus tout à fait comme avant. Libido provisoirement en berne, la philosophe, doublement congédiée, se lance dans la rédaction d'un roman, *L'Invitée*, transposition dramatique de ses triangulations amoureuses, tout en travaillant comme « metteuse en ondes » au studio parisien de la Radiodiffusion nationale, placée sous l'autorité de la clique de Paul Marion et où sévira bientôt celle de Philippe Henriot, tandis que Sartre, de son côté, achève l'écriture des *Mouches*[57].

Il fallait un démiurge pour dissiper l'ennui de ces jours moroses. Ce sera Michel Leiris. Ancien surréaliste, grand bourgeois vivant dans le luxe pour avoir eu le bon goût d'épouser la fille naturelle du marchand d'art allemand Daniel-Henry Kahnweiler, Leiris a publié en 1939 *L'Âge d'homme*, une enquête un peu absconse sur sa propre sexualité, considérée comme « pierre angulaire » dans l'édification de sa personnalité. Depuis cette confession « authentique » – le mot fera fortune dans le vocabulaire sartrien –, il n'a plus qu'une ambition : écrire sa vie sous « l'angle de l'érotisme », tirer de ses pathologies soigneusement répertoriées et décortiquées une œuvre littéraire. Sartre et Beauvoir ne peuvent qu'être séduits par ce « mélange de masochisme, d'extrémisme et d'idéalisme ». Son impudicité les bluffe. Son entregent, sa munificence sont de précieux sésames pour améliorer l'ordinaire et accélérer leur carrière. Aussi acceptent-ils d'emblée de participer aux premières « fiestas » qu'il organise au cours de l'hiver 1943-1944. *Deus ex machina* de ces soirées excentriques et canailles, Leiris l'est à plus d'un titre. Nul mieux que lui n'a le goût des expériences saugrenues et de l'exhibitionnisme triomphant. Il est, en outre, sans rival dans l'art de présider avec une dignité compassée ou une nonchalante désinvolture au défoulement collectif. Dans le Paris affamé de cet hiver-là, il ne lui déplaît pas d'amonceler sur la table toutes sortes de victuailles et d'abreuver ses convives avec force bouteilles sorties d'une cave qui semble inépuisable. Pour le couple

Beauvoir-Sartre, habitué des restaurants de catégorie D comme la plupart des autres invités, ces soirées sont autant d'occasions d'apaiser sans vergogne leur fringale.

Mémorable sera la lecture du *Désir attrapé par la queue,* une pièce inédite de Picasso, donnée le 19 mars 1944 au domicile de Michel et Zette Leiris, quai des Grands-Augustins. À travers une galerie de personnages grotesques, cette farce, dans le droit fil du jeu surréaliste des années vingt, met en scène toutes les frustrations et tous les désagréments de la période : le froid, la faim, la peur. Armé d'une grosse canne rythmant les changements de décor, Albert Camus fait office de meneur de jeu et donne le branle à une scénographie délirante : Leiris est « Le Gros pied », Sartre « Le Bout rond », la photographe Dora Maar « L'Angoisse grasse », la femme du poète Georges Hugnet « L'Angoisse maigre », et Beauvoir « La Cousine ». Moins farfelu qu'il n'en a l'air, le dialogue restitue et appelle simultanément un climat. On peut entendre des répliques telles que : « Bonjour, bonsoir, je vous apporte l'orgie, je suis toute nue et je meurs de soif. Vous allez vivement me faire une tasse de thé et des rôties au miel, j'ai une faim de loup. » Ou bien encore : « Je tirerais bien un coup avec lui sans qu'il le sache. » Une assistance brillante soutient les acteurs, toute une académie avant-gardiste, parmi laquelle figurent Braque, Barrault, Bataille, Brassaï, Merleau-Ponty, Lacan, Queneau, Reverdy, Salacrou, mais qui, pour l'heure, n'a d'autre parti que celui de la dérision. Une fois, le désir attrapé par la queue ou par quelque autre appendice, on ne va pas le laisser échapper de sitôt. Vers les 11 heures, les Leiris retiennent les interprètes de la pièce et quelques intimes pour une « nuit insolite » qui se prolongera jusqu'au lever du couvre-feu.

D'autres « fiestas » suivront, tantôt chez Georges Bataille, dans un appartement qui donne sur la cour de Rohan, tantôt dans la villa de Taverny que la mère de Jacques-Laurent Bost, une veuve de pasteur aux idées larges, met à la disposition d'une parentèle qui déborde désormais largement le cadre de la « famille » sartrienne initiale. Aucune n'aura cependant le faste et le succès de celles qu'organiseront les Leiris dans leur vaste appartement aux murs tapissés de toiles de Masson, Miró, Picasso et Juan Gris. Pantomimes, monologues, parodies : les réjouissances, où chacun se fait tour à tour le bouffon de tous les autres, y ont un arrière-goût secret et violent qu'on ne retrouve nulle part ailleurs. On bâfre, on se goinfre, on s'empiffre. C'est un interminable festival de mandibules. Les bouteilles éclatent, les verres s'emplissent, débordent, se renversent et se vident dans la confusion. Il y a là, dans tous les sens du terme, la plus forte concentration de matière grise qu'on peut trouver dans le Paris de l'Occupation.

Revisitant ces heures de grande dissipation, Simone de Beauvoir n'a voulu conserver que le souvenir des beuveries : « Personne parmi nous ne répugnait à se soûler, certains s'en faisaient même une obligation[58]. » En revanche, elle n'hésitera pas à affirmer que « les désordres amoureux tenaient peu de place dans ces saturnales[59] ». D'autres évoquent, au contraire, une sorte de bal orphique où tout, rigoureusement tout, est permis voire recommandé. À lire les souvenirs des autres participants, le doute n'est guère permis. On y voit Sartre dansant tout seul une parodie de tango ou battant la mesure au fond d'un placard, Camus jouant des hanches avec un « professionnalisme de danseur mondain », Bost serrant de près le deuxième sexe et même le troisième âge, Queneau déversant ses fantasmes comme autrefois, lors des réunions surréalistes, dans un pathos d'aveux salaces puis franchement obscènes, et Jeanine, la femme du poète, aboyant à la cantonade. D'une fiesta organisée à Taverny, une nuit où les projecteurs fouillent un ciel strié de canonnades flamboyantes, Mouloudji se souvient d'avoir vu Olga « en proie à une furie slave » poursuivre Bost dans le jardin où il vient de commettre l'acte de chair en compagnie d'une certaine « Leila ». Et le narrateur de conclure : « Nous étions plus près de Feydeau que de Hegel[60]. »

Le hasard veut que la dernière fiesta de l'Occupation ait lieu au cours de la nuit du 5 au 6 juin 1944 dans l'appartement de Charles Dullin et de Simone Jolivet, rue de La Tour-d'Auvergne, au moment même du déclenchement de l'opération Overlord. Dérivatifs opportuns dans l'attente de la délivrance ? Sortilèges destinés à conjurer les ténèbres ? Ou bien volonté de se soustraire au sort commun, de former une « arche », selon le mot de Beauvoir, à l'abri du monde ? De tels débordements, une telle frénésie demeurent sans doute inconcevables hors du contexte de la guerre et de la présence honnie de l'occupant. En ce sens, les fiestas représentent une fête à la Freud, dans la mesure même où la transgression et l'excès y occupent la place centrale. Sartre le dira à sa manière : « Jamais nous n'avons été plus libres que sous l'occupation allemande. » Et Beauvoir lui fera écho : « Pour moi, la fête est avant tout une ardente apothéose du présent, en face de l'inquiétude de l'avenir ; un calme écoulement des jours heureux ne suscite pas de fête : mais si, au sein du malheur, l'espoir renaît, si l'on retrouve une prise sur le monde et sur le temps, alors l'instant se met à flamber, on peut s'y enfermer et se consumer en lui : c'est fête [...]. Nous ne nous leurrions pas ; nous voulions seulement arracher à cette confusion quelques pépites de joie et nous saouler de leur éclat, au défi des lendemains qui déchantent[61]. » Les pépites ont bonne mine. Entre une acceptation docile de la présence allemande et une révolte qui, pour la plupart d'entre eux, ne dépassera pas le stade verbal, les acteurs de ces huis clos « en situation » choisiront délibérément le non-lieu de la fête.

Surprise-partie, surprise partout

Le projet vichyste d'encadrement de la jeunesse s'est, on l'a vu, très vite heurté à toutes sortes de limites. Limites territoriales et temporelles : il ne vaut que pour les deux cinquièmes du territoire appelés « zone libre » et que pour la période qui précède l'instauration du STO. Limites contextuelles : moins préoccupé de libération que de libations immédiates, un puissant mouvement générationnel s'exprime à travers le rejet du temps de la guerre et le refus de tout engagement partisan. Dislocation de la famille, baisse de la scolarisation, perte de prestige ou absence du père retenu en captivité : tout concourt à une émancipation précoce des adolescents. Élevée dans un milieu catholique très strict où, jusque-là, on ne badinait ni avec les principes ni avec les horaires, Brigitte Friang est à la fois le témoin et le bénéficiaire du krach moral qui suit la défaite. Tous les tabous d'une éducation confinée entre l'office de 11 heures à la chapelle de Saint-Honoré-d'Eylau et les promenades dominicales, avenue du Bois, tombent d'un seul coup. Le danseur un peu trop assidu qu'on éconduisait quelques jours encore avant la déclaration de guerre, lors d'un bal de charité au casino de Chamonix, accède au rang de flirt attitré, reçu officiellement au domicile des parents. Les soirées sous l'étroite surveillance d'un chaperon se transforment en sorties nocturnes prolongées jusqu'à l'aube pour cause de couvre-feu. Sur tous les fronts, l'autocratie des adultes est en déroute : « L'évolution de la mentalité parentale constituait un phénomène curieux [...]. Par le relâchement de leur sévérité, ils espéraient nous empêcher de trop souffrir de ce nouveau conflit dont, plus ou moins consciemment, ils se jugeaient responsables [...]. La guerre, c'était leur faillite collective. D'autant plus qu'elle s'était terminée par une répugnante déroute. Ça remettait nombre de leurs beaux principes en cause. Ils ne pouvaient plus se donner en référence absolue[62]. »

Le tableau que dresse Cocteau de la France de l'ordre moral, à la date du 20 juin 1942, est en tous points conforme au récit de Brigitte Friang : « La petite *** qui couche avec les garçons. Trois garçons du Racing disent à Z. : "Nous avons tous couché avec elle l'autre nuit." Elle dit à Z. : "Viens danser au bar X et nous coucherons après n'importe où. – Et tes parents ? – Je les ai dressés !" Voilà ce qui résulte de l'éducation moderne, des esprits libres, de la jeunesse qui doit vivre de sport et d'air pur. On regrette le vieux système. Les *** déclarent que leur fille est un "vrai garçon". Elle leur raconte qu'elle reste coucher chez des amis (nous sans doute). Et les *** nous en veulent. Et ils la croient[63]. » Tous les parents ne manifestent pas la même tolérance. Les pères, en particulier, vivent douloureusement cette *diminutio capitis* qu'ils ont du mal à mettre en relation avec la débâcle masculine du printemps 1940. Tel ce délégué des associations familiales du Sud-Ouest qui s'est cru autorisé à gifler ses deux filles respectivement âgées de dix-neuf et vingt et un ans parce que, en dépit de sa surveillance, « leur tenue et leur moralité laissaient fortement à désirer ». Le tribunal de Bayonne, jugeant qu'il a outrepassé son pouvoir paternel, le condamne à 200 francs d'amende. Outré que la justice ait pu contester son « droit de correction », il s'en indigne dans une lettre à la presse : « Décidément, les pères de famille sont bien bêtes de se donner de la peine pour élever les enfants que la société ne leur permet pas de redresser. S'ils sont détournés de leur devoir, il faut, paraît-il, fermer les yeux. C'est tout juste si l'on ne nous oblige pas à mettre entre les mains de nos filles le livre de Léon Blum sur le mariage libre[64]. »

Il n'empêche. Le passage du répressif au permissif est un phénomène qui touche tous les milieux. À commencer par les enfants de la bourgeoisie qui en profitent pour organiser leur émancipation et pour affirmer un autre choix de vie que celui de leurs aînés, d'autres conduites moins respectueuses des conventions. C'est dans ce contexte que naît la vogue zazoue dont les ondes vont secouer la France entière. Au départ, il y a l'engouement d'une coterie d'initiés pour le swing, cette variété de jazz qui, en se débarrassant des arrangements d'avant-guerre, opte pour le balancement rythmique et la cadence syncopée. L'américanisme est pour eux un succédané du dandysme. Tout change lorsque le Hot

Club de France organise un premier festival à Paris, salle Gaveau, le 19 décembre 1940. Ce soir-là, c'est la fête aux « trompettards », aux guitaristes et aux saxos : les Django Reinhardt, dont la popularité va bientôt s'élever jusqu'aux *Nuages* – titre d'une composition au succès prodigieux de l'année 1941 –, Alix Combelle, Hubert Rostaing, Noël Chiboust, Gus Viseur font un tabac. Emportée dans un tourbillon de doubles croches, la salle, archicomble, est en transe. « Une musique est née, commente Charles Delaunay, l'animateur du Hot Club, moitié cirque, moitié cantique[65]. » Au printemps de 1941, le swing est roi comme le fut le charleston au temps des années folles. Mais à quel prix ? Le « cantique » a été récupéré et sécularisé par la chansonnette, au grand dam des puristes. Si elle irrite la minorité éclairée des premières heures, la profession de foi du compositeur interprète Johnny Hess, *Je suis swing*, enchante un vaste public. Quant au « cirque », la masse de ses jeunes et nouveaux adeptes va s'en charger dans une folle sarabande dont le caractère inopiné, incongru surprendra les esprits les moins collet monté. « Zazou » est son cri de ralliement, une onomatopée magique que les experts attribuent tantôt à Cab Calloway, tantôt à Freddy Taylor et que Johnny Hess, en récupérateur décidément inspiré, érige par la grâce d'un refrain en synonyme de « swing ». Ce sera également le substantif qui, dans le langage courant, va servir à désigner une catégorie comportementale.

Au regard des ultras de la collaboration, les zazous font rapidement figure d'épouvantails, incarnant toutes les facettes du mal. On va même jusqu'à leur prêter des inclinations ou des sympathies politiques qu'ils sont loin d'éprouver. Ce sont des « gaullo-swings » ou des « judéo-swings » qui « répondent à un mot d'ordre extra-français : anglophile, gaullisant ou prosémite ». Que la vogue zazoue ait été, comme l'affirme Jean-Louis Bory, zazou de l'espèce sorbonnarde, une provocation à l'égard de l'ordre pétainiste, une réaction contre la dictature molle des gérontes et, plus généralement, contre l'autorité des adultes, qu'une partie de la jeunesse se soit emparée du swing comme d'un exutoire et d'un prétexte pour exprimer son refus de la morosité ambiante, voire son culte de la musique anglo-saxonne, n'autorise en aucune manière qu'on l'assimile à une manifestation du « gaullisme conquérant », encore moins à un acte de résistance. Être zazou implique au contraire un rejet de tout encadrement, une défiance envers toute exaltation patriotique, une indifférence à l'égard des camps qui s'affrontent et, par-dessus tout, une non-participation à la détresse du pays. La doctrine, si doctrine il y a, est celle d'un à-quoi-bonisme désinvolte, d'un j'm'en-fichisme grimaçant. « *Amusons-nous/ Foutons-nous de tout/ La vie entre nous est si brève/ Amusons-nous/ Foutons-nous de tout/ La vie passera comme un rêve* », proclame une rengaine à la mode. À l'abri de cette pétition existentielle, les zazous ont contre eux tous ceux qui, armés d'une conscience politique ou du seul sentiment national, font profession de maréchalisme ou de gaullisme, de civisme ou d'héroïsme.

De tous côtés, il leur est fait grief d'escamoter le drame, de tourner en dérision les causes les plus sacrées. Il est vrai que les « petits zazous » ont tout ce qu'il faut pour se rendre insupportables et ne s'en privent pas. Des origines sociales qui, au moins au début, les apparentent étroitement à la jeunesse dorée des beaux quartiers. « C'est Passy contre Vichy », constate, non sans pertinence, un pamphlétaire proche du régime, quand un autre les décrit comme un « symptôme morbide de décomposition bourgeoise ». Des tenues tapageuses et dispendieuses qui suggèrent le bon faiseur, l'aisance familiale ou l'argent facile du marché noir ; de quoi réveiller en tout état de cause les vieux réflexes de lutte des classes en cette période d'austérité où les Français épuisent jusqu'à la trame leurs vêtements d'avant-guerre. Des attitudes aux antipodes de la morale traditionnelle : dédain de la famille, mépris de l'amour sentimental et du couple bourgeois, propension à éluder la loi du travail et à juger toute activité sous l'angle de son seul rapport. « Leur seule pensée, affirme *Le Pays libre*, est : de l'argent, de la danse, de l'alcool et des femmes. » Gide pourrait-il les reconnaître comme les épigones un peu éventés, un peu affadis de son Nathanaël ? Une chose est sûre : le zazouisme est un immoralisme qui comporte une part de transgression à caractère sexuel. Un « Décalogue de l'égoïsme sacré » n'aligne-t-il pas ses nouveaux commandements avec un entrain blasphématoire : « *Le plaisir tu adoreras/ Et suivras ses commandements/ [...] "Swing" et "zazou" honoreras/ Pour bien rire gauloisement/ La volupté rechercheras/ Dans ses moindres raffinements/ Dans la chair tu te complairas/ Sans elle pas d'amusement/ Jouissance honoreras/ Sans scrupule de l'ancien temps*[66] » ?

Quand ils ne flirtent pas aux terrasses du PamPam à l'Opéra, de Chez Capoulade à l'angle de la rue Soufflot et du boulevard Saint-Michel, du Dupont-Latin au coin de la rue des Écoles, dans le sous-sol du Colisée sur les Champs-Élysées, ou chez Rumpelmayer rue de Rivoli, les zazous s'adonnent à leur principale activité : faire la fête. Née au début des années vingt comme une alternative bourgeoise aux bals de fin de semaine, la surprise-partie du samedi soir ou du dimanche après-midi en est le cadre le plus conventionnel. Ce qui s'y passe l'est beaucoup moins. Cela tient à la fois de la gesticulation et de la pantomime. La gesticulation, c'est celle des jeunes convulsionnaires qui se balancent (*to swing*) au son des premiers *pick-up*, en agitant au-dessus de la tête l'index de la main droite pour rythmer de façon extatique les deux syllabes du mot « zazou ». Un compromis entre « la danse de Saint-Guy et l'ataxie locomotrice », affirme méchamment l'« envoyé spécial » de *L'Œuvre* au pays des zazous. La pantomime ? C'est celle qui, à la faveur des lumières tamisées et des fenêtres calfeutrées par d'épais rideaux, fait s'exprimer, à travers d'autres gestes plus lascifs, moins saccadés, des corps jeunes et ardents. La règle, c'est qu'il n'y a pas de règles. Tout dépend du lieu, de l'heure, des participants et de la puissance invitante. La musique est reine, le dimanche, dans la grande maison familiale de Ville-d'Avray où Boris Vian, du haut de ses vingt-deux ans, invite ses amis à swinguer au son de sa trompinette, accompagné par ses deux cadets Lelio et Alain, le premier à la guitare, le second à la batterie. Cédant au vertige du rythme quadritemporel, la mêlée frénétique des jeunes zazous dérive vers la transe, ce passage de la fusion du groupe à la confusion des corps, de la simple consommation à une consumation plus radicale.

À l'inverse, les jeux sont plus innocents dans ces grands appartements de La Muette où les lycéens de Janson-de-Sailly s'échauffent sur les airs de Glenn Miller et de Louis Armstrong. Le zazouisme, dans ce décor empesé, doit composer avec les vestiges de la vieille morale. Élève de terminale, issu d'un milieu social moins favorisé, un peu à l'écart en raison de son homosexualité en germe, Pierre Barillet en a été l'observateur attentif : « Des flirts s'ébauchaient. À la faveur des slows, certains couples se serraient de plus près, et s'embrassaient. Il y en avait même qui s'esquivaient en catimini pour aller se peloter, et échanger des caresses plus hardies dans la demi-obscurité d'une chambre. Mais il était rare que ces libertés franchissent les limites de la décence[67]. » La nourriture y est, en revanche, abondante. « L'intérêt d'une surprise-partie est notoirement fonction de la quantité de boustifaille qu'on y bâfrera ou du liquide qu'on y ingurgitera », souligne un scribe de *Révolution nationale* qui décrit avec complaisance les corps qui se bousculent, les bras qui s'entremêlent, les mains qui s'entrecroisent « pour farfouiller dans les assiettes, happer les petits sandwichs aux anchois, au pâté, au fromage, plonger dans les sablés, piocher dans les petits fours[68] ». Simple flirt ou bacchanale, les croisés antizazous n'entrent pas dans de tels distinguos. La surprise-partie n'est pour eux qu'un bouillon de culture dans lequel prospère et prolifère le virus de la décadence morale. Les miasmes n'en ont-ils pas envahi les rues et les lieux publics au risque de contaminer les « honnêtes Français » ? L'ethnologue du *Pilori* est formel : « Quand les zazous vont par deux, ils se livrent à un jeu de pelotage d'autant plus outrancier qu'ils sont moches à voir[69]. » Les ayant suivis dans le métro à deux reprises (en septembre 1943 et en juin 1944), il a eu tout le loisir d'observer les mœurs de cette « peuplade décadente » : du « baiser-ventouse » au « petit jeu exhibitionniste inter-rame » qui consiste, pour la « femelle », à mimer l'extase en offrant « le spectacle d'une tension physique au dernier stade, celle qui précède le grand départ ». À l'en croire, il s'agirait de montrer aux Allemands que si les jeunes Français ne « s'en ressentent pas pour faire la guerre, ils sont, en revanche, imbattables pour la parade d'amour », ou bien, dans une version ultérieure, de « démoraliser l'occupant[70] ». Encore une fois, c'est prêter aux zazous un sentiment patriotique qui leur est, en règle générale, étranger.

Par extension, l'appellation zazou finit d'ailleurs par recouvrir une réalité plus complexe et plus mouvante que le mouvement initial. Au point de s'appliquer à tout ce qui, parmi les jeunes, relève d'un comportement jugé immoral selon les canons de l'époque, à tout ce qui se révèle réfractaire à la vie et aux devoirs de la communauté. Bernard, le jeune banlieusard de Villeneuve-Saint-Georges auquel René Fallet, âgé lui-même de dix-neuf ans à l'époque, donne la parole dans *Banlieue Sud-Est* (1946), exprime assez bien le point de vue de la génération zazoue : « Qu'elles foutent le camp, leurs vertus qu'ils n'ont pas su garder ! Je vois avec plaisir cette société pourrir, tomber en ruine, crouler en poudre. J'y apporte de tout mon cœur ma portion de gangrène. Elle peut compter sur moi, la France, pour la sauver ! Je n'y touche pas, ni en mal, ni en bien. Ils sont des milliers et des milliers comme moi. Nous la regardons haleter, gémir, grommeler[71]. » C'est très exactement ce que décrivent les rapports des préfets adressés au ministère de l'Intérieur : « L'état d'esprit dont fait preuve la jeunesse actuelle, qui n'a pas l'air de comprendre la gravité de la situation et ne pense qu'à assurer son bien-être, constitue un sujet de sérieuse préoccupation pour l'avenir[72]. » Zazous, les étudiants de la faculté de Nancy auxquels le doyen veut interdire l'accès aux brasseries, cafés, cinémas et autres repaires de l'oisiveté et du vice. Zazous, ces jeunes de l'Aube dont les autorités stigmatisent la licence et le manque de tenue en public. Zazous, ces bandes de jeunes gens et de jeunes filles qui font l'obscurité dans les wagons, brûlent les lampes et s'enferment dans les W-C, ainsi que le rapporte la coordination des mouvements familiaux de Lorraine[73]. Zazous, ces jeunes ruraux de la très traditionnelle Vendée dont le préfet note qu'ils « ont trop d'argent à leur disposition et ne pensent qu'aux plaisirs[74] ». Sur cent jeunes, poursuit René Fallet en sociologue improvisé de la banlieue ouvrière, il y a « deux saligauds qui lèchent les orteils de Pétain », quatre audacieux qui tracent à la craie des V sur les murs, les « quatre-vingt-quatorze qui restent s'en lavent les mains, font leur petit marché noir, sont un peu zazous, attendent la fin de tout cela, si ce n'est pas pour cette année, ce sera pour la suivante[75] ». L'estimation n'a certes rien de scientifique. Elle dit cependant l'essentiel sur une génération délibérément sortie de l'Histoire. Des minorités, résistants et collaborationnistes, s'activent en vain pour l'y faire rentrer. Refuser ces issues périlleuses, ces renoncements téméraires, n'est-ce pas signifier que les raisons de vivre l'emportent toujours, à la longue, sur les raisons de mourir ?

CHAPITRE 12

Les nouveaux territoires du plaisir

« Que voulez-vous la porte était gardée/ Que voulez-vous nous étions enfermés/ Que voulez-vous la rue était barrée/ Que voulez-vous la ville était matée/ Que voulez-vous elle était affamée/ Que voulez-vous nous étions désarmés/ Que voulez-vous la nuit était tombée/ Que voulez-vous nous nous sommes aimés. »

Paul Eluard.

« Un huit ans dans le ruisseau. Le moniteur l'aborde et, après quelques mots :
"Tu vas quelquefois au ciné ?"
Le huit ans, avec éclat :
"Oh non jamais !
– Pourquoi ?
– Mes parents ne veulent pas.
– Pourquoi ?
– À cause de l'amour." »

Henry de Montherlant, *Garder tout en composant tout.*

Aux vaincus, l'armistice a imposé un remodelage de l'espace national. Ce morcellement du territoire entre zone occupée, zone libre, zone interdite (le Nord et le Pas-de-Calais) et terres annexées au Reich (Alsace et Moselle) initialise de nouvelles frontières qui vont constituer autant d'obstacles à la communication et à la libre circulation des Français. Si elle n'affecte pas le sentiment d'appartenancc à la communauté nationale, cette réorganisation administrative n'est cependant pas sans conséquences sur l'évolution des mentalités. Aux représentations immémoriales se superposent insidieusement, au fil des mois, des perceptions distinctes suivant que l'on réside dans l'une ou l'autre de ces nouvelles entités. En réalité, c'est toute la relation des Français à leur espace qui se trouve modifiée. Et pas seulement leur géographie mentale. Avec la défaite et l'Occupation, des lieux, des bâtiments, des édifices hier encore véritables repères du paysage urbain et plaques tournantes de la vie sociale, changent d'affectation et voient leur objet totalement ou partiellement détourné. L'interdiction faite aux voitures individuelles, le rationnement de l'essence, le retour à des modes de transport moins rapides ne bouleversent pas seulement le rythme de la vie citadine, ils en remanient l'ordonnancement. Une nouvelle topographie se met en place, projection mouvante de l'économie de guerre, qui, simultanément, allonge les distances et rétracte le périmètre du quotidien, redistribue les pôles d'activité et fragmente les centres d'attraction à l'intérieur de l'espace urbain. À ce resserrement spatio-temporel correspond une nouvelle organisation de ce qu'il est convenu d'appeler les « lieux de plaisir ». Il y a d'abord les espaces fonctionnellement voués au divertissement et à la fête (cinémas et théâtres de quartier, cabarets) : ceux-là ne connaissent guère de changement si ce n'est une fréquentation accrue. Il y a aussi ceux qui se créent pour contourner les interdits, tels les cours de danse et les bals clandestins dont le maillage couvre bientôt les moindres recoins du territoire national. Il y a enfin les zones de conquête : métro, abri, caves où s'immiscent des activités non conformes à leur destination première. Se jouant des règlements, s'aventurant hors des itinéraires balisés d'avant-guerre, le plaisir investit de nouveaux territoires dont le caractère insolite, incongru, déconcertant n'est pas le moindre charme. Paradoxalement, le couvre-feu, le froid, la peur, les alertes, tous ces éléments du sinistre décor de l'Occupation s'additionnent pour produire une tension psychologique, une exacerbation sensorielle qui encouragent plus d'un à s'adonner à la volupté de l'instant. Pour beaucoup, ce sera une surprise que de découvrir que le climat anxiogène dans lequel baignent les Français recèle aussi des vertus érogènes.

Couvre-feu et feu qui couve

Dans la représentation de l'Occupation, la nuit n'en finit pas d'aligner ses états de service. Elle est l'incontournable métaphore, le lieu commun paresseux qui s'accommode de la noirceur pour tout éclairage. À trop utiliser ce registre, il arrive ce qui devait arriver : la « longue nuit » des « années noires » a fini par éclipser ce que les nuits de l'Occupation ont eu d'intense et d'insolite, comme si la divagation de ces longues heures nocturnes n'avait pu accueillir en même temps la luxure et la torture, le plaisir et le crime, la volupté et la souffrance. C'est se condamner à faire de ces nuits le domaine exclusif de la peur en ignorant que celle-ci peut être, en bien des circonstances, l'auxiliaire fortuite du plaisir. C'est méconnaître volontairement la sourde subversion des normes, la profonde modification des comportements introduite par les occupants qui, en maîtres de l'heure, ont usé de la nuit comme d'un décor modulable à leur convenance. Dès le samedi 15 juin 1940, Paris a dû, dans tous les sens du terme, se mettre à l'heure allemande, en avance de soixante minutes sur l'heure d'été française. De l'automne au printemps, la nouvelle heure légale va imposer à chacun de se rendre à son travail alors qu'il fait encore nuit et de regagner son domicile dans la même obscurité. « Avec les deux heures de retard imposées par les Allemands au soleil, note Pierre Audiat, il semblait que Paris eût été transporté sous le cercle polaire[1]. »

Cette impression d'un changement de latitude est encore accentuée par le couvre-feu que les autorités d'occupation ont fixé, dans la plupart des villes, de 23 heures à 5 heures du matin. Entre les mains du commandement militaire, le couvre-feu est un dispositif à la fois défensif et répressif. Sa durée peut être allongée ou au contraire réduite, son application limitée à certains quartiers ou étendue à toute la ville, ses dispositions élargies à la fermeture des cafés, restaurants, cinémas, théâtres et autres établissements publics. Ainsi, à Paris, après les premiers attentats de l'été 1941, le couvre-feu est établi pour la première fois à 21 heures puis, en décembre, interdiction est faite aux Parisiens pendant plusieurs jours de circuler après 18 heures. Avec la tombée du jour qui ravive la crainte des bombardements aériens, le *black-out* ajoute encore au noir de la nuit. Plus d'enseignes lumineuses, plus de devantures éclairées *a giorno*, mais des fenêtres occultées par des rideaux épais, des phares masqués par des manchons, des lanternes de réverbères recouvertes d'une peinture bleue qui diffuse une lumière de crypte. Qu'un contrevenant s'avise de laisser filtrer un rai de lumière et les coups de sifflet stridents des sergents de ville le rappellent aussitôt à l'ordre des ténèbres. Dépouillée de sa parure scintillante, voici qu'une autre nuit commence à exister ; en elle-même et non comme un simple obscurcissement des êtres et des choses, avec sa propre coloration qui en exacerbe l'insularité, l'étrangeté, la marginalité. Un charme étrange, un halo irréel enveloppent ce couvre-feu citadin renouvelé du Moyen Âge qui fait s'extasier Cocteau, amoureux transi des « incroyables merveilles de cette ville éteinte ». Dans cette obscurité concertée, les rues, les places, les avenues reprennent leurs perspectives premières. Nez en l'air, les citadins redécouvrent la lune dont la clarté ne se laisse plus ignorer comme aux temps des lumières artificielles. Invitée surprise de ces interminables espaces nocturnes, elle est, comme dans *La Traversée de Paris* de Marcel Aymé, le démiurge effervescent d'un théâtre d'ombres fantomatiques et furtives.

À la vérité du jour, la nuit oppose sa vérité propre. Véritable allégorie du noir et blanc, le film de Sacha Guitry, *Donne-moi tes yeux*, tourné à l'automne 1942, illustre cet antagonisme. Sortant de la lumière éclatante d'un cabaret, François, un sculpteur à demi aveugle, se retrouve en compagnie de sa jeune maîtresse, Catherine, dans l'encre noire du couvre-feu. Ils marchent dans les rues de Paris. On ne devine que leurs pieds éclairés par le faisceau tremblant d'une lampe de poche. Un léger halo dans lequel s'inscrivent leurs pas indique leur direction. Leurs voix semblent émaner de l'obscurité, souffles mystérieux et incorporels. Tout au long de cette errance où deux êtres se découvrent tels qu'en eux-mêmes, Guitry a glissé un paradoxe sulfureux qui est sans doute l'une des clés de l'érotisation de ces « années noires » : la lumière n'est que l'habillage du mensonge, l'obscurité seule autorise la sincérité. Parce qu'elle est à l'apogée de l'angoisse entre un quotidien oppressant et des lendemains incertains, la nuit est ce territoire où le vouloir vivre trouve le mieux et le plus complètement à s'exprimer. Par cette brèche s'engouffrent toutes les pulsions qui n'ont pas trouvé place dans l'ordre diurne et toutes celles auxquelles le nouveau code de la vie nocturne offre une occasion de s'extérioriser. Le couvre-feu, dont le seul nom dit bien le feu qui couve, fait de la « nuit interdite » une nuit intensément désirée. À tel point que le fait de posséder un *Ausweis* autorisant la circulation après l'heure fatidique apparaît comme un privilège inouï qui suscite l'envie de tout un chacun, à commencer par ceux qui le considèrent comme une marque de vassalité honteuse à l'égard de l'occupant. En bénéficient certaines catégories de travailleurs de nuit comme les artistes, les médecins, les journalistes, les typographes, les employés de la SNCF, du gaz, de l'électricité, mais aussi ceux et celles qui n'ont d'autres titres que d'entretenir des relations cordiales avec la *Kommandantur*. Appartenir à cette nation de l'ombre autorisée à déambuler aux heures interdites est un passe-droit qui, au regard de la plupart des Français, signe l'immoralité ou le vice. C'est ainsi qu'en septembre 1944, *La Libération d'Aunis et de Saintonge*, célébrant le retour de l'éclairage public dans la principale artère de Saintes, accablera les « amies des Allemands », coupables d'avoir profité de ces permis de faveur et de l'obscurité ambiante pour se rendre à quelques « ignobles rendez-vous[2] ».

À partir de 1942, le rationnement de l'électricité, jusque-là normalement distribuée, marque une nouvelle conquête de l'empire du noir. Au cœur des villes, les coupures de courant se font de plus en plus fréquentes, interrompant les projections dans les cinémas et contraignant certaines salles de spectacles à une fermeture partielle. Ces intermèdes plus ou moins longs d'obscurité totale ont parfois la légèreté de l'impromptu et contribuent beaucoup aux rapprochements amoureux. Ce sont les instants les plus prisés dans les appartements bourgeois qui accueillent les surprises-parties clandestines. La coupure y est rupture, source d'expériences sensorielles que seul autorise l'imprévu et dont le charme insolite supplante les anciens frissons. D'une soirée passée dans une maison close de la rue Blondel, Louis Chevalier, un universitaire non conformiste qui affectionne les quartiers interlopes de la capitale où il trouve à la fois sujet à études et matière à s'évader du cours d'une vie trop respectable, a donné un récit qui tient du conte fantastique : « Brusquement une panne d'électricité s'était produite. De telles interruptions de lumière, il y en avait eu souvent dans les années précédentes, de manière inattendue ou à heures fixes. Bien plus, dans un certain nombre de lieux de plaisir de la ville et surtout dans les plus vulgaires, ces moments d'obscurité étaient des moments bénis. Les habitués se passaient le mot, comme un bon tuyau : "Venez demain soir, il n'y aura pas de lumière." Après un instant de surprise et quelques légers flottements, on avait apporté des bougies et tout était rentré dans l'ordre. Somme toute, ça n'était pas tellement désagréable ; à cause de l'ombre, à cause de la surprise et aussi à cause des bougies dont la lueur tremblante allait bien au plaisir, semblant même reconstituer, dans cette vieille rue de la ville, quelque scène paillarde du Moyen Âge[3]. »

Accompagnatrice du plaisir dont elle règle et rythme la progression, la peur est partout présente au cœur des déambulations nocturnes. Peur de rater le dernier métro, faute de quoi il faut rentrer à pied et s'exposer à un trajet plus ou moins long et périlleux ; pour éviter ce désagrément à leurs spectateurs, certains théâtres parisiens, comme L'Atelier ou Hébertot, procèdent à la vente couplée de billets d'entrée et de chambres dans un hôtel voisin. Peur de la patrouille allemande, Minotaure botté martelant son labyrinthe, plus que des hirondelles en maraude dont les « pressons ! pressons ! » débités sur un ton persuasif semblent annoncer le début d'un cycle mystérieux. Par la force des choses, le noctambulisme évolue dans un espace restreint, et de plus en plus restreint à mesure que la nuit avance. Les minutes qui précèdent l'heure légale du couvre-feu sont riches en décharges d'adrénaline. Malheur au retardataire qui se laisse surprendre dans la rue au-delà de l'heure prescrite, il risque de passer la nuit au poste de police, au milieu d'une humanité goguenarde ou défaite que la distraction, l'ivresse, le goût du risque ou de la transgression, la quête forcenée du plaisir ou la poursuite d'innombrables petits trafics ont fait échouer dans la salle commune sous l'œil impavide du brigadier de service. Bientôt, il s'agira d'autre chose que d'un simple désagrément : être cueilli après l'heure fatidique par une ronde de police vous colle à la peau l'étiquette d'otage en puissance pour peu qu'un attentat soit perpétré dans la nuit. Mais ni le danger, ni les rafles, ni les contrôles d'identité, qui se multiplient après la création du STO dans les cafés ou dans les salles de cinéma, généralement entre la deuxième et la troisième bobines, ne parviendront à rompre le sortilège de ces nuits-là. À partir de 1941, certains cabarets parisiens comme Florence, Monseigneur, Don Juan, L'Aiglon, Le Grand Jeu, Shéhérazade, L'Élysée-Club, qui ont obtenu l'autorisation de rester ouverts jusqu'à l'aube, se transforment après le couvre-feu en une sorte de « poste de police payant », selon la formule du journaliste suisse Edmond Dubois. Une fois piégé par d'aimables commensales, expertes dans l'art de faire oublier le temps qui passe, le client est condamné à consommer sur place dans l'attente du lever du couvre-feu, à 5 heures du matin.

De même qu'il imprime un nouveau tempo mental à la divagation des noctambules, le couvre-feu impose de nouvelles règles aux intrigues amoureuses en y incorporant les jeux inédits de la séduction et de la montre. Il est l'alibi des adolescents pour prolonger les surprises-parties jusqu'à l'aube. Il est la providence des bavards qui parviennent à retenir leur compagne jusqu'à lui faire rater le dernier métro. Il est le complice des stratèges qui retardent leur pendule pour abuser de tendres proies brusquement transformées en captives, ou de ceux qui, comme Jean-Louis Bory, lorsqu'il ne bûche pas son agrégation de lettres, s'attarde au-delà de l'heure légale afin de pouvoir passer la nuit chez tel ou tel garçon qu'il trouve à son goût[4]. Dans cet art du contretemps malicieux, Charles Trenet, au zénith de sa popularité, est sans doute l'un de ceux qui déploie le plus d'ingéniosité et le plus de ressources. À l'affiche de l'ABC du 11 avril au 1er mai 1941, il aime à fêter, chaque soir, entouré d'une cour de jeunes gens fascinés par son succès et par son bagout, le triomphe qu'il vient de récolter sur la scène. Être admis dans ce petit cercle est une faveur qu'on refuse d'autant moins que les soupers sont copieux et suffisamment arrosés pour qu'on y oublie le temps qui passe. Pour les garçons piégés par le couvre-feu, il n'y a guère alors d'autre solution que d'accepter l'hospitalité que le « fou chantant » leur propose aimablement dans l'une des chambres qu'il a réservées à l'hôtel Doré, sis à l'angle du boulevard Poissonnière et de la rue du Faubourg-Montmartre, où il s'est lui-même installé pour le temps du récital[5]. À deux pas du théâtre. C'est là que le soleil a rendez-vous avec la lune pour une représentation strictement privée.

Le chant des sirènes

Il n'y a pas que l'obscurité pour œuvrer au rapprochement des corps. Dès le premier hiver de l'Occupation, un froid redoutable, un froid continu qui « énerve et qui rend fou » selon Guéhenno, s'y est employé. À Paris, au cours de cet hiver-là, on enregistre soixante-six jours de gel au lieu d'une moyenne de cinquante-deux et des minima de – 14° à Montsouris et de – 17° à Vincennes. Terribles morsures qu'il faut endurer avec d'autant de plus de stoïcisme que la lutte contre les frimas apparaît vite comme une cause désespérée. Privée d'approvisionnement en charbon du fait du rattachement du Nord et du Pas-de-Calais au commandement militaire allemand de Bruxelles, la capitale est particulièrement mal lotie. Pour échapper à l'offensive de ce nouvel intrus, les Parisiens se précipitent dans tous les endroits chauffés : cafés, cinémas, musées, bibliothèques, mais aussi stations de métro, bureaux de poste, salles d'attente des hôpitaux. « Transi dehors, gelé dedans, est-ce là notre lot ? » interroge le magazine *Pour elle* dès le mois de novembre 1940. Il est vrai que le dedans n'est guère plus chaleureux que le dehors. L'espace habitable, au cours des longues soirées d'hiver, s'est rétréci autour d'une seule pièce qu'on équipe d'un poêle à bois ou, mieux encore, d'un poêle à sciure, qui brûle plus lentement et diffuse un ersatz de chaleur dont la principale vertu, moins calorifique que magnétique, est de faire se resserrer le cercle de famille.

Chacun doit se plier à cette nouvelle économie domestique dont on découvre subitement les lois. Spoliatrices : « Le froid est un impôt progressif, constate Fabre-Luce, qui frappe plus durement les hôtels particuliers et les grands appartements[6]. » Compensatoires : « Au lit, recommande Colette, au lit ceux que leur métier, ceux que leur âge – trois ans ou soixante-dix – exempte des corvées du dehors, du travail sauf les besognes sédentaires [...]. Il est bientôt six heures du soir : au lit[7] ! » De toute évidence, il n'est pas que les enfants en bas âge et les vieillards pour suivre les conseils de la romancière. La bonne température, celle qu'on peut obtenir sans avoir à faire l'acquisition de Toujourchau, l'appareil miracle vendu au BHV, ou à observer les prescriptions que le docteur Gamma prodigue dans *Gringoire*, résulte de la combinaison entre la chaleur relative du lit et la valeur ajoutée calorifique du corps à corps. L'échauffement des sens supplée le tirage poussif des appareils de chauffage. De quoi dissiper la morosité de ceux qui croyaient avoir épuisé les charmes d'un exercice au caractère par trop répétitif ou d'une compagnie par trop familière. Comment apprécier ce que la reprise démographique doit à ces rigoureux hivers, à la séquestration volontaire des couples, à l'étrécissement de la vie sociale ? Un dessin de Ferjac paru dans *L'Œuvre*, en décembre 1940, illustre avec humour l'un de ces procédés ludiques que les Français utilisent volontiers pour rompre la glace. On y voit un couple enlacé contre un mur. La dame grelotte et dit à son compagnon : « Tenez-moi encore des propos brûlants. »

Cet énervement qui électrise la vie sociale n'est en fin de compte que de l'excitation entretenue et contrôlée, le déjeu de la routine. La menace qui vient du ciel introduit, quant à elle, une dramaturgie autrement redoutable. Les bombardements alliés sur la France, hors régions côtières, ne débutent qu'en mars 1942. Pendant dix-huit mois, les Parisiens se sont pliés, de bonne ou de mauvaise grâce, aux exercices des alertes simulées sous la houlette des agents à brassard jaune de la défense passive. À force de scruter le ciel et de ne rien voir venir, l'indifférence les a gagnés, l'incrédulité aussi. Tout change avec le premier bombardement aérien, dans la nuit du 3 au 4 mars 1942, qui frappe les usines Renault à Boulogne-Billancourt. Lâchées à haute altitude pour éviter les tirs de la DCA allemande, les bombes de la Royal Air Force forment un véritable tapis dans une large zone autour de leur objectif selon un scénario promis à d'innombrables répétitions. Le bilan est lourd : 350 morts, 500 blessés, 56 points d'impact, 89 immeubles détruits. À l'écart de la guerre depuis juin 1940, les Français en redécouvrent avec stupeur les affres. Nul ne peut plus désormais s'estimer à l'abri. Zones industrielles, installations portuaires, arsenaux, aéroports, gares, voies ferrées : tout ce qui est susceptible de contribuer à la machine de guerre allemande a valeur d'objectif stratégique pour les raids de l'aviation anglaise ou des forteresses volantes américaines.

Pour les populations les plus exposées, la hantise des bombardements devient inséparable du quotidien. Des villes comme Le Havre, Rouen, Lorient, Saint-Nazaire vivent, à partir de 1944, au rythme de plusieurs alertes par jour. Chaque fois, la même séquence se répète. D'un bout à l'autre de la ville, la sirène donne l'alarme, vocalise sans reprendre souffle ou, comme à Paris, mugit sept fois pendant quatre-vingt-cinq secondes. À peine a-t-elle fait entendre son hululement que les chefs d'îlots obligent les passants à gagner l'abri le plus proche. Curiosité, bravade ou insouciance, des réfractaires refusent de se mêler au peuple des troglodytes et demeurent en surface. Pour rien au monde ils ne voudraient manquer cette sensation de paroxysme, soutenue par la stridence des sirènes et amplifiée par l'angoissant silence qui suit leur dernier soupir. Le plus souvent, l'alerte a lieu en début de soirée ou pendant la nuit, quand la majeure partie de la population a regagné son domicile. Tous les récits s'accordent sur l'excitation des sens qui s'ensuit. Les effets peuvent en être anodins ou au contraire des plus spectaculaires, selon les tempéraments et les circonstances. La presse médicale rapporte une communication du docteur S. à la suite d'un curieux cas de priapisme intervenu lors de l'alerte aérienne du 24 octobre 1942. Ce soir-là, un homme de trente-six ans fut surpris au lit par la sirène d'alarme alors qu'il était en train d'accomplir le devoir conjugal. Son épouse, se dégageant, s'enfuit vers la cave. Mais l'homme, qui n'avait pas conclu, resta exactement dans l'état où l'alerte l'avait surpris, faisant mentir le vieil adage latin *deficiente causa, deficit effectus*, au-delà de tout ce qui avait pu être observé par la science dans des cas du même ordre. C'est seulement le 21 novembre que les médecins, ayant eu l'idée de lui appliquer six sangsues – trois par-dessus, trois par-dessous –, constatèrent alors un léger fléchissement. Le 19 décembre enfin, sans qu'on sache exactement pourquoi, tout rentra à peu près dans l'ordre. L'état de grâce de l'infortuné époux avait duré trente-trois jours[8].

Souvent, la seule idée du danger qui menace suffit à créer l'effervescence. Dans les villes soumises à d'intenses et fréquents bombardements, les habitants abandonnent chaque soir leur domicile dans la crainte d'un nouveau raid aérien. Au Havre, où l'on a enregistré plus de trois cents alertes au cours du premier semestre 1944, on appelle ce flux quotidien « l'exode de 18 heures ». Les uns gagnent le tunnel de la côte Sainte-Marie aménagé en abri, les autres fuient vers les campagnes proches par le « train des trouillards » où les transports, aux dires des témoins, ne sont pas uniquement ferroviaires. Pendant la Grande Guerre déjà, nombre d'observations cliniques avaient été faites à propos du comportement des individus soumis au traumatisme du feu et des bombardements. Tout incitait à conclure que ces situations extrêmes étaient à l'origine d'une suractivité sexuelle due à l'hypertension nerveuse. Stimulé par la présence ou l'imminence de la mort, l'instinct de conservation s'exprimait alors par des pulsions que les sujets cherchaient à assouvir par tous les moyens[9].

À l'époque, les bombardements terrestres ou aériens, si l'on excepte quelques excursions des Zeppelin sur la capitale, ne frappaient que les troupes de la ligne de front. Cette fois, ce sont les populations civiles, hommes et femmes confondus, qui font les frais des raids de l'aviation dont les bombes ont une capacité de destruction sans commune mesure avec celles du précédent conflit. À Paris, le bombardement de la gare de la Chapelle, dans la nuit du 21 au 22 avril 1944, prend des allures d'apocalypse. Deux heures durant, les avions alliés déversent leur cargaison mortelle. La ville entière est illuminée par les fusées éclairantes, les sillages rouges, jaunes ou verts des obus traçants et les trouées lumineuses des projecteurs allemands qui fouillent le ciel en tous sens. Quel vertige que d'être pris au cœur de la tourmente quand ce ne sont autour de soi qu'explosions, grondements, lueurs d'incendie, ébranlement du sol, claquements nerveux des canons de DCA, gerbes de pierre et de fumée. Confrontés à la force aveugle de ce déluge de feu, certains sentent s'évanouir les doutes que la condition de vaincu avait pu faire naître chez eux. « C'est dans un moment comme ça qu'on se sent un mâle » : le mot est d'un condisciple de Bernard Pierquin, un étudiant en médecine recruté dans le réseau de résistance du professeur Milliez, alors qu'ils assistent tous deux, dans une sorte de transe, à l'embrasement de la Chapelle et des quartiers environnants[10].

Non loin de là, au pied de la butte Montmartre, retranché dans son appartement de la rue Girardon, Louis-Ferdinand Céline, tel Pline l'Ancien devant le Vésuve, est aux premières loges :

« Tout tremble ! tuiles ! fondations ! assiettes ! alors ? J'ai l'instinct que tout va être englouti ! Belle aventure, les catacombes ! et nous fonçons dans un pli ! Des fulgurations pareilles dépassent les moyens humains ! N'importe qui reste baba, s'attend au pire... bon ! Lili aussi... mais je lui demande pas... un déluge remue ciel et terre... c'est un spectacle et puis c'est tout... les shrapnells piquent dans les brasiers, éclosent en bleu, en jaune... en rouge...

– Tiens-moi ! elle me demande, tiens-moi !

– Et puis maintenant embrasse-moi !

C'est pas assez ! elle veut du *passionnément*... Vromb ! On est raplatis ! replaqués ! ce souffle ! l'ouragan ! encore un !... un autre avion ! Il nous effleure notre toit celui-là... les remous des hélices dans la chambre ! Heureusement on se tient serrés... on pourrait partir comme le cadre !... On est rejetés d'un mur à l'autre... Elle m'embrasse... Elle m'embrasse...

– Ferdinand ! Ferdinand, je t'adore !

Voilà les sentiments des dames. C'est pas le moment de comprendre[11]. »

Dans l'inventaire de cette folie balistique revue et corrigée par sa folie langagière, le docteur Destouches a pris garde de ne pas oublier l'essentiel : quand tout s'écroule autour de soi, quand le monde extérieur n'est plus que chaos, quand la vie même ne semble plus tenir qu'à un fil, la loi de l'espèce reste la plus forte.

« Depuis que les bals sont fermés »

Ce plaisir qui s'insinue par les interstices les plus imprévus de la vie quotidienne n'en a pas pour autant droit de cité. Il est même de plus en plus jugé indésirable à mesure que s'étend l'empire moralisateur de la défaite. La France du Maréchal se doit de vivre dans la pénitence et le recueillement, ce qui revient à proscrire de l'espace public toute manifestation de joie intempestive. Cible des moralistes qui lui reprochent de contrevenir au code de la pudeur, la danse occupe, depuis toujours, une place importante dans l'organisation des dispositifs sexuels. L'interdiction des bals publics n'est pourtant pas l'une de ces innombrables brimades imputables au régime de Vichy. Elle incombe au gouvernement de Paul Reynaud et à son ministre de l'Intérieur Georges Mandel, lesquels, avant même que ne se déclenche l'offensive allemande du 10 mai 1940, décident de mettre hors-la-loi une activité festive qu'ils jugent incompatible avec l'état de guerre. Le souci d'éviter que ne se reproduise la fracture morale entre le « front » et l'« arrière », qui avait tant marqué les esprits pendant la guerre de 1914-1918, a été pour beaucoup dans cette décision. Çà et là, quelques journalistes s'interrogent néanmoins sur la pertinence d'une telle interdiction au moment où les permissionnaires ne demandent qu'à se distraire, rappelant au passage qu'au lendemain de la « der des der », d'innombrables bals au profit des orphelins de guerre avaient pu être organisés sans qu'aucune voix ne s'élève pour dénoncer ce mélange des genres.

Plus nombreux et plus bruyants sont les censeurs qui s'emploient à traquer et à vilipender les infractions à la nouvelle règle que les autorités administratives ne mettent, au demeurant, guère de zèle à faire appliquer. Spécialiste de l'indignation en boucle, Alain Laubreaux, de *Je suis partout*, est l'un de ces vitupérateurs en chef auquel un certificat de réforme a donné des loisirs, à défaut d'autorité. Le 17 mai, il a repéré dans un journal concurrent un placard ainsi libellé : « À Mimi-Pinson, Champs-Élysées, 79, dancing, abri de cinq cents places, sécurité absolue, service médical pendant les alertes. » Il éructe : « L'indécence de cette annonce ! Depuis sept jours, des départements français sont envahis, des villes bombardées, des hommes se battent avec une fureur sanglante, déjà les morts se comptent par milliers et à Paris, des gens dansent au son des orchestres nègres ! On a envie de saisir un fouet, de courir à ces repaires, d'en chasser à grands coups les voyous et les femelles qui s'y trémoussent ventre contre ventre[12]. » Vaines imprécations.

Pas plus la défaite que les premières semaines de l'Occupation ne semblent avoir entravé l'élan des adeptes de la gambille, puisqu'un rédacteur anonyme d'*Au pilori* peut s'indigner, le 2 août, du spectacle que donnent certains établissements de la place du Tertre à Paris, où l'on danse les « nouvelles contorsions à la mode ». L'argument de l'« indécence », avancé avant la débâcle, revient en force, lesté cette fois d'un appel à la dignité de ceux qui, évoluant désormais sous le regard de l'occupant, ont tendance à oublier la gravité des temps. « Ce ne serait rien, poursuit l'auteur de l'article, s'il n'y avait, témoin de pareilles singeries, l'armée allemande. Des militaires allemands, en effet, photographient et cinématographient ces danseurs français qui peuvent leur sembler bien pressés d'oublier la défaite[13]. » Si ce point de vue n'est pas étranger aux préoccupations du nouveau régime, il pèse moins cependant que le souci d'afficher une solidarité sans faille à l'égard des certaines de milliers de prisonniers retenus loin de leur foyer. Le respect qui leur est dû ainsi qu'à l'égard des familles affligées ne commande-t-il pas qu'on fasse immédiatement cesser le scandale de réjouissances intempestives, oublieuses du malheur qui frappe la communauté nationale à travers ceux que Pétain, le patriarche protecteur, appelle ses « enfants » et même les « meilleurs de ses enfants » ? « Que la jeunesse s'amuse, d'accord, peut-on lire dans *Compagnons*, mais que sa joie désordonnée ne soit pas une offense à ceux qui n'entendent dans les stalags que la monotone musique de leurs souvenirs » et qui se sont trouvés pris dans « la danse infernale de la défaite[14] ». D'un bout à l'autre de la période, les circulaires préfectorales sont émaillées d'incessants rappels à la « décence », comme si le sort des captifs exigeait qu'on prît, à son tour, le plaisir en otage. Du message que le préfet des Bouches-du-Rhône adresse, le 16 août 1940, à la population marseillaise à celui que son collègue de la Haute-Marne délivre, presque trois ans plus tard, à ses administrés, c'est un même appel à la pénitence. Mais le premier se présente comme une directive morale, un code de bonne conduite, une sorte de vade-mecum pour temps de drame. « La France, écrit le préfet Frédéric Surleau, connaît le malheur de la défaite : elle le supporte avec dignité [...]. Il ne faut pas que par leur tenue extérieure, dans la rue ou dans les lieux publics, nos populations puissent offrir l'apparence de l'insouciance et de la légèreté alors que, j'en suis persuadé, elles participent au fond d'elles-mêmes à la commune douleur. Remettons à plus tard les ébats bruyants et les manifestations joyeuses[15]. » Alors que le second n'est déjà plus qu'un aveu d'impuissance : « La jeunesse devrait comprendre qu'à un moment où nos prisonniers vont entrer dans leur quatrième année de captivité, où de nombreux hommes doivent quitter leur foyer et leur pays, où, dans nos villages, deuils et ruines plongent tant de familles dans la désolation, il est des distractions qui doivent être rigoureusement proscrites[16]. »

D'autres raisons militent en faveur d'une interdiction pure et simple. Divertissement populaire par excellence qui faisait tourner les têtes aussi sûrement que les boules lumineuses suspendues au plafond, le bal public, à la ville comme à la campagne, avec une intensité et une fièvre variables selon les lieux, les heures et les saisons, servait traditionnellement d'exutoire à bien des solitudes auxquelles il apportait un remède plus ou moins durable. À la veille de la guerre, il reste, comme au XIXe siècle, le lieu de prédilection des coups de foudre, l'espace où se forment les couples dont l'enlacement intimiste se prolonge souvent au-delà de la piste de danse. Sitôt signé l'armistice, l'évidence s'impose. Tremplin de la vie amoureuse, le bal est également le terrain de chasse privilégié d'une sexualité prédatrice qui, au hasard des rencontres, peut faire du danseur d'un soir aussi bien un fiancé qu'un amant de passage. Autant dire que, dans le contexte de l'automne 1940, il constitue un véritable danger moral pour les femmes de prisonniers que Vichy, se substituant aux maris captifs, entend à tout prix protéger contre les tentations et les défaillances auxquelles les expose leur nouvel état. Dès lors, la fermeture des bals s'impose moins, finalement, dans une symbolique de rupture avec l'insouciance d'un passé révolu – la IIIe République agonisante s'y était déjà essayée – que comme une mesure de prophylaxie sociale destinée à éradiquer ces « lieux de perdition » ouvrant sur un monde grisant de virtualités, particulièrement redoutables par ces temps où une partie de la population féminine est désormais en proie à la solitude affective et morale.

En zone occupée, l'interdiction des bals est décrétée conjointement par le gouvernement de Vichy et par une ordonnance du commandement en chef des armées d'occupation qui, loin de toute considération morale, est surtout attaché à restreindre les lieux et les occasions de rencontre entre la troupe et la population féminine, comme à circonscrire les foyers susceptibles de troubler l'ordre public. Entre la mi-août et le début du mois de septembre, selon les départements, des arrêtés préfectoraux proscrivent les bals et mandent simultanément les maires, les commandants de gendarmerie et les commissaires de police afin de faire appliquer l'interdiction, si nécessaire par le recours à la force publique. Tous sont motivés à peu près dans les mêmes termes : « Considérant que dans les circonstances actuelles, il est inconvenant d'organiser des bals. » Cette fois, la France s'arrête de danser pour de bon. Ce n'est plus un simulacre comme au temps de la drôle de guerre.

Piéton infatigable et observateur scrupuleux du « Montmartre du plaisir et du crime », Louis Chevalier déambule avec nostalgie au long de ces boulevards qu'on pouvait, la veille encore, descendre d'un bout à l'autre, de bal en bal, depuis Le Petit Jardin de l'avenue de Clichy, temple de l'accordéon et de la « vraie de vraie », en passant par le Mikado, repaire des danseurs mondains et des « rombières emperlousées », le Moulin-Rouge, paradis des « frotteurs », l'Élysée-Montmartre, terrain de chasse des souteneurs en mal d'effectifs, l'immense Coliseum, cathédrale de la danse avec ses trois orchestres, jusqu'aux dancings de la Chapelle qui menaient tout droit à ceux de Belleville. Muet l'accordéon, défunte la valse musette, envolés les joyeux triolets. Partout ce ne sont que portes closes et silences désolés. Au carrefour du boulevard de Rochechouart et de la rue des Martyrs, la célèbre Boule noire ne fait plus tourbillonner que des ombres. Signe des temps, *La Semaine*, sous le titre faire-part de « Montmartre n'existe plus », rapporte que le « beau Raphaël », danseur mondain depuis l'époque où Paul Morand publiait *Ouvert la nuit*, s'est fait conducteur de vélotaxi[17].

Point d'orgue de ce pèlerinage maussade : le grand théâtre populaire des Bouffes du Nord, situé face au métro La Chapelle, dans le décor lugubre des boulevards extérieurs que le couvre-feu transforme en un abîme de noirceur. Sur la scène, la grande Damia, tragédienne de la chanson réaliste, toute de noir vêtue comme les chœurs dans Sophocle ou Euripide, donne libre cours à son spleen : « *Depuis que les bals sont fermés/ Depuis que la valse est morte/ Je vois encore tourner, valser/ Les galants qui me font escorte/ Tous les bras qui m'ont enlacée/ Dans un tourbillon m'emportent/ Je ne peux pas vous oublier/ Depuis que les bals sont fermés.* » Pour le public des « damiaques » fanatiques qui est venu, ce soir-là, l'écouter, l'émotion est à son comble : « Ces mots chantés sur un rythme de java, dans un halo de bal musette, étaient d'une telle tristesse et d'une telle vérité qu'autour de moi des femmes pleuraient[18]. » Les bals fermés résumeraient-ils mieux que tout le malheur des temps ? Il faut le croire, si l'on en juge d'après l'interminable déploration qu'égrènent d'une voix mélancolique les émules de Damia : *Y aura encore des beaux dimanches* (Le chanteur sans nom, 1941), *La Guinguette endormie* (Laure Diana, 1941), *Je cherche une guinguette* (Toni Bert, 1942), *Quand rou-*

vriront les guinguettes (Rogers, 1943), *Le Bal défendu* (Roberte Marna, 1944).

La danse, première activité clandestine

Assommés par la défaite, absorbés par les tracas du quotidien, les Français ne semblent guère réagir sur le coup à une mesure que beaucoup ne sont pas loin de considérer comme anecdotique. Mais cette passivité ne dure pas, soit que, privés des libertés essentielles, ils en viennent à accorder une importance exagérée à des activités frivoles, soit que, les mentalités évoluant au fil des mois, ils rejettent avec force le discours dominant qui vise à légitimer certaines privations au nom de la solidarité collective et du devoir de pénitence. Dans les deux cas, les jeunes sont aux avant-postes de la fronde. Dès le mois d'avril 1941, les autorités allemandes décident de lever l'interdiction à l'égard de leurs propres soldats, laissant au gouvernement de Vichy le soin d'en faire ou non autant pour la population civile. Cette volte-face de la part de l'occupant ne va pas sans une bonne dose de cynisme car, ainsi que le note un responsable du groupe *Kultur und Schule* : « Si les Français, en dépit de la honteuse défaite de leur pays, veulent danser, il est de l'intérêt des Allemands de ne pas les empêcher de le faire[19]. »

Sûr de son bon droit, le régime maintient sa position. Il y a pourtant déjà quelques mois que toute une France, avide de valses romantiques, de javas crapuleuses, de bostons langoureux ou de swings endiablés, a basculé dans une sédition à laquelle la semi-clandestinité qui entoure désormais ce divertissement confère l'attrait du fruit défendu. On s'engouffre dans la faille, vite détectée, du dispositif. Car, si danser est toujours interdit, apprendre à danser, en revanche, ne l'est pas. Profitant de cet illogisme qui confine à l'absurde, les cours de danse connaissent subitement un afflux de clientèle. Pour faire face à la demande, il s'en ouvre bientôt partout dans les grandes villes de France. À Paris, ces établissements sont de toutes catégories et couvrent un large éventail social. Celui que décrit Roger Vailland dans *Drôle de jeu* appartient au *nec plus ultra* et baigne dans l'atmosphère ouatée des beaux quartiers : « La lueur révéla la façade cossue d'un hôtel voisin de l'avenue Kléber. Au même instant la porte tourna silencieusement sur ses gonds : "Entrez vite, fit quelqu'un, nous sommes surveillés ce soir." Il n'y avait qu'une veilleuse dans le couloir.

Une ombre les guida. Il fallut tourner deux fois, franchir une double porte. Ils se trouvèrent dans une grande pièce carrée où une trentaine de danseurs piétinaient, étroitement pressés, sur une piste trop petite. Les bruits de pas étouffaient presque celui de la musique diffusée par le haut-parleur d'un minuscule poste de radio posé sur le coin du bar [...]. Il remarqua encore que la plupart des dames étaient remarquablement élégantes pour l'époque. Il y avait plusieurs officiers allemands, discrets, effacés, s'efforçant visiblement de faire oublier leur uniforme[20]. » Toute différente est l'ambiance de l'« académie » enfouie au fond d'une cour de la rue Bréa où règne un laisser-aller canaille qui ravit Michel Audiard, ancien vendeur de journaux reconverti dans les petits trafics, et ne semble guère émouvoir les tenanciers des lieux, un couple d'anciens champions d'Europe de paso doble. On y danse tout aussi bien sur des vieilles cires labellisées « Broadcast », « New Jazz » ou « Saphir », que sur les derniers enregistrements du Hot Club, sans oublier, pour les amateurs de classiques, les tangos de Carlos Gardel et les valses d'Émile Vacher. Mais la grande attraction, celle qui fait se précipiter les garçons du quartier, est une dénommée Suzette, théoriquement préposée au vestiaire mais prompte à disparaître derrière les manteaux pour se livrer à qui la réclame moyennant un généreux pourboire.

Hormis quelques établissements de danse classique et rythmique qui s'attachent à dispenser un véritable enseignement, la plupart des cours qui ouvrent leurs portes à partir de la fin de l'année 1940 n'ont d'école que le nom. Les « professeurs » font moins payer leurs talents pédagogiques que la location de la piste qu'ils abandonnent aussitôt à leurs « élèves » – chaque jour a ses habitués –, non sans avoir auparavant pris soin de tamiser les lumières et de fermer hermétiquement les rideaux. Tous frais déduits, le marché noir de Terpsichore va se révéler l'un des plus lucratifs de la période. À la carte d'abonnement nominative, s'ajoute chaque fois le prix de la « leçon » – entre 10 et 30 francs –, un « racket », un « presse-purée exemplaire », toujours selon Audiard qui, en client assidu, confesse y avoir laissé une grande partie de ses maigres revenus. L'« inconvenance » des clients, assurément de « mauvais Français », les profits abusifs et illicites qu'en tirent ces maîtres de ballet d'un nouveau genre ne peuvent que déchaîner la vindicte des censeurs. Sous le titre « Le grand scandale des cours de danse », *La Gerbe* du 11 juin 1942 publie un reportage-réquisitoire à base de « choses vues » dont chaque détail a été pesé afin de nourrir l'indignation des lecteurs : « Miteux, logés dans des passages ou dans des cours, ils tiennent du bouillon et de l'hôtel borgne [...]. Vous désirez en être ? Rien de plus facile. Vous connaissez l'adresse. Tant, telle rue. Une porte cochère. Une cour dont le rez-de-chaussée abrite d'humbles métiers d'artisans. Une lanterne éteinte où, dans le demi-jour de ce soir de printemps, se dessinent les lettres peintes : "Cours de danse" [...]. Dans l'antichambre, monsieur et madame. Une table de réunion électorale. On y empile des inscriptions et on y compte la recette [...]. C'est 100 francs le forfait et 10 francs par soirée[21]. » En quelques lignes, tout est dit avec l'efficacité redoutable de la presse de l'époque qui mélange sans sourciller délation et leçon de morale, la pratique de l'indicateur de police et la posture du père noble. Explicitement lorsque l'auteur de l'article assimile le cours de danse à un « hôtel borgne », ne laissant aucun doute sur la nature exacte des activités qu'il abrite. Implicitement avec cette « lanterne éteinte » et ce « monsieur et madame » ironiquement révérencieux, dont les silhouettes évoquent moins d'honnêtes commerçants que les tauliers d'une maison de rendez-vous. Fidèle à sa vocation, *Au pilori* publie une liste d'adresses suspectes où, sous le couvert de cours de danse, de « jeunes zazous » s'amusent pendant que « nos prisonniers souffrent dans les stalags » : 39, boulevard de Strasbourg ; 5, passage Reilhac ; 3, rue du Pas-de-la-Mule ; 7, rue du Commandant-Lamy, etc.[22]. Encore ces établissements, ayant pignon sur rue, cherchent-ils à donner le change. Ce qui n'est pas toujours le cas lorsque les cours en question ont pour cadre une salle de restaurant ou un débit de boisson. Ainsi, le 10 novembre 1940, les gendarmes de Tours, intervenant dans un café de Saint-Pierre-des-Corps, restent-ils interloqués lorsqu'une certaine Mme X., se présentant comme professeur de danse, leur explique qu'il s'agit d'un cours privé. Dans la salle, une centaine de couples dansent au son d'un orchestre de trois musiciens juchés sur une estrade[23].

Devant la prolifération des dancings camouflés en cours de danse et les abus de toutes sortes, la préfecture de police de Paris édicte une réglementation qui se veut implacable : pas plus de quinze couples par séance, pas d'inscriptions à moins de cinq leçons, pas d'orchestre mais un simple accompagnement musical au piano ou au phono, interdiction de servir des boissons et de faire de la publicité. À Marseille, le préfet va jusqu'à soumettre l'ouverture et le fonctionnement de ces « écoles » à une autorisation administrative préalable. À Paris, au début de l'année 1943, le groupement corporatif de la danse, au comité de direction duquel on retrouve les plus grands noms de la profession, tels Serge Lifar, Irène Popard et Solange Schwartz, décide d'instituer un examen pour la délivrance d'un diplôme officiel d'enseignant. Sur les quatre-vingt-cinq prétendus professeurs de danse convoqués à la première session, trente-cinq seulement sont jugés aptes. Les recalés se voient intimer l'ordre d'avoir à fermer leur établissement sans délai. Appliqués sporadiquement et avec un zèle variable suivant les lieux et les périodes, ces dispositifs ne font que déplacer le problème.

Progressivement, les bals et dancings clandestins prennent le relais des cours de danse. En quelques semaines, le plaisir de la danse investit de nouveaux territoires : arrière-salles des cafés, sous-sols des restaurants, ateliers, garages, appartements au risque d'alerter les voisins par le bruit et les allées et venues. À la fin de 1942, on recense environ une centaine de dancings clandestins dans Paris intra-muros. Comptabilité d'autant plus approximative qu'il s'en ouvre à peu près autant qu'il s'en ferme, voire davantage. Tous ou presque ont eu la prudence de s'établir hors des quartiers trop surveillés de Montmartre et de Montparnasse, sans pourtant s'en éloigner tout à fait, comme si s'arracher à l'attraction du « Gai Paris » restait un tropisme impossible à vaincre. Glissement subreptice qu'illustre bien la chanson de Vincent Scotto : « *C'est un bal défendu/ Dans un p'tit coin perdu/ Du côté de Montparnasse / Dans un quartier très sombre/ Il y a un vieux bistrot/ Dès que vient la pénombre/ Il s'allume aussitôt/ Debout d'vant la boutique/ Le patron tranquillement/ Fait baisser la musique/ Lorsque passe un agent.* » Au reste, ce compromis topographique, ce dépaysement *a minima* présente d'autres avantages. Ainsi les habitués des bals montmartrois d'avant-guerre n'ont-ils qu'à descendre le boulevard de la Chapelle jusqu'à Belleville où pullulent désormais les petits établissements aménagés pour les accueillir et dont on s'échange les adresses au zinc des bistrots. Quant aux rares non-initiés, c'est une Damia toute requinquée qui se fait un devoir de les affranchir : « *On danse à La Villette/ Quand Paris s'est endormi/ Au fond d'un bal musette/ Où tous les volets sont mis/ Derrière on n'y accepte/ Que les amis des amis/ On danse à La Villette/ Chaque soir après minuit.* » En fin de semaine, c'est la ruée vers ces « drôles de pensionnats » dont le chanteur Andrex va porter la renommée dans la France entière grâce à une rengaine devenue la scie des radios vers la fin de 1941 : « *On ne danse plus la java/ Chez Bébert le monte-en-l'air/ On est swing du haut jusqu'en bas/ Chez Bébert dit les pieds plats.* »

Certes, le décor est loin de rivaliser avec les pistes prestigieuses d'autrefois, mais les patrons se montrent soucieux d'assurer, autant que faire se peut, le confort et la sécurité de leurs nouveaux clients. Aucune précaution n'est négligée. Par exemple, au Ça gaze, un troquet de la rue de Belleville, on entre par la porte de secours qui sert également à évacuer la salle en cas de descente de police. Au 215, quai d'Issy, c'est dans un grand hall pratiquement insonorisé que se retrouvent, chaque samedi, une centaine d'habitués. Pour cette clientèle populaire qui n'a pas la ressource d'abris sûrs comme les appartements où les rejetons de la bourgeoisie organisent leurs surprises-parties, danser est devenu une aventure à risques. On y est plus entreprenant parce que moins insouciant et plus impliqué. Une affluence croissante, une inflation de décibels, en consacrant le succès d'un bal clandestin, signent à court terme sa perte. La durée de vie d'une « bonne adresse » excède rarement trois mois. Immanquablement, une dénonciation, anonyme ou pas, provoque l'arrivée d'un car de police suivie d'une rafle et d'un séjour plus ou moins prolongé au commissariat. En règle générale, seuls les organisateurs font l'objet de poursuites. Mais les peines encourues sont insignifiantes, sauf si l'affaire se complique d'une rixe ou de voies de fait. Pour avoir giflé sa dénonciatrice, l'accordéoniste Léon Boisiaux, organisateur d'un bal clandestin au Kremlin-Bicêtre, est condamné en décembre 1943 par la 14e chambre correctionnelle à un mois de prison avec sursis et 600 francs d'amende[24].

En province, la situation n'est guère différente. Les bals clandestins y prospèrent à la ville comme dans les campagnes où les granges, les entrepôts, les cours de ferme, les vieilles bâtisses abandonnées, les caves au sol en terre battue, éclairées avec des lampes à carbure, servent de lieux de rendez-vous à la jeunesse locale. D'un bout à l'autre de la période, la danse est, de loin, la première activité clandestine des Français. Exutoire corporel d'une angoisse diffuse, elle exprime également un refus des valeurs sacrificielles prônées par Vichy. Bravant l'interdit, comme toujours moins efficace qu'incitatif, on danse au son d'un violon, d'un accordéon diatonique, parfois même d'un phonographe manuel ou électrique. La clandestinité est d'ailleurs toute relative eu égard au grand nombre de participants. En juillet 1941, l'information ouverte par le procureur de Nantes révèle que chaque dimanche, plus de deux cents jeunes du pays d'Ancenis se retrouvaient pour danser entre 16 heures et 21 heures dans une maison en ruine du village de La Richerais-en-Mouzeuil (Loire-Inférieure). « Tous les dimanches, il y a bal comme avant-guerre », constate de son côté le délégué d'une association familiale du Poiré-sur-Velluire, en Vendée, tandis qu'un autre dresse la liste des communes où se tient un bal chaque semaine, déplorant que la jeunesse se livre à ces « parties de plaisir » quand elle devrait « appréhender les jours sombres que nous avons à vivre[25] ». Même réprobation indignée de la part de la Jeunesse agricole chrétienne (JAC) qui, en 1943, signale au cabinet du maréchal Pétain qu'« on danse dans presque tous les cantons du département du Rhône », non seulement dans les petites villes mais aussi dans les bourgs et dans les écarts. Édifiante quoique un peu monotone est la lecture des rapports dressés au cours de l'audition des contrevenants. D'aucuns, lorsqu'il s'agit de leur domicile, arguent d'une « réception familiale », d'une « fête de famille » et, jouant de la confusion, déclarent ignorer que les « bals sont interdits chez les particuliers ». Il est vrai que les mariages bénéficient de dérogations et que, pour obtenir un peu de souplesse dans l'application du couvre-feu, il suffit d'inviter quelques soldats allemands cantonnés dans le poste le plus proche. D'autres, sommés de justifier la perception d'un droit d'entrée, généralement compris entre 3 et 10 francs, se défendent en affirmant que l'intégralité de la recette est destinée aux musiciens, voire, pour les plus retors, que le produit doit en être versé à un « comité de prisonniers de guerre » ou à une « caisse de solidarité au profit des requis du STO ».

En ville, il n'est pas rare que des hôtels et des cafés ayant enfreint la réglementation en vigueur soient frappés d'une mesure de fermeture provisoire qui va de quelques jours à un mois. En milieu rural, les autorités locales savent se montrer plus compréhensives. Requis pour verbaliser les infractions aux arrêtés préfectoraux, les gendarmes accomplissent sans conviction une tâche jugée d'autant plus inopportune qu'elle les soustrait à des missions autrement importantes. Les réprimandes sur un ton paternel sont plus fréquentes que les procès-verbaux, du moins à l'égard des participants, car les organisateurs, eux, ne bénéficient pas toujours de la même mansuétude. La presse des organisations de jeunesse maréchalistes n'hésite pas à se faire l'écho des protestations émanant de la France terrienne. Le bal ne fait-il pas partie des plus saines traditions villageoises, au même titre que le marché et la fête votive ? « Les jeunes paysans n'ont plus aucune distraction depuis l'armistice, écrit un agriculteur savoyard. Les autocars ne vont plus à la ville le dimanche, les tournées de cinéma se font de plus en plus rares, les tournées de théâtre, autant n'en pas parler. Les jeunes n'ont plus que la ressource du bistro. » De retour d'une visite à Sénas, un village situé entre Luberon et Alpilles, un « chef compagnon » se fait témoin de moralité et réclame une plus grande tolérance à l'égard des jeunes ruraux soumis aux rudes travaux de la terre : « J'ai pu voir avec quel plaisir dansaient ces jeunes paysans, sans cette licence effrénée qu'on voit souvent en ville[26]. »

Il arrive même que certains maires autorisent ou encouragent en sous-main des rassemblements festifs et autres « bals des conscrits ». Ils s'exposent alors à la dénonciation d'un « père de famille » vigilant, comme celui qui écrit au préfet de Vendée, le 13 juin 1942, pour se plaindre de l'attitude des maires de Moutiers-sur-le-Lay et de Sainte-Pexine : « Si vous pouvez m'aider à faire cesser de tels désordres, j'en serais heureux, et beaucoup de braves gens avec moi qui gémissent en face d'un tel dévergondage et d'une telle tenue de la jeunesse malheureusement favorisée par la complicité tacite ou avouée des pouvoirs compétents ou par leur carence voulue [...]. Quand on se dit partisan du Maréchal, il faut avouer que c'est une drôle de manière de faire comprendre à la jeunesse ses devoirs. Qu'en pensez-vous[27] ? » Incapables d'enrayer cette dissidence, somme toute bénigne mais fâcheuse pour leur autorité, certains préfets comme celui de la Dordogne ou celui d'Indre-et-Loire vont jusqu'à brandir la menace d'un internement administratif contre les organisateurs de bals clandestins. Les plus prudents s'en tiennent à un rappel des principes, s'accommodant peu ou prou des entorses tant que celles-ci ne sont pas trop voyantes. L'évolution d'une ville comme Marseille, où l'arrêté municipal du 20 mai 1940 avait interdit non seulement la danse mais toute audition musicale dans la plupart des établissements publics comportant un débit de boisson, illustre bien ce glissement, quoique sujet aux à-coups, vers un régime de tolérance sélective et partielle. Un arrêté préfectoral du 21 mars 1941 y autorise à nouveau les orchestres dans les lieux publics, à condition toutefois d'exclure les terrasses et de ne laisser aucune place pour danser.

Mais, dans le même temps, l'occupant prodigue, de son côté, des signes contradictoires. C'est ainsi que des cabarets comme La Caravelle ou Monseigneur obtiennent, le 9 juin 1943, une autorisation d'ouverture pour toute la nuit, accordée à titre exceptionnel par la *Sicherheitspolizei SD Einsatzkommando* de Marseille. Il est vrai que les officiers allemands aiment à y retrouver de jeunes Provençales pour des approches dont la chorégraphie ne s'arrête pas aux pas de danse.

L'important, cependant, n'est ni ces exceptions ni ces dérogations à la loi commune. Cette semi-clandestinité établit dans l'esprit du plus grand nombre une connexion inconsciente entre l'interdit de la danse et l'interdit sexuel. Violer l'un, n'est-ce pas déjà se mettre en situation de transgresser l'autre ? Danser, ce n'est plus seulement le bon temps que l'on se donne dans les bras d'un bon danseur ou d'une cavalière experte, c'est s'engager, hors du chemin de la loi, dans un processus désinhibiteur qui autorise d'autres stratégies, d'autres audaces. Bal caché, le bal clandestin est tout autant un bal démasqué, une cénesthésie qui dévoile jusqu'aux arrière-pensées. L'ambiance y est plus que jamais au braconnage et à la liberté d'allure. Plus que jamais, la danse occupe une place essentielle dans l'organisation sociale des dispositifs sexuels. Ce dont témoigne cette lettre anonyme adressée le 23 juin 1942 au maire d'une petite commune des bords de Loire : « Je suis mère et j'ai plusieurs grandes filles qui courent au bal du dimanche. J'essaie de les empêcher [...]. Je les comprends un peu, elles sont jeunes et, comme elles disent, là au moins on se fait l'amour sans se cacher [...]. Elles disent que quelquefois, après une danse, certaines filles s'éloignaient par de petits chemins détournés avec leurs danseurs et s'arrêtaient dans un champ derrière une haie, seule avec un ou deux jeunes gens. Là, on se faisait l'amour. Mes filles les ont vus [...] j'ai peur que mes filles me fassent des gosses. Elles m'ont dit qu'elles y retourneraient le dimanche 6 juillet et que ce jour-là, elles se permettraient du plaisir avec des jeunes gens [...]. Je tiens à vous avertir non pas pour les empêcher de danser, mais pour surveiller un peu car il se passe là de pires désordres[28]. » Pour les plus âgés, le repli sur l'enlacement des passions intimistes s'exprime dans le tourbillon autocentré de la valse qui connaît un spectaculaire regain de faveur. Pour les plus jeunes, adeptes, depuis le charleston, de la dissociation narcissique du couple, le bal comme la surprise-partie participent d'une exterritorialité qui leur permet de maintenir à distance une réalité trop rude et trop maussade. Dans les deux cas, il s'agit d'une rétraction individualiste, volontairement oublieuse du social, du collectif, du « communautaire » si cher au régime.

D'un point de vue culturel, la prolifération des bals clandestins à travers la France rurale est un nouveau marqueur du recul de l'influence des autorités religieuses. Sans aller jusqu'à reprendre la doctrine des Pères de l'Église pour qui la danse n'était rien d'autre qu'un « entraînement à la concupiscence », un « prélude à des gestes libidineux », la hiérarchie catholique s'emploie autant qu'elle le peut à freiner l'élan de la jeunesse vers les pistes de danse improvisées. Sans grand succès. Le cardinal Gerlier, archevêque de Lyon et primat des Gaules, en fait amèrement le constat dans la lettre qu'il adresse à ses diocésains en février 1942, observant avec regret que même des familles chrétiennes, indifférentes à « la misère morale et matérielle de leurs compatriotes », n'hésitent pas à enfreindre l'interdiction et à bafouer la loi[29]. Vigie de l'intégrisme anticlérical, du haut de sa rubrique de *L'Œuvre*, Georges de La Fouchardière, ému par cette « levée de crosses orchestrée par un bâton de Maréchal », en appelle aux mânes de Paul-Louis Courier, auteur, sous la Restauration, du célèbre pamphlet *Pour les villageois qu'on empêche de danser* (1822) : « Nous dansions comme avaient fait nos pères et nos mères, sans que jamais aucun scandale, aucune plainte ne fût advenue, de mémoire d'homme, et ne pensions guère, sages comme nous sommes, ne causant aucun trouble, devoir être troublés dans l'exercice de ce droit antique, légitime, acquis, et consacré par un si long usage, fondé sur les premières lois de la raison et du bon sens[30]. » Il n'aura guère à attendre avant de se féliciter de la débâcle de la « nouvelle orthodoxie vertueuse ».

L'aimoir des salles obscures

Autre divertissement populaire, le cinéma draine un public en forte augmentation. Avides de s'évader d'une réalité qui les malmène, les Français se précipitent dans les salles obscures. « Un fait assez regrettable à constater, note le préfet des Bouches-du-Rhône, Max Bonnafous, dans son rapport de décembre 1941, est l'engouement exagéré qui se manifeste dans les villes pour le cinéma. Les salles sont toujours combles, et la facile distraction cinématographique semble être devenue une nécessité, surtout pour la jeunesse qui devrait pourtant trouver des occasions plus saines, au point de vue physique et moral, d'occuper ses loisirs[31]. » Selon les sources professionnelles, la fréquentation aurait atteint, durant la période, des niveaux records : 224 millions d'entrées en 1941, 281 millions en 1942, 310 millions en 1943. Cette année-là, le nombre de spectateurs à Paris est supérieur de 25 % à celui de 1938[32]. L'engouement est tel que ni la pénurie croissante d'électricité, qui réduit le nombre des séances, ni les rafles de la police française ou allemande à la recherche des réfractaires du STO ne parviendront à décourager le public, puisque la fréquentation sera encore de 245 millions en 1944, soit 10 % de plus qu'en 1941, année de « normalisation » de l'Occupation. En moyenne, ce sont environ 3,5 millions d'adultes et 1,5 million de jeunes qui se rendent au moins une fois par semaine dans l'une des 6 000 salles de cinéma recensées sur le territoire national. Décor, programme, horaires, les lieux de projection ont dû s'adapter aux rudes contraintes du temps sans pour autant perdre de leur attrait. Il semble même, au contraire, qu'indépendamment de la qualité des films, d'une production pléthorique (225 longs-métrages et 400 courts-métrages entre octobre 1940 et mai 1944) et du besoin d'évasion partagé par un large public, ces contraintes aient joué en faveur d'une fréquentation accrue.

Aux séances fleuves d'avant-guerre, ce qu'on appelait le « double programme » et qui comprenait deux films, un documentaire, les actualités et des attractions, les impératifs du couvre-feu ont substitué, avec le décret du 26 octobre 1940, un programme unique composé d'une bande d'actualités, d'un court-métrage et d'un seul long-métrage. Dès lors, le film principal n'est plus parasité par une avalanche d'images de médiocre intérêt ou par les navets jusque-là servis en hors-d'œuvre. Le critère de proximité devient déterminant dans le choix du cinéma. Le prix du billet également qui, à Paris, varie de 5 francs pour les salles de « vision ultérieure » à 22 francs pour les salles de « première vision ». Autant de facteurs qui contribuent à un nouvel âge d'or des cinémas de quartier. Tous connaissent les mêmes pics d'affluence (entre novembre et mars), plus marqués encore qu'avant-guerre en raison des conditions climatiques et des restrictions en matière de chauffage domestique. Offrir au public des longs et rigoureux hivers de l'Occupation la tiédeur moelleuse d'un lieu chauffé est, quel que soit par ailleurs le film à l'affiche, un argument commercial non négligeable que les exploitants ne se privent pas d'utiliser. En principe, seules les salles de première exclusivité et les cinémas du réseau d'exploitation allemand gérés par la SOGEC le sont convenablement. Grappiller quelques calories supplémentaires a évidemment un prix : le billet d'entrée y est à 30 francs (18 francs en province), soit l'équivalent du salaire journalier d'un ouvrier qualifié. Pour pallier la pénurie de combustible, particulièrement dramatique au cours de l'hiver 1940-1941, certains cinémas s'équipent d'un système de chauffage par air chaud aménagé tantôt dans la cave (Sébastopol), tantôt derrière l'écran (Cinévog, Pasquier, Saint-Lazare, Triomphe), voire sur les toits (Radio-Cité Opéra). En pratique, nombreux sont les directeurs de salle qui n'hésitent pas à annoncer à l'entrée de leur établissement que leur salle est chauffée. Concurrence déloyale dans tous les cas et la plupart du temps publicité mensongère. Cette forme de racolage est si répandue que l'une des premières mesures du Centre d'organisation de l'industrie cinématographique (COIC), créé par Vichy en décembre 1940, est d'exiger l'apposition d'une affiche où l'on peut lire : « En raison de la pénurie de charbon, la direction ne peut assurer le chauffage de la salle. » En février, quatorze salles parisiennes sont sanctionnées par une fermeture de un à trois jours pour non-application des mesures prescrites.

Jamais autant que durant cette période les cinémas n'auront mérité l'appellation de « salles obscures ». Y pénétrer, c'est plonger dans un univers de ténèbres qui ne cesse de s'accentuer à mesure que le rationnement de plus en plus sévère de l'électricité oblige les exploitants à accomplir des prouesses pour ne pas dépasser, sous peine d'amende, le contingent qui leur est mensuellement alloué. Dans les salles comme dans les halls d'entrée, les lumières indirectes ou publicitaires ont été supprimées. Seul le pinceau lumineux de la lampe de poche des ouvreuses s'agite comme un dérisoire fanal sur un océan de noirceur. Par mesure d'économie, l'ampérage des projecteurs a été diminué et sur l'écran les images n'ont plus ni la brillance ni le scintillement d'avant-guerre. L'impression générale n'est plus celle d'une source lumineuse mais d'un halo fantasmagorique. C'est de cette époque que date l'interdiction de fumer dans la salle, non pour des raisons d'hygiène ou de sécurité comme on pourrait le croire, mais à seule fin de ne pas aggraver davantage le confort devenu très relatif de la vision. Loin de décourager les spectateurs, cet obscurcissement des salles fait l'affaire de toute une partie de la clientèle pour laquelle le film qu'on projette n'offre qu'un intérêt secondaire et, le plus souvent, pas d'intérêt du tout. Pour quelques francs, à un prix en tout cas plus modique que celui d'une chambre d'hôtel, les cinémas mettent à la disposition de ce public-là un abri qui leur procure la double couverture d'une obscurité profonde et d'un anonymat confortable. Dans une France où le contrôle social de la sexualité s'exerce moins sous l'effet de l'ordre moral, impuissant à réguler les mœurs, que sous le regard d'autrui, le privilège des salles obscures est d'offrir à moindre risque une enclave discrète, un *no man's land* propice à toutes sortes d'effusions.

Car ce qui guide nombre de couples, d'hommes et de femmes esseulés vers les salles obscures ne s'arrête pas au désir d'évasion, si puissant soit-il, qu'attise le programme de l'affiche. Il y entre une large part de défoulement sexuel, soit qu'on s'y rende pour stimuler une libido particulièrement réactive aux charmes des vedettes de l'écran, soit qu'on y aille pour s'impliquer soi-même avec son partenaire habituel ou avec un inconnu approché sur place, dans un scénario qui se superpose ou se substitue à celui du film. Cette transmutation des salles en places fortes des amours clandestines, des flirts innocents aux jeux les plus pervers, amplifie de façon spectaculaire le rôle du cinéma comme sanctuaire de plaisirs auxquels le film est presque étranger si ce n'est par ces jeux d'ombres et de lumières que l'écran projette sur le public, par cet éclairage rasant qui donne du mystère et de l'attrait à des corps qui, à la lumière du jour, en paraissent singulièrement dépourvus. L'interprétation officielle de cette affluence telle que la formulèrent la presse quotidienne et les revues spécialisées de l'époque, comme *Le Film*, *Ciné-Mondial* ou *Vedettes,* a délibérément ignoré ce sulfureux paramètre. Non qu'il fût le plus important, d'autres facteurs, on l'a vu, intervinrent dans la cinéphilie galopante de ces années-là. Mais la ferveur n'excluait pas la fièvre, pas plus que la passion des Français pour le cinéma n'empêchait que leur sexualité s'y débondât.

Pour ceux et celles qui sont en quête d'un refuge plus que d'un spectacle, hormis celui qu'ils vont se donner à eux-mêmes, les vastes salles, qui présentent l'avantage d'une impunité quasi assurée, ont leur préférence. De même que les balcons qu'un partage implicite du territoire abandonne aux amateurs de frasques et de débordements en tous genres, tandis que le « bon public » familial occupe paisiblement les fauteuils d'orchestre. Les commodités qu'offrent certaines salles à la libre expression des rituels amoureux leur valent d'attirer une clientèle qui, selon les heures, va bien au-delà de la zone naturelle de chalandise. À Barbès, au tout début du boulevard, des cinémas comme le Delta, le Louxor, le Palais-Rochechouart, la Gaieté-Rochechouart, avec des salles immenses ornées d'un ou plusieurs balcons courant comme des frises, accueillent un public à la sociologie contrastée. En matinée, ce sont les bourgeoises des environs et les épouses infidèles qui viennent s'y livrer, en toute tranquillité, à de secrètes débauches ou s'abandonner à des accès de faiblesse prémédités. En soirée, c'est le petit peuple du quartier et des quartiers voisins de la Chapelle et de la Goutte-d'Or qui garnit les fauteuils. Plus bas, en descendant vers Pigalle, sur le boulevard de Clichy, le Lynx abrite un public composé de femmes oisives cherchant fortune auprès des messieurs et de tapineuses, grandes consommatrices de films à l'eau de rose qu'elles apprécient surtout pour leurs vertus lacrymales. Aux Halles, la renommée du cinéma de la rue aux Ours surpasse toutes les autres. Il est vrai qu'on y cultivait le mauvais genre de longue date. Ne racontait-on pas qu'un certain Marcel Proust y avait fait autrefois la connaissance d'un jeune pâtissier auquel il s'intéressa au point de l'aider à s'installer à son compte[33] ? Un ample balcon déployé sur tout le pourtour, jusqu'au bord de l'écran, à toucher les images, attire là toute une faune en rut, trop pressée ou trop désargentée pour s'offrir une chambre d'hôtel, à moins qu'elle ne goûte tout particulièrement la promiscuité canaille du monde interlope qui s'y entasse et les exhibitions salaces qui s'y donnent à toute heure.

Piquantes ou sordides, ces saynètes n'ont pas seulement pour cadre les salles situées dans les quartiers chauds de la capitale. Temple du divertissement familial et grand public, le Gaumont-Palace, le « plus grand cinéma du monde » comme le proclame fièrement la réclame, bâti en 1911 sur l'emplacement de l'ancien hippodrome, tenait déjà avant-guerre une place enviable dans la galerie des aimoirs parisiens. Par son décor à couper le souffle, par les dimensions de la salle (4 500 places), par la foule rassemblée qui était elle-même un élément du décor, le Gaumont exerçait une fascination telle qu'aucune autre salle, pas même le Rex sur les Grands Boulevards, ne pouvait soutenir la comparaison. Sous l'Occupation, le jeune François Truffaut, comme beaucoup de garçons de son âge, y usa ses fonds de culotte avec une assiduité toutefois très supérieure à la moyenne. Auxiliaire bénévole mais inconsciente d'un futur grand destin de cinéaste, la mère de l'un de ses camarades officiait en qualité d'ouvreuse, c'est dire toute la complicité que ces jeunes cinéphiles enragés trouvèrent dans la place. Au plaisir du film s'ajoutait le plaisir des conversations après le film, des histoires qu'on se racontait en riant sous cape et qui avaient trait cette fois au spectacle de la salle, aux coups de gîte de ce « grand vaisseau » dont chacun, passagers et équipage, se sentait partie prenante. « Mon copain, raconte Truffaut, affirmait que sa mère et ses collègues, ouvreuses au Gaumont-Palace, ne ramassaient pas moins de soixante petites culottes de femmes dans les loges et dans les travées, entre les fauteuils, tous les dimanches soirs après la dernière séance [...]. Et pourtant, quand on songe que le moindre morceau de tissu pendant la guerre ne pouvait s'obtenir que contre des tickets de textile [...]. Tout de même, quelle distraction et quelle ardeur ! Bref, j'ai à peine besoin d'ajouter que ces soixante petites culottes hebdomadaires – nous ne manquions pas de nous informer du chiffre chaque semaine, il ne variait guère que de quelques unités – nous faisaient rêver dans une direction qui n'a rien à voir avec l'art cinématographique[34]. »

Abris providentiels pour les couples hétérosexuels, les cinémas sont également le terrain de drague privilégié des homosexuels pour lesquels la discrétion voire la clandestinité est depuis toujours la règle. À Paris, quelques salles sont connues pour être des lieux de consommation instantanée, bénéficiant d'une quasi-impunité. Quiconque a fréquenté à cette époque le Palais des Gobelins, près de la place d'Italie, a, comme Alphonse Boudard, quelques raisons de s'en souvenir : « C'était en semaine le repaire des obsédés sexuels, satyres, voyeurs et pédoques. Un va-et-vient perpétuel entre les chiottes et le balcon. Le jeune homme seul égaré là-dedans par hasard, l'amateur pur de septième art [...] il était aussitôt entouré de mines patibulaires qui s'efforçaient de lui sourire [...] pas du pédéraste luxueux des boîtes à la mode, de l'homosexuel tout ce qu'il y a de plus prolétarien ! Des paluches qui frôlaient le bénard. On lui montrait de grosses bébêtes au petit jeune homme. S'il avait envie de s'en calfeutrer une entre les miches, le séducteur l'entraînait aux gogues sans façon [...] se l'égoïnait à la turque, dans les exhalaisons de chiasse. Les ouvreuses, elles racontaient ça tout alentour... horrifiées ! Le directeur se gardait bien de prévenir les flics [...] sa salle était réputée dans tout Paris [...] il faisait le maximum d'entrées aux heures creuses avec des films incertains [...] en sépia [...] des locations pour patronage au rabais[35]. »

La correspondance qu'échangent Henry de Montherlant et Roger Peyrefitte fourmille d'informations sur le rôle primordial des cinémas dans la chasse pédérastique au cours des années 1940 et 1941. À en croire ces deux épistoliers d'un genre un peu particulier qui se sont néanmoins juré de ne rien celer ni enjoliver, les salles obscures de province sont devenues, depuis l'armistice, le cadre privilégié de leurs activités, même s'ils s'attachent à donner à leur vice un statut d'humanisme, à grand renfort de citations latines et de références à l'Antiquité gréco-romaine. Ces lieux de délices et de félicité, ils les nomment indifféremment, dans le langage crypté qu'ils utilisent pour tromper la censure, « temples », « sanctuaires », « bibliothèques », mais le plus souvent « bobinards », tant l'endroit est pour eux l'équivalent de ce que sont pour les hétérosexuels les maisons de tolérance. Pratiquants assidus, ils ne sont jamais à court de lyrisme quand il s'agit de célébrer les inépuisables ressources des salles de cinéma, qu'elles soient de Marseille ou de Toulouse pour Peyrefitte, de Nice ou de Grasse pour Montherlant ; toutes villes *delicaum plena*. Dans ce registre, Peyrefitte se montre le plus exalté : « Hier à la radio, écrit-il le 14 février 1941, on nous exhortait “à ne pas retomber dans les péchés qui nous ont attiré la guerre (*sic*)”. Je laisse à votre imagination le soin de deviner quelle réponse, dans la réalité, ces mots, quelques heures après, avaient reçue. Évidemment, rien ni personne ne pourra empêcher que les bobinards n'existent, et tant qu'il y aura un bobinard ouvert en France, le péché vivra[36]. » Récidive trois jours plus tard, sous la forme d'une ode à la gloire des salles de province : « J'ai pour la postérité une petite plaquette en réserve : “Henry de Montherlant au bobinard ou l'apôtre inconnu” (genre Père de Foucauld). Car la postérité l'apprendra par ma plume – illustre entre-temps : votre existence ne fut qu'en apparence consacrée aux lettres, elle appartint en réalité aux bobinards [...]. Chers bobinards, qui nous consolez de tant de choses ! Chers bobinards où nous fêtons nos plus belles victoires [...]. Cher bobinard, où l'autre jour, tournaient pour moi deux bobines de plus avec les sept réglementaires[37]. Et allez dire après que, comme madame, la France se meurt, la France est morte ! Madame peut-être, mais monsieur, non pas ! “Brins d'osier, brins d'osier/ Courbez-vous, courbez-vous assouplis/ Sous les doigts du vannier/ Bobines, bobines/ Tressez vos nœuds/ Dressez vos nœuds/ Sous les doigts des libi-/ Sous les doigts des libi-/ Sous les doigts des libidineux[38] !” »

Une implacable loi de la gravitation semble faire converger en même temps vers les cinémas les « jeunes personnes » et ceux que Montherlant appelle les « moussafirs » (les pédérastes) ; les uns sans arrière-pensées, les autres arrière-pensants sans en avoir l'air. Autour des salles, à toute heure de l'après-midi, une foule de jeunes garçons désœuvrés, disponibles, attendant la prochaine séance ou ayant déjà vu le film mais prêts à y retourner pour revivre les mêmes émotions et surtout tromper l'ennui. Désœuvrés, ces jeunes le sont d'autant plus que la déscolarisation, totale ou partielle, est un fléau qui, depuis juin 1940, frappe les plus vulnérables d'entre eux. Dégradation et précarité des conditions de vie dans les milieux populaires, réquisition d'une partie des établissements par les troupes d'occupation, pénurie de maîtres, démission des parents trop absorbés par leur propre survie, tout se conjugue pour tenir les enfants et les adolescents à l'écart de l'école en dépit de la loi sur la scolarité obligatoire entre six et quatorze ans. À Paris, en 1943, les écoles ont perdu la moitié de leur effectif par rapport à 1939. Il y a ceux qui ont été envoyés en province ou dans les campagnes dans l'espoir qu'ils y seront mieux ravitaillés ou mieux nourris, et puis il y a les autres, les réfractaires, les indisciplinés, les petits pauvres. Autant de candidats à une émancipation précoce, autant de proies aimantées par la façade des cinémas, leurs affiches aguicheuses, leurs promesses de rêves à bon marché, d'illusions divertissantes ou consolatrices. Pour les « messieurs » à la mise élégante, au port si distingué qu'il inspire d'emblée respect et confiance, il n'y a plus qu'à choisir, parmi cette petite foule stagnante, l'objet digne d'affection et plus si affinités. Par prudence, nos deux « moussafirs » optent de préférence pour les salles de première exclusivité, trop chères pour que s'y infiltrent des policiers en civil. Posté près du guichet, Montherlant a recours à un immuable stratagème. Il achète deux billets puis bat la semelle, arpente le bitume, consulte sa montre, l'air vaguement préoccupé de celui qu'on fait attendre. Lorsqu'il aperçoit un gamin en arrêt devant l'affiche, il s'approche de lui : « J'attendais mon neveu mais il n'est pas venu. Est-ce que tu veux profiter de sa place parce que je vais entrer ? » Huit fois sur dix, la réponse fuse : « Oui m'sieur, je veux bien. » Auparavant, il aura pris soin de jauger le gibier d'un coup d'œil : « lecteur » ou « chanteur » ? Garçon complaisant ou petite frappe prête à monnayer son silence contre espèces sonnantes et trébuchantes ? Le pari, parfois aventureux, fait partie du plaisir.

Une fois dans la salle, pour peu que la victime soit consentante ou simplement passive, le rituel peut commencer. « Compliment d'usage » (ouverture de la braguette), « attaque de la main au point névralgique », et pour finir « pleurs » (éjaculation). Pour le délicat Peyrefitte, l'épilogue consiste à « recueillir la rosée », quand Montherlant, pour décrire la même opération, écrit sobrement : « La main est fécondée. » Pas question ici évidemment de sodomie (« l'huile ») – l'endroit ne s'y prête guère –, mais simplement de masturbation (« la colle » ou « l'encaustique ») ; ce qui ne déplaît pas forcément au premier mais laisse souvent insatisfait le second, à moins qu'il ne parvienne à entraîner sa proie dans un hôtel proche[39]. Parfois, le disciple se recrute à l'intérieur même du sanctuaire au hasard d'une travée. La tactique d'approche est vieille comme Ovide : « Assieds-toi contre celle qui te plaît, tout près, nul ne t'en empêche ; approche ton corps le plus possible du sien. » Persuadés et se persuadant que beaucoup de ces jeunes corps défendus ne le sont qu'à leur corps défendant, Montherlant et Peyrefitte s'emploient à vérifier inlassablement ce déplorable axiome et, s'il faut prêter foi à leur correspondance, y réussissent au-delà de leurs plus folles espérances. Quand la pêche est abondante, la prise exemplaire, le scénario insolite ou la prouesse mémorable, digne en tout cas d'être citée à l'ordre de leur « chevalerie », ni l'un ni l'autre ne résistent au plaisir d'une narration circonstanciée et fleurie. Ainsi de cet après-midi de janvier 1941 où, transgressant pour la première fois la règle d'après laquelle un « moussafir » ne pratique pas le tir groupé sauf à courir un risque extrême, Peyrefitte entre au cinéma Apollo de Marseille en compagnie de trois jeunes et beaux « objets » : « *Gloria in excelsis Priapo* […]. Ils s'assirent et l'objet de droite, au bout d'un instant, pleurait de plaisir pendant que le grand maître pleurait de son côté (le spectacle était fort larmoyant) ; et au bout d'une heure, l'objet de gauche pleurait lui aussi, à chaudes larmes (récidive du grand maître) ; et après une autre demi-heure, l'objet le plus éloigné, ne voulant pas manquer de verser sa part au ruisseau commun, échangeait sa place avec l'objet de droite, et à peine installé auprès du grand maître, éclatait en sanglots, ce qui provoquait pour la troisième fois ceux du grand maître. Et le mouchoir du grand maître fut, ce jour-là, baigné par six fois. Gloire, gloire, gloire à lui[40] ! »

Situation inédite également que cette « aventure exquise » que rapporte Montherlant et qu'il situe autour de Pâques 1941 dans un cinéma de Nice désigné sous le nom de « Templum Wonderbar » : « Au temple (toujours le même), je cherchais une place assise, quand une petite personne me fait des signes engageants. En vérité, il m'appelle ! Car il y a une place libre à son côté : très gentille… Ma main erre aux alentours de l'endroit sacré. Et soudain… une petite main chaude se pose sur la mienne, la presse sur l'endroit, et la maintient là !… J'ai quarante-cinq ans et de ma vie je n'ai eu cela avec une inconnue. Je parle : “C'est ta mère qui est à côté de toi ? – Non. – Tu es seule ? – Oui.” Vous imaginez mon débordement ! J'atteins cette gorge adorée que je trouve émue à souhait[41]. » Dans cette sexualité où l'autre est si peu autrui qu'il n'est finalement qu'une prothèse d'autosexualité, le profil des jeunes victimes est à peu près toujours le même. Rarement de « jeunes bourgeoises » qu'on reconnaît au fait qu'elles acceptent une contrepartie pécuniaire sans se faire prier, dans la majorité des cas de petits réfugiés – on dit alors « repliés » – du Nord ou de l'Est dont le père est absent, le plus souvent prisonnier, issus des catégories les plus défavorisées[42]. En échange de leur complaisance, les « pleureuses » qui, la plupart du temps, ne réclament rien, ont droit à quelques piécettes, à peine de quoi payer leur billet de car ou de tram. De tels récits attestant de l'extrême vulnérabilité de la jeunesse aux entreprises pédérastiques doivent-ils être pris au pied de la lettre ? Montherlant et Peyrefitte n'ont-ils pas par moments failli à leur vœu de sincérité dans un souci d'émulation réciproque ? Les libertés prises avec la réalité ne l'ont sans doute été qu'au nom d'une certaine dynamique narrative et ne changent rien à un tableau d'ensemble dans lequel le relâchement de la surveillance des adultes, la solitude, l'oisiveté, le froid, la misère auront été leurs plus sûrs auxiliaires, ainsi naturellement que l'obscurité complice des salles de cinéma.

Consignées dans les registres des commissariats, les affaires d'attentat à la pudeur sur la personne de mineurs ayant pour cadre une salle de cinéma parisien sont monnaie courante, bien que la majorité des victimes ne soient pas spontanément enclines à porter plainte. Le plus souvent, c'est la défaillance de la mère qu'incriminent les procès-verbaux sur un ton culpabilisateur. Dans quelques cas, très rares il est vrai, c'est l'autorité paternelle qui est en cause. Domicilié chez son père, le jeune Jean G., treize ans, est interpellé au cinéma Montparnasse alors qu'il « venait de passer quelques instants avec un homme habillé en prêtre ». Ce que déclare la victime n'a rien que de banal au regard de la chronique licencieuse de cette grande salle parisienne : on lui a demandé de retirer sa culotte et on lui a remis une cinquantaine de francs contre promesse de revenir le lendemain. Comme c'est souvent le cas dans ce genre d'affaires, l'agresseur n'a pu être appréhendé. Le père, convoqué au commissariat, doit promettre de mieux surveiller son enfant[43].

On ne s'étonnera donc pas que les cinémas aient pu apparaître, tout au long de la période, comme des « foyers de pestilence » au regard de ceux qui, à un titre ou à un autre, faisaient profession de veiller à la régénération morale du pays. Dès l'automne 1940, un grand journal catholique régional, *Ouest-Éclair*, tonnant contre la « Bête immonde qui s'engraisse de l'ordure », réclame qu'on éclaire les salles de cinéma afin que celles-ci « cessent définitivement de faire aux hôtels borgnes une concurrence déloyale[44] ». Plus répressif encore, *Au pilori*, conformément à sa réputation, exige, en avril 1942, qu'une nouvelle ordonnance de police sévisse contre les « séances de pelotage intensif » auxquelles se livrent les couples de jeunes « exhibitionnistes » dans les salles de cinéma[45]. En revanche, c'est un constat déjà désabusé, à défaut d'être résigné, que dresse Maxime Prot, adjoint au maire de Tourcoing et instituteur en retraite, dans la lettre qu'il adresse le 26 juillet 1943 au Maréchal. « L'obscurité presque totale des salles, écrit-il, accroît encore cette excitation des pires instincts de notre pauvre humanité en favorisant des gestes et des actes qui, en public, choquent la décence. Des personnes dignes de foi m'ont dit avoir vu souvent des garçonnets et des fillettes d'une douzaine d'années s'embrasser fréquemment à la manière des amants[46]. »

Sous couvert de protéger la jeunesse contre l'influence démoralisatrice de certains films, c'est en réalité l'accès des mineurs aux salles de cinéma qui fait l'objet d'une offensive en règle de la part des milieux familialistes. À partir de 1942, les pressions conjuguées des évêchés, des mouvements de jeunesse chrétienne et des inspecteurs d'académie dénonçant l'importance de l'école buissonnière au profit du cinéma inspirent aux préfets régionaux une série d'arrêtés qui visent à interdire la fréquentation des salles de projection aux mineurs de moins de quinze ans non accompagnés de leurs parents ou d'« une personne mandatée par eux ». L'affaire prend un tour nettement politique lorsque Vichy est contraint par les Allemands, dans le cadre de l'arrêté du 23 septembre 1942 harmonisant les censures entre les deux zones, de ramener l'interdiction aux mineurs de moins de dix-huit ans à seize ans pour les films classés « pour adultes seulement ». Les protestations de la

Ligue pour le relèvement de la moralité publique n'y font rien. Pas plus qu'elles ne dissuadent les Allemands de franchir une étape supplémentaire en décrétant, quelques jours plus tard, la suppression pure et simple de l'interdiction aux mineurs jugée préjudiciable aux recettes d'exploitation[47].

Est-ce à dire que les autorités françaises ont définitivement renoncé à toute action répressive contre la licence des salles obscures ? Certes pas. Mais les sanctions sont rares et ne frappent que les pédérastes ou les couples d'adultes qui ont eu la mauvaise idée de choisir un cinéma « familial » et une séance en matinée pour abriter leurs ébats. Une certaine Sonia et un dénommé Raoul, ingénieur de son état, en font l'amère expérience le 18 janvier 1943 lorsque la police, alertée par des « mères de famille indignées », les embarque au poste. Sommée de s'expliquer, Sonia fait valoir qu'elle est l'épouse d'un sacristain dont l'âge, canonique pour l'époque (soixante-seize ans), ne lui permet plus de remplir ses devoirs conjugaux. La 6e chambre correctionnelle de la Seine restera insensible à l'argument et les condamnera chacun, en avril 1943, à un mois de prison avec sursis et à 1 200 francs d'amende pour outrage public à la pudeur[48]. Incapables de juguler le désordre des mœurs, les juges, s'ils ne peuvent plus croire à l'exemplarité des peines qu'ils prononcent, demeurent néanmoins attentifs à leur valeur normative. Dans la France du Maréchal, l'ordre moral est une utopie qui conservera jusqu'au bout son substrat juridique.

Cythère aux catacombes

Parmi toutes les métamorphoses de Paris ville occupée, celle qu'entraînent le rationnement de l'essence et la stricte réglementation de la circulation automobile est, sans conteste, la plus spectaculaire. Hormis les voitures de l'occupant, aucun véhicule ne peut circuler sans une autorisation spéciale que les autorités allemandes délivrent au compte-gouttes. Ne subsistent dans les premiers mois qu'environ sept mille automobiles dotées d'un tel permis, quelques centaines d'autobus équipés en gazogène et des myriades de bicyclettes brusquement promues reines de l'asphalte. Mais ce que la vie des Parisiens perd en surface, elle le regagne aussitôt en sous-sol. Tout un peuple de troglodytes découvre ou redécouvre le métro. Providentiel métropolitain avec ses treize lignes irriguant la capitale et qui, pour 1,50 franc en deuxième classe et 1,90 franc en première, permet d'atteindre n'importe quel point de la ville, fût-il à l'autre bout de Paris. Toute vie sociale lui est désormais étroitement subordonnée. Ce que résume un journaliste de *L'Illustration* dans un style particulièrement imagé : « Il fut un temps où [...] descendre dans le trou était une pénitence [...]. Actuellement, descendre dans le trou est une nécessité bienfaisante[49]. » Une station sur quatre a été fermée par souci d'économie, les rames sont plus espacées, la durée quotidienne de circulation a été réduite, mais le nombre de voyageurs ne cesse d'augmenter. Tous les records de fréquentation sont battus : 1,240 milliard de voyageurs en 1942 contre 600 millions avant-guerre, entre trois et quatre millions d'usagers par jour selon les saisons. On s'y entasse, on s'y bouscule comme jamais. Aux heures de pointe, chaque rame est prise d'assaut, chaque voiture est un empilement de corps, de bagages et de paquets de toutes sortes et de toutes dimensions. Soufflant, ahanant, bringuebalant, les Parisiens ne se déplacent plus que par grappes. Par concrétions humaines. Pour le voyageur qui, en hiver, s'engouffre dans la bouche de métro, la transition est brutale : frimas et verglas au-dehors, compression et suffocation au-dedans. De la métromanie naît le train-hammam.

En outre, un étonnant brassage s'opère dans le remuement souterrain de ses entrailles, car tout le monde est désormais peu ou prou contraint d'emprunter le métro, toutes les classes sociales s'y côtoient à défaut de s'y fondre. Plus qu'un décor familier, le métro est devenu un fait de société. Il est à la mode et la mode vient à lui en la personne de Madeleine de Rauch qui conçoit toute sa collection du printemps 1942 autour d'un voyage souterrain où chaque modèle porte le nom d'une station. Le temps fort, l'événement parisien par excellence, c'est le dernier métro. Le rater, c'est s'exposer au mieux à rentrer à pied, au pis à passer la nuit au poste. L'obsession de la dernière rame, qui part en début de ligne à 23 heures, distille son poison anxiogène. D'où l'ambiance particulièrement électrique des minutes qui précèdent l'heure fatidique, les cris, les courses éperdues, les talons qui claquent dans les couloirs aux résonances de cathédrale, les sifflets des agents de la défense passive. Lorsque les portes à glissière se referment, l'excitation est à son comble et la joie d'avoir pu prendre place dans le dernier convoi s'exprime par une sociabilité immédiate et une volubilité cancanière. Condensé prodigieux d'une humanité dispersée en surface, le métro est depuis sa création une zone de contacts : de la promiscuité subie à l'échange sollicité, du regard éloquent à la main baladeuse, de l'approche tactile sinon subtile à l'idylle muette d'où toute espérance de consommation se trouve exclue.

Avec la fréquentation accrue des années de l'Occupation, tout concourt à en faire le laboratoire ambulant de l'évolution des mœurs, un huis clos effervescent où les pulsions viennent se colleter avec la théorie des probabilités. Écrasés les uns contre les autres, les passagers sont soumis à un corps à corps permanent auquel rien ne peut les soustraire. Ni les ventres qui se compriment, ni les bras qui se profilent, ni les épaules qui s'effacent. Les amoureux en profitent pour échanger des caresses, les plus jeunes pour ébaucher ou mimer un flirt, au grand scandale d'un vieil usager comme Léautaud, indigné de ne plus rencontrer dans le métro que « jeunes gens et jeunes filles chahutant, riant, se pelotant, se baisotant plus ou moins[50] ». Les voyeurs, eux, ne s'en plaignent pas, comme le rapporte un journaliste de *L'Œuvre* : « Certes, le couple situé à votre droite, bien qu'il ne soit pas absolument silencieux, se montre assez discret. La dame s'est contentée de murmurer : "Je ne suis pas à ma main." Et c'est par de petits grognements de satisfaction presque imperceptibles que le monsieur montre l'intérêt qu'il porte évidemment au spectacle[51]. » Les frotteurs, aussi, sont à la fête. Aux heures d'affluence, il est peu de rondeurs fessières qui ne soient honorées d'une roide bandaison. Certaines dames s'en offusquent à haute voix. D'autres ont le rouge aux joues, excitation ou chaleur à quoi l'on comprend qu'elles sont loin de désapprouver la situation. Appareillés le temps de quelques stations, frotteurs et frottées se satisfont la plupart du temps de ce furtif échange. Les plus entreprenants ou les plus ambitieux, cependant, ne s'arrêtent pas à ces indiscrètes investigations. Chacun a sa tactique, celle du héros de *Drôle de jeu*, improvisée entre les stations Chambre des députés et Solférino, laisse une grande part à l'instinct : « Ne pas lui parler tout de suite, prolonger ce moment, pousser doucement le genou sous le manteau jusqu'à sentir au travers du pantalon la peau nue de la cuisse, au-dessus du bas. S'il faisait nuit, la suivre et quand elle descendrait dans la rue, dans le black-out l'embrasser la bouche ouverte, lui prendre le sein[52]. »

Celle de Riton, dix-sept ans, l'antihéros de *Pompes funèbres*, emprunte beaucoup au style abrupt et trivial de Jean Genet, son démiurge. Riton est l'un de ces pâles voyous qu'affectionne Genet dans la vie réelle et que la Milice a transformé en auxiliaire du crime. Dans la journée, il a connu l'excitation du meurtre ; le soir, un peu avant 11 heures, il a pris le métro à la station La Chapelle, là où passe la fameuse ligne aérienne qui enjambe le Nord de Paris de son arche de fer. Pour cause de *black-out* général, les voitures sont, pendant le trajet, plongées dans l'obscurité et ne s'éclairent qu'à chaque station. Avant que la rame ne s'enfonce dans la nuit, Riton a eu le temps de distinguer le visage d'un jeune tankiste allemand qui se tient derrière lui. Beau et blond comme il se doit, avec cette assurance que donne la beauté à la force, il est vêtu, ainsi qu'il sied à sa dureté idéale et à sa souveraine indifférence, de drap funèbre et de cuir. En un coup d'œil au milieu de la cohue, Riton a reconnu un archange de la poésie égorgeuse, un nazi du premier sang digne de devenir son maître ès crimes : Erik. La suite est affaire d'interaction entre pulsions de mort et pulsions libidinales : « À peine le métro eut-il démarré que les secousses de la voiture plaquaient le ventre du Frisou (ainsi appelait-on les Allemands) contre les fesses de Riton. Le gosse ne pensa rien d'abord. Puis il fut étonné de sentir toujours collés à lui un poids et une chaleur. Afin de contrôler son impression, il essaya, comme pour se dégager, un mouvement des reins, mais qu'il voulut très léger pour ne pas décourager le soldat si son impression était juste. Le soldat s'appuyait plus fort ; il bandait [...]. Riton fit encore un léger mouvement des reins. Il ne pensait presque pas. Il se laissait aller dans un bonheur dont la torpeur bienveillante serait le fond. Le mâle, le soldat et l'Allemand le dominaient [...]. Il y eut une escale de lumière. C'était “Jaurès”. Des voyageurs descendirent. Par le fait d'un accord déjà noué, ni Riton ni le Fritz ne se dérangèrent, sauf que Riton sortit sa main droite de sa poche ; “J'vais la laisser pendre quand il fera noir, jusqu'à sa bite, en douce, j'verrai si c'est vrai.” La rame partit dans l'obscurité. Erik bandait toujours. De sa poche, sa main redressa sa bite par son slip serré contre sa jambe gauche [...]. Quand il tint sa verge horizontale – mais derrière la braguette boutonnée –, Erik décolla son ventre des fesses de Riton, et il la laissa aller aux mouvements de la voiture. Ainsi chaque cahot lui faisait donner un coup de bélier dans les miches du gars. Et chaque fois que le contact était rompu, Riton reconnaissait sa solitude. Renoué, c'était la paix avec le monde, le calme, la sécurité [...]. Le métro filait avec la sûreté et la vitesse d'une frise autour d'un temple grec. Riton laissa pendre sa main droite et, pour qu'elle frôlât la braguette du soldat, il fallait qu'elle se tournât un peu sur le côté, mais alors il ne recevrait plus le coup de bite qu'Erik s'appliquait, avec sa main dans la poche, à pointer de plus en plus exactement dans les fesses [...]. Un autre cahot et les cuisses de l'Allemand se collèrent aux siennes avec précision. "Ça doit mener une drôle de vie dans son froc en deuil et j'sais pas où qu'i descend ?" Il y eut de la lumière ; la voiture était presque vide et tous les visages regardaient ces deux soldats que la crainte empêchait qu'on hue, collés dos à ventre, pris dans l'aventure amoureuse, aussi impurs et sereins que des chiens sur une place[53]. »

Lorsqu'ils descendent à la station Parmentier, on ne sait plus trop qui, de Genet ou de sa créature, s'exprime par la bouche de Riton, tant se mêlent les fantasmes de l'un et de l'autre : « D'avoir été l'amant du bourreau et à ce propos avec un prince royal, avoir eu des démêlés intimes suffisait à sa gloire[54]. » Ce coït brutal et souterrain, s'il constituait une grande première dans l'histoire de la littérature française, n'était pas à proprement parler une nouveauté pour l'auteur. Ceux qui ont connu Genet à l'époque se souviennent combien, entre deux séjours en prison, il aimait à fréquenter le métro où il retrouvait, disait-il, la promiscuité et l'atmosphère des cellules[55]. Peut-être y a-t-il croisé Montherlant qui, de retour à Paris en 1942, semble lui aussi avoir exploré, de fond en comble, les nouvelles ressources du Métropolitain. S'agissant de l'auteur des *Garçons*, on devine aisément de quels « extraordinaires bonheurs » ces rames et leur cargaison ont pu déborder à l'heure de la presse. Dans le langage crypté dont il se sert avec Peyrefitte, une « Métro » désigne un garçon levé dans le sous-sol parisien. L'endroit est, d'après ce qu'ils rapportent, giboyeux à souhait. Peyrefitte est d'ailleurs si enthousiaste qu'il propose à son comparse de créer un ordre du Métro, destiné à décorer les « héros » qui, comme eux, y cueillent des plaisirs prohibés. Montherlant est d'autant plus disposé à y réfléchir qu'il en a déjà trouvé l'insigne. C'est le logo du métro : une barre perpendiculaire traversant un cercle. Aux yeux des initiés, la barre, « si lourde de sens », est censée figurer la raie des fesses. Histoire de montrer que les moyens de transport ne sont pas appelés ainsi pour rien. Au reste, n'avait-il pas déjà utilisé ce symbole comme signe typographique (signe de ralliement ?) dans certains de ses livres et singulièrement sur la couverture de la première édition des *Olympiques*[56] ? Ce qui tendrait à prouver que la chasse en sous-sol était pour lui une pratique ancienne à quoi l'Occupation n'avait fait que donner un nouvel essor.

À partir de l'automne 1943, avec les grands bombardements de la capitale, le voyage en métro se transforme en une plongée aux abysses dont il est impossible de connaître par avance la durée. Lors des alertes aériennes, les rames s'immobilisent, l'atmosphère y devient vite irrespirable, la tension extrême. Aussi vite qu'ils le peuvent, les employés de la TCRP disposent de petites échelles de fer, on descend alors du wagon pour gagner la prochaine station à pied où l'on attend patiemment que le métro se remette en marche, une fois l'alerte terminée. À circonstances exceptionnelles, comportements atypiques. Ces prolongations inattendues sont des moments privilégiés au cours desquels la peur, l'angoisse, le sentiment de partager une expérience hors normes autorisent tous les rapprochements et toutes les hardiesses : « Depuis Jussieu il vivait sous le coup d'œil : un poil, un cil, prolongé d'une fille. Il devait descendre à Opéra. À Palais-Royal, alerte. Arrêt. Le courant est coupé, pour n'être remis qu'une demi-heure après la fin de l'alerte. Une familiarité s'installe. Les plus transis s'y voient portés à la conversation. On autorise alors les voyageurs à poursuivre leur itinéraire sur le ballast entre les rails [...]. Les y voici ; que de choses on peut dire à une jeune fille inconnue avec laquelle on chemine dans l'ombre du ventre de Paris ! Que de choses on peut engager[57] ! »

Une cinquantaine de stations parmi les plus profondes ayant été aménagées en abris souterrains, on embarque aussi dans le métro pour des voyages résolument immobiles. Dans la nuit du 21 au 22 avril 1944, lors du bombardement de la gare de la Chapelle, les habitants du quartier se précipitent par centaines dans le sous-sol de la station Lamarck-Caulaincourt. À la fin de l'alerte, vers 2 heures du matin, les flirts un peu poussés se transforment en accouplements sauvages qui ne sont pas sans rappeler ceux du métro londonien pendant le *Blitz* de 1940. Éros exerce sa fonction rassurante et, comme souvent en pareilles circonstances, la petite mort permet de vérifier qu'on a échappé à la grande. Dans les jours qui suivent, les plus timorés, auxquels se joignent tous ceux et toutes celles que taraude le démon de l'aventure, reviennent coucher dans les stations de métro, ouvertes désormais chaque soir au public à partir de 22 h 30, qu'il y ait ou non alerte. On dort sur les quais, dans les couloirs de correspondance, une couverture, parfois un sac de couchage jetés à même le sol. En surface, à la tombée de la nuit, une foule se rassemble autour du métro Abbesses, l'un des abris réputés les plus sûrs de la capitale, et traîne jusqu'à l'heure du couvre-feu, moitié pour tromper l'angoisse, moitié pour profiter d'un climat chargé de nervosité et de ce fait propice aux rencontres.

La même atmosphère se retrouve autour des carrières abandonnées où trente abris ont été aménagés, comme celui des eaux de Passy qui peut accueillir jusqu'à huit cents personnes, et sur les Grands Boulevards, près des salles de cinéma réquisitionnées à titre de refuges. Attentif en toutes circonstances au confort de sa clientèle, Marcel Jamet, le taulier du 122, rue de Provence, a fait appel à l'architecte Léon Louvet pour construire le premier abri d'immeuble d'une capacité de cent vingt à cent quarante personnes, présenté comme étant à l'épreuve du feu, des bombardements et des gaz. La maquette en a été exposée avant-guerre dans le hall des automobiles Peugeot, au 65, avenue des Champs-Élysées, et a valu à son concepteur les félicitations du maréchal Pétain, du préfet Langeron et du ministre André Tardieu. Partout ailleurs, ce sont les caves qui font fonction d'abri. On s'y rend bon gré mal gré dans un concert de récriminations et de soupirs, parfois vêtu à la hâte lorsque l'alerte survient en pleine nuit. La descente à la cave est comme une machine à explorer le temps, une plongée vers les premiers âges, dans le froid de la grotte, par les méandres et les boyaux obscurs d'un pays souterrain aux ramifications innombrables.

Sur place, une nouvelle sociabilité s'improvise entre la bougie pleureuse et la lampe Pigeon. En effet, comme l'écrit Alfred Fabre-Luce, si l'on peut ignorer un voisin d'étage, on ne saurait froisser un voisin d'abri. L'entraide et la solidarité sont la loi du sous-sol, qu'on s'empressera d'oublier sitôt remonté à la surface. En attendant, les secousses et les déflagrations assourdies, qui se répercutent jusqu'au fond de ces ultimes redoutes, mettent à l'épreuve l'équilibre nerveux des deux sexes. Exacerbée par la stridence des sirènes et entretenue par l'angoissant silence qui suit leur dernier soupir, la rupture qu'introduit l'alerte ne fait pas que perturber le cours quotidien de l'existence, elle modifie les comportements, élève et abaisse à la fois le seuil de vigilance, entraîne une diminution du coefficient de réalité par le passage de la lumière à l'obscurité que matérialise la descente à la cave, offre aux pulsions qui n'ont pas leur place dans l'ordre matrimonial et dans l'espace privé une occasion de s'extérioriser. « *Que voulez-*

vous, on a les nerfs en pelote/ Dans les abris de Paris », proclame une chanson de Bataille et Van Parys pour expliquer le fait que tant d'amants « *discrètement s'y bécotent* ».

Dans ce royaume des ombres, la perception des êtres et des choses se trouve profondément altérée par de trompeuses apparences, comme dans le mythe platonicien de la Caverne. Promiscuité et panique aidant, les plus solides défenses, apparemment imprenables en surface, finissent par céder une fois sous terre. Alphonse Boudard se souvient d'en avoir fait l'expérience avec une vierge effarouchée, pur produit comme lui de la place d'Italie mais néanmoins réfractaire à ses travaux d'approche jusqu'à cette nuit où les sirènes, telles les trompettes de Jéricho, firent tomber la citadelle : « J'aurais voulu lui causer un peu à la cave. Quand je descendais au charbon, j'essayais de l'entraîner. Crainte de sa daronne, elle ne voulait pas me suivre. Elle me prêtait des intentions cochonnes. Il fallut qu'Hitler vienne me dépanner avec la Luftwaffe [...] pendant une alerte, j'ai pu enfin peloter un peu... glisser ma paluche libidineuse dans sa culotte Petit Bateau, lui toucher les poils, l'humide de la fente[58]. » Retranchés en petites communautés improvisées ou routinières, guettant la vibration des vagues d'avions et les sourds ébranlements des explosions, les occupants des caves ne sont pas forcément sujets aux mêmes émotions. Au cours de la nuit du 3 mars 1942, Montherlant est surpris dans la rue par la première attaque aérienne de la Royal Air Force sur les usines Renault de Billancourt. À la sortie du théâtre, la police l'a fait descendre dans une cave voisine en compagnie des autres spectateurs. Il y restera de 22 heures à minuit, trompant le temps par une conversation languide avec une « femme entretenue » accompagnée d'un très jeune et charmant garçon. « Durant une minute, cela a tapé assez dur, et il y eut de l'émotion. La bouche dans les cheveux parfumés de l'enfant, j'ai souhaité de mourir, pour que la mort m'arrêtât sur ce moment céleste. Oh visage ! visage ! Étoile de Paris[59]. »

Des moments d'extase, Claude-Michel Cluny, treize ans en 1943, se souvient lui aussi d'en avoir connu à la faveur des alertes diurnes. Quel écolier, quel élève n'a pas vécu ces instants-là comme une échappée providentielle brisant la monotonie des longues et fastidieuses heures de classe, comme un espace de liberté subversive où l'on pouvait enfin espérer se soustraire à la surveillance des adultes et à la férule des maîtres ? Il est vrai que le jeune Cluny avait une raison supplémentaire d'apprécier l'impromptu mouvementé des descentes dans les caves du bâtiment scolaire : « Les classes mélangées, je m'arrangeais pour guetter l'Aimé et me coller à lui le temps de cette nuit improvisée qui n'était pas la "nuit américaine" des studios de cinéma. La lumière des veilleuses, si elle n'était pas coupée par ordre, sautait une fois sur deux, alors les mains se lançaient dans l'immédiat et passionné braconnage de ce corps consentant. Mes progrès en amour étaient assez vifs [...] je fourrageais sous la ceinture en prenant sa bouche, ce qui était périlleux. La lumière pauvre et jaune ne revenait heureusement qu'en hésitant : alors mes mains repassaient les clôtures du désir, nous laissant en feu. Frontières de l'émoi, un rien de terrain gagné se reperdait jusqu'à la prochaine attaque [...]. Nous étions alliés contre la lumière qui nous séparait[60]. »

Alliés contre la lumière ? Y aurait-il donc eu, dans la « France des années noires », un parti de l'obscurité en marge ou en réaction contre le parti de l'obscurantisme ?

CHAPITRE 13

Maris en prison, femmes en pantalon

« Les jeunes filles ont pris l'habitude de déployer leur jupe autour de la selle, sans l'entraver, de sorte que le vent de la course gonfle des corolles vives, découvre les longues jambes que le hâle ou les lotions ont brunies. Jamais les filles n'ont été aussi nues que sous ces premiers soleils de 1940. Parfois, de la main, elles apaisent la robe envolée. Mais l'effort ne dure guère. Jamais, se répète Lucien, jamais elles ne seront aussi jolies. »

François Nourissier, *Allemande.*

« Dans ce printemps fragile, les femmes étaient toutes pimpantes, court vêtues et frétillantes. Comme elles formaient la majorité de la population, elles faisaient illusion. À cause d'elles, Paris semblait gai, insouciant – et même libre. C'est un mot inattendu. Mais je n'en trouve pas d'autre pour rendre le souvenir que j'ai gardé de ce moment. »

Maurice Bardèche, *Souvenirs.*

« Deux choses en ce moment édifient sur la bêtise des femmes : la façon dont elles se coiffent et les chapeaux qu'elles portent. »

Paul Léautaud, *Journal littéraire.*

25 août 1939. Marcelle Auclair est une femme comblée. Le dernicr numéro de *Marie-Claire*, l'hebdomadaire qu'elle dirige depuis mars 1937 pour le compte de Jean Prouvost, a été une fois de plus tiré à plus de 800 000 exemplaires. En couverture, comme

chaque semaine, un visage de femme belle, jeune, souriante – le *keep smiling* fait partie du code –, cils allongés, pommettes hautes, lèvres « Rouge baiser ». On ne découvrira sa silhouette qu'en pages intérieures. Ce qui compte, c'est le maquillage. La révolution esthétique en marche est avant tout affaire de cosmétologie. À la fin des années trente, le maquillage n'est plus, en effet, réservé à une élite ou aux professionnelles de la scène et de l'écran. Il est en passe de devenir quelque chose comme un art de vivre, une marque de féminité épanouie, un atout majeur dans le jeu de la séduction. « Les Parisiennes, se souvient l'écrivain Dominique Desanti, se maquillaient de manière ostentatoire. Au restaurant, dans les dîners en ville, dans les trains, en voiture, elles sortaient leur poudrier à houppette de cygne, se "repoudraient le nez" et se rougissaient les lèvres. C'étaient des gestes nouveaux et très "féminins", comme de montrer ses jambes en bas de soie à couture et à baguette brodée ou dentelée[1]. »

À l'aube d'une civilisation aphrodisiaque, la beauté cesse d'être une grâce pour devenir un objectif. Et pourquoi pas, demain, un droit ? C'est ce que *Marie-Claire*, misant sur le narcissisme de ses lectrices, alouettes hypnotisées par les miroirs, s'est donné pour mission de faire comprendre à longueur d'articles et photos à l'appui. Pour qui veut convaincre, l'usage de la deuxième personne du pluriel et le recours au style direct ne sont pas à négliger. « Vous êtes jolie, le saviez-vous ? » Ainsi la sténodactylo, la demoiselle des postes, la vendeuse et la guichetière sont-elles interpellées par leur magazine favori sur ce ton de fausse intimité qui crée les vraies implications. Or qui dit implication dit comportement mimétique et en fin de compte acte d'achat. L'industrie des cosmétiques est en plein essor, la presse féminine aussi qui en recueille déjà de substantielles retombées sous forme de réclames. Par la magie des mots et des images, les cervelles sont farcies de tous les désirs utiles au commerce. À n'en pas douter, un âge d'or se profile, un jardin des Hespérides où croquer la pomme ne sera plus un péché, ainsi que le proclame, sur un ton allègre, la réclame radiophonique diffusée cet été-là : « *Elles lisent Marie-Claire/ Avec passion avec ferveur/ Le journal le plus sincère/ Et le plus tenta-ta/ Et le plus tentateur.* » Seule ombre au tableau : la guerre, qu'on pressent imminente, va-t-elle compromettre l'épanouissement de la « femme moderne » ?

De la guerre à la mode à la mode de guerre

Septembre 1940 : délaissant ses locaux de la rue d'Aboukir, la rédaction de *Marie-Claire* s'est repliée à Lyon, en zone libre. En couverture, les visages des modèles n'ont rien perdu de leur éclat mais se font plus pensifs, comme habités par une soudaine gravité intérieure. Le parti pris d'optimisme a laissé place à un prêchi-prêcha moralisateur. La mode, la beauté, l'hygiène gardent leur place mais ne sont plus assujettis à la recherche d'un bonheur égoïste ou d'un épanouissement narcissique. Désormais, l'accent est mis sur la personnalité, le charme irrésistible mais combien plus attachant des « beautés intérieures », celles qu'on peut construire sans le recours à des artifices et dont la subjectivité autorise une distribution, sinon plus égalitaire, du moins plus compatible avec les impératifs de l'heure. Lors du premier conflit mondial, le contrôle des mœurs avait déjà cherché à s'étendre à la parure des femmes et aux modalités de séduction. Avec un insuccès si notoire que les contemporains furent unanimes à pointer un premier « krach de la pudeur » à travers les extravagances de la mode féminine. Vichy, dans ce domaine, n'innove pas, qui entend inscrire le respect des codes vestimentaires traditionnels dans son entreprise de régénération collective. Ce qui est nouveau, en revanche, c'est la lecture idéologique qui est donnée du phénomène de la mode, bien au-delà des considérations morales et des récriminations ordinaires de la pudibonderie. La façon de s'habiller en temps de guerre, *a fortiori* après une défaite aussi traumatisante pour la communauté nationale, ne saurait être considérée comme un choix anodin n'exprimant que la seule diversité des goûts personnels.

Parce qu'il est, selon le mot d'Anatole France, un « encouragement à la luxure », le vêtement féminin ne marque pas seulement une identité sociale ; il est d'autant plus associé à un comportement sexuel que les modes successives n'ont cessé d'en pervertir l'usage jusqu'à en faire ce message codé auquel s'attachent les pulsions sans cesse en quête de nouveaux supports. Pour un régime qui répète *ad nauseam* que le « relâchement des mœurs » est le premier fauteur de la défaite, ne serait-ce que pour mieux en disculper l'armée, on comprend qu'il s'agit là d'un enjeu capital. On ne s'étonnera donc pas qu'un magazine comme *Marie-Claire* ait été immédiatement rangé parmi les entités maléfiques, responsables si ce n'est de l'effondrement national, du moins de la crise morale qui en a constitué le levier. Au même titre que les films américains qui, simultanément, avaient conquis le public féminin d'avant-guerre. Aux uns et aux autres, il est fait grief d'avoir contribué à diffuser un stéréotype négatif de la féminité, celle de la « coquette égoïste » déclinée sous deux versions qui ne s'opposaient que dans l'apparence : la star et la garçonne. Si bien que les femmes qui voulaient suivre la mode se trouvaient devant un dilemme. Ou bien être une « star à polycopie » adoptant la mode clinquante et le maquillage outrancier des vedettes de cinéma. Ou bien « singer l'homme », fumer la cigarette, porter les cheveux courts et des robes sans taille.

De ces deux pôles négatifs de la mode d'avant-guerre, le philosophe catholique Gustave Thibon, promu théoricien du nouveau régime, fait l'aboutissement d'une évolution sociale visant à promouvoir chez les femmes des « comportements dégradés » en rupture avec leurs « fonctions naturelles » au moyen d'images altérées ou perverties de l'« éternel féminin ». Dans cette optique, la névrose de la séduction et le démarquage du sexe masculin font figure d'abjurations symétriques de la « vraie féminité » : « Elles ont reçu à l'école un vernis de pseudoculture, elles ont lu *Marie-Claire* et les romans de Delly ou, pire encore, elles ont vu les stars sur l'écran, elles portent des bas de soie et des indéfrisables. » Dès lors, une tâche s'impose : libérer la femme de la tyrannie de la séduction pour lui restituer l'élégance de sa « vraie nature ».

Dans le sillage de la Révolution nationale, les magazines, les couturiers, les visagistes s'attellent à un véritable travail de remodelage de l'esthétique féminine en réaction contre l'artificialité d'avant-guerre. Non par adhésion aux principes de l'ordre nouveau, ils ne frayent pas avec la Ligue pour le relèvement de la moralité publique ni avec la Ligue féminine d'action catholique dont les appels à la pudeur et à la décence relèvent d'un registre qui leur est étranger. Mais plus simplement parce que l'art des créateurs de mode consiste à capter et à interpréter l'air du temps, parce que le changement est somme toute la raison d'être de leur activité et que « l'esprit Vichy » fait partie de l'air du temps. Ils s'y emploient d'autant plus volontiers qu'ils y voient une revanche sur la production cinématographique américaine qui les a en partie supplantés dans la capacité d'essaimer des idées, des styles, des tendances et dans la fonction qui était jusque-là la leur de faire descendre la mode dans la rue. Aux Françaises qui, grâce aux rinçages colorés, avaient appris à copier la blondeur platinium de Jean Harlow, à s'allonger les cils comme Greta Garbo, à s'étirer les lèvres auprès de Joan Crawford ou de Gloria Swanson, il était temps d'expliquer à quel point elles avaient erré en injuriant le bon goût, en cédant à des influences exotiques, fondamentalement étrangères à l'esprit français. Avec la même alacrité qu'elles avaient mise à célébrer les idoles peintes et épilées de l'avant-guerre, les rédactrices de *Marie-Claire* s'empressent de mettre à bas les anciennes icônes aux « cils comme des griffes », aux cheveux arborant des « couleurs extravagantes », à ces visages dont le « tracé charmant » des lèvres disparaissait derrière « une lippe à la confiture[2] ».

Arbitre des nouvelles élégances, Lucien François est sans conteste le plus politique des rédacteurs de mode. Directeur du mensuel de luxe *Votre Beauté* qui lui vaut une grande influence dans les studios de couture, il est, en outre, l'auteur d'opuscules édifiants comme *Image de la femme et de la Révolution nationale* et *Cent conseils d'élégance*. Redoutable polygraphe, il donne à la presse quotidienne d'innombrables articles où il théorise un « retour au naturel » qui, partant des restrictions sur les tissus et les cosmétiques, entend faire de nécessité vertu. Sous sa plume acérée, les femmes outrageusement maquillées de l'avant-guerre ne sont plus que de pitoyables repoussoirs, de tristes épouvantails qui ne peuvent que faire fuir les hommes dignes de ce nom. Le mot d'ordre est lancé dès l'automne 1940 : « Soyez simples, soyez vraies. » Plus question de ces fards outranciers dont s'accommodait une « période désaxée », encore moins de se « barioler le visage comme celui d'une divinité nègre ou de polir ses ongles comme l'ivoire d'une statue », la nouvelle ligne est celle des « femmes fraîches » au maquillage délicat se bornant à idéaliser le réel[3]. « Les temps sont révolus où la femme ne pouvait être qu'une poupée maquillée, écrit en juin 1941 *La Mode du jour*. La débâcle est venue, entraînant la souffrance, et la souffrance nous a appris à nous connaître. » De *Pour elle*, créé en 1940, à *La Femme chic* en passant naturellement par le très conservateur *Petit Écho de la mode*, aucun des « vrais serviteurs de la beauté féminine » ne manque à l'appel de la croisade contre la sophistication.

Pas plus qu'ils ne font défaut lorsqu'il s'agit de brandir cet autre épouvantail qu'est la mode garçonne, la ligne androgyne des années vingt, popularisée par les films hollywoodiens à travers des actrices comme Louise Brooks et Clara Bow, puis stylisée par les grands couturiers comme Paul Poiret, Coco Chanel, Madeleine Vionnet. Casque de cheveux courts, robe fluide estompant les formes et souliers plats avaient imposé une nouvelle image de la femme, symbole d'indépendance et d'émancipation, mais aussi modèle social en résonance avec l'énorme succès du livre de Victor Margueritte, *La Garçonne* (1922), dont l'héroïne usait de sa sexualité aussi librement qu'un garçon[4]. Au grand dam des autorités morales qui redoutaient, non sans raison, que l'archétype romanesque ne contaminât le vivant. Avec la débâcle du printemps 1940, la question de la masculinisation des femmes revêt une tout autre acuité. Défaite et humiliée sur les champs de bataille, quotidiennement défiée par la présence de l'armée d'occupation sur le sol national, comment la virilité des hommes ne se sentirait-elle pas de surcroît amoindrie devant la caricature que leur infligent l'indifférenciation des sexes, la transgression quotidienne du dimorphisme sexuel dans la mode féminine ?

Se posant en restaurateur de la féminité, Vichy ne peut s'accommoder ni des allures de garçon manqué ni de la tendance à l'androgynie qui imprégnaient l'avant-guerre, et pas davantage de la mode des épaules hautes et des tailleurs stricts copiant les vestons masculins si répandue à la fin des années trente. « À saison nouvelle, jeune fille nouvelle », proclame Lucien François, au seuil du printemps 1941 qu'il salue comme l'aurore d'un nouveau type féminin « sain, sans tares physiques, capable de résistance comme d'efforts ». Bref, une « beauté morale [qui] allie tout à la fois santé et naturel mais ne manque pas de grâce[5] ». Jean Borotra, le commissaire aux sports, ne dit pas autre chose quand il réclame des « jeunes filles d'une beauté robuste et d'un caractère bien trempé ». Des jeunes filles qui prépareront des « femmes fortes mais gracieuses ». Rendre aux femmes leur naturel sans leur refuser une légitime mise en valeur, promouvoir une « renaissance physique » sans toutefois chercher à copier la plastique masculine, mettre l'accent sur le développement harmonieux des corps plutôt que sur l'apprêt esthétique : le nouvel idéal féminin se veut le reflet d'une société régénérée qui accorde plus de considération à la femme en tant que personne que comme objet du désir masculin. Il doit beaucoup à l'influence des militants de l'Action catholique qu'on retrouve dans tous les rouages et souvent aux postes clés de l'État français.

Dans sa version laïque, l'esthétique vichyste force le trait et se réclame d'une forme de modernité qui, comme souvent, flirte avec l'archaïsme. Elle valorise les canons de la statuaire antique à travers les corps des jeunes sportives que la presse, les affiches de propagande, les documentaires cinématographiques répandent à profusion auprès du public. Elle célèbre le retour au stéréotype d'une féminité aux formes généreuses, celle des femmes chères à Aristide Maillol dont la sculpture est alors remise à l'honneur par toute une série de manifestations. Nul hasard dans cette consécration officielle : le classicisme du créateur des *Trois nymphes* et le discours de Vichy sur la « féminité retrouvée » sont en parfaite osmose. Ces femmes rondes et pleines qui inspirent des artistes comme Yencesse, Auriscote ou Cornet n'ont-elles pas la grâce épanouie des divinités de l'enracinement terrien, la vigueur majestueuse des déesses de la fécondité ? En avril 1943, Lucien François, plus incontournable et plus intarissable que jamais, pourra se féliciter que les femmes aient abandonné ces « carrures de débardeuses » qui les faisaient ressembler à des « bergers d'Arcadie » pour adopter une silhouette aux formes « saines et solides » mais sans excès provocants. En thuriféraire des « vraies femmes », s'abusant quelque peu sur l'influence du discours vichyste, il note : « Il me semble caractéristique qu'à l'élévation de la courbe de natalité corresponde une baisse des épaules[6]. » Il en dévoile du même coup le projet : promouvoir, à travers la « Vénus retrouvée », une conception de la féminité essentiellement liée à la fécondité.

Déterminisme textile

Ce qui est sûr, en tout cas, c'est que l'État intervient durablement, non pas sur la mode mais dans la répartition des matières premières et, finalement, dans l'attribution des vêtements aux particuliers. Dès la fin de l'année 1940, l'industrie manque de tout. De la laine ? En application des conventions d'armistice, la France doit livrer l'essentiel de sa production à l'Allemagne. Du cuir ? Le plan Grumberg, équivalent du plan Kehrl pour le textile, vampirise le marché français. Du coton, de la soie ? Les importations en ont été stoppées. Ce qui reste, ainsi que les matières rares et précieuses, est raflé par les bureaux d'achats allemands ou par des intermédiaires qui bâtissent des fortunes colossales en s'employant à satisfaire les exigences incessantes de l'occupant. Dans ce contexte, Vichy n'a plus qu'à se faire le gestionnaire de la pénurie : des bons d'achat pour les vêtements sont institués en février 1941, puis une carte munie de tickets, juste après la loi du 3 juillet 1941 créant les « bons de chaussures ». Dérogeant au principe égalitaire censé régir les lois de rationnement, la haute couture bénéficie d'un traitement de faveur que lui vaut son statut d'industrie nationale, habilement défendu auprès des bureaux de l'État français. La volonté allemande de s'en prendre à l'hégémonie commerciale et culturelle de la mode parisienne vient opportunément lui prêter main-forte pour plaider sa cause et se hausser du col. L'enjeu économique se double dès lors d'un enjeu patriotique, certes modeste, mais conforme au paradigme du nouveau régime replié sur un pré carré à la surface notoirement corrigée par un lyrisme compensatoire.

Agité par le très actif et très persuasif Lucien Lelong, président du comité du vêtement, le pavillon du « prestige national » sert à négocier exemptions et passe-droits, privilèges et prébendes. Ainsi est instauré un titre d'achat spécial, la « carte couture », au profit de la clientèle des grandes maisons, sans laquelle, explique-t-on, les ateliers parisiens n'auraient plus qu'à fermer boutique et à débaucher leur personnel. Environ vingt mille cartes sont délivrées qui confèrent à l'« armée des élégantes » toute latitude pour le rester au milieu de la pénurie générale. Égotisme et narcissisme se voient disculpés au nom de l'ingénierie sociale. Aux femmes qui en ont les moyens, il est prescrit de renouer avec leur fonction qui est d'être vêtues avec élégance et de maintenir ainsi, envers et contre tout, l'un des symboles de l'excellence française. Cette minorité va traverser l'Occupation avec un minimum de tracas et un maximum de désinvolture. Puisque « faire comme si » est une vertu civique, pourquoi aurait-elle mauvaise conscience ? La comédienne Jacqueline Delubac le confesse sans détour : « Quand je suis rentrée à Paris, en septembre, j'étais prête à abandonner toute coquetterie et à revêtir mes costumes les plus tristes, voire les plus modestes. Mais il était impossible que Paris ne continue pas l'élégance, que la vie ne reprenne pas ses droits[7]. »

Est-ce parce qu'il en est l'un des acteurs les plus en vue et les plus courtisés que la vie mondaine de ces années-là ressemble aux génériques des films de Sacha Guitry ? Toujours est-il que tout, absolument tout – des galas de charité aux pesages des hippodromes sans oublier le très chic dernier métro, le métro de stars dont Jean Marais disait qu'il était « merveilleux » – est prétexte à d'extravagantes exhibitions pour les ravissants portemanteaux qui viennent y faire des révérences. Les Français sont priés d'user leurs vieux vêtements jusqu'à la corde, mais quiconque lit la presse ou regarde les actualités cinématographiques ne peut ignorer que Corinne Luchaire est habillée à la ville comme à la scène par Marcel Rochas, Jeanne Boitel par Molyneux, Madeleine Sologne par Maggy Rouff et que Danielle Darrieux change de toilettes trois fois par jour. Sont-ils au moins sensibles, ces Français, aux assauts d'élégance des femmes qui se posent en ambassadrices du chic parisien et qui, par procuration, s'offrent à les représenter en même temps qu'à préserver une parcelle du génie national ? Y trouvent-ils matière à rêver et à échapper aux lancinantes tracasseries du quotidien ? L'occupant, en tout cas, est subjugué et ne se fait guère prier pour prendre part au festin qu'on lui propose. Arno Breker apprécie, en vieil habitué du Paris d'avant-guerre : « Maxim's pendant ce temps était chaque soir une fête pour les yeux, telle que je n'en vis jamais avant ou après l'Occupation. Images fragiles comme un souffle aux ondoiements de dentelle, les formes et les touches nuancées évoquaient Monet ou Renoir. La fantaisie, l'extravagance étaient si frappantes que seul un destin éphémère échut à leurs ambassadrices choyées[8]. »

Si cette débauche d'un luxe fantasque, ce déploiement et ce chatoiement de parures dans lesquels Breker veut voir un « exemple de régénération incompréhensible », propre au tempérament français, sont l'apanage de quelques milliers de privilégiées, la mode de la rue n'a, en revanche, rien à leur envier en matière de fantaisie et d'extravagance. La haute couture peut bien fournir à la Révolution nationale le contingent de « vraies femmes » qu'elle réclame, rétablir une stricte différenciation sexuelle, elle n'a plus le monopole de la création ni le pouvoir d'imposer une mode. En période de restrictions, l'envie de plaire et de se distinguer malgré tout est une petite main qui, dans l'improvisation, s'ajuste aux contingences et crée son propre style ; un style où l'imagination, le système D et la débrouillardise suppléent ce qui fait défaut ou ne se trouve plus qu'en quantité insuffisante, c'est-à-dire à peu près tout.

Par la force des choses, la mode de guerre s'affranchit des anciens codes vestimentaires, cette révolution tranquille est une révolution spontanée qui, non contente d'ignorer le courant traditionnel de la haute couture, impose ses tendances et véhicule une nouvelle identité féminine. Devenues leurs propres stylistes, les Françaises livrent alors d'elles-mêmes plus et mieux qu'aucun traité de sociologie ou de psychanalyse n'aurait su le faire à leur place. Traditionnellement, les périodes de conflits et de désordre politique s'accompagnaient d'excentricités vestimentaires. Jamais cependant autant de tabous et d'inhibitions n'auront été levés en si peu de temps. Jamais la fonction érotique du vêtement féminin, stimulus sexuel, nid à fantasmes où viennent se fixer les pulsions et les désirs des hommes, n'aura mobilisé autant d'imagination dans une aussi grande pénurie de moyens et de matières. Loin de la ligne assagie, modérée que semblait devoir imposer le contingentement, indifférentes aux discours moralisateurs qui leur conseillent d'éviter tout effet tapageur, réfractaires aux rappels à la décence qui leur enjoignent de participer à leur manière au deuil national, nombreuses sont les femmes qui, durant la période, vont choisir de se rendre plus visibles et partant plus désirables.

La révolution des pantalonnées

Le 22 juin 1940, le jour même où les Français apprennent la signature de l'armistice, le préfet de Gironde a une perception très personnelle des mesures urgentes qu'il convient de prendre dans son département. Alors que la région est envahie par des milliers de réfugiés auxquels la nourriture, le gîte et les soins font défaut, le décret qu'il signe ce jour-là prohibe, sous peine d'amende, la circulation en costumes de bain en dehors des plages où une « tenue décente » est par ailleurs exigée. Nul doute que l'initiative du préfet serait apparue dérisoire, s'ils en avaient eu connaissance, aux malheureux repliés pétrifiés par le chaos. Elle n'en traduisait pas moins l'angoisse d'un comportement social, d'un rapport à la guerre qu'attisait au même moment, dans les stations balnéaires, le spectacle de garçons et de filles insouciants et dénudés, pour qui la débâcle restait, selon toute apparence, une notion abstraite, vide de sens, impropre en tout cas à modifier le cours de leur existence personnelle. Quiconque avait vécu le précédent conflit ne pouvait, en effet, se méprendre sur la signification profonde des comportements vestimentaires et sur ce qu'elle révélait de la volonté des individus de participer, ou non, à l'épreuve collective.

En cet été 1940 écrasé par un soleil de plomb, c'est le short féminin qui est dans le collimateur des vigiles de l'ordre sexuel. À dire vrai, il n'a pas cessé de l'être depuis que le couturier Jean

Patou en a lancé la mode en 1930. En toile, en soie, en lin, selon les moyens de celle qui le porte, le short participe d'un mouvement de dénudation et de désacralisation du corps féminin dont l'avènement des jupes courtes et le développement des bains de mer ont donné le signal au début des années vingt. Les congés payés institués par le Front populaire en ont fait un phénomène de masse dans l'immédiat avant-guerre. Porté avec un maillot à manches courtes pour les hommes, avec un corsage ou un simple foulard qui enserre la poitrine pour les femmes, le short est, dès lors, synonyme d'une vie libre au grand air, affranchie des convenances et des inhibitions citadines. Au grand scandale des ruraux dont la pudeur ancestrale ne s'accommode guère des exhibitions des Parisiens qui, à peine débarqués sur leurs terres, n'hésitent pas à se « mettre à l'aise » et à exposer leur peau au soleil.

Ce qui est en cause à partir de l'été 1940, c'est tout autant l'« immodestie » de la tenue que le symbole d'une société de loisirs – de paresse, dit la droite réactionnaire – à quoi l'on attribue une responsabilité éminente dans le processus qui a conduit à la défaite. Interdit par arrêté municipal à Nice, Antibes, Juan-les-Pins, Menton, Cannes, le short l'est également sur la côte basque, à Biarritz et Bayonne, où les gendarmes sont priés de verbaliser les personnes des deux sexes qui s'aventureraient à circuler en ville en pareille tenue, sauf s'ils sont à bicyclette. Le choc consécutif à la défaite relègue l'affaire au rang d'une anodine brimade. De même que passe à peu près inaperçue la directive VA 16 prise en novembre 1940 par le directeur du comité général d'organisation de l'habillement, laquelle vise à interdire la fabrication de certains articles estivaux (notamment « les shorts à pont ou à braguette, de tous tissus et de tous coloris, y compris blanc et écru » et « les pantalons de plage à pont, à pattes d'éléphant et mexicaines »), non, cette fois, au nom de la moralité publique dont la surveillance n'entre pas dans les attributions de cet éminent fonctionnaire, mais au motif qu'il s'agit de libérer des tissus indispensables à la confection des vêtements à caractère plus utilitaire.

L'été 1941 relance la polémique, mais dans un climat déjà différent. Entre dérision et sarcasmes. Alertée par son sens olfactif, la gauche collaborationniste s'indigne d'un « vent qui sent la soutane », les humeurs rances des « extra-plates institutrices libres » qu'on soupçonne d'être tout aussi actives dans leur croisade contre le short que contre le maillot deux pièces. Trempée dans l'encre brune, la dialectique du normalien Déat fait merveille à la une de *L'Œuvre* : pourquoi interdire le port du short sur la Côte d'Azur alors que la culotte courte a été adoptée par l'armée d'armistice et les mouvements de jeunesse créés par Vichy ? Un dessin de Canivet démonte avec cruauté la logique absurde de ce coup de force pudibond. On y voit un gendarme en train de dresser procès-verbal à une midinette court vêtue. Le gendarme : « Vous ne savez pas que le short est interdit ? » La fille : « Alors, je l'ôte ? » De son côté, le critique et futur dramaturge Jacques Audiberti, abonné perpétuel à l'irrespect, manie l'insinuation perfide dans les colonnes d'*Aujourd'hui* : « Le court caleçon des promeneuses déliées, des campeuses, des tenniseuses implique assurément une volonté mutine, un risque conquérant. Mais il simplifie la silhouette. Il la condense. Il en démontre parfois l'humilité variqueuse. Mettons qu'on le traque comme le signe d'une turpitude générale désavouée. Nous croirions, sinon, que ces pourfendeurs sont de grands voluptueux[9]. » C'est dans cette dernière catégorie que se range délibérément François Sentein. Même s'il n'est pas le mieux placé pour en juger, il condamne le port du short en évoquant des raisons qui n'ont rien à voir avec la morale, mais condensent un point de vue très masculin bien plus répandu qu'il n'est exprimé en public : « Oui, on devrait interdire le short, mais parce qu'il n'est pas assez court. Tel qu'elles le portent, à mi-cuisse, évasé, il épaissit le cul, tasse la jambe, il dégoûte ; mieux vaut la jupe, surtout la jupe plissée de ces derniers étés. Leur short, c'est une cotte mal taillée par l'aumônier d'un camp de jeunes filles catholiques[10]. »

Entre-temps, le premier hiver de guerre a vu se déchaîner des passions autrement ravageuses à propos, cette fois, du pantalon féminin. Tout un univers symbolique est en cause : la représentation traditionnelle de la féminité, la répartition sexuée des rôles, le modèle social de soumission à l'ordre masculin, en même temps que l'affirmation d'une sexualité féminine autonome. La question est si sensible qu'elle ne relève pas de l'usage mais bel et bien de la loi qui, depuis le sénatus-consulte du 16 brumaire an IX, fait interdiction aux femmes de porter un costume masculin. Celles qui voulaient apparaître publiquement en pantalon, généralement à l'occasion d'un bal ou d'une quelconque représentation, devaient en faire la demande auprès de la préfecture de police et requérir à cet effet une autorisation spéciale, limitée dans le temps. Maintes pétitions réclamant l'abolition de ce texte s'étaient heurtées, un siècle durant, à l'intransigeance des législateurs. Il faudra attendre la guerre de 1914-1918 pour que le port de la culotte soit concédé à certaines « munitionnettes », ces ouvrières embauchées pour pallier le manque de main-d'œuvre masculine dans les usines d'armement. Bien que cantonnée aux heures d'atelier, cette modeste tolérance, concomitante avec la vogue des costumes d'inspiration militaire qui virilise la silhouette des élégantes, est néanmoins perçue dans les milieux conservateurs comme un signe de masculinisation des femmes, voire d'une inversion des rôles que la guerre semble par ailleurs avoir favorisée.

Au début des années trente, Gabrielle Chanel invente la mode unisexe, reflet d'une libéralisation des mœurs dont les classes fortunées ont été les premières à donner l'exemple. Elle emprunte au vestiaire masculin certains accessoires comme le pantalon et le béret. Une clientèle de femmes excentriques ou sportives s'en entiche, mais leur audace ne dérange guère, limitée qu'elle est au périmètre restreint des mondanités. En s'emparant de cet attribut jusque-là constitutif de l'identité masculine, les vedettes de l'écran ne contribuent en rien à lui faire perdre son caractère sulfureux. Au contraire, elles accréditent l'idée que la liberté d'allure va de pair avec une certaine liberté de mœurs. Figure emblématique de la garce dans le cinéma français des années trente, Ginette Leclerc, dont la vie amoureuse fait déjà beaucoup jaser, est l'une des premières à oser cette transgression vestimentaire. Mal lui en prend. Pour s'être promenée en pantalon dans la ville, on lui fait savoir que sa présence n'est pas souhaitée au cours du gala, organisé à Rome à la fin 1936, en l'honneur du film *L'Homme de nulle part*, où éclate pourtant son jeune talent[11].

Beaucoup plus grave pour l'ordre des choses est l'impact des films où Marlène Dietrich apparaît, à la même époque, vêtue de costumes masculins conçus et dessinés par Travis Banton, l'habilleur des stars de la Paramount. Sur les écrans, l'ambiguïté est son premier emploi et, à la ville, sa seconde nature. À sa manière, moins provocante qu'insinuante, elle prolonge le grand frisson androgyne de la mode « garçonne » des années vingt sans rien abdiquer pour autant de sa plastique naturelle. Le pantalon en satin cloqué bleu, orné de boutons en forme de perroquet, que crée pour elle Schiaparelli en 1938 est encore trop sophistiqué pour faire de nombreux adeptes. Il en va tout autrement du pantalon en toile qu'elle arbore sur les plages de la Côte d'Azur où elle séjourne au cours de l'été 1939. La mode s'en répand aussitôt, essentiellement chez les jeunes femmes et les jeunes filles de la bourgeoisie, non sans provoquer au passage un premier conflit intergénérationnel dont le *Journal à quatre mains* de Benoîte et Flora Groult, entre autres, a gardé la trace : « Quand nous sommes montées nous coucher, grand-mère nous signale qu'elle désapprouve le port des pantalons pour les jeunes filles "quand tout va si mal". Nous irons le cul nu, la digue, la digue […]. Ça remontera le moral de nos soldats[12]. »

Pour s'affranchir de ses origines de classe et descendre vraiment dans la rue, il ne manque au pantalon que cette adéquation entre le paraître et le bien-être, l'esthétique et le pratique qui donne un tour irrésistible à une mode. Successivement, deux alliés inattendus viennent la lui apporter. Ce sont, par ordre d'entrée en scène, le vélo et le froid. En supplantant momentanément l'automobile pour cause de rationnement d'essence, la bicyclette pose aux femmes un épineux problème. Quelle tenue revêtir pour évoluer avec aisance sur des engins qui ne sont plus simplement des instruments de loisir mais s'imposent comme un moyen de locomotion quotidien ? Le chapeau et la jupe classique, qui n'offrent que peu de résistance aux caprices du vent, comptent parmi les premières victimes de cette deuxième révolution vélocipédique. Étrennée au début du siècle par les belles cyclistes du bois de Boulogne, la jupe-culotte fait une percée décisive au cours de l'automne 1941. Son principal atout est d'apparaître comme un compromis entre les nécessités de l'heure et l'idée qu'on se fait alors de la féminité. Pratique, seyante, taillée dans du tweed ou du lainage, elle rallie tous les suffrages, des plus modernistes aux plus conservateurs. Ce consensus n'échappe pas à Alfred Fabre-Luce, toujours à l'affût des agréments d'une période qui n'en est guère prodigue : « L'élégance de Paris se révèle beaucoup mieux en ces temps spartiates, la jupe-culotte, qui est un effet de la pénurie d'essence et de charbon, est prestigieuse. »

Si prestigieuse au demeurant que les grandes maisons de couture n'hésitent pas à en faire la vedette de leurs collections de l'automne 1941. Le 23 juillet de cette année-là est une sorte d'apothéose lorsque, à l'occasion de la journée de l'élégance à bicyclette organisée par le journal *Paris-Midi* dans le cadre presque bucolique du pavillon d'Armenonville, le mannequin Moussia se voit attribuer le prix de l'« élégance pratique » pour un ensemble composé d'une jupe-culotte en crêpe de Chine blanc et noir et d'un chemisier assorti ; le prix de l'« élégance parisienne » récompensant Lucien Lelong pour une composition discrètement patriotique qui joue de l'assemblage d'une jupe-culotte rouge portée avec une jupe plissée écossaise bleu et blanc et une blouse blanche. Inspirés par l'ingéniosité de ce dernier modèle, les créateurs vont s'efforcer d'adapter la jupe-culotte à toutes les obligations des citadines, leur but étant de faciliter la transition entre l'activité sportive et la vie sociale ou mondaine de celles qui la portent. Pour ce faire, ils rivalisent d'imagination : Madeleine de Rauch en dissimule l'entrejambe dans des plis serrés, tout comme Balenciaga qui s'en tire avec un modèle froncé sous la taille, Jane Regny la cache sous une jupe boutonnée du haut en bas, tandis que Worth ménage sur le devant une fermeture éclair insoupçonnable.

En réalité, le zèle des couturiers à promouvoir cette nouvelle mode s'explique en partie par la volonté de proposer une alternative au pantalon féminin que la plupart considèrent comme un outrage à l'esthétique et se refusent à présenter dans leurs collections, invoquant, telle Marcelle Dormoy, leur « souci de l'élégance de la forme française ». Nul ne peut plus ignorer, cependant, qu'il s'agit là d'un combat d'arrière-garde car, entre-temps, l'hiver particulièrement rigoureux de 1940-1941 a eu raison des préjugés et des réticences. Tout, en effet, au cours de cet hiver-là, aura été bon pour se défendre contre les grands froids : vêtements superposés, gilets en double ou triple épaisseur, canadiennes, pelisses, capuchons, bas de laine, et naturellement pantalons ; pantalons de ski ou d'équitation, mais aussi pantalons masculins retaillés et recoupés sans trop de souci de l'élégance ni du raffinement. Obéissant à un réflexe de simplicité et de débrouillardise, Pénélope 1940 puise dans le vestiaire du mari prisonnier et confisque pour son usage les pantalons de l'absent. Cherche-t-elle inconsciemment à exprimer de la sorte ce nouveau rôle de chef de famille qui lui échoit avec la captivité de l'époux dont l'éloignement apparaît désormais comme durable ? Autour de ce geste anodin, les interprétations relevant de la psycho-histoire ont fait florès, s'accordant à lui conférer rétrospectivement une portée symbolique. La réalité est parfois plus simple. Une intellectuelle comme Simone de Beauvoir, aussi prompte à resituer les comportements dans des perspectives psychologiques et sociales, même si elle n'a pas encore inventé le « deuxième sexe », opte pour le pantalon par commodité, pour ne pas, dit-elle, se « compliquer inutilement l'existence ». Une actrice en vogue comme Arletty, à la bisexualité non moins affirmée, le récuse au nom de l'élégance : « Les femmes qui ont les moyens de s'offrir des bottes et des manteaux sont impardonnables. Elles n'épatent personne et ce manque de dignité est simplement preuve de leur mauvais goût[13]. »

Pourquoi donc, dans ces conditions, le cabinet civil de Pétain consacre-t-il d'interminables discussions au problème de l'interdiction du pantalon pour les femmes ? Pourquoi tant d'émotion au sein du clergé catholique et ce mandement de l'évêque de Grenoble intimant aux prêtres de son diocèse l'ordre de refuser la communion aux femmes qui se présenteraient en pantalons de ski ? Pourquoi une telle crispation face à une mode qui semble avant tout dictée par le sens pratique d'une partie de la population féminine ? À la vérité, le pantalon féminin avait acquis, dès avant-guerre, une réputation des plus fâcheuses. Pas seulement à cause des vedettes de cinéma ou des grandes bourgeoises évaporées qui aimaient à en faire parade. Pour le sens commun, il signalait, en effet, une sexualité déviante, associée presque automatiquement au saphisme dont le modèle dominant était alors celui de l'homosexuelle masculine qui n'aimait rien tant que de se travestir en homme. Aux yeux du public de l'entre-deux-guerres, une femme qui portait des pantalons ne pouvait être que l'une de ces tribades hantant les cabarets spécialisés comme Le Monocle du boulevard Edgar-Quinet, l'une des premières boîtes lesbiennes créées à Paris sous la férule de l'énergique Lulu de Montparnasse. On ne peut comprendre les réticences de la société française à l'égard du pantalon féminin sans se référer à cette imagerie caricaturale, symbole de dépravation, de marginalité et de vie dissolue. Préjugé qu'entretenait à intervalles plus ou moins réguliers la chronique salace des faits divers.

Traînait encore dans beaucoup de mémoires l'affaire Violette Morris, du nom de cette championne omnisports à qui la Fédération féminine sportive de France (FFSF) avait refusé, au début de 1927, le renouvellement de sa licence. À moins d'un an des Jeux olympiques d'Amsterdam, la sanction équivalait à mettre un terme à la carrière internationale d'une athlète déjà âgée de trente-quatre ans qui se faisait gloire d'avoir affronté les hommes sur les rings, sur les pistes, sur les routes et même dans les bassins de natation. Le motif officiel avait été qu'elle s'affichait en dehors des stades dans une tenue vestimentaire rigoureusement masculine : costume, chemise, faux col, gilet, cravate maintenue par une épingle sertie d'une pierre verte et feutre posé de travers, sans oublier la cigarette américaine fichée à la lippe. Autant de prétextes pour se séparer d'une affiliée dont les mœurs discréditaient le sport féminin, par ailleurs en butte aux virulentes critiques des milieux conservateurs. Prudemment, la fédération avait mis en avant la tenue provocante de l'« infernale Morris », comme on l'appelait dans les instances dirigeantes, faute de pouvoir évoquer sans dommages excessifs le prosélytisme dont elle avait fait montre auprès des jeunes stagiaires au Femina-Sports, à la Nova et à l'Olympique en cherchant à les initier, avec plus ou moins de réussite, aux voluptés saphiques[14].

Exclue des compétitions dans les sports olympiques, Violette Morris porta l'affaire en justice pour réclamer soit la restitution de sa licence, soit une somme de 100 000 francs à titre de dommages et intérêts. Lors de l'audience du 26 février 1930 devant les juges de la 3e chambre du tribunal civil de Paris, il fut presque autant question des pantalons de l'ex-championne de France que de la mastectomie à laquelle elle avait eu recours, un an auparavant, dans une clinique de La Garenne-Colombes. Interpellée par Me Yvonne Netter, au nom des défendeurs, qui ironisait lourdement en lui suggérant de solliciter dorénavant une licence auprès de la fédération masculine, elle se justifia en expliquant qu'elle avait dû se résoudre à une telle opération parce que sa poitrine particulièrement avantageuse était un handicap pour le sport automobile vers quoi elle s'était orientée après son éviction par la FFSF : « C'était, plaida-t-elle, comme un sixième doigt à une main. Un sixième doigt est gênant, on le fait couper[15]. » Sans surprise, le tribunal estima que tout en n'ayant pas à s'occuper de la « façon dont Mme Morris s'habillait à la ville et dans ses autres occupations, [le] fait de porter un pantalon n'étant pas un usage admis pour les femmes », la FFSF avait parfaitement droit de l'interdire ; en conséquence de quoi, il la débouta de toutes ses demandes et la condamna aux dépens. L'apparente mansuétude des juges à l'égard des us vestimentaires de la demanderesse ne trompa personne. Le port du pantalon n'était concédé qu'à condition de ne pas sortir du ghetto lesbien. Ce que le titre de *L'Écho des sports*, au lendemain du jugement, résumait à sa manière : « Le tribunal a refusé sa licence à Violette Morris [...] mais il lui laisse celle de porter le pantalon. »

D'avoir si longtemps connoté des comportements sexuels jugés hors normes et rejetés comme tels, le pantalon féminin reste tributaire des représentations originelles alors même qu'il devient, à partir de l'hiver 1940, un phénomène de masse largement étranger à ces stéréotypes. Qu'il s'incarne dans le pouvoir patriarcal de

Vichy ou à travers la dissidence virile de la France libre, l'ordre masculin se cabre devant une mode qu'il interprète, au mieux comme le signe d'une égalisation des sexes, au pis comme celui d'une égalisation des sexualités. Des deux côtés, on le soupçonne de mettre le désordre dans les logiciels cérébraux et de véhiculer une nouvelle identité féminine, éloignée du modèle de soumission antérieur. À Vichy, on fait observer avec inquiétude que la courbe de la diffusion du pantalon féminin épouse au fil des mois celle de l'adultère sans que l'on puisse dire pour autant laquelle sert à entraîner l'autre. Au regard de l'opinion, la juxtaposition des deux phénomènes suggère insidieusement une équivalence mentale, une corrélation certes arbitraire mais d'autant plus implacable que chacun a, dans son entourage, un ou plusieurs exemples pour lui donner du crédit. Porter le pantalon, n'est-ce pas opter pour une liberté de mouvements, signifier une certaine forme d'indépendance, afficher une sexualité autonome à l'égale de celle des hommes ?

Mille anecdotes colportées par le bouche à oreille jalonnent cette montée inexorable de la suspicion. En anathématisant le pantalon féminin, Vichy ne contribue pas peu à nourrir l'équivoque. Appel à la décence, à la modestie de la mise ou volonté de contrôler une sexualité féminine dans laquelle la mode du pantalon entrerait comme un vecteur de désordre ? La Résistance n'est pas en reste. Une étude sur les mouvements clandestins juifs rapporte qu'une certaine Janine, venue proposer ses services au comité d'assistance aux réfugiés, est d'emblée considérée comme suspecte pour s'être présentée en pantalon devant les animateurs du réseau[16]. Preuve de turpitude morale, le pantalon féminin l'est aussi pour un organe de la presse clandestine comme *La Voix du Nord* qui, relatant la liaison d'une femme de capitaine avec un officier allemand pendant que son mari est en captivité, ne manque pas de relever que celle-ci, bien que « très élégante », est d'un « genre masculin » et porte des pantalons, sans que l'on sache exactement si l'auteur de l'article exprime là un lien de causalité ou une éventuelle conséquence[17].

Dans l'un et l'autre camps, on est donc culturellement porté à croire que la femme en pantalon est une « mauvaise femme » en puissance ou à tout le moins une femme en quête d'émancipation. Ce statut ambigu va sceller le prestige du pantalon féminin auprès des hommes tout en lui conférant une aura érotique qu'*a priori* il ne possédait pas. Il est cet objet que la morale réprouve, il signe une transgression et semble en appeler d'autres ; bref, il a tout ce qu'il faut pour mettre sous tension le désir masculin. Est-ce pour cette raison que les mêmes qui le condamnent par principe vont se révéler incapables d'en contenir l'usage ? La lecture de la grande enquête « Pour ou contre les pantalonnées ? » que publie *L'Œuvre* en février 1942 montre à quel point la résistance à cette mode a faibli au fil des mois. Ceux qui manifestent encore des réticences ne le font plus qu'au nom de l'esthétique, tel André de Fouquières, présenté comme un « spécialiste des questions de goût », qui s'élève contre la « confusion de sexes » mais concède qu'on peut sacrifier la beauté au confort à une époque où « tout est difficulté et souffrances ». Quant à Mistinguett, si elle n'apprécie pas le pantalon à la ville, elle s'étonne que des maires aient pu l'interdire pour les femmes à bicyclette en promulguant des arrêtés qui, sous couvert de moralité publique, « réjouissent en réalité tous les vicieux ».

À partir du printemps 1942, les préfets les plus rigoristes consentent à lever partiellement l'interdit, pourvu, comme l'écrit celui des Alpes-Maritimes, que les « pantalons soient accompagnés d'une bicyclette ». Autant dire que la fonction ayant imposé le vêtement, les censeurs, pour ne pas perdre la face, n'ont eu d'autre choix que de chercher à le maintenir dans un usage strictement utilitaire. Toléré pour le vélo ou dans le huis clos domestique, le pantalon reste cependant fortement déconseillé dans les lieux publics, c'est-à-dire partout où il pourrait contribuer au brouillage des genres. C'est pourquoi *Marie-Claire* n'hésite pas, en juin 1942, à inclure parmi ses « dix commandements de la Parisienne » cette injonction qui n'a rien d'anodin : « La culotte tu porteras, à bicyclette seulement. »

En province, le pantalon féminin ne recrute que peu d'adeptes. L'*habitus* et le contrôle social y constituent un glacis protecteur contre les emballements de la mode. Trop peu répandu pour affecter l'ordre symbolique, il suscite finalement plus de réprobation que de scandale tant qu'il reste, comme c'est presque toujours le cas, l'apanage de femmes étrangères à la région. « Pour la première fois, observe le jeune Willy de Spens immergé dans la France profonde de l'été 1942, je vis dans la rue deux femmes en pantalon, des réfugiées ou des Parisiennes en vacances, spectacle charmant, mais jusqu'alors inconcevable ; la planète bougeait, ces pantalons en témoignaient qui, quelques années plus tôt, auraient mis Saint-Sever en émoi. Les criailleries de mon père paraîtront aujourd'hui insensées, elles l'étaient presque à l'époque[18]. » Ce père intransigeant, bourru, taciturne, crispé sur les valeurs d'un monde en déroute ne se signalait pas précisément par des opinions réactionnaires, pas plus qu'il ne cotisait aux ligues de vertu. Il appartenait simplement à la génération des soldats humiliés du printemps 1940.

La femme-spectacle est de retour

À tous les égards, l'année 1942 est bien l'axe bissecteur de la guerre, l'année où s'opèrent les ruptures décisives, les basculements irréversibles. La mode n'y échappe pas. À côté d'une France immuable, plus attachée à ses habitudes qu'à des mots d'ordre, d'où qu'ils viennent, les grandes villes retrouvent leur rôle d'avant-garde. L'ambiance de la rue se modifie, la sobriété, la simplicité des premiers mois d'après la défaite ne sont plus de mise. Les premiers attentats, les rafles, les représailles allemandes, les difficultés de ravitaillement qui vont en s'accroissant créent une spirale mortifère à quoi il devient de plus en plus difficile d'échapper. Tensions et frustrations, nées de cette atmosphère oppressante, façonnent de nouvelles attitudes à travers lesquelles l'instinct vital, le besoin d'évasion, le rejet d'une réalité de plus en plus étouffante cherchent à s'extérioriser par tous les moyens. En cela, 1942 ressemble à 1917, à ceci près que l'ennemi est dans la place et que le territoire national est à l'écart du front des armées. Mais pour le reste, la frivolité, l'excentricité, la rupture des normes vestimentaires sont à nouveau autant de messages à peine codés qui, tous, renvoient à la même angoisse existentielle, à un même refus de l'épreuve ressentie comme de plus en plus intolérable avec le temps qui passe, à une même stratégie d'évitement face aux sollicitations pluriquotidiennes du drame. Cette fois, cependant, à la différence de la mode de guerre précédente, l'extraversion n'est pas le fait exclusif d'une minorité tapageuse de mondaines et de courtisanes, mais prend l'allure d'un défi collectif que chaque femme s'efforce de relever selon ses ressources.

Faute de pouvoir s'employer ailleurs, la coquetterie, l'exubérance, la frénésie créatrice se réfugient dans les accessoires dont la vocation est depuis toujours de rehausser d'une note de fantaisie personnelle la toilette des femmes. Comme souvent par le passé, la mode des chapeaux est la plus réactive aux secousses politiques et sert de soupape aux aspirations les plus folles. Au sortir de la

Terreur, le Directoire n'avait-il pas eu ses Merveilleuses dont la postérité a retenu la recherche affectée de leurs mises et l'extravagance de leurs coiffures ? Des ateliers des grands modistes parisiens comme Agnès, Albouy, Bruyère, Legroux, Jeannette Colombier, René Descat, Caroline Reboux, Jeanne-Suzanne Talbot, Rose Valois, sortent de surprenantes pièces montées qui, par l'explosion des formes et des coloris, l'extravagance des ornements et des garnitures, font s'épanouir dans les villes une efflorescence digne des surréalistes. Celles qui n'ont pas les moyens de se les offrir confectionnent leurs propres modèles. L'incontournable Lucien François n'est pas le dernier à se réjouir que les femmes abandonnent au passage l'« horrible feutre » d'avant-guerre, signe d'une masculinisation qui « avait sapé bon nombre de raffinements de la coquetterie », pour se tourner vers une mode plus féminine qui lui semble être « une garantie d'équilibre moral dans les rapports des deux sexes[19] ». Tel n'est pas l'avis de Colette qui, depuis sa fenêtre du Palais-Royal, se désole de n'y rien comprendre : « Aujourd'hui, il n'est pas une femme de goût qui, à huis clos, ne condamne en mots sensés les œuvres étranges et d'équilibre impossible dont la mode veut la couronner. Mais sa lucidité la quitte dès qu'elle se rend chez la modiste. Hésitant d'abord, la femme de goût se prend aux pièges d'autant mieux qu'ils s'éloignent des dimensions normales. Je ne saurais expliquer autrement un phénomène de griserie tel que, venue pleine de circonspection et d'esprit critique, la femme de goût retourne chez elle avec un ballon de violettes sur le nez, une cascade de rubans sur la nuque, un tambourin plein de boules de soie en travers de l'œil droit, une de ces voilettes qui laissent de vifs souvenirs dans le métro, une tourterelle suspendue, un turban chaviré sous un piquet de jacinthes, le tout, bien entendu, à la mesure d'un de ces malheureux petits singes falbalassés qui grelottaient sur les orgues de barbarie[20]. »

Au fil des mois, la taille des chapeaux continue de croître en même temps que la perplexité des contemporains devant les invraisemblables échafaudages qui couronnent tant de têtes. C'est à qui s'ornera de la superstructure la plus imposante. Jusque-là volontiers bénisseur, Lucien François s'emporte, en novembre 1943, contre l'« intolérable affectation de frivolité » des femmes qui vont de « chapeau catapulteux en chapeau ébouriffant[21] ». Il a repéré dans cette mode quelque chose qui ne lui plaît pas, quelque chose qui n'est pas que piquante désinvolture ou fantaisie débridée. Révolte contre la sagesse forcée et l'austérité de commande ? Défi et manifestation d'insolence envers l'occupant ? Il ne le dit pas, mais quiconque s'attarde au spectacle de la rue peut en faire le constat : empanachée de la sorte, la silhouette des femmes s'allonge, s'élance, s'étire comme un jour sans pain, ce qui est bien dans le ton de l'époque. Poétique, Sacha Guitry, esquivant les arpèges de sa misogynie ordinaire, note que ces « chapeaux haut perchés, très garnis, tirent les femmes vers le ciel ». Prophétique, Cocteau, en éternel vieux jeune homme occupé à décrypter une mode que, pour une fois, il n'a pas contribué à lancer, s'abîme dans de sombres réminiscences : « Les chapeaux des “Effrayantes”. Tartes de tulle. Berlingots juchés. Cela s'envole de plus en plus. C'est inquiétant si l'on pense à l'époque qui précédait la Révolution. Les têtes qui allaient quitter leurs corps arboraient des frégates [...]. La femme renonce à tout ce qui ne saute pas aux yeux et se limite à l'extravagance du chapeau[22]. » Entomologiste – c'est sa passion –, le capitaine Ernst Jünger en profite pour enrichir sa connaissance de la faune locale : « Promenade avec une modiste d'origine méridionale, qui vient de la frontière espagnole, et qui s'était adressée à moi pour avoir des nouvelles d'un camarade. Je me suis offert le plaisir de lui acheter un chapeau dans un salon de mode non loin de l'Opéra, un joli modèle grand comme un nid de colibri, avec une plume verte au-dessus. Étonnante façon dont cette gentille personne a paru grandir et se transformer dans cette nouvelle parure, comme si elle se redressait tel un soldat qu'on vient de décorer. Il faut dire qu'il ne s'agit pas là d'une coiffure mais bien d'un ornement[23]. »

Chacun à sa manière, dans ce petit milieu, voit juste. La mode de ces chapeaux volumineux n'obéit pas à une simple tocade. Elle témoigne d'une féminité en grand arroi, d'une féminité superlative dont l'objet n'est pas seulement d'égayer un quotidien sinistre mais d'attirer les regards et si possible de les retenir. Comment expliquer autrement cette déferlante de capelines, de tricornes, de « hennins énormes », de « choquants shakos », de plateaux chargés de fleurs, de fruits et de plumes, si ce n'est par l'irrépressible besoin d'une visibilité accrue arrachant les femmes à l'anonymat des grandes villes, synonyme de solitude morale dans un contexte marqué par le déséquilibre numérique des sexes et par la précarité chronique des vies ordinaires ? Tout se passe comme si nombre de femmes avaient brusquement pris conscience des limites de la séduction ordinaire en cette période troublée et de la nécessité d'affirmer par l'outrance des charmes qui, jusque-là, avaient si bien opéré dans une relative discrétion.

À ces quelques centimètres conquis en hauteur s'en ajoutent presque simultanément quelques autres gagnés par le bas. Là encore, tout commence par des oukases, là encore, la désolation que répandent les premières mesures restrictives attise l'imagination des créateurs. Le décret du 28 décembre 1940 interdisant la fabrication des chaussures à double ou triple semelle de cuir ainsi que des bottes et des souliers montants est aussitôt suivi de la mise en circulation des bons de chaussures. Ces bons, délivrés par les mairies, donnent droit à l'attribution d'une paire de chaussures par personne et pour une période donnée. Pour quelques milliers de privilégiés, argent et entregent permettent de se soustraire au régime commun. Telle Flora Groult, cliente d'un bottier clandestin de la rue Orfila, dont le moindre des charmes n'est pas de recevoir en étage comme un homme du monde. Un mot de passe, « comme dans un tripot », et la porte s'ouvre sur une taverne d'Ali Baba où sont entreposés les cuirs et les peaux aux prégnantes odeurs qui n'attendent plus que le ciseau du maître pour prendre forme. Une merveilleuse paire de chaussures en cuir et boa rouge faite sur mesure et un inoubliable parfum d'aventure récompenseront son audace.

Mais pour les autres ? Celles qui n'ont ni relations ni ressources et souhaitent malgré tout échapper à l'enrégimentement de la « chaussure nationale » qui fait le pied triste et uniforme ? Vers la fin de l'hiver 1941, *Marie-Claire* annonce la bonne nouvelle à ses lectrices : « Elles arrivent de la forêt, les chaussures de l'armistice. » Faute de cuir, celles-ci auront des semelles de bois ou plutôt des socques selon le modèle de la semelle compensée, lancé avant-guerre par le bottier italien Ferragamo. À Paris, le chausseur Heyraud est l'un des premiers à présenter, en mars 1941, une collection de souliers féminins montés sur des socles de bois. Ces prototypes alourdissent la démarche aussi sûrement qu'ils la ralentissent, qu'importe : ils ont pour eux la nouveauté et l'incomparable avantage d'être « hors rationnement », c'est-à-dire de se vendre sans tickets. Exploitant le brevet allemand Zierold, un groupe français commercialise, à la fin de 1941, une semelle en contreplaqué sciée en chicane dont la presse vante unanimement la souplesse par opposition aux modèles antérieurs non articulés et non flexibles. À l'exposition « La Chaussure nouvelle » qui se tient, en décembre 1942, au 102, avenue des Champs-Élysées, sous l'égide du comité général d'organisation du cuir, il n'est plus un modèle, parmi ceux que présentent les vingt-trois plus grands bottiers de Paris, qui ne soit équipé de semelles souples en bois entièrement articulées ; en outre, avec le système de la double semelle interchangeable, la société Smelflex apporte enfin une solution au délicat problème du ressemelage. Il est loin désormais le temps où un lâcher de jeunes filles, sous les galeries du Palais-Royal, évoquait chez Colette un rassemblement de sardinières à l'heure de la marée sur les quais de Belle-Isle-en-Mer. Urbanisées, stylisées, agrémentées sur le dessus de raphia, de rabane ou de chanvre synthétique, les semelles de bois ont très vite répudié leurs origines paysannes et pris leurs distances avec l'armée pléthorique des sabots et des galoches qui sillonnent encore les campagnes. « Rien ne pourra donner à nos descendants l'idée de ce que fut, durant l'an 41, l'orgie créatrice de nos chaussures », écrit Yvonne Galli, la rédactrice de mode de *La Gerbe*, au vu de ces innombrables citadines que la mode « compensatoire » a juchées sur des semelles épousant de nouvelles formes cambrées ou courbées qui atteignent jusqu'à dix centimètres d'épaisseur.

Comme pour la mode des chapeaux, la sophistication l'emporte sur le fonctionnel. On se chausse en priorité pour séduire, se séduire soi et séduire les autres ; accessoirement pour marcher. Pour les femmes, tout est une question d'aplomb. Du haut de ces plates-formes de bois ou de liège qui les mettent sur un pied d'égalité avec l'autre sexe, elles gagnent en assurance voire en autorité ce qu'elles s'exposent à perdre en équilibre. Pour les grands cérébraux dont la libido se nourrit de stimuli, ces femmes sur piédestal convoquent de troubles références qui vont des cothurnes des courtisanes romaines à celles que portaient les prostituées vénitiennes de Carpaccio, en passant par les chaussures montées sur de hauts patins qu'affectionnaient les dames des cours princières dans l'anarchie joyeuse du XVIe siècle. Autant d'images qui réactivent peu ou prou le vieux schéma selon lequel les femmes à l'apparence la plus inaccessible sont souvent les premières à succomber.

La séduction n'opère pas que sur les fétichistes, elle perturbe tout l'imaginaire masculin. À commencer par celui de Maurice Chevalier qui en fait le thème de l'un de ses succès de l'année 1943, *La Symphonie des semelles de bois*, par quoi il n'hésite pas à proclamer, en fin connaisseur de l'anatomie féminine, que « *les femmes ont du charme à présent/ Jusqu'au bout des doigts de pied* ». Il n'y a pas que les yeux pour participer à cette excitation sensorielle, l'ouïe également est de la fête. Le claquement des semelles de bois comme celui des patins d'acier que l'on visse sous les talons et la pointe des semelles afin de les protéger imposent leur tempo. C'est ce bruit qui signale désormais, de façon obsédante, la présence hégémonique des femmes dans la cité. C'est ce bruit qui, pendant la journée, rythme l'entrée et la sortie des bureaux et résonne si fort dans la nuit qu'il semble envahir la ville. C'est ce bruit qui donne aux hommes l'impression d'être pris dans le cercle magique d'une danse rituelle. Beau sujet de méditation pour ces éternels suiveurs que sont Maurice Chevalier : « *J'aime le tap-tap des semelles de bois/ Ça me rend gai, ça me rend tout je ne sais quoi [...]. En marchant les midinettes/ Semblent faire des claquettes* », Alibert : « *Elle avait des semelles de bois / Qui faisaient clic-clac, clic-clac/ Et chaque fois que j'entendais ce bruit charmant/ Ça faisait clic-clac, clic-clac au fond de mon cœur* », ou encore André Claveau : « *Un bruit de sabots monte dans la ville/ De jolis sabots aux mille couleurs/ Sous des fins mollets, ils filent, filent, filent/ Ils charment les yeux et grisent les cœurs* ».

Avec l'Occupation, le « tap-tap » des semelles de bois, le « clic-clac » des patins d'acier ont pris place dans la boîte à fantasmes. Ils n'en sortiront plus. Sur la bande-son de la période, ils font une heureuse concurrence au martèlement des bottes allemandes qu'ils ne parviennent pas pour autant à couvrir. Cette féminisation et cette érotisation de l'image des villes doivent beaucoup au retour de la femme-spectacle telle que la fin du XIXe siècle l'avait vue surgir, se pavanant, s'exhibant à la terrasse des cafés ou sur le trottoir, attentive à se mettre en scène sous le regard des hommes, soucieuse de se mettre en valeur par des toilettes ostentatoires et dont un historien a pu écrire qu'elle avait instauré « le primat du visuel dans la sollicitation sexuelle[24] ». Omniprésentes dans l'espace urbain, les femmes ont d'instinct cherché à s'y rendre individuellement plus visibles. À se mettre à la hauteur des circonstances. Non pas toutes les femmes, mais un nombre suffisant d'entre elles pour que déjà les contemporains s'interrogent sur cette surexposition volontaire. Ainsi n'est-ce pas simplement pour le plaisir d'un bon mot que la rédactrice de *La Gerbe* rappelle à l'adresse des femmes en semelles compensées la parole évangélique dont la portée, dans un tel contexte, est lourde de sous-entendus : « Qui a voulu s'élever, sera abaissé. »

Peintures de guerre et sentiers de l'amour

Si les chapeaux et les chaussures trouvent, sous l'Occupation, une liberté et une fantaisie nouvelles, il n'en est pas de même pour d'autres accessoires réputés comme étant des compléments indispensables à l'élégance féminine. Ainsi les prélèvements allemands et l'arrêt des importations en provenance d'Extrême-Orient entraînent-ils la quasi-disparition des bas de soie dès la fin de l'année 1940. N'ayant plus dans leurs tiroirs que les quelques paires achetées au début de l'année, les Françaises vivent dans l'appréhension de la maille qui file ou de l'accroc accidentel. Redoutable accroc. Avant-guerre, c'était une fugitive contrariété. Désormais, c'est une catastrophe. Un peu partout s'ouvrent des ateliers de remaillage auxquels on demande à chaque fois de nouveaux prodiges jusqu'à ce que l'usure des bas devienne irréversible. La presse féminine déborde de conseils pratiques tels les « treize commandements » de *Pour elle* dont la stricte observance est censée différer l'irréparable[25].

L'inquiétude n'est pas moindre parmi la population masculine qui compte une proportion élevée d'amateurs inconditionnels de « 44 fins » et autres pellicules soyeuses. Il faut dire que la prestation d'Arletty dans *Hôtel du Nord* (1938), gainant ses jambes de ce second épiderme, avait fait beaucoup pour répandre le fétichisme des bas de soie bien au-delà du cercle des adeptes de l'amour cérébral. Au seuil du printemps 1941, la situation est, à proprement parler, dramatique. Une paire de bas, vendue 15 francs en 1939, se négocie de dix à quinze fois ce prix au marché noir. Sous-alimentés, rationnés dans leur consommation de tabac et d'alcool, les Français vont-ils en outre être privés du plaisir tactile que procure le contact de la matière ductile des bas de soie ? Les esthètes, les grands voluptueux, les hommes à passion ont le cœur chaviré en songeant à la catastrophe imminente et trouvent pour en parler des accents qu'on réserve ordinairement aux grands deuils nationaux. À les entendre, c'est une civilisation qui s'écroule, emportant avec elle l'un des derniers vestiges du raffinement amoureux. Dans *Drôle de jeu*, un roman écrit au printemps 1944, Roger Vailland, chez qui coexistent une passion platonique pour le communisme et un goût prononcé pour le libertinage, a su faire revivre ces heures douloureuses : « Les Parisiennes, ce printemps-là, s'affligeaient de la rareté et de la cherté des bas de soie. Le bas de soie ajoute à la jambe ce qu'ajoutent au paysage l'allée exactement tracée, le massif taillé, le gazon tondu : il stylise, parachève, parfait la nature. D'autres femmes s'accommodent voire s'embellissent de quelque rusticité, mais la beauté de la Française n'a rien de sauvage ; qu'elle se trouve sans fards, sans bas, ce sont ronces et orties dans le jardin de Le Nôtre. Les bas de soie doivent posséder deux qualités en apparence contradictoires ; l'élasticité qui implique un tissage serré, et la transparence, mais que la transparence soit obtenue par le relâchement des mailles ou, à l'inverse, l'élasticité aux dépens de la transparence, l'effet propre aux bas de soie se trouve annulé, il ne reste plus que le ridicule d'avoir voulu ajouter à la nature. Beaucoup de Parisiennes préféraient donc, à porter des bas de soie de qualité médiocre, aller jambes nues[26]. » Pendant quelques semaines en effet, la mode des jambes nues donne un essor prodigieux à l'industrie épilatoire. De toutes parts, on invite les femmes à se débarrasser des « poils superflus ». Maigre dérivatif dont on pressent assez vite qu'il ne saurait redonner à la jambe féminine son lustre d'antan.

C'est alors qu'une grande marque de parfums, Elizabeth Arden, lance sur le marché un produit appelé à un succès immédiat. Il s'agit d'une teinture qui brunit l'épiderme en le couvrant d'une fine pellicule mate et colorée, mais laisse voir la peau par transparence ; bref, un fond de teint destiné à habiller les jambes en utilisant, faute de soie, le satin de la peau. Le « bas de soie artificiel » est né. Hormis l'absence de soie, ses qualités sont inestimables s'il faut en croire une presse unanime et intarissable dans la promotion du « bas sans maille », du « bas indémaillable » – et pour cause ! – qui ne file pas, ne déteint pas et résiste à l'eau comme aux intempéries. Suprême consécration, les Actualités mondiales du 6 juin 1941 consacrent tout un sujet à la gloire des « élégantes qui ont déjà remplacé la jarretière par le pinceau ». Bientôt, tous les fabricants de cosmétiques proposent leur propre produit qu'ils déclinent avec quelques variantes et parfois d'astucieuses trouvailles. Chez L'Oréal, le flacon miracle répond pour 35 francs au doux nom d'Ambresoie : « Profitez de l'été pour économiser vos bas de soie, proclame un placard publicitaire. Remplacez-les par Ambresoie qui revêt les jambes d'une belle teinte ambrée et donne l'illusion des bas de soie les plus fins. » Pour 30 francs, des marques comme Rambaud et Payot offrent une gamme de trois couleurs : chair, chair dorée, chair brunie. Dans la même gamme de prix, Hellow garantit en outre les vertus médicinales de sa crème qui « enrichit en pigments les cellules de la peau par la chromatine organique ». Vendu 25 francs dans les grands magasins, Filpas, de chez Bienaimé, est sans doute la plus populaire de toutes les lotions, grâce en partie à une habile réclame vantant les qualités d'un produit qui « affine la cheville et le mollet » et a en outre l'incomparable mérite de créer « l'illusion parfaite auprès des hommes ». Sur un marché très vite encombré par la concurrence, Elizabeth Arden met néanmoins un point d'honneur à rester à la pointe de l'innovation en proposant un « 260 fin » réservé à un usage estival et un « 200 » plutôt recommandé pour l'hiver en raison de sa « pellicule protectrice », ce qui inspire à une cliente imaginaire, croquée par le dessinateur de *Toute la vie*, cette réplique sans appel : « Parfait ! Comme je suis frileuse, cet hiver j'en mettrai plusieurs couches. »

Les fauchées, les impécunieuses, celles qui n'ont pas les moyens de se faire vaporiser ces précieuses teintures à l'aide d'un pistolet de peintre en carrosserie, comme le suggère un reportage de *Marie-Claire*, se rabattent sur le marc de chicorée, le brou de noix, la teinture d'iode et même la peinture en tube plutôt que d'avoir à exhiber des jambes blanches et sans apprêt[27]. Car se teindre les jambes n'est pas une mince affaire. Outre un pinceau, il faut y mettre de l'habileté et de la patience, une forte motivation qui n'habite que les femmes pour lesquelles séduire est un art, un jeu ou une nécessité. Le moindre écart ne pardonne pas quand il s'agit de revêtir ces peintures de guerre et la maladresse comme la distraction se paient en regards narquois ou railleurs. À la pause de midi comme dans les cocktails, on s'échange les meilleures recettes pour se pigmenter les jambes sans brûlures. Le temps consacré à cette épreuve initiatique est un signe infaillible de la place que chacune accorde à la séduction, au plaisir de plaire qui n'aura jamais requis autant de soins ni de préparatifs. C'est ce qui fait la différence entre la jeune résistante Célia Bertin, manifestement plus attirée par les activités clandestines que par la mise en valeur de ses charmes, et son amie Hermione chez qui la coquetterie surpasse toute autre considération : « Je nous revois Hermione et moi, avec Pierre de Lescure, à la terrasse du Flore [...]. Nous avions teinté nos jambes trop blanches avec un produit qui était supposé leur donner, en même temps qu'une teinte bronzée, l'aspect de la soie. Évidemment, Hermione m'avait fait remarquer que je n'avais pas appliqué de façon égale cette lotion sortie d'un flacon et dont on imbibait une petite éponge. Je n'étais pas habile, toujours pressée d'en avoir fini avec ce genre de soins et n'y voyant pas clair. En tout cas, j'avais eu du mal à me débarrasser des taches de teinture laissées sur mes doigts. Le savon (produit rare, obtenu contre tickets) était granuleux mais n'agissait pas comme une pierre ponce, bien qu'y ressemblant. Il fallait aussi attendre que le produit veuille bien sécher pour ne pas tacher jupon ou jupe. Toute une affaire à laquelle j'ai vite renoncé, ce qui faisait rire Hermione, passée maîtresse dans l'art du maquillage comme dans celui de la couture[28]. »

Même si elles ne parviennent pas à dissiper la nostalgie des vrais bas de soie, ces jambes voilées, gainées, décorées pour la parade amoureuse entretiennent tant bien que mal chez les hommes une illusion consolatrice. Où certains ne voient qu'une pâle imitation du paradis perdu, un piètre reflet des voluptés enfuies, d'autres se réjouissent d'un spectacle qui fait revivre de chers et langoureux souvenirs, l'appétit sexuel trouvant finalement matière à excitation devant un objet qui, lui, est en même temps suggéré et dérobé, offert et interdit. Le consensus se reforme, cependant, autour de ces coutures que l'on dessine sur le mollet à l'aide d'un crayon et qui imitent à s'y méprendre celles des vrais bas. Rares sont les innovations de la mode qui enrichissent la scénographie amoureuse, introduisent de nouveaux rituels entre partenaires, renouvelle l'art des préliminaires en y inscrivant une figure à la fois inédite et insolite. Assurément, celle-là en est une, à en juger par les traces qu'elle a laissées dans la mémoire des contemporains et par la provende qu'elle a servie aux romanciers. Pour les amoureux du corps féminin, les subtils explorateurs de leur cartographie intime, ce trait noir tout au long de la jambe est comme une autre ligne de démarcation. Il y a l'en deçà et il y a l'au-delà, les non-initiés et les autres, ceux qui, pour avoir franchi la ligne, ont basculé dans un univers plus dense et plus riche en émotions. À un demi-siècle de distance, Dominique Jamet l'honore encore comme sa première icône érotique et l'enfant qu'il fut n'a jamais pu oublier le spectacle que lui offrit, un jour, l'impudique maîtresse de son père : « Dora est gaie comme un pinson, on oublie qu'elle a une tête de linotte. Dora est douce au toucher [...]. J'aime, comment ne pas aimer, quand, une jambe nerveuse posée sur un tabouret ou, hardiment, sur la table même, gardant sans effort une pose acrobatique, Dora, d'un crayon gras qui ne tremble pas, trace de mi-cuisse au talon la couture d'un bas imaginaire sur sa peau nue passée au brou de noix[29]. »

Entre amants, le cérémonial requiert la participation active de l'élément masculin que les femmes sollicitent d'autant plus volontiers qu'elles en devinent ou qu'elles en ont déjà expérimenté les effets sur l'ardeur amoureuse de leur partenaire. À tel point que le jeune héros que Robert Sabatier met en scène dans *La Souris verte* y perd sans plus de formalités son pucelage : « Cette femme de l'âge de Daniéla me confia que son mari se trouvait à Paris et m'entraîna dans sa chambre. Là, tandis que je restais embarrassé, mes roses dans les bras, elle entreprit de se peindre les jambes et les cuisses avec une décoction brunâtre, thé ou chicorée, pour imiter les bas. Elle me chargea de hâter le séchage de sa peau au moyen d'un propulseur d'air chaud. Puis, elle me tendit un pinceau et un flacon de liquide noir en me priant de parfaire son ouvrage : de faux bas devaient s'agrémenter d'une fausse couture que je devais tracer sur l'arrière des jambes et des cuisses. Pour cela, elle se jeta à plat ventre sur son lit, releva sa robe sur des rondeurs blanches contrastant avec la teinture. Assis près d'elle, je m'employai à tracer une ligne droite qui fut quelque peu tremblée. Je jugeai ridicule cette mode de peindre des bas mais pas le spectacle offert. La dame se tournait de côté pour tenter de juger de mon dessin. Je compris ce qu'elle attendait de moi et je n'eus aucune de ces hésitations qu'on prête aux puceaux [...] le souvenir de cette scène enflamma mes sens de manière durable[30]. » Acte d'appropriation ou de vénération, le marquage du corps féminin cesse d'être une pratique liée au milieu des mauvais garçons pour prendre place, certes de façon plus anodine, parmi les jeux érotiques du tout-venant. Il y perd de sa singularité mais nullement de sa puissance symbolique. À l'heure des règlements de comptes, il resurgira dans sa violence originelle sous forme de punition sexuée. Non plus dans le cadre pacifique d'un échange amoureux, mais sur un théâtre de la cruauté.

Intermède

S'il s'emploie à pénaliser certaines pratiques des sexualités de guerre, l'État français se révèle pratiquement impuissant à réguler les relations entre les sexes chaque fois que celles-ci impliquent les soldats allemands.

Dans ce contexte où les hommes de la Révolution nationale se voient condamnés à tenir la chandelle, le phénomène de la « collaboration horizontale », qui renouvelle dans l'ordre symbolique l'humiliation de juin 1940, va profondément marquer les esprits. Qui sont ces femmes qui couchent avec l'ennemi ? Des mondaines qui se flattent d'appartenir à une aristocratie de l'esprit, des vedettes de cinéma désireuses de faire parler d'elles ou d'être à l'avant-garde, des courtisanes, mais aussi des bourgeoises grisées par le parfum de l'aventure et plus encore des filles du peuple. Quel rapport entre Coco Chanel et la fille de salle, entre Arletty et l'institutrice de village, entre Suzy Solidor et la receveuse des postes ? À quelles motivations obéissent toutes ces femmes ? Goût de la transgression ou besoin d'un protecteur, vénalité ou passion amoureuse ? Des archives émerge une réalité plus complexe que celle des grands mythes simplificateurs jetés en pâture au lendemain de la guerre.

Loin de s'engager dans une régénération des mœurs, la France du Maréchal se met peu à peu à ressembler à ce « lupanar de l'Europe », destin auquel l'aurait assignée, dit-on, le maître du Reich. La détresse matérielle d'une grande partie de la population féminine jette sur le pavé des dizaines de milliers de femmes transformées en intermittentes de l'amour tarifé. Comment la promotion rhétorique du respect du corps féminin s'accommode-t-elle de ce marché noir de la prostitution presque aussi florissant que celui de la nourriture ? On verra, dans le deuxième tome, que Vichy, sous la pression des Allemands, fera paradoxalement des maisons closes l'une des pièces maîtresses du nouvel ordre moral en conférant un statut officiel à ce qui n'était jusque-là que des « tolérances ». On découvrira pourquoi et en quoi les bordels, des grandes maisons de luxe aux hôtels d'abattage, ne furent pas des foyers isolés de turpitude ni de simples exutoires au trop-plein sexuel, mais une cristallisation de toutes les formes d'illégalisme dans une époque qui les multiplia. Et de quelle manière les Allemands organisèrent à leur profit, sous un étroit contrôle sanitaire, cet ultime âge d'or des « bobinards ». De cette économie libidinale participe également l'intensification des relations homosexuelles favorisées par la semi-prostitution des jeunes déscolarisés et le lourd climat homoérotique que dégage la présence de la troupe allemande. Moins connues, car plus secrètes, les relations masculines franco-allemandes constituent l'autre versant, jusque-là inexploré, de la « collaboration sentimentale ».

Dans ces conditions, on ne s'étonnera pas qu'à la Libération, Vichy se voie imputer une responsabilité majeure dans l'affaissement de la moralité publique et la dégradation des mœurs. Le projet de « redressement moral » auquel aspiraient les zélateurs du « Travail, Famille, Patrie », c'est finalement à la Résistance victorieuse qu'il reviendra de l'accomplir. Face à l'échec de la politique vichyste, l'épuration se dresse comme une inquisition cathare visant à éradiquer, au nom de la pureté, les éléments corrupteurs et corrompus de la société française. Cette fois, la régénération est à l'œuvre jusque dans les plus petits villages et mobilise non plus la logomachie d'imprécateurs officiels, mais la force agissante d'une foule de justiciers improvisés. Indissociable de la libération du territoire national, la réappropriation des corps féminins se traduit par une violence sexuée, de la plus symbolique à la plus extrême : ablutions forcées, exhibitions obscènes, tontes des « embochies », châtiments corporels, tortures enfin avec une prédilection marquée pour le supplice des organes sexuels. Avec l'épuration, les « années érotiques » s'achèvent dans la hideur et dans l'horreur.

Contrairement aux idées reçues, nombre de résistants, sinon la Résistance tout entière, se trouvent directement impliqués dans cette répression qui, sous couvert de patriotisme, sanctionne avant tout les sexualités autonomes, affublées pour la circonstance des oripeaux de la « trahison ». Car entre le modèle germanique vaincu et discrédité et celui du séducteur *yankee* qui est en passe de prendre le relais, la France du masculin a une revanche à prendre sur l'homme blessé de juin 1940. Qu'il soit FFI parisien ou FTP breton, chef de réseau ou maquisard anonyme, le combattant qui sort de l'ombre ne laisse rapidement aucun doute sur sa volonté de rétablir l'ordre des mâles ; cette « France virile » dont Vichy et la collaboration s'étaient déjà faits les propagandistes mais sans pouvoir en donner, du fait de l'oppression allemande, autrc chose qu'une version édulcorée et parodique. Plus qu'une mesure visant à défendre la dignité des femmes, la loi dite Marthe Richard, votée en avril 1945, cherche à dissiper autant qu'à disperser les mauvais souvenirs en renvoyant à l'obscurité de la rue ces figures emblématiques de la soumission à l'occupant que furent les pensionnaires des maisons closes. Le passé congédié est le préalable indispensable à l'écriture d'un passé recomposé.

À *Vichy ou les infortunes de la vertu* succède *Des « embochies » aux tondues, la revanche des mâles.*

Notes

1. De la bandaison à la débandade

1. Lucien Rebatet, *Les Décombres*, Denoël, 1942, p. 339.
2. Roger Ikor, *Ô soldats de quarante !*, Albin Michel, 1986, p. 109.
3. Jean-Paul Sartre, *Les Carnets de la drôle de guerre*, Gallimard, 1983, p. 535. À l'autre extrémité du spectre politique, Stephen Hecquet, nourri au lait du nationalisme intégral, aboutit à une conclusion identique mais en incriminant, quant à lui, la responsabilité des femmes dans la dépréciation des valeurs viriles : « Chez nous et bien avant la grande raclée de 40, le signe de la détérioration du sentiment militaire n'était pas dans la fuite des petits Français devant leurs obligations, ni dans celle des normaliens devant leurs responsabilités d'officiers : il tenait tout entier dans la désaffection des femmes à l'égard de l'uniforme », *Les Guimbardes de Bordeaux*, La Table ronde, 1958, p. 114-115.
4. Pour dénoncer les « suspects », la lettre anonyme ou signée fut le *modus operandi* le plus pratiqué. Il en arriva jusqu'à 30 000 par trimestre, émanant pour la plupart de femmes dont le mari ou le fils étaient engagés sur le front. Cf. Françoise Thébaud, *La Femme au temps de la guerre de 1914*, Stock, 1994, p. 242.
5. *Le Petit Parisien*, 7 février 1940.
6. Lucien Rebatet, *op. cit.*, p. 192-193.
7. La dernière représentation de « Paris-London » eut lieu le mardi 21 mai 1940. Maurice Chevalier y célébrait encore ces « *excellents Français/ excellents soldats* » quand la Werhmacht atteignit Amiens.
8. Alain Laubreaux, *Écrits pendant la guerre*, Inter-France, 1944, p. 141.
9. Jacques-Henri Lefebvre, *39-40. Souvenirs d'un correspondant de guerre*, Durassié & Cie Éditeurs, 1968, p. 13.
10. Lucien Combelle, *Péché d'orgueil*, Olivier Orban, 1978, p. 172.
11. Alfred Fabre-Luce, *Journal de la France*, Éditions du Cheval ailé, 1946, p. 82.
12. *Le Miroir*, numéros des 12 et 26 novembre 1939.
13. Archives de la préfecture de police de Paris (APP), inventaire BM1, carton 37.

14. Pierre Mousset, *Quand le temps travaillait pour nous*, Grasset, 1941, p. 65.

15. Cité par Georges Sadoul, *Journal de la guerre 1939-1940*, L'Harmattan, 1994, p. 100.

16. *Marie-Claire*, 29 septembre 1939.

17. APP, inventaire BM1, carton 37.

18. Georges Sadoul, *op. cit.*, p. 112.

19. Typique de cette production, un dessin de Don, publié par *Paris-Match* le 4 avril 1940, où l'on voit un gentleman britannique, frisant sa moustache, s'adresser à une jeune Parisienne lors d'un entretien d'embauche : « Connaissez-vous l'anglais, Mademoiselle ? – Lequel ? » Ou encore du même (*Paris-Match*, 7 mars 1940) : une jeune auxiliaire du service sanitaire automobile, accompagnée d'un Anglais en civil, s'adresse à l'une de ses supérieures : « Je vous présente mon parrain de guerre. »

20. L'anecdote est rapportée par Roland Dorgelès, correspondant de guerre pour l'hebdomadaire *Gringoire* dans *Drôle de guerre*, Albin Michel, 1957, p. 45.

21. Simone de Beauvoir, *La Force de l'âge*, Gallimard, 1960, p. 473.

22. Simone de Beauvoir - Jean-Laurent Bost, *Correspondance croisée 1937-1940*, Gallimard, 2004, p. 657.

23. Cité par Antoine Lefebure, *Les Conversations secrètes des Français sous l'Occupation*, Plon, 1993, p. 47.

24. Henriette Nizan, *Libres Mémoires*, Robert Laffont, 1982, p. 262.

25. La persévérance d'Henriette Nizan, sa volonté farouche de n'être pas séparée de son mari en font un cas exemplaire à défaut d'être unique. L'ayant suivi dans l'Orléanais, rejoint pour de brefs séjours en Alsace, elle finit par s'installer à demeure auprès de lui, dans un petit hôtel non loin de la caserne de Carvin (Pas-de-Calais) où Nizan a été détaché, le 13 février 1940, en qualité d'interprète, au titre de la French Mission, près l'état-major du XIVth Army Field Workshop. Leur dernière rencontre a lieu le 16 mai, six jours après le déclenchement de l'offensive allemande, quarante-huit heures avant l'entrée de la 1re Panzer à Saint-Quentin et une semaine avant que Nizan ne soit tué par une balle perdue, dans le château de Cocove à Recques-sur-Hem.

26. Pierre Andreu, *Le Rouge et le Blanc : 1928-1944*, La Table ronde, 1977, p. 147.

27. Suzanne Bidault, *Souvenirs de guerre et d'occupation*, La Table ronde, 1973, p. 24.

28. Cité par Jean Marais, *Histoires de ma vie*, Albin Michel, 1975, p. 117.

29. L.-G. Villeroy, *Comme de l'an 40 ! Souvenirs et croquis sur la drôle de guerre et la captivité*, chez l'auteur, 1945, p. 12 et 41.

30. René Roques, *Le Sang de nos fautes*, Albin Michel, 1941, p. 63.

31. Jean Malaquais, *Journal de guerre 1939-1940,* suivi de *Journal du métèque*, Phébus, 1997, p. 49-50.

32. Henriette Nizan, *op. cit.*, p. 272.

33. *Ibid.*, p. 277.

34. Cité par Paul-André Rosental, *L'Intelligence démographique, Sciences et politiques des populations en France (1930-1960)*, Odile Jacob, 2003, p. 43. Observateur impitoyable de la débâcle dans laquelle il voit la réalisation de ses prophéties d'avant-guerre, Montherlant note que les camions de ravitaillement

qu'il croise aux abords de Noyon transportent par caisses entières des exemplaires de la revue *Sex-Appeal*. Il se rappelle alors avoir lu dans la presse qu'« à l'avant, on lit surtout Péguy et Claudel ».

35. *Marie-Claire*, 29 septembre 1939.

36. Alfred Fabre-Luce, *op. cit.*, p. 106.

37. Jean Malaquais, *op. cit.*, p. 116.

38. Gabriel Danjou, *Exode 1940*, Éditions du Scorpion, 1960, p. 14.

39. Simone de Beauvoir - Jean-Laurent Bost, *op. cit.*, p. 640.

40. Cité par Antoine Lefebure, *op. cit.*, p. 48.

41. Cité par Pierre Darmon, *Vivre à Paris pendant la Grande Guerre*, Fayard, 2002, p. 253.

42. Lire à ce sujet Jean-Yves Le Naour, *Misères et tourments de la chair durant la Grande Guerre. Les mœurs sexuelles des Français 1914-1918*, Aubier, 2002, p. 212-214.

43. Cité par Élisabeth Coquart, *Marthe Richard, de la petite à la grande vertu*, Payot, 2006, p. 183-184.

44. Cité par Michel-Serge Hardy, *De la morale au moral des troupes ou l'histoire des BMC 1918-2004*, Lavauzelle, 2004, p. 60.

45. *Le Relèvement social*, février 1940.

46. APP, inventaire BM1, carton 37.

47. Cité par Paul-André Rosental, *op. cit.*, p. 43.

48. Cité par Serge Wolikow, *La Seconde Guerre mondiale à travers les archives du Val-de-Marne*, t. I : *1939-1942*, Le Cherche Midi, 2004, p. 118.

49. Chiffres cités par Alfred Scheiber, *Un fléau social. Le problème médico-policier de la prostitution*, Librairie de Médicis, 1946, p. 113. L'origine des contaminations a pu, par ailleurs, être établie d'après une enquête effectuée sur huit cents cas et publiée par le *Bulletin de l'Académie de médecine* du 17 février 1942 : 15 % de soldats avaient été contaminés par les femmes légitimes ou les maîtresses, 33 % par les femmes des maisons de tolérance, 52 % par les prostituées clandestines.

2. De la débandade à la bandaison

1. Suzanne Bidault, *Souvenirs de guerre et d'occupation*, *op. cit.*

2. Alfred Fabre-Luce, *Journal de la France*, *op. cit.*, p. 179-180.

3. Cf. Barbara Lambauer, *Otto Abetz et les Français ou l'envers de la Collaboration*, Fayard, 2001, p. 129-130.

4. Oswell H. Bullitt, *For the President Personal and Secret : Correspondance between Franklin D. Roosevelt and William C. Bullitt*, Boston, Houghton-Mifflin, 1972.

5. Pierre Dominique, *Un État de quat'sous*, Flammarion, 1943. Ancien combattant de la guerre 1914-1918, docteur en médecine reconverti dans le journalisme Pierre Lucchini, dit Pierre Dominique, collabora avant-guerre à divers journaux modérés comme *La République*, quotidien radical-socialiste dont il fut rédacteur en chef jusqu'en 1940 avant de rallier l'État français.

6. André Fraigneau, *La Fleur de l'âge*, Gallimard, 1941, p. 234-235.

7. Stephen Hecquet, *Les Guimbardes de Bordeaux*, *op. cit.*, p. 36.

8. Guylaine Guidaz, *Femmes dans la guerre*, Perrin, 1989, p. 25.

9. Louis-Ferdinand Céline, *Les Beaux Draps*, Nouvelles Éditions françaises, 1941, p. 174 ; René Benjamin, *Le Printemps tragique*, Plon, 1940, p. 174 ; Henry de Montherlant, *Textes sous une occupation*, Gallimard, 1953, p. 21.

10. « Une femme dans l'exode », choses vues par Bertje-Agnès Vidal, *L'Appel*, 16 avril 1942.

11. Violette Leduc, *La Bâtarde*, Gallimard, 1964, p. 99.

12. Yvon Bizardel, *Souvenirs d'un conservateur de musée sous l'Occupation*, Calmann-Lévy, 1964.

13. Lucien Rebatet, *Les Décombres*, *op. cit.*, p. 424-425.

14. Nicole Ollier, *L'Exode de mai-juin 1940*, Robert Laffont, 1970, p. 168-169.

15. Cité par Jean Vidalenc, *L'Exode*, PUF, 1973, p. 384.

16. Jean de La Hire, *Les Crimes des évacuations : les horreurs que nous avons vues*, Tallandier, 1940, p. 70.

17. Léon Werth, *33 jours*, Viviane Hamy, 1992, p. 38 et 48. Écrivain antimilitariste (*Clavel soldat*, 1919) et anticolonialiste (*Cochinchine*, 1928), Léon Werth, bien que généralement considéré comme un homme de gauche, s'est surtout singularisé par un esprit de farouche indépendance qui le conduisit par exemple à dénoncer parmi les premiers la barbarie du régime stalinien.

18. Simone de Beauvoir, *Journal de guerre*, Gallimard, 1990, p. 507.

19. Louis-Ferdinand Céline, *Guignol's band*, p. 18.

20. Georges Sadoul, *Journal de la guerre 1939-1940*, *op. cit.*, p. 363.

21. Anne Jacques, *Journal d'une Française*, Seuil, 1946 p. 38. Tout attentive qu'elle soit à aligner des représentations héroïques de la féminité pendant l'exode, Anne Jacques n'en mentionne pas moins quelques cas de « délirantes », personnages familiers des récits masculins : « C'était une très vieille mère qu'on avait eu bien tort de transplanter et qui, en route, était devenue folle. Courbée en deux, elle riait, fredonnait, et prise d'une agitation continuelle courait à tous les bouts de la chambre. Dans le train elle avait fait le martyre de sa fille qui, n'en pouvant plus, nous l'amenait » (p. 39). Ou encore, à propos de la même : « La folle tourne en rond, elle a ôté son dentier, probablement avec l'idée d'aller se coucher, et comme elle est perdue dans l'obscurité de cette salle archi-comble, elle cherche à le cacher sous les oreillers des bébés qui dorment, sous les tables, ou bien elle le tend aux femmes qui poussent des cris d'horreur » (p. 44).

22. Benoîte et Flora Groult, *Journal à quatre mains*, Denoël, 1962, p. 28.

23. Lucien Combelle, *Péché d'orgueil*, *op. cit.*, p. 188.

24. Daniel Guérin, *Le Feu du sang, autobiographie politique et charnelle*, Grasset, 1977, p. 122.

25. Commentant le récit que lui fit Lucien Rebatet des bombardements du pont de Gien, l'universitaire Maurice Bardèche, beau-frère de Robert Brasillach, dont l'engagement pro-fasciste sera postérieur à la guerre et à la défaite des puissances de l'Axe, écrit : « L'hystérie des femmes, si naturelle dans le danger, est pire que le danger lui-même. Dans ces aventures, les femmes redeviennent ce qu'elles sont, des proies. Elles cherchent, instinctivement le mâle qui leur assurera la protection et la vie, toujours prêtes à payer le prix du passage. Même sans une nécessité, la solitude,

l'angoisse, le désarroi, la rupture des habitudes, pas de témoins font souvent des femmes des errantes, aussi démunies, aussi fragiles que les jeunes fugueuses qui cherchent à s'accrocher quelque part. Il y a sans doute une volupté à être irresponsable. Les femmes aspirent parfois à cette sorte de sensualité. C'est peut-être une des significations inavouées de leur désir d'être libres. » Maurice Bardèche, *Souvenirs*, Buchet-Chastel, 1993, p. 95.

26. Gabriel Danjou, *Exode 1940*, *op. cit.*, p. 217-220. À propos des effets du *shell shock* sur l'ardeur sexuelle des couples, on lira également le récit romancé de Michel Audiard, situé lui aussi lors de la bataille des ponts de Loire : « D'humeur voyeuse, je regardai Paula courir à poil sur la rive, en cachant ses nichons sautilleurs, puis ensuite venir vers nous à petites brasses, éclairée par de soudaines lueurs jaune soufre et cernée de vacarme. Quand elle a été à portée, je lui ai mis la main au miaou. Elle a ri et moi aussi. Sur l'autre rive, les avions s'étaient mis à bombarder en piqué, dans un déchirement de sirènes folles. J'ai commencé à branler Paula. Elle a passé ses bras autour de moi en renversant la tête comme pour regarder les avions. "On va peut-être mourir, m'a-t-elle dit, vas-y !" On a baisé en regardant le spectacle. » Michel Audiard, *Le Petit Cheval de retour*, Julliard, 1975, p. 22.

27. *Paris-Match*, 11 avril 1940.

28. Jacques Laurent, *Le Petit Canard*, Grasset, 1954, p. 136.

29. Pol Vandromme, *Un été acide*, La Table ronde, 2003, p. 99. Voir aussi Pacal Jardin, *La Guerre à neuf ans*, Grasset, 1971.

30. Georges Simenon, *Le Train*, in *Œuvre romanesque*, Presses de la Cité, 1995.

31. Espaces confinés, voués à l'angoisse, les trains de l'exode n'évoquent en rien pour la majorité de ceux qui ont eu à les prendre le souvenir de trains de plaisir, même si le plaisir n'en fut pas toujours absent, au grand scandale de ceux pour qui toute transgression des normes en cette période dramatique s'apparentait à une dissidence, à une mise à l'écart de la communauté nationale. C'est ce que rapporte la plume réprobatrice d'Anne Jacques à la date du 17 juin 1940 : « Une infirmière est montée avec nous à T., elle n'est pas de notre Croix-Rouge, et pas non plus de notre monde. Toute la journée elle a flirté avec un officier et j'apprends que, cette nuit, ils se sont retrouvés dans son wagon. Cette nuit ! Pendant que le soldat achevait de mourir, pendant que l'enfant blessé appelait sa mère, et que la mère, impuissante à quitter sa civière, priait pour son enfant. Dans ce train traînant derrière lui tant de souffrance et de misère. » Anne Jacques, *op. cit.*, p. 84.

32. Henriette Nizan, *Libres Mémoires*, *op. cit.*, p. 298.

33. Louis-Ferdinand Céline, *Les Beaux Draps*, *op. cit.*, p. 17.

34. Jacques Benoist-Méchin, *La Moisson de quarante. Journal d'un prisonnier de guerre*, Albin Michel, 1941, p. 281.

35. Lieutenant Pierre Blanc, *Lettres à Maïou, septembre 1939 - juin 1940*, Bernard Giovangeli éditeur, 2003, p. 43.

36. Georges Sadoul, *op. cit.*, p. 131. La rancœur à l'égard des officiers ne saurait être réduite à un simple réflexe de classe, de même qu'elle n'est pas l'apanage de l'extrême gauche. Situé à l'autre bout du spectre politique, Jean Dutourd, revisitant ces heures fiévreuses, a pu écrire : « La guerre, pour eux, c'était d'être débarrassé de tous leurs soucis, et de mener une vie de satrape,

avec un valet de chambre appelé ordonnance » (*Les Taxis de la Marne*, Gallimard, Folio, 1973, p. 37).

37. Léon Werth, *op. cit.*

38. Suzanne Bidault, *op. cit.*, p. 50-51.

39. Maud Sacquard de Belleroche, *L'Ordinatrice*, La Jeune Parque, 1968, p. 53.

40. Anecdote rapportée par Jean Vidalenc, *op. cit.*, p. 227.

41. J.-M. Amiot, *Nos mitrailleuses n'ont pas tiré*, Fasquelle, 1941, p. 142.

42. Lucien Rebatet, *op. cit.*, p. 474.

43. Raymond Queneau, *Journal 1939-1940*, Gallimard, 1986.

44. Jean Malaquais, *Journal de guerre 1939-1940, suivi de Journal du métèque*, *op. cit.*, p. 172.

45. Maurice Sachs, *La Chasse à courre*, Gallimard, 1948, p. 30.

46. L'affaire a été racontée dans le détail par Montherlant lui-même dans une fiction, « Oblomov à Nijni-Novgorod », que l'auteur attribue à Dostoïevski et qu'il transpose en 1905.

47. Cf. Henry de Montherlant et Roger Peyrefitte, *Correspondance*, Robert Laffont, 1983, p. 92. La « clé des champs » désigne ici le sexe, les « modèles réduits » sont évidemment les jeunes garçons, que Peyrefitte appellera plus tard ses « tendres proies ».

48. Jean-Paul Sartre, *La Mort dans l'âme*, Gallimard, 1949, p. 158.

49. Léon Werth, *33 jours, op. cit*, p. 45.

50. Antoine Blondin, *L'Europe buissonnière*, Éditions Jean Froissart, 1949, p. 141.

51. Cité par Gilbert Joseph, *Une si douce Occupation*, Albin Michel, 1991, p. 26-27.

52. Noël Bayon de La Mort, *Vie des prisonniers. Du Frontstalag 210 au Stalag XII*, Grasset, 1941, p. 19.

3. De si beaux vainqueurs

1. Journal inédit de Paul Boulos Ristelhueber communiqué à l'auteur par Bernard Minoret.

2. Cité par Jean-Paul Picaper et Ludwig Norz, *Enfants maudits*, Éditions des Syrtes, 2004, p. 226.

3. On peut se demander si les récits des viols et massacres de 1914, maintes fois répétés pendant l'entre-deux-guerres, n'avaient pas fini par mithridatiser la population ou par lui faire relativiser les exactions réellement commises par les troupes d'invasion. Le point de vue allemand est à cet égard sensiblement différent puisque le général Günther von Kluge, commandant de la IVe armée, signale dans un ordre en date du 27 juin 1940 « une augmentation effrayante des cas de viol ». De même, Louis Mexandeau a raison de rappeler que la progression de la division *Totenkopf* dans le Pas-de-Calais ne s'est pas faite sans de nombreuses victimes civiles : quarante et un fusillés à Beuvry, quarante-quatre à Courrières, dix-huit à Carvin, tous considérés comme des francs-tireurs par l'armée allemande ; cf. Louis Mexandeau, *Nous ne verrons pas la fin. Un enfant dans la guerre (1939-1945)*, Le Cherche Midi, 2003.

4. Alphonse Boudard, *Les Combattants du petit bonheur*, Omnibus, 1996. Ces distributions de vivres sous l'égide du NSV eurent lieu un peu partout dans les villes sinistrées, comme Le Havre où près de vingt mille habitants reçurent des denrées françaises confisquées par l'occupant.

5. « Récits d'évacués : sur les grandes routes nationales se déroulent des scènes d'épouvante », *Paris-Soir*, 24 juin 1940.

6. Marie Bonaparte, *Mythes de guerre*, Londres, Imago, 1946, p. 103.

7. On doit ce concept d'« accommodation » à Philippe Burin, *La France à l'heure allemande 1940-1944*, Seuil, 1995.

8. Les synthèses des Renseignements généraux conservées aux Archives de la préfecture de police à Paris furent d'abord hebdomadaires jusqu'en juillet 1942, puis bimensuelles à partir de cette date. Pour les RG, les seuls incidents notables des premières semaines de l'Occupation concernent d'une part les tentatives des anciens maires communistes déchus de leur fonction pour reprendre par la force les mairies de Gennevilliers (17 juillet), Montreuil (23 juillet) et Alfortville (25 juillet) et, d'autre part, une manifestation de « trois cents jeunes israélites » devant le café-tabac du 19, place des Vosges, point de rendez-vous du groupement antisémite « Les Gardes françaises » dirigé par Henri-Robert Petit, par ailleurs rédacteur en chef d'*Au pilori*.

9. Paul Léautaud, *Journal littéraire*, Mercure de France, 1995, t. III, p. 164.

10. Léon Werth, *33 jours, op. cit.*, p. 42.

11. Louis Chevalier, *Les Relais de mer*, Fayard, 1983, p. 388.

12. Paul Léautaud, *op. cit.*, p. 13.

13. Cité par Jean-Paul Picaper et Ludwig Norz, *op. cit.*, p. 265.

14. Jean Cau, *Le Meurtre d'un enfant*, Gallimard, 1965, p. 41-42.

15. Jean-René Huguenin, *La Côte sauvage*, Seuil, 1960, p. 97.

16. Jean Dutourd, *Les Taxis de la Marne*, *op. cit.*, p. 124.

17. Philippe Erlanger, *La France sans étoile*, Plon, 1974, p. 81.

18. Paul Léautaud, *Journal littéraire*, *op. cit.*, p. 136.

19. Henry de Montherlant, *Le Solstice de juin*, Grasset, 1941, p. 194.

20. Jacques Copeau, *Journal 1901-1948*, Seghers, 1991, t. II, p. 504.

21. Marcel Haedrich, *Baraque III, chambre 123. Récit de captivité*, Éditions françaises nouvelles, 1943, p. 89.

22. Cité par Joseph Gilbert, *Une si douce Occupation*, *op. cit.*, p. 76.

23. Irène Némirovsky, *Suite française*, Denoël, 2004, p. 239.

24. Jean Texcier, *Écrit dans la nuit*, La Nouvelle Édition, 1945, p. 15.

25. Simone de Beauvoir, *Journal de guerre*, *op. cit.*, p. 317-318.

26. Benoîte et Flora Groult, *Journal à quatre mains*, *op. cit.*, p. 57.

27. Simone Signoret, *La Nostalgie n'est plus ce qu'elle était*, Seuil, 1976, p. 38.

28. Frédérique Moret, *Journal d'une mauvaise Française*, La Table ronde, 1972, p. 58.

29. Benoîte et Flora Groult, *op. cit.*, p. 57.

30. La réprobation de la communauté à l'égard des filles qui frayaient avec les Allemands aux premières heures de l'Occupation ne semble s'être publiquement exprimée que dans des cas extrêmes, ainsi qu'en témoigne cette anecdote rapportée par Léon Werth : « Après la signature de l'armistice, les Allemands ont dansé toute la nuit à Ladon et deux femmes du bourg, qui auparavant "n'étaient pas légères", ont dansé avec eux. Et cela, alors qu'ils

avaient, à Ladon même, fusillé treize soldats français et huit civils », Léon Werth, *33 jours, op. cit.*, p. 104.

31. Ernst Jünger, *Journal parisien*, Bourgois, 1990, p. 180.
32. René Benjamin, *Le Printemps tragique*, *op. cit.*, p. 246.
33. Michel Audiard, *Le Jour, la nuit et toutes les autres nuits*, Gallimard, Folio, 1980, p. 70.
34. Cité par Gérard Walter, *La Vie à Paris sous l'Occupation 1940-1944*, Armand Colin, 1960, p. 59.
35. *Révolution nationale*, 9 novembre 1941.
36. Entretien de l'auteur avec August von Kageneck, 30 juin 2004.
37. Paul Léautaud, *op. cit.*, p. 97 et 107.
38. Simone de Beauvoir, *Journal de guerre*, *op. cit.*, p. 331.
39. Entretien de l'auteur avec August von Kageneck, 30 juin 2004.
40. Roger Ikor, *Pour une fois, écoute mon enfant*, Albin Michel, 1975, p. 53.
41. Pierre Audiat, *Paris pendant la guerre*, Hachette, 1946.
42. L'expression est de Thoman Mann dans *Le Docteur Faustus*.
43. *La Gerbe*, 18 juillet 1940.
44. Note citée par Insa Meinsen, *Wehrmacht et prostitution sous l'Occupation (1940-1945)*, Payot, 2006, p. 147.
45. *Ibid.*, p. 148.
46. Jean Texcier, *op. cit.*, p. 11.
47. Journal de guerre d'une institutrice, Archives Institut d'histoire du temps présent (IHTP), cahier n° 1.
48. Cité par François Sentein, *Minutes d'une autre année (1945)*, Le Promeneur, 2003, p. 78.
49. Violette de Barbès, *50 ans de trottoir*, Éditions Alain Lefeuvre, 1980, p. 141.
50. APP, « La situation à Paris », 22 juillet 1940.
51. Avec la disparition progressive dans la capitale des maisons à personnel interne fonctionnant avec des « pensionnaires », rien ne distinguait plus, à la fin des années trente, les maisons de tolérance des maisons dites de « rendez-vous », si ce n'est que les premières occupaient un immeuble entier, justifiant ainsi l'appellation de « maisons closes », alors que les secondes étaient installées sur un ou deux étages voire dans un simple appartement. Cf. sur le sujet le livre de Léon Bizard, *La Vie des filles*, Grasset, 1934. Farouche réglementariste, le docteur Léon Bizard a d'abord exercé en qualité de médecin à l'infirmerie spéciale de Saint-Lazare, puis de médecin-chef du dispensaire de la préfecture de police. Il est l'auteur d'une demi-douzaine d'ouvrages sur la prostitution dont le témoignage, très documenté, couvre le premier tiers du siècle.
52. Cf. l'excellente et très complète étude de Claude Croubois, *La Prostitution en Touraine à l'époque des maisons closes (1920-1946*), CLD, 1999.
53. Cf. Christophe Belser, *La Collaboration en Loire-Inférieure 1940-1944*, Geste Éditions, 2005, t. I : *Les Années noires*, p. 230-231.
54. Les Allemands seront à l'origine de la création de sept établissements à Roubaix dont Le Phénix, Le Palermo, Le Cosmopolite, Le Soleil, afin de répondre aux besoins des importantes unités cantonnées dans la ville. Cf. Alfred Scheiber, *Un fléau social*, *op. cit.*, p. 149-150.

55. APP, série BM1, carton 29.
56. APP, « La situation à Paris », 28 octobre 1940.
57. APP, série BM1, carton 35.
58. APP, « La situation à Paris », 4 novembre 1940.

4. Jours tranquilles à Vichy

1. Dans la dédicace du livre qu'il fait paraître en 1941, le président du conseil municipal de Paris, Pierre Taittinger, écrit : « Au maréchal Pétain qui s'est sacrifié pour permettre, nouveau Christ, la rédemption de la France vaincue », *Les Leçons de la défaite. Ce que le pays doit savoir*, Imprimerie charentaise, 1941.
2. Louis-Dominique Girard, *Mazinghem ou la vie secrète de Philippe Pétain*, Chez l'auteur, 1971.
3. Lettre du 25 avril 1916 citée par Henri Amouroux, *Pétain avant Vichy : la guerre et l'amour*, Fayard, 1967, p. 133.
4. Cf. Bernard Serrigny, *Trente ans avec Pétain*, Plon, 1959. Pour avoir rapporté les innombrables aventures charnelles du vainqueur de Verdun, le livre de Serrigny a été dénoncé dès sa publication par les gardiens de la flamme maréchaliste tantôt comme une grossière entreprise de diffamation, tantôt comme une « fable grotesque ».
5. Cité par Philippe Alméras, *Un Français nommé Pétain*, Robert Laffont, 1995, p. 55.
6. Louis-Dominique Girard, *op. cit.*, p. 224.
7. Cité par Henri Amouroux, *op. cit.*, p. 144.
8. Cité par Louis-Dominique Girard, *op. cit.*, p. 218.
9. Cf. Nicole Casanova, *Isolde 39, Germaine Lubin*, Flammarion, 1974.
10. Cité par Louis-Dominique Girard, *op. cit.*, p. 236. La relation d'amitié amoureuse entre Philippe Pétain et Germaine Lubin aurait pour partie inspiré la pièce de Paul Géraldy, *Aimer*, représentée pour la première fois sur la scène de la Comédie-Française, le 5 décembre 1921.
11. Lettres d'Étienne de Nalèche, 18 septembre et 25-26 octobre 1920, citées par Gilbert Joseph, *Fernand de Brinon, l'aristocrate de la collaboration*, Albin Michel, 2002, p. 267.
12. Cf. Jacques Isorni, *Philippe Pétain,* La Table ronde, 1971.
13. Jean Chauvel, *Commentaire,* Fayard, 1972, t. I, p. 147.
14. René Benjamin, *Les Sept Étoiles de France*, Plon, 1942, p. 14.
15. Cf. Joseph Simon, *Pétain, mon prisonnier*, Plon, 1978. Pétain aurait évoqué cet épisode au moins à deux reprises. Une première fois, en réponse à son geôlier qui l'interrogeait sur les capacités sexuelles du grand âge : « Pour cela, il faut être exercé, lui aurait répondu le Maréchal. C'est probablement la dernière fois que j'ai dû faire l'amour. Et pourtant, ce que j'ai pu avoir autour de moi à Vichy de jeunes femmes et de jeunes filles qui me faisaient des avances. Après Vichy, fini. Et cependant, à Sigmaringen, il y avait des Vichyssoises qui n'auraient pas mieux demandé », *op. cit.*, p. 141. Une autre fois, à propos de la lettre découverte dans les archives du Maréchal par laquelle la jeune fille en question le remerciait de la nuit passée avec lui : « C'est bien possible, surtout qu'à Vichy, il y avait des coins de l'hôtel où je

pouvais m'isoler. Mais ce n'est pas très chic de la part de celui qui a diffusé le contenu de cette lettre », *ibid.*, p. 349. On notera également cette ultime confidence en date du 3 mars 1947, révélatrice des pratiques sexuelles de cet apôtre du populationnisme à une époque où les méthodes de contraception étaient encore très limitées : « Je ne suis jamais allé chercher les femmes, mais elles ont toujours été bienveillantes avec moi. Je n'ai pas laissé de modèle car j'ai toujours exigé des femmes qu'elles se lavent », *ibid.*, p. 26. Au final, une intimité prolongée avec le « plus vieux prisonnier de France » inspire à Simon ce jugement d'où n'est pas exclue une certaine complicité : « C'est un vieux paillard et c'est amusant de voir ses amis qui veulent à tout prix le canoniser. »

16. Maurice Martin du Gard, *La Chronique de Vichy 1940-1944,* Flammarion, 1948, p. 95.

17. Jacques Benoist-Méchin, *À l'épreuve du temps*, Julliard, 1989, t. II, *1940-1947*, p. 326.

18. Jacques Le Roy-Ladurie, *Mémoires 1902-1945*, Flammarion-Plon, 1997, p. 276.

19. Dans les hautes sphères du pouvoir, il était d'usage d'observer à propos de la situation matrimoniale du Maréchal et de son épouse un silence respectueux et compassé. Le rompre était cause de scandale, s'il faut en croire le témoignage de Suzanne Borel : « Une autre fois, c'est un film américain dont j'ai oublié le titre qui fut sur la sellette. Il y était longtemps question d'un divorce, d'ailleurs parfaitement motivé. On s'écria qu'il était scandaleux de faire d'un divorce l'élément majeur d'un film et qu'il fallait en conséquence interdire celui-ci. Je m'étonnai : "Pourquoi ? dis-je ; le divorce est légal en France." À quoi un petit crétin qui représentait le ministère de la Jeunesse me répondit d'un ton de componction : "Ce ne serait pas dans la ligne du Maréchal." Je bondis sur ma chaise : "Pas dans la ligne du Maréchal ? Mais s'il n'y avait pas de divorce, le Maréchal ne serait pas marié." Une bombe jetée sur la table n'aurait pas produit plus d'effet. Tous ces sépulcres blanchis savaient fort bien que le Maréchal avait épousé une divorcée. » Suzanne Bidault, *op. cit.*, p. 111.

20. « Le Maréchal explique pourquoi les femmes ne portent pas la francisque », *La Semaine*, 5 novembre 1942.

21. François Sentein, *Minutes d'un libertin*, La Table ronde, 1977, p. 173.

22. Arno Breker, *Paris, Hitler et moi*, Presses de la Cité, 1970, p. 149-150.

23. Pierre Limagne, *Éphémérides de quatre années tragiques*, Bonne Presse, 1945, t. II, p. 822.

24. Toutes ces citations ont été extraites des ouvrages suivants : René Benjamin : *Le Maréchal et son peuple*, Plon, 1941 ; *Les Sept Étoiles de France*, *op. cit.* ; *Le Grand Homme seul*, Plon, 1943 ; Henry Bordeaux, *Images du maréchal Pétain*, Sequana, 1941 ; Lucien Romier, *Esquisse d'un portrait moral du maréchal Pétain*, Imprimerie nationale, 1942 ; Robert Vaucher, *Quand le maréchal Pétain prend son bâton de pèlerin*, La Presse française et étrangère, 1941.

25. Sur le rôle et l'influence de Bernard Ménétrel, on se reportera avec profit à la biographie de Bénédicte Vergez-Chaignon, *Le Docteur Ménétrel, éminence grise et confident du maréchal Pétain*, Perrin, 2002.

26. L'activité du Service central de photographie a fait l'objet d'une étude très complète dans le livre de Françoise Denoyelle, *La Photographie d'actualité et la propagande sous le régime de Vichy*, CNRS Éditions, 2003.

27. « Photo, visa n° 29056, obligatoire dans tous les journaux », 12 janvier 1942, Archives nationales, F 41/329.

28. Mouloudji, *La Fleur de l'âge*, Grasset, 1991, p. 10.

29. Cité par Françoise Denoyelle, *op. cit.*, p. 128.

30. *Révolution nationale*, 12 septembre 1942.

31. *Révolution nationale*, 18 juillet 1943.

32. Curieusement, les fortes connotations phalliques du cérémonial maréchaliste ont échappé au psychanalyste Gérard Miller, in *Les Pousse-au-jouir du maréchal Pétain*, Seuil, 1975. Adepte par formation de la démonstration par le symbole, il semble avoir délibérément ignoré celui-là au point d'écrire : « Seule sans doute la pudibonderie régnante nous a épargné de voir célébrer la verge du Maréchal », *op. cit.*, p. 60. Singulière et incompréhensible myopie de la part d'un spécialiste.

33. René Benjamin, *Le Maréchal et son peuple*, *op. cit.*, p. 66.

34. La symbolique de la cérémonie de la canne n'a guère été relevée par les témoins de l'époque hormis Jean Dutourd qui, à la lisière de la fiction et de la réalité, lui a consacré une page féroce dans *Au bon beurre*, Folio, 1972, p. 219-220 : « L'Ébroïcien du Nevada effectue un pas en avant, se met au garde-à-vous et dit :

"Les scouts de France ont l'honneur et la joie d'offrir une canne à monsieur le Maréchal de France, chef de l'État.

– Repos !" dit le Maréchal.

Deux boy-scouts présentent sur un coussin un bâton couvert de sculptures au couteau. Le Maréchal sourit, leur tapote la joue, prend la canne, la passe à l'un des amiraux de sa suite et déclare :

"Merci, merci, mes bons amis. C'est une très belle canne. J'aime beaucoup les cannes. J'aime beaucoup les boy-scouts."

Puis, se tournant vers le Gaulois de la guerre de Sécession :

"Mon bon Giraudet-Lemperière, je n'oublierai pas cette canne… Savez-vous que cette canne est la neuf cent quarante-troisième qu'on m'ait offerte depuis l'année dernière ? Une canne, ça fait toujours plaisir. Je suis l'homme de France qui possède le plus de cannes." »

35. *7 Jours*, 12 octobre 1941.

36. La relation la plus complète de la cérémonie de la forêt de Tronçais a été donnée par l'hebdomadaire *Gringoire* dans son numéro du 21 novembre 1940. Un album souvenir fut édité à l'usage des enfants, au début de 1941, après la nomination de Jacques Chevalier au poste de ministre de l'Éducation nationale, sous le titre *La Belle Histoire d'un chêne*. Dans le même ordre d'idée, l'écrivain Léon-Paul Fargue (soixante-cinq ans), en visite à Vichy, offrit au maréchal Pétain (quatre-vingt-cinq ans) un exemplaire de son *Piéton de Paris* avec cette dédicace : « Hommage d'un vieil arbuste à un jeune chêne. »

37. Jean de Fabrègues, « Valeurs de la Révolution nationale », *Idées*, n° 10-11, septembre-octobre 1942, p. 43.

38. Abel Bonnard, in *Le Cri du peuple*, 20 octobre 1940.

39. Lettre du 5 décembre 1943 adressée au docteur Ménétrel citée par Luc Capdevila, François Rouquet, Fabrice Virgili, Danièle Voldman, *Hommes et femmes dans la France en guerre (1914-1945)*, Payot, 2003, p. 86-87.
40. Maurice Martin du Gard, *op. cit.*, p. 85.
41. René Benjamin, *Le Maréchal et son peuple*, *op. cit.*, p. 86. Les mots auxquels a recours l'auteur pour décrire certaines scènes livrent involontairement une psychanalyse sauvage des foules pétainistes, à la frontière indécise entre le délire mystique et l'extase sexuelle : « Deux paysannes, mère et fille, qui gardaient des chèvres dans le fossé de la route. Les bêtes broutaient, les femmes rêvaient. Mais la vue du Maréchal les tira si brusquement du rêve que leur sang ne fit qu'un tour et se porta à leurs visages. Elles devinrent écarlates et sans mouvement. Elles ne se levèrent pas ; elles regardèrent stupéfaites. Avaient-elles peur… ou étaient-elles comblées ? »
42. *L'Illustration*, 5 juillet 1941.
43. Robert Vaucher, *op. cit.*, p. 56.
44. Wanda Wulliez, *Vichy, la fin d'une époque*, France-Empire, 1986, p. 14.
45. Jacques Le Roy-Ladurie, *op. cit.*, p. 362.
46. Cité par Henri Mahé, *La Brinquebale avec Céline*, La Table ronde, 1969, p. 247.
47. Cf. Louis Noguères, *Vichy, juillet 1940*, Fayard, 2000, p. 23-24.
48. Cf. Marc Boninchi, *Vichy et l'ordre moral*, PUF, 2005, p. 211-213.
49. Merry Bromberger, « Contre les mauvais garçons, l'alcoolisme et la pornographie s'est levée la croisade des hommes de bonne volonté », *Paris-Soir*, 31 août 1940.
50. Lucien Rebatet, *Les Décombres*, *op. cit.*, p. 481.
51. *Ibid.*, p. 481.
52. *Marie-Claire*, 13 décembre 1941.
53. Roger Rabiniaux, *Les Bonheurs de la guerre*, Buchet-Chastel, 1973, p. 53.
54. Cité par Jacques Body, *Jean Giraudoux*, Gallimard, 2004, p. 749.
55. L'histoire est rapportée par André Weil-Curiel, séjournant alors en mission clandestine à Vichy, dans son livre *Éclipse de la France*, Éditions du Myrte, 1946, p. 76.
56. Le livre de Michèle Cointet, *Vichy capitale 1940-1944*, Perrin, 1993, est à ce jour l'étude la plus complète sur la vie quotidienne dans la capitale administrative de l'État français.
57. Suzanne Bidault, *Souvenirs de guerre et d'occupation*, *op. cit.*, p. 114.
58. Chiffres cités par Alfred Scheiber, *Un fléau social*, *op. cit.*, p. 59.
59. Marcel Déat, in *L'Œuvre*, 23 décembre 1940.
60. Pierre Drieu La Rochelle, *Fragments et mémoires 1940-1941*, Gallimard, 1982, p. 85-86.
61. Henri du Moulin de Labarthète, *Le Temps des illusions*, Éditions du Cheval ailé, 1946, p. 340.
62. Joseph Barthélemy, *Ministre de la Justice, Mémoires 1941-1943*, Pygmalion, 1989, p. 122.
63. Pascal Jardin, *La Guerre à neuf ans*, *op. cit.*, p. 85.
64. Ancien membre de l'Action française, Jacques Laurent-Cély, qui accédera après-guerre à la notoriété en littérature sous le nom de Jacques Laurent et plus encore sous celui de Cecil Saint-Laurent, pseudonyme dont il

signera une importante production de romans libertins, est à l'époque, sous le nom de Jacques Bostan, l'un des animateurs de la revue *Idées* qui passe pour être le « laboratoire » doctrinal de la Révolution nationale.

65. Henri du Moulin de Labarthète, *op. cit.*, p 324.

5. Coryphées et corps en fête

1. Les instructions du 1er juin 1941 fixant la doctrine et les applications pratiques de l'éducation générale et sportive ont fait l'objet d'un petit recueil préfacé par Jérôme Carcopino, *Les Activités d'éducation générale*, Éditions Archat, 1941.

2. Cf. Georges Hébert, *Le Sport contre l'éducation physique*, Vuibert, 1925.

3. *La Semaine*, 5 mars 1942.

4. Le pasteur Marc Boegner, président du Conseil protestant de la jeunesse française, exprime une semblable inquiétude dans une mise en garde datée du 16 septembre 1941 : « En aucun cas, l'éducation physique ne peut avoir pour but la glorification des corps et le culte de la force. »

5. « La définition la plus profonde du fascisme, écrit Drieu, c'est celle-ci : c'est le mouvement politique qui va le plus franchement, le plus radicalement dans le sens de la grande révolution des mœurs, dans le sens de la restauration du corps – santé, dignité, plénitude, héroïsme –, dans le sens de la défense de l'homme contre la grande ville et contre la machine. » Cf. Pierre Drieu La Rochelle, *Chronique politique, 1934-1942*, Gallimard, 1943, p. 50

6. Cité par Pierre Giolitto, *Histoire de la jeunesse sous Vichy*, Perrin, 1991, p. 199.

7. *Ibid.*, p. 209.

8. Paul Nodet, *Éducation et culture du corps : les activités physiques dans l'Éducation générale*, Éditions X. Mappus, 1942, p. 6.

9. Au sein de la mouvance catholique, la JEC (Jeunesse étudiante chrétienne) se distingue par son activité précoce en première ligne dans le combat contre l'idolâtrie du muscle : « Cultivez votre corps, certes, nous l'avons trop négligé, écrit le futur résistant Gilbert Dru. Mais refusons d'être Sparte quand nous devons être Athènes. » Cité par Alain-René Michel in *La JEC face au nazisme et à Vichy, 1939-1944*, Presses universitaires de Lille, 1988.

10. Cité in *Le Sport et les Français pendant l'Occupation*, ouvrage collectif, L'Harmattan, 2002, t. I, p. 302.

11. Jean Luchaire, in *Les Nouveaux Temps*, 26 décembre 1940.

12. Cité par Jean-Louis Gay-Lescot, *Sport et éducation sous Vichy*, Presses universitaires de Lyon, 1991, p. 60-61.

13. Les succès obtenus par Marie-Thérèse Eyquem, promue chargée de mission à l'éducation physique et aux sports féminins en 1942, l'encourageront à exposer sa doctrine dans *La Femme et le sport*, Éditions J. Susse, 1944.

14. D'après cette étude, 61 % des parents interrogés ne jugent pas utile d'établir une différence entre les enfants des deux sexes pour la pratique du sport ; cf. Jean-Louis Gay-Lescot, *op. cit.*, p. 133.

15. *L'Appel*, 3 septembre 1942.

16. Archives nationales, F. 17-13376. Rapport du préfet de la Vendée, 2 mars 1942.

17. Cité par Jean-Pierre Froger et Jacques Watiez, *Les Tourangeaux sous l'Occupation, la vie quotidienne*, CLD, 1997, p. 255.

18. Cité par Pierre Giolitto, *op. cit.*, p. 209.

19. L'augmentation du nombre des élèves scolarisés dans l'enseignement primaire libre, pendant la période de l'Occupation, fut particulièrement sensible dans les bastions traditionnels du catholicisme (+ 18,7 % en Loire-Inférieure, + 11,5 % dans le Morbihan, + 8,9 % dans le Finistère) mais également dans les départements à forte concentration urbaine (+ 11 % dans le Rhône, + 10,5 % dans la Seine, + 8,6 % dans les Bouches-du-Rhône). Ces chiffres sont extraits de l'étude de Wilfred D. Halls, *Les Jeunes et la politique de Vichy*, Syros, 1988, p. 419-421.

20. Cité par Jean-François Muracciole, *Les Enfants de la défaite*, Presses de Sciences-Po, 1998, p. 184-185. Sur les fluctuations de la Résistance à l'égard de la politique sportive de Vichy, on se reportera à l'article « Le sport dans la tourmente de Vichy à la Libération », in *Histoire du sport en France*, sous la direction de Philippe Tétart, Vuibert, 2007, p. 377-394.

21. Fondateur de la revue *Esprit* en 1932 pour laquelle il sollicita et obtint du gouvernement de Vichy l'autorisation de reparaître en novembre 1940, Emmanuel Mounier devait par la suite donner plusieurs contributions à l'hebdomadaire *Compagnons*, l'une des publications officielles du mouvement des Compagnons de France fondé en juillet 1940 avec l'appui et les subventions du nouveau régime. Conférencier à l'école des cadres d'Uriage, il occupa également les fonctions de directeur des services généraux de Jeune France, une association à vocation culturelle créée sous le patronage de l'État français. Interné administratif en avril 1942 pour ses activités de résistant au sein du mouvement Combat, il est jugé, relaxé et remis en liberté. Au lendemain de la guerre, il fera montre dans ses écrits d'une très grande sévérité à l'égard de la politique de la jeunesse de Vichy, laquelle, affirmera-t-il, n'a su répondre à « l'anémie spirituelle, intellectuelle et politique du pays [qu']en remplaçant la dictature du bistrot, du cinéma et des fenêtres closes par l'impérialisme du camping, du tour de potier et du loisir folklorique et artisanal », qu'en dégradant « le bel et libre amour de la nature » par un « naturisme ingénu et végétal », qu'en fabriquant, enfin, au lieu de « jeunes responsables conscients des problèmes de l'heure [...] de faux adolescents barbus, chantonnant et bêtifiant ». Cf. Emmanuel Mounier, « La jeunesse comme mythe et la jeunesse comme réalité. Bilan 1940-1944 », *Esprit,* nouvelle série, n° 1, décembre 1944.

22. *La Croix*, 1er janvier 1941.

23. Abel Bonnard, « Des jeunes gens jeunes », *Jeune Force de France*, 16 janvier 1943, p. 4.

24. Jean-Jacques Chevallier, *L'Ordre viril*, École nationale d'Uriage, coll. « Le chef et les jeunes », décembre 1940.

25. 30 millions de francs en 1942, soit, pour les seuls Compagnons de France, plus de la moitié du budget affecté à l'ensemble des organisations de jeunesse.

26. Entretien de l'auteur avec Henri Dhavernas, 2 juillet 2004. Le ministre de l'Instruction publique, Jacques Chevalier, s'appuiera sur les conclusions d'une enquête du commissaire de police lyonnais Puel pour obtenir la démission d'Henri Dhavernas en février 1941.

27. *Le Chef Compagnon*, 1er janvier 1942, série A, n° 8.

28. Cité par Robert Hervet, *Les Compagnons de France*, France-Empire, 1965, p. 46.

29. Archives nationales, F/1c III-1137, rapport du préfet de l'Ardèche, Eugène Hild, au ministre, secrétaire d'État à l'Intérieur, 31 mai 1941.

30. Cité par Pierre Giolitto, *op. cit.*, p. 512-513.

31. Rapport d'ensemble sur la première série des Chantiers de la jeunesse annexé au *Bulletin périodique officiel* (BPO), n° 28 du 27 février 1941. Cité par Antoine Huan, Franck Chantepie, Jean-René Oheix, *Les Chantiers de la jeunesse, 1940-1944*, Opera Éditions, 1998, p. 29.

32. *Fidélité*, novembre 1943, p. 9.

33. Joseph de La Porte du Theil, *Un an de commandement des Chantiers de la jeunesse,* Sequana, 1941, p. 164

34. Archives nationales, 39 A J 72.

35. Commissaire général des Chantiers de la jeunesse, La Porte du Theil avait établi, en octobre 1940, son quartier général à Châtelguyon, une ville de cure proche de Clermont-Ferrand.

36. Stephen Hecquet, *Les Guimbardes de Bordeaux*, *op. cit.*, p. 113.

37. René Borelly, in *Atalante,* n° 1, décembre 1941.

38. On trouvera la reproduction de ces affiches dans *La Propagande sous Vichy*, BDIC, 1990, p. 139 et 141, ouvrage édité à l'occasion de l'exposition organisée par le musée d'Histoire contemporaine de la Bibliothèque de documentation internationale contemporaine (BDIC) à l'Hôtel des Invalides, du 17 mai au 21 juillet 1990.

39. Service central photographique, circulaire n° 23, archives de La Documentation française.

40. Cité par Laurence Bertrand Dorléac, *L'Art de la défaite 1940-1944*, Seuil, 1993, p. 139.

41. Cf. Jean-Pierre Bertin-Maghit, *Les Documenteurs des années noires. Les documentaires de propagande. France 1940-1944*, Nouveau Monde Éditions, 2004.

42. À propos de l'influence de Pierre Joubert sur l'esthétique scoute, on se reportera à la remarquable étude de Christian Guérin, *L'Utopie Scouts de France*, Fayard, 1997.

43. Sur le culte du corps et le thème de l'androgynie dans la culture homosexuelle de l'entre-deux-guerres, cf. Florence Tamagne, *Histoire de l'homosexualité en Europe, Berlin-Londres-Paris, 1919-1939*, Seuil, 2000.

44. Serge Dalens, *La Mort d'Éric*, Alsatia, 1943, p. 10.

45. Pierre Joubert, *Chefs-d'œuvre*, Alain Littaye Éditions, 1983, t. III, p. 6.

46. Cité par Pierre Giolitto, *op. cit.*, p. 442.

47. *Le Chef*, n° 222, février 1942.

48. Cité in *Le Sport et les Français pendant l'Occupation 1940-1944, op. cit.*, p. 182.

49. Cité par Jacques Duquesne, *Les Catholiques français sous l'Occupation*, Grasset, 1966, p. 216.

50. Cf. l'article de Charles Gastant dans *L'Œuvre*, « Les auberges laïques réalisent la première communauté des jeunes », 18 août 1942.

51. Cité par Lucette Heller-Goldenberg, *Histoire des auberges de jeunesse, des origines à la Libération (1929-1945)*, vol. II : *L'Ombre, 1939-1945*, thèse de doctorat d'État, Université de Nice, 1986, p. 790.

52. Cf. *Compagnons*, 8 février 1941, p. 10.
53. Cité par Lucette Heller-Goldenberg, *op. cit.*, p. 1026.
54. René Château, in *L'Œuvre*, 11 février 1941.
55. *L'Œuvre*, 15 février 1941.
56. *Les Nouveaux Temps*, 20 novembre 1941.
57. Marcel Déat, « Qu'a-t-on fait de notre jeunesse ? », *L'Œuvre*, 19 décembre 1941.
58. Voir sur ce sujet Christian Gury, *Grande Guerre et homophilie*, Kimé, 2000.
59. Jacques Sevin (R. P.), *Le Scoutisme, étude documentaire et applications*, Spes, 1924, p. 131-132.
60. *Ibid.*, p. 323-327.
61. Henry de Montherlant, *La Vie en forme de proue*, Grasset, 1942.
62. Cité par Pierre Sipriot, *Montherlant sans masque,* Robert Laffont, 1990, p. 451.
63. Robert Brasillach, in *Je suis partout*, 10 janvier 1942.
64. L'hygiène corporelle, « première étape d'un patriotisme de la santé », fut l'un des thèmes récurrents des interventions de Robert Brasillach auprès de ses jeunes auditoires. La référence, en ce domaine comme dans bien d'autres, était le soldat allemand présenté comme un modèle de propreté et de virilité : « Avez-vous jamais rencontré dans la rue un soldat allemand mal rasé [...] moi jamais [...] rien ne doit empêcher un garçon de vingt ans d'être propre, d'être soigné. Ni les Allemands ni les Japonais qui ne passent pas pour efféminés ne négligent cette forme élémentaire de l'éducation. » *Je suis partout*, 5 mars 1943.
65. Roger Stéphane, *Chaque homme est lié au monde*, Grasset, coll. « Les Cahiers rouges », 2004, p. 264.
66. Cité par Jean Galtier-Boissière, *Mon Journal pendant l'Occupation*, La Jeune Parque, 1944, p. 83.
67. Entretien de l'auteur avec Pierre Barillet, 28 décembre 2002.
68. Roger Peyrefitte, *La Fin des ambassades*, Flammarion, 1968, p. 195. Une autre version de cette interpellation est donnée dans Henry de Montherlant et Roger Peyrefitte, *Correspondance*, *op. cit.*, p. 108.
69. En janvier 1944, on recensera 860 centres de jeunesse regroupant près de soixante mille garçons et filles.
70. François Sentein, *Minutes d'un libertin*, Le Promeneur, 2000.
71. François Sentein, *Nouvelles Minutes d'un libertin*, *1942-1943*, Le Promeneur, 2000, p. 215.
72. *Ibid.*, p. 88.
73. Entretien de l'auteur avec François Sentein, 11 octobre 2004.
74. « Le scandale permanent de la jeunesse », *Au pilori*, 25 juin 1942.
75. Entretien de l'auteur avec François Sentein, 20 novembre 2000. *Les Enfances de Vivien* forment la onzième branche de la Chanson de Guillaume au Court-Nez. Vivien, enfant, est remis aux Sarrasins d'Espagne, en échange de son père, qu'ils retenaient prisonnier depuis huit ans. Il est enlevé par des pirates et acheté par une marchande qui le fait passer pour son fils. Bientôt il retourne en Espagne à la tête de quelques jeunes gens, et bat les « Infidèles » ; mais il est assiégé dans une forteresse par une armée innombrable. Sa mère adoptive accourt en France, et obtient que l'empereur envoie des secours, grâce auxquels Vivien demeure vainqueur.

76. François Augérias, *Une adolescence au temps du Maréchal*, La Différence, 2001, p. 42.

77. Cf. Serge Sanchez, *François Augérias. Le dernier primitif*, Grasset, 2006.

6. Les déboires de l'ordre viril

1. Yves Urvoy, « L'empire et la grandeur française », *Idées*, n° 9, juillet-août 1942.

2. Il s'agit respectivement des affiches d'Hey (1942), d'Éric (1941) et de l'équipe Alain-Fournier (1944).

3. Cette « communauté de destin » qui confère une identité virile aux ouvriers français est particulièrement bien illustrée par l'affiche coéditée par la *Propaganda Abteilung* et les services de l'information de Vichy : « Ils donnent leur sang… Donnez votre travail pour sauver l'Europe du bolchevisme. »

4. Affiche reproduite dans *La Propagande de Vichy*, *op. cit.*, 1990.

5. Victor Barthélemy, *Du communisme au fascisme*, Albin Michel, 1978, p. 183.

6. Cité par Robert Hervet, *Les Chantiers de la jeunesse*, France-Empire, 1962, p. 92-93.

7. Cf. Pierre-Philippe Lambert et Gérard Le Marec, *Partis et mouvements de la Collaboration, Paris 1940-1944*, Jacques Grancher, 1993.

8. « Le nouveau mal de la jeunesse », *Révolution nationale*, 5 avril 1942.

9. « Jeunesse swing, jeunesse caduque », *Les Nouveaux Temps*, 17 juillet 1942.

10. Pierre Barillet, *Quatre années sans relâche*, Éditions de Fallois, 2001, p. 52-53.

11. Entretien de l'auteur avec André Beaurepaire, 22 décembre 2004.

12. *Le Réveil du peuple*, 31 janvier 1941.

13. *Au pilori*, 26 novembre 1942.

14. Cf. Gisèle Sapiro, *La Guerre des écrivains, 1940-1953*, Fayard, 1999.

15. Jacques Bostan, « Assurances tous risques », *Idées*, n° 5, mars 1942, p. 33-34. Lucien Combelle, l'ancien secrétaire de Gide rallié au fascisme, ne dit pas autre chose lorsqu'il stigmatise « la littérature d'Henry Bordeaux qui, pleine à crever de bons sentiments, n'en devient pas moins immorale de fadeur et de laideur » (*La Gerbe*, 6 mars 1941).

16. Cité par Olivier Philipponat et Patrick Lienhardt, *Roger Stéphane*, Grasset, 2004, p. 214-215.

17. *Ibid.*, p. 219.

18. Ce point de vue est notamment suggéré par les propos insidieux d'Emmanuel Berl : « J'ai toujours pensé que Gide a échappé de justesse à la collaboration. C'était mal parti en 40, 41, mais il s'est rattrapé à temps. Il était trop prudent et trop frileux pour se faire fusiller. » Cf. Emmanuel Berl, *Interrogatoire par Patrick Modiano*, Gallimard, 1976, p. 122.

19. Noël de Tissot s'engagera à partir de 1943 aux côtés des Allemands et deviendra *Obersturmführer* dans la Waffen SS française.

20. Cité par Roger Stéphane, *Chaque homme est lié au monde*, *op. cit.*, p. 456.

21. Les qualificatifs sont empruntés à Lucien Rebatet, *Mémoires d'un fasciste*, J.-J. Pauvert, 1975, p. 104.
22. *La Révolution nationale*, 17 avril 1943.
23. Alain Laubreaux, in *Je suis partout*, 23 avril 1943.
24. Jean Cocteau, *Journal 1942-1945*, Gallimard, 1989, p. 130.
25. Jean Marais, *Histoires de ma vie, op. cit.*, p. 141.
26. Pierre Maillot, *Les Fiancés de Marianne, op. cit.*, p. 98.
27. Cité par Robert Régent, *Le Cinéma français sous l'Occupation*, Éditions Bellefaye, 1948, p. 206.
28. *Je suis partout*, 26 novembre 1943.
29. Alain Laubreaux, in *Je suis partout*, 26 mai 1944.
30. Jean Demailly, in *Le Francisque*, 10 juin 1944.
31. Cf. Noël Burch et Geneviève Sellier, *La Drôle de guerre des sexes du cinéma français, 1930-1956*, Nathan, 1996.
32. Christian Gilles, *Ginette Leclerc, le désir des hommes*, L'Harmattan, 2001, p. 90.
33. Robert-Hughes Lambert sera arrêté par la Gestapo en 1942, quelques jours avant la fin du tournage du film. Les raisons de son arrestation restent mystérieuses. Bien qu'il ait été appréhendé dans un établissement connu pour être un lieu de rendez-vous pédérastique, il ne semble pas que son homosexualité en ait été directement la cause. Voir sur ce sujet l'article de Marc Epstein, « Tout le monde l'appelait Mermoz », *L'Express*, 29 avril 1999.

7. Beauté du mâle, beauté du mal

1. Rapporté par Suzanne Bidault, *Souvenirs de guerre et d'occupation*, *op. cit.* p. 14-15.
2. Cf. Jean-Louis Maisonneuve, *L'Extrême Droite sur le divan*, Imago, 1992, p. 65 et suiv.
3. Cf. Philippe d'Hugues, *Les Écrans de la guerre. Le cinéma français de 1940 à 1944*, Éditions de Fallois, 2005, p. 232.
4. Robert Brasillach et Maurice Bardèche, *Histoire du cinéma*, Denoël, 1942, p. 357.
5. François Sentein, *Minutes d'un libertin*, *op. cit.*, p. 217.
6. Gérard Loiseaux, *La Littérature de la défaite et de la collaboration*, Fayard, 1995, p 516.
7. Pierre Drieu La Rochelle, *Journal 1939-1945*, Gallimard, 1992.
8. Pierre Andreu et Frédéric Grover, *Drieu La Rochelle*, La Table ronde, 1989.
9. En 1907, le journaliste Maximilian Harden, dans son journal, *Die Zukunft*, accusa deux amis intimes de Guillaume II, le prince Phillip von Eulenburg et le comte Kuno von Moltke, d'être des homosexuels. L'affaire prit rapidement le tour d'un scandale politique lorsque Eulenburg et Moltke, tous deux favorables à un rapprochement avec la France, furent soupçonnés d'avoir livré des informations secrètes au premier secrétaire de la légation française à Berlin, Raymond Lecomte, lui aussi homosexuel.
10. Ivan Jablonka, *Les Vérités inavouables de Jean Genet*, Seuil, 2004.
11. Jean Genet, *Pompes funèbres*, Gallimard, 1999, p. 184.

12. Entretien de l'auteur avec François Sentein, 11 octobre 2004.

13. Cf. Edmund White, *Jean Genet*, Gallimard, 1993, p. 287.

14. Marcel Jouhandeau, *Le Voyage secret*, Arléa, 1988, p. 86.

15. Cf. Jacques Roussillat, *Marcel Jouhandeau. Le Diable de Chaminadour*, Bartillat, 2002, p. 282.

16. Cf. Henri du Moulin de Labarthète, *Le Temps des illusions*, *op. cit.*, p. 328.

17. Jacques Benoist-Méchin, *De la défaite au désastre*, Albin Michel, 1985, vol. II, p. 69.

18. *Ibid.*, p. 78.

19. Cf. Lucien Sabah (éd.), *Journal de Gueydan de Roussel, 1940-1944*, Klincksieck, 2000.

20. En dépit d'une méfiance instinctive, il ne semble pas que l'État français ait fait montre d'un quelconque ostracisme à l'égard des personnalités dont l'orientation sexuelle était connue des services de police. La carrière d'un haut fonctionnaire comme Jean-Paul Martin, sous-chef de bureau au ministère de l'Intérieur où il se lia d'amitié avec le jeune François Mitterrand avant d'être promu à vingt-neuf ans, en 1943, sous-préfet hors cadre et directeur de cabinet d'Henri Cado, le directeur général de la police nationale, n'eut, par exemple, aucunement à souffrir de ses préférences sexuelles.

21. Son biographe et panégyriste Olivier Mathieu réfute l'idée d'un Bonnard homosexuel, arguant de sa longue liaison avec la princesse Murat nouée au début des années vingt et mettant la rumeur sur le compte de sa préciosité et de son raffinement vestimentaire. Il insiste en revanche sur la culture païenne de Bonnard et ses positions en faveur d'une sexualité sans tabou : « Pour lui, écrit-il, l'Européen doit se libérer de la faute et du péché, du bien et du mal, du péché et du remords, pour substituer au manichéisme psychologique qui veut maudire les corps qui s'étreignent, dans un grand défi prométhéen et faustien, une éthique de l'héroïsme, de la démesure et de la volonté », Olivier Mathieu, *Abel Bonnard, une aventure inachevée*, Avalon, 1988, p. 204.

22. *La Gerbe*, 30 avril 1942.

23. Pascal Jardin, *La Guerre à neuf ans*, *op. cit.*, p. 145-146.

24. Maurice Martin du Gard, *La Chronique de Vichy 1940-1944*, *op. cit.*, p. 122.

25. Extrait du discours d'Abel Bonnard lors du congrès du PPF au Magic-City, 11 mars 1938

26. Jacques Benoist-Méchin a raconté quel concours actif lui avait apporté Abel Bonnard, qui venait d'être nommé ministre de l'Éducation nationale, pour l'organisation de l'exposition Arno Breker aux Tuileries en mai 1942. Préséance protocolaire oblige, c'est à Bonnard qu'écherra le « privilège » de prononcer le discours d'inauguration.

27. Joseph Barthélemy, *Ministre de la Justice, Mémoires 1941-1943*, *op. cit.*, p. 116.

28. Abel Bonnard, « Des jeunes gens ou une jeunesse ? », *La Gerbe*, 28 novembre 1940.

29. Abel Bonnard, in *Le Cri du peuple*, 9 mars 1944.

30. Cité par Bertrand Saint-Vincent, *Jacques Laurent alias Cecil Saint-Laurent*, Julliard, 1995, p. 120-121.

31. Alfred Fabre-Luce, *Journal de la France*, *op. cit.*, p. 557.

32. Informé le 24 mai 1944 par un courrier du cabinet d'Abel Bonnard, Paul Léautaud commente la nouvelle en ces termes : « Pensionné par le ministre de l'Éducation nationale ! Moi ! C'est plutôt d'une singulière façon que j'y ai travaillé, à l'Éducation nationale, plutôt d'une singulière façon que je m'y suis intéressé. Morale, famille, devoir, patrie, société, je les ai bien drôlement célébrés, défendus, soutenus. L'ironie a vraiment son charme en tout. » *Journal littéraire, op. cit.*, p. 1062.

33. Wilfred D. Halls, *Les Jeunes et la politique de Vichy*, Syros, 1988, p. 304.

34. Maud Sacquard de Belleroche, *Le Ballet des crabes*, Filipacchi, 1975, p. 178.

35. Pierre Monnier, *Arletty*, Stock, 1984, p. 104.

36. Cité par Jean Galtier-Boissière, *Mémoires d'un Parisien*, La Table ronde, 1963, p. 54. Cofondateur des *Lettres françaises* dans la Résistance, Jean Paulhan devait se révéler l'un des plus féroces contempteurs d'Abel Bonnard qu'il poursuivit jusqu'au bout de ses sarcasmes. Peu après l'accident de la route dont le ministre de l'Éducation nationale avait été victime, en septembre 1943, sur la route de Moulins à Vichy, l'ancien animateur de la NRF en profitait pour introduire dans son hommage à Félix Fénéon un pastiche de l'auteur des nouvelles en trois lignes ainsi rédigé : « M. Abel Bonnard, de Villeneuve-Saint-Georges, qui jouait au billard, s'est crevé un œil en tombant sur sa queue. » Cité par Jean Grenier, *Sous l'Occupation*, Éditions Claire Paulhan, 1997, p. 304.

37. Maurice Schumann, *Honneur et Patrie*, Éditions du Livre français, 1946.

38. « L'Éducation dans de belles mains », *Franc-Tireur*, mai 1942.

39. *Défense de la France*, n° 18, 17 juin 1942 ; texte intégral reproduit dans *Le Journal « Défense de la France »*, PUF, 1961, p. 94.

40. *Libération*, mars 1944.

41. Léon Werth, *Déposition, Journal, 1940-1944*, Viviane Hamy, 1992, p. 535.

42. Dans son livre de souvenirs sur l'Occupation, *L'Envers du décor, 1940-41*, Éditions de La Clé d'Or, 1948, le critique littéraire André Thérive, titulaire du rez-de-chaussée du *Matin*, rapporte qu'au cours d'une joute poétique dans un restaurant montmartrois, en juin 1942, l'un des convives se distingua par ce pastiche baudelairien : « *Une nuit que j'étais près d'une... étoile jaune/ Comme un cadavre auprès d'un cadavre étendu/ Je me remémorais l'après-midi d'un faune/ Et songeais que bientôt Bonnard serait pendu.* »

43. Cité par Joseph Gilbert, *Fernand de Brinon, l'aristocrate de la collaboration*, *op. cit.*, p. 161.

44. Archives nationales, F7-15347.

45. Jean Quéval, *Première Page, cinquième colonne*, Fayard, 1945, p. 71.

46. Christian de La Mazière, *Le Rêveur casqué*, Robert Laffont, 1972, p. 59.

47. Voir à ce sujet *Journal de Gueydan de Roussel 1940-1944*, *op. cit.*

48. Archives nationales, Z6/ 289. Ces documents furent saisis à la Libération au siège du Service des sociétés secrètes.

49. Archives nationales, F7-15937.

50. Cité par Alain Déniel, *Bucard et le francisme*, Jean Picollec, 1979, p. 64.

51. Marcel Déat, *Mémoires politiques*, Denoël, 1989, p. 670.

52. Cf. Christophe Belser, *La Collaboration en Loire-Inférieure 1940-1944*, *op. cit.*, t. II : *L'Intelligence avec l'ennemi*, p. 82-83.

53. Archives nationales, Z 6/3, Interrogatoire de Lascaux, 27 octobre 1944.

54. On lira avec profit l'enquête de Cyril Eder qui apporte nombre d'indications inédites quant aux itinéraires individuels des auxiliaires français du SD, in *Les Comtesses de la Gestapo*, Grasset, 2007.

8. Au grand bal des cocus

1. La scène a été rapportée par le garde des Sceaux de l'époque, Joseph Barthélemy, dans *Ministre de la Justice 1941-1943, Mémoires, op. cit.*, p. 623.

2. Simone de Beauvoir, *La Force de l'âge, op. cit.*, p. 466-467.

3. *Pour elle*, 11 décembre 1940.

4. La délégation familiale comportait une indemnité principale dont les taux journaliers variaient, selon le lieu de résidence, entre 10,50 francs pour les communes de moins de cinq mille habitants et 20 francs pour Paris et le département de la Seine. Les majorations pour un enfant de moins de treize ans ou un ascendant à charge oscillaient entre 7 et 15 francs par jour. Une mère de famille de quatre enfants pouvait ainsi percevoir entre 23,50 francs et 45 francs en fonction de son département de résidence. Cf. Sarah Fishman, *Femmes de prisonniers de guerre 1940-1945*, L'Harmattan, 1996.

5. *Bulletin de liaison de la Famille du prisonnier de guerre*, n° 13, janvier 1943.

6. Sylvain Roche, *La Guerre des captives*, Associations des femmes de prisonniers, Lyon, SEVE, 1944, p. 47.

7. Cité par Sarah Fishman, *op. cit.*, p. 82.

8. Archives nationales, F60 : 390 D1D9D, 16 décembre 1941.

9. Cité par Sarah Fishman, *op. cit.*, p. 84.

10. Joseph Barthélemy, *op. cit.*, p. 204.

11. Cf. Cyril Olivier, *Les Femmes de « mauvaise vie » dans la France de la Révolution nationale (1940-1944). L'exemple des régions de Poitiers et de Limoges*, Université de Poitiers, 2002, p. 199.

12. Georges Scapini, *Mission sans gloire*, Morgan, 1960.

13. Paul Léautaud, *Journal littéraire, op. cit.*, p. 222-223.

14. Francis Ambrière, *Les Grandes Vacances, op. cit.*, p. 92.

15. Cf. Marcel Haedrich, *Baraque III, chambre 12. Récit de captivité*, Éditions françaises nouvelles, 1943, p. 86.

16. Ces citations sont extraites d'un reportage au stalag II D publié le 22 avril 1942 par *Le Figaro* et du livre d'Antoine Lefebure, *Les Conversations secrètes des Français sous l'Occupation, op. cit.*

17. Cité par Antoine Lefebure, *op. cit.*, p. 177.

18. Pour les prisonniers de guerre décidés à maintenir le lien conjugal en dépit des vicissitudes, l'annonce d'une grossesse de l'épouse infidèle est presque toujours l'événement qui précipite un rejet définitif de la part du mari trompé. Comme si la relative tolérance des hommes s'arrêtait avec la publicité du cocuage, offense suprême à la dignité masculine perçue comme plus grave que l'adultère lui-même. On retrouve la même réaction exprimée en des termes presque identiques dans la lettre que Gaston B. adresse à ses parents, le 6 septembre 1942, alors qu'il vient d'apprendre que sa femme a abandonné le domicile conjugal et se trouve enceinte : « J'aurais tout pardonné, mais cette

fois, malgré que je l'aimais tant, je ne peux plus, j'espère que vous avez déjà pris vos précautions, pour que si elle a d'autres gosses, qu'ils ne portent pas mon nom » ; cité par Cyril Olivier, *op. cit.*, p. 345.

19. Francis Ambrière, *op. cit.*, p. 95-96.

20. Ni la lettre ni la photo ne parviendront jamais à leur destinataire, un sous-officier préposé à la censure ayant jugé préférable de les faire disparaître.

21. Anecdote rapportée à la date du 23 avril 1943 par Ernst Jünger, *Journaux de guerre, op. cit.*, p. 481.

22. *Toute la vie*, 5 mai 1943.

23. Voir Régina Wallet, *J'aimais un prisonnier*, Éditions André Bonne, 1953.

24. Jean Mariat, *Prisonnier en Allemagne*, Les Éditions de France, 1941. D'autres livres, publiés en 1941, traitent de la question des prisonniers de guerre. Citons Noël Bayon de La Mort, *Vie des prisonniers. Du Frontstalag 210 au Stalag XII, op. cit.* ; Louis Thomas, *De Nancy à Münster. Six mois de captivité*, Stock, 1941 ; et Jacques Benoist-Méchin, *La Moisson de quarante. Journal d'un prisonnier de guerre, op. cit.* Ce dernier ouvrage est davantage une méditation sur les causes de la défaite qu'un récit documentaire sur la vie des captifs.

25. Louis Walter, *Derrière les barbelés*, Édouard Aubanel éditeur, 1942.

26. *Ibid.*, p. 184.

27. Jacques de La Vaissière, *La Silésie, morne plaine*, France-Empire, 1991.

28. Georges Scapini, *op. cit.*, p. 351.

29. Cf. Yves Durand, *La Vie quotidienne des prisonniers de guerre dans les stalags, les oflags et les kommandos 1939-1945*, Hachette, 1987, p. 82.

30. Jacques Perret, *Le Caporal épinglé*, Le Livre de Poche, 1958, p. 391.

31. Antoine Blondin, *L'Europe buissonnière, op. cit.*, p. 190.

32. Dialogue entre un prisonnier français et la fille d'un fermier allemand, rapporté par Francis Ambrière, *op. cit.*, p. 202.

33. Témoignage de Roger Noblet rapporté par Jean-Paul Picaper, *Le Crime d'aimer, op. cit.*, p. 243.

34. Voir Yves Durand, *op. cit.*, p. 241.

35. Francis Ambrière, *op. cit.*, p 204.

36. Cité par L.-G. Villeroy, *Comme de l'an 40 ! Souvenirs et croquis sur la drôle de guerre et la captivité*, p. 155.

37. Antoine Blondin, *op. cit.*, p. 197.

38. Jacques Perret, *op. cit.*, p. 391.

39. Chiffres cités par Georges Scapini, *op. cit.*, p. 212.

40. Henri Amouroux cite le chiffre de cent quarante-sept condamnations en un an pour le tribunal du stalag XVII B, soit moins de 1 % de l'effectif ; cf. Henri Amouroux, *La Grande Histoire des Français après l'Occupation*, Robert Laffont, 1999, t. V, p. 710.

41. Georges Scapini, *op. cit.*, p. 214.

9. La loi des suspectes

1. La réplique est extraite de *Retour de stalag*, une pièce écrite à grand renfort de poncifs au lendemain de la Libération. Cf. Henri Amouroux, *La Vie des Français sous l'Occupation*, Fayard, 1961, p. 217

2. *Femmes d'absents.* Témoignages recueillis par les Associations des femmes de prisonniers et le Mouvement populaire des familles, Éditions ouvrières, 1945, p. 53.
3. *Ibid.*, p. 61.
4. Cité par Jacqueline Deroy et Françoise Pineau, *Celles qui attendaient... témoignent aujourd'hui*, ANRPAPG, 1985, p. 28.
5. Pierre Hautefort, in *Notre cœur*, 8 juin 1941.
6. Pierre Laborie, *Résistants, Vichyssois et autres. L'évolution de l'opinion et des comportements dans le Lot de 1939 à 1944*, CNRS Éditions, 1980, p. 197.
7. Cité par Michèle Cointet, *Pétain et les Français*, *op. cit.*, p. 186.
8. *Bulletin de liaison de la Famille du prisonnier de guerre*, bulletin intérieur strictement réservé aux délégués et aux collaborateurs de la Famille du prisonnier, n° 9, août 1942.
9. *Ibid.*, n° 15, mars 1943.
10. *Ibid.*, n° 10, septembre 1942.
11. *Pour elle*, 8 octobre 1940.
12. *Ibid.*, 17 septembre 1941.
13. *Ibid.*, 25 septembre 1941, et *Marie-Claire*, 13 décembre 1941.
14. *Les Adultères seront punis. Une histoire d'amour sous l'Occupation.* Lettres de Serge et Denise présentées par Valérie Desplas et Renaud Rebardy, L'Harmattan, 1997.
15. *Ibid.*, p. 68.
16. *Ibid.*, p. 70.
17. *Ibid.*, p. 100.
18. Sylvain Roche, *La Guerre des captives*, *op. cit.*
19. *Dimanches de femmes*, 15 novembre 1941.
20. Jean Guéhenno, *Journal des années noires*, *op. cit.*, p. 45.
21. Paul Léautaud, *Journal littéraire*, *op. cit.*, p. 353.
22. *L'Œuvre*, 23 mars 1943.
23. *Femmes d'absents*, *op. cit.*, p. 48.
24. Cité par Jacqueline Deroy et Françoise Pineau, *op. cit.*, p. 28.
25. Cité par Claude Croubois, *La Prostitution en Touraine à l'époque des maisons closes (1920-1946)*, *op. cit.*, p. 253-254.
26. Cité par Cyril Olivier, *Les Femmes de « mauvaise vie » dans la France de la Révolution nationale (1940-1944). L'exemple des régions de Poitiers et de Limoges*, *op. cit.*, p. 486.
27. Le néologisme « hominisme », forgé pour désigner le comportement des femmes copiant la sexualité stérile et hédoniste des hommes célibataires, apparaît dans une contribution de 1941 signée « Vérine », pseudonyme de Marguerite Lebrun, militante familialiste fondatrice de l'École des parents, et du démographe Fernand Boverat, animateur de l'Alliance nationale contre la dépopulation ; cf. Vérine, « La Famille », *France 41. La Révolution nationale constructive, un bilan et un programme*, textes rassemblés par Raymond Postal, Alsatia, 1941.
28. Vauquelin, *L'Homme d'après-guerre, Un victorieux dans la paix*, Société d'édition de propagande française, 1941.
29. Archives départementales d'Indre-et-Loire, 119W48, n° 340. Alice M. sera condamnée le 15 février 1945 à trente ans de prison.
30. Archives départementales d'Indre-et-Loire, 1119W54, n° 619.

31. Dominique Jamet, *Un Petit Parisien*, Flammarion, 2000, p. 85.
32. *Ibid.*, p. 52-53.
33. Marcel Aymé, *Le Chemin des écoliers*, Gallimard, 1946.
34. Cité par Marc Boninchi, *Vichy et l'ordre moral*, *op. cit.*, p. 76.
35. Cité par Anatole de Monzie, *La Saison des juges*, Flammarion, 1943.
36. Source : *Comptes généraux pour l'administration de la justice criminelle*.
37. Le champ d'application de la loi fut finalement étendu aux épouses des requis civils du STO et des travailleurs volontaires de la « relève ».
38. Relayant le ressentiment d'un grand nombre de prisonniers, le SDPG plaida vainement en faveur d'une punition des amants sur un pied d'égalité, tandis que le ministère de la Guerre défendit le principe d'une sanction plus sévère à l'égard des hommes fautifs.
39. Le concubinage notoire avec une femme de prisonnier représentera 30,8 % des affaires d'infidélité conjugale en 1943 et 38,8 % l'année suivante. Chiffres cités par Cyril Olivier, *Le Vice ou la vertu. Vichy et les politiques de la sexualité*, Presses universitaires du Mirail, 2005, p. 93.
40. Cité par Cyril Olivier, *Les Femmes de « mauvaise vie » dans la France de la Révolution nationale (1940-1944). L'exemple des régions de Poitiers et de Limoges*, *op. cit.*, p. 349.
41. Joseph Barthélemy, *op. cit.*, p. 205.
42. Cf. Jean-Yves Le Naour, *Misères et tourments de la chair durant la Grande Guerre*, *op. cit.*, p. 241.
43. De 3 111 en 1938, le nombre de condamnés en matière d'infidélité conjugales passe à 5 328 en 1942 pour atteindre un maximum de 7 949 en 1943. Cf. Michèle Bordeaux, *La Victoire de la famille dans la France défaite. Vichy 1940-1944*, Flammarion, 2002, p. 288.
44. Cité par Cyril Olivier, *op. cit.*, p. 348-349.
45. « Pour sauver les foyers des captifs », *Le Courrier de Seine-et-Marne*, 9 janvier 1943.

10. Une tentative de nationalisation du corps féminin

1. Les travaux de Marc Boninchi, à partir des archives du ministère de la Justice, ont clairement établi que le véritable centre d'impulsion et de maturation des réformes législatives en matière de natalité et de moralité publique se situait en fait à la Chancellerie et que l'inexpérience des membres des cabinets ministériels de Vichy avait eu pour conséquence de renforcer le pouvoir des hauts fonctionnaires de chaque administration centrale, notamment des directeurs de division et des chefs de service, le gouvernement se contentant d'entériner des initiatives auxquelles il était resté extérieur. « Ces données, conclut Boninchi, interdisent d'assimiler les mesures en question à une authentique politique d'ensemble. Malgré leur multiplicité, les réformes mises en œuvre entre 1940 et 1944 restent une juxtaposition de mesures éparses, qui ne s'inscrivent dans aucun véritable programme général. » Cf. Marc Boninchi, *Vichy et l'ordre moral*, *op. cit.*, p. 65.
2. Le très laïc Marcel Déat récusa les conclusions de ce « concours référendum » dans lequel il ne voulut voir qu'une manœuvre du parti clérical,

une « opération politique » destinée à abuser l'opinion sur les véritables causes de la dénatalité qu'il fallait, à l'en croire, rechercher dans les « corruptions et les désordres du régime capitaliste ». Cf. « Religion et dénatalité », *L'Œuvre*, 16 juillet 1942.

3. Françoise Thébaud, *La Femme au temps de la guerre de 1914*, *op. cit.*, p. 282.

4. Marcel Déat, in *L'Œuvre*, 27 avril 1941.

5. Cité par Michèle Bordeaux, *La Victoire de la famille dans la France défaite. Vichy 1940-1944*, *op. cit.*, p. 176.

6. D'autres mesures seront adoptées pour prévenir les abandons d'enfants par des parents dénués de ressources, comme l'octroi à la mère, au père ou aux ascendants d'une allocation mensuelle qui pouvait être servie jusqu'à la fin de l'obligation scolaire de l'enfant secouru.

7. *Les Nouveaux Temps*, 12 décembre 1941.

8. *Bulletin de liaison de la Famille du prisonnier de guerre*, n° 22, novembre 1943

9. Archives nationales, 521 (CC105).

10. Chiffres cités par Jacques Dupâquier, *Histoire de la population française de 1914 à nos jours*, PUF, 1988, p. 17.

11. Archives nationales, 2 AG/462.

12. *Annuaire statistique de la Ville de Paris et du département de la Seine*, 1942.

13. Cité par Cyril Olivier, *Les Femmes de « mauvaise vie » dans la France de la Révolution nationale (1940-1944). L'exemple des régions de Poitiers et de Limoges*, *op. cit.*, p. 291-292.

14. *Le Coq enchaîné*, 26 juin 1942.

15. Jean-Édouard Roy, *L'Avortement, fléau national : causes, conséquences, remèdes*, Jouve et Cie éditeurs, 1943.

16. Philippe Renaudin aura au moins une fois repris à son compte le chiffre d'un million d'avortements par an en se référant implicitement à l'estimation du docteur Roy : « La France compte actuellement 25 000 divorces par an, un pour douze mariages ; 400 000 à 600 000 avortements – d'aucuns viennent de prononcer le chiffre d'un million –, c'est-à-dire autant, presque autant ou plus que de naissances. » Cf. « La famille dans la nation », conférence de Philippe Renaudin, le 16 juin 1943 à la Sorbonne.

17. À l'exception du professeur Aubertin de Bordeaux qui, à partir du nombre de cas traités à l'hôpital, extrapole pour aboutir à une évaluation de 800 000 à 1 million d'avortements pour l'année 1941. Cf. Jean-Édouard Roy, *op. cit.*, p. 56.

18. Lettre du préfet d'Indre-et-Loire, 3 juillet 1942, citée par Jean-Pierre Froger et Jacques Watiez, *La Vie des Tourangeaux sous l'Occupation*, *op. cit.*, p. 202.

19. Cité par Isabelle Soulard, *Poitevines et Vendéennes sous l'Occupation*, Geste, 1999, p. 134-135.

20. Archives départementales d'Indre-et-Loire, 1119W57.

21. Jean Galtier-Boissière, *Mémoires d'un Parisien*, *op. cit.*, t. III, p. 87.

22. Voir sur ce sujet Anne-Marie Sohn, *Chrysalides. Femmes dans la vie privée* XIXe-XXe *siècle*, Publications de la Sorbonne, 1996, p. 866-869, et Cyril Olivier, *op. cit.*, p. 414.

23. Cf. le tableau établi par Mireille Le Maquet dans *Une faiseuse d'anges guillotinée sous Vichy*, mémoire de l'IEP de Grenoble, 1996, p. 65.

24. Cité par Miranda Pollard, « Vichy et l'avortement : le contrôle du corps et le nouvel ordre moral dans la vie quotidienne », in *La France sous Vichy. Autour de Paxton*, Éditions Complexe, IHTP-CNRS, 2004, p. 212.

25. APP, registre des corps déposés à l'Institut médico-légal, année 1941.

26. Chiffres cités par le docteur Dérobert, *L'Erreur d'une politique purement répressive de l'avortement*, Baillières, 1944. Par ailleurs, le professeur Jean-Édouard Roy estime à environ trente-cinq mille, pour l'année 1942, le nombre total des femmes décédées à la suite de manœuvres abortives.

27. Cf. Jean-Édouard Roy, *op. cit.*, p. 332.

28. Cf. Jean-Yves Le Naour et Catherine Valenti, *Histoire de l'avortement, XIXe-XXe siècle*, Seuil, 2003, p. 168.

29. Cité par Paul-André Rosental, *L'Intelligence démographique, Sciences et politiques des populations en France (1930-1960)*, *op. cit.*, p. 48.

30. Archives nationales, F 60 495.

31. *L'Œuvre*, 7 mars 1942.

32. Cité par Cyril Olivier, *op. cit.*, p. 368.

33. Cf. Miranda Pollard, *op. cit.*, p. 212.

34. Le film est une très libre adaptation du livre de Francis Spizner, *Une affaire de femmes*, Balland, 1986. Sur le sujet, on se reportera à l'étude de Mireille Le Maquet (cf. *supra* note 23) qui, bien que conduite à travers le même prisme, donne une vue plus complète et plus fidèle du dossier de l'instruction.

35. Audition d'Alexandrine C., 23 octobre 1942. Archives nationales, 4W13, dossier 5, cote 99.

36. Audition de Paul Giraud, 31 octobre 1942. Archives nationales, 4W13 dossier 5, cote 100.

37. Des informations figurant dans les archives du tribunal d'État, il ressort que plus d'une avortée sur quatre avait eu des relations avec les Allemands. Cf. Miranda Pollard, *op. cit.*

38. Germaine C. est finalement condamnée à une année d'emprisonnement et 6 000 francs d'amende, sanction très inférieure au minimum prévu par la loi et à ce qu'elle aurait pu être si la prévenue avait été déférée devant une juridiction ordinaire. À la suite de ce procès, la section lyonnaise du tribunal d'État où siégeait Joseph Darnand, alors chef du Service d'ordre légionnaire (SOL), est réorganisée dans le but de la rendre plus répressive. Lire à ce sujet Marc Boninchi, *op. cit.*, p. 287-292.

11. Défaite et des fêtes

1. Chiffres cités par Jacques Dupâquier, *Histoire de la population française de 1914 à nos jours*, *op. cit.*, p. 164.

2. Selon le démographe Jacques Dupâquier, la population mariable comprenait, en 1943, 3 871 000 hommes et 7 256 000 femmes. En ne tenant compte que des jeunes gens et des jeunes filles, les chiffres étaient de 2 907 000 garçons et 4 189 000 filles.

3. *Candide*, 30 avril 1941.

4. Paul Léautaud, *Journal littéraire, op. cit.*, p. 718.

5. Calculé en monnaie constante, l'indice des dépenses des prestations familiales passe de 171 en 1941 à 210 en 1942 avec la mise en œuvre de l'allocation de salaire unique, 197 en 1943 et 224 en 1944. Cf. Jacques Dupâquier, *op. cit.*, p. 215.

6. C'est peu dire que Vichy suscita une levée de boucliers chez les familialistes en substituant l'allocation de salaire unique à l'allocation de la mère au foyer. Pour les milieux catholiques, le retour à l'appellation originelle, qu'ils réclamèrent en vain, avait un sens pratique : ils demandaient que l'allocation de la mère au foyer – en fait, un véritable salaire maternel – fût attribuée à toutes les mères restant au foyer, quelle que fût leur situation matrimoniale ou la profession du mari. Cf. Jean-Édouard Roy, *L'Avortement, fléau national : causes, conséquences, remèdes*, *op. cit.*, p. 74.

7. Alfred Sauvy, *La Vie économique des Français de 1939 à 1945*, Flammarion, 1978, p. 202-203.

8. Michèle Bordeaux, *La Victoire de la famille dans la France défaite, Vichy 1940-1944*, *op. cit.*, p. 143.

9. Cité *ibid.*, p. 144.

10. « Le retour de la femme au foyer », *Les Nouveaux Temps*, 6 novembre 1940.

11. José Cabanis, *Petit Entracte à la guerre*, Gallimard, 1981.

12. « La condition féminine sous Vichy », *Journal de la France*, n° 129, p. 947.

13. Preuve de cette obsession sentimentale, le palmarès des chansons les plus jouées pendant le deuxième trimestre 1943 : *Je suis seul ce soir* : 65 064 fois, *Premier rendez-vous* : 44 329, *Tu m'apprendras* : 37 502, *Bel Ami* : 32 800, *Au clocher de mon cœur* : 32 518, *Prière à Zumba* : 25 089. Cf. *La Semaine*, 9 septembre 1943.

14. Henry de Montherlant, *Textes sous une Occupation, op. cit.*, p. 61.

15. François Truffaut, dans sa préface au livre d'André Bazin, *Le Cinéma de l'Occupation et de la Résistance*, UGE, 1975, p. 20.

16. Ernst Jünger, *Journal parisien, op. cit.*, p. 511.

17. Maurice Martin du Gard, *La Chronique de Vichy 1940-1944*, *op. cit.*, p 276.

18. Colette, *Paris de ma fenêtre*, Éditions du milieu du monde, 1944, p. 116-117.

19. Fernand Laurent, in *Le Jour*, 26 juillet 1940.

20. *La Gerbe*, 19 septembre 1940.

21. *Candide,* 9 octobre 1940.

22. Lire sur ce sujet Michel Maffesoli, « Table, lieu de communication », *Société*, n° 6.

23. Alfred Fabre-Luce, *Journal de la France*, *op. cit.*, p. 401.

24. Jean Galtier-Boissière, *Mon Journal sous l'Occupation*, *op. cit.*, p. 37

25. Ernst Jünger, *Journal parisien*, *op. cit.*, p. 308.

26. Cité par Dominique Veillon, *Vivre et survivre 1939-1947*, Payot, 1995, p. 99.

27. APP, rapport des Renseignements généraux, « La situation à Paris », 16 janvier 1942.

28. *Ibid.*, 23 février 1942.

29. *Ibid.*, 9 mars 1942.

30. *Ibid.*

31. *Ibid.*

32. *Ibid.*, 11 mai 1942.

33. *Les Procès de la collaboration*, *op. cit.*, p. 548.

34. *Toute la vie*, 2 décembre 1943.

35. *Ibid.*, 6 janvier 1944.

36. Maud Sacquard de Belleroche, *Le Ballet des crabes*, *op. cit.*, p. 9.

37. Entretien de l'auteur avec Maud Sacquard de Belleroche, 17 février 2004.

38. Maud Sacquard de Belleroche, *L'Ordinatrice, op. cit.*, p. 70.

39. Il semble que l'exemple de Luchaire ait été suivi par un certain nombre de ses proches collaborateurs qui, tel Paul de Montaignac, le directeur de la publicité des *Nouveaux Temps* et de *Toute la vie*, voulurent profiter pleinement des heures qui leur étaient désormais comptées. « Il lui arrivait d'honorer une belle dans son bureau, de suspendre la séance pour retrouver une deuxième mignonne dans la minuscule antichambre contiguë, de la trousser également à la hussarde avant de retourner satisfaire la première. Entrecoupant ses prouesses expéditives d'ordres téléphoniques et d'annonces péremptoires. Quelle santé ! Je n'invente rien du tout. À période d'exception, traitement itou. » Maud Sacquard de Belleroche, *op. cit.*, p. 19.

40. *Ibid.*, p. 227.

41. Cité par Jean Quéval, *Première Page, cinquième colonne, op. cit.*, p. 219.

42. *Ibid.*, p. 218.

43. APP, PJ 1, affaire Bonny-Lafont, procès-verbal de l'audition de Chamberlin Henry, dit « Lafont », 13 septembre 1944.

44. Lire sur ce sujet l'ouvrage très documenté de Grégory Auda, *Les Belles Années du « milieu » 1940-1944*, Michalon, 2002.

45. Cf. Cyril Eder, *Les Comtesses de la Gestapo*, *op. cit.*

46. Cité *ibid.*, p. 106.

47. On en trouvera de larges extraits dans le livre de Roland W. Black, *Histoire et crimes de la Gestapo parisienne*, Éditions Belgo-Suisses, 1945.

48. Ce portrait de Bianca Bienenfeld est celui qu'en dresse Simone de Beauvoir elle-même dans Simone de Beauvoir - Jacques-Laurent Bost, *Correspondance croisée 1937-1940, op. cit.*, p. 928.

49. Mouloudji, *La Fleur de l'âge*, *op. cit.*, p. 41.

50. Simone de Beauvoir, *La Force de l'âge*, *op. cit.*, p. 545.

51. Francis Jeanson, *Sartre dans sa vie*, Seuil, 1974, p. 94.

52. Gilbert Joseph, *Une si douce Occupation*, *op. cit.*, p. 110.

53. De larges extraits des procès-verbaux de l'enquête sont reproduits dans le livre de Gilbert Joseph, *op. cit.*, p. 207-217.

54. Cité par Ingrid Galster, *Beauvoir dans tous ses états*, Tallandier, 2007, p. 103-105. On rapprochera ce témoignage de celui de Bianca Lamblin, née Bienenfeld : « J'ai découvert que Simone de Beauvoir puisait dans ses classes de jeunes filles une chair fraîche à laquelle elle goûtait avant de la refiler, ou, faut-il dire plus grossièrement encore, de la rabattre sur Sartre. » Cf. Bianca Lamblin, *Mémoires d'une jeune fille dérangée*, Balland, 1993.

55. Éphémère ministre de l'Éducation nationale en juin-juillet 1940, le philosophe et germaniste Albert Rivaud avait-il en tête l'affaire Simone de Beauvoir lorsque, dénonçant le « travail de destruction » des jeunes agrégées, il écrivait ces lignes : « Elles commentent Gide, Marcel Proust, les romans les plus audacieux, elles donnent des avis troublants sur le freudisme, la sexualité, l'union libre. Elles aggravent l'impudeur par la pédanterie » ? Cf. « L'enseignement de la philosophie », *Revue des deux mondes*, 1er novembre 1943.

56. C'est à partir du rapport du recteur Gidel qu'Ingrid Galster, développant le point de vue féministe, s'efforce de donner rétrospectivement au consumérisme sexuel du couple Beauvoir-Sartre une coloration de « défi à l'ordre moral » vichyste que les intéressés, pourtant très attentifs à l'édification de leur propre mythologie, se sont bien gardés de revendiquer aussi ouvertement par la suite. De même évoque-t-elle la « complexité des comportements » ainsi que le contenu des émissions (provocation à l'égard de « l'esprit édifiant qui soustend [*sic*] l'ordre nouveau », attaques contre le vertuisme, apologie de l'hédonisme, cf. Ingrid Galster, *op. cit.*, p. 125-126) pour relativiser l'activité de Simone de Beauvoir au service de la très collaborationniste Radio nationale. À aucun moment n'est posée la question du recrutement par un organisme étatique d'une fonctionnaire qui vient d'être révoquée pour une affaire de mœurs. L'influence de René Delange, directeur de l'hebdomadaire littéraire *Comoedia*, à l'origine de l'engagement de Beauvoir à Radio-Vichy, peut-elle suffire à expliquer, dans ce cas précis, l'extraordinaire laxisme d'une institution soumise par ailleurs – surtout en 1943 ! – à un étroit contrôle politique et à une censure non moins vigilante ?

57. À sa parution, en septembre 1943, *L'Invitée* fut éreinté par la presse collaborationniste sans pour autant trouver grâce auprès de critiques moins idéologiquement marqués, tel Jean Cocteau dont le jugement est particulièrement sévère : « Est-ce là vivre ? Alors je ne vis pas. C'est une chienne qui raconte des vies de chiens qui rongent des os, qui pissent à tour de rôle contre le même bec de gaz, qui se mordent ou qui se sentent le derrière. Peut-on boire à ce point et traîner à ce point, ne jamais dormir et si on dort, ne jamais dormir seul ? » *Journal 1942-1945*, *op. cit.*, p. 395.

58. Simone de Beauvoir, *La Force de l'âge*, *op. cit.*, p. 657.

59. *Ibid.*, p. 657.

60. Mouloudji, *La Fleur de l'âge*, *op. cit.*, p. 142.

61. Simone de Beauvoir, *La Force de l'âge*, *op. cit.*, p. 655-656.

62. Brigitte Friang, *Regarde-toi qui meurs*, Éditions du Félin, 1997, p. 23.

63. Jean Cocteau, *Journal 1942-1945*, *op. cit.*, p. 160.

64. *France-Révolution*, 14 novembre 1943.

65. Cité par Jean-Claude Loiseau, *Les Zazous*, Grasset-Le Sagittaire, 1977, p. 32.

66. Cité par H. Véname, *Swing et mœurs*, Éditions de Marchenelles, 1943.

67. Pierre Barillet, *Quatre années sans relâche*, *op. cit.*, p. 51.

68. « La croisade des vestes longues », *Révolution nationale*, 8 août 1942.

69. « Qu'est ce qu'un zazou-zazou ? », *Au pilori*, 11 juin 1942.

70. *Au pilori*, 16 septembre 1943 et 28 juin 1944.

71. René Fallet, *Banlieue Sud-Est*, Folio, 1974, p. 111.

72. Archives départementales de Vendée, synthèse des rapports des préfets de la zone occupée, ministère de l'Intérieur, juin 1942, 1W40.

73. Cité par Pierre Giolitto, *Histoire de la jeunesse sous Vichy*, *op. cit.*, p. 478.

74. Archives départementales de la Vendée, synthèse du mois de décembre 1943, 1W45.

75. René Fallet, *op. cit.*, p. 110.

12. Les nouveaux territoires du plaisir

1. Pierre Audiat, *Paris pendant la guerre*, Hachette, 1946, p. 89.

2. Cité par Fabrice Virgili, *La France virile*, Payot, 2000, p. 283.

3. Louis Chevalier, *Histoires de la nuit parisienne*, Fayard, 1982, p. 195-196.

4. Cf. André Halimi, *Chantons sous l'Occupation*, Olivier Orban, 1976, p. 228.

5. Cf. Pierre Barillet, *Quatre années sans relâche*, *op. cit.*, p. 79.

6. Alfred Fabre-Luce, *Journal de la France*, *op. cit.*, p. 356.

7. Colette, *Paris de ma fenêtre, op. cit.*, p. 262.

8. Cité dans *L'Œuvre*, 17 octobre 1943.

9. Cf. Jean-Yves Le Naour, *Misères et tourments de la chair durant la Grande Guerre. Les mœurs sexuelles des Français 1914-1918*, *op. cit.*, p. 384-387.

10. Bernard Pierquin, *Journal d'un étudiant parisien sous l'Occupation*, Chez l'auteur, 1983, p. 121.

11. Louis-Ferdinand Céline, *Normance*, Club de l'honnête homme, 1981, p. 203 et 219.

12. Alain Laubreaux, *Écrits pendant la guerre*, *op. cit.*, p. 172.

13. *Au pilori*, 2 août 1940.

14. « Faut-il autoriser les bals ? », *Compagnons*, 23 octobre 1943, n° 157.

15. Cité par Jean-Michel Guiraud, *La Vie intellectuelle et artistique à Marseille sous l'Occupation*, CRDP, 1987, p. 250.

16. Cité par Dominique Veillon, *Vivre et survivre, 1939-1947*, *op. cit.*, p. 228.

17. « Montmartre n'existe plus », *La Semaine*, 4 octobre 1942.

18. Louis Chevalier, *Les Ruines de Subure*, Robert Laffont, 1985, p. 55.

19. Cité par Wilfred D. Halls, *Les Jeunes et la politique de Vichy*, *op. cit.*, p. 189.

20. Roger Vailland, *Drôle de jeu*, Le Livre de poche, p. 104-105.

21. « Le grand scandale des cours de danse », *La Gerbe*, 11 juin 1942.

22. *Au pilori*, 29 juillet 1943.

23. Cité par Jean-Pierre Froger et Jacques Watiez, *Les Tourangeaux sous l'Occupation, la vie quotidienne, op. cit.*, p. 270.

24. La crainte d'un contrôle de police et d'une sanction administrative est cependant assez forte pour que certains établissements, soumis à une étroite surveillance policière, exercent eux-mêmes un contrôle vigilant sur leur clientèle. En témoigne la scène rapportée par François Sentein dans son Journal à la date du 16 juillet 1943 : « Café Drapier à Pigalle. Foule de moins de vingt-

cinq ans, la moitié de nègres. Scandent immobiles le dernier air de jazz. Comme une eau qui commence à bouillir, la masse des corps esquisse la danse. Bien que ce soit interdit, un jeune nègre, petit, crépu, culottes de cheval et bottes à l'écuyère, roule du ventre devant une négresse folle. Les lumières s'éteignent, l'orchestre s'arrête ; de sa caisse où il siège comme à une chaire de professeur (il ressemble au professeur Unrat de *L'Ange bleu*) en bretelles, barbu, le patron rétablit l'ordre ; les jeunes gens reviennent à leur place, et l'on continue à suer du désir de danser et de mauvaise bière. » *Les Nouvelles Minutes d'un libertin, op. cit.*, p. 361. Privilège d'exterritorialité ? Célia Bertin signale que les thés dansants du samedi à l'église américaine du quai d'Orsay se poursuivent librement durant la période 1941-1942 ; cf. *Femmes sous l'Occupation*, Stock, 1994.

25. Archives départementales de Vendée, 20W518, lettres adressées au préfet en date du 27 mars et du 2 mai 1944.

26. *Compagnons*, n° 158, 30 octobre 1943.

27. Archives départementales de Vendée, 20W518.

28. Cité par Christophe Belser, *La Collaboration en Loire-Inférieure 1940-1944*, t. I : *Les Années noires, op. cit.*, p. 235.

29. Lettre du cardinal Gerlier à ses diocésains : « Pour la dignité et la fraternité française », *Cahiers de notre jeunesse*, n° 7, février-mars 1942.

30. « Où Madame Aurel, fervente catholique, rejoint le mécréant Paul-Louis Courier », *L'Œuvre*, 25 février 1942.

31. Archives nationales, F/1cIII-143.

32. Ces chiffres ont été publiés par *Le Film*, organe corporatif de l'industrie cinématographique française, dans son numéro du 22 janvier 1944. Pour Paris, la fréquentation est passée, d'après Alfed Sauvy, de l'indice 100 en 1938 à 125 en 1943, après un étiage à 44 en 1940 (*La Vie économique des Français de 1939 à 1945, op. cit.*, p. 182.) Pour Michel Darmon, en revanche, si les salles sont pleines, si la plupart des cinémas affichent complet durant cette période, c'est moins en raison d'une progression notable du nombre des entrées qu'à cause de la diminution du nombre de séances (*Le Monde du cinéma sous l'Occupation*, Stock, 1997, p. 156).

33. Cf. Louis Chevalier, *Histoires de la nuit parisienne*, *op. cit.*, p. 104.

34. Préface de François Truffaut au livre d'André Bazin, *Le Cinéma de l'Occupation et de la Résistance*, *op. cit.*, p. 20-21.

35. Alphonse Boudard, *Les Combattants du petit bonheur*, *op. cit.*, p. 103.

36. Henry de Montherlant et Roger Peyrefitte, *Correspondance*, *op. cit.*, p. 193.

37. « Bobines » est ici synonyme de « garçons ». Lire : deux garçons de plus, s'ajoutant aux sept habitués que Peyrefitte avait levés lors des séances précédentes.

38. *Ibid.*, p. 196.

39. Montherlant le sodomite se plaisait parfois à déprécier les plaisirs masturbatoires de Peyrefitte qu'il appelait alors avec condescendance le « sacristain ».

40. Henry de Montherlant et Roger Peyrefitte, *op. cit.*, p. 167.

41. *Ibid.*, p. 270.

42. « Il est assez saisissant, note Montherlant, que les "Niçoises" faciles soient du Nord. »

43. APP, registres de commissariats, série CB 53-25.
44. *Ouest-Éclair*, 15 septembre 1940.
45. *Au pilori*, 16 avril 1942.
46. Cité par Jean-Pierre Bertin-Maghit, *Le Cinéma français sous l'Occupation*, Perrin, 2002, p. 90.
47. *Ibid.*, p. 101.
48. « Et voilà pourquoi la femme du sacristain allait au cinéma », *L'Œuvre*, 18 avril 1943.
49. « Le métro, voie de Paris », *L'Illustration*, 4 octobre 1941.
50. Paul Léautaud, *Journal littéraire*, *op. cit.*, p. 761.
51. *L'Œuvre,* 12 janvier 1942.
52. Roger Vailland, *op. cit.*, p. 32.
53. Jean Genet, *Pompes funèbres*, *op. cit.*, p. 235-238.
54. *Ibid.*, p. 239.
55. Entretien de l'auteur avec François Sentein, 11 octobre 2004.
56. Montherlant y avait agrémenté ce symbole de deux petites cornes. « Le taureau… le taureau branché sur le cul », dira Peyrefitte pour toute expertise.
57. François Sentein, *Nouvelles Minutes d'un libertin*, *op. cit.*, p. 457.
58. Alphonse Boudard, *Les Combattants du petit bonheur*, *op. cit.*, p. 49.
59. Cité par Pierre Sipriot, *Montherlant sans masque*, Robert Laffont, 1990, p. 469.
60. Claude Michel Cluny, *Sous le signe de Mars*, Éditions de La Différence, 2002, p. 67.

13. Maris en prison, femmes en pantalon

1. Cité par Fabienne Casta-Rosaz, *Histoire du flirt, les jeux de l'innocence et de la perversité,* Grasset, 2000, p. 174-175.
2. « Madame, ne commettez jamais ces fautes ! », *Marie-Claire*, 10 octobre 1943.
3. Cf. le photo-reportage intitulé : « Cette femme se maquillait trop, nous l'avons rendue à sa *vraie nature* », *Votre Beauté*, avril 1941.
4. Selon Anne-Marie Sohn, *La Garçonne*, le roman de Victor Margueritte, aurait été vendu à plus d'un million d'exemplaires et lu par 12 à 25 % des Français ; cf. Georges Duby et Michelle Perrot, Françoise Thébaud (dir.), *Histoire des femmes en Occident*, t. V : *Le XXe siècle*, Plon, 1992, p. 167.
5. Cité par Dominique Veillon, *La Mode sous l'Occupation*, Payot, 1990, p. 130.
6. « Plaidoyer pour une mode sage », *Les Nouveaux Temps*, 21 avril 1943.
7. *Toute la vie*, 7 août 1941.
8. Arno Breker, *Paris, Hitler et moi*, *op. cit.*, p. 137.
9. Jacques Audiberti, in *Aujourd'hui*, 17 juillet 1941.
10. François Sentein, *Minutes d'un libertin (1938-1941), op. cit.*, p. 190.
11. Voir Christian Gilles, *Ginette Leclerc, le désir des hommes*, L'Harmattan, 2000, p. 30.
12. Benoîte et Flora Groult, *Journal à quatre mains*, *op. cit.*, p. 31.
13. « Pour ou contre les pantalonnées », *L'Œuvre*, 7 février 1942.

14. Cf. Raymond Ruffin, *La Diablesse, la véritable histoire de Violette Morris,* Pygmalion, 1989.

15. Cité par Raymond Ruffin, *op. cit.*, p. 17.

16. Cité par Frédéric Chimon Hammel, *Souviens-toi d'Analek : témoignage sur la lutte des juifs en France, 1938-1944*, CLKH, 1982, p. 51.

17. Cité par Margaret Collins Weitz, *Les Combattantes de l'ombre, Histoire des femmes dans la Résistance 1940-1945*, Albin Michel, 1997, p. 320.

18. Willy de Spens, *La Loi des vainqueurs*, La Table ronde, 1986, p. 237.

19. *Les Nouveaux Temps*, 18 novembre 1942 : « Pour ses chapeaux, la Parisienne n'en fait qu'à sa tête. »

20. Colette, *Paris de ma fenêtre*, *op. cit.*, p. 45.

21. « Plaidoyer pour un peu de réserve », *Les Nouveaux Temps*, 24 novembre 1943.

22. Jean Cocteau, *Journal, 1942-1945, op. cit.*, p. 106-107.

23. Ernst Jünger, *Journaux de guerre*, *op. cit.*, p. 234.

24. Alain Corbin, *Les Filles de noce. Misère sexuelle et prostitution aux* XIXe *et* XXe *siècles*, Aubier, 1978, p. 303.

25. *Pour elle*, 10 novembre 1941.

26. Roger Vailland, *Drôle de jeu*, *op. cit.*, p. 364-365.

27. *Marie-Claire*, 3 mai 1941 : « Mes bas ne se démailleront plus. »

28. Célia Bertin, *Femmes sous l'Occupation*, Stock, 1994.

29. Dominique Jamet, *Un Petit Parisien*, Flammarion, 2000, p. 131.

30. Robert Sabatier, *La Souris verte*, Albin Michel, 1990, p. 36.

Index

Table

DU MÊME AUTEUR

Sacha Guitry et ses femmes
1996, Albin Michel.

Avec le temps
en collaboration avec Léo Ferré et Hubert Grooteclaes,
1995, Éditions du Chêne.

Le Livre de la mémoire, Vendée 1793-1993
en collaboration avec Jean Tulard,
1993, Éditions du Rocher

Composition : Nord Compo
Impression : Imprimerie Firmin Didot, mars 2008
Éditions Albin Michel
22, rue Huyghens, 75014 Paris
www.albin-michel.fr

ISBN broché 978-2-226-18394-1
ISBN luxe 978-2-226-18409-2
N° d'édition : 25876 – N° d'impression : 89668
Dépôt légal : avril 2008
Imprimé en France.